譯註 禮記集說大全
樂記 ①

編　陳澔(元)

附　正義・訓纂・集解

譯註 禮記集說大全
樂記 ①

編　陳澔（元）

附　正義·訓纂·集解

鄭秉燮 譯

學古房

역자서문

　『예기』「악기(樂記)」편은 「대학(大學)」과 「중용(中庸)」편을 제외하고, 『예기』 내에서 가장 유명한 편이며, 자주 인용되는 문헌이다. 그 이유는 예(禮)와 악(樂)의 상보관계 및 악(樂)에 대한 이론을 기록한 문헌이 많지 않기 때문이다. 「악기」편의 내용이 『순자』「악론(樂論)」편의 기록을 차용하고 있지만, 악(樂)의 기록들을 수록한 문헌 중 가장 오래되고 분량이 많은 편은 「악기」이다. 따라서 예악을 중시했던 고대 동양사회에서 「악기」편이 가지는 위상은 대단했다.

　그러나 「악기」편의 내용을 자세히 살펴보면, 악(樂)의 이론을 체계적으로 기술한 문헌은 아니다. 일반적으로 「악기」편은 고대 『예경(禮經)』 중 악(樂)과 관련된 편들을 편집하여 하나의 문헌으로 만든 것이며, 총 11개 편의 내용이 포함되어 있다고 논의된다. 실제로 각 내용들을 구분해보면, 11개 편의 구분에 따라 다루고 있는 내용이 구분되며, 기술방식에 있어서도 서로 차이를 보이는 부분이 많다. 그러나 중복되는 내용이 다수 존재하며, 현재로서는 「악기」편집 이전 각 기록들의 전모를 확인할 방법이 없기 때문에 정확한 고증은 할 수 없다.

　「악기」편의 주된 내용은 인간의 성정(性情)과 예악의 관계를 해석하는 것이다. 즉 예악은 단순히 인위적인 제도가 아니며, 인간의 성정에 따라 만들어진 제도이다. 따라서 예악의 작용은 인간의 성정에 영향을 미치게 되므로, 이러한 예악의 교화에 따라 인간을 선한 쪽으로 인도해야 한다고 주장한다. 이것은 전국시대를 거치며 형성된 전국말기와 전한초기의 유가 성정론(性情論)을 나타낸다. 따라서 선진유가 이후의 유가 성정론을 연구하는데 있어서 「악기」편은 귀중한 자료를 제공해준다.

「악기」편의 번역으로 또 한 권의 책이 세상에 나오게 되었다. 조금 더 부지런하고 조금 더 실력이 있었다면 보다 완벽한 번역을 할 수 있지 않았을까, 이런 고민이 항상 든다. 하루 16시간 정도 매일 책상 앞에 앉아 있지만, 영민하지 못한 관계로, 실력이 늘 기미가 보이지 않는다. 본 역서에 나오는 오역은 전적으로 역자의 실력이 부족하기 때문이니, 혹여 역자의 부족함에 일갈을 해주실 분들이 있다면, bbaja@nate.com 으로 연락을 주시거나 출판사에 제 연락처를 문의하셔서 가르침을 주신다면, 부족한 실력이지만 가르침을 받도록 최선을 다할 것이다.

역자는 성균관 대학교에서 유교철학(儒敎哲學)을 전공했으며, 예악학(禮樂學) 전공으로 박사논문을 작성했다. 이 자리를 통해, 대학원에 진학하여 경학사상(經學思想)을 전공할 수 있도록 지도해주신 서경요 선생님과 논문을 지도해주신 오석원 선생님, 이기동 선생님, 이상은 선생님, 조남욱 선생님께 감사를 드린다. 또 경서연구회(經書硏究會)를 만들어 후배들에게 경전에 대한 이해를 넓혀주신 임옥균 선생님, 경서연구회 역대 회장님인 김동민, 원용준, 김종석, 길훈섭 선배님께도 감사를 드리고, 함께 경서연구회를 하고 있는 김회숙, 손정민, 김동숙, 김아랑, 임용균 회원님께도 감사를 드린다. 끝으로 「악기」편을 출판할 수 있도록 허락해주신 학고방의 하운근 사장님께도 감사를 전한다.

일러두기 ≫

1. 본 책은 역주서(譯註書)로써, 『예기집설대전(禮記集說大全)』의 「악기(樂記)」편을 완역하고, 자세한 주석을 첨부했다. 송대(宋代) 이전의 주석을 포함하고자 하여, 『예기정의(禮記正義)』를 함께 수록하였다. 그리고 송대 이후의 주석인 청대(淸代)의 주석을 포함하고자 하여 『예기훈찬(禮記訓纂)』과 『예기집해(禮記集解)』를 함께 수록하였다.

2. 『예기』 경문(經文)의 경우, 의역으로만 번역하면 문장을 번역한 방식을 확인하기 어렵고, 보충 설명 없이 직역으로만 번역하면 내용을 이해하기 힘들다. 따라서 경문에 한하여 직역과 의역을 함께 수록하였다. 나머지 주석들에 대해서는 의역을 위주로 번역하였다.

3. 『예기』 경문에 대한 해석은 진호의 『예기집설』 주석에 근거하였다. 경문 해석에 있어서, 『예기정의』, 『예기훈찬』, 『예기집해』마다 이견(異見)이 많다. 『예기집섭대전』의 소주(小註) 또한 진호의 주장과 이견을 보이는 곳이 있고, 소주 사이에도 이견이 많다. 따라서 『예기』 경문 해석의 표준은 진호의 『예기집설』 주석에 근거했으며, 진호가 설명하지 않은 부분들은 『대전』의 소주를 참고하였다. 또한 경문 해석에 있어서 『예기정의』, 『예기훈찬』, 『예기집해』에 나타나는 이견들은 특별한 경우를 제외하고는 각각의 문장을 읽어보면, 경문에 대한 이견을 알 수 있기 때문에, 이러한 경우에는 주석처리를 하지 않았다.

4. 본 역서가 저본으로 삼은 책은 다음과 같다.
   - 『禮記』, 서울 : 保景文化社, 초판 1984 (5판 1995)
   - 『禮記正義』1~4(전4권, 『十三經注疏 整理本』12~15), 北京 : 北京大學出版社, 초판 2000
   - 朱彬 撰, 『禮記訓纂』上・下(전2권), 北京 : 中華書局, 초판 1996 (2쇄 1998)
   - 孫希旦 撰, 『禮記集解』上・中・下(전3권), 北京 : 中華書局, 초판 1989 (4쇄 2007)

5. 본 책은 『예기』의 경문, 진호의 『집설』, 호광 등이 찬정한 『대전』의 세주, 정현의 주, 육덕명의 『경전석문』, 공영달의 소, 주빈(朱彬)의 『훈찬』, 손희단(孫希旦)의 『집해』 순으로 번역하였다.

6. 본래 『예기』「악기」편은 목차가 없으며, 내용 구분에 있어서도 학자들마다 의견차이가 있다. 또한 내용의 연관성으로 인하여, 장과 절을 나누기가 애매한 부분이 많다. 본 책의 목차는 역자가 임의대로 나눈 것이며, 세세하게 분절하여, 독자들이 관련내용들을 찾아보기 쉽게 하였다.

7. 본 책의 뒷부분에는 《樂記 人名 및 用語 辭典》을 수록하였다. 본문에 처음으로 등장하는 용어 및 인명에 대해서는 주석처리를 하였다. 이후에 같은 용어가 등장할 때마다 동일한 주석처리를 할 수 없어서, 뒷부분에 사전으로 수록한 것이다. 가나다순으로 기록하여, 번역문을 읽는 도중 앞부분에서 설명했던 고유명사나 인명 등에 대해서 쉽게 찾아볼 수 있도록 하였다.

【455a】

凡音之起. 由人心生也, 人心之動, 物使之然也.

　　【455a】 등과 같이 【 】 안에 숫자가 기입되어 있는 것은 『예기』의 '경문'을 뜻한다. '455'는 보경문화사(保景文化社)판본의 페이지를 말한다. 'a'는 a단에 기록되어 있다는 표시이다. 밑의 그림은 보경문화사판본의 한 페이지 단락을 구분한 표시이다.

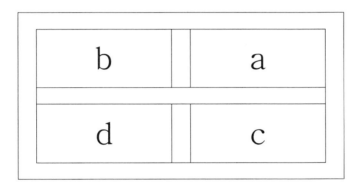

◆ 集說　凡樂音之初起, 皆由人心之感於物而生.

　"集說"로 표시된 것은 진호(陳澔)의 『예기집설(禮記集說)』 주석을 뜻한다.

◆ 大全　延平黃氏曰: 樂之實, 本於性, 根於心.

　"大全"으로 표시된 것은 호광(胡廣) 등이 찬정(撰定)한 『예기집설대전』의 세주(細註)를 뜻한다.

◆ 鄭注　宮·商·角·徵·羽雜比曰音, 單出曰聲.

"**鄭注**"로 표시된 것은 『예기정의(禮記正義)』에 수록된 정현(鄭玄)의 주(注)를 뜻한다.

◆ **釋文** 徵, 張里反, 後放此. 比, 毗志反, 下文同.

"**釋文**"으로 표시된 것은 『예기정의』에 수록된 육덕명(陸德明)의 『경전석문(經典釋文)』을 뜻한다. 『경전석문』의 내용은 글자들의 음을 설명하고, 간략한 풀이를 한 것인데, 육덕명 당시의 음가로 기록이 되었기 때문에, 현재의 음과는 맞지 않는 부분이 많다. 단순히 참고만 하기 바란다.

◆ **孔疏** ●"凡音"至"之樂". ○正義曰: 此一節論樂本之事, 章句旣多, 各隨文解之.

"**孔疏**"로 표시된 것은 『예기정의』에 수록된 공영달(孔穎達)의 소(疏)를 뜻한다. 공영달의 주석은 경문과 정현의 주에 대해서 세분화하여 기록되어 있다. 따라서 '●'으로 표시된 부분은 공영달이 경문에 대해 주석을 한 부분이고, '◎'으로 표시된 부분은 정현의 주에 대해 주석을 한 부분이다. 한편 '○'으로 표시된 부분은 공영달의 주석 부분이다.

◆ **訓纂** 王注: 物, 事也. 謂哀樂·喜怒·和敬之事, 感人而動, 見於聲.

"**訓纂**"으로 표시된 것은 『예기훈찬(禮記訓纂)』에 수록된 주석이다. 『예기훈찬』 또한 기존 주석들을 종합한 책이므로, 『예기집설대전』 및 『예기정의』와 중복되는 부분은 생략하였다.

◆ **集解** 愚謂: 此言樂之所由起也.

"**集解**"로 표시된 것은 『예기집해(禮記集解)』에 수록된 주석이다. 『예기집해』 또한 기존 주석들을 종합한 책이므로, 『예기집설대전』 및 『예기정의』와 중복되는 부분은 생략하였다.

◆ 원문 및 번역문 중 '▼'로 표시된 부분은 한글로 표기할 수 없는 한자를 기록한 부분이다. 예를 들어 '▼(㘷/皿)'의 경우 맹(盟)자의 이체자인데, '明'자 대신 '㘷'자가 들어간 한자를 프로그램상 삽입할 수가 없어서, '▼(㘷/皿)'으로 표시한 것이다. 즉 '▼(A/B)'의 형식으로 기록된 경우, A에 해당하는 글자가 한 글자의 상단 부분에 해당하고, B에 해당하는 글자가 한 글자의 하단 부분에 해당한다는 표시이다. 또한 '▼(A+B)'의 형식으로 기록된 경우, A에 해당하는 글자가 한 글자의 좌측 부분에 해당하고, B에 해당하는 글자가 한 글자의 우측 부분에 해당한다는 표시이다. 또한 '▼((A-B)/C)'의 형식으로 기록된 경우, A에 해당하는 글자에서 B 부분을 뺀 글자가 한 글자의 상단 부분에 해당하고, C에 해당하는 글자가 한 글자의 하단 부분에 해당한다는 표시이다.

1권 목차

그림목차

경문목차

2권 목차

그림목차

경문목차

【455a】

禮記集說大全卷之十八 /『예기집설대전』제18권
樂記 第十九 /「악기」제19편

大全 臨川吳氏曰: 禮經之僅存者, 猶有今儀禮十七篇. 樂經則亡矣, 其經疑多是聲音樂舞之節, 少有辭句, 可讀誦記識, 故秦火之後無傳, 諸儒不過能言樂之義而已, 而劉向所得樂記二十三篇, 又與河間獻王所撰二十四卷不同, 其二十三篇內之十一合爲一篇者, 蓋亦刪取要略, 非全文也.

번역 임천오씨[1]가 말하길, 『예경』중 겨우 남아 있는 것은 오늘날의 『의례』17편이다. 『악경』은 망실되었는데, 그 경전은 아마도 대부분 소리와 악무의 악절을 기록하고 있고, 몇 마디의 말이 기록되어 있어서, 읽고 암송할 수 있었을 것이다. 그렇기 때문에 진(秦)나라의 분서갱유를 거친 이후 전수하는 자가 없어서, 유학자들은 음악의 뜻에 대해서만 말을 할 수 있었을 뿐이다. 그런데 유향[2]이 습득한 『악기』23편은 또한 하간헌왕[3]이 수집한 24권의 기록과도 같지 않았고, 23편 중 11편은 하나의 편이 되니, 아마도 이 기록 또한 산정해서 그 요점만을 수록한 것으로, 전문은 아닐 것이다.

---

1) 오징(吳澄, A.D.1249~A.D.1333): =임천오씨(臨川吳氏)·오유청(吳幼淸). 송원대(宋元代)의 유학자이다. 이름은 징(澄)이다. 자(字)는 유청(幼淸)이다. 저서로 『예기해(禮記解)』가 있다.

2) 유향(劉向, B.C77~A.D.6): 전한(前漢) 때의 학자이다. 자(字)는 자정(子政)이다. 유흠(劉歆)의 부친이다. 비서성(秘書省)에서 고서들을 정리하였다. 저서로는 『설원(說苑)』·『신서(新序)』·『열녀전(列女傳)』·『별록(別錄)』 등이 있다.

3) 하간헌왕(河間獻王, ?~B.C. 130): =유덕(劉德). 전한(前漢) 때의 인물이다. 성(姓)은 유(劉)이고, 이름은 덕(德)이다. 경제(景帝)의 아들이다. B.C.155년에 하간(河間) 지역의 왕으로 분봉을 받았기 때문에, '하간헌왕'이라고 부르는 것이다. 학문을 좋아하였고, 유학(儒學) 뿐만 아니라, 다른 학문에 대해서도 박학하였다. 민간으로부터 많은 서적들을 수집하였고, 학자들을 불러 모아서 많은 서적들을 편찬하였다.

孔疏 陸曰: 鄭云, "名樂記者, 以其記樂之義."

번역 육덕명4)이 말하길, 정현5)은 "편명을 '악기(樂記)'라고 지은 것은 음악의 뜻을 기록하고 있기 때문이다."라고 했다.

孔疏 正義曰: 按鄭目錄云: "名曰樂記者, 以其記樂之義. 此於別錄屬樂記." 蓋十一篇合爲一篇, 謂有樂本·有樂論·有樂施·有樂言·有樂禮·有樂情·有樂化·有樂象·有賓牟賈·有師乙·有魏文侯. 今雖合此, 略有分焉. 按藝文志云: "黃帝以下至三代, 各有當代之樂名. 孔子曰: '移風易俗, 莫善於樂也.' 周衰禮壞, 其樂尤微, 以音律爲節, 又爲鄭·衛所亂, 故無遺法矣. 漢興, 制氏以雅樂聲律, 世爲樂官, 頗能記其鏗鏘鼓舞而已, 不能言其義理. 武帝時, 河間獻王好博古, 與諸生等共采周官及諸子云樂事者, 以作樂記事也. 其內史丞王度傳之, 以授常山王禹, 成帝時, 爲謁者數言其義, 獻二十四卷樂記. 劉向校書, 得樂記二十三篇, 與禹不同, 其道浸以益微." 故劉向所校二十三篇, 著於別錄. 今樂記所斷取十一篇, 餘有十二篇, 其名猶在. 三6)十四卷, 記無所錄也. 其十二篇之名, 按別錄十一篇, 餘次奏樂第十二, 樂器第十三, 樂作第十四, 意始第十五, 樂穆第十六, 說律第十七, 季札第十八, 樂道第十九, 樂義第二十, 昭本第二十一, 招頌第二十二, 竇公第二十三, 是也. 按別錄: 禮記四十九篇, 樂記第十九. 則樂記十一篇入禮記也, 在劉向前矣. 至劉向爲別錄時, 更載所入樂記十一篇, 又載餘十二篇, 總爲二十三篇也. 其二十三篇之目, 今總存焉.

번역 『정의』7)에서 말하길, 정현의 『목록』8)을 살펴보면, "편명을 '악기

---

4) 육덕명(陸德明, A.D.550~A.D.630): =육원랑(陸元朗). 당대(唐代)의 경학자이다. 이름은 원랑(元朗)이고, 자(字)는 덕명(德明)이다. 훈고학에 뛰어났으며, 『경전석문(經典釋文)』 등을 남겼다.

5) 정현(鄭玄, A.D.127~A.D.200): =정강성(鄭康成)·정씨(鄭氏). 한대(漢代)의 유학자이다. 자(字)는 강성(康成)이다. 『주역(周易)』, 『상서(尚書)』, 『모시(毛詩)』, 『주례(周禮)』, 『의례(儀禮)』, 『예기(禮記)』, 『논어(論語)』, 『효경(孝經)』 등에 주석을 하였다.

6) '삼(三)'자에 대하여. '삼'자는 아마도 '이(二)'자의 오자인 것 같다.

(樂記)'라고 지은 이유는 음악의 뜻을 기록하고 있기 때문이다. 「악기」편을 『별록』9)에서는 '악기(樂記)' 항목에 포함시켰다."라고 했다. 무릇 11개 편을 합쳐서 1개의 편으로 만들었으니, 11개 편으로는 「악본(樂本)」·「악론(樂論)」·「악시(樂施)」·「악언(樂言)」·「악례(樂禮)」·「악정(樂情)」·「악화(樂化)」·「악상(樂象)」·「빈무고(賓牟賈)」·「사을(師乙)」·「위문후(魏文侯)」편이 있다. 현재는 비록 이 편들을 하나의 편으로 합쳤지만, 대략적으로 구분이 된다. 『한서』「예문지」편을 살펴보면, "황제(黃帝)10)로부터 그

---

7) 『정의(正義)』는 『예기정의(禮記正義)』 또는 『예기주소(禮記注疏)』를 뜻한다. 당(唐)나라 때에는 태종(太宗)이 공영달(孔穎達) 등을 시켜서 『오경정의(五經正義)』를 편찬하였는데, 이때 『예기정의』에는 정현(鄭玄)의 주(注)와 공영달의 소(疏)가 수록되었다. 송대(宋代)에는 『오경정의』와 다른 경전(經典)에 대한 주석서를 포함한 『십삼경주소(十三經注疏)』가 편찬되어, 『예기주소』라는 명칭이 되었다.

8) 『목록(目錄)』은 정현이 찬술했다고 전해지는 『삼례목록(三禮目錄)』을 가리킨다. 『십삼경주소(十三經注疏)』에서 인용되고 있지만, 이 책은 『수서(隋書)』가 편찬될 당시에 이미 일실되어 존재하지 않았다. 『수서』「경적지(經籍志)」편에는 "三禮目錄一卷, 鄭玄撰, 梁有陶弘景注一卷, 亡."이라는 기록이 있다.

9) 『별록(別錄)』은 후한(後漢) 때 유향(劉向)이 찬(撰)했다고 전해지는 책이다. 현재는 일실되어 존재하지 않으며, 『한서(漢書)』「예문지(藝文志)」편을 통해서 대략적인 내용만을 추측해볼 수 있다.

10) 황제(黃帝)는 헌원씨(軒轅氏), 유웅씨(有熊氏)이라고도 부른다. 전설시대에 존재했다고 전해지는 고대 제왕(帝王)이다. 소전(少典)의 아들이고, 성(姓)은 공손(公孫)이다. 헌원(軒轅)이라는 땅의 구릉 지역에 거주하였기 때문에, 그를 '헌원씨'라고도 부르는 것이다. 또한 '황제'는 희수(姬水) 지역에도 거주를 하였기 때문에, 이 지역의 이름을 따서 성(姓)을 희(姬)로 고치기도 하였다. 그리고 수도를 유웅(有熊) 땅에 마련하였기 때문에, 그를 '유웅씨'라고도 부르는 것이다. 한편 오행(五行) 관념에 따라서, 그는 토덕(土德)을 바탕으로 제왕이 되었다고 여겼는데, 흙[土]이 상징하는 색깔은 황(黃)이므로, 그를 '황제'라고 부르는 것이다. 『역』「계사하(繫辭下)」편에는 "神農氏沒, 黃帝·堯·舜氏作, 通其變, 使民不倦."이라는 기록이 있는데, 이에 대한 공영달(孔穎達)의 소(疏)에서는 "黃帝, 有熊氏少典之子, 姬姓也."라고 풀이했다. 한편 '황제'는 오제(五帝) 중 하나를 뜻한다. 오행(五行)으로 구분했을 때 토(土)를 주관하며, 계절로 따지면 중앙 계절을 주관하고, 방위로 따지면 중앙을 주관하는 신(神)이다. 『여씨춘추(呂氏春秋)』「계하기(季夏紀)」편에는 "其帝黃帝, 其神后土."라는 기록이 있고 이에 대한 고유(高誘)의 주에서는 "黃帝, 少典之子, 以土德王天下, 號軒轅氏, 死託祀爲中央之帝."라고 풀이했다.

이하로 삼대(三代)[11]에 이르기까지, 각각 당대의 악곡 명칭이 있었다. 공자는 '풍속을 좋은 쪽으로 바꾸고 변화시킴에는 음악보다 좋은 것이 없다.'[12]라고 했다. 주(周)나라의 도가 쇠퇴하고 예(禮)가 붕괴되어, 음악도 더욱 쇠퇴하여, 법도를 기록한 것에 따르지 않고 단지 음률로 절도를 맞추고, 또 정(鄭)나라와 위(衛)나라의 음란한 음악에 의해 혼란스럽게 되었기 때문에, 남겨진 법도가 없게 되었다. 한(漢)나라가 흥성하게 되자 제씨(制氏)[13]는 아악(雅樂)의 성률(聲律)에 뛰어나 그 가문에서는 대대로 악관(樂官)이 되었는데, 악기 등을 연주하고 춤을 추는 것에 대해서만 기록할 수 있었을 뿐이며, 그 의리에 대해서는 설명을 할 수 없었다. 무제(武帝) 시기[14]에, 하간헌왕은 옛 학문 배우는 일을 좋아하여, 여러 유생들과 함께 『주례』의 기록들을 모으고, 또 여러 학파에서 음악에 대한 일을 언급한 기록들을 모아서 『악기』를 지었다. 내사승(內史丞)인 왕도(王度: =王定)가 그 기록을 전수하여, 상산왕(常山王)인 우(禹)에게 주었고, 성제(成帝) 시기[15]에, 알자(謁者)라는 관리가 되어 수차례 그 의미를 언급하고, 24권의 『악기』를 헌상하였다. 유향이 교서(校書)라는 관리가 되었을 때, 서고에서 『악기』 23편을 얻었는데, 우(禹)가 전해준 기록과는 달랐으며, 그 도는 점진적으로 더욱 은미해졌다."[16]라고 했다. 그래서 유향은 교감을 한 23편의 기록을

---

11) 삼대(三代)는 하(夏), 은(殷), 주(周)의 세 왕조를 말한다. 『논어』「위령공(衛靈公)」편에는 "斯民也, 三代 之所以直道而行也."라는 기록이 있고, 이에 대한 형병(邢昺)의 소(疏)에서는 "三代, 夏殷周也."로 풀이했다.

12) 『효경』「광요도장(廣要道章)」: 子曰, 敎民親愛, 莫善於孝. 敎民禮順, 莫善於悌. 移風易俗, 莫善於樂.

13) 제씨(制氏, ?~?): 전한(前漢) 때의 사람이다. 이름은 자세히 알려져 있지 않다. 노(魯)나라 지역 출신으로 알려져 있다. 『한서(漢書)』「예악지(禮樂志)」에 따르면, 악가(樂家)로 분류되며, 대대로 악관(樂官)을 맡은 집안 출신이다. 악기 연주 및 춤에 대해서는 능통하였지만, 그 의미에 대해서는 설명을 잘 못했다고 한다.

14) 한(漢)나라 무제(武帝)의 통치기간은 B.C.140년부터 B.C.87년까지이다.

15) 한(漢)나라 성제(成帝)의 통치기간은 B.C.32년부터 B.C.7년까지이다.

16) 『한서(漢書)』「예문지(藝文志)」: 故自黃帝下至三代, 樂各有名. 孔子曰, "安上治民, 莫善於禮; 移風易俗, 莫善於樂. 二者相與並行. 周衰俱壞, 樂尤微眇, 以音律爲節, 又爲鄭衛所亂故無遺法. 漢興, 制氏以雅樂聲律, 世在樂官, 頗能紀其

『별록』속에 기록했다. 현재의「악기」편은 그 중에서도 11개 편을 부분적으로 절취한 것으로, 나머지 12개의 편에 대해서는 그 이름만 남아있다. 우(禹)가 헌상한 24권의『악기』에 대해서는 남아 있는 기록이 없다. 나머지 12개의 편명에 대해서, 살펴보면『별록』에 나온 11개 편 이외에 그 다음에는「주악(奏樂)」이 제 12편으로 되어 있고,「악기(樂器)」가 제 13편으로 되어 있으며,「악작(樂作)」이 제 14편으로 되어 있고,「의시(意始)」가 제 15편으로 기록되어 있으며,「악목(樂穆)」이 제 16편으로 기록되어 있고,「설률(說律)」이 제 17편으로 기록되어 있으며,「계찰(季札)」이 제 18편으로 기록되어 있고,「악도(樂道)」가 제 19편으로 기록되어 있으며,「악의(樂義)」가 제 20편으로 기록되어 있고,「소본(昭本)」이 제 21편으로 기록되어 있으며,「초송(招頌)」이 제 22편으로 기록되어 있고,「두공(竇公)」이 제 23편으로 기록되어 있다.『별록』을 살펴보면,『예기』는 총 49개 편인데,「악기」편은 제 19편이다. 즉『악기』의 11개 편이『예기』로 편입된 것은 유향 이전의 시기가 됨을 나타낸다. 유향에 이르러,『별록』을 저술했을 때에는 재차『예기』에 편입된 11개의『악기』편들을 기록하고, 또 나머지 12개 편을 수록하여, 총 23편이라고 한 것이다. 23편의 제목은 현재도 모두 남아 있다.

鏗鏘鼓舞, 而不能言其義. 六國之君, 魏文侯最爲好古, 孝文時得其樂人竇公, 獻其書, 乃周官大宗伯之大司樂章也. 武帝時, 河間獻王好儒, 與毛生等共采周官及諸子言樂事者, 以作樂記, 獻八佾之舞, 與制氏不相遠. 其內史丞王定傳之, 以授常山王禹. 禹, 成帝時爲謁者, 數言其義, 獻二十四卷記. 劉向校書, 得樂記二十三篇, 與禹不同, 其道浸以益微.

편차	「악기」	『목록』	『별록』
1	「악본(樂本)」	「악본(樂本)」	「악본(樂本)」
2	「악론(樂論)」	「악론(樂論)」	「악론(樂論)」
3	「악례(樂禮)」	「악시(樂施)」	「악시(樂施)」
4	「악시(樂施)」	「악언(樂言)」	「악언(樂言)」
5	「악언(樂言)」	「악례(樂禮)」	「악례(樂禮)」
6	「악상(樂象)」	「악정(樂情)」	「악정(樂情)」
7	「악정(樂情)」	「악화(樂化)」	「악화(樂化)」
8	「위문후(魏文侯)」	「악상(樂象)」	「악상(樂象)」
9	「빈무고(賓牟賈)」	「빈무고(賓牟賈)」	「빈무고(賓牟賈)」
10	「악화(樂化)」	「사을(師乙)」	「사을(師乙)」
11	「사을(師乙)」	「위문후(魏文侯)」	「위문후(魏文侯)」
12			「주악(奏樂)」
13			「악기(樂器)」
14			「악작(樂作)」
15			「의시(意始)」
16			「악목(樂穆)」
17			「설률(說律)」
18			「계찰(季札)」
19			「악도(樂道)」
20			「악의(樂義)」
21			「소본(昭本)」
22			「초송(招頌)」
23			「두공(竇公)」

集解 愚謂: 此篇鄭·孔皆不言作者之人, 惟史記正義以爲公孫尼子所作, 未知何據. 樂以義理爲本, 以器數爲用. 古者樂爲六藝之一, 小學·大學莫不以此爲敎, 其器數, 人人之所習也, 獨其義理之精有未易知者, 故此篇專言義理而不及器數. 自古樂散亡, 器數失傳, 而其言義理者, 雖賴有是篇之存, 而不可見之施用, 遂爲簡上之空言矣. 然而樂之理終未嘗亡, 苟能本其和樂莊敬者以治一身, 而推其同和·同節者以治一世, 則孟子所謂"今樂猶古樂"者, 而其用或亦可以漸復也.

번역 내가 생각하기에, 「악기」편에 대해서 정현과 공영달[17]은 모두 지은이를 언급하지 않았는데, 오직 『사기정의』에서만 공손니자(公孫尼子)의 저작이라고 여겼다. 그러나 어떤 근거에 의해 이러한 주장을 했는지 알 수 없다. 음악은 의리를 근본으로 삼고, 각종 악기나 규칙들을 쓰임으로 삼는다. 고대의 음악은 육예[18] 중 하나였으며, 소학(小學)과 대학(大學)에서도 이것을 학과목으로 삼지 않은 적이 없었는데, 악기나 규칙들은 사람들이 모두 익혔던 것이지만, 유독 그 의리의 정수에 대해서는 쉽게 이해할 수 없는 점이 있었다. 그렇기 때문에 「악기」편은 전적으로 음악의 의리에 대해서만 언급하고 각종 악기나 법칙들에 대해서는 언급하지 않은 것이다. 고악이 없어진 이후로 악기 및 법칙에 대한 것도 전수가 끊어졌는데, 의리를 언급한 것은 비록 『예기』에 남아 있는 「악기」편에 따르더라도, 그것을 어떻게 활용했는지는 살펴볼 수 없어서, 결국 문자로만 기록된 공허한 말이 되고 말았다. 그러나 음악의 이치는 일찍이 없어진 적이 없었으니, 진실로 음악의 조화로움과 즐거움, 장엄함과 공경함에 근본을 두어 제 자신을 다스릴 수 있고, 음악의 동화(同和)와 동절(同節)을 미루어서 한 세대를 다스릴 수 있다면, 맹자가 말한 "오늘날의 음악은 고대의 음악과 같다."[19]는 말처럼, 그 쓰임에 있어서도 또한 점진적으로 회복될 수 있을 것이다.

---

17) 공영달(孔穎達, A.D.574~A.D.648) : =공씨(孔氏). 당대(唐代)의 경학자이다. 자(字)는 중달(仲達)이고, 시호(諡號)는 헌공(憲公)이다. 『오경정의(五經正義)』를 찬정(撰定)하는데 중심적인 역할을 했다.

18) 육예(六藝)는 기본적으로 갖춰야 하는 여섯 가지 과목을 뜻한다. 여섯 가지 과목은 예(禮), 음악[樂], 활쏘기[射], 수레몰기[御], 글쓰기[書], 셈하기[數]이며, 구체적으로 말하자면 오례(五禮), 육악(六樂), 오사(五射), 오어(五馭: =五御), 육서(六書), 구수(九數)를 가리킨다.

19) 『맹자』「양혜왕하(梁惠王下)」 : 王之好樂甚, 則齊其庶幾乎! <u>今之樂由古之樂也.</u>

그림 0-1   황제(黃帝) 헌원씨(軒轅氏)

※ 출처: 『삼재도회(三才圖會)』「인물(人物)」 1권

● 그림 0-2 서한(西漢)의 세계도(世系圖)

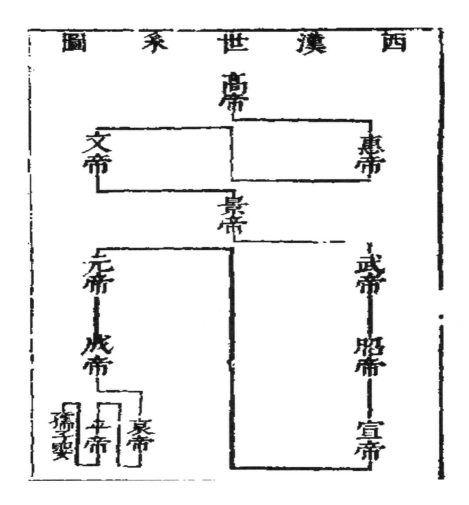

※ **출처**: 『삼재도회(三才圖會)』「인물(人物)」 2권

● 그림 0-3　서한(西漢)의 무제(武帝)

像 帝 武 漢

※ 출처: 『삼재도회(三才圖會)』「인물(人物)」2권

제1편

악본(樂本)

• 제 1 절 •

심(心)과 물(物), 성(聲) · 음(音) · 악(樂)

【455a】

凡音之起, 由人心生也. 人心之動, 物使之然也. 感於物而動,
故形於聲. 聲相應, 故生變. 變成方, 謂之音. 比音而樂之,
及干戚羽旄, 謂之樂.

직역 凡히 音의 起는 人心으로 由하여 生한다. 人心의 動은 物이 使하여 然하다. 物에 感하여 動한 故로 聲에 形한다. 聲이 相應한 故로 變이 生한다. 變이 方을 成함을 音이라 謂한다. 音에 比하여 樂하고, 干戚과 羽旄에 及함을 樂이라 謂한다.

의역 무릇 음악의 기원은 사람의 마음으로부터 생겨났다. 사람의 마음이 움직이게 된 것은 외부 사물이 그렇게 시켜서 된 것이다. 즉 마음이 외부 사물을 느껴서 움직이기 때문에, 그것이 소리로 형용화된다. 소리의 말과 뜻이 서로 호응하기 때문에, 변화가 생겨난다. 변화는 곧 법칙과 형태를 이루니, 이것을 '음(音)'이라고 부른다. 음을 견주어서 악기로 연주하고, 방패나 도끼 또는 깃털과 꼬리털을 들고 춤을 추게 되면, 이것을 '악(樂)'이라고 부른다.

集說 凡樂音之初起, 皆由人心之感於物而生. 人心虛靈不昧, 感而遂通, 情動於中, 故形於言而爲聲. 聲之辭意相應, 自然生淸濁高下之變, 變而成歌詩之方法, 則謂之音矣. 成方, 猶言成曲調也. 比合其音而播之樂器, 及舞之干戚羽旄, 則謂之樂焉. 干戚, 武舞也. 羽旄, 文舞也.

번역 무릇 음악이 최초 기원한 것은 모두 사람의 마음이 사물에 감응한 것으로부터 생겨났다. 사람의 마음은 영묘하여 어둡지 않고 느껴서 결국 통달하니, 정감은 그 안에서 움직인다. 그렇기 때문에 말을 통해 형용화되어 소리[聲]가 된다. 소리의 말[辭]과 뜻[意]은 서로 호응하여, 자연스럽게 소리의 맑고 탁함 또는 높고 낮은 변화가 생기고, 변화를 이루어 시가(詩歌)의 법칙과 형태를 이루면, 이것을 '음(音)'이라고 부른다. 법칙과 형태를 이룬다는 것은 곡조(曲調)를 이룬다는 뜻이다. 그 음들을 견주고 합하여 악기로 연주하고, 또 방패[干]와 도끼[戚] 및 깃털[羽]과 꼬리털[旄] 등을 이용해 춤으로 춘다면, 그것을 '악(樂)'이라고 부른다. 방패와 도끼를 이용해 추는 춤은 무무(武舞)[1]이고, 깃털과 꼬리털을 이용해 추는 춤은 문무(文舞)[2]이다.

大全 延平黃氏曰: 樂之實, 本於性, 根於心, 故凡音之起, 由人心生, 非作於外物也, 外物爲之感發而已. 人之心, 其猶柷歟, 有物觸其中則鳴, 非柷求鳴於物也. 聲者, 心以應物者也. 單出曰聲, 雜比曰音. 單出, 未之變也, 五聲相應而變生焉. 聲成文謂之音, 此言聲有所變. 變成方謂之音, 此言變有所歸. 惟其有所歸在, 故其始作, 翕如也, 從之, 純如也, 皦如也, 繹如也, 以成. 無方則不可比矣.

번역 연평황씨[3]가 말하길, 음악의 본질은 본성에 근본하고 마음에 뿌리를 두고 있다. 그렇기 때문에 "무릇 음악의 기원은 사람의 마음으로부터 생겨난다."고 한 것이니, 외부 사물에서 만들어지는 것이 아니며, 단지 외부 사물은 그것을 느끼게 하여 나타나게 끔만 할 따름이다. 사람의 마음이라는 것은 비유하자면 악기 중 축(柷)과 같으니, 다른 사물이 그 속을 두드리

---

1) 무무(武舞)는 문무(文舞)와 상대되는 용어이다. 주(周)나라 때에 생겨났다. 무용수들이 도끼와 방패 등의 병장기를 들고 추는 춤이다. 통치자의 무공(武功)을 기리는 뜻을 춤으로 표현한 것이다.
2) 문무(文舞)는 무무(武舞)와 상대되는 용어이다. 무용수들이 피리 및 깃털 등의 도구를 들고 추는 춤이다. 통치자의 치적(治積)을 기리는 뜻을 춤으로 표현한 것이다.
3) 황상(黃裳, A.D.1044~A.D.1130): =연평황씨(延平黃氏)·황면중(黃晃仲). 북송(北宋) 때의 학자이다. 자(字)는 도부(道夫)·면중(晃仲)이다. 저서로는 『연산선생문집(演山先生文集)』 등이 있다.

면, 소리가 울려 퍼지는데, 이것은 축(柷) 자체가 외부 사물에 대해 소리가 나도록 요구한 것은 아니다. 소리[聲]라는 것은 사람의 마음이 외부 대상을 느껴서 나타나는 것이다. 하나의 음만 나오는 것을 '성(聲)'이라고 부르며, 여러 음이 섞여서 편차를 두는 것을 '음(音)'이라고 부른다. 하나의 음만 나오게 되면 아직 변화된 것이 아닌데, 오성[4]이 서로 호응하여 변화가 생겨난다. 소리는 이러한 문채를 이루니 이것을 '음(音)'이라고 부르며, 이것은 소리에 변화된 것이 있음을 뜻한다. 변화가 법칙을 이룬 것을 '음(音)'이라고 부르며, 이것은 변화에 귀착되는 점이 있음을 뜻한다. 그 변화에도 귀착되는 점이 있기 때문에, 시작할 때에는 합하고 그 뒤에는 조화를 이루고 분명한 음을 내며 연속되어 하나의 장을 이룬다고 한 것이니,[5] 법칙이 없다면 음들을 견줄 수가 없다.

大全 嚴陵方氏曰: 宮變生徵, 徵變生商, 商變生羽, 羽變生角. 上下相通而成方, 則雜比之矣, 故謂之音.

번역 엄릉방씨[6]가 말하길, 궁(宮)음이 변화하여 치(徵)음을 만들고, 치(徵)음이 변화하여 상(商)음을 만들며, 상(商)음이 변화하여 우(羽)음을 만들고, 우(羽)음이 변화하여 각(角)음을 만든다. 상하가 서로 소통되어 법칙을 이룬다면, 이것을 뒤섞어 서로 견주게 된다. 그렇기 때문에 이것을 '음(音)'이라고 부른다.

---

4) 오성(五聲)은 오음(五音)이라고도 하며, 일반적으로 궁(宮), 상(商), 각(角), 치(徵), 우(羽) 다섯 가지 음을 뜻한다. 당(唐)나라 이후에는 또한 합(合), 사(四), 을(乙), 척(尺), 공(工)으로 부르기도 했다. 『맹자』「이루상(離婁上)」편에는 "不以六律, 不能正五音."이라는 기록이 있는데, 이에 대한 조기(趙岐)의 주에서는 "五音, 宮商角徵羽"라고 풀이하였다.

5) 『논어』「팔일(八佾)」: 子語魯大師樂, 曰, "樂其可知也, 始作, 翕如也, 從之, 純如也, 皦如也, 繹如也, 以成."

6) 엄릉방씨(嚴陵方氏, ?~?): =방각(方慤)·방씨(方氏)·방성부(方性夫). 송대(宋代)의 유학자이다. 이름은 각(慤)이다. 자(字)는 성부(性夫)이다. 『예기집해(禮記集解)』를 지었고, 『예기집설대전(禮記集說大全)』에는 그의 주장이 많이 인용되고 있다.

大全 山陰陸氏曰: 音, 八音也. 雖有金石絲竹, 而無舞焉, 不得謂之樂.

번역 산음육씨[7]가 말하길, '음(音)'은 팔음[8]이다. 비록 쇠[金], 돌[石], 실[絲], 대나무[竹] 등으로 만든 악기가 있더라도, 춤이 없으므로 이것을 '악(樂)'이라고 부를 수 없다.

鄭注 宮·商·角·徵·羽雜比曰音, 單出曰聲. 形, 猶見也. 樂之器, 彈其宮則衆宮應, 然不足樂, 是以變之使雜也. 易曰: "同聲相應, 同氣相求." 春秋傳曰: "若以水濟水, 誰能食之? 若琴瑟之專一, 誰能聽之?" 方, 猶文章也. 干, 盾也; 戚, 斧也, 武舞所執也. 羽, 翟羽也; 旄, 旄牛尾也, 文舞所執. 周禮舞師·樂師掌教舞, 有兵舞, 有干舞, 有羽舞, 有旄舞. 詩曰: "左手執籥, 右手秉翟."

번역 궁(宮)·상(商)·각(角)·치(徵)·우(羽)의 음들이 뒤섞이며 서로 비교되어 나열되는 것을 '음(音)'이라고 부르고, 하나의 소리만 나오는 것을 '성(聲)'이라고 부른다. '형(形)'자는 "드러난다[見]."는 뜻이다. 음악을 연주

---

7) 산음육씨(山陰陸氏, A.D.1042~A.D.1102): =육농사(陸農師)·육전(陸佃). 북송(北宋) 때의 유학자이다. 자(字)는 농사(農師)이며, 호(號)는 도산(陶山)이다. 어려서 집안이 매우 가난했다고 전해지며, 왕안석(王安石)에게 수학하였으나 왕안석의 신법에 대해서는 반대하였다. 저서로는 『비아(埤雅)』, 『춘추후전(春秋後傳)』, 『도산집(陶山集)』 등이 있다.

8) 팔음(八音)은 여덟 가지의 악기들을 뜻한다. 여덟 종류의 악기에는 8종류의 서로 다른 재질이 사용되기 때문에, 붙여진 이름이다. 여기에서 여덟 가지 재질이란 통상적으로 쇠[金], 돌[石], 실[絲], 대나무[竹], 박[匏], 흙[土], 가죽[革], 나무[木]를 가리킨다. 『서』「우서(虞書)·순전(舜典)」편에는 "三載, 四海遏密八音."이란 기록이 있는데, 이에 대한 공안국(孔安國)의 전(傳)에서는 "八音, 金石絲竹匏土革木."이라고 풀이하였다. 또한 여덟 가지 재질에 따른 악기에 대해서 설명하자면, 금(金)에는 종(鐘)과 박(鎛)이 있고, 석(石)에는 경(磬)이 있으며, 토(土)에는 훈(塤)이 있고, 혁(革)에는 고(鼓)와 도(鼗)가 있으며, 사(絲)에는 금(琴)과 슬(瑟)이 있고, 목(木)에는 축(祝)과 어(敔)가 있으며, 포(匏)에는 생(笙)이 있고, 죽(竹)에는 관(管)과 소(簫)가 있다. 『주례』「춘관(春官)·대사(大師)」편에는 "皆播之以八音, 金石土革絲木匏竹."이라는 기록이 있는데, 이에 대한 정현의 주에서는 "金, 鐘鎛也. 石, 磬也. 土, 塤也. 革, 鼓鼗也. 絲, 琴瑟也. 木, 祝敔也. 匏, 笙也. 竹, 管簫也."라고 풀이하였다.

하는 악기가 궁(宮)음을 연주하면, 뭇 궁(宮)음들이 호응하지만 음악이라고 하기에는 부족하므로, 소리들을 변화시켜 뒤섞이게 하는 것이다. 『역』에서는 "같은 소리는 서로 호응하고, 같은 기운은 서로를 찾는다."9)라고 했고, 『춘추전』에서는 "물에 물을 섞어 맛을 낸다면, 그 누가 그것을 맛있게 먹을 것이며, 금(琴)이나 슬(瑟) 등의 악기로 어느 한 가지 음만 연주한다면, 그 누가 그것을 좋게 듣겠습니까?"10)라고 했다. '방(方)'자는 무늬와 제도를 뜻한다. '간(干)'자는 방패[盾]를 뜻하며, '척(戚)'자는 도끼[斧]를 뜻하니, 무무(武舞)를 출 때 잡는 무용도구이다. '우(羽)'는 꿩의 깃털을 뜻하고, '모(旄)'는 소의 긴 꼬리털을 뜻하니, 문무(文舞)를 출 때 잡는 무용도구이다. 『주례』에서는 무사11)와 악사12)라는 관리가 춤 가르치는 일을 담당했는데, 그 안에는 병무13), 간무14), 우무15), 모무16)가 있다고 했다.17) 『시』에서는

---

9) 『역』「건괘(乾卦)」: 九五曰"飛龍在天, 利見大人", 何謂也? 子曰, "同聲相應, 同氣相求, 水流濕, 火就燥, 雲從龍, 風從虎, 聖人作而萬物覩, 本乎天者親上, 本乎地者親下, 則各從其類也."

10) 『춘추좌씨전』「소공(昭公) 20년」: 君所謂否, 據亦曰否. 若以水濟水, 誰能食之? 若琴瑟之專壹, 誰能聽之? 同之不可也如是.

11) 무사(舞師)는 주(周)나라 때의 관리이다. 의례를 시행할 때 필요로 하는 춤들을 가르치고, 관련 일들을 담당했다. '무사'라는 관직은 하사(下士) 2명이 담당을 했으며, 그 휘하에는 서(胥) 4명, 무도(舞徒) 40명이 배속되어 있었다. 『주례』「지관사도(地官司徒)」편에는 "舞師, 下士二人, 胥四人, 舞徒四十人."이라는 기록이 있다.

12) 악사(樂師)는 『주례』에 나온 관직명으로, 음악을 담당했던 관리 중 하나이다. 총 책임자인 대사악(大司樂)의 부관이었다. 『주례』「춘관(春官)·악사(樂師)」편에는 "樂師, 掌國學之政, 以敎國子小舞."라는 기록이 있다. 즉 '악사'는 국학(國學)에 있는 국자(國子)들에게 소무(小舞) 등을 가르쳤다.

13) 병무(兵舞)는 고대의 제사 때 사용되었던 춤 중 하나이다. 무용수들이 방패나 도끼와 같은 병장기를 들고 춤을 추었기 때문에, 그 춤을 '병무'라고 부르는 것이다. 『주례』「지관(地官)·고인(鼓人)」편에는 "凡祭祀百物之神, 鼓兵舞帗舞者."라는 기록이 있는데, 이에 대한 정현의 주에서는 "兵, 謂干戚也. …… 皆舞者所執."이라고 풀이했다.

14) 간무(干舞)는 고대의 사용되었던 무무(武舞) 중 하나이다. 무용수들이 방패를 들고 추는 춤이었으며, 주(周)나라 때에는 여섯 가지 소무(小舞) 중 하나로 여겼다. 또한 '간무'는 병장기를 들고 추는 춤이기 때문에, '병무(兵舞)'라고도 불렀다. 『주례』「춘관(春官)·악사(樂師)」편에는 "樂師掌國學之政, 以敎國子小舞. 凡舞, 有帗舞, 有羽舞, 有皇舞, 有旄舞, 有干舞, 有人舞."라는 기록

"왼손으로는 피리를 들고, 오른손으로는 꿩의 깃털을 잡는다."18)라고 했다.

釋文 徵, 張里反, 後放此. 比, 毗志反, 下文同. 見, 賢遍反. 應, 應對之應, 篇內同. 彈, 徒丹反. 樂音岳, 又音洛. 旄音毛. 盾, 本又作楯, 述允反, 又音允. 翟音狄. 籥, 羊灼反.

번역 '徵'자는 '張(장)'자와 '里(리)'자의 반절음이며, 뒤에 나오는 글자도 모두 그 음이 이와 같다. '比'자는 '毗(비)'자와 '志(지)'자의 반절음이며, 아래문장에 나오는 글자도 그 음이 이와 같다. '見'자는 '賢(현)'자와 '遍(편)'자의 반절음이다. '應'자는 '응대(應對)'라고 할 때의 '應'자이며, 「악기」편에 나오는 이 글자는 모두 그 음이 이와 같다. '彈'자는 '徒(도)'자와 '丹(단)'자의 반절음이다. '樂'자의 음은 '岳(악)'이며, 또한 그 음은 '洛(낙)'도 된다. '旄'자의 음은 '毛(모)'이다. '盾'자는 판본에 따라서 또한 '楯'자로도 기록하는데, 그 음은 '述(술)'자와 '允(윤)'자의 반절음이고, 또한 그 음은 '允(윤)'도 된다. '翟'자의 음은 '狄(적)'이다. '籥'자는 '羊(양)'자와 '灼(작)'자의 반절음이다.

이 있는데, 이에 대한 정현의 주에서는 정사농(鄭司農)의 주장을 인용하여, "干舞者, 兵舞."라고 풀이했다.

15) 우무(羽舞)는 소무(小舞)에 해당하며, 문무(文舞)의 일종으로, 무용수들이 깃털을 잡고 추는 춤이다. 흰색 깃털로 장식을 했으며, 그 모양이 '오색의 기[帗]'와 흡사하였다. 국자(國子)들이 교육을 받았던 춤인데, '우무' 외에도 불무(帗舞), 황무(皇舞), 모무(旄舞), 간무(干舞), 인무(人舞) 등을 교육 받았다. 『주례』「춘관(春官)·악사(樂師)」편에는 "掌國子之政, 以敎國子小舞. 凡舞, 有帗舞, 有羽舞, 有皇舞, 有旄舞, 有干舞, 有人舞."라는 기록이 있다.

16) 모무(旄舞)는 주(周)나라 때 여섯 종류의 소무(小舞) 중 하나였다. 문무(文舞)에 해당하며, 무용수들이 소의 긴 꼬리털을 잡고 휘두르며 춤을 추었다.

17) 『주례』「지관(地官)·무사(舞師)」: 舞師, 掌敎兵舞, 帥而舞山川之祭祀; 敎帗舞, 帥而舞社稷之祭祀; 敎羽舞, 帥而舞四方之祭祀; 敎皇舞, 帥而舞旱暵之事. / 『주례』「춘관(春官)·악사(樂師)」: 凡舞, 有帗舞, 有羽舞, 有皇舞, 有旄舞, 有干舞, 有人舞.

18) 『시』「패풍(邶風)·간혜(簡兮)」: 有力如虎, 執轡如組. 左手執籥, 右手秉翟. 赫如渥赭, 公言錫爵.

孔疏 ●"凡音"至"之樂". ○正義曰: 此一節論樂本之事, 章句既多, 各隨文解之. 名爲樂本者, 樂以音聲爲本, 音聲由人心而生, 此章備論音聲起於人心, 故名樂本. 此樂本之中, 論人心感於物而有聲, 聲相應而生變, 變成方而爲之音, 比音而爲樂, 展轉相因之勢.

번역 ●經文: "凡音"~"之樂". ○이곳 문단은 고대 「악본(樂本)」편의 사안을 논의하고 있는데, 장구가 많으므로 각각의 문단에 따라서 풀이하겠다. 고대의 문헌에 대해 그 편명을 「악본」이라고 지은 이유는 음악은 음(音)과 소리[聲]를 근본으로 삼고, 음과 소리는 사람의 마음으로부터 생겨나니, 이 장은 음과 소리가 사람의 마음으로부터 발생한다는 사실을 조목별로 논의하고 있기 때문에, '악본(樂本)'이라고 편명을 정한 것이다. 이 문장은 「악본」편의 내용 중에서도 사람의 마음이 외부 사물에 대해 느껴서 소리가 생겨나고, 소리가 서로 호응하여 변화가 생겨나며, 변화가 법칙을 만들어내어 그것이 음(音)이 되며, 음들을 견주어 나열한 것이 악(樂)이 되는데, 그것들이 서로 변화하고 서로 따르게 되는 형세를 논의하고 있다.

孔疏 ●"凡音之起, 由人心生也"者, 言凡樂之音曲所起, 本由人心而生也.

번역 ●經文: "凡音之起, 由人心生也". ○무릇 음악의 음(音)과 곡조가 발생하는 것은 본래 사람의 마음으로부터 발생한다는 뜻이다.

孔疏 ●"人心之動, 物使之然也"者, 言音之所以起於人心者, 由人心動則音起, 人心所以動者, 外物使之然也.

번역 ●經文: "人心之動, 物使之然也". ○음(音)이 사람의 마음으로부터 발생하는 이유는 사람의 마음이 움직임으로부터 말미암는다면 음(音)이 발생하게 되는데, 사람의 마음이 움직이게 되는 이유는 외부 사물이 그렇게 만들기 때문이라는 뜻이다.

孔疏 ●“感於物而動, 故形於聲”者, 人心既感外物而動, 口以宣心, 其心形見於聲. 心若感死喪之物而興動, 於口則形見於悲戚之聲, 心若感福慶而興動, 於口則形見於歡樂之聲也.

번역 ●經文: “感於物而動, 故形於聲”. ○사람의 마음이 이미 외부 사물을 느껴서 움직이는데, 입은 마음을 드러내고, 그 마음은 소리를 통해 드러낸다. 마음이 만약 죽은 대상에 대해 느끼게 되어 움직이게 된다면, 입으로는 슬픈 소리를 나타내게 되고, 마음이 만약 경사스러운 것에 느껴서 움직이게 된다면, 입으로는 기쁘고 즐거운 소리를 나타내게 된다.

孔疏 ●“聲相應, 故生變”者, 既有哀樂之聲, 自然一高一下, 或淸或濁, 而相應不同, 故云生變. 變, 謂不恒一聲, 變動淸濁也.

번역 ●經文: “聲相應, 故生變”. ○이미 슬프고 기쁜 소리가 생겼는데, 자연히 한쪽은 소리가 높고 한쪽은 소리가 낮으며, 어떤 것은 소리가 맑고 또 어떤 것은 소리가 탁한데, 서로 호응하며 같아지지 않기 때문에, “변화가 생긴다.”라고 말한 것이다. ‘변(變)’이라는 것은 항상 하나의 소리만 내지 않고, 음의 청탁이 변화된다는 뜻이다.

孔疏 ●“變成方, 謂之音”者, 方, 謂文章. 聲既變轉, 和合次序, 成就文章, 謂之音也. 音則今之歌曲也.

번역 ●經文: “變成方, 謂之音”. ○‘방(方)’자는 무늬와 제도를 뜻한다. 소리가 이미 변화되어 화합하며 각각 순서를 따르게 되어 하나의 무늬와 제도를 이루게 되니, 이것을 ‘음(音)’이라고 부른다. 음(音)이라는 것은 곧 오늘날의 가곡(歌曲)에 해당한다.

孔疏 ●“比音而樂之, 及干戚·羽旄, 謂之樂”者, 言以樂器次比音之歌曲, 而樂器播之, 并及干戚·羽旄, 鼓而舞之, 乃“謂之樂”也. 是樂之所起, 由人心而生也.

【번역】 ●經文: "比音而樂之, 及干戚·羽旄, 謂之樂". ○악기를 통해 음(音)이 나타난 가곡들을 차례대로 나열하여 악기로 연주를 하고, 아울러 방패나 도끼, 깃털이나 꼬리털을 이용하여, 북을 쳐서 춤을 추게 되면, 곧 "이것을 악(樂)이라고 부른다."는 뜻이 된다. 이것은 음악이 발생하는 것이 곧 사람의 마음으로부터 생겨나게 됨을 나타낸다.

【孔疏】 ◎注"宮商"至"曰聲". ○正義曰: 言"聲"者, 是宮·商·角·徵·羽也. 極濁者爲宮, 極淸者爲羽, 五聲以淸濁相次. 云"雜比曰音"者, 謂宮·商·角·徵·羽淸濁相雜和比謂之音. 云"單出曰聲"者, 五聲之內, 唯單有一聲, 無餘聲相雜, 是"單出曰聲"也. 然則初發口單者謂之聲, 衆聲和合成章謂之音, 金石干戚羽旄謂之樂, 則聲爲初, 音爲中19), 樂爲末也, 所以唯擧音者, 擧中見上·下矣.

【번역】 ◎鄭注: "宮商"~"曰聲". ○'성(聲)'이라고 한 말은 궁(宮)·상(商)·각(角)·치(徵)·우(羽)의 음들을 가리킨다. 음들 중에서도 매우 탁한 것은 궁(宮)음이 되고, 매우 맑은 것은 우(羽)음이 되는데, 오성(五聲)은 맑고 탁한 소리에 따라 서로 차례대로 나열된다. 정현이 "서로 비교되어 나열되는 것을 '음(音)'이라고 부른다."라고 했는데, 궁(宮)·상(商)·각(角)·치(徵)·우(羽)의 맑고 탁한 음들이 서로 뒤섞여 조화를 이루며 나열되는 것을 '음(音)'이라고 부른다는 뜻이다. 정현이 "하나의 소리만 나오는 것을 '성(聲)'이라고 부른다."라고 했는데, 오성 중에서 오직 하나의 음만을 내게 되고 다른 소리가 섞이지 않으니, 이것을 "하나의 소리만 나오는 것을 '성(聲)'이라고 부른다."고 한다. 그러므로 최초 입을 통해 하나의 음만을 내는

---

19) '중(中)'자에 대하여. '중'자는 본래 없던 글자인데, 완원(阮元)의 『교감기(校勘記)』에서는 "혜동(惠棟)의 『교송본(校宋本)』에는 '음위중(音爲中)'으로 기록되어 있고, 위씨(衛氏)의 『집설(集說)』에도 동일하게 기록되어 있다. 이곳 판본에는 '중'자가 누락된 것이며, 『민본(閩本)』·『감본(監本)』·『모본(毛本)』에도 동일하게 누락되어 있다."라고 했다.

것을 '성(聲)'이라 부르는 것이고, 뭇 성(聲)들이 서로 조화를 이루며 하나의 형식과 제도를 이루는 것을 '음(音)'이라고 부르며, 쇠[金]나 돌[石]로 만든 악기, 방패나 도끼 및 깃털이나 꼬리털 등을 이용한 춤이 합쳐진 것을 '악(樂)'이라고 부른다면, 성(聲)은 그 처음에 해당하고, 음(音)은 그 중간에 해당하며, 악(樂)은 그 끝에 해당한다. 그런데도 오직 '음(音)'만을 제시한 것은 가운데 해당하는 '음(音)'을 제시하여, 위아래에 해당하는 것을 모두 드러냈기 때문이다.

孔疏 ◎注"樂之"至"聽之". ○正義曰: "彈其宮則衆宮應, 然不足樂"者, 明直唯一聲, 不足可爲樂, 故須變之使雜也. 引"易曰: 同聲相應, 同氣相求"者, 易·文言文, 證"同聲相應"之義也. 同聲雖相應, 不得爲樂, 必有異聲相應, 乃得爲樂耳. 引春秋傳以下者, 證"同聲不得爲樂"也. 按春秋昭二十年左傳: "齊景公曰: '唯據與我和夫!' 晏子對曰: '據亦同也, 焉得爲和? 同者, 若以水濟水, 誰能食之? 琴瑟之專一, 誰能聽之?'" 言琴瑟專一, 唯有一聲, 不得成樂故也.

번역 ◎鄭注: "樂之"~"聽之". ○정현이 "음악을 연주하는 악기가 궁(宮)음을 연주하면, 뭇 궁(宮)음들이 호응하지만, 음악이라고 하기에는 부족하다."라고 했는데, 이것은 단지 하나의 소리만 내는 것을 악(樂)이라고 하기에는 부족함을 나타낸다. 그렇기 때문에 소리를 변화시켜서 음들이 섞이도록 해야만 한다. 정현이 "『역』에서는 '같은 소리는 서로 호응하고, 같은 기운은 서로를 찾는다.'"라는 말을 인용했는데, 이것은 『역』「문언전(文言傳)」편의 기록으로, "같은 소리는 서로 호응한다."는 뜻을 증명하기 위해서이다. 같은 소리가 비록 서로 호응하더라도 악(樂)이 될 수는 없고, 반드시 다른 소리가 서로 호응함이 있어야만 곧 악(樂)이 될 수 있을 따름이다. 정현이 『춘추전』의 기록을 인용했는데, 이것은 "같은 소리로는 악(樂)이 될 수 없다."는 뜻을 증명하기 위해서이다. 『춘추』소공(昭公) 20년에 대한 『좌전』의 기록을 살펴보면, "제(齊)나라 경공(景公)이 '오직 양구거(梁丘據)만이 나와 마음이 맞단 말인가!'라고 했고, 안자(晏子)는 대답을 하며, '양구거 또한 군주께 맞장구만 치는 사람인데, 어떻게 마음이 맞다고 할 수 있습니까? 맞는다는 것은 마치 물에 물을 섞어 맛을 낸 것과 같은데, 그 누가 그것을 맛있다고 먹겠습니까? 또 금(琴)이나 슬(瑟) 등의 악기로 어느 한 가지 음만 연주하는 것과 같은데, 그 누가 그것을 좋게 듣겠습니까?"라고 했다. 즉 이 말은 금(琴)이나 슬(瑟) 등의 악기로 한 가지 음만을 연주한다면, 오직 하나의 소리만 나오게 되어, 악(樂)이 될 수 없다는 뜻이다.

孔疏 ◎注"方, 猶文章也". ○正義曰: 凡畫者, 靑黃相雜分布, 得成文章, 言音淸濁上下分布次序, 得成音曲也, 以畫者文章, 故云"方, 猶文章也".

번역 ◎鄭注: "方, 猶文章也". ○무릇 그림을 그릴 때에는 청색・황색 등을 서로 섞어 각각 칠을 해서 무늬를 만들게 되니, 이것은 곧 음의 맑고 탁한 것과 높고 낮은 것들이 각각 나뉘어 순서에 따라 나열되어야만 음의 악곡을 이룰 수 있음을 뜻하는데, 이것은 그림을 그릴 때의 무늬와 같기 때문에, 정현이 "'방(方)'자는 무늬와 제도를 뜻한다."라고 말한 것이다.

孔疏 ◎注"干盾"至"秉翟". ○正義曰: "干, 盾也, 戚, 斧也, 武舞所執也"者, 武舞之樂, 執此盾與斧也. 云"羽, 翟羽也, 旄, 旄牛尾也, 文舞所執"者, 言文舞執此羽旄也. 引"舞師・樂師"者, 證有干戚・羽旄舞等. 按樂師有帗舞, 有羽舞, 有皇舞, 有旄舞, 有干舞, 有人舞也. 無兵舞, 但有干舞. 鄭司農彼注云: "干舞者, 兵舞." 又舞師云: "掌敎兵舞, 帥而舞山川之祭祀." 無干舞, 但有兵舞. 鄭司農彼注: "干舞, 兵舞也." 此引樂師旣謂干舞, 引謂兵舞者, 兵舞非樂師之文, 但經云"干戚", 用戚則是大武. 大武, 兵舞, 此引樂師益以兵舞, 解經之"干戚"也. 但此經"干戚・羽旄", 包含文・武之大舞[20]. 鄭引樂師小舞, 明羽舞也. 引詩者, 證羽舞是翟舞也, 此詩・邶風, 刺衛君不用賢. 衛之賢者, 仕於洽官, 但左手執籥・右手秉翟而已.

---

20) '대무(大舞)'에 대하여. '대무'는 본래 '대무(大武)'로 기록되어 있었는데, 완원 (阮元)의 『교감기(校勘記)』에서는 "혜동(惠棟)의 『교송본(校宋本)』에는 '대 무(大武)'를 '대무(大舞)'로 기록했고, 『모본(毛本)』에도 동일하게 기록되어 있다. 살펴보니, '대무(大舞)'로 기록하는 것이 옳다."라고 했다.

번역 ◎鄭注: "干盾"~"秉翟". ○정현이 "'간(干)'자는 방패[盾]를 뜻하며, '척(戚)'자는 도끼[斧]를 뜻하니, 무무(武舞)를 출 때 잡는 무용도구이다."라고 했는데, 무무의 악무에서는 무용수들이 이러한 방패와 도끼를 들게 된다는 뜻이다. 정현이 "'우(羽)'는 꿩의 깃털을 뜻하고, '모(旄)'는 소의 긴 꼬리털을 뜻하니, 문무(文舞)를 출 때 잡는 무용도구이다."라고 했는데, 문무를 출 때에는 무용수들이 이러한 깃털과 꼬리털을 잡게 된다는 뜻이다. 정현이 『주례』에 나온 무사(舞師)와 악사(樂師) 등에 대한 내용을 인용했는데, 이것은 악무 중에는 방패와 도끼를 들고 추는 춤과 깃털과 꼬리털을 들고 추는 춤 등이 있음을 증명하기 위해서이다. 『주례』「악사」편을 살펴보면, 불무(帗舞)·우무(羽舞)·황무(皇舞)·모무(旄舞)·간무(干舞)·인무(人舞) 등이 기록되어 있다. 병무(兵舞)라는 것은 없지만 간무(干舞)라는 것이 포함되어 있다. 정사농[21]은 「악사」편에 대한 주에서, "'간무(干舞)'는 병무(兵舞)이다."라고 했다. 또 『주례』「무사」편에서는 "병무 가르치는 일을 담당하니, 무용수들을 인솔하여 산천(山川)[22]에 대한 제사에서 춤을 추도록 한다."라고 했고, 간무(干舞)에 대한 기록이 없지만, 병무(兵舞)가 기록되어 있다. 정사농은 「무사」편에 대한 주에서 "'간무(干舞)'는 병무(兵舞)이다."라고 했다. 이곳 정현의 주에서는 「악사」편의 내용을 인용하고 있는데, 「악사」편에서는 이미 '간무(干舞)'라고 기록했음에도, 인용문에서는 '병무(兵舞)'라고 기록했다. 그 이유는 '병무(兵舞)'라는 것은 「악사」편에 기록된 문

---

21) 정중(鄭衆, ?~A.D.83) : =정사농(鄭司農). 후한(後漢) 때의 경학자이다. 자(字)는 중사(仲師)이다. 부친은 정흥(鄭興)이다. 부친에게 『춘추좌씨전(春秋左氏傳)』의 학문을 전수받았다. 또한 그는 대사농(大司農) 등의 관직을 역임하였기 때문에, '정사농'이라고도 불렸다. 한편 정흥과 그의 학문은 정현(鄭玄)에게 많은 영향을 주었기 때문에, 후대에서는 정현을 후정(後鄭)이라고 불렀고, 정흥과 그를 선정(先鄭)이라고도 불렀다. 저서로는 『춘추조례(春秋條例)』, 『주례해고(周禮解詁)』 등을 지었다고 하지만, 현재는 전해지지 않았다.
22) 산천(山川)은 오악(五嶽)과 사독(四瀆)의 신들을 가리키기도 하며, 산과 하천의 신들을 두루 지칭하기도 한다. 오악은 대표적인 다섯 가지 산으로, 중앙의 숭산(嵩山), 동쪽의 태산(泰山), 남쪽의 형산(衡山), 서쪽의 화산(華山), 북쪽의 항산(恒山)을 가리킨다. 사독은 장강(長江), 황하(黃河), 회하(淮河), 제수(濟水)를 가리킨다.

장이 아니지만, 경문에서 '방패와 도끼'라고 하여, 도끼를 사용한다고 했으니, 이것은 대무(大武)23)에 해당한다. 대무(大武)는 병장기를 들고 추는 병무(兵舞)에 해당하므로, 이곳에서 「악사」편의 내용을 인용하면서도, '병무(兵舞)'라는 말을 덧붙인 것은 경문에 나온 '방패와 도끼'를 풀이하기 위해서이다. 다만 이곳 경문에서는 '방패와 도끼 또는 깃털과 꼬리털'이라고 하여, 문왕(文王)과 무왕(武王)에 대한 대무(大舞)24)를 포괄하고 있다. 정현이 「악사」편에 기록된 소무(小舞)25)를 인용했는데, 이것은 우무(羽舞)를 나타내기 위해서이다. 정현이 『시』를 인용했는데, 이것은 우무(羽舞)가 꿩의 깃털을 들고 추는 춤이 된다는 사실을 증명하기 위해서이며, 이 시는 『시』「패풍(邶風)」편으로, 위(衛)나라 군주가 현명한 자를 등용하지 않는 것을 풍자한 내용이다. 즉 위나라의 현자들은 영관(泠官)26)에서 벼슬살이를 하여, 단지 왼손으로는 피리를 잡고, 오른손으로는 꿩의 깃털만 잡았을 따름이라는 의미이다.

訓纂 王注: 物, 事也. 謂哀樂·喜怒·和敬之事, 感人而動, 見於聲.

번역 왕숙27)의 주에서 말하길, '물(物)'은 사안[事]을 뜻한다. 즉 슬프고

---

23) 대무(大武)는 주(周)나라 때의 악무(樂舞) 중 하나로, 무왕(武王)에 대한 악무이다.『주례』「춘관(春官)·대사악(大司樂)」편에는 '대무'에 대한 용례가 나오고, 이에 대한 정현의 주에서는 "大武, 武王樂也."라고 풀이하였다.
24) 대무(大舞)는 악무(樂舞) 중에서도 성대한 것으로, 나이가 어린 자들이 익히는 소무(小舞)와 상대된다. '대무'는 정규 제사에서 사용되었으며, 대사악(大司樂)이 그 교육을 담당했다.
25) 소무(小舞)는 악무(樂舞) 중에서도 규모가 작은 것으로, 성인들이 추는 대무(大舞)와 상대된다. '소무'에 대한 교육은 악사(樂師)가 담당했다.
26) 영관(泠官)은 영관(伶官)이라고도 부른다. 악관(樂官)을 뜻하는 용어이다. 영씨(伶氏) 가문에서는 대대로 음악에 대한 일을 주관하였는데, 그 일을 잘해냈기 때문에, 후세에서는 악관을 대부분 '영관'이라고 불렀다.『시』「패풍(邶風)·간혜(簡兮)」편의 모서(毛序)에서는 "衛之賢者, 仕於伶官."이라는 기록이 있는데, 이에 대한 정현의 전문(箋文)에서는 "伶官, 樂官也. 伶氏世掌樂而善焉, 故後世多號樂官爲伶官."이라고 풀이했다.
27) 왕숙(王肅, A.D.195~A.D.256) : 위진남북조(魏晉南北朝) 때의 위(魏)나라 경학자이다. 자(字)는 자옹(子雍)이다. 출신지는 동해(東海)이다. 부친 왕랑(王

즐거우며, 기쁘고 성내며, 화락하고 공경하는 일들을 뜻하는데, 이것들은 사람을 감응시켜 움직이게 해서, 소리를 통해 나타난다는 의미이다.

訓纂 說文: 音, 聲也. 生於心有節於外謂之音. 宮·商·角·徵·羽, 聲也. 絲·竹·金·石·匏·土·革·木, 音也.

번역 『설문해자』[28]에서 말하길, '음(音)'은 소리[聲]이다. 마음에서 생겨나 외적으로 절도에 맞춰 나타나는 것을 '음(音)'이라고 부른다. 궁(宮)·상(商)·각(角)·치(徵)·우(羽) 등의 음들은 소리[聲]에 해당한다. 실[絲]·대나무[竹]·쇠[金]·돌[石]·박[匏]·흙[土]·가죽[革]·나무[木]로 만든 악기들이 내는 소리는 '음(音)'에 해당한다.

訓纂 說文: 樂, 五聲八音總名. 象鼓鞞, 木, 虡也.

번역 『설문해자』에서 말하길, '악(樂)'은 오성(五聲)과 팔음(八音)을 총칭하는 말이다. '악(樂)'자의 상단부는 고비(鼓鞞)라는 악기의 모습을 본뜬 것이며, 하단분의 '목(木)'자는 악기를 받치는 틀인 거(虡)를 상징한다.

訓纂 張守節史記正義曰: 皇侃云, "夫樂之起, 其事有二: 一是人心感樂, 樂聲從心而生; 一是樂感人心, 心隨樂聲而變也."

번역 장수절[29]의 『사기정의』에서 말하길, 황간[30]은 "무릇 음악이 발생

朗)으로부터 금문학(今文學)을 공부했으나, 고문학(古文學)의 고증적인 해석을 따랐다. 『상서(尙書)』, 『시경(詩經)』, 『좌전(左傳)』, 『논어(論語)』 및 삼례(三禮)에 대한 주석을 남겼다.

28) 『설문해자(說文解字)』는 후한(後漢) 때의 학자인 허신(許愼, ?~?)이 찬(撰)했다고 전해지는 자서(字書)이다. 『설문(說文)』이라고도 칭해진다. A.D.100년 경에 완성되었다고 전해진다. 글자의 형태, 뜻, 음운(音韻)을 수록하고 있다.

29) 장수절(張守節, ?~?) : 당(唐)나라 때의 학자이다. 측천무후(則天武后) 때 활동했지만, 사적(事迹)에 대해서는 상세히 알려져 있지 않다. 『사기(史記)』에 대한 조예가 깊었으며, 『사기정의(史記正義)』를 저술하여, 『사기』의 대표적

하는 것에 대해서는 두 가지가 있다. 첫 번째는 사람의 마음이 음악을 느껴서 음악의 소리가 마음을 통해 생겨나는 것이다. 다른 하나는 음악이 사람의 마음을 감응시켜서, 마음이 음악의 소리에 따라서 변화되는 것이다."라고 했다.

訓纂 劉氏台拱曰: 聲相應者, 謂有音韻相協, 後世樂府歌行, 不可播之八音者, 非無淸濁高下之變, 以不成方故也. 成方, 卽下文所謂成文.

번역 유태공[31]이 말하길, "소리가 서로 호응한다."는 말은 음과 운이 서로 화합한다는 뜻인데, 후세의 악부가행(樂府歌行)에 있어서, 팔음(八音)을 통해 연주할 수 없었던 것은 음의 청탁과 고하의 변화가 없었던 것은 아니지만, 이것을 통해 성방(成方)을 하지 못했기 때문이다. '성방(成方)'이라는 것은 곧 아래문장에서 말한 '성문(成文)'[32]에 해당한다.

集解 愚謂: 此言樂之所由起也. 人心不能無感, 感不能無形於聲. 聲, 謂凡宣於口者皆是也. 聲之別有五, 其始形也, 止一聲而已. 然旣形則有不能自已之勢, 而其同者以類相應. 有同必有異, 故又有他聲之雜焉, 而變生矣. 變之極而抑揚高下, 五聲備具, 猶五色之交錯而成文章, 則成爲歌曲而謂之音矣. 然猶未足以爲樂也, 比次歌曲, 而以樂器奏之, 又以干戚·羽旄象其舞蹈以爲舞, 則聲容畢具而謂之樂也.

세 주석 중 하나로 꼽는다.

30) 황간(皇侃, A.D.488~A.D.545): =황씨(皇氏). 남조(南朝) 때 양(梁)나라의 경학자이다. 『주례(周禮)』, 『의례(儀禮)』, 『예기(禮記)』 등에 해박하여, 『상복문구의소(喪服文句義疏)』, 『예기의소(禮記義疏)』, 『예기강소(禮記講疏)』 등을 지었지만, 현재는 전해지지 않는다. 그 일부가 마국한(馬國翰)의 『옥함산방집일서(玉函山房輯佚書)』에 수록되어 있다.

31) 유태공(劉台拱, A.D.1751~A.D.1805): 청(淸)나라 때의 경학자이다. 천문학(天文學), 율려학(律呂學), 문자학(文字學) 등에 조예가 깊었다.

32) 『예기』「악기」【456b】: 凡音者, 生人心者也. 情動於中, 故形於聲, 聲成文, 謂之音. 是故治世之音安以樂, 其政和; 亂世之音怨以怒, 其政乖; 亡國之音哀以思, 其民困. 聲音之道, 與政通矣.

번역 내가 생각하기에, 이 내용은 음악이 어디를 통해서 발생하는가를 언급하고 있다. 사람의 마음에는 느낌이 없을 수가 없고, 느끼면 소리를 통해서 형상화됨이 없을 수 없다. 소리[聲]라는 것은 무릇 입을 통해서 드러나는 모든 것들을 뜻한다. 소리는 다섯 가지로 구별되는데, 처음 나타날 때에는 단지 하나의 소리에만 그칠 따름이다. 그러나 이미 드러나게 된다면, 스스로 그칠 수 없는 형세를 갖추게 되고, 같은 것끼리는 동류로써 서로 호응하게 된다. 그런데 같음이 생기면 반드시 다름도 생긴다. 그렇기 때문에 또한 다른 소리가 섞이게 되고 변화가 발생하게 된다. 변화가 지극해지면, 누르고 올리거나 높이고 낮추게 되어 오성(五聲)이 모두 갖춰지게 되니, 이것은 마치 오색(五色)[33]이 서로 섞여서 무늬를 이루는 것과 같으므로, 곧 가곡(歌曲)을 이루게 되어 이것을 '음(音)'이라고 부른다. 그러나 이것을 '악(樂)'이라고 하기에는 아직 부족하니, 가곡을 차례대로 나열하고 악기를 통해 연주하며, 또 방패나 도끼 또는 깃털이나 꼬리털 등을 이용해서 그 동작으로 나타내어 춤을 춘다면, 소리와 모습이 모두 갖춰지게 되고 이것을 '악(樂)'이라고 부른다.

---

33) 오색(五色)은 청색[靑], 적색[赤], 백색[白], 흑색[黑], 황색[黃]을 뜻한다. 고대에는 이 다섯 가지 색깔을 순일한 색깔로 여겨서, 정색(正色)으로 규정하였고, 그 이외의 색깔들은 간색(間色)으로 분류하였다.

● 그림 1-1   방패[干]와 도끼[戚]

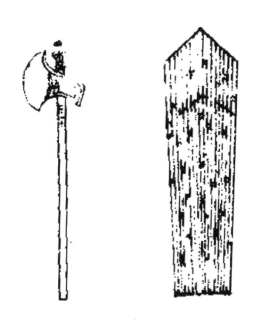

※ 출처:『삼재도회(三才圖會)』「기용(器用)」4권

그림 1-2 깃털[羽]과 꼬리털[旄]

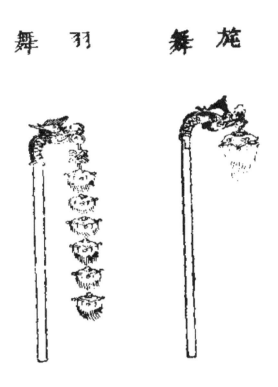

※ 출처: 『삼재도회(三才圖會)』「기용(器用)」 4권

● 그림 1-3 축(柷)

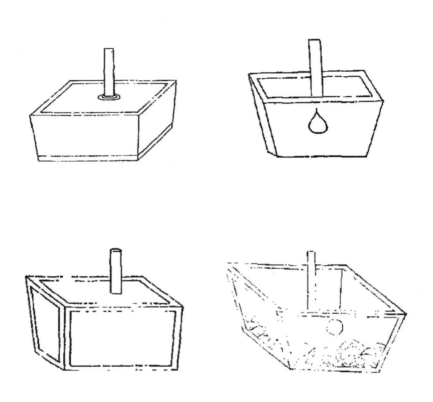

※ 출처: 상좌-『주례도설(周禮圖說)』하권 ; 상우-『삼례도집주(三禮圖集注)』5권
　　　　하좌-『육경도(六經圖)』2권 ; 하우-『삼재도회(三才圖會)』「기용(器用)」3권

● 그림 1-4 금(琴)

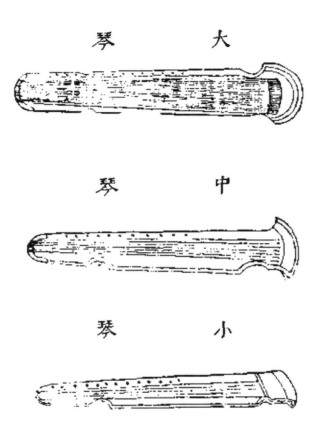

琴　　大

琴　　中

琴　　小

※ **출처:** 『삼재도회(三才圖會)』「기용(器用)」3권

● 그림 1-5   슬(瑟)

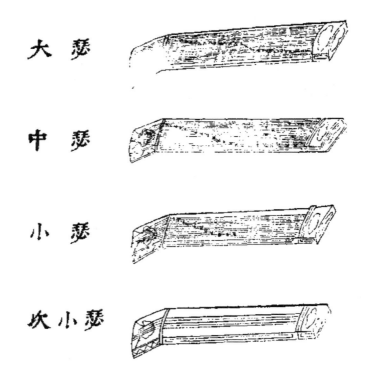

大瑟

中瑟

小瑟

次小瑟

※ 출처: 『삼재도회(三才圖會)』「기용(器用)」 3권

그림 1-6 불무(帗舞)와 황무(皇舞)

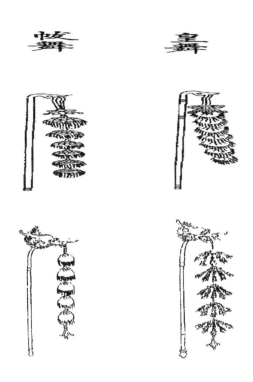

※ **출처:** 상단-『삼례도집주(三禮圖集注)』7권
　　　　　하단-『육경도(六經圖)』5권

그림 1-7 인무(人舞)

※ **출처:**『삼재도회(三才圖會)』「기용(器用)」 4권

그림 1-8 주(周)나라 문왕(文王)

※ **출처:** 『삼재도회(三才圖會)』「인물(人物)」1권

그림 1-9 주(周)나라 무왕(武王)

※ **출처:**『삼재도회(三才圖會)』「인물(人物)」1권

● 그림 1-10 비(鞞: =鼙)

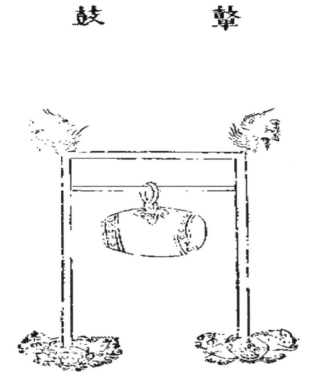

※ **출처:**『삼재도회(三才圖會)』「기용(器用)」3권

그림 1-11 종거(鐘簴)와 경거(磬簴)

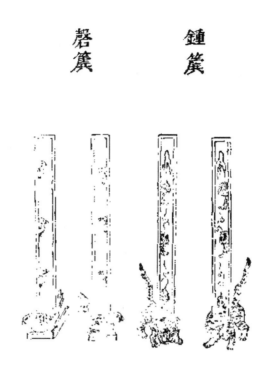

磬簴

鍾簴

※ 출처: 『삼재도회(三才圖會)』「기용(器用)」 3권

그림 1-12 종거(鐘簴)와 경거(磬簴)

※ **출처:**『삼재도회(三才圖會)』「기용(器用)」3권

• 제2절 •

악(樂)과 심감(心感)

【455c】

樂者, 音之所由生也, 其本在人心之感於物也. 是故其哀心感者, 其聲噍以殺; 其樂心感者, 其聲嘽以緩; 其喜心感者, 其聲發以散; 其怒心感者, 其聲粗以厲; 其敬心感者, 其聲直以廉; 其愛心感者, 其聲和以柔. 六者非性也, 感於物而后動.

직역 樂이라는 者는 音이 由하여 生한 所이니, 그 本은 人心이 物에 感함에 在하다. 是故로 그 哀心이 感한 者는 그 聲이 噍하여 殺하고; 그 樂心이 感한 者는 그 聲이 嘽하여 緩하며; 그 喜心이 感한 者는 그 聲이 發하여 散하고; 그 怒心이 感한 者는 그 聲이 粗하여 厲하며; 그 敬心이 感한 者는 그 聲이 直하여 廉하고; 그 愛心이 感한 者는 그 聲이 和하여 柔하다. 六者는 性이 非이며, 物에 感한 后에 動한다.

의역 악(樂)이라는 것은 음(音)을 통해 생겨나는 것이니, 그 근본은 사람의 마음이 외부 대상에 대해서 느끼는 것에 달려 있다. 이러한 까닭으로 슬픈 마음이 느껴지게 되면, 그 소리는 건조하여 윤기가 없고 줄어들게 된다. 또 즐거운 마음이 느껴지게 되면, 그 소리는 분명하며 완곡하고 급하지 않다. 또 기뻐하는 마음이 느껴지게 되면, 그 소리는 발산하여 끊임없이 생겨나서 흩어지게 된다. 또 성난 마음이 느껴지게 되면, 그 소리는 높고 다급하여 난폭하게 된다. 또 공경하는 마음이 느껴지게 되면, 그 소리는 곧게 나와서 구분이 생긴다. 또 사랑하는 마음이 느껴지게 되면, 그 소리는 조화롭고 유순하게 된다. 이러한 여섯 가지 것들은 본성에 따른 것이 아니니, 마음이 외부 대상에게 느낀 이후에야 마음이 움직여서 생긴 정감에 해당한다.

集說 方氏曰: 人之情, 得所欲則樂, 喪所欲則哀; 順其心則喜, 逆其心則怒; 於所畏則敬, 於所悅則愛. 噍則竭而無澤, 殺則減而不隆, 蓋心喪其所欲, 故形於聲者如此. 嘽則闡而無餘, 緩則紆而不迫, 蓋心得其所欲, 故形於聲者如此. 發則生而不窮, 散則施而無積, 蓋順其心, 故形於聲者如此. 直則無委曲, 廉則有分際, 蓋心有所畏, 故形於聲者如此. 和則不乖, 柔則致順, 蓋心有所悅, 故形於聲者如此.

번역 방씨가 말하길, 사람의 정감은 바라던 것을 얻으면 즐거워하고, 바라던 것을 잃으면 슬퍼하며, 그 마음에 따르면 기뻐하고, 그 마음을 거스르면 성을 내며, 외경하는 대상에 대해서는 공경하고, 좋아하는 대상에 대해서는 사랑하게 된다. 소리가 다급하면 말라서 윤기가 없고, 깎이면 줄어들어 높지 않으니, 마음이 바라던 것을 잃었기 때문에 소리를 통해 이처럼 나타나는 것이다. 소리가 밝아지면 분명하여 드러내지 않는 것이 없고, 느리면 완곡하여 급하지 않으니, 마음이 바라던 것을 얻었기 때문에 소리를 통해 이처럼 나타나는 것이다. 소리가 발산하면 생겨남에 끝이 없고, 흩어지면 퍼져서 남겨둠이 없게 되니, 그 마음에 따랐기 때문에 소리를 통해 이처럼 나타나는 것이다. 소리가 곧으면 완곡함이 없고, 낮춰서 물리면 구분이 생기니, 마음에 외경하는 것이 있기 때문에 소리를 통해 이처럼 나타나는 것이다. 소리가 조화로우면 어그러지지 않고, 유순하면 순종함을 다하니, 마음에 좋아하는 것이 있기 때문에 소리를 통해 이처럼 나타나는 것이다.

集說 愚謂: 粗以厲者, 高急而近於猛暴也. 六者心感物而動, 乃情也, 非性也, 性則喜怒哀樂未發者也.

번역 내가 생각하기에, '조이려(粗以厲)'라는 말은 소리가 높고 급하여, 난폭함에 가깝다는 뜻이다. 이러한 여섯 가지는 마음이 외부 사물을 느껴서 움직이게 된 것으로, 정감에 해당하는 것이지 본성에 해당하는 것은 아니다. 본성이라는 것은 기쁨·성냄·슬픔·즐거움이 아직 발산하지 않은 상태에 해당한다.

鄭注 言人聲在所見, 非有常也. 噍, 踧也. 嘽, 寬綽貌. 發, 猶揚也. 粗, 麤也.

번역 이 내용은 사람의 소리는 보는 대상에 달려 있는 것이며, 고정됨이 있지 않다는 뜻이다. '초(噍)'자는 "급박하다[踧]."는 뜻이다. '탄(嘽)'자는 관대하고 너그러운 모습을 뜻한다. '발(發)'자는 "드날린다[揚]."는 뜻이다. '조(粗)'자는 "거칠다[麤]."는 뜻이다.

釋文 噍, 子遙反, 徐在堯反, 沈子堯反, 踧也, 謂急也. 殺, 色界反, 徐所列反. 其樂, 音洛. 嘽, 昌善反, 寬緩也. 散, 思旦反. 粗, 采都反, 又才古反. 踧, 子六反. 綽, 處約反.

번역 '噍'자는 '子(자)'자와 '遙(요)'자의 반절음이며, 서음(徐音)은 '在(재)'자와 '堯(요)'자의 반절음이고, 심음(沈音)은 '子(자)'자와 '堯(요)'자의 반절음이며, '축(踧)'자의 뜻이니, 급하다는 의미이다. '殺'자는 '色(색)'자와 '界(계)'자의 반절음이고, 서음은 '所(소)'자와 '列(렬)'자의 반절음이다. '其樂'에서의 '樂'자는 그 음이 '洛(낙)'이다. '嘽'자는 '昌(창)'자와 '善(선)'자의 반절음으로, 관대하고 느긋하다는 뜻이다. '散'자는 '思(사)'자와 '旦(단)'자의 반절음이다. '粗'자는 '采(채)'자와 '都(도)'자의 반절음이며, 또한 '才(재)'자와 '古(고)'자의 반절음도 된다. '踧'자는 '子(자)'자와 '六(륙)'자의 반절음이다. '綽'자는 '處(처)'자와 '約(약)'자의 반절음이다.

孔疏 ●"樂者"至"道也". ○正義曰: 此一節覆明上文"感物而動"之意, 結樂聲生起所由也. 合音乃成樂, 是樂由此[1]音而生, 故云"音之所由生也".

번역 ●經文: "樂者"~"道也". ○이곳 문단은 앞 문장에서 "사물을 느낀 이후에 움직인다."[2]라고 한 뜻을 재차 풀이하여, 음악의 소리가 생겨나는

---

1) '차(此)'자에 대하여. '차'자는 본래 '비(比)'자로 기록되어 있었는데, 완원(阮元)의 『교감기(校勘記)』에서는 "『민본(閩本)』·『감본(監本)』·『모본(毛本)』에는 '비'자를 '차'자로 기록했는데, 이 기록이 옳다."라고 했다.

2) 『예기』「악기」【455a】: 凡音之起, 由人心生也. 人心之動, 物使之然也. <u>感於物</u>

근원에 대해서 결론을 맺고 있다. 음(音)을 합하게 되면 곧 악(樂)을 이루게
되니, 이것은 바로 악(樂)이 이러한 음(音)을 통해서 생겨나게 된다는 뜻을
나타낸다. 그렇기 때문에 "음(音)에서 생겨나는 것이다."라고 말한 것이다.

孔疏 ●"其本在人心之感於物也"者, 欲將明樂隨人心見, 故更陳此句也.
本, 猶初也. 物, 外境也. 言樂初所起, 在於人心之感外境也.

번역 ●經文: "其本在人心之感於物也". ○악(樂)이 사람의 마음을 통해
나타낸다는 사실을 밝히고자 했기 때문에, 이 구문을 재차 기술한 것이다.
'본(本)'자는 시초[初]를 뜻한다. '물(物)'자는 마음 밖의 외부 대상을 뜻한
다. 즉 악(樂)이 최초 발생하는 것은 사람의 마음이 외부 대상을 느끼는
것에 달려 있다는 뜻이다.

孔疏 ●"是故其哀心感者, 其聲噍以殺"者, 心旣由於外境而變, 故有此下
六事之不同也. 噍, 蹴急也. 若外境痛苦, 則其心哀. 哀感在心, 故其聲必蹴急
而速殺也.

번역 ●經文: "是故其哀心感者, 其聲噍以殺". ○마음이 이미 외부 대상
을 통해서 변화되었기 때문에, 이곳 구문으로부터 그 이하의 여섯 가지 사
안처럼 동일하지 않은 점이 발생하는 것이다. '초(噍)'자는 급박하다는 뜻이
다. 만약 외부 대상이 아프고 고통스러운 것이라면 그 마음도 슬퍼지게 된
다. 슬픔을 느낀 것이 마음에 있기 때문에, 그 소리는 반드시 다급하고 빠르
게 된다.

孔疏 ●"其樂心感者, 其聲嘽以緩"者, 嘽, 寬也. 若外境所善, 心必歡樂,
歡樂在心, 故聲必隨而寬緩也.

而動, 故形於聲. 聲相應, 故生變. 變成方, 謂之音. 比音而樂之, 及干戚羽旄, 謂
之樂.

[번역] ●經文: "其樂心感者, 其聲嘽以緩". ○'탄(嘽)'자는 "너그럽다[寬]."는 뜻이다. 만약 외부 대상에게 좋은 점이 있다면, 마음은 반드시 기쁘고 즐거워하게 되며, 기쁘고 즐거운 것이 마음에 있기 때문에, 소리도 반드시 그에 따라서 너그럽고 여유롭게 된다.

[孔疏] ●"其喜心感者, 其聲發以散"者, 若外境會合其心, 心必喜悅, 喜悅在心, 故聲必隨而發揚放散無輒礙. 但樂是長久之歡, 喜是一時之悅, 遇有善事而心喜也. 昭二十五年左傳云"喜生於好", 是喜與樂別也.

[번역] ●經文: "其喜心感者, 其聲發以散". ○만약 외부 대상이 마음에 합치된다면 마음은 반드시 기쁘고 즐겁게 되며, 기쁘고 즐거운 것이 마음에 있기 때문에 소리도 반드시 그에 따라서 발산되며 퍼져 나가서 갑작스럽거나 거리낌이 없게 된다. 다만 즐거움[樂]은 장시간 지속되는 환희이고 기쁨[喜]은 일시적인 환희이니, 우연하게 좋은 일이 있게 되면 마음은 기뻐하게 된다. 소공(昭公) 25년에 대한 『좌전』의 기록에서는 "기쁨은 좋아하는 것에서 생겨난다."3)라고 했는데, 이것은 기쁨과 즐거움이 구별된다는 사실을 나타낸다.

[孔疏] ●"其怒心感者, 其聲粗以厲"者, 怒謂忽遇惡事, 而心恚怒, 恚怒在心, 則其聲粗以猛厲也.

[번역] ●經文: "其怒心感者, 其聲粗以厲". ○성냄은 갑작스럽게 나쁜 일을 만나게 되어 마음에 분노가 생긴 것을 뜻하니, 분노가 마음에 있게 되면 그 소리는 거칠고 난폭하게 된다는 의미이다.

[孔疏] ●"其敬心感者, 其聲直以廉"者, 直, 謂不邪也. 廉, 廉隅也. 若外境

---

3) 『춘추좌씨전』「소공(昭公) 25년」: 哀有哭泣, 樂有歌舞, 喜有施舍, 怒有戰鬪; 喜生於好, 怒生於惡.

見其尊高, 心中嚴敬, 嚴敬在心, 則其聲正直而有廉隅, 不邪曲也.

번역 ●經文: "其敬心感者, 其聲直以廉". ○'직(直)'자는 사사롭지 않다
는 뜻이다. '염(廉)'자는 방정하고 구차하지 않다는 뜻이다. 만약 외부 대상
이 존귀하게 떠받들려지는 것이라면 마음에는 엄숙함과 공경함이 있고, 엄
숙함과 공경함이 마음이 있게 되면 그 소리는 정직하고 바름이 생겨나서
사사롭게 굽혀지지 않는다.

孔疏 ●"其愛心感者, 其聲和以柔"者, 和, 調也. 柔, 軟也. 若外境親屬死
亡, 心起愛情, 愛情在心, 則聲和柔也.

번역 ●經文: "其愛心感者, 其聲和以柔". ○'화(和)'자는 "조화롭다[調]."
는 뜻이다. '유(柔)'자는 "부드럽다[軟]."는 뜻이다. 만약 외부 대상에 있어
서 친족이 죽는 일이 발생하면 마음에는 그들을 아끼는 정감이 생겨나고,
아끼는 정감이 마음에 있게 되면 그 소리는 조화롭고 부드럽게 된다.

孔疏 ●"六者非性也, 感於物而後動"者, 結外感物也. 人生而靜, 天之性
也. 性本靜寂, 無此六事. 六事之生, 由應感外物而動, 故云非性也. 所以知非
性者, 今設取一人, 以此六事觸之, 言此人必隨觸而動, 故知非本性也. 庾云:
"隨其所感而應之, 是知非性也." 此聲皆據人心感於物而口爲聲, 知是人聲也.
故鄭注云: "言人聲在所見." 皇氏云"樂聲", 失之矣.

번역 ●經文: "六者非性也, 感於物而後動". ○외적으로 대상을 느낀다
는 뜻을 결론 맺은 것이다. 사람이 태어나게 되면 고요하게 되는데, 이것은
하늘이 부여한 천성에 해당한다. 본성은 본래 정숙하여 이러한 여섯 가지
사안이 없다. 여섯 가지 사안이 발생한 것은 외부 대상에 감응한 것으로부
터 생겨난다. 그렇기 때문에 "본성이 아니다."라고 말한 것이다. 본성이 아
니라는 사실을 알 수 있는 이유는 현재 어떤 한 사람을 두고, 이러한 여섯
가지 사안을 통해 그 감정을 촉발시키게 되면, 그 사람은 반드시 촉발된

감정에 따라 움직이기 때문에 그것이 본성이 아니라는 사실을 알 수 있다
는 뜻이다. 유울4)은 "느낀 것에 따라서 호응하는 것이니, 이것으로 본성이
아님을 알 수 있다."라고 했다. 이러한 소리들은 모두 사람의 마음이 외부
대상에게 느껴서 입을 통해 소리로 나온 것이니, 이것이 사람의 소리에 해
당한다는 사실을 알 수 있다. 그렇기 때문에 정현의 주에서는 "사람의 소리
는 보는 대상에 달려 있다."라고 말한 것이다. 황간은 "악기의 소리이다."라
고 했는데, 잘못된 주장이다.

集解 愚謂: 首節言人心之感而爲聲, 由聲而爲音, 由音而爲樂. 其自微而
至著, 有是三者之次. 自此以下六節, 皆承首節而遞申之. 此二節言人之感而
發爲聲者由於政, 所以申首節言"聲"之義. 所謂聲, 皆指人聲而言也.

번역 내가 생각하기에, 첫 문단에서는 사람의 마음이 느낀 것이 소리
[聲]로 나타나고, 소리를 통해서 음(音)이 되며, 음(音)을 통해서 악(樂)이
된다는 사실을 나타냈다. 은미한 것으로부터 드러나는 것에 이르기까지 이
러한 세 가지 절차가 있게 된다. 이곳 문단으로부터 그 이하의 여섯 문단은
모두 첫 문단의 뜻을 이어서 번갈아가며 그 뜻을 거듭 나타내고 있다. 이곳
의 두 문단은 사람이 느껴서 소리로 나타난 것은 정치로부터 비롯되는데,
이것은 첫 문단에서 말한 '성(聲)'의 뜻을 거듭 나타낸 것이다. 이른바 '성
(聲)'이라는 것은 모두 사람의 소리를 가리켜서 한 말이다.

---

4) 유울(庾蔚, ?~?) : =유씨(庾氏). 남조(南朝) 때 송(宋)나라 학자이다. 저서로
   는 『예기약해(禮記略解)』, 『예론초(禮論鈔)』, 『상복(喪服)』, 『상복세요(喪服
   世要)』, 『상복요기주(喪服要記注)』 등을 남겼다.

예(禮) · 악(樂) · 형(刑) · 정(政)과 민심(民心) · 치도(治道)

【456a】

是故先王愼所以感之者, 故禮以道其志, 樂以和其聲, 政以一其行, 刑以防其姦. 禮樂刑政, 其極一也, 所以同民心而出治道也.

직역 是故로 先王은 感하는 所以의 者를 愼하니, 故로 禮로써 그 志를 道하고, 樂으로써 그 聲을 和하며, 政으로써 그 行을 一하고, 刑으로써 그 姦을 防한다. 禮樂刑政은 그 極이 一이니, 民心을 同하고 治道를 出하는 所以이다.

의역 이러한 까닭으로 선왕들은 사람의 마음을 느끼게 하는 것에 대해서 신중을 기했다. 그래서 예(禮)를 통해 백성들의 뜻을 옳은 방향으로 선도했고, 악(樂)을 통해 백성들의 소리를 조화롭게 했으며, 정치를 통해 백성들의 행동을 올바르게 일치시켰고, 형벌을 통해 백성들의 간사함을 방지했다. 예·악·형벌·정치는 각각 다른 사안이지만, 그 지극함에 있어서는 일치하니, 이것들은 바로 백성들의 마음을 합치시키고, 다스림의 도리를 창출하는 방법이다.

集說 劉氏曰: 愼其政之所以感人心者, 故以禮而道其志之所行, 使必中節; 以樂而和其聲之所言, 使無乖戾. 政以敎不能而一其行, 刑以罰不率而防其姦. 禮樂刑政四者之事雖殊, 而其致則一歸於愼其所以感之者, 所以同民心而出治道也.

번역 유씨[1]가 말하길, 정치가 사람의 마음을 느끼게 하는 것에 대해 신중히 하기 때문에, 예(禮)로써 그 뜻이 시행하는 바를 선도하여 반드시 절

도에 맞게 하는 것이고, 악(樂)으로써 그 소리가 말하고자 하는 바를 조화
롭게 하여 어그러짐이 없도록 하는 것이다. 정치를 시행하여 잘하지 못하
는 자들을 교화하여 그 행동을 일치시키고, 형벌을 시행하여 통솔되지 않
는 자들을 벌하여 간사함을 방지한다. 예・악・형・정이라는 네 가지 것들
은 그 사안이 비록 다르지만, 그 지극함에 있어서는 느끼게 하는 것에 대해
신중히 한다는 것으로 귀결되니, 이것은 백성들의 마음을 합치시키고 다스
림의 도리를 창출하는 방법이 된다.

大全 長樂陳氏曰: 聖人之於易, 制禮於謙, 作樂於豫, 明政於賁, 致刑於豐,
則禮樂者, 政刑之本, 政刑者, 禮樂之輔. 古之人所以同民心出治道, 使天下如
一家, 中國如一人者, 不過擧而錯之而已. 夫姦聲感人而淫樂興焉, 正聲感人
而和樂興焉. 先王必愼所以感之, 故禮自外作而道志於內, 樂由中出而和聲於
外, 政以一不齊之行, 刑以防不軌之姦, 愼所以感之之術也. 其極則一於同民
心, 使之無悖逆詐僞之心, 一於出治道, 使之無淫泆作亂之事, 愼所以感之之
效也. 此因人心之感物而動, 故先王愼所以感之, 而以禮樂刑政出治道. 下文
因人之好惡無節, 故先王以人爲之節, 而以禮樂刑政備治道, 蓋相爲終始故也.

번역 장락진씨2)가 말하길, 성인은 『역』을 통해서 겸괘(謙卦)에서 예
(禮)를 제정했고,3) 예괘(豫卦)에서 악(樂)을 만들었으며,4) 비괘(賁卦)에서
정치를 밝혔고,5) 풍괘(豐卦)에서 형벌을 이루었으니,6) 예(禮)와 악(樂)이

---

1) 유씨(劉氏, ?~?) : =유맹야(劉孟治). 자세한 이력이 남아 있지 않다.
2) 진상도(陳祥道, A.D.1159~A.D.1223) : =장락진씨(長樂陳氏)・진씨(陳氏)・
   진용지(陳用之). 북송대(北宋代)의 유학자이다. 자(字)는 용지(用之)이다. 장
   락(長樂) 지역 출신으로, 1067년에 과거에 급제하여 태상박사(太常博士) 등
   을 지냈다. 왕안석(王安石)의 제자로, 그의 학문을 전파하는데 공헌하였다.
   저서에는 『예서(禮書)』, 『논어전해(論語全解)』 등이 있다.
3) 『역』「계사하(繫辭下)」 : 履以和行, 謙以制禮, 復以自知, 恒以一德, 損以遠害,
   益以興利, 困以寡怨, 井以辯義, 巽以行權.
4) 『역』「예괘(豫卦)」 : 象曰, 雷出地奮, 豫, 先王以作樂崇德, 殷薦之上帝, 以配祖考.
5) 『역』「비괘(賁卦)」 : 象曰, 山下有火, 賁, 君子以明庶政, 无敢折獄.
6) 『역』「풍괘(豐卦)」 : 象曰, 雷電皆至, 豐, 君子以折獄致刑.

라는 것은 정치와 형벌의 근본이 되고, 정치와 형벌은 예(禮)와 악(樂)을 돕는 보조 수단이다. 고대 사람들이 백성들의 마음을 합치시켜 다스림의 도리를 창출하여, 천하를 한 집안처럼 만들고 중국을 한 몸처럼 만들었던 방법7)은 이러한 것들을 시행한 것에 지나지 않을 따름이다. 간사한 소리가 사람을 감응시키면 음란한 음악이 흥성하게 되고, 바른 소리가 사람을 감응시키면 조화로운 음악이 흥성하게 된다. 선왕은 반드시 느끼게 하는 것을 신중히 대처했기 때문에, 예(禮)는 외부를 통해 만들어졌지만 내적으로 뜻을 인도하였고, 악(樂)은 마음에서 나타났지만 외적으로 소리를 조화롭게 했으며, 정치를 통해 가지런하지 않은 행동들을 일치시켰고, 형벌을 통해 법도에 맞지 않는 간사함을 방지했으니, 이것은 느끼게 함을 신중히 했던 방법이다. 지극함에 있어서는 모두 백성들을 마음을 합치시켜서 백성들로 하여금 어그러지고 거스르며 속이고 거짓된 마음이 일어나지 않게끔 했고, 모두 다스림의 도리를 창출하여 음란하고 난리를 일으키려는 사안을 없게끔 했으니, 이것은 느끼게 함을 신중히 했던 효과이다. 이러한 것들은 사람의 마음이 대상을 느껴서 움직임에 따라 발생한다. 그렇기 때문에 선왕은 느끼게 함을 신중히 하여, 예(禮)와 악(樂) 및 형벌과 정치를 통해서 다스림의 도리를 창출했다. 아래문장의 내용은 사람의 좋아함과 싫어함에 절도가 없다는 것에 연유하기 때문에, 선왕은 사람을 기준으로 절도를 제정하고, 예(禮)와 악(樂) 및 형벌과 정치를 통해서 다스림의 도리를 갖췄던 것이니, 이것들은 상호 시작과 끝을 이루게 된다.

鄭注 極, 至也. 此其所謂"至"也.

번역 '극(極)'자는 "지극하다[至]."는 뜻이다. 백성들의 마음을 합치시켜

7) 『예기』「예운(禮運)」【278d~279a】: 故聖人耐以天下爲一家, 以中國爲一人者, 非意之也, 必知其情, 辟於其義, 明於其利, 達於其患, 然後能爲之. 何謂人情? 喜·怒·哀·懼·愛·惡·欲, 七者弗學而能. 何謂人義? 父慈·子孝·兄良·弟弟·夫義·婦聽·長惠·幼順·君仁·臣忠, 十者謂之人義. 講信修睦, 謂之人利. 爭奪相殺, 謂之人患. 故聖人之所以治人七情, 修十義, 講信修睦, 尙慈讓, 去爭奪, 舍禮何以治之?

서 다스림의 도리를 창출하는 것이 바로 '지(至)'에 해당한다.

釋文 道音導. 行, 下孟反. 治, 直吏反, 下同.

번역 '道'자의 음은 '導(도)'이다. '行'자는 '下(하)'자와 '孟(맹)'자의 반절음이다. '治'자는 '直(직)'자와 '吏(리)'자의 반절음이며, 아래문장에 나오는 글자도 그 음이 이와 같다.

孔疏 ●"是故先王愼所以感之"者, 旣六事隨見而動, 非關其本性, 故先代聖人在上, 制於正禮正樂以防之, 不欲以外境惡事感之, 故云"先王愼所以感之"者也.

번역 ●經文: "是故先王愼所以感之". ○앞서 말한 여섯 가지 사안들은 보는 대상에 따라서 마음이 움직이는 것으로, 본성과는 관련이 없다. 그렇기 때문에 선대의 성인들은 위정자의 입장에서 올바른 예악(禮樂)을 통해 방지를 하여, 외부 대상 중 나쁜 사안이 백성들의 마음을 느끼게끔 하지 않았던 것이다. 그래서 "선왕은 느끼게 함을 신중히 했다."라고 말한 것이다.

孔疏 ●"故禮以道其志, 樂以和其聲, 政以一其行, 刑以防其姦"者, 此四事, 是防愼所感之具矣. 政, 法律也. 旣防愼其感, 故用其正禮敎道其志, 用正樂諧和其聲, 用法律齊一其行, 用刑辟防其凶姦, 則民不復流僻也. "禮・樂・刑・政, 其極一也"者, 極, 至也. 用其四事齊之, 使同其一致, 不爲非也. 賀云: "雖有禮・樂・刑・政之殊, 及其檢情歸正, 同至理極, 其道一也."

번역 ●經文: "故禮以道其志, 樂以和其聲, 政以一其行, 刑以防其姦". ○이러한 네 가지 사안들은 느끼는 것을 방지하고 신중히 했던 도구들에 해당한다. '정(政)'자는 법률을 뜻한다. 이미 느끼는 것에 대해 방지하고 신중히 했기 때문에, 올바른 예(禮)를 사용하여 그 뜻을 가르치고 인도했으며, 올바른 악(樂)을 사용하여 그 소리를 조화롭게 만들었고, 법률을 사용하여 행동을 가지런하게 일치시켰으며, 형벌을 사용하여 흉하고 간사한 것들을 방지했으니, 백성들은 재차 잘못된 곳으로 빠지지 않게 되었다. 경문의 "禮·樂·刑·政, 其極一也."에 대하여. '극(極)'자는 "지극하다[至]."는 뜻이다. 즉 이러한 네 가지 것들을 이용하여 가지런하게 만들어서 동일하게 일치시키고, 잘못된 행동을 하지 못하게 만든다는 의미이다. 하순[8]은 "비록 예(禮)·악(樂)·형벌[刑]·정치[政]가 다르지만, 정감을 검속하여 올바름에 귀결시켜, 동일하게 이치를 지극히 하는데 이르도록 하는 것에 있어서는 그 도리가 동일하다."라고 했다.

孔疏 ●"所以同民心而出治道也"者, 結四事之功也, 言民心所觸, 有前六事不同, 故聖人用後四者制之, 使俱得其所也.

번역 ●經文: "所以同民心而出治道也". ○네 가지 사안들의 효과를 결론 맺은 말이다. 즉 백성들의 마음이 촉발되는 것으로는 앞서 말한 동일하지 않은 여섯 가지 사안들이 있다. 그렇기 때문에 성인은 그 뒤에 기술한 네 가지 것들을 사용하여 제어를 해서, 백성들로 하여금 모두 자신의 자리를 얻게끔 한 것이다.

集解 禮以示其所履, 而所志因有定向, 故曰"禮以道其志." 樂以養其心, 而發於聲者乃和, 故曰"樂以和其聲." 聲, 卽上所言六者之聲也. 感人心固以樂爲主, 然萬物得其理而後和, 故道以禮而後可和以樂也. 政者, 所以布禮樂之具, 而刑又所以爲政之輔者也. 極猶歸也. 民心, 卽喜·怒·哀·樂·愛·敬之心也. 同, 謂同歸於和也. 六者之心, 人之所不能無, 惟感之得其道, 則所發中其節, 而皆不害其爲和矣. 故禮·樂·刑·政, 其事雖異, 然其歸皆所以同民之心而出治平之道也.

번역 예(禮)를 통해서 실천해야 할 것들을 보여주고, 뜻하는 것도 그에

---

8) 하순(賀循, A.D.260～A.D.319) : 위진시대(魏晉時代) 때의 학자이다. 자(字)는 언선(彦先)이다.

따라 올바른 방향을 갖게 된다. 그렇기 때문에 "예(禮)로써 그 뜻을 선도한다."라고 말한 것이다. 악(樂)을 통해서 그 마음을 배양하고, 소리로 발산되는 것은 곧 조화롭게 된다. 그렇기 때문에 "악(樂)을 통해서 그 소리를 조화롭게 한다."라고 말한 것이다. 소리[聲]는 앞에서 말한 여섯 가지 소리들을 뜻한다. 사람의 마음을 느끼게 하는 것은 진실로 음악이 위주가 된다. 그러나 만물은 그 이치를 얻게 된 이후에야 조화롭게 된다. 그렇기 때문에 예(禮)로써 선도한 이후에야 악(樂)으로써 조화롭게 할 수 있다. 정치라는 것은 예악을 시행하는 도구이고, 형벌 또한 정치의 시행을 보조하는 수단이다. '극(極)'자는 "귀결된다[歸]."는 뜻이다. 백성들의 마음은 곧 기쁨·성냄·슬픔·즐거움·사랑함·공경함 등의 마음에 해당한다. '동(同)'자는 동일하게 조화로움으로 귀결시킨다는 뜻이다. 여섯 가지 마음은 사람에게 있어서 없을 수 없는 감정인데, 오직 느끼는 것이 그 도리를 얻어야만, 나타나는 것도 절도에 맞게 되고, 모두 조화롭게 됨을 해치지 않는다. 그렇기 때문에 예(禮)·악(樂)·형벌[刑]·정치[政]는 그 사안이 비록 다르지만, 귀결됨에 있어서는 모두 백성들의 마음을 합치시키고 화평하게 다스리는 도리를 창출하는 것이다.

• 제 4 절 •

음(音)과 정(政)

【456b】

凡音者, 生人心者也. 情動於中, 故形於聲, 聲成文, 謂之音.
是故治世之音安以樂, 其政和; 亂世之音怨以怒, 其政乖; 亡
國之音哀以思, 其民困. 聲音之道, 與政通矣.

직역 凡히 音이라는 者는 人心에서 生하는 者이다. 情이 中에서 動한 故로 聲
에서 形하고, 聲은 文을 成하니, 音이라 謂한다. 是故로 治世의 音은 安하여 樂하니,
그 政이 和하며; 亂世의 音은 怨하여 怒하니, 그 政이 乖하고; 亡國의 音은 哀하여
思하니, 그 民이 困이라. 聲音의 道는 政과 與하여 通한다.

의역 무릇 음(音)이라는 것은 사람의 마음을 통해서 생겨나는 것이다. 정감은
마음속에서 움직여 생기기 때문에 소리로 나타나고, 소리가 무늬와 제도를 이루게
되면 그것을 '음(音)'이라고 부른다. 이러한 까닭으로 태평하게 다스려질 때의 음
(音)은 안정되고 즐거우니, 그 정치가 조화롭기 때문이다. 또 난세의 음(音)은 원망
하여 분노에 가득 차니, 그 정치가 어그러졌기 때문이다. 또 망하게 될 나라의 음
(音)은 슬프고 옛날을 그리워하게 되니, 그 백성들이 고달프기 때문이다. 따라서
소리와 음(音)의 도리는 정치와 통하게 된다.

集說 此言音生於人心之感, 而人心哀樂之感, 由於政治之得失, 此所以愼
其所以感之者也. 治世政事和諧, 故形於聲音者安以樂; 亂世政事乖戾, 故形
於聲音者怨以怒; 將亡之國其民困苦, 故形於聲音者哀以思. 此聲音所以與政
通也.

번역 이 내용은 음(音)이 사람의 마음이 느끼는 것에서 생겨나니, 사람

의 마음이 슬픔과 즐거움을 느끼는 것은 정치의 득실에서 비롯되므로, 이
것이 느끼게 함을 신중히 하는 이유라는 뜻이다. 잘 다스려지는 세상의 정
사는 조화롭기 때문에, 소리와 음(音)으로 나타나는 것들이 안정되어 즐거
우며, 난세의 정사는 어그러졌기 때문에, 소리와 음(音)으로 나타나는 것들
이 원망하여 분노하게 되고, 장차 망하게 될 나라에서는 백성들이 고달프
기 때문에, 소리와 음(音)으로 나타나는 것들이 슬퍼서 시름에 겨워한다.
이것은 소리와 음(音)이 정치와 통하는 이유를 나타낸다.

集說 詩疏曰: 雜比曰音, 單出曰聲. 哀樂之情, 發見於言語之聲, 於時雖言
哀樂之事, 未有宮商之調, 惟是聲耳. 至於作詩之時, 則次序淸濁, 節奏高下,
使五聲爲曲, 似五色成文, 卽是爲音. 此音被諸絃管, 乃名爲樂.

번역 『시』의 소(疏)에서 말하길, 여러 음들이 섞여서 나열되는 것을 '음
(音)'이라고 부르고, 하나의 음이 나오는 것을 '성(聲)'이라고 부른다. 슬프
고 즐거운 감정은 언어라는 소리를 통해서 나타나며, 때에 따라 비록 슬프
고 즐거운 일을 말하더라도, 아직 궁(宮)음이나 상(商)음 등의 조화가 갖춰
지지 않았으니, 단지 성(聲)에 해당할 따름이다. 『시』를 짓게 된 때에 이르
게 되면, 맑고 탁한 음을 차례대로 나열하고, 음의 높낮이를 조절하고 연주
해서, 오성(五聲)을 통해 악곡을 만드니, 마치 오색(五色)이 무늬를 이루는
것과 같으므로, 이것은 곧 음(音)에 해당한다. 이러한 음(音)들이 현악기나
관악기를 통해서 나타나게 되면, 곧 '악(樂)'이라고 부른다.

大全 長樂陳氏曰: 心以感物而動爲情, 情以因動而形爲聲, 聲者情之所自
發, 而音者又雜比而成者也. 治世以道勝欲, 其音安以樂, 雅頌之音也, 政其有
不和乎? 亂世以欲勝道, 其音怨以怒, 鄭衛之音也, 政其有不乖乎? 亡國之音,
則桑間濮上, 非特哀以思而已, 其民亦已困矣. 由是觀之, 世異, 異音, 音異, 異
政. 夫豈聲音自與政通邪? 蓋其道本於心與情然也. 書曰, 八音在治忽, 國語
曰, 政象樂, 亦斯意歟.

번역 장락진씨가 말하길, 마음은 사물을 느끼고서 움직여 정감이 되고, 정감은 마음의 움직임에 따라서 나타나 소리가 되니, 소리라는 것은 정감이 나타난 것이고, 음(音)이라는 것 또한 소리가 뒤섞여 나열되어 완성된 것이다. 태평하게 다스려지는 세상에서는 도리가 욕심을 이기게 되어, 그 음들이 안정되어 즐거우니, 아(雅)나 송(頌) 등의 음악이 되는데, 정치에 있어서 어찌 조화롭지 못한 것이 있겠는가? 난세에는 욕심이 도리를 이기게 되어, 그 음들이 원망하여 분노하게 되니, 정(鄭)나라와 위(衛)나라 등의 음악이 되는데, 정치에 있어서 어그러지지 않은 것이 있겠는가? 망하게 될 나라의 음들이라면, 복수(濮水) 가에 있는 뽕나무 사이에서 발생한 것들이니, 단지 애달프게 그리워할 뿐만이 아니라, 그 백성들 또한 이미 곤궁한 상태이다.[1] 이것을 통해 살펴본다면, 세상이 달라지면 음(音)이 다르게 되고, 음(音)이 달라지면 정치가 다르게 된다. 어찌 소리와 음(音)이 스스로 정치와 통하는 것이겠는가? 무릇 그 도는 마음과 정감에 근본하여 이처럼 된 것일 따름이다. 『서』에서는 "팔음(八音)은 다스려짐과 소홀함에 달려 있다."[2]라고 했고, 『국어(國語)』에서는 "정치는 음악을 나타낸다."[3]라고 했는데, 이 또한 바로 이러한 의미를 나타낼 것이다.

鄭注 言八音和否, 隨政也. 玉藻曰: "御瞽幾聲之上下."

번역 팔음(八音)이 조화롭거나 그렇지 않음은 정치에 따른다는 뜻이다. 『예기』「옥조(玉藻)」편에서는 "시중을 드는 악공은 음악 소리의 높낮이를 살펴서, 정령(政令)의 득실을 살핀다."[4]라고 했다.

---

1) 『예기』「악기」【457d】: 鄭衛之音, 亂世之音也, 比於慢矣. 桑間濮上之音, 亡國之音也, 其政散, 其民流, 誣上行私而不可止也.
2) 『서』「우서(虞書)·익직(益稷)」: 予欲聞六律, 五聲, <u>八音, 在治忽</u>, 以出納五言, 汝聽.
3) 『국어(國語)』「주어하(周語下)」: 夫政象樂, 樂從和, 和從平.
4) 『예기』「옥조(玉藻)」【372b】: 卒食, 玄端而居, 動則左史書之, 言則右史書之, <u>御瞽幾聲之上下</u>. 年不順成, 則天子素服, 乘素車, 食無樂.

釋文 治世之音, 絶句. 安以樂, 音洛, 絶句. 雷讀上至"安"絶句, 樂音岳, "以樂"二字爲句. 其政和, 崔讀上句依雷, 下"以樂其政和"總爲一句. 下"亂世" ·"亡國"各放此. 思, 息吏反, 又音笥. 否音不. 藻音早. 瞽音古. 幾, 居希反, 又 音祈. 上下, 時掌反.

번역 '治世之音'에서 구문을 끊는다. '安以樂'에서의 '樂'자는 그 음이 '洛 (낙)'이며, 이곳에서 구문을 끊는다. 그런데 뇌씨는 앞의 구문을 "安"에서 끊었고, '樂'자의 음을 '岳(악)'이라고 했으며, '以樂'이라는 두 글자를 하나 의 구문으로 여겼다. '其政和'에 대해서, 최씨는 앞 구문에 붙여서 끊었는데, 뇌씨의 주장에 따른 것이며, 그 뒤에 나오는 '以樂其政和'이라는 것이 모두 하나의 구문이 된다고 여겼다. 아래에 나오는 '亂世'와 '亡國'에 대한 구문에 있어서도 모두 이처럼 구문을 끊었다. '思'자는 '息(식)'자와 '吏(리)'자의 반 절음이며, 또한 그 음은 '笥(사)'도 된다. '否'자의 음은 '不(불)'이다. '藻'자의 음은 '早(조)'이다. '瞽'자의 음은 '古(고)'이다. '幾'자는 '居(거)'자와 '希(희)' 자의 반절음이고, 또한 그 음은 '祈(기)'도 된다. '上下'에서의 '上'자는 '時 (시)'자와 '掌(장)'자의 반절음이다.

孔疏 ●"凡音"至"通矣". ○正義曰: 上文云音從人心生, 乃成爲樂, 此一節 明君上之樂隨人情而動. 若人情歡樂, 樂音亦歡樂, 若人情哀怨, 樂音亦哀怨.

번역 ●經文: "凡音"~"通矣". ○앞 문장에서는 음(音)이 사람의 마음을 통해서 발생하여, 곧 악(樂)을 이루게 된다고 했는데, 이곳 문단에서는 군 주의 악(樂)은 백성들의 정감에 따라서 움직이게 됨을 나타내고 있다. 만약 백성들의 정감이 기쁘고 즐겁다면 악(樂)과 음(音) 또한 기쁘고 즐겁게 되 며, 만약 백성들의 정감이 슬프고 원망하게 된다면 악(樂)과 음(音) 또한 슬프고 원망하게 된다.

孔疏 ●"凡音者, 生人心者也"者, 言君上樂音生於下民心者也.

번역 ●經文: "凡音者, 生人心者也"者. ○군주의 악(樂)과 음(音)은 백성

들의 마음을 통해 생겨나게 된다는 뜻이다.

孔疏 ●"情動於中, 故形於聲"者, 言在下人心情感君政教善惡, 動於心中, 則上文"感於物而後動", 是也. 旣感物動, 故形見於口, 口出其聲, 則上文云 "故形於聲"者, 是也.

번역 ●經文: "情動於中, 故形於聲". ○백성들의 정감은 군주의 정교에 나타나는 선악을 느끼고, 마음속에서 움직여 나타나게 되니, 곧 앞에서 말 한 "사물을 느낀 이후에 움직인다."는 뜻에 해당한다. 이미 외부 사물을 느 껴서 마음이 움직이기 때문에 입을 통해서 나타나고 입에서 소리가 나오게 되니, 앞 문장에서 말한 "그렇기 때문에 소리로 나타난다."는 뜻에 해당한 다는 의미이다.5)

孔疏 ●"聲成文, 謂之音"者, 謂聲之淸濁雜比成文謂之音, 則上文云"變成 方, 謂之音", 是也. 上云"比音而樂之, 及干戚·羽旄謂之樂", 此云音, 不云樂 者, 以下云"治世之音"·"亂世之音", 故云音而不言樂也. 必言音者, 樂以音爲 本, 變動由於音也, 所以特言音也.

번역 ●經文: "聲成文, 謂之音". ○맑고 탁한 소리를 섞어서 나열하여 무늬와 제도를 이루면, 이것을 '음(音)'이라고 부르니, 앞 문장에서 "변화가 방(方)을 이루면, 음(音)이라고 부른다."는 뜻에 해당한다는 의미이다. 앞에 서는 "음(音)을 나열하여 악기로 연주하고, 방패와 도끼 및 깃털과 꼬리털 로 춤을 추는 것을 '악(樂)'이라고 부른다."라고 했는데,6) 이곳에서는 '음 (音)'만 말하고, '악(樂)'을 언급하지 않았다. 그 이유는 그 뒤의 문장에서

---

5) 『예기』「악기」【455a】: 凡音之起, 由人心生也. 人心之動, 物使之然也. 感於物 而動, 故形於聲. 聲相應, 故生變. 變成方, 謂之音. 比音而樂之, 及干戚羽旄, 謂 之樂.

6) 『예기』「악기」【455a】: 凡音之起, 由人心生也. 人心之動, 物使之然也. 感於物 而動, 故形於聲. 聲相應, 故生變. 變成方, 謂之音. 比音而樂之, 及干戚羽旄, 謂之 樂.

'태평하게 다스려질 때의 음(音)'과 '난세의 음(音)'을 언급했기 때문에, '음(音)'만 말하고 '악(樂)'은 말하지 않은 것이다. 기어코 '음(音)'만을 언급한 이유는 악(樂)은 음(音)을 근본으로 삼고, 변화의 움직임은 음(音)에서 비롯되기 때문에, 단지 '음(音)'만을 말한 것이다.

孔疏 ●"是故治世之音, 安以樂"者, 是故, 謂情動於中, 而有音聲之異, 故言治平之世, 其樂音安靜而歡樂也. 治世之音, 民旣安靜以樂而感其心, 故樂音亦安以樂, 由其政和美故也. 君政和美, 使人心安樂, 人心安樂, 故樂聲亦安以樂也.

번역 ●經文: "是故治世之音, 安以樂". ○'시고(是故)'는 정감이 마음속에서 움직이고, 음(音)과 소리에 차이가 생긴다는 뜻이다. 그렇기 때문에 태평하게 다스려지는 세상에서는 그 악(樂)과 음(音)이 안정되고 기쁘고 즐겁게 나타난다고 말한 것이다. 태평하게 다스려지는 세상의 음(音)은 백성들이 이미 안정되고 즐거워하여 그 마음에 느끼기 때문에, 악(樂)과 음(音)이 안정되고 즐거워하게 되니, 이것은 정치의 조화롭고 아름다움에서 비롯되었기 때문이다. 군주의 정치가 조화롭고 아름다워서 사람들의 마음을 안정되고 즐거워하게 만드니, 사람의 마음이 안정되고 즐거워하기 때문에 악(樂)과 소리 또한 안정되고 즐거운 것이다.

孔疏 ●"亂世之音, 怨以怒, 其政乖"者, 亂世, 謂禍亂之世, 樂音怨恨而恚怒. 亂世之時, 其民怨怒, 故樂聲亦怨怒流亡, 由其政乖僻故也.

번역 ●經文: "亂世之音, 怨以怒, 其政乖". ○'난세(亂世)'는 재앙과 혼란이 깃든 세상을 뜻하니, 악(樂)과 음(音)이 원망하고 한탄하여 분노에 가득차게 된다. 난세일 때에는 백성들이 원망하고 분노하기 때문에 악(樂)과 소리 또한 원망하고 분노에 빠져 떠돌게 되니, 정치의 어그러지고 편벽됨에서 비롯되기 때문이다.

孔疏 ●"亡國之音, 哀以思, 其民困"者, 亡國, 謂將欲滅亡之國, 樂音悲哀而愁思. 言亡國之時, 民心哀思, 故樂音亦哀思, 由其人困苦故也. 前"治世"‧"亂世"皆云世, "亡國"不云世者, 以國將亡, 無復繼世也. 其"治世"‧"亂世"皆云政, "亡國"不云政者, 言國將滅亡, 無復有政, 故云"其民困"也.

번역 ●經文: "亡國之音, 哀以思, 其民困". ○'망국(亡國)'은 장차 멸망하게 될 나라를 뜻하니, 악(樂)과 음(音)이 비통하고 슬퍼서 근심에 가득 차게 된다. 즉 나라가 망하게 될 때 백성들의 마음은 슬프고 근심에 가득 차게 된다. 그렇기 때문에 악(樂)과 음(音) 또한 슬프고 근심스럽게 되니, 사람들이 곤궁하게 된 데에서 비롯되기 때문이다. 앞에서는 '치세(治世)'와 '난세(亂世)'라고 말하여, 모두 '세(世)'자를 붙여서 말했는데, '망국(亡國)'에 대해서는 '세(世)'자를 붙여서 말하지 않았다. 그 이유는 국가가 망하게 될 때에는 재차 그 세대를 대대로 잇지 못하기 때문이다. '치세(治世)'와 '난세(亂世)'라고 말할 때에는 모두 '정(政)'에 대해서 언급했는데, '망국(亡國)'에 대해서는 '정(政)'에 대해서 언급하지 않았다. 이것은 곧 국가가 장차 멸망하려고 할 때에는 재차 정치를 시행할 수 없음을 뜻한다. 그렇기 때문에 "그 백성들이 곤궁하다."라고 말한 것이다.

孔疏 ●"聲音之道, 與政通矣"者, 若政和則聲音安樂, 若政乖則聲音怨怒, 是"聲音之道, 與政通矣".

번역 ●經文: "聲音之道, 與政通矣". ○만약 정치가 조화롭게 된다면 소리와 음(音)도 안정되고 즐거우며, 만약 정치가 어그러지게 된다면 소리와 음(音)도 원망하고 분노하게 되니, 이것은 "소리와 음(音)의 도가 정치와 통한다."는 뜻에 해당한다.

集解 今按: 樂當音洛, "治世之音安以樂"爲一句, "其政和"爲一句. 下四句放此.

번역 현재 살펴보니, '樂'자의 음은 마땅히 '洛(락)'이 되며, '治世之音安以樂'이 하나의 구문이 되며, '其政和'가 하나의 구문이 된다. 그 뒤의 네 구문 또한 모두 이처럼 구문을 끊는다.

集解 愚謂: 此節言人心之感而成爲音者由於政, 所以申首節言"音"之義. 所謂音, 皆謂民俗歌謠之類, 而猶未及乎樂也.

번역 내가 생각하기에, 이곳 문단은 사람의 마음이 느껴서 음(音)을 이루는 것이 정치에서 비롯됨을 나타내고 있으니, 곧 앞 문단에서 말한 '음(音)'의 뜻을 거듭 밝힌 것이다. 이른바 '음(音)'이라는 것은 모두 민간에서 노래로 부르는 것들을 뜻하니, 아직은 악(樂)에 이르지 못한 것이다.

• 제5절 •

오음(五音)과 정(政)

【456d】

> 宮爲君, 商爲臣, 角爲民, 徵爲事, 羽爲物. 五者不亂, 則無
> 怗懘之音矣.

직역 宮은 君이 爲하고, 商은 臣이 爲하며, 角은 民이 爲하고, 徵는 事가 爲하며, 羽는 物이 爲한다. 五者가 不亂하면, **怗懘**의 音이 無라.

의역 궁(宮)음은 군주에 해당하고, 상(商)음은 신하에 해당하며, 각(角)음은 백성에 해당하고, 치(徵)음은 사안에 해당하며, 우(羽)음은 물건에 해당한다. 이다섯 가지 것들이 문란하지 않다면, 어긋나서 조화롭지 못한 음(音)도 없게 된다.

集說 劉氏曰: 五聲之本, 生於黃鍾之律, 其長九寸, 每寸九分, 九九八十一, 是爲宮聲之數. 三分損一以下生徵, 則去二十七, 得五十四也. 徵三分益一以上生商, 則加十八, 得七十二也. 商三分損一以下生羽, 則去二十四, 得四十八也. 羽三分益一以上生角, 則加十六, 得六十四也. 角聲之數, 三分之不盡一算, 其數不行, 故聲止於五. 此其相生之次也. 宮屬土, 絃用八十一絲爲最多, 而聲至濁, 於五聲獨尊, 故爲君象. 商屬金, 絃用七十二絲, 聲次濁, 故次於君而爲臣象. 角屬木, 絃用六十四絲, 聲半淸半濁, 居五聲之中, 故次於臣而爲民象. 徵屬火, 絃用五十四絲, 其聲淸, 有民而後有事, 故爲事象. 羽屬水, 絃用四十八絲爲最少, 而聲至淸, 有事而後用物, 故爲物象. 此其大小之次也. 五聲固本於黃鍾爲宮, 然還相爲宮, 則其餘十一律皆可爲宮. 宮必爲君而不可下於臣, 商必爲臣而不可上於君, 角民·徵事·羽物, 皆以次降殺. 其有臣過君, 民過臣, 事過民, 物過事者, 則不用正聲而以半聲應之. 此八音所以克諧而無相奪

倫也. 然聲音之道與政相通, 必君臣民事物五者, 各得其理而不亂, 則聲音和
諧而無怗懘也. 怗懘者, 敝敗也.

번역 유씨가 말하길, 오성(五聲)의 근본은 십이율[1] 중 황종(黃鍾)에서
생기니, 그 길이는 9촌(寸)으로, 매 촌(寸)마다 9등분으로 하면, 9 곱하기
9는 81이 되는데, 이것이 궁(宮)음의 수에 해당한다. 이 수에서 3등분을 하
여 그 중 1만큼을 덜어내면 그 아래로 치(徵)음이 생기니, 27을 제거하면
54라는 수가 나온다. 치(徵)음의 수를 3등분하여, 그 중 1만큼을 더하면 그
위로 상(商)음이 생기니, 18을 더하면 72라는 수가 나온다. 상(商)음의 수를
3등분하여, 그 중 1만큼을 덜어내면 그 아래로 우(羽)음이 생기니, 24를 제
거하면 48이라는 수가 나온다. 우(羽)음의 수를 3등분하여, 그 중 1만큼을
더하면 그 위로 각(角)음이 생기니, 16을 더하면 64라는 수가 나온다. 각
(角)음의 수인 64를 3등분하면 딱 떨어지지 않으니, 수를 나누는 것이 더
이상 진행되지 않기 때문에, 오성은 이 다섯 가지에서 멈추게 된다. 이것은
음률 중 서로 생겨나게 하는 순서에 해당한다. 궁(宮)음은 오행(五行)에 배
분하면 토(土)에 해당하고, 그 음을 내는 현악기의 줄은 81가닥의 끈을 엮
어서 만들어 가장 많으므로 소리가 매우 탁하고, 오성 중에서 독보적으로
존귀하므로 군주의 상이 된다. 상(商)음은 금(金)에 해당하고, 그 음을 내는
현악기의 줄은 72가닥의 끈을 엮어서 만들어 그 소리가 궁(宮)음 다음으로
탁하다. 그렇기 때문에 군주 다음 순번이 되는 신하의 상이 된다. 각(角)음

---

1) 십이율(十二律)은 여섯 개의 양률(陽律)과 여섯 개의 음률(陰律)을 합하여
부르는 말이다. 양성(陽聲: =陽律)은 황종(黃鍾), 대주(大簇), 고선(姑洗), 유
빈(蕤賓), 이칙(夷則), 무역(無射)이며, 이것을 육률(六律)이라고도 부른다.
음성(陰聲: =陰律)은 대려(大呂), 응종(應鍾), 남려(南呂), 함종(函鍾), 소려
(小呂), 협종(夾鍾)이며, 이것을 육동(六同)이라고도 부른다. '십이율'은 12개
의 높낮이가 다른 표준음으로, 서양음악의 악조(樂調)에 해당한다. 고대에는
12개의 길이가 다른 죽관(竹管)으로 음의 높낮이를 보정했다. 관(管)의 높이
에는 각각 일정한 길이가 있었다. 긴 관은 저음의 소리를 냈고, 짧은 관은 고
음의 소리를 냈다. 관 중에는 대나무가 아닌 동으로 제작한 것도 있다. 그리
고 '육동'은 또한 육려(六呂), 율려(律呂), 육간(六間), 육종(六鍾)이라고도 부
른다.

은 목(木)에 해당하고, 그 음을 내는 현악기의 줄은 64가닥의 끈을 엮어서 만드는데, 그 소리는 맑고 탁한 정도가 중간에 해당하여, 오성 중에서도 가운데 위치한다. 그렇기 때문에 신하 다음 순번이 되는 백성의 상이 된다. 치(徵)음은 화(火)에 해당하고, 그 음을 내는 현악기의 줄은 54가닥의 끈을 엮어서 만드는데, 그 소리가 맑고 백성이 있은 뒤에 사안이 생기기 때문에 사안의 상이 된다. 우(羽)음은 수(水)에 해당하고, 그 음을 내는 현악기의 줄은 48가닥의 끈을 엮어서 만들어 가장 적고, 그 소리는 매우 맑고 사안이 생긴 뒤에 물건이 쓰이게 되므로 물건의 상이 된다. 이것은 크기에 따른 순서에 해당한다. 오성은 진실로 황종을 궁(宮)음으로 삼는데 근본을 두고 있지만, 그러나 순환하여 서로 궁(宮)음이 되니,[2] 나머지 11개 율(律) 모두 궁(宮)음이 될 수 있다. 궁(宮)음은 반드시 군주가 되어 신하보다 낮출 수 없고, 상(商)음은 반드시 신하가 되어 군주보다 높일 수 없으며, 각(角)음에 해당하는 백성, 치(徵)음에 해당하는 사안, 우(羽)음에 해당하는 물건들도 모두 각각의 순서에 따라 높이고 낮추게 된다. 신하에 해당하는 상(商)음이 군주에 해당하는 궁(宮)음을 넘어서거나 백성에 해당하는 각(角)음이 신하에 해당하는 상(商)음을 넘어서거나 사안에 해당하는 치(徵)음이 백성에 해당하는 각(角)음을 넘어서거나 물건에 해당하는 우(羽)음이 사안에 해당하는 치(徵)음을 넘어서는 일이 생기면, 정성(正聲)을 사용하지 않고 반성(半聲)으로 호응한다. 이것은 팔음(八音)이 지극히 조화로워서 서로 질서를 어기는 일이 없는 이유이다. 그러나 소리와 음(音)의 도는 정치와 서로 통하니, 반드시 군주·신하·백성·사안·물건에 해당하는 다섯 가지 것들이 각각 그 이치를 얻어서 문란하지 않는다면, 소리와 음(音)이 조화롭게 되어 어긋나는 일이 없게 된다. '첩체(怗懘)'라는 것은 서로 맞지 않아 어긋난다는 뜻이다.

---

2) 『예기』「예운(禮運)」【281b】: 五聲·六律·十二管, 還相爲宮也.

구분	궁(宮)	상(商)	각(角)	치(徵)	우(羽)
율관(律管)	81	72	64	54	48
현(絃)	81	72	64	54	48
오행(五行)	토(土)	금(金)	목(木)	화(火)	수(水)
청탁(淸濁)	지탁 (至濁)	차탁 (次濁)	반청반탁 (半淸半濁)	청(淸)	지청 (至淸)
상(象)	군(君)	신(臣)	민(民)	사(事)	물(物)
상생(相生)	궁(宮) ⇨ 치(徵) ⇨ 상(商) ⇨ 우(羽) ⇨ 각(角)				
대소(大小)	궁(宮) ⇨ 상(商) ⇨ 각(角) ⇨ 치(徵) ⇨ 우(羽)				

鄭注 五者, 君·臣·民·事·物也. 凡聲濁者尊, 淸者卑. 怗懘, 敝敗不和之3)貌.

번역 다섯 가지는 군주·신하·백성·사안·물건을 뜻한다. 무릇 소리 중 탁한 것은 존귀하고 맑은 것은 미천하다. '첩체(怗懘)'는 어긋나서 조화롭지 못한 모양을 뜻한다.

釋文 怗, 徐昌廉反, 弊也. 懘, 昌制反, 又昌紙反, 敗也. 敝音弊.

번역 '怗'자의 서음(徐音)은 '昌(창)'자와 '廉(렴)'자의 반절음으로, 바르지 못하다는 뜻이다. '懘'자는 '昌(창)'자와 '制(제)'자의 반절음이고, 또 '昌(창)'자와 '紙(지)'자의 반절음도 되는데, 어긴다는 뜻이다. '敝'자의 음은 '弊(폐)'이다.

孔疏 ●"宮爲"至"日矣". ○正義曰: 此一節論五聲宮·商·角·徵·羽之殊, 所主之事, 上下不一, 得則樂聲和調, 失則國將滅亡也.

번역 ●經文: "宮爲"~"日矣". ○이곳 문단은 오성(五聲)인 궁(宮)·상

---

3) '지(之)'자에 대하여. '지'자는 본래 없던 글자인데, 완원(阮元)의 『교감기(校勘記)』에서는 "혜동(惠棟)의 『교송본(校宋本)』에서는 '모(貌)'자 앞에 '지'자가 기록되어 있고, 『사기(史記)』「악서(樂書)」를 살펴보면, 주에서 이곳 문장을 인용하며, '지'자를 기록하고 있다."라고 했다.

(商)·각(角)·치(徵)·우(羽)의 음들이 각각 다른데, 주관하는 일에 있어서 상하가 일치하지 않지만, 알맞게 된다면 악(樂)과 소리가 조화롭게 되고, 알맞지 않다면 국가가 장차 멸망하게 되리라는 점을 논의하고 있다.

孔疏 ●"宮爲君"者, 宮則主君, 所以然者, 鄭注月令云: 宮屬土, 土居中央, 總四方, 君之象也. 又"土爰稼穡", 猶君能滋生萬民也. 又五音, 以絲多聲重者爲尊, 宮弦最大, 用八十一絲, 故"宮爲君". 崔氏云: "五音之次, 以宮最濁, 自宮以下, 則稍清矣. 君·臣·民·事·物, 亦有尊卑, 故以次配之."

번역 ●經文: "宮爲君". ○궁(宮)음은 군주를 위주로 한다. 그 이유에 대해서 정현은 『예기』「월령(月令)」편에 대한 주에서, 궁(宮)음은 토(土)에 속하고 토(土)는 중앙에 해당하여 사방을 총괄하니 군주의 상이라고 했다.[4] 또 "토(土)는 이에 파종과 수확을 한다."[5]라고 했으니, 군주가 만민을 생육시킬 수 있음과 같다. 또 오음(五音)은 실의 가닥이 많아서 무거운 음을 내는 것이 존귀하고, 궁(宮)음을 내는 현악기의 줄은 가장 많은 가닥을 사용하여, 81가닥의 끈을 이용한다. 그렇기 때문에 "궁(宮)음은 군주에 해당한다."라고 말한 것이다. 최영은[6]은 "오음의 순서에 있어서, 궁(宮)음이 가장 탁한 소리를 내고, 궁(宮)음으로부터 그 밑으로 내려가면 점차 맑아지게 된다. 군주·신하·백성·사안·물건에도 또한 신분의 차이가 있다. 그렇기 때문에 차례대로 배열한 것이다."라고 했다.

孔疏 ●"商爲臣"者, 商所以爲臣者何? 以鄭注月令云: "商屬金, 以其濁,

---

4) 이 문장은 『예기』「월령(月令)」【208a】의 "其音宮, 律中黃鍾之宮."이라는 기록에 대한 정현의 주이다.
5) 『서』「주서(周書)·홍범(洪範)」: 水曰潤下, 火曰炎上, 木曰曲直, 金曰從革, 土爰稼穡.
6) 최영은(崔靈恩, ?~?): =최씨(崔氏). 남북조(南北朝) 때의 학자이다. 오경(五經)에 능통하였고, 다른 경전에도 두루 해박하였다고 전해진다. 『모시(毛詩)』, 『주례(周禮)』 등에 주석을 달았고, 『삼례의종(三禮義宗)』, 『좌씨경전의(左氏經傳義)』 등을 지었다.

次宮, 臣之象也." 解者云: "宮八十一絲, 商七十二絲, 次宮, 如臣之得次君之
貴重也." 崔氏云: "商是金, 金以決斷. 爲臣事君, 亦以義斷爲賢矣."

번역 ●經文: "商爲臣". ○상(商)음이 신하에 해당하는 이유는 무엇 때
문인가? 『예기』「월령(月令)」편에 대한 정현의 주에서 "상(商)음은 금(金)
에 속하고, 탁한 정도는 궁(宮)음 다음이니, 신하의 상이 된다."[7]라고 했기
때문이다. 주석가에 따라서는 "궁(宮)음을 내는 현악기의 줄은 81가닥의
끈을 엮어서 만드는데, 상(商)음의 줄은 72가닥의 끈을 엮어서 만드니 궁
(宮)음 다음이 되어, 신하가 군주의 존귀함에 비해 그 다음 서열이 될 수
있음과 같다."라고 풀이한다. 또 최영은은 "상(商)음은 금(金)에 속하는데
금(金)은 결단을 한다. 신하가 군주를 섬길 때에도 또한 의(義)에 따라 결단
하는 것을 현명함으로 여긴다."라고 했다.

孔疏 ●"角爲民", 所以爲民者, 鄭注月令云: "角屬木, 以其淸濁中, 民之象
也." 解者云: "宮濁而羽淸, 角六十四絲, 聲居宮·羽之中, 半淸半濁, 故云以
其淸濁中也. 民比君·臣爲劣, 比事·物爲優, 故云角, 淸濁中, 民之象矣." 崔
氏云: "角屬春, 春時物生衆, 皆有區別, 亦象萬民衆多而有區別也."

번역 ●經文: "角爲民". ○각(角)음이 백성에 해당하는 이유에 대해서,
『예기』「월령(月令)」편에 대한 정현의 주에서는 "각(角)음은 목(木)에 해당
하고, 맑고 탁한 정도가 중간에 해당하니, 백성의 상이다."[8]라고 했다. 주석
가에 따라서는 "궁(宮)음은 탁한 음이고, 우(羽)음은 맑은 음인데, 각(角)음
을 내는 현악기의 줄은 64가닥의 끈을 엮어서 사용하고, 그 소리는 궁(宮)
음과 우(羽)음의 중간에 해당하여, 탁하고 맑은 정도가 중간이 된다. 그렇
기 때문에 맑고 탁한 정도가 중간이라고 말한 것이다. 백성은 군주와 신하

---

7) 이 문장은 『예기』「월령(月令)」【208c~d】의 "其日庚辛, 其帝少皞, 其神蓐
  收, 其蟲毛, 其音商, 律中夷則, 其數九, 其味辛, 其臭腥, 其祀門, 祭先肝."이라
  는 기록에 대한 정현의 주이다.
8) 이 문장은 『예기』「월령(月令)」【187a】의 "其蟲鱗, 其音角, 律中太蔟, 其數
  八, 其味酸, 其臭羶, 其祀戶, 祭先脾."라는 기록에 대한 정현의 주이다.

에 비해서는 뒤떨어지지만, 사안과 물건에 비하면 뛰어나다. 그렇기 때문에 각(角)음은 맑고 탁한 정도가 중간에 해당하여 백성의 상이라고 말한 것이다."라고 했다. 최영은은 "각(角)음은 봄에 해당하는데, 봄철에는 사물이 무수하게 생겨나지만, 모두 구별이 있기 때문에, 만민은 그 수가 많지만 각각 구별됨이 있다는 것을 상징한다."라고 했다.

孔疏 ●"徵爲事", 所以爲事者, 鄭注月令云: "徵屬火, 以其微⁹淸, 事之象也." 解者云: "羽最淸, 徵次之, 故用五十四絲, 是徵淸, 徵淸所以爲事之象也." 夫事是造爲, 造爲由民, 故先事後乃有物也. 是事勝於物, 而劣於民, 故次民, 居物之前, 所以徵爲事之象也. 崔氏云: "徵屬夏, 夏時生長萬物, 皆成形體, 事亦有體, 故以徵配事也."

번역 ●經文: "徵爲事". ○치(徵)음이 사안에 해당하는 이유에 대해서, 『예기』「월령(月令)」편에 대한 정현의 주에서는 "치(徵)음은 화(火)에 속하고, 그 소리는 보다 맑기 때문에 사안의 상이 된다."¹⁰⁾라고 했다. 주석가에 따라서는 "우(羽)음은 가장 맑은데, 치(徵)음은 그 다음이 된다. 그렇기 때문에 54가닥의 끈을 엮어서 사용하니, 이것은 치(徵)음이 맑은 음에 해당하고, 치(徵)음의 맑음이 사안을 사징하게 되는 이유이다."라고 했다. 무릇 사안이라는 것은 어떤 일을 시행하는 것이고, 어떤 일을 시행하는 것은 백성을 통해서 이루어진다. 그렇기 때문에 먼저 사안이 생긴 이후에 물건이 있게 된다. 이것은 사안이 물건보다 앞서지만 백성보다는 떨어진다는 것을 나타낸다. 그렇기 때문에 백성 다음에 오고, 물건보다 앞에 있는 것이니, 치(徵)음이 사안을 상징하게 되는 이유이다. 최영은은 "치(徵)음은 여름에 해당하는데, 여름철에는 만물이 크게 자라나게 되며, 모두 형체를 완성하게

---

9) '미(微)'자에 대하여. '미'자는 본래 '치(徵)'자로 기록되어 있었는데, 완원(阮元)의 『교감기(校勘記)』에서는 "노문초(盧文弨)는 교감을 하며, '치(徵)'자는 마땅히 미(微)'자로 기록해야 한다.'"라고 했다.
10) 이 문장은 『예기』「월령(月令)」【199c】의 "其蟲羽, 其音徵, 律中中呂, 其數七, 其味苦, 其臭焦, 其祀竈, 祭先肺."라는 기록에 대한 정현의 주이다.

되고, 사안 또한 본체가 있기 때문에 치(徵)음을 사안에 배열한 것이다."라
고 했다.

孔疏 ●"羽爲物", 羽所以爲物者, 鄭注月令云: "羽屬水者, 以其最淸, 物之
象也." 解者云: "羽者最淸, 用四十八絲而爲, 物劣於事, 故最處末, 所以'羽爲
物'也." 崔氏云: "羽屬冬, 冬物聚則成財用, 冬則物皆藏聚, 與財相類也."

번역 ●經文: "羽爲物". ○우(羽)음이 물건에 해당하는 이유에 대해, 『예기』
「월령(月令)」편에 대한 정현의 주에서는 "우(羽)음은 수(水)에 속하는데, 가
장 맑기 때문에 물건을 상징한다."라고 했다. 주석가에 따라서는 "우(羽)음
은 가장 맑은 소리를 내며, 48가닥의 끈을 엮어서 사용하여 그 음을 내는데,
물건은 사안보다는 뒤떨어지기 때문에 가장 끝에 위치하니, '우(羽)음이 물
건에 해당한다.'는 이유이다."라고 했다. 최영은은 "우(羽)음은 겨울에 해당
하는데, 겨울철에는 만물이 거둬들여져 재화를 이루며, 겨울이 되면 물건들
은 모두 보관되고 저장되니, 재화와 같은 부류가 된다."라고 했다.

孔疏 ●"五者不亂, 則無怗懘之音矣"者, 怗, 敝也. 懘, 敗也. 敝敗, 謂不和
之貌也. 若君・臣・民・事・物五者各得其所用, 不相壞亂, 則五聲之響無敝
敗矣.

번역 ●經文: "五者不亂, 則無怗懘之音矣". ○'첩(怗)'자는 "바르지 못하
다[敝]."는 뜻이다. '체(懘)'자는 "어긴다[敗]."는 뜻이다. 따라서 '폐패(敝
敗)' 즉 '첩체(怗懘)'라는 말은 조화롭지 못한 모양을 뜻한다. 만약 군주・
신하・백성・사안・물건이라는 다섯 가지 부류가 각각 그 쓰임을 얻게 되
어, 서로 어긋나거나 문란하지 않는다면, 오성(五聲)의 울림에는 어그러지
거나 바르지 못한 일이 없게 된다.

集解 愚謂: 此下三節, 承首節"比音而樂"之義而申之, 而言樂之通於政;
此節則以政之得而感爲樂者言之也.

번역 내가 생각하기에, 이곳 문단으로부터 그 아래의 세 문단은 첫 문단에서 "음(音)을 나열하여 악기로 연주한다."[11]는 뜻을 이어서 거듭 나타내고 있고, 악(樂)이 정치와 통한다는 사실을 설명하고 있다. 이곳 문단은 정치가 알맞아서 느끼게 된 것도 즐거운 경우로 언급한 것이다.

【457c】

宮亂則荒, 其君驕; 商亂則陂, 其臣[12])壞; 角亂則憂, 其民怨; 徵亂則哀, 其事勤; 羽亂則危, 其財匱. 五者皆亂, 迭相陵, 謂之慢. 如此則國之滅亡無日矣.

직역 宮이 亂하면 荒하니, 그 君이 驕이며; 商이 亂하면 陂하니, 그 臣이 壞이고; 角이 亂하면 憂하니, 그 民이 怨이며; 徵가 亂이면 哀하니, 그 事가 勤이고; 羽가 亂하면 危하니, 그 財가 匱라. 五者가 皆히 亂하여, 迭相히 陵하면, 慢이라 謂한다. 此와 如하다면 國의 滅亡은 日이 無라.

의역 궁(宮)음이 문란하다면 소리가 거칠게 되니, 그 이유는 군주가 교만하기 때문이다. 상(商)음이 문란하다면 소리가 치우치게 되니, 그 이유는 신하가 도리를 무너트렸기 때문이다. 각(角)음이 문란하다면 소리가 근심스럽게 되니, 그 이유는 백성들이 원망하기 때문이다. 치(徵)음이 문란하다면 그 소리가 슬프게 되니, 그

---

11) 『예기』「악기」【455a】: 凡音之起, 由人心生也. 人心之動, 物使之然也. 感於物而動, 故形於聲. 聲相應, 故生變. 變成方, 謂之音. 比音而樂之, 及干戚羽旄, 謂之樂.

12) '신(臣)'자에 대하여. 『십삼경주소(十三經注疏)』북경대 출판본에는 '관(官)'자로 되어 있고, "'관'자는 『민본(閩本)』・『감본(監本)』・『모본(毛本)』・『석경(石經)』・『악본(岳本)』・『가정본(嘉靖本)』 및 위씨(衛氏)의 『집설(集說)』에는 동일하게 기록되어 있다. 진호(陳澔)의 『집설(集說)』과 『고문(考文)』에서 인용하고 있는 『족리본(足利本)』에는 '신'자로 기록되어 있는데, 이것은 잘못된 기록이다. 『석경고문제요(石經考文提要)』에서는 "『송대자본(宋大字本)』・『유숙강본(劉叔剛本)』에서는 모두 관(官)자로 기록했다."라고 했다.

이유는 사안이 괴롭기 때문이다. 우(羽)음이 문란하다면 그 소리가 위태롭게 되니, 그 이유는 재화가 모자라기 때문이다. 이 다섯 가지가 모두 문란하여, 교대로 상대를 침범하는 것을 교만하다고 부른다. 이처럼 된다면 그 나라는 얼마 가지 않아서 멸망하게 될 것이다.

集說 此言審樂以知政, 若宮亂則樂聲荒散, 是知由其君之驕恣使然也. 餘四者例推.

번역 이 문장은 악(樂)을 살펴서 정치를 안다는 뜻이니,13) 만약 궁(宮)음이 문란하게 되면 악(樂)과 소리도 거칠고 흩어지게 되니, 이것을 통해 그 이유가 군주가 교만하고 바르지 못함에서 비롯되어 이처럼 만들었음을 알 수 있다. 나머지 네 부류 또한 이와 같이 추론할 수 있다.

集說 陳氏曰: 五聲含君臣民事物之象, 必得其理, 方調得律呂, 否則有臣陵君, 民過臣, 而謂之奪倫矣. 此却不比漢儒附會效法之言, 具有此事, 毫髮不可差, 設或樂聲奪倫, 卽其國君臣民物必有不盡分之事. 如州鳩師曠皆能以此知彼, 正是樂與政通.

번역 진씨가 말하길, 오성(五聲)은 군주·신하·백성·사안·물건의 상을 포함하고 있으니, 반드시 해당하는 이치를 얻어야만 음률도 조화롭게 할 수 있다. 그렇지 않다면 신하가 군주를 업신여기고 백성이 신하를 뛰어넘게 되니, 이러한 것을 두고 인륜을 없앤다고 말한다. 이러한 것들에 대해서는 한(漢)나라 때의 유학자들이 만들어낸 견강부회의 설명들을 붙이지 않더라도, 문장 자체에 이러한 일들이 포함되어 있으니, 조금도 어긋나게 할 수 없다. 만약 악(樂)과 소리가 질서를 잃어버렸다면, 그 나라의 군주

---

13) 『예기』「악기」【458b】: 凡音者, 生於人心者也. 樂者, 通倫理者也. 是故知聲而不知音者, 禽獸是也. 知音而不知樂者, 衆庶是也. 唯君子爲能知樂. 是故審聲以知音, <u>審音以知樂</u>, 審樂以知政, 而治道備矣. 是故不知聲者, 不可與言音; 不知音者, 不可與言樂. 知樂則幾於禮矣. 禮樂皆得, 謂之有德. 德者, 得也.

· 신하 · 백성 · 물건에는 반드시 본분을 다하지 못한 일이 있는 것이다. 예를 들어 악관인 주구(州鳩)14)와 사광(師曠)15)과 같은 자들도 모두 음악을 통해서 정치의 실정을 알 수 있었으니, 이것이 바로 음악이 정치와 통한다는 뜻을 나타낸다.

大全 延平黃氏曰: 其君不驕則其宮不亂, 其宮不亂則其音不荒, 其財不匱則其羽不亂, 其羽不亂則其音不危, 故曰五者不亂則無怗懘之音矣.

번역 연평황씨가 말하길, 그 나라의 군주가 교만하지 않다면 궁(宮)음도 문란하지 않고, 궁(宮)음이 문란하지 않다면 그 음(音)도 거칠지 않으며, 그 나라의 재화가 부족하지 않다면 우(羽)음도 문란하지 않고, 우(羽)음이 문란하지 않다면 그 음(音)도 위태롭지 않다. 그렇기 때문에 "다섯 가지가 문란하지 않다면, 바르지 못하고 어긋나는 음(音)이 없다."라고 말한 것이다.

鄭注 君 · 臣 · 民 · 事 · 物, 其道亂, 則其音應而亂. 荒猶散也. 陂, 傾也. 書曰: "王耄荒." 易曰: "無平不陂."

번역 군주 · 신하 · 백성 · 사안 · 물건에 있어서 그 도리가 문란하게 된다면, 음(音)도 그에 호응하여 문란하게 된다. '황(荒)'자는 "흩어진다[散]."는 뜻이다. '피(陂)'자는 "기울다[傾]."는 뜻이다. 『서』에서는 "천자가 연로하였다."16)라고 했고, 『역』에서는 "평평하기만 하고 기울지 않는 것이 없다."17)라고 했다.

釋文 陂, 彼義反, 注同, 傾也. 匱, 其愧反, 乏也. 迭, 田節反. 散, 蘇旦反. 耄, 莫報反.

---

14) 주구(州鳩)에 대한 일화는 『춘추좌씨전』「소공(昭公) 21년」 기록에 나온다.
15) 사광(師曠)에 대한 일화는 『춘추좌씨전』 및 『맹자』 등에 여러 차례 나온다.
16) 『서』「주서(周書) · 여형(呂刑)」: 惟呂命, 王享國百年耄荒, 度作刑, 以詰四方.
17) 『역』「태괘(泰卦)」: 九三, 无平不陂, 无往不復, 艱貞无咎, 勿恤其孚, 于食有福.

번역 '陂'자는 '彼(피)'자와 '義(의)'자의 반절음이며, 정현의 주에 나오는 글자도 그 음이 이와 같고, 기운다는 뜻이다. '匱'자는 '其(기)'자와 '愧(괴)'자의 반절음이며, 모자라다는 뜻이다. '迭'자는 '田(전)'자와 '節(절)'자의 반절음이다. '散'자는 '蘇(소)'자와 '旦(단)'자의 반절음이다. '耗'자는 '莫(막)'자와 '報(보)'자의 반절음이다.

孔疏 ●"宮亂則荒, 其君驕"者, 前明音聲與政通, 若五事皆正, 則音不敝敗, 是聲與政通, 故此以下明聲與政通也. 若五音之敝敗, 則政亂各有所由也. 荒, 猶散也. 若宮音之亂, 則其聲放散, 是知由其君驕溢故也. 崔氏云: "宮聲所以散者, 由君驕也, 若君驕則萬物荒散也."

번역 ●經文: "宮亂則荒, 其君驕". ○앞에서는 음(音)과 소리가 정치와 통한다는 사실을 나타냈는데, 만약 다섯 가지 사안이 모두 올바르다면 음(音)도 바르지 못하거나 어긋나는 일이 없으니, 이것은 소리가 정치와 통한다는 사실을 나타낸다. 그렇기 때문에 이곳 구문부터 그 이하의 내용에서는 소리가 정치와 통한다는 사실을 나타낸 것이다. 만약 오음(五音)이 바르지 못하거나 어긋나게 된다면, 정치가 문란하게 됨에도 각각 비롯되는 점이 있게 된다. '황(荒)'자는 "흩어진다[散]."는 뜻이다. 만약 궁(宮)음이 문란하게 된다면 그 소리도 흩어지게 되니, 이것은 군주의 교만함으로부터 비롯되었기 때문임을 알 수 있다. 최영은은 "궁(宮)음이 흩어지게 되는 이유는 군주의 교만함으로부터 비롯된다. 만약 군주가 교만하다면 만물은 여기저기 흩어지게 된다."라고 했다.

孔疏 ●"商亂則陂, 其官壞"者, 陂, 不平正也. 若商音之亂, 則其聲敧斜而不正也, 是知由其臣不治於官, 官壞故也. 崔氏云: "商聲所以傾邪者, 由臣官壞也, 官若壞, 則物皆傾邪也."

번역 ●經文: "商亂則陂, 其官壞". ○'피(陂)'자는 평평하지 않고 바르지 못하다는 뜻이다. 만약 상(商)음이 문란하다면 그 소리는 기울어서 바르지 못하게 된다. 이것은 신하가 관부를 다스리지 않아서, 관부의 정무가 무너지게 됨에서 비롯되었다는 것을 알 수 있다. 최영은은 "상(商)음이 기울고 치우치게 되는 이유는 신하와 관부의 정무가 무너지는 일에서 비롯된다. 관부의 정무가 무너지게 된다면, 물건들은 모두 한쪽으로 치우치거나 사사롭게 사용된다."라고 했다.

孔疏 ●"角亂則憂, 其民怨"者, 若角音之亂, 則其聲憂愁, 是知由政虐, 其民怨故也. 崔氏云: "角聲所以亂者, 由民不安業, 有憂愁之心也." 民無自怨, 皆君上失政, 故下民生怨也.

번역 ●經文: "角亂則憂, 其民怨". ○만약 각(角)음이 문란하다면 그 소리는 근심스럽게 되니, 이것은 정치가 혹독하여 백성들이 원망하게 된 데에서 비롯되었음을 알 수 있다. 최영은은 "각(角)음이 문란하게 되는 것은 백성들이 자신의 과업에 대해 안정을 느끼지 못하여, 근심스러운 마음이 발생한 데에서 비롯된다."라고 했다. 백성들은 그 자체로 원망하는 일이 없으니, 이 모두는 군주와 위정자들이 정치의 도리를 잃었기 때문에, 백성들이 원망을 품게 되는 것이다.

孔疏 ●"徵亂則哀, 其事勤"者, 若徵音之亂, 則其聲哀苦, 是知由繇役不休, 其民事勤勞故也. 崔氏云: "徵所以亂者, 由民勤於事, 悲哀之所生."

번역 ●經文: "徵亂則哀, 其事勤". ○만약 치(徵)음이 문란하게 된다면 그 소리는 애통하고 고달프게 되니, 이것은 쉼 없이 부역에 시달려서, 백성들이 고달프게 일하는 데에서 비롯됨을 알 수 있다. 최영은은 "치(徵)음이 문란하게 되는 이유는 백성들이 사안에 대해 고달프게 되어, 비통하고 애통한 마음이 생기는 데에서 비롯된다."라고 했다.

孔疏 ●"羽亂則危, 其財匱"者, 匱, 乏也. 若羽音之亂, 則其聲傾危, 是知由君賦重, 其民貧乏故也. 崔氏云: "危者, 謂聲不安也." 羽聲[18]所以不安者,由君亂於上, 物散於下, 故知財乏, 不能得安, 故有匱乏也.

번역 ●經文: "羽亂則危, 其財匱". ○'궤(匱)'자는 "모자라다[乏]."는 뜻이다. 만약 우(羽)음이 문란하게 된다면 그 소리는 기울고 위급하게 되니, 이것은 군주가 재화를 탕진하여 백성들이 가난하고 궁핍하게 된 데에서 비롯되었음을 알 수 있다. 최영은은 "위급하다는 것은 그 소리가 안정되지 못하다는 뜻이다."라고 했다. 우(羽)음이 안정되지 못하는 이유는 군주가 통치자의 자리에서 문란하게 행동하고, 물건이 그 밑에서 여기저기 흩어짐에서 비롯된다. 그렇기 때문에 재화가 부족하여 안정될 수 없어서, 궁핍하게 됨을 알 수 있다.

孔疏 ●"五者皆亂, 迭相陵, 謂之慢"者, 迭, 互也. 陵, 越也. 若五聲並和, 則君臣上下不失. 若五聲不和, 則君臣上下互相陵越, 所以爲"慢"也. 崔氏云: "前是偏據一亂以爲義, 未足以爲滅亡, 今此以五者皆亂, 故滅亡無日矣." 滅者, 絶也. 亡, 叛也. 無日, 言無復一日也. 若君臣互相陵慢如此, 則國必叛滅, 且夕可俟, 無復一日也.

번역 ●經文: "五者皆亂, 迭相陵, 謂之慢". ○'질(迭)'자는 상호[互]라는 뜻이다. '능(陵)'자는 "뛰어넘다[越]."는 뜻이다. 만약 오성(五聲)이 모두 조화롭게 된다면 군주 및 상하 모든 계층이 본분을 잃지 않게 된다. 만약 오성이 조화롭지 못하다면 군주 및 상하 모든 계층은 서로 침탈하고 뛰어넘게 되니, 이것이 "교만하다"고 한 이유이다. 최영은은 "앞에서는 한 가지 문란한 사례만을 제시하여 그 뜻으로 삼았으니, 아직 멸망이라고 여기기에는 부족하다. 그런데 현재 이곳 구문에서는 이러한 다섯 가지가 모두 문란하다고 했기 때문에 얼마 가지 않아서 멸망하게 된다고 했다."라고 했다. '멸

18) '성(聲)'자에 대하여. '성'자는 본래 '음(音)'자로 기록되어 있었는데, 완원(阮元)의 『교감기(校勘記)』에서는 "『민본(閩本)』에서는 '음'자를 '성'자로 기록했고, 혜동(惠棟)의 『교송본(校宋本)』에도 동일하게 기록되어 있으며, 위씨(衛氏)의 『집설(集說)』에도 동일하게 기록되어 있다. 따라서 이곳 판본은 잘못 기록한 것이며, 『감본(監本)』·『모본(毛本)』도 잘못 기록되어 있다."라고 했다.

(滅)’자는 “끊어진다[絶].”는 뜻이다. ‘망(亡)’자는 “배반하다[叛].”는 뜻이다. ‘무일(無日)’은 재차 하루라도 더 연장시킬 수 없음을 뜻한다. 만약 군주와 신하가 이처럼 상호 업신여기고 침범한다면, 국가는 반드시 패망하게 될 것이며, 그 기간은 하루면 충분하니, 재차 하루라도 연장시킬 수 없다.

孔疏 ◎注“書曰”至“不陂”. ○正義曰: 所引之者, 尙書·呂刑之文也. “王耄荒”者, 謂穆王享國百年耄荒也. 引之者, 證經之“荒”字矣. 云“易曰: 無平不陂”者, 易·泰卦九三爻辭. 引之者, 證經之“陂”字矣. 按樂緯·動聲儀云: “宮爲君, 君者當寬大容衆, 故聲弘以舒, 其和情以柔, 動脾也. 商爲臣, 臣者當以發明君之號令, 其聲散以明, 其和溫以斷, 動肺也. 角爲民, 民者當約儉, 不奢僭差, 故其聲防以約, 其和淸以靜, 動肝也. 徵爲事, 事者君子之功, 旣當急就之, 其事當久流亡, 故其聲貶以疾, 其和平以功, 動心也. 羽爲物, 物者不有委聚, 故其聲散以虛, 其和斷以散, 動腎也.” 動聲儀又云: “若宮唱而商和, 是謂善, 太平之樂.” 注云: “君臣相和.” 又云: “角從宮, 是謂哀, 衰國之樂.” 注云: “象人自怨訴.” 又云: “羽從宮, 往而不反, 是謂悲, 亡國之樂也.” 注云“悲傷於財竭.” 又云: “音相生者和.” 注云: “彈羽角應, 彈宮徵應, 是其和樂.” 以此言之, 相生·應卽爲和, 不以相生·應, 則爲亂也.

번역 ◎鄭注: “書曰”~“不陂”. ○정현이 인용한 것은 『상서』「여형(呂刑)」편의 문장이다. “천자가 연로하였다.”라고 했는데, 이 말은 목왕(穆王)이 나라를 백여 년 동안 다스려서 연로하였다는 뜻이다. 정현이 이 문장을 인용한 이유는 경문에 나오는 ‘황(荒)’자의 뜻을 증명하기 위해서이다. 또 정현은 “『역』에서는 ‘평평하기만 하고 기울지 않는 것이 없다.’”라는 말을 인용했는데, 이것은 『역』「태괘(泰卦)」의 구삼(九三) 효사(爻辭)이다. 정현이 이 문장을 인용한 이유는 경문에 나오는 ‘피(陂)’자의 뜻을 증명하기 위해서이다. 『악』의 위서(緯書)인 『동성의(動聲儀)』를 살펴보면, “궁(宮)음은 군주에 해당하는데, 군주는 마땅히 관대하게 대중들을 포용해야 한다. 그렇기 때문에 그 소리는 넓게 펴져야 하며, 조화로운 은정은 부드러워서 비장을 움직이게 한다. 상(商)음은 신하에 해당하는데, 신하는 마땅히 군주의 명령을 밝게 드러내야 하며, 그 소리는 널리 퍼져서 밝아지니, 조화롭고 따뜻함은 의롭게 결단을 하여, 폐장을 움직이게 한다. 각(角)음은 신하에 해당하는데, 신하는 마땅히 검소해야 하며, 사치를 부려서 참람되게 굴 수 없다. 그렇기 때문에 그 소리는 제한을 두어 검소하니, 조화롭고 맑음은 고요하여, 간장을 움직이게 한다. 치(徵)음은 사안에 해당하는데, 사안이라는 것은 군자가 공력을 기울여 하는 일로, 마땅히 급선무로 삼아야 하지만, 그 일이 오래도록 방치되어 흐지부지 된다면, 그 소리는 떨어지고 급박하게 되니, 신속히 처리하여 발생하는 조화롭고 공평한 공덕은 심장을 움직이게 한다. 우(羽)음은 물건에 해당하는데, 물건은 내버려두어서는 안 된다. 그렇기 때문에 그 소리는 흩어져서 허망하게 되니, 거둬들여 보관하면, 조화로운 결단이 사방으로 퍼져서 신장을 움직이게 한다."라고 했다.『동성의』에서는 또한 "만약 궁(宮)음이 선창을 하면 상(商)음이 화답을 하니, 이것을 좋다고 말하며 태평한 시대의 음악이라고 한다."라고 했고, 주에서는 "군주와 신하가 서로 조화로운 것이다."라고 했다. 또 "각(角)음은 궁(宮)음에 따르는 것을 애통하다고 하니, 나약해지는 나라의 음악이라고 한다."라고 했고, 주에서는 "사람들 스스로가 원통함을 호소하는 것을 상징한다."라고 했다. 또 "우(羽)음이 궁(宮)음을 따를 때, 가서 다시 되돌아오지 않음을 비통하다고 하니, 망할 나라의 음악이라고 한다."라고 했고, 주에서는 "재화가 소진된 것을 비통하게 여기는 것이다."라고 했다. 또 "음(音)이 서로 생겨나게 하는 것을 조화라고 한다."라고 했고, 주에서는 "우(羽)음을 타면 각(角)음이 호응하고, 궁(宮)음을 타면 치(徵)음이 호응하니, 이것이 조화로운 음악이다."라고 했다. 이것을 통해 말해보자면, 서로 생겨나게 하고 호응하는 것이 곧 조화로움에 해당하니, 서로 생겨나게 하거나 호응하지 않는다면 문란함이 된다.

구분	궁(宮)	상(商)	각(角)	치(徵)	우(羽)
상(象)	군(君)	신(臣)	민(民)	사(事)	물(物)
덕목	寬大容衆	發明君號令	約儉	急就	不有委聚
소리	弘以舒	散以明	防以約	貶以疾	散以虛
조화	情以柔	溫以斷	淸以靜	平以功	斷以散
장기	비(脾)	폐(肺)	간(肝)	심(心)	신(腎)
太平之樂	宮唱而商和				
衰國之樂	角從宮				
亡國之樂	羽從宮, 往而不反				
和	相生應				
亂	不以相生應				

集解 陳氏官作臣.

번역 진호19)는 '관(官)'자를 '신(臣)'자로 기록했다.

集解 愚謂: 此二節, 又以政之失而應於樂音者言之也. 五者偏有所亂者, 亂世之音也. 五者皆亂, 至於迭相陵侮而爲慢者, 亡國之音也. 周禮大司樂: "凡建國, 禁其淫聲·過聲·凶聲·慢聲." 四者由輕而重, 則聲之失莫甚於慢矣.

번역 내가 생각하기에, 이 두 문단은 또한 정치의 도리를 잃어서 음악으로 호응되어 나타난 것으로 말을 한 것이다. 다섯 가지 중에서 한쪽으로 문란하게 된 것이 있다면, 이것은 난세의 음(音)이 된다. 다섯 가지가 모두 문란하게 되어, 서로 침범하고 피해를 입혀서 교만하게 되는 것은 패망할 나라의 음(音)이 된다. 『주례』「대사악(大司樂)」편에서는 "무릇 나라를 건국할 때에는 음란한 소리, 지나친 소리, 흉한 소리, 교만한 소리를 금한다."20)라고 했다. 이 네 가지 것들은 비중이 작은 것으로부터 무거운 순으로 나열을 했으니, 소리가 법도를 잃어버린 것은 교만한 것보다 심한 것이 없다.

---

19) 진호(陳澔, A.D.1260~A.D.1341) : =진가대(陳可大). 남송(南宋) 말기 원(元)나라 초기 때의 학자이다. 자(字)는 가대(可大)이다. 사람들에게 경귀선생(經歸先生)으로 칭송을 받았다. 저서로는 『예기집설(禮記集說)』 등이 있다.
20) 『주례』「춘관(春官)·대사악(大司樂)」 : 凡建國, 禁其淫聲·過聲·凶聲·慢聲.

그림 5-1   주(周)나라 세계도(世系圖) Ⅱ

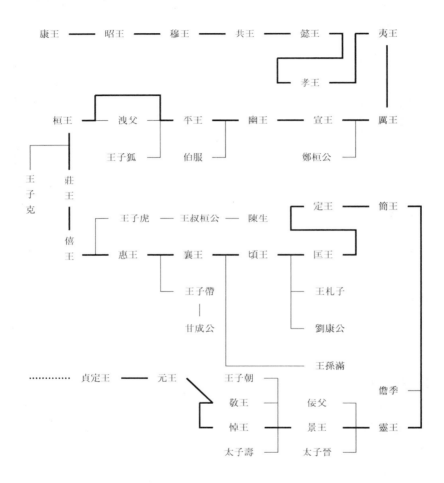

※ 출처: 『역사(繹史)』 1권 「역사세계도(繹史世系圖)」

• 제 6 절 •

정(鄭) · 위(衛)의 음(音)과 망국(亡國)의 음(音)

【457d】

> 鄭衛之音, 亂世之音也, 比於慢矣. 桑間濮上之音, 亡國之音
> 也, 其政散, 其民流, 誣上行私而不可止也.

직역 鄭衛의 音은 亂世의 音이니, 慢에 比하다. 桑間濮上의 音은 亡國의 音이
니, 그 政이 散하고, 그 民이 流하여, 上을 誣하고 私를 行하되 止를 不可라.

의역 정(鄭)나라와 위(衛)나라의 음(音)은 난세의 음(音)이니, 교만함에 가깝
다. 복수 물가 뽕나무 숲에서 들리는 음(音)은 망하게 될 나라의 음(音)이니, 정치
의 도리가 흩어져 없어지고, 백성들도 정처 없이 떠돌게 되어, 윗사람을 속이고
사사로운 짓을 벌이면서도 그치지 못한다.

集說 此慢字, 承上文謂之慢而言. 比, 近也. 桑間濮上, 衛地, 濮水之上, 桑
林之間也. 史記言衛靈公適晉, 舍濮上, 夜聞琴聲, 召師涓聽而寫之. 至晉, 命
涓爲平公奏之. 師曠曰: "此師延靡靡之樂. 武王伐紂, 師延投濮水死. 故聞此
聲, 必於濮水之上也." 政散故民罔其上, 民流故行其淫蕩之私也.

번역 이곳의 '만(慢)'자는 앞 문장에서 "교만하다고 부른다."[1]라고 했을
때의 '만(慢)'자를 이어서 한 말이다. '비(比)'자는 "가깝다[近]."는 뜻이다.
'상간복상(桑間濮上)'은 위(衛)나라의 땅으로, 복수(濮水)가의 뽕나무 숲 사

---

1) 『예기』「악기」【457c】: 宮亂則荒, 其君驕; 商亂則陂, 其臣壞; 角亂則憂, 其民
  怨; 徵亂則哀, 其事勤; 羽亂則危, 其財匱. 五者皆亂, 迭相陵, <u>謂之慢</u>. 如此則國
  之滅亡無日矣.

이를 뜻한다. 『사기(史記)』에서는 위나라 영공(靈公)이 진(晉)나라에 가다가 복수가에 머물렀는데, 밤에 금(琴)을 타는 소리를 들어서, 사연(師涓)을 불러다가 그 음악을 듣고 베끼도록 했다. 그리고 진나라에 도착하자 사연에게 명하여, 평공(平公)을 위해 연주하도록 했다. 그러자 사광(師曠)은 "이것은 사연(師延)이 지은 음이 가녀린 음악입니다. 무왕(武王)이 주(紂)임금을 정벌하여, 사연은 복수에 몸을 던져 죽었습니다. 그렇기 때문에 이 소리를 들은 것은 분명 복수가였을 것입니다."라고 했다.[2] 정치의 도리가 흩어졌기 때문에 백성들이 위정자를 속이는 것이며, 백성들이 정처 없이 떠돌기 때문에 사사롭게 음탕한 행위를 하는 것이다.

集說 張子曰: 鄭衛地濱大河, 沙地土薄, 故其人氣輕浮; 其地平下, 故其質柔弱; 其地肥饒, 不費耕耨, 故其人心怠惰. 其人情性如此, 其聲音亦然. 故聞其樂, 使人如此懈慢也.

번역 장자[3]가 말하길, 정(鄭)나라와 위(衛)나라의 땅은 황하에 닿아 있고 모래로 깔려 있으며 토지가 좁기 때문에, 사람들의 기풍이 경박하며, 그 땅은 평평하고 낮기 때문에 사람들의 본바탕이 유약하고, 그 땅은 비옥하여 경작하는 일에 힘을 쓰지 않기 때문에 사람들의 마음이 나태해진다. 사람의 정감과 본성이 이와 같아서 그 소리와 음(音) 또한 이와 같은 것이

---

2) 『사기(史記)』「악서(樂書)」: 而衛靈公之時, 將之晉, 至於濮水之上舍. 夜半時聞鼓琴聲, 問左右, 皆對曰: "不聞". 乃召師涓曰: "吾聞鼓琴音, 問左右, 皆不聞. 其狀似鬼神, 爲我聽而寫之." 師涓曰: "諾." 因端坐援琴, 聽而寫之. 明日, 曰: "臣得之矣, 然未習也, 請宿習之." 靈公曰: "可." 因復宿. 明日, 報曰: "習矣." 卽去之晉, 見晉平公. 平公置酒於施惠之臺. 酒酣, 靈公曰: "今者來, 聞新聲, 請奏之." 平公曰: "可." 卽令師涓坐師曠旁, 援琴鼓之. 未終, 師曠撫而止之曰: "此亡國之聲也, 不可遂." 平公曰: "何道出?" 師曠曰: "師延所作. 與紂爲靡靡之樂, 武王伐紂, 師延東走, 自投濮水之中, 故聞此聲必於濮水之上, 先聞此聲者國削." 平公曰: "寡人所好者音也, 願遂聞之." 師涓鼓而終之.

3) 장재(張載, A.D.1020~A.D.1077): =장자(張子)·장횡거(張橫渠). 북송(北宋) 때의 유학자이다. 북송오자(北宋五子) 중 한 사람으로 칭해진다. 자(字)는 자후(子厚)이다. 횡거진(橫渠鎭) 출신으로, 이곳에서 장기간 강학을 했기 때문에 횡거선생(橫渠先生)으로 일컬어지기도 한다.

다. 그래서 그 음악을 듣게 되면 이처럼 사람들을 나태하게 만든다.

集說 朱子曰: 鄭聲之淫甚於衛. 夫子論爲邦獨以鄭聲爲戒, 蓋擧重而言也.

번역 주자가 말하길, 정(鄭)나라의 음악은 음란함이 위(衛)나라보다 심하다. 공자는 나라 다스리는 논의를 하며, 유독 정나라의 음악을 경계하였으니,4) 아마도 그 중에서도 정도가 심한 것을 들어 언급한 것이다.

大全 延平黃氏曰: 誣上則天下之誠心喪, 行私則天下之和心喪. 此亡國之音所以作也.

번역 연평황씨가 말하길, 윗사람을 속인다면 천하의 진실된 마음이 없어지게 되며, 사사로운 짓을 시행한다면 천하의 화락한 마음이 없어지게 된다. 이것이 망하게 될 나라의 음(音)이 발생하는 이유이다.

鄭注 比, 猶同也. 濮水之上, 地有桑間者, 亡國之音, 於此之水出也. 昔殷紂使師延作靡靡之樂, 已而自沈於濮水. 後師涓過焉, 夜聞而寫之, 爲晉平公鼓之, 是之謂也. 桑間在濮陽南. 誣, 罔也.

번역 '비(比)'자는 "같다[同]."는 뜻이다. 복수(濮水)가에는 뽕나무 숲이 있고, 망하게 될 나라의 음(音)이 이곳 물가에서 흘러나온 것이다. 옛날 은(殷)나라 주(紂)임금은 사연(師延)을 시켜서 음이 가녀린 음악을 짓도록 했는데, 그 일이 끝나자 스스로 복수에 몸을 던져 죽었다. 이후 사연(師涓)이 그곳을 지나쳤는데, 밤에 그 소리를 듣고 음악을 베꼈고, 진(晉)나라 평공(平公)을 위해 연주를 한 것이 바로 위에서 말한 음악을 뜻한다. 뽕나무 숲은 복양(濮陽)의 남쪽에 있다. '무(誣)'자는 "속이다[罔]."는 뜻이다.

---

4) 『논어』「위령공(衛靈公)」: 顏淵問爲邦. 子曰, "行夏之時, 乘殷之輅, 服周之冕, 樂則韶舞. 放鄭聲, 遠佞人. 鄭聲淫, 佞人殆."

釋文 比, 毗志反, 注同, 又如字. 濮音卜, 水名. 誣音無, 注同. 涓, 古玄反. 爲, 于僞反, 下"爲作法度"同.

번역 '比'자는 '毗(비)'자와 '志(지)'자의 반절음이며, 정현의 주에 나오는 글자도 그 음이 이와 같고, 또한 글자대로 읽기도 한다. '濮'자의 음은 '卜(복)'이며, 물의 이름이다. '誣'자의 음은 '無(무)'이며, 정현의 주에 나오는 글자도 그 음이 이와 같다. '涓'자는 '古(고)'자와 '玄(현)'자의 반절음이다. '爲'자는 '于(우)'자와 '僞(위)'자의 반절음이며, 아래문장에 나오는 '爲作法度'에서의 '爲'자도 그 음이 이와 같다.

孔疏 ●"鄭·衛"至"止也". ○正義曰: 前經明五者皆亂, 驕慢滅亡, 此一節論亂世滅亡之樂. 比, 猶同也. 鄭國之音, 好濫淫志, 衛國之樂, 促速煩志, 並是亂世之音也. 雖亂而未滅亡, 故云"比於慢", 卽同前謂之慢也.

번역 ●經文: "鄭·衛"~"止也". ○앞의 경문에서는 다섯 가지가 모두 문란하게 되어, 교만하게 되고 멸망하게 된다는 사실을 나타냈는데,[5] 이곳 문단에서는 난세와 멸망한 나라의 음악에 대해서 논의하고 있다. '비(比)'자는 "같다[同]."는 뜻이다. 정(鄭)나라의 음악은 음란하여 그 뜻을 음탕하게 만들며, 위(衛)나라의 음악은 너무 빨라서 뜻을 어지럽게 만드니, 이 모두는 난세의 음악에 해당한다. 비록 문란하더라도 아직은 멸망하는 지경에 이르지는 않는다. 그렇기 때문에 "교만함과 같다."라고 말한 것이니, 곧 앞에서 "교만하다고 부른다."라고 한 말과 같은 뜻이다.

孔疏 ●"桑間濮上之音, 亡國之音也"者, 於濮水之上桑林之間所得之樂, 是亡國之音矣, 故云"亡國之音".

---

5) 『예기』「악기」【457c】: 宮亂則荒, 其君驕; 商亂則陂, 其臣壞; 角亂則憂, 其民怨; 徵亂則哀, 其事勤; 羽亂則危, 其財匱. 五者皆亂, 迭相陵, 謂之慢. 如此則國之滅亡無日矣.

번역 ●經文: "桑間濮上之音, 亡國之音也". ○복수(濮水)가 뽕나무 숲 사이에서 얻은 음악은 바로 멸망한 나라의 음악이다. 그렇기 때문에 "멸망한 나라의 음악이다."라고 말한 것이다.

孔疏 ●"其政散"者, 謂君之政教荒散也.

번역 ●經文: "其政散". ○군주의 정치와 교화가 흩어져 없어졌다는 뜻이다.

孔疏 ●"其民流"者, 流, 謂流亡. 君旣荒散, 民自流亡也.

번역 ●經文: "其民流". ○'유(流)'자는 떠돌며 없어진다는 뜻이다. 군주가 이미 정치와 교화를 흩어져 없어지게 하여, 백성들 스스로도 떠돌며 없어지게 된다는 뜻이다.

孔疏 ●"誣上行私而不可止也"者, 君旣失政, 在下則誣罔於上, 行其私意, 違背公道, 不可禁止也.

번역 ●經文: "誣上行私而不可止也". ○군주가 이미 정치의 도리를 잃었으므로, 아랫사람들은 윗사람을 속이게 되고, 사사로운 뜻대로 시행하여, 공적인 도리를 위배하는데도 금지할 수 없는 것이다.

孔疏 ◎注"濮水"至"罔也". ○正義曰: "濮水之上, 地有桑間"者, 言濮水與桑間一處也. 云"昔殷紂使師延作靡靡之樂"以下, 皆史記·樂書之文也. 言衛靈公之時, 將之晉, 至於濮水之上, 舍, 夜半之時, 聞鼓琴之聲, 問左右, 皆對曰: "不聞." 乃召師涓, 聽而寫之. 明日卽去, 乃至晉國, 見平公, 平公享之. 靈公曰: "今者來聞新聲, 請奏之." 平公曰: "可." 卽命師涓坐師曠之旁, 援琴鼓之. 未終, 而師曠撫而止之曰: "此亡國之聲也, 不可遂." 平公曰: "何?" 師曠曰: "昔師延所作也, 與紂爲靡靡之樂. 武王代紂, 師延東走, 自投濮水之中. 故聞此聲, 必於濮水之上而聞之." 是其事. 按異義云: "今論語6)說鄭國之爲俗, 有溱·洧之水, 男女聚會, 謳歌相感, 故云鄭聲淫. 左傳說'煩手淫聲', 謂之鄭聲者, 言煩手躑躅之聲, 使淫過矣. 許君謹按: 鄭詩二十一篇, 說婦人者十九矣, 故鄭聲淫也." 今按鄭詩說婦人者唯九篇, 異義云十九者, 誤也, 無十字矣.

번역 ◎鄭注: "濮水"~"罔也". ○정현이 "복수(濮水)가에는 뽕나무 숲이 있다."라고 했는데, 복수가와 뽕나무 숲은 한 장소라는 뜻이다. 정현이 "옛날 은(殷)나라 주(紂)임금은 사연(師延)을 시켜서 음이 가녀린 음악을 짓도록 했다."라고 한 말로부터 그 이하의 내용은 모두 『사기(史記)』「악서(樂書)」편에 나오는 기록이다. 즉 위(衛)나라 영공(靈公) 때 진(晉)나라로 가려고 하여, 복수가에 이르러 숙영을 했는데, 한밤중 금(琴)을 타는 소리를 듣고 좌우 사람들에게 물었다. 그러자 모두들 "들어보지 못한 음악입니다."라고 했다. 그래서 곧 사연(師涓)을 불러서 그 소리를 듣고 음악을 베끼도록 했다. 다음날 그곳을 떠나가서 진나라에 이르러 평공(平公)을 만나보았는데, 평공이 그에게 연회를 베풀었다. 영공은 "이곳에 오면서 새로운 음악을 들었는데, 연주를 할 수 있도록 청합니다."라고 했다. 평공은 "좋습니다."라고 대답하여, 곧 사연(師涓)에게 명하여 사광(師曠) 옆에 앉아서 금(琴)으로 연주를 하도록 시켰다. 연주가 아직 끝나지도 않았는데, 사공은 사연의 손을 누르며 그치도록 했고, "이것은 멸망한 나라의 음악이니, 끝까지 연주할 수 없습니다."라고 했다. 평공은 "왜 그러한가?"라고 물었는데, 사광은 "옛날 사연(師延)이 지은 음악으로, 주(紂)임금을 위해 가녀린 음의 음악을 바쳤습니다. 무왕(武王)이 주임금을 정벌하자 사연은 동쪽으로 달려가서, 스스로 복수에 빠져 죽었습니다. 그렇기 때문에 이 음악을 들은 것은 분명 복수가에서 들었을 것입니다."라고 했다. 이것이 바로 위에서 말한 사건에 해당한다. 『오경이의』7)를 살펴보면, "현재 『논어』에서는 정(鄭)나라의 풍

---

6) '어(語)'자에 대하여. '어'자는 본래 없던 글자인데, 손이양(孫詒讓)의 『교기(校記)』에서는 "'어'자는 진수기(陳壽祺)의 『교집본(校輯本)』에 따라 보충했다."라고 했다.

7) 『오경이의(五經異義)』는 후한(後漢) 때의 학자인 허신(許愼)이 지은 책이다. 유실되었는데, 송대(宋代) 때 학자들이 다시 모아서 엮었다. 오경(五經)에 관

속은 진수(溱水)와 유수(洧水) 사이의 땅에서 남녀가 모여 노래를 흥얼거
리며 서로 정감을 나눈다고 설명한다. 그렇기 때문에 정나라의 음악은 음
란하다고 말한 것이다. 『좌전』에서는 '손을 번거롭게 놀려 소리를 넘치게
낸다.'8)라고 했는데, 이것을 정나라의 음악이라고 하니, 손을 번거롭게 놀
려서 반복적인 소리를 내어, 지나치게 소리를 냈음을 뜻한다. 내9)가 살펴보
니, 『시』 중 정나라의 것은 21편이며,10) 그 중 부인에 대해 노래한 것은
19편이나 된다. 그렇기 때문에 정나라의 음악이 음란하다고 하는 것이다."
라고 했다. 현재 살펴보니, 정나라의 시 중 부인에 대해 노래한 것은 단지
9편에 지나지 않으니, 『오경이의』에서 19편이라고 한 말은 아마도 잘못된
기록으로, '십(十)'이라는 글자가 없어야 한다.

集解 愚謂: 比, 近也. 近於慢, 猶未遽至於慢也. 慢者, 亡國之音, 若桑間濮
上是也.

번역 내가 생각하기에, '비(比)'자는 "가깝다[近]."는 뜻이다. "교만함에
가깝다."라고 한 말은 아직은 교만한 지경에 이르지는 않았다는 뜻이다.
교만함이라는 것은 망한 나라의 음악에 해당하니, 복수(濮水)가 뽕나무 숲
에서 들리는 음악이 바로 이러한 음악이다.

한 고금(古今)의 유설(遺說)과 이의(異義)를 싣고, 그에 대한 시비(是非)를
판별한 내용들이다.
8) 『춘추좌씨전』 「소공(昭公) 1년」: 於是有煩手淫聲, 慆堙心耳, 乃忘平和, 君子
弗聽也.
9) 허신(許愼, A.D.30~A.D.124): =허숙중(許叔重). 후한(後漢) 때의 학자이다.
자(字)는 숙중(叔重)이다. 『설문해자(說文解字)』의 저자로 널리 알려져 있으
며, 다른 저서로는 『오경이의(五經異義)』가 있으나 산일되었다. 『오경이의』
는 송대(宋代) 때 다시 편찬되었으나 진위를 따지기 힘들다.
10) 『시』 「정풍(鄭風)」 중 「치의(緇衣)」, 「장중자(將仲子)」, 「숙우전(叔于田)」, 「대
숙우전(大叔于田)」, 「청인(淸人)」, 「고구(羔裘)」, 「준대로(遵大路)」, 「여왈계
명(女曰雞鳴)」, 「유여동거(有女同車)」, 「산유부소(山有扶蘇)」, 「탁혜(蘀兮)」,
「교동(狡童)」, 「건상(褰裳)」, 「봉(丰)」, 「동문지선(東門之墠)」, 「풍우(風雨)」,
「자금(子衿)」, 「양지수(揚之水)」, 「출기동문(出其東門)」, 「야유만초(野有蔓草)」,
「진유(溱洧)」 등을 뜻한다.

集解   愚謂: 孔氏謂"鄭詩說婦人者九", 據毛詩而言, 許愼言"鄭詩說婦人者十九", 疑齊 · 魯 · 韓三家詩說有如此者. 今朱子集傳於鄭詩多以爲淫詩, 與毛傳不同, 豈非卽由愼說發其端與? 然鄭詩不可以爲鄭聲, 說見後魏文侯篇.

번역   내가 생각하기에, 공영달은 "정(鄭)나라의 시 중 부인에 대해 노래한 것은 9편이다."라고 했는데, 이것은 『모시』에 기준을 두고 한 말이며, 허신이 "정나라의 시 중 부인에 대해 노래한 것은 19편이다."라고 했는데, 아마도 『제시』·『노시』·『한시』 중 이처럼 설명한 것이 있었을 것이다. 현재 주자의 『시경집전』을 살펴보면, 정나라의 시에 대해서 대부분 음란한 시라고 여기고 있어서 「모전」과는 다른데, 허신의 주장에 따라 그 논의를 끌어낸 것이 어찌 아니겠는가? 그러나 정나라의 시를 모두 음란한 음악인 정나라의 음악이라고 여길 수는 없으니, 자세한 설명은 뒤의 「위문후(魏文侯)」편에 나온다.

그림 6-1 위(衛)나라 세계도(世系圖) Ⅰ

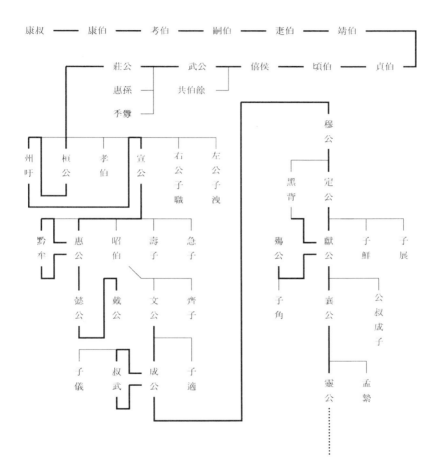

※ 출처: 『역사(繹史)』1권 「역사세계도(繹史世系圖)」

● 그림 6-2 진(晉)나라 세계도(世系圖)

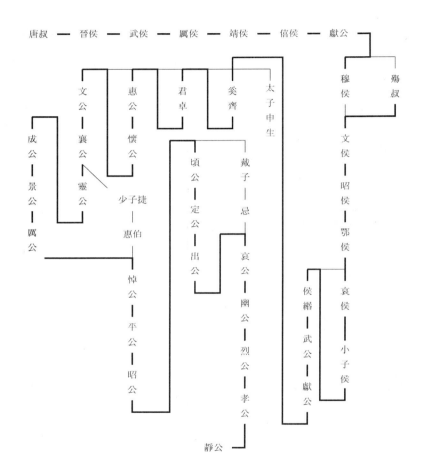

※ **출처**: 『역사(繹史)』 1권 「역사세계도(繹史世系圖)」

● 제 7절 ●

성(聲)·음(音)·악(樂)과 덕(德)

凡音者, 生於人心者也. 樂者, 通倫理者也. 是故知聲而不知
音者, 禽獸是也. 知音而不知樂者, 衆庶是也. 唯君子爲能知
樂. 是故審聲以知音, 審音以知樂, 審樂以知政, 而治道備矣.
是故不知聲者, 不可與言音; 不知音者, 不可與言樂. 知樂則
幾於禮矣. 禮樂皆得, 謂之有德. 德者, 得也.

직역 凡히 音이라는 者는 人心에서 生하는 者이다. 樂이라는 者는 倫理를 通하
는 者이다. 是故로 聲을 知하되 音을 不知한 者는 禽獸가 是라. 音을 知하되 樂을
不知하는 者는 衆庶가 是라. 唯히 君子만이 能히 樂을 知함이 爲라. 是故로 聲을
審하여 音을 知하고, 音을 審하여 樂을 知하며, 樂을 審하여 政을 知하니, 治道가
備라. 是故로 聲을 不知하는 者는 與하여 音을 言하기가 不可하며; 音을 不知하는
者는 與하여 樂을 言하기가 不可하다. 樂을 知하면 禮에 幾한다. 禮樂을 皆히 得함
을 德이 有라 謂한다. 德이라는 者는 得이다.

의역 무릇 음(音)이라는 것은 사람의 마음에서 생겨난다. 악(樂)이라는 것은
사물들이 각각 가지고 있는 이치에 통한다. 이러한 까닭으로 소리[聲]는 알되 음
(音)을 모르는 자는 짐승에 해당한다. 또 음(音)은 알되 악(樂)을 모르는 자는 일반
대중에 해당한다. 오직 군자만이 악(樂)을 알 수 있다. 그렇기 때문에 소리를 살펴
서 음(音)을 알고, 음(音)을 살펴서 악(樂)을 알며, 악(樂)을 살펴서 정치를 아니,
다스림의 도리가 거기에 모두 갖춰지게 된다. 이러한 까닭으로 소리를 알지 못하는
자와는 함께 음(音)에 대해서 말을 할 수 없고, 음(音)을 알지 못하는 자와는 함께
악(樂)에 대해서 말을 할 수 없다. 악(樂)을 안다면, 예(禮) 또한 거의 알 수 있게

된다. 예(禮)와 악(樂)을 모두 얻게 되면, 이러한 자를 유덕한 자라고 부른다. '덕(德)'자는 얻는다는 뜻이다.

集說 倫理, 事物之倫類各有其理也.

번역 '윤리(倫理)'는 사물의 부류들이 각각 가지고 있는 이치를 뜻한다.

集說 方氏曰: 凡耳有所聞者皆能知聲, 心有所識者則能知音, 道有所通者乃能知樂. 若瓠巴鼓瑟, 流魚出聽; 伯牙鼓琴, 六馬仰秣, 此禽獸之知聲者也. 魏文侯好鄭衛之音, 齊宣王好世俗之樂, 此衆庶之知音者也. 若孔子在齊之所聞, 季札聘魯之所觀, 此君子之知樂者也.

번역 방씨가 말하길, 무릇 귀로 들리는 것이 있다면 모두 그 소리[聲]를 알 수 있고, 마음에 알고 있는 것이 있다면 음(音)을 알 수 있으며, 도(道)에 대해서 통달한 점이 있는 자는 곧 악(樂)을 알 수 있다. 호파(瓠巴)라는 자가 슬(瑟)을 연주하자 물고기가 뛰어올라 그 소리를 들었고, 백아(伯牙)라는 자가 금(琴)을 연주하자 여섯 마리의 말이 머리를 치켜들고 꼴을 먹었다고 한 경우1)는 바로 짐승들도 소리를 알아듣는 것을 뜻한다. 위문후(魏文侯)가 정(鄭)나라와 위(衛)나라의 음악을 좋아했고,2) 제선왕(齊宣王)이 세속의 음악을 좋아했던 경우3)는 대중들이 음(音)을 알아듣는 것을 뜻한다. 공자가 제(齊)나라에서 음악을 들었던 경우4)와 계찰(季札)이 노(魯)나라에 빙문으로 찾아와서 음악을 살펴보았던 경우5)는 군자가 악(樂)을 알아듣는

---

1) 『순자(荀子)』「권학(勸學)」: 昔者瓠巴鼓瑟, 而流魚出聽; 伯牙鼓琴, 而六馬仰秣. 故聲無小而不聞, 行無隱而不形.
2) 『예기』「악기」【477d~478a】: 魏文侯問於子夏曰, "吾端冕而聽古樂, 則唯恐臥; 聽鄭衛之音, 則不知倦. 敢問古樂之如彼何也? 新樂之如此何也?" 子夏對曰, "今夫古樂, 進旅退旅, 和正以廣, 弦匏笙簧, 會守拊鼓, 始奏以文, 復亂以武, 治亂以相, 訊疾以雅. 君子於是語, 於是道古, 修身及家, 平均天下, 此古樂之發也."
3) 『맹자』「양혜왕하(梁惠王下)」: 他日, 見於王曰, "王嘗語莊子以好樂, 有諸?" 王變乎色, 曰, "寡人非能好先王之樂也, 直好世俗之樂耳."
4) 『논어』「술이(述而)」: 子在齊聞韶, 三月不知肉味, 曰, "不圖爲樂之至於斯也."

것을 뜻한다.

集說 應氏曰: 倫理之中, 皆禮之所寓, 知樂則通於禮矣. 不曰通而曰幾者, 辨析精微之極也.

번역 응씨6)가 말하길, 윤리(倫理)에 해당하는 것들은 모두 예(禮)가 깃들어 있는 것이니, 악(樂)을 안다면 예(禮)에도 달통하게 된다. "달통한다[通]."라고 말하지 않고, "거의 가깝다[幾]."라고 말한 이유는 매우 세밀하게 글자를 구분하여 썼기 때문이다.

大全 金華邵氏曰: 惟君子知樂, 故審噍殺之聲, 則知其爲志微噍殺之音, 審嘽緩之聲, 則知其爲嘽諧慢易繁文簡節之音. 如此之類, 所謂審聲以知音也. 審寬裕肉好順成和動之音, 則知和樂興焉. 審流辟邪散狄成滌蕩之音, 則知淫樂興焉. 若此之類, 所謂審音以知樂也. 審樂之和, 則知其政之和, 審樂之乖, 則知其政之乖. 若此之類, 所謂審樂以知政也. 吾能自知音, 以至於知政倫理貫通, 則於爲治音樂不敢缺一, 苟一有缺, 則聲與音音與樂必形見於此矣, 故不知聲不可與言音, 不知音不可與言樂. 苟能知樂, 則於禮爲幾, 蓋禮者理也, 樂通倫理, 故於禮爲幾. 論至於此, 則禮樂豈二理哉?

번역 금화소씨7)가 말하길, 오직 군자만이 악(樂)을 안다. 그렇기 때문에 급하고 빠른 소리를 살펴보면 미약하고 급하며 빠른 음(音)이 됨을 알 수 있고, 느릿느릿한 소리를 살펴보면 완만하고 느긋하며 문채가 다양하지만 절도에 맞게 연주되는 음(音)이 됨을 알 수 있다. 이와 같은 부류를 이른바

---

5) 이 일화는 『춘추좌씨전』「양공(襄公) 29년」에 기록되어 있다.
6) 금화응씨(金華應氏, ?~?) : =응용(應鏞)·응씨(應氏)·응자화(應子和). 이름은 용(鏞)이다. 자(字)는 자화(子和)이다. 『예기찬의(禮記纂義)』를 지었다.
7) 금화소씨(金華邵氏, ?~?) : =소연(邵淵)·소만종(邵萬宗). 남송(南宋) 때의 유학자이다. 이름은 연(淵)이고, 자(字)는 만종(萬宗)이다. 『주자문집(朱子文集)』에는 장사박사(長沙博士)로 기록되어 있다. 『예기』의 「곡례(曲禮)」, 「왕제(王制)」, 「악기(樂記)」, 「대학(大學)」, 「중용(中庸)」에 대해 해설하였다.

"소리를 살펴서 음(音)을 안다."고 부른다. 관대하고 여유로우며 널리 은혜가 묻어나고 순차에 따라 문채를 이루며 조화롭게 움직이는 음(音)을 살펴보면 조화로운 악(樂)이 흥성하게 될 것을 알 수 있고, 편벽되게 흐르고 음탕하고 산만하며 너무 급박하고 순서에 따르지 않는 음(音)을 살펴보면 음란한 악(樂)이 흥성하게 될 것을 알 수 있다. 이와 같은 부류를 이른바 "음(音)을 살펴서 악(樂)을 안다."고 부른다. 악(樂)이 조화롭다는 것을 살펴본다면 정치가 조화롭다는 사실을 알 수 있고, 악(樂)이 어그러졌다는 것을 살펴본다면 정치가 어그러졌다는 사실을 알 수 있다. 이와 같은 부류를 이른바 "악(樂)을 살펴서 정치를 안다."고 부른다. 스스로 음(音)을 아는 것으로부터 정치와 윤리가 하나로 연결되어 있다는 사실을 아는 경지에 도달하게 되면, 정치를 시행하는 일에 있어서 음(音)과 악(樂)에 대해서 감히 하나라도 빠트릴 수가 없으니, 만약 하나라도 빠지게 된다면 소리와 음(音) 또는 음(音)과 악(樂)은 반드시 이러한 결점들을 통해 나쁜 방향으로 나타날 것이다. 그렇기 때문에 소리를 알지 못하는 자와는 음(音)에 대해서 말을 할 수 없고, 음(音)을 알지 못하는 자와는 악(樂)에 대해서 말할 수 없는 것이다. 진실로 악(樂)을 알 수 있어야만 예(禮)에 대해서도 거의 알 수 있게 되니, 무릇 예(禮)라는 것은 이치이고 악(樂)은 윤리를 관통하고 있다. 그렇기 때문에 예(禮)에 대해서도 거의 가깝다. 그 의론이 이와 같은데 예(禮)와 악(樂)에 어찌 각기 다른 두 가지 이치가 있겠는가?

鄭注　倫, 猶類也. 理, 分也. 禽獸知此爲聲耳, 不知其宮商之變也. 八音並作, 克諧曰樂. 幾, 近也. 聽樂而知政之得失, 則能正君·臣·民·事·物之禮也.

번역　'윤(倫)'자는 부류[類]와 같다. '이(理)'자는 본분[分]이다. 짐승들은 이러한 것이 소리[聲]가 됨을 알 수 있을 따름이며, 궁(宮)음이나 상(商)음 등의 변화에 대해서는 알지 못한다. 팔음(八音)을 모두 연주하여 매우 조화로운 것을 '악(樂)'이라고 부른다. '기(幾)'자는 "가깝다[近]."는 뜻이다. 음악을 듣고서 정치의 득실을 알 수 있다면, 군주·신하·백성·사안·물건에 해당하는 예(禮)에 대해서도 바르게 할 수 있다.

釋文 分, 扶問反. 諧, 戶皆反. 治, 直吏反, 下“民治行”同. 幾音畿, 一音巨
依反, 注同.

번역 ‘分’자는 ‘扶(부)’자와 ‘問(문)’자의 반절음이다. ‘諧’자는 ‘戶(호)’자
와 ‘皆(개)’자의 반절음이다. ‘治’자는 ‘直(직)’자와 ‘吏(리)’자의 반절음이며,
아래문장에 나오는 ‘民治行’에서의 ‘治’자도 그 음이 이와 같다. ‘幾’자의 음
은 ‘畿(기)’이며, 다른 음은 ‘巨(거)’자와 ‘依(의)’자의 반절음이고, 정현의 주
에 나오는 글자도 그 음이 이와 같다.

孔疏 ●“凡音”至“正也”. ○正義曰: 此一節明音樂之異, 音易識而樂難知,
知樂則近於禮. 又明禮樂隆極之旨, 先王所以禮樂敎人之意.

번역 ●經文: “凡音”~“正也”. ○이곳 문단은 음(音)과 악(樂)의 차이점
을 나타내고 있으니, 음(音)은 알기 쉽지만 악(樂)은 알기 어려우므로, 악
(樂)을 안다면 예(禮)에 근접하게 된다. 또 예(禮)와 악(樂)은 지극히 융성
한 뜻에 해당하여, 선왕이 예(禮)와 악(樂)으로 사람들을 교화했던 뜻을 밝
히고 있다.

孔疏 ●“凡音者, 生於人心者也”, 言音從聲生, 聲從心生, 故云“生於人心
者也”.

번역 ●經文: “凡音者, 生於人心者也”. ○음(音)은 소리[聲]를 따라서 생
겨나고 소리는 사람의 마음을 따라서 생겨난다. 그렇기 때문에 “사람의 마
음에서 생겨나는 것이다.”라고 말했다는 뜻이다.

孔疏 ●“樂者, 通於倫理者”也, 倫, 類也. 理, 分也. 比音爲樂, 有金·石·
絲·竹·干·戚·羽·旄, 樂得則陰陽和, 樂失則群物亂, 是樂能經通倫理也.
陰陽萬物, 各有倫類分理者也.

번역 ●經文: “樂者, 通於倫理者”. ○‘윤(倫)’자는 부류[類]이다. ‘이(理)’자는 본분[分]이다. 음(音)을 나열하면 악(樂)이 되고, 쇠[金]·돌[石]·실[絲]·대나무[竹] 등으로 만든 악기와 방패·도끼·깃털·꼬리털 등의 무용도구들이 포함되는데, 악(樂)을 터득하면 음양(陰陽)이 조화롭게 되고, 악(樂)의 뜻을 놓치게 된다면 뭇 사물들이 어지럽게 된다. 이것이 악(樂)이 각 사물의 부류와 본분을 경영하고 소통할 수 있다는 뜻이다. 음양과 만물은 각각 그 부류와 본분에 따른 이치를 가지고 있다.

孔疏 ●“是故知聲而不知音者, 禽獸是也”者, 言禽獸知其聲, 不知五音之和變, 是聲易識而音難知矣.

번역 ●經文: “是故知聲而不知音者, 禽獸是也”. ○짐승은 그 소리[聲]를 알지만 오음(五音)이 조화되고 변화된다는 사실을 모른다는 뜻이니, 이것이 소리는 알기 쉽지만 음(音)은 알기 어렵다는 뜻이다.

孔疏 ●“知音而不知樂者, 衆庶是也”者, 言衆庶知歌曲之音, 而不知樂之大理, 是音猶易而樂極難也.

번역 ●經文: “知音而不知樂者, 衆庶是也”. ○대중들은 가곡의 음(音)은 알아듣지만 악(樂)의 큰 이치는 알지 못한다. 이것이 음(音)은 오히려 알아듣기 쉽지만 악(樂)은 지극히 어려운 대상임을 뜻한다.

孔疏 ●“唯君子爲能知樂”者, 君子謂大德聖人, 能知極樂之理, 故云“爲能知樂”.

번역 ●經文: “唯君子爲能知樂”. ○‘군자(君子)’는 큰 덕을 갖춘 성인을 뜻하니, 그는 지극한 악(樂)의 이치를 알 수 있기 때문에, “악(樂)을 알 수 있다.”라고 말한 것이다.

孔疏 ●“是故審聲以知音, 審音以知樂, 審樂以知政, 而治道備矣”者, 音由聲生, 先審識其聲, 然後可以知音. 樂由音生, 先審識其音, 然後知樂. 政由樂生, 先審識其樂, 可以知政. 所以“審樂知政”者, 樂由音·聲相生, 聲感善惡而起, 若能審樂, 則知善惡之理, 行善不行惡, 習是不習非, 知爲政化民. “而治道備矣”者, 政善樂和, 音聲皆善, 人事無邪僻, 則治道備具矣.

번역 ●經文: “是故審聲以知音, 審音以知樂, 審樂以知政, 而治道備矣”. ○음(音)은 소리[聲]를 통해 생겨나는데 우선 소리를 알 수 있은 뒤에야 음(音)도 알 수 있다. 악(樂)은 음(音)을 통해서 생겨나는데 먼저 음(音)을 알 수 있은 뒤에야 악(樂)도 알 수 있다. 정치는 악(樂)을 통해서 생겨나는데 먼저 악(樂)을 살필 수 있어야 정치도 알 수 있다. “악(樂)을 살펴서 정치를 안다.”라고 한 이유는 악(樂)은 음(音)과 소리를 통해서 서로 파생되는데, 소리는 선악(善惡)을 느껴서 일어나므로, 만약 악(樂)을 살필 수 있다면 선악의 이치를 알 수 있고, 선을 시행하며 악을 시행하지 않고, 옳은 것을 익히고 옳지 않은 것을 익히지 않아서, 정치를 통해 백성들을 교화함을 알게 된다. 경문의 “而治道備矣”에 대하여. 정치가 선하고 악(樂)이 조화로우면, 음(音)과 소리가 모두 선하며, 사람들과 관련된 사안에는 삿되고 치우친 일이 없으니, 다스림의 도리가 모두 갖춰지게 된다.

孔疏 ●“知樂, 則幾於禮矣”者, 幾, 近也. 知樂則知政之得失, 知政之得失, 則能正君·臣·民·事·物, 故云“近於禮矣”. 但禮包萬事, 萬事備具, 始是禮極. 今知樂, 但知正君·臣·民·事·物而已, 於禮未極, 故云“近於禮矣”.

번역 ●經文: “知樂, 則幾於禮矣”. ○‘기(幾)’자는 “가깝다[近].”는 뜻이다. 악(樂)을 알면 정치의 득실을 알 수 있고, 정치의 득실을 알면 군주·신하·백성·사안·물건을 바르게 할 수 있다. 그렇기 때문에 “예(禮)에 가깝다.”라고 말한 것이다. 다만 예(禮)는 모든 일을 포함하고 있고, 모든 일이 갖춰지게 되면 비로소 예(禮)가 지극해진다. 현재 악(樂)을 안다고 한 것은 단지 군주·신하·백성·사안·물건을 바르게 해야 할 줄만 아는 것일 뿐이며, 예(禮)에 대해서는 아직 지극히 하지 못한 것이다. 그렇기 때문에 "예(禮)에 가깝다."라고 말한 것이다.

孔疏 ●"禮樂皆得, 謂之有德. 德者得也"者, 言王者能使禮樂皆得其所, 謂之有德之君. 所以名爲德者, 得禮樂之稱也.

번역 ●經文: "禮樂皆得, 謂之有德. 德者得也". ○천자 중 예(禮)와 악(樂)이 모두 제자리를 찾도록 할 수 있는 자를 유덕한 군주라고 부른다는 뜻이다. '덕(德)'이라고 부르는 이유는 예(禮)와 악(樂)을 얻었음을 지칭하기 때문이다.

訓纂 方性夫曰: 倫言人倫, 理言物理. 若君臣上下同聽之, 則莫不和敬, 長幼同聽之, 則莫不和順, 父子兄弟同聽之, 則莫不和親, 所謂"通人倫"也. 草木茂, 區萌達, 羽翼奮, 角骼生, 所謂"通物理"也.

번역 방성부가 말하길, '윤(倫)'자는 인륜(人倫)을 뜻하며, '이(理)'자는 사물의 이치를 뜻한다. 만약 군주와 신하 및 상하 계층이 동일하게 들을 수 있다면 조화롭거나 공경하지 않는 자가 없게 되고, 나이가 많은 자와 어린 자가 동일하게 들을 수 있다면 조화롭고 순종하지 않는 자가 없게 되며, 부자 및 형제들이 동일하게 들을 수 있다면 조화롭고 친애하지 않는 자가 없게 되니, 이것이 바로 "인륜과 통한다."는 뜻이다. 초목이 무성하게 자라나고, 싹들이 돋아나며, 날개를 가진 짐승들이 날개를 퍼덕이고, 뿔을 가진 짐승들이 생장한다는 말8)이 바로 "사물의 이치에 통한다."는 뜻이다.

集解 愚謂: 樂通倫理, 謂其通於君臣民事物五者之理也. 禮樂之爲用雖異, 而理則相通, 故知樂則幾於禮矣. 禮樂皆得, 則惟實體其理於身者能之, 又非

---

8) 『예기』「악기」【476d】: 是故大人擧禮樂, 則天地將爲昭焉. 天地訢合, 陰陽相得, 煦嫗覆育萬物, 然後草木茂, 區萌達, 羽翼奮, 角骼生, 蟄蟲昭蘇, 羽者嫗伏, 毛者孕鬻, 胎生者不殰, 而卵生者不殈, 則樂之道歸焉耳.

僅知之而已, 故謂之有德. 自第二節以下, 承首節"聲"·"音"·"樂"三者之義
而遞申之, 至此則合而結之, 而歸重於知樂, 以起下章之義也.

번역 내가 생각하기에, "악(樂)은 윤리(倫理)에 통한다."는 말은 음악이
군주·신하·백성·사안·물건 등의 다섯 가지 이치에 통한다는 뜻이다. 예
(禮)와 악(樂)의 쓰임은 비록 다르지만 이치는 서로 통한다. 그렇기 때문에
악(樂)을 알면 예(禮)에 가깝게 된다. 예(禮)와 악(樂)을 모두 얻는 것은 오
직 본인이 그 이치를 체현한 자만이 할 수 있고, 또한 단지 아는 것에서만
끝날 뿐이 아니다. 그렇기 때문에 덕(德)이 있다고 말한 것이다. 제 2절부터
그 이하의 문단은 첫 문단에서 성(聲)·음(音)·악(樂)이라고 한 세 가지
뜻을 이어서, 번갈아가며 거듭 나타냈는데, 이곳 문단에 이르게 되면 그것
들을 통합하여 결론을 맺고, 악(樂)을 알아야 한다는 사실로 중요성을 귀결
시켜 아래문장의 뜻을 일으키고 있다.

集解 右第一章, 本樂之所由生也.

번역 여기까지는 제 1장으로, 악(樂)이 발생하게 되는 대상에 근본을 두
고 있다.

• 제8절 •

유음(遺音)·유미(遺味)와 인도(人道)

【458d】

> 是故樂之隆, 非極音也. 食饗之禮, 非致味也. 清廟之瑟, 朱
> 絃而疏越, 壹倡而三歎, 有遺音者矣. 大饗之禮, 尚玄酒而俎
> 腥魚, 大羹不和, 有遺味者矣. 是故先王之制禮樂也, 非以極
> 口腹耳目之欲也, 將以教民平好惡而反人道之正也.

직역 是故로 樂의 隆은 音을 極함이 非이다. 食饗의 禮는 味를 致함이 非이다. 淸廟의 瑟은 朱絃하고 疏越하며, 壹倡하여 三歎이나, 遺音이 有한 者이다. 大饗의 禮는 玄酒를 尙하고 腥魚를 俎하며, 大羹은 不和하나, 遺味가 有한 者이다. 是故로 先王이 禮樂을 制함에는 이로써 口腹耳目의 欲을 極함이 非이니, 將히 이로써 民이 好惡를 平하고 人道의 正으로 反함을 敎함이다.

의역 이러한 까닭으로 악(樂)의 융성함은 음(音)을 지극히 하는 것이 아니다. 또 사향(食饗)의 예(禮)는 음식의 맛을 지극히 하는 것이 아니다. 청묘(淸廟)라는 시를 슬(瑟)로 연주할 때에는 주색의 현을 매달고 바람이 구멍을 통하게 하며, 한 사람이 선창하면 세 사람이 화답하니, 다 표현하지 않은 음들이 있는 것이다. 대향(大饗)[1]의 예(禮)에서는 현주(玄酒)를 숭상하고, 조리하지 않은 물고기를 도마에

---

1) 대향(大饗)은 대향(大享)이라고도 부른다. '대향'은 본래 선왕(先王)에게 협제(祫祭)를 지낸다는 뜻이다. 『예기』「예기(禮器)」편에는 "大饗, 其王事與."라는 기록이 있고, 이에 대한 정현의 주에서는 "謂祫祭先王."이라고 풀이하였고, 『순자』「예론(禮論)」편에는 "大饗尙玄尊, 俎生魚, 先大羹, 貴食飮之本也."라는 기록이 있는데, 이에 대한 양경(楊倞)의 주에서는 "大饗, 祫祭先王也."라고 풀이하였다. 또한 '대향'의 뜻 중에는 선왕뿐만 아니라, 천제(天帝)인 오제(五帝)에게 두루 제사지낸다는 뜻도 있다. 『예기』「월령(月令)」편에는 "是月也, 大饗帝."라는 기록이 있고, 이에 대한 정현의 주에서는 "言大饗者, 遍祭

올리며, 대갱(大羹)에는 조미를 가미하지 않으니, 다 표현하지 않은 맛들이 있는 것이다. 이러한 까닭으로 선왕이 예(禮)와 악(樂)을 제정한 것은 단순히 사람의 입 · 배 · 귀 · 눈이 바라는 것을 지극히 충족시키기 위해서가 아니며, 장차 이러한 것들을 통해서 백성들이 좋아함과 싫어함에 대해서 균평하도록 하고, 인도의 올바름으로 되돌리도록 가르치기 위해서이다.

集說 樂之隆盛, 不是爲極聲音之美; 食饗禘祫之重禮, 不是爲極滋味之美. 蓋樂主於移風易俗, 而祭主於報本反始也. 鼓淸廟之詩之瑟, 練朱絲以爲絃, 絲不練則聲淸, 練之則聲濁. 疏, 通也. 越, 瑟底之孔也. 疏而通之, 使其聲遲緩. 瑟聲濁而遲, 是質素之聲, 非要妙之音也. 此聲初發, 一倡之時, 僅有三人從而和之, 言和者少也. 以其非極聲音之美, 故好者少. 然而其中則有不盡之餘音存焉, 故曰有遺音者矣. 尊以玄酒爲尙, 俎以生魚爲薦, 太羹無滋味之調和, 是質素之食, 非人所嗜悅之味也. 然而其中則有不盡之餘味存焉, 故曰有遺味者矣. 由此觀之, 是非以極口腹耳目之欲也. 敎民平好惡, 謂不欲其好惡之偏私也. 人道不正, 必自好惡不平始, 好惡得其平則可以復乎人道之正, 而風移俗易矣.

번역 악(樂) 중 지극히 융성한 것은 소리[聲]와 음(音)의 아름다움을 지극히 하지 않는다. 사향2)과 체협3)과 같이 중대한 예법에 있어서는 음식의

五帝也. 曲禮曰大饗不問卜, 謂此也."라고 풀이하였다.

2) 사향(食饗)은 술과 음식을 준비하여, 빈객(賓客)들을 대접하거나, 종묘(宗廟)에서 제사를 지내는 등의 일을 뜻한다. 『예기』「악기(樂記)」편에는 "食饗之禮, 非致味也."라는 기록이 있는데, 이에 대한 공영달(孔穎達)의 소(疏)에서는 "食饗, 謂宗廟祫祭."라고 풀이했으며, 『공자가어(孔子家語)』「논례(論禮)」편에는 "食饗之禮, 所以仁賓客也."라는 기록이 있다.

3) 체협(禘祫)은 고대에 제왕(帝王)이 시조(始祖)에게 지냈던 제사를 뜻하니, 일종의 성대한 제사의례를 가리킨다. 간혹 '체협'을 구분하여 각각에 의미를 부여하기도 하며, 혹은 '체협'을 합쳐서 같은 의미로 사용하기도 한다. 이 문제에 대해서 장병린(章炳麟)은 『국고논형(國故論衡)』「명해고하(明解故下)」에서 "禘祫之言, 詢詢爭論旣二千年. 若以禘祫同爲殷祭, 祫名大事, 禘名有事, 是爲禘小於祫, 何大祭之云? 故知周之廟祭有大嘗 · 大烝, 有秋嘗 · 冬烝. 禘祫者大嘗 · 大烝之異語."라고 주장한다. 즉 '체협'이라는 말에 대해서 의견들이 분

맛을 지극히 하지 않는다. 무릇 악(樂)은 풍속을 좋은 쪽으로 바꾸는 것을 위주로 하고,⁴⁾ 제사에서는 근본에 보답하고 시초를 돌이키는 것을 위주로 하기 때문이다.⁵⁾ '청묘(淸廟)'라는 시를 슬(瑟)로 연주할 때, 붉은색의 끈을 누여서 줄을 만드는데, 끈을 누이지 않는다면 소리가 맑게 되고, 누이게 되면 소리가 탁하게 된다. '소(疏)'자는 "통한다[通]."는 뜻이다. '월(越)'은 슬(瑟)의 바닥에 있는 구멍이다. 바람이 구멍으로 통하게 하여, 그 소리가 느려지도록 하는 것이다. 슬(瑟)의 소리는 탁하고 느리니 질박한 소리에 해당하며, 정밀하고 은미한 음(音)이 아니다. 이러한 소리가 처음 나오게 되면, 한 사람이 선창할 때 겨우 세 사람 정도가 그에 따라서 화답하게 되

분한데, 만약 '체협'을 모두 은(殷)나라 때의 제사라고 말하며, '협(祫)'은 '중대한 사안[大事]'이 발생했을 때 지내는 제사를 뜻하고, '체(禘)'는 유사시에 지내게 되는 제사를 뜻한다고 한다면, '체'는 '협'보다 규모가 작은 것인데, 어떻게 대제(大祭)라고 말할 수 있겠는가? 그렇기 때문에 '체협'은 주(周)나라 때의 제사이다. 주나라 때 종묘(宗廟)에서 지내는 제사에는 대상(大嘗), 대증(大烝)이라는 용어가 있었고, 또 추상(秋嘗: 가을에 지내는 상(嘗)제사), 동증(冬烝: 겨울에 지내는 증(烝)제사)라는 용어가 있었으니, '체협'은 대제(大祭)를 뜻하는 용어로, 대상이나 대증을 다르게 부른 명칭이다. 또한『후한서(後漢書)』「장제기(章帝紀)」편에는 "其四時禘祫於光武之堂."이라는 기록이 있는데, 이에 대한 이현(李賢)의 주에서는『속한서(續漢書)』를 인용하여, "五年再殷祭. 三年一祫, 五年一禘."라고 풀이한다. 즉 5년마다 2번의 성대한 제사를 지내게 되는데, 3년에 1번 '협'제사를 지내고, 5년에 1번 '체'제사를 지낸다.

4)『예기』「악기」【468c】: 夫豢豕爲酒, 非以爲禍也. 而獄訟益繁, 則酒之流生禍也. 是故先王因爲酒禮. 壹獻之禮, 賓主百拜, 終日飮酒而不得醉焉. 此先王之所以備酒禍也. 故酒食者, 所以合歡也. 樂者, 所以象德也. 禮者, 所以綴淫也. 是故先王有大事, 必有禮以哀之; 有大福, 必有禮以樂之. 哀樂之分, 皆以禮終. 樂也者, 聖人之所樂也, 而可以善民心. 其感人深, 其移風易俗, 故先王著其教焉. /『예기』「악기」【472c】: 然後發以聲音, 而文以琴瑟, 動以干戚, 飾以羽旄, 從以簫管, 奮至德之光, 動四氣之和, 以著萬物之理. 是故淸明象天, 廣大象地, 終始象四時, 周還象風雨, 五色成文而不亂, 八風從律而不姦, 百度得數而有常, 小大相成, 終始相生, 倡和淸濁, 迭相爲經. 故樂行而倫淸, 耳目聰明, 血氣和平, 移風易俗, 天下皆寧. /『효경』「광요도장(廣要道章)」: 移風易俗, 莫善於樂.

5)『예기』「교특생(郊特牲)」【326b】: 唯社, 丘乘供粢盛, 所以報本反始也. /『예기』「교특생」【329d】: 帝牛不吉, 以爲稷牛. 帝牛必在滌三月, 稷牛唯具, 所以別事天神與人鬼也. 萬物本乎天, 人本乎祖, 此所以配上帝也. 郊之祭也, 大報本反始也.

니, 이것은 화답하는 것이 적음을 뜻한다. 그 소리는 지극히 아름다운 소리
가 아니기 때문에 좋아하는 자도 적은 것이다. 그러나 그 속에는 다 표현하
지 않고 남겨진 음(音)이 숨어 있다. 그렇기 때문에 "남겨진 음이 있는 것이
다."라고 말한 것이다. 술동이에 있어서는 현주(玄酒)6)를 숭상하고, 도마에
있어서는 조리하지 않은 물고기를 바치게 되며, 대갱(太羹)7)에는 조미를
가미하여 맛을 내는 일이 없으니, 이것들은 소박한 음식에 해당하며, 사람
들이 즐겨먹는 음식이 아니다. 그러나 그 속에는 다 내지 않은 남겨진 맛이
숨어 있다. 그렇기 때문에 "남겨진 맛이 있는 것이다."라고 말한 것이다.
이것을 통해 살펴본다면, 이것을 통해 입 · 배 · 귀 · 눈이 바라는 것을 지극
히 하기 위함이 아니다. 백성들이 좋아함과 싫어함을 균평하게 하도록 교
화한다는 말은 좋아하고 싫어함이 편벽되고 삿되지 않도록 한다는 뜻이다.
인도가 바르지 못하면 반드시 좋아함과 싫어함도 균평하게 다스려지지 않
고, 좋아함과 싫어함이 균평함을 얻어야만 인도의 바름을 회복할 수 있고,
풍속도 좋은 방향으로 바꿀 수 있다.

集說 朱子曰: 一倡而三歎, 謂一人倡而三人和. 今解者以爲三歎息, 非也.

번역 주자가 말하길, '일창이삼탄(一倡而三歎)'은 한 사람이 선창하여
세 사람이 화답한다는 뜻이다. 현재 주석가들은 세 사람이 탄식한다고 여

---

6) 현주(玄酒)는 고대의 제례(祭禮)에서 술 대신 사용한 물[水]을 뜻한다. '현주'
   의 '현(玄)'자는 물은 흑색을 상징하므로, 붙여진 글자이다. '현주'의 '주(酒)'
   자의 경우, 태고시대 때에는 아직 술이 없었기 때문에, 물을 술 대신 사용했
   다. 따라서 후대에는 이 물을 가리키며 '주'자를 붙이게 된 것이다. '현주'를
   사용하는 것은 가장 오래된 예법 중 하나이므로, 후대에도 이러한 예법을 존
   숭하여, 제사 때 '현주' 또한 사용했던 것이며, '현주'를 술 중에서도 가장 귀
   한 것으로 여겼다. 『예기』「예운(禮運)」편에는 "故玄酒在室, 醴醆在戶."라는
   기록이 있는데, 이에 대한 공영달(孔穎達)의 소(疏)에서는 "玄酒, 謂水也. 以
   其色黑, 謂之玄. 而太古無酒, 此水當酒所用, 故謂之玄酒."라고 풀이했다.
7) 대갱(太羹)은 조미료를 첨가하지 않은 고깃국이다. 『예기』「악기(樂記)」편에
   는 大饗之禮, 尙玄酒而俎腥魚, 大羹不和, 有遺味者矣."라는 기록이 있고, 이에
   대한 정현의 주에서는 "大羹, 肉湆, 不調以鹽菜."라고 풀이했다.

겼는데, 이것은 잘못된 해석이다.

大全 金華邵氏曰: 禮樂皆得而謂之德者, 豈自外來哉? 得之於我, 而非強探力索, 始可謂德耳. 是以樂之隆, 雖鐘鼓管磬干戚羽籥莫不具陳, 而非得乎樂者, 故非極音. 食饗之禮, 雖籩豆簠簋體薦饔餼莫不畢備, 而非得乎禮者, 故非致味. 至文王清廟之瑟, 聲濁而遲, 倡者一而和者三, 其音蓋有遺矣, 而後世必貴焉者, 以文王之瑟有得於樂, 故音雖不足, 而德則有餘也. 大饗之禮, 玄酒腥魚, 大羹其味, 蓋有遺矣, 而後世必重焉者, 以大饗之禮, 有得於禮, 故味雖不足, 而德則有餘也. 然則禮樂之理, 豈假於外? 亦貴其自得於吾身而已.

번역 금화소씨가 말하길, 예(禮)와 악(樂)의 이치를 모두 터득한 것을 '덕(德)'이라고 부르는데, 이것이 어찌 외부로부터 온 것이겠는가? 자신에게서 터득한 것이며 억지로 찾아서 얻은 것이 아니니, 이처럼 되어야만 비로소 덕(德)이라고 부를 수 있을 따름이다. 이러한 까닭으로 악(樂) 중 융성한 것은 비록 종이나 북 또는 관악기나 석경(石磬) 등의 악기나 방패나 도끼 또는 깃털과 피리 등의 무용도구들이 갖춰지지 않은 것이 없지만, 그것들은 악(樂)의 뜻에 부합되는 않는다. 그렇기 때문에 음(音)을 지극히 하는 것이 아니다. 사향(食饗)의 예(禮)에는 비록 변(籩)·두(豆)·보(簠)·궤(簋) 등의 제기와 체천[8]이나 옹희[9] 등의 음식들이 갖춰지지 않은 것이 없지만, 그것들은 예(禮)의 뜻에 부합되는 것이 아니다. 그렇기 때문에 맛을 지극히 하는 것이 아니다. 문왕(文王)에 대한 청묘(清廟)라는 시를 슬(瑟)로 연주함에 있어서, 그 소리는 탁하고 느리며, 선창하는 것이 하나이고

---

8) 체천(體薦)은 제사나 연회 때, 희생물의 몸체를 반으로 갈라서 큰 도마에 올리고, 이것을 통해 제수를 바치는 것을 뜻한다.
9) 옹희(饔餼)는 빈객(賓客)과 상견례(相見禮)를 하고 나서 성대하게 음식을 마련해 접대하는 것을 뜻한다. 『주례』「추관(秋官)·사의(司儀)」편에는 "致飧如致積之禮."라는 기록이 있는데, 이에 대한 정현의 주에서는 "小禮曰飧, 大禮曰饔餼."라고 풀이하였다. 즉 '옹희'와 '손'은 모두 빈객 등을 접대하는 예법들인데, '옹희'는 성대한 예법에 해당하여, '손'보다도 융숭하게 대접하는 것이다.

화답하는 것도 셋이니, 그 음(音)에는 다 표현하지 않고 남긴 것이 있는데, 후세에서 이것을 기어코 존귀하게 높인 이유는 문왕에 대해 연주한 슬(瑟)에는 악(樂)의 뜻에 부합되는 점이 있기 때문에, 음(音)에 비록 부족한 점이 있더라도, 덕(德)의 측면에서는 풍부하게 된다. 대향(大饗)의 예(禮)에서 현주(玄酒)를 숭상하고 조리하지 않은 물고기를 바치며, 대갱(大羹)에 조미를 가미하지 않는데, 무릇 맛을 다 내지 않은 점이 있지만, 후세에서 기어코 존귀하게 높인 이유는 대향의 예(禮)는 예(禮)의 뜻에 부합되는 점이 있기 때문에, 맛에 비록 부족한 점이 있지만, 덕(德)의 측면에서는 풍부하게 된다. 그렇다면 예(禮)와 악(樂)의 이치를 어찌 외부에서 빌려오는 것이겠는가? 이 또한 자신에게서 스스로 터득함을 존귀하게 여길 따름이다.

大全 嚴陵方氏曰: 飮食以行禮, 非極口腹之欲, 歌舞以作樂, 非極耳目之欲. 禮以節之, 則民之好惡平而無過, 樂以和之, 則民之好惡平而無乖. 好得其平, 則好也人之所同是, 惡得其平, 則惡也人之所同非. 好惡止於一, 故能反人道之正焉.

번역 엄릉방씨가 말하길, 음식을 통해서 예(禮)를 시행하는 것은 입이나 배가 바라는 것을 지극히 채워주기 위해서가 아니며, 노래와 춤을 통해 악(樂)을 연주하는 것은 귀나 눈이 바라는 것을 지극히 채워주기 위해서가 아니다. 예(禮)를 통해서 조절을 한다면, 백성들의 좋아함과 싫어함이 균평하게 되어 지나침이 없고, 악(樂)을 통해 조화롭게 한다면, 백성들의 좋아함과 싫어함이 균평하게 되어 어그러짐이 없게 된다. 좋아함이 균평함을 얻으면 그 좋아함이라는 것은 사람들이 동일하게 옳게 여기는 것이며, 싫어함이 균평함을 얻으면 그 싫어함이라는 것은 사람들이 동일하게 잘못되었다고 여기는 것이다. 좋아함과 싫어함은 동일하게 하는 데에서 그치기 때문에, 인도의 올바름으로 되돌릴 수 있다.

鄭注 隆, 猶盛也. 極, 窮也. 淸廟, 謂作樂歌淸廟也. 朱弦, 練朱弦, 練則聲濁. 越, 瑟底孔也, 畫疏之, 使聲遲也. 倡, 發歌句也. 三歎, 三人從歎之耳. 大饗, 祫祭先王, 以腥魚爲俎實, 不腍熟之. 大羹, 肉湆, 不調以鹽菜. 遺, 猶餘也.
教之使知好惡也.

번역 '융(隆)'자는 "융성하다[盛]."는 뜻이다. '극(極)'자는 "다한다[窮]."
는 뜻이다. '청묘(淸廟)'는 악기를 연주하며 청묘라는 시를 노래로 부른다는
뜻이다. '주현(朱弦)'은 주색의 현을 누인다는 뜻이니, 끈을 누이게 되면 소
리가 탁하게 된다. '월(越)'은 슬(瑟)의 바닥에 있는 구멍으로, 구멍을 내어
소리가 느려지게 하는 것이다. '창(倡)'자는 노래의 한 마디를 부른다는 뜻
이다. '삼탄(三歎)'은 세 사람이 그에 따라 탄식을 할 따름이라는 뜻이다.
'대향(大饗)'은 선왕에게 협(祫)제사10)를 지낸다는 뜻으로, 조리하지 않은
물고기를 도마에 올리고, 삶거나 익히지 않는다. '대갱(大羹)'은 고깃국으
로, 소금이나 채소 등으로 조미를 하지 않는 것이다. '유(遺)'자는 "남다
[餘]."는 뜻이다. 가르쳐서 백성들로 하여금 좋아함과 싫어함을 알게끔 한
다는 뜻이다.

釋文 食音嗣, 下"食饗"同. 疏音疎, 下同. 倡, 昌諒反, 注同. 腥音星. 和, 胡
臥反. 底, 都禮反. 畫音獲. 祫音洽. 腍音而. 湆, 去及反. 好惡, 上呼報反, 下烏
路反, 又並如字, 後"好惡"二字相連者, 皆放此.

번역 '食'자의 음은 '嗣(사)'이며, 아래 '食饗'에서의 '食'자도 그 음이 이
와 같다. '疏'자의 음은 '疎(소)'이며, 아래문장에 나오는 글자도 그 음이 이
와 같다. '倡'자는 '昌(창)'자와 '諒(량)'자의 반절음이며, 정현의 주에 나오는
글자도 그 음이 이와 같다. '腥'자의 음은 '星(성)'이다. '和'자는 '胡(호)'자와
'臥(와)'자의 반절음이다. '底'자는 '都(도)'자와 '禮(례)'자의 반절음이다. '畫'
자의 음은 '獲(획)'이다. '祫'자의 음은 '洽(흡)'이다. '腍'자의 음은 '而(이)'이
다. '湆'자는 '去(거)'자와 '及(급)'자의 반절음이다. '好惡'에서의 '好'자는 '呼

---

10) 협제(祫祭)는 협(祫)이라고도 부른다. 신주(神主)들을 태조(太祖)의 묘(廟)에
모두 모셔놓고 지내는 제사이다. 『춘추공양전』「문공(文公) 2년」에 "八月, 丁
卯, 大事于大廟, 躋僖公, 大事者何. 大祫也. 大祫者何. 合祭也, 其合祭奈何. 毁
廟之主, 陳于大祖."라는 기록이 있다.

(호)'자와 '報(보)'자의 반절음이며, '惡'자는 '烏(오)'자와 '路(로)'자의 반절음이고, 또한 두 글자 모두 글자대로 읽기도 하고, 뒤에 '好惡'라는 두 글자가 연속해서 나올 때에는 그 음이 모두 이와 같다.

孔疏 ●"是故樂之隆非極音也"者, 隆, 謂隆盛, 言[11]樂之隆盛, 本在移風易俗, 非崇重於鍾鼓之音, 故云"非極音也". 按論語云"樂云樂云, 鍾鼓云乎哉?", 是也.

번역 ●經文: "是故樂之隆非極音也". ○'융(隆)'자는 융성하다는 뜻이니, 악(樂)의 융성함은 풍속을 좋은 쪽으로 바꾸는데 근본을 두고 있는 것이지, 종이나 북 등으로 연주하는 음(音)을 존숭하는 것이 아니라는 뜻이다. 그렇기 때문에 "음(音)을 지극히 하지 않는다."라고 말한 것이다. 『논어』를 살펴보면, "악(樂)이다, 악(樂)이다 말하는 것이 종이나 북으로 연주하는 것을 뜻하겠는가?"[12]라고 한 말이 바로 이러한 뜻을 나타낸다.

孔疏 ●"食饗之禮非致味也"者, 食饗, 謂宗廟祫祭. 此禮之隆重, 在於孝敬也, 非在於致其美味而已. "禮", 云食饗之禮, 則"樂", 應云祭祀之樂, 互可知也.

번역 ●經文: "食饗之禮非致味也". ○'사향(食饗)'은 종묘에서 지내는 협(祫)제사를 뜻한다. 이러한 예(禮)가 융성한 이유는 효(孝)와 공경함을 드러내는데 있는 것이며, 제수로 바치는 음식들의 맛을 지극히 하는데 있지 않을 따름이다. '예(禮)'라고 한 말은 사향의 의례를 뜻하니, 여기에서 '악(樂)'이라고 한 말은 마땅히 제사를 지낼 때 사용되는 음악을 뜻한다는 사실을 상호의 문장을 통해서 알 수 있다.

---

11) '언(言)'자에 대하여. '언'자는 본래 없던 글자인데, 완원(阮元)의 『교감기(校勘記)』에서는 "혜동(惠棟)의 『교송본(校宋本)』에는 '악(樂)'자 앞에 '언'자가 기록되어 있으니, 이곳 판본에는 '언'자가 누락된 것이며, 『민본(閩本)』·『감본(監本)』·『모본(毛本)』에도 동일하게 누락되어 있다."라고 했다.

12) 『논어』「양화(陽貨)」 : 子曰, "禮云禮云, 玉帛云乎哉? <u>樂云樂云, 鍾鼓云乎哉?</u>"

孔疏 ●"淸廟之瑟, 朱弦而疏越, 壹倡而三歎"者, 覆上樂之隆非極音也. 淸廟之瑟, 謂歌淸廟之詩, 所彈之瑟朱弦, 謂練朱絲爲弦, 練則聲濁也. 越, 謂瑟底孔也, 疏通之使聲遲, 故云"疏越". 弦聲旣濁, 瑟音又遲, 是質素之聲, 非要妙之響. 以其質素, 初發首一倡之時, 而唯有三人歎之, 是人不愛樂. 雖然, 有遺餘之音, 言以其貴在於德, 所以有遺餘之音, 念之不忘也.

번역 ●經文: "淸廟之瑟, 朱弦而疏越, 壹倡而三歎". ○앞에서 악(樂) 중 융성한 것은 음(音)을 지극히 하지 않는다고 한 말을 재차 풀이한 것이다. '청묘지슬(淸廟之瑟)'이라는 말은 청묘라는 시를 노래로 부른다는 뜻인데, 그때 연주를 하는 슬(瑟)은 주현(朱弦)으로 하니, '주현(朱弦)'이라는 말은 주색의 끈을 누여서 현으로 엮는다는 뜻으로, 누인다면 소리가 탁하게 된다. '월(越)'은 슬(瑟)의 바닥에 있는 구멍이니, 그곳을 뚫어서 바람이 통하게 하여 소리가 느려지도록 하는 것이다. 그렇기 때문에 "구멍으로 통하게 한다."라고 말한 것이다. 현이 내는 소리가 이미 탁하고, 슬(瑟)의 음(音) 또한 느리니, 이것은 질박한 소리에 해당하며, 정밀하고 은미한 울림이 아니다. 그것들은 질박하므로 최초 첫 마디를 나타낼 때 한 사람이 선창하면 단지 세 사람만이 탄식을 하니, 이것은 사람들이 그 음악을 좋아하지 않는 다는 사실을 나타낸다. 비록 그렇다고 하더라도 남겨진 음이 있으니, 이 말은 귀중하게 여기는 것은 덕(德)에 있으니, 남겨진 음을 두어서, 그것을 생각하며 잊지 않게 한다는 뜻이다.

孔疏 ●"大饗之禮, 尙玄酒而俎腥魚. 大羹不和, 有遺味者矣"者, 此覆上食[13]饗之禮非致味也. 大饗, 謂祫祭, 尙玄酒在五齊之上, 而俎腥魚. 腥, 生也. 俎雖有三牲, 而兼載腥魚也. 大羹, 謂肉湆也. 不和, 謂不以鹽菜和之. 此皆質

---

13) '사(食)'자에 대하여. '사'자는 본래 없던 글자인데, 완원(阮元)의『교감기(校勘記)』에서는 "혜동(惠棟)의『교송본(校宋本)』에는 '향(饗)'자 앞에 '사'자가 기록되어 있고, 위씨(衛氏)의『집설(集說)』에도 동일하게 기록되어 있다. 따라서 이곳 판본에는 '사'자가 누락된 것이며,『민본(閩本)』·『감본(監本)』·『모본(毛本)』에도 동일하게 누락되어 있다."라고 했다.

素之食, 而大饗設之, 人所不欲也. 雖然, 有遺餘之味矣, 以其有德質素, 其味
可重, 人愛之不忘, 故云"有遺味者矣".

번역 ●經文: "大饗之禮, 尙玄酒而俎腥魚. 大羹不和, 有遺味者矣". ○이
문장은 앞에서 사향(食饗)의 예(禮)에서는 음식의 맛을 지극히 하지 않는
다는 뜻을 재차 풀이한 것이다. '대향(大饗)'은 협(祫)제사를 뜻하니, 그 제
사에서는 현주(玄酒)를 숭상하여, 오제(五齊)[14] 보다도 가장 상등의 자리
에 놓아두고, 조리하지 않은 물고기를 도마에 올린다. '성(腥)'자는 날것[生]
을 뜻한다. 도마에 비록 세 가지 희생물을 올리지만, 조리하지 않은 물고기
도 함께 올린다. '대갱(大羹)'은 고깃국을 뜻한다. '불화(不和)'는 소금이나
채소로 조미를 하지 않는다는 뜻이다. 이러한 음식들은 모두 질박한 음식
에 해당하며 대갱을 진설하니, 사람들이 좋아하지 않는 음식들이다. 비록
그렇다고 하지만 남겨진 맛이 있으니, 질박한 덕(德)을 갖추고 있고, 그 맛
은 중시할 수 있으므로, 사람들이 사랑하며 잊지 않기 때문에, "남겨진 맛이
있는 것이다."라고 말했다.

---

14) 오제(五齊)는 술의 맑고 탁한 정도에 따라서 다섯 가지 등급으로 분류한 술
을 뜻한다. 또한 술을 범칭하는 용어로도 사용된다. 다섯 가지 술은 범제(泛
齊), 례제(醴齊), 앙제(盎齊), 제제(緹齊), 침제(沈齊)를 가리킨다. 『주례』「천
관(天官)·주정(酒正)」편에는 "辨五齊之名, 一曰泛齊, 二曰醴齊, 三曰盎齊, 四
曰緹齊, 五曰沈齊."라는 기록이 있다. 각 술들에 대해 설명하자면, 위의 기록
에 대한 정현의 주에서는 "泛者, 成而滓浮泛泛然, 如今宜成醪矣. 醴猶體也,
成而汁滓相將, 如今恬酒矣. 盎猶翁也, 成而翁翁然, 蔥白色, 如今酇白矣. 緹者,
成而紅赤, 如今下酒矣. 沈者, 成而滓沈, 如今造淸矣. 自醴以上尤濁, 縮酌者.
盎以下差淸. 其象類則然, 古之法式未可盡聞. 杜子春讀齊皆爲粢. 又禮器曰,
'緹酒之用, 玄酒之尙.' 玄謂齊者, 每有祭祀, 以度量節作之."라고 풀이했다. 즉
'범제'는 술이 익고 나서 앙금이 둥둥 떠 있는 것으로 정현 시대의 의성료(宜
成醪)와 같은 술이고, '례주'는 술이 익고 나서 앙금을 한 차례 걸러낸 것으
로 염주(恬酒)와 같은 것이며, '앙제'는 술이 익고 나서 새파란 빛깔을 보이
는 것으로 찬백(酇白)과 같은 술이고, '제제'는 술이 익고 나서 붉은 빛깔을
보이는 것으로 하주(下酒)와 같은 술이며, '침제'는 술이 익고 나서 앙금이
모두 가라앉아 있는 것으로 조청(造淸)과 같은 술이다. '범주'는 가장 탁한
술이며, '례주'는 그 다음으로 탁한 술이고, '앙제'부터는 뒤로 갈수록 맑은 술
에 해당한다.

孔疏 ●“是故先王之制禮樂也, 非以極口腹耳目之欲也”者, 以玄酒·腥魚·大羹是非極口腹也, 以朱弦疏越是非極耳目也.

번역 ●經文: “是故先王之制禮樂也, 非以極口腹耳目之欲也”. ○현주(玄酒)와 조리하지 않은 물고기와 대갱(大羹)은 입이나 배가 바라는 맛을 지극히 한 음식들이 아니며, 주색의 현을 달고 구멍으로 바람이 통하게 하는 것은 귀나 눈이 바라는 소리를 지극히 한 것이 아니다.

孔疏 ●“將以敎民平好惡, 而反人道之正也”者, 言先王制禮樂, 不爲口腹耳目, 而將以敎民均平好惡, 使好者行之, 惡者避之, 而反歸人道之正也.

번역 ●經文: “將以敎民平好惡, 而反人道之正也”. ○선왕이 예(禮)와 악(樂)을 제정한 것은 입·배·귀·눈을 위해서가 아니며, 이것을 통해 백성들이 좋아함과 싫어함을 균평하게 하도록 해서, 좋아하는 것을 시행하도록 하고, 싫어하는 것을 피하도록 하여, 인도의 올바름으로 귀의하도록 교화하기 위해서이다.

孔疏 ◎注“能止”至“之禮”. ○正義曰: 以宮爲君, 商爲臣, 角爲民, 徵爲事, 羽爲物. 旣能知樂, 則能正此五事, 五事之外, 則餘禮未能弘通, 故經云“近於禮”, 未盡禮之用也.

번역 ◎鄭注: “能止”~“之禮”. ○궁(宮)음은 군주가 되고, 상(商)음은 신하가 되며, 각(角)음은 백성이 되고, 치(徵)음은 사안이 되며, 우(羽)음은 물건이 된다. 이미 악(樂)에 대해서 알 수 있다면, 이러한 다섯 가지 것들을 올바르게 할 수 있지만, 다섯 가지 일들 이외에 나머지 예(禮)에 대해서 아직은 널리 달통할 수 없기 때문에, 경문에서는 “예(禮)에 가깝게 된다.”라고 말한 것이니, 이것은 아직은 예(禮)의 쓰임을 다하지 못했다는 의미이다.

孔疏 ◎注“朱弦”至“餘也”. ○正義曰: “朱弦, 練朱弦”者, 按虞書傳云: “古

者帝王升歌淸廟之樂, 大瑟練弦". 此云"朱弦"者, 明練之可知也. 云"練則聲
濁"者, 不練則體勁而聲淸, 練則絲熟而弦濁. 云"越, 瑟底孔也"者, 按鄕飮酒
禮"二人皆左何瑟, 後首, 挎15)越", 是"越, 瑟底孔也". 故燕禮注云: "越, 瑟下
孔也." 云"畫疏之, 使聲遲也"者, 熊氏云: 瑟兩頭有孔, 畫疏之. 疏, 通也, 使兩
頭孔相達而通, 孔小則聲急, 孔大則聲遲, 故云"使聲遲也". 云"三歎, 三人從
歎之耳"者, 三歎, 謂擊瑟贊歎美者, 但有三人歎之耳, 言歎者少也. 云"大饗,
祫祭先王"者, 按郊特牲"郊血, 大饗腥", 此云"腥魚", 故爲宗廟祫祭也. 云"以
腥魚爲俎實"者, 謂薦血腥之時, 以俎薦腥魚. 熊氏云: "其牛羊之俎, 至薦熟之
時, 皆亨之而熟. 薦腥魚, 則始末不亨." 故云"而俎腥魚"也. 云"大羹, 肉湇"者,
特牲云"大羹湇", 此云"不和", 故知不調以鹽菜. 鉶羹則和之. 云"遺, 猶餘也"
者16), 樂聲雖質, 人貴之不忘矣, 食味雖惡, 人念之不息矣, 是有遺音遺味矣.
熊氏云"聲有五聲, 但有三人歎之, 餘兩聲未歎, 是有遺音". 非其辭也.

번역 ◎鄭注: "朱弦"~"餘也". ㅇ정현이 "'주현(朱弦)'은 주색의 현을 누
인다는 뜻이다."라고 했는데, 『상서대전』「우서(虞書)」에서는 "고대에 제왕
은 당상에 올라 청묘(淸廟)라는 음악을 노래했고, 대슬(大瑟)에는 누인 현
을 달았다."라고 했다. 따라서 이곳에서 '적색의 현'이라고 한 말은 곧 누인
끈을 나타냄을 알 수 있다. 정현이 "끈을 누이게 되면 소리가 탁하게 된다."
라고 했는데, 끈을 누이지 않았다면 끈이 단단하여 소리가 맑게 들리고,
누이게 된다면 끈이 부드러워져서 현이 탁한 소리를 낸다. 정현이 "'월(越)'
은 슬(瑟)의 바닥에 있는 구멍이다."라고 했는데, 『의례』「향음주례(鄕飮酒
禮)」편을 살펴보면, "두 사람은 모두 좌측 어깨로 슬(瑟)을 받치고 머리 쪽

---

15) '수고(首挎)'에 대하여. '수과'는 본래 '유과(有挎)'로 기록되어 있었는데, 완원
(阮元)의 『교감기(校勘記)』에서는 "혜동(惠棟)의 『교송본(校宋本)』에서는 '유
(有)'자를 '수(首)'자로 기록했고, '과(挎)'자를 '고(挎)'자로 기록했는데, 이 기
록이 『의례』「향음주례(鄕飮酒禮)」편의 기록과 합치된다."라고 했다.
16) '야자(也者)'에 대하여. '야자'는 본래 '자야(者也)'로 기록되어 있었는데, 완원
(阮元)의 『교감기(校勘記)』에서는 "혜동(惠棟)의 『교송본(校宋本)』에서는 '야
자'로 기록되어 있으니, 이곳 판본은 '야자'라는 두 글자를 잘못하여 전도시
킨 것이며, 『민본(閩本)』·『감본(監本)』·『모본(毛本)』도 동일하게 잘못 기록
되어 있다."라고 했다.

을 뒤로 두며, 구멍을 쥔다."[17]라고 했는데, 이것은 "'월(越)'은 슬(瑟)의 바닥에 있는 구멍이다."라는 사실을 나타낸다. 그렇기 때문에 『의례』「연례(燕禮)」편에 대한 정현의 주에서는 "월(越)은 슬(瑟)의 밑에 있는 구멍이다."[18]라고 말한 것이다. 정현이 "구멍을 내어 소리가 느려지게 하는 것이다."라고 했는데, 웅안생[19]은 다음과 같이 말했다. 슬(瑟)의 양쪽 끝에 구멍이 있어서, 그곳으로 바람이 통하게 한다. '소(疏)'자는 "통한다[通]."는 뜻으로, 양쪽 끝의 두 구멍이 서로 소통되도록 하여 바람이 통하도록 하는데, 구멍이 작다면 소리가 빠르게 나고, 구멍이 크다면 소리가 느리게 난다. 그렇기 때문에 "소리를 느리게 나도록 한다."라고 말한 것이다. 정현이 "'삼탄(三歎)'은 세 사람이 그에 따라 탄식을 할 따름이라는 뜻이다."라고 했는데, '삼탄(三歎)'은 슬(瑟)을 연주할 때 그 아름다움에 대해 찬미하는 자가 있는데, 단지 세 사람만이 찬미를 했을 뿐이라는 뜻이니, 찬미를 하는 자가 적었다는 의미이다. 정현이 "'대향(大饗)'은 선왕에게 협(祫)제사를 지낸다는 뜻이다."라고 했는데, 『예기』「교특생(郊特牲)」편을 살펴보면, "교(郊)제사 때에는 희생물의 피[血]를 바치고, 대향(大饗)에는 생고기[腥]를 바친다."[20]라고 했는데, 이곳에서는 '생으로 된 물고기'라고 했다. 그렇기 때문에 종묘에서 협제사를 지내는 때임을 알 수 있다. 정현이 "조리하지 않은 물고기를 도마에 올린다."라고 했는데, 이 말은 피와 생고기를 바치는 때 도마를 이용해서 조리를 하지 않은 생 물고기를 바친다는 뜻이다. 웅안생은 "소나 양의 고기를 도마에 바치는데, 익힌 고기를 바치게 될 때에는 모

---

17) 『의례』「향음주례(鄕飮酒禮)」: 相者<u>二人, 皆左何瑟, 後首, 挎越</u>, 內弦, 右手相.
18) 이 문장은 『의례』「연례(燕禮)」편의 "小臣納工, 工四人, 二瑟. 小臣左何瑟, 面鼓, 執越, 內弦, 右手相. 入, 升自西階, 北面東上坐. 小臣坐授瑟, 乃降."이라는 기록에 대한 정현의 주이다.
19) 웅안생(熊安生, ?~A.D.578): =웅씨(熊氏). 북조(北朝) 때의 경학자이다. 자(字)는 식지(植之)이다. 『주례(周禮)』, 『예기(禮記)』, 『효경(孝經)』 등 많은 전적에 의소(義疏)를 남겼지만, 모두 산일되어 남아 있지 않다. 현재 마국한(馬國翰)의 『옥함산방집일서(玉函山房輯佚書)』에 『예기웅씨의소(禮記熊氏義疏)』 4권이 남아 있다.
20) 『예기』「교특생(郊特牲)」【317d】: 大路繁纓一就, 先路三就, 次路五就. <u>郊血, 大饗腥</u>, 三獻爓, 一獻孰, 至敬不饗味而貴氣臭也.

두 그것을 삶아서 익히게 된다. 조리하지 않은 생 물고기를 바치게 된다면, 처음부터 끝까지 삶지 않는다."라고 말했다. 그렇기 때문에 "조리하지 않은 물고기를 도마에 담는다."라고 말한 것이다. 정현이 "'대갱(大羹)'은 고깃국이다."라고 했는데, 『의례』「특생궤식례(特牲饋食禮)」편에서는 '대갱(大羹)인 고깃국'21)이라고 했고, 이곳에서는 "조미를 하지 않는다."라고 했다. 그렇기 때문에 소금이나 채소 등으로 조미를 하지 않음을 알 수 있다. 형갱22)이라면 조미를 한다. 정현이 "'유(遺)'자는 '남다[餘].'는 뜻이다."라고 했는데, 악(樂)과 소리[聲]가 비록 질박하더라도, 사람들이 존귀하게 여겨서 잊지 않고, 음식의 맛이 비록 나쁘지만, 사람들이 그것을 떠올리길 그치지 않으니, 이것이 남긴 음(音)이 있고 남긴 맛이 있다고 한 뜻이다. 웅안생은 "소리에는 오성(五聲)이 있지만, 세 사람이 탄미만 하여, 나머지 두 소리에는 아직 탄미를 하지 않은 것이니, 이것이 남긴 음(音)이 있다는 뜻이다."라고 했는데, 잘못된 설명이다.

訓纂 王氏引之曰: 遺字有二說. 或訓爲餘, 鄭注"遺, 猶餘也." 或訓爲忘, 爲棄, 史記集解引王肅注"有遺音者矣", 曰"未盡音之極." 正義引一說曰, "所重在德本, 不在音, 故遺音." 又於"有遺味者矣"引一說曰, "禮本在德, 不在甘味, 故用水魚而遺味." 按後說是也. 呂氏春秋作"有進乎音者", "有進乎味者". 言進乎音, 則所貴者不在音; 言進乎味, 則所貴者不在味. 此謂不尙音與味, 非謂其有餘音餘味也.

번역 왕인지23)가 말하길, '유(遺)'자에는 두 가지 뜻이 있다. 어떤 경우

---

21) 『의례』「특생궤식례(特牲饋食禮)」: 佐食爾黍稷于席上. 設大羹湆于醢北.
22) 형갱(鉶羹)은 형(鉶)이라는 그릇에 담는 국으로, 조미료나 야채 등을 가미하여 맛을 풍부하게 낸 국이다. 소고기 국에는 콩잎을 가미하였고, 양고기 국에는 씀바귀를 가미하였으며, 돼지고기 국에는 고비를 가미하기도 하였다. 『주례』「천관(天官)·형인(亨人)」편에는 "祭祀, 共大羹·鉶羹. 賓客亦如之."라는 기록이 있고, 이에 대한 가공언(賈公彦)의 소(疏)에서는 "云鉶羹者, 皆是陪鼎膷臐膮, 牛用藿, 羊用苦, 豕用薇, 調以五味, 盛之於鉶器, 卽謂之鉶羹."이라고 풀이했다.
23) 왕인지(王引之, A.D.1766~A.D.1834): 청(淸)나라 때의 훈고학자이다. 자

에는 남음[餘]이라고 풀이하니, 정현의 주에서는 "'유(遺)'자는 '남다[餘].'는 뜻이다."라고 했다. 또 어떤 경우에는 "잊다[忘]."라고 풀이하거나 "버리다 [棄]."는 뜻으로 풀이하니, 『사기집해』에서는 왕숙의 주를 인용하여, "음 (音)을 포기하는 것이 있다."라고 했고, "아직 음(音)의 지극함을 다하지 않았다."라고 했다. 『정의』에서는 일설을 인용하여, "중시하는 것은 덕(德) 이라는 근본에 있고 음(音)에 있지 않다. 그렇기 때문에 음(音)을 버린다." 라고 말했다. 또 "맛을 포기하는 것이 있다."는 기록에 대해서는 일설을 인 용하여, "예(禮)의 근본은 덕(德)에 있고 감미로운 맛에 있지 않다. 그렇기 때문에 물고기를 사용하여 맛을 포기했다."라고 말했다. 살펴보니 뒤의 주 장이 옳다. 『여씨춘추』24)에서는 "음(音)보다 나아감이 있다."라고 했고, "맛보다 나아감이 있다."라고 했다.25) 음(音)보다 나아감이 있다고 말했다 면 존귀하게 여기는 것은 음(音)에 달려있지 않다. 맛보다 나아감이 있다고 말했다면 존귀하게 여기는 것은 맛에 달려있지 않다. 이것은 음(音)과 맛을 숭상하지 않는다는 뜻이지, 음(音)을 남겨둠이 있고 맛을 남겨둠이 있다는 뜻이 아니다.

訓纂 馬彦醇曰: 非强其所無也, 使之復其性之本而已.

번역 마언순26)이 말하길, 가지고 있지 않은 것에 대해서 억지로 강요하

(字)는 백신(伯申)이고, 호(號)는 만경(曼卿)이며, 시호(諡號)는 문간(文簡)이 다. 왕념손(王念孫)의 아들이다. 대진(戴震), 단옥재(段玉裁), 부친과 함께 대 단이왕(戴段二王)이라고 일컬어졌다. 『경전석사(經傳釋詞)』, 『경의술문(經義 述聞)』 등의 저술이 있다.
24) 『여씨춘추(呂氏春秋)』는 여불위(呂不韋)가 편찬한 책이다. 『사기(史記)』「문 언후열전(文言侯列傳)」편의 기록에 의하면, 여불위가 여러 학자들을 불러 모 아서, 학문을 토론하게 하고, 그것을 모아서 『여씨춘추』를 편찬했다고 전해 진다. 12개의 기(紀), 8개의 남(覽), 6개의 논(論)으로 구성되어 있다.
25) 『여씨춘추(呂氏春秋)』「적음(適音)」: 淸廟之瑟, 朱弦而疏越, 一唱而三歎, 有 進乎音者矣. 大饗之禮, 上玄尊而俎生魚, 大羹不和, 有進乎味者也.
26) 마희맹(馬晞孟, ?~?): =마씨(馬氏)・마언순(馬彦醇). 자(字)는 언순(彦醇)이 다. 『예기해(禮記解)』를 찬술했다.

는 것이 아니며, 그들로 하여금 본성을 회복하도록 할 따름이다.

集解　愚謂: 鄕飮酒禮"工四人, 二瑟", 燕禮·大射"工六人, 四瑟", 皆歌工二人. 若諸侯大饗之禮, 歌工當有四人, 以一人發歌句而三人應和之也. 虞書言"搏拊琴瑟以詠", 則升歌幷有琴. 此言"瑟"而不言"琴", 然則升歌用琴, 惟天子宗廟之祭乃有之與. 致猶極也. 俎腥魚, 謂朝踐薦血腥之時, 魚亦腥而載之於俎也. 樂以升歌爲始, 合舞爲終, 故樂未嘗不極音, 而其隆者, 則在於升歌淸廟, 以發明先王之德, 而不在於極音也. 食饗之禮, 設尊則以玄酒在西, 醴酒在東; 薦牲則以薦腥在先, 饋熟在後. 故食饗未嘗不致味, 而其隆者, 則在於玄酒·腥魚, 以反先代質素之本, 而不在於致味也. 樂在於示德, 故不極音而有餘於音; 禮在於反古, 故不極味而有餘於味也. 人道本無不正, 惟其徇於好惡而失之; 人之好惡之出於本然者, 亦無不平, 惟其徇於耳目口腹之欲而失之. 今使人皆知貴德反古之意, 則不至徇於耳目口腹之欲, 而好惡自此平, 人道之正可以反矣.

번역　내가 생각하기에, 『의례』「향음주례(鄕飮酒禮)」편에서는 "악공(樂工)은 4명이고, 2대의 슬(瑟)이 있다."27)라고 했고, 『의례』「연례(燕禮)」편과 「대사(大射)」편에서는 "악공은 6명이고, 4대의 슬(瑟)이 있다."28)라고 했으니, 모두 노래를 부르는 악공은 2명이 된다. 만약 제후가 시행하는 대향(大饗)의 의례라면, 노래를 부르는 악공은 마땅히 4명이 있어야 하는데, 한 사람이 노래의 첫 구문을 부르면, 나머지 세 사람이 호응하여 화답한다. 『서』「우서(虞書)」에서는 "금(琴)과 슬(瑟)을 연주하여 노래 부른다."29)라고 했으니, 당상(堂上)에 올라가서 노래를 부를 때에는 아울러 금(琴)까지

---

27) 『의례』「향음주례(鄕飮酒禮)」: 設席于堂廉, 東上. <u>工四人, 二瑟</u>, 瑟先.
28) 『의례』「대사(大射)」: 乃席工于西階上少東. 小臣納工. <u>工六人, 四瑟</u>. / 『의례』「연례(燕禮)」: <u>工四人, 二瑟</u>. 小臣左何瑟, 面鼓, 執越, 內弦, 右手相, 入.「연례」편에는 악공이 4명이고, 2대의 슬(瑟)이 있다고 했다.
29) 『서』「우서(虞書)·익직(益稷)」: 夔曰, 戛擊鳴球, <u>搏拊琴瑟以詠</u>, 祖考來格, 虞賓在位, 群后德讓, 下管鼗鼓, 合止柷敔, 笙鏞以間, 鳥獸蹌蹌, 簫韶九成, 鳳皇來儀.

도 포함된다. 이곳에서는 '슬(瑟)'만 말하고 '금(琴)'을 말하지 않았는데, 그렇다면 천자가 지내는 종묘의 제사에서만 이러한 악기들이 모두 포함되어 있었을 것이다. '치(致)'자는 "지극히 하다[極]."는 뜻이다. '조성어(俎腥魚)'라는 말은 조천(朝踐)30)을 하며, 희생물의 피와 생고기를 바칠 때, 물고기 또한 생것으로 도마에 올린다는 뜻이다. 음악에 있어서는 악공이 당상에 올라가서 노래 부르는 것을 시작으로 삼고, 대규모로 춤을 추며 음악과 맞추는 것을 끝으로 삼는다. 그렇기 때문에 악(樂)에 있어서는 일찍이 음(音)을 지극히 하지 않은 적이 없는데, 융성한 의례인 경우라면 당상에 올라가서 청묘(淸廟)를 노래 부를 때, 선왕의 덕(德)을 드러내는데 목적이 있고 음(音)을 지극히 하는데 있지 않다. 사향(食饗)의 예(禮)에서는 술동이를 진설하면 현주(玄酒)를 서쪽에 두고 례주(醴酒)를 동쪽에 두며, 희생물을 바치게 되면 생고기 바치는 것을 먼저하고 익힌 고기 바치는 것을 뒤에 한다. 그렇기 때문에 사향에서는 일찍이 맛을 지극히 하지 않은 적이 없지만, 융성한 의례인 경우라면 현주와 조리를 하지 않은 물고기를 두어서, 선대의 질박한 예법의 근본 취지를 되살리는데 목적을 두고, 맛을 지극히 하는데 뜻을 두지 않는다. 악(樂)은 덕을 드러내는데 목적을 둔다. 그렇기 때문에 음(音)을 지극히 하지 않아서, 음(音)에 대해서 미진한 점이 있다. 예(禮)는 고대의 것을 되살리는데 목적을 둔다. 그렇기 때문에 맛을 지극히 하지 않아서, 맛에 대해 미진한 점이 있다. 인도는 본래 바르지 않은 것이 없지만, 단지 좋고 싫어함만을 쫓게 되면 바름을 잃어버리게 된다. 사람의 좋고 싫어함의 감정 중 본연지성에서 도출되는 것들 또한 균평하지 않은 것이 없지만, 단지 귀・눈・입・배가 바라는 것에만 쫓게 되면 균평함을 잃어버리게 된다. 현재 사람들로 하여금 모두 덕을 귀하게 여기고 옛 도리

30) 조천(朝踐)은 제례(祭禮) 의식 중 하나이다. 희생물의 피와 기름 등을 바치고, 단술을 따르게 되면, 비로소 제사를 본격적으로 시행하게 된다. 제주(祭主)의 부인이 되는 주부(主婦)는 이때 제사 때 진설해두는 제기(祭器)인 두변(豆籩) 등을 바치게 된다. '조천'은 바로 이러한 의식 절차를 가리킨다.『주례』「춘관(春官)・사존이(司尊彝)」에는 "其朝踐用兩獻尊."이라는 기록이 있고, 이 기록에 대한 정현의 주에서는 "朝踐, 謂薦血腥, 酌醴, 始行祭事, 后於是薦朝事之豆籩."이라고 풀이하였다.

를 반추하는 뜻을 알도록 한다면, 귀·눈·입·배가 바라는 것에만 쫓는데
이르지 않아서, 좋아함과 싫어함이 이로부터 균평하게 되고, 인도의 바름도
되돌릴 수 있게 된다.

【참고】『시』「주송(周頌)·청묘(淸廟)」

於穆淸廟, (오목청묘) : 오! 깊은 청묘에
肅雝顯相. (숙옹현상) : 공경스럽고 조화로운 훌륭한 조력자여.
濟濟多士, (제제다사) : 단정한 많은 사들이,
秉文之德. (병문지덕) : 문왕의 덕을 지니고 있구나.
對越在天, (대월재천) : 하늘에 계신 분을 대하며,
駿奔走在廟. (준분주재묘) : 묘에 계신 신주를 분주히 받드는구나.
不顯不承, (불현불승) : 드러내지 않겠으며, 받들지 않겠는가,
無射於人斯. (무역어인사) : 사람들에게 미움을 받지 않는구나.

[毛序] : 淸廟, 祀文王也. 周公, 旣成洛邑, 朝諸侯, 率以祀文王焉.

[모서] : 「청묘(淸廟)」편은 문왕에게 제사를 지내며 사용하는 시가이다. 주
공이 낙읍을 완성하고서 제후에게 조회를 받을 때, 그들을 통솔하여 문왕
에게 제사를 지냈다.

그림 8-1 관(管)

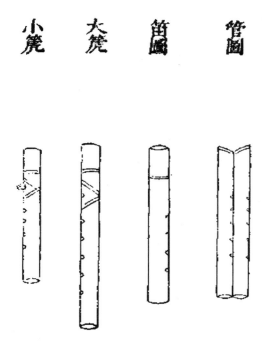

※ 출처: 『삼재도회(三才圖會)』「기용(器用)」3권

그림 8-2 종(鐘)과 경(磬)

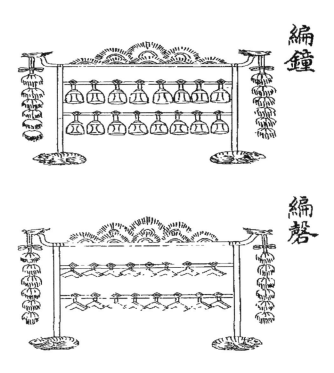

編鐘

編磬

※ **출처:**『삼례도집주(三禮圖集注)』5권

● 그림 8-3   적(笛: =篴)과 약(籥)

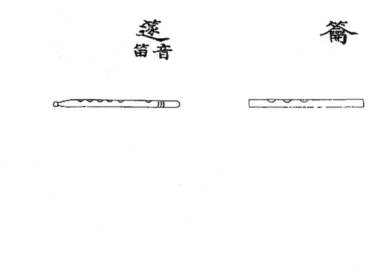

※ 출처: 상단-『삼례도집주(三禮圖集注)』5권
　　　　　하단-『육경도(六經圖)』5권

그림 8-4 변(邊)

※ **출처:** 상좌-『삼례도집주(三禮圖集注)』 13권 ; 상우-『삼례도(三禮圖)』 4권
　　　　　하좌-『육경도(六經圖)』 6권 ; 하우-『삼재도회(三才圖會)』「기용(器用)」 2권

● 그림 8-5 두(豆)

※ **출처:** 상좌-『삼례도집주(三禮圖集注)』13권 ; 상우-『삼례도(三禮圖)』4권
　　　　하좌-『육경도(六經圖)』6권 ; 하우-『삼재도회(三才圖會)』「기용(器用)」1권

● 그림 8-6 ┃ 보(簠)

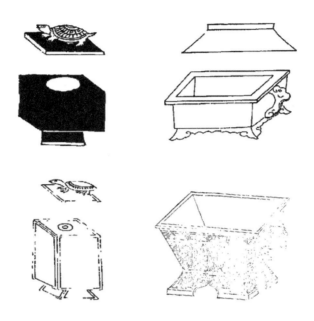

※ 출처: 상좌-『삼례도집주(三禮圖集注)』13권 ; 상우-『삼례도(三禮圖)』4권
　　　　　하좌-『육경도(六經圖)』6권 ; 하우-『삼재도회(三才圖會)』「기용(器用)」1권

● 그림 8-7 궤(簋)

※ 출처: 상좌-『삼례도집주(三禮圖集注)』13권 ; 상우-『삼례도(三禮圖)』4권
     하좌-『육경도(六經圖)』6권 ; 하우-『삼재도회(三才圖會)』「기용(器用)」1권

그림 8-8   조(俎)

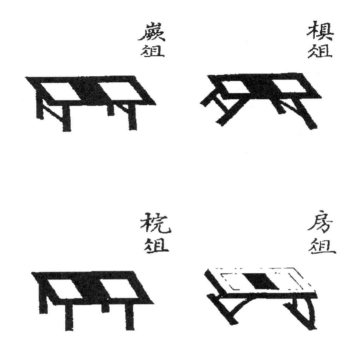

※ 출처: 『삼례도집주(三禮圖集注)』 13권

● 그림 8-9　형(鉶)

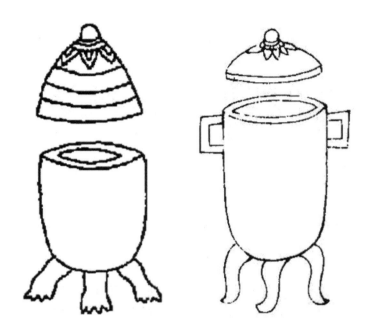

※ **출처:** 좌-『삼례도집주(三禮圖集注)』13권
　　　　　우-『삼재도회(三才圖會)』「기용(器用)」2권

• 제 9 절 •

호오(好惡)와 대란(大亂)의 도(道)

【459c】

人生而靜, 天之性也. 感於物而動, 性之欲也. 物至知知,

직역 人이 生하여 靜하니, 天의 性이다. 物에 感하여 動하니, 性의 欲이다. 物이 至하면 知가 知하며,

의역 사람은 태어나면서부터 고요하니, 하늘이 부여한 본성에 해당한다. 마음은 외부 사물을 느껴서 움직이게 되니, 본성에서 나타난 욕망이다. 외부 사물이 다다르면, 지각 능력이 그것을 알게 되며,

集說 朱子曰: 上知字是體, 下知字是用.

번역 주자가 말하길, '지지(知知)'에서 앞의 '지(知)'자는 본체에 해당하고, 뒤의 '지(知)'자는 작용에 해당한다.

鄭注 言性不見物則無欲. 至, 來也. 知知, 每物來, 則又有知也, 言見物多則欲益衆.

번역 본성이 사물을 보지 않으면 욕망이 없다는 뜻이다. '지(至)'자는 "찾아오다[來]."는 뜻이다. '지지(知知)'는 매번 사물이 오게 되면, 또한 그것에 대한 앎이 생긴다는 뜻이니, 사물을 보는 것이 많게 되면, 욕망 또한 많아지게 된다는 의미이다.

孔疏 ●"人生"至"道也". ○正義曰: 此一節論人感物而動. 物有好惡, 所感不同. 若其感惡則天理滅, 爲大亂之道, 故下文明先王所以制禮樂而齊之.

번역 ●經文: "人生"~"道也". ○이곳 문단은 사람이 외부 사물을 느껴서 움직이게 된다는 사실을 논의하고 있다. 사물에 있어서는 좋고 나쁜 차이가 있어서 느끼는 것도 동일하지 않다. 만약 느낀 것이 나쁘다면 천리가 없어지게 되니 큰 혼란의 도가 된다. 그렇기 때문에 아래문장에서는 선왕이 예(禮)와 악(樂)을 제정하여 가지런하게 한 이유를 밝힌 것이다.

孔疏 ●"人生而靜, 天之性也". ○正義曰: 言人初生, 未有情欲, 是其靜稟於自然, 是天性也.

번역 ●經文: "人生而靜, 天之性也". ○사람이 최초 태어났을 때에는 아직까지 정욕이 생기지 않았다는 뜻이니, 이것은 고요함이 자연적으로 품수받은 것임을 뜻하며, 바로 천성(天性)을 의미한다.

孔疏 ●"感於物而動, 性之欲也"者, 其心本雖靜, 感於外物, 而心遂動, 是性之所貪欲也. 自然謂之性, 貪欲謂之情, 是情·性1)別矣.

번역 ●經文: "感於物而動, 性之欲也". ○사람의 마음은 본래 고요하지만, 외부 사물에 대해서 느끼게 되어 마음은 결국 움직이게 되니, 이것은 본성이 탐하고 바라는 것이다. 자연적인 것을 '성(性)'이라 부르고 탐하고 바라는 것을 '정(情)'이라 부르니, 이것은 정(情)과 성(性)의 구별을 나타낸다.

---

1) '성(性)'자에 대하여. '성'자는 본래 없던 글자인데, 완원(阮元)의 『교감기(校勘記)』에서는 "혜동(惠棟)의 『교송본(校宋本)』에는 '정(情)'자 뒤에 '성'자가 기록되어 있으니, 이곳 판본에는 '성'자가 누락된 것이며, 『민본(閩本)』·『감본(監本)』·『모본(毛本)』에도 동일하게 누락되어 있다."라고 했다.

訓纂 王肅上"知"字讀爲智, 云"事至能以智知之."

번역 왕숙은 '물지지지(物至知知)'에서 앞의 '지(知)'자를 '지(智)'자로 풀이하여, "사물이 도래하여 지혜로써 알 수 있다."라고 했다.

訓纂 王氏念孫曰: 二說均未安. 上知字卽下文"知誘於外"之知, 下知字當訓爲接, 言物至而知與之接也. 墨子經篇曰, "知, 接也." 莊子庚桑楚篇曰, "知者, 接也." 淮南原道篇曰, "感而後動, 性之害也. 物至而神應, 知之動也. 知與物接, 而好憎生焉." 是其明證矣.

번역 왕념손[2]이 말하길, 정현과 왕숙의 두 주장은 모두 정확하지 않다. '물지지지(物至知知)'에서 앞의 '지(知)'자는 곧 아래문장에 나오는 '지유어외(知誘於外)'에서의 '지(知)'자이고, 그 뒤의 '지(知)'자는 마땅히 "접하다."는 뜻의 '접(接)'자로 풀이해야 하니, 즉 사물이 도래하여 지각 능력이 사물과 함께 접하게 된다는 뜻이다. 『묵자(墨子)』「경(經)」편에서는 "지(知)자는 접(接)자의 뜻이다."[3]라고 했고, 『장자(莊子)』「경상초(庚桑楚)」편에서는 "'지(知)'라는 것은 접(接)자의 뜻이다."[4]라고 했으며, 『회남자(淮南子)』「원도(原道)」편에서는 "느낀 이후에 움직임은 성(性)에 해가 된다. 사물이 도래하여 정신이 호응하는 것은 지(知)가 움직인 것이다. 지(知)가 사물과 접하게 되면, 좋아함과 미워함이 생겨난다."[5]라고 했으니, 이것이 그 명확한 증거이다.

---

2) 왕념손(王念孫, A.D.1744~A.D.1832) : 청(淸)나라 때의 학자이다. 자(字)는 회조(懷租)이고, 호(號)는 석구(石臞)이다. 부친은 왕안국(王安國)이고, 아들은 왕인지(王引之)이다. 대진(戴震)에게 학문을 배웠다. 저서로는 『독서잡지(讀書雜志)』 등이 있다.
3) 『묵자(墨子)』「경상(經上)」: 知, 接也. 中, 同長也.
4) 『장자(莊子)』「경상초(庚桑楚)」: 知者, 接也; 知者, 謨也.
5) 『회남자(淮南子)』「원도훈(原道訓)」: 人生而靜, 天之性也. 感而後動, 性之害也. 物至而神應, 知之動也. 知與物接, 而好憎生焉. 好憎成形, 而知誘於外, 不能反己, 而天理滅矣.

【459c~d】

然後好惡形焉. 好惡無節於內, 知誘於外, 不能反躬, 天理滅
矣. 夫物之感人無窮, 而人之好惡無節, 則是物至而人化物也.
人化物也者, 滅天理而窮人欲者也. 於是有悖逆詐偽之心, 有
淫泆作亂之事. 是故强者脅弱, 衆者暴寡, 知者詐愚, 勇者苦
怯, 疾病不養, 老幼孤獨不得其所, 此大亂之道也.

직역 然後에 好惡가 形한다. 好惡가 內에서 節이 無하면, 知가 外에 誘함에,
躬에 反함을 不能하여, 天理가 滅한다. 夫히 物이 人을 感함에 窮이 無하고, 人의
好惡에 節이 無하면, 是는 物이 至하여 人이 物에 化함이다. 人이 物에 化하는 者는
天理를 滅하고 人欲을 窮하는 者이다. 是에 悖逆하고 詐偽하는 心이 有하고, 淫泆
하고 作亂하는 事가 有한다. 是故로 强者는 弱을 脅하고, 衆者는 寡를 暴하며, 知者
는 愚를 詐하고, 勇者는 怯을 苦하니, 疾病은 不養하고, 老幼와 孤獨은 그 所를
不得하니, 此는 大亂의 道이다.

의역 외부 사물이 다다르면, 지각 능력이 그것을 알게 되며, 그런 뒤에 좋고
싫어함이 나타나게 된다. 좋고 싫어함에 대해 내적으로 절제함이 없고, 지각 능력
이 외부 사물의 꾐에 넘어가서, 스스로 돌이켜서 그 이치를 따져볼 수 없다면, 천리
(天理)가 없어지게 된다. 무릇 사물이 사람의 마음을 느끼게 함에는 끝이 없는데,
사람의 좋고 싫어함에 절제함이 없다면, 이것은 사물이 다다라서 사람이 사물에게
이끌려 사물화 되는 것이다. 사람이 사물에게 이끌려 사물화 되는 자는 천리를 없
애고 인욕을 끝없이 다하는 자이다. 여기에서 어그러지고 거짓된 마음이 생겨나고,
음란하고 난리를 일으키는 일이 생긴다. 이러한 까닭으로 강자는 약한 자를 위협하
고, 다수는 소수에게 난폭하게 대하며, 똑똑한 자는 아둔한 자를 속이고, 용맹한
자는 겁이 많은 자를 괴롭히니, 병에 걸린 자들은 부양을 받지 못하고, 노인이나
어린이 또 고아나 홀아비는 자신의 자리를 얻지 못한다. 이것이 바로 크게 혼란스
럽게 되는 도이다.

集說 劉氏曰: 人生而靜者, 喜怒哀樂未發之中, 天命之性也. 感於物而動,

則性發而爲情也. 人心虛靈知覺, 事至物來, 則必知之而好惡形焉. 好善惡惡,
則道心之知覺, 原於義理者也. 好妍惡醜, 則人心之知覺, 發於形氣者也. 好惡
無節於內, 而知誘於外, 則是道心昧而不能爲主宰, 人心危而物交物, 則引之
矣. 不能反躬以思其理之是非, 則人欲熾而天理滅矣. 況以無節之好惡, 而接
乎無窮之物感, 則心爲物役, 而違禽獸不遠矣. 違禽獸不遠, 則爪剛者決, 力强
者奪. 此所以爲大亂之道也.

번역 유씨가 말하길, "사람이 태어나면서 고요하다."는 말은 기쁨 · 성냄
· 슬픔 · 즐거운 감정이 아직 나타나기 이전의 중(中)으로, 천명(天命)인 성
(性)이다. 외부 사물을 느껴서 움직이게 된다면, 성(性)이 발현되어 정(情)
이 된다. 사람의 마음이라는 것은 비어 있으면서 영묘하며 지각 능력이 있
어서, 어떤 사안이나 물건이 도래하게 되면, 반드시 그것을 알아서 좋고
싫음을 나타내게 된다. 좋은 것을 좋아하고 나쁜 것을 싫어한다면 도심(道
心)에 따른 지각 능력으로, 의리(義理)에 근원한 것이다. 고운 것을 좋아하
고 추한 것을 싫어하는 것은 인심(人心)에 따른 지각 능력으로, 형체와 기
운에서 나타난 것이다. 좋고 싫어함에 대해 내적으로 절제함이 없고, 지각
능력이 외부 사물의 꾐에 넘어가게 되면, 도심은 어둡게 되어 주재를 할
수 없게 되고, 인심은 위태롭게 되어 외부 사물이 신체의 기간과 교섭하게
되니, 끌려 다니게만 된다. 이것을 자신에게로 되돌려서 그 이치의 옳고
그름을 헤아릴 수 없다면, 인욕(人欲)이 왕성하게 되고 천리(天理)가 없어
지게 된다. 하물며 좋고 싫어함에 대해서 절제함이 없고 끊임없이 외부 사
물과 교섭하며 느끼기만 한다면, 마음은 외부 사물에게 부림을 당하고, 짐
승과 거의 차이가 나지 않게 된다. 짐승과 차이가 나지 않는다면 손아귀가
강한 자는 끊어버리고, 힘이 강한 자는 **빼앗아버린다**. 이것이 큰 혼란의
도가 되는 이유이다.

大全 朱子曰: 人生而靜, 天之性也. 感於物而動, 性之欲也. 此言性情之妙,
人之所生而有者也. 蓋人受天地之中以生, 其未感也, 純粹至善, 萬理具焉, 所
謂性也. 然人有是性, 則有是形, 有是形, 則有是心, 而不能無感於物, 感於物

而動, 則性之欲者出焉, 而善惡於是乎分矣. 性之欲, 卽所謂情也. 又曰: 物至知知, 然後好惡形焉, 此指情之動處爲言, 而性在其中也. 物至而知知之者, 心之感也. 好之惡之者, 情也. 形焉者, 其動也. 所以好惡而有自然之節者, 性也. 好惡無節於內, 知誘於外, 此言情之所以流而性之所以失也. 情之好惡, 本有自然之節, 唯其不自知覺, 無所涵養, 而大本不立, 是以天則不明於內, 外物又從而誘之, 此所以流濫放逸而不自知也. 苟能於此覺其所以然者, 而反躬以求之, 則其流庶乎其可制也. 不能如是而唯情是徇, 則人欲熾盛而天理滅息, 尙何難之有哉? 此一節明天理人欲之機, 間不容息處, 唯其反躬自克, 念念不忘, 則天理益明, 存養自固, 而外誘不能奪矣.

번역 주자가 말하길, 사람은 태어나면서부터 고요하니 이것은 하늘이 부여한 성(性)에 해당한다. 그리고 외부 사물을 느껴서 움직이는 것은 성(性)에서 나타난 욕(欲)이다. 이 내용은 성(性)과 정(情)의 오묘한 이치는 사람이 태어나면서부터 가지고 있는 것임을 나타내고 있다. 무릇 사람은 천지의 중(中)을 받아서 태어나는데, 그것이 아직 외부 대상을 느끼지 않았다면, 순수하고 지극히 선하며 모든 이치를 구비하고 있으니, 이른바 '성(性)'이라는 것에 해당한다. 그런데 사람이 이러한 성(性)을 가지게 되면 또한 형체도 가지게 되고, 형체를 가지게 되면 마음을 가지게 되어, 외부 사물에 대해서 느낌이 없을 수 없고, 외부 사물에 대해 느껴서 움직이게 되면 성(性)에서 나타나는 욕(欲)이 나오게 되고 선악이 여기에서 갈라지게 된다. 성(性)에서 나온 욕(欲)은 곧 이른바 '정(情)'이라는 것에 해당한다. 또 말하길, 외부 사물이 도래하여 지각 능력이 알아본 뒤에야 좋고 싫어함이 형성되니, 이것은 정(情)이 움직이는 곳을 가리켜서 한 말이지만, 성(性)은 그 안에 포함되어 있다. 사물이 도래하여 지각 능력이 알아본다는 것은 마음이 느끼는 것을 뜻한다. 좋아하고 싫어한다는 것은 정(情)에 해당한다. 형상화된다는 것은 마음이 움직이는 것을 뜻한다. 좋고 싫어함에 있어서, 자연적으로 절제함이 있는 것은 성(性) 때문이다. 좋고 싫어함에 대해 내적으로 절제함이 없고, 지각 능력이 외부 사물의 꾐에 넘어가게 되는 것은 정(情)이 지나치고 성(性)을 잃어버렸기 때문임을 뜻한다. 정(情)에

따른 좋고 싫어함에는 본래 자연적으로 절제함이 있는데, 다만 스스로 지
각하지 못하고 함양하는 노력이 없고 큰 근본이 수립되지 않으면, 하늘의
법칙이 내적으로 명확하게 드러나지 않아서, 외부 사물 또한 그에 따라 유
혹을 하는 것이니, 이것은 방탕하게 되어 제멋대로 날뛰면서도 스스로 깨
닫지 못하는 이유이다. 만약 이러한 것에 대해서 그 이유를 깨달아서, 스스
로에게 돌이켜 구하게 된다면, 방탕하게 되는 것을 절제할 수 있게 된다.
그러나 이처럼 하지 못하고 단지 정(情)에 따라 내맡긴다면, 인욕이 번성하
고 천리가 없어지니, 이러한 지경에 빠지는데 무슨 어려움이 있겠는가? 이
곳 문단은 천리와 인욕이 일어나는 분기점에서 잠시라도 그침을 용납하지
않고, 오직 스스로 돌이켜서 극복하고 끊임없이 생각하여 잊지 않는다면,
천리가 더욱 밝아지고 존양의 공부가 더욱 견고하게 되어, 외부 사물의 꾐
에 자신을 잃지 않을 수 있음을 나타내고 있다.

大全　延平周氏曰: 孟子曰耳目之官不思, 而蔽於物, 物交物, 則引之而已
矣. 謂其蔽於物, 則我亦物也. 我亦物, 則以物而交物者也. 以物而交物, 則天
理所以滅而人欲所以窮也. 天理滅人欲窮, 大亂之道也.

번역　연평주씨[6]가 말하길, 맹자는 "귀와 눈의 기능이 생각하지 못하여
사물에 의해 가려지고, 외물이 귀와 눈과 직접적으로 교류하게 되면 끌려
가게 될 따름이다."[7]라고 했다. 이 말은 외부 사물에 의해 가려지게 되면
본인 또한 대상화된다. 본인 또한 대상화되면 외부 사물에 의해 신체 기능
이 직접적으로 교류하게 된다. 외부 사물에 의해 신체 기능이 직접적으로
교류하게 되면, 천리는 없어지고 인욕이 무궁하게 된다. 천리가 없어지고
인욕이 무궁하게 되면 큰 혼란의 도가 된다는 뜻이다.

---

6) 연평주씨(延平周氏, ?~?) : =주서(周諝)·주희성(周希聖). 송(宋)나라 때의
　유학자이다. 이름은 서(諝)이다. 자(字)는 희성(希聖)이다. 『예기설(禮記說)』
　등의 저서가 있다.
7) 『맹자』「고자상(告子上)」 : 耳目之官不思, 而蔽於物. 物交物. 則引之而已矣. 心
　之官則思, 思則得之, 不思則不得也. 此天之所與我者.

鄭注 形, 猶見也. 節, 法度也. 知, 猶欲也. 誘, 猶道也, 引也. 躬, 猶己也. 理, 猶性也. 窮人欲, 言無所不爲.

번역 '형(形)'자는 "드러나다[見]."는 뜻이다. '절(節)'자를 법도를 뜻한다. '지(知)'자는 욕(欲)자와 같다. '유(誘)'자는 "인도하다[道]."는 뜻이며, "이끌다[引]."는 뜻이다. '궁(躬)'자는 자신[己]을 뜻한다. '이(理)'자는 성(性)과 같다. 인욕을 다한다는 말은 하지 못하는 일이 없다는 뜻이다.

釋文 見, 賢遍反. 誘音酉. 道音導. 悖, 布內反, 下同. 佚音逸. 强, 其良反. 脅, 許劫反. 知音智. 怯, 起劫反.[8]

번역 '見'자는 '賢(현)'자와 '遍(편)'자의 반절음이다. '誘'자의 음은 '酉(유)'이다. '道'자의 음은 '導(도)'이다. '悖'자는 '布(포)'자와 '內(내)'자의 반절음이며, 아래문장에 나오는 글자도 그 음이 이와 같다. '佚'자의 음은 '逸(일)'이다. '强'자는 '其(기)'자와 '良(량)'자의 반절음이다. '脅'자는 '許(허)'자와 '劫(겁)'자의 반절음이다. '知'자의 음은 '智(지)'이다. '怯'자는 '起(기)'자와 '劫(겁)'자의 반절음이다.

孔疏 ●"物至知知, 然後好惡形焉"者, 至, 猶來也, 言外物旣來. 知, 謂每一物來, 則心知之. 爲每一物皆知, 是"物至知知"也. 物至旣衆, 會意者則愛好之, 不會意者則嫌惡之, 是好惡形焉.

번역 ●經文: "物至知知, 然後好惡形焉". ○'지(至)'자는 "도래하다[來]."는 뜻이니, 외부 사물이 찾아왔다는 의미이다. '지(知)'라는 것은 매번 하나의 사물이 도래할 때마다 마음이 그것을 알아본다는 뜻이다. 매번 하나의

---

8) '패포내반(悖布內反)'부터 '겁기겁반(怯起劫反)'까지에 대하여. 『십삼경주소(十三經注疏)』 북경대 출판본에서는 "이 기록은 본래 아래 문단의 경문 중 '인위지절(人爲之節)'에 대한 정현의 주 '이알기욕(以遏其欲)'이라는 기록 뒤에 있었는데, 살펴보니, 문맥에 따르면, 이곳 구문으로 와야 하므로, 이곳으로 옮겼다."라고 했다.

사물이 올 때마다 모두 알아보는 것이 바로 "물이 도래하면 지각 능력이 알아본다."는 뜻이다. 도래하는 사물이 많게 되면 자신의 뜻에 부합되는 것은 아끼고 좋아하며, 뜻에 부합되지 않는 것은 혐오하게 되니, 이것이 좋고 싫어함이 나타난다는 뜻이다.

孔疏 ●"好惡無節於內, 知誘於外"者, 所好惡恣己之情, 是"無節於內". 知, 謂欲也. 所欲之事, 道誘於外, 外見所欲, 心則從之, 是"知誘於外"也.

번역 ●經文: "好惡無節於內, 知誘於外". ○좋고 싫어함을 자신의 정(情)에 따라 제멋대로 하는 것이 바로 "내적으로 절제함이 없다."는 뜻이다. 여기에서의 '지(知)'자는 욕망[欲]을 뜻한다. 욕망하는 사안은 외부에서 유혹하고 이끌고, 외적으로 바라던 것을 보게 되면 마음은 그에 따르게 되니, 이것이 "욕망이 외부 사물에게 미혹된다."는 뜻이다.

孔疏 ●"不能反躬, 天理滅矣"者, 躬, 己也. 恣己情欲, 不能自反禁止. 理, 性也, 是天之所生本性滅絶矣.

번역 ●經文: "不能反躬, 天理滅矣". ○'궁(躬)'자는 자기[己]를 뜻한다. 자신의 정욕(情欲)을 제멋대로 날뛰도록 놔두고, 스스로 돌이켜보아 금지할 수 없다는 뜻이다. '이(理)'자는 성(性)을 뜻하니, 하늘이 낳아준 본성이 없어진다는 의미이다.

孔疏 ●"夫物之感人無窮"者, 物旣衆多, 來感於人, 無有窮已也.

번역 ●經文: "夫物之感人無窮". ○외부 사물이 이미 많은데 그것이 사람에게 찾아와서 사람을 느끼게 함에 끝이 없다는 뜻이다.

孔疏 ●"而人之好惡無節9)"者, 見物之來, 所好所惡, 無有法節也.

---

9) '무절(無節)'에 대하여. '무절' 앞에는 본래 '이(而)'자가 기록되어 있었는데,

번역 ●經文: "而人之好惡無節". ○외부 사물이 도래하는 것을 보았는데, 좋아하고 싫어하는 것에 대해 법도와 절제함이 없다는 뜻이다.

孔疏 ●"則是物至而人化物也"者, 則是外物來至, 而人化之於物, 物善則人善, 物惡則人惡, 是"人化物也".

번역 ●經文: "則是物至而人化物也". ○이것은 곧 외부 사물이 도래하여, 사람이 외부 대상에 의해 변화되는 것이니, 외부 사물이 선하다면 사람도 선하게 되고, 외부 사물이 악하다면 사람도 악하게 된다. 이것은 "사람이 사물에 의해 변화한다."는 뜻이다.

孔疏 ●"人化物也者, 滅天理而窮人欲者也"者, 人既化物, 逐而遷之, 恣其情欲, 故滅其天生淸靜之性, 而窮極人所貪嗜欲也.

번역 ●經文: "人化物也者, 滅天理而窮人欲者也". ○사람이 이미 사물에 의해 변화되어 사물을 쫓아 옮겨가게 되며, 자신의 정욕에 내맡겨서 제멋대로 하기 때문에, 하늘이 낳아준 맑고 고요한 성(性)을 잃고, 사람이 탐욕하는 것을 끊임없이 추구한다.

孔疏 ●"知者詐愚", 謂欺詐愚人也.

번역 ●經文: "知者詐愚". ○우매한 자들을 속인다는 뜻이다.

孔疏 ●"勇者苦怯", 謂困苦怯者.

번역 ●經文: "勇者苦怯". ○겁이 많은 자들을 곤욕스럽게 만든다는 뜻

완원(阮元)의 『교감기(校勘記)』에서는 "혜동(惠棟)의 『교송본(校宋本)』에는 '무(無)'자 앞에 '이'자가 없으니, 이곳 판본에는 연문으로 잘못 기록된 것이며, 『민본(閩本)』·『감본(監本)』·『모본(毛本)』에도 동일하게 잘못 기록되어 있다."라고 했다.

이다.

孔疏 ●"疾病不養", 謂人所嫌惡, 不收養也.

번역 ●經文: "疾病不養". ○사람들이 일반적으로 꺼려하는 자들은 부양을 받지 못한다는 뜻이다.

孔疏 ●"老幼孤獨不得其所"者, 此並是人之嫌惡, 無所哀矜, 故"老幼孤獨不得其所"也.

번역 ●經文: "老幼孤獨不得其所". ○이들은 모두 사람들이 일반적으로 꺼려하는 자들인데, 이들에 대해서 연민을 느끼는 일이 없다는 뜻이다. 그렇기 때문에 "노인과 어린아이, 고아와 홀아비는 제자리를 얻지 못한다."라고 한 것이다.

訓纂 馬彦醇曰: 君子爲能役物, 物至而化, 是役於物者也.

번역 마언순이 말하길, 군자만이 외부 사물을 부릴 수 있으니, 외부 사물이 도래하여 그 사물에 의해 변화되는 자는 외부 사물에게 부림을 당하는 자이다.

集解 朱子曰: 夫物之感人無窮, 而人之好惡無節, 則是物至而人化物也. 人化物也者, 滅天理而窮人欲者也, 何也? 曰: 上言情之所以流, 此則以其流之甚而不反者言之也. 好惡之節, 天之所以與我也, 而至於無節; 宰制萬物, 人之所以爲貴也, 而反化於物. 天理唯恐其存之不至也, 而反滅之; 人欲唯恐其制之不力也, 而反窮之. 則人之所以爲人者, 至是盡矣. 然天理秉彝, 終非可殄滅者, 雖化物窮欲, 至於此極, 苟能反躬以求, 則天理之本然者初未嘗滅也. 但習染之深, 難覺而易昧, 難反而易流, 非厲知恥之勇, 而致百倍之功, 則不足以復其初爾. 又曰: 人生而靜以上不容說. 人生而靜以上, 卽是人物未生時, 只可謂之理, 說性不得, 此程子所謂"在天曰命"也. 纔說性時, 便已不是性, 纔謂之性, 便是人生以後, 此理已墮在形氣中, 不全是性之本體矣, 此程子所謂"在人曰性"也. 然性之本體, 原未嘗離, 亦未嘗雜, 要人就上面見得其本體耳. 性不可形容, 善言性者, 不過卽其發見之端言之, 而性之理固可默識矣, 如孟子言"性善"與"四端", 是也. 又曰: 物之誘人固無窮, 然亦是自家好惡無節, 所以被物誘去. 若是自有主宰, 如何被誘去?

번역 주자가 말하길, 무릇 외부 사물이 사람의 마음을 느끼게 함에 끝이 없고, 사람의 좋고 싫음에 절제함이 없다면, 이것은 사물이 이르러 사람이 사물에 의해 변화되는 것이다. 사람들 중 사물에 의해 변화되는 자는 천리를 없애고 인욕을 다한다고 했는데, 이것은 무슨 뜻인가? 대답해보자면, 앞에서는 정(情)이 방탕하게 되는 이유를 언급했고, 이곳에서는 방탕함이 심하여 다시 되돌아오지 못하는 것에 기준을 두고 말한 것이다. 좋고 싫음에 대한 절도는 하늘이 나에게 부여해준 것인데 절제함이 없는 지경에 이른 것이다. 또 만물을 주재하는 것은 사람이 존귀하게 여겨지는 이유인데 반대로 사물에 의해 변화된 것이다. 천리(天理)에 대해서는 오직 그것을 지극히 보존하지 못할 것을 걱정해야 하는데도 반대로 그것을 없애버렸고, 인욕(人欲)에 대해서는 오직 그것을 제어함에 힘을 다하지 못할 것을 걱정해야 하는데도 반대로 끝없이 추구하였으니, 사람이 사람이 될 수 있는 이유가 이러한 지경에 이르러 없어지게 된다. 그러나 천리라는 항상된 법칙은 끝내 완전히 소멸시킬 수 있는 것이 아니다. 따라서 비록 사물에 의해 변화되고 인욕을 끝없이 추구하여 이러한 참혹한 지경에 이르더라도, 진실로 자신을 돌이켜서 이치를 추구할 수 있다면, 천리에 따른 본연지성은 애초부터 없어진 적이 없으니 회복함이 가능하다. 다만 매우 깊이 물들면 깨우치기는 어렵고 어둡게 됨은 쉬우며, 되돌아오기는 어렵고 방탕한데로 흘러가기는 쉬우니, 부끄러움을 아는 용기를 북돋아서 백배의 노력을 기울이지 않는다면, 최초로 부여받은 본성을 회복하기에는 부족할 따름이다. 또 말하길, "사람은 태어나면서부터 고요하다."라고 한 말 이전의 상황에 대해서는 말하기가 어렵다. "사람은 태어나면서부터 고요하다."라고 한 말의 이전 상황은 사람과 사물이 아직 생겨나기 이전의 때에 해당하니, 단지 '이 (理)'라고 말할 수 있지만 '성(性)'이라고는 말할 수 없으니, 이것이 바로 정자가 말한 "하늘에 있어서는 '명(命)'이라고 부른다."는 뜻에 해당한다. '성(性)'이라고 말할 때에는 이미 그것은 정확한 의미로서의 '성(性)'이 아니 며, '성(性)'이라고 부르는 것은 곧 사람이 태어난 이후에 해당하니, 이러한 이(理)가 이미 형체와 기운 속에 들어간 것으로, 온전히 성(性)의 본체를 가리키는 것은 아니다. 이것이 바로 정자가 말한 "사람에 있어서는 '성(性)' 이라고 부른다."는 뜻에 해당한다. 그러나 성(性)의 본체는 본래부터 일찍 이 형체 및 기운과 떨어진 적이 없었고 또 섞이지 않은 적이 없었으니, 사람 이 곧 이러한 상황 속에서 그 본체를 깨우쳐야만 할 따름이다. 성(性)은 본래 형용할 수가 없으니, 성(性)에 대해 잘 설명한 말도 곧 그것이 나타난 단서에 나아가서 말한 것에 지나지 않으므로, 성(性)의 이치는 진실로 묵묵 히 깨우칠 수 있을 따름이니, 맹자가 말한 '성선(性善)'과 '사단(四端)'이 바 로 그러한 설명에 해당한다. 또 말하길, 외부 사물이 사람을 유혹함에는 진실로 끝이 없지만, 이것은 또한 스스로 좋아함과 싫어함에 절도가 없어 서, 외부 사물의 유혹에 넘어간 것일 뿐이니, 만약 스스로 주재하는 점이 있다면, 어떻게 외부 사물의 유혹에 넘어가겠는가?

集解 愚謂: 上文言先王之制禮樂, 所以教人平好惡而反人道之正, 此節又 以人之好惡本於性而流於情者言之. 蓋人之好惡之失, 乃大亂之所由起, 此禮 樂之所以不可不作也.

번역 내가 생각하기에, 앞의 문장에서는 선왕이 예(禮)와 악(樂)을 제정 한 것이 사람들을 교화하여 좋아함과 싫어함을 균평하게 만들고, 인도의 바름으로 되돌리기 위해서라고 했다. 이곳 문단에서는 또한 사람의 좋아함 과 싫어함은 성(性)에 근본을 두고 있지만, 그것이 정(情)으로 흐른 것에 기준을 두고 말했다. 무릇 사람이 좋아함과 싫어함의 법도를 잃게 되면 큰 혼란이 그로부터 발생하니, 이것이 예(禮)와 악(樂)에 대해서 제정하지 않 을 수 없는 이유이다.

예(禮)·악(樂)·형(刑)·정(政)과 왕도(王道)

【460c】

> 是故先王之制禮樂, 人爲之節. 衰麻哭泣, 所以節喪紀也. 鐘鼓干戚, 所以和安樂也. 昏姻冠笄, 所以別男女也. 射鄕食饗, 所以正交接也. 禮節民心, 樂和民聲, 政以行之, 刑以防之. 禮樂刑政, 四達而不悖, 則王道備矣.

직역 是故로 先王이 禮樂을 制하여, 人은 節로 爲헀다. 衰麻哭泣은 喪紀를 節하는 所以이다. 鐘鼓干戚은 安樂을 和하는 所以이다. 昏姻冠笄는 男女를 別하는 所以이다. 射鄕食饗은 交接을 正하는 所以이다. 禮는 民心을 節하고, 樂은 民聲을 和하며, 政은 이로써 行하고, 刑은 이로써 防한다. 禮樂刑政이 四達하여 不悖하면, 王道가 備한다.

의역 이러한 까닭으로 선왕이 예(禮)와 악(樂)을 제정하여, 사람들은 그것을 절도로 삼았다. 즉 상복 및 상례제도를 두어서 상을 치르는 기간에 대해서 조절을 한 것이다. 또 종이나 북 방패나 도끼 등 음악과 관련된 제도를 만들어서 안정되고 즐거워하는 마음을 조화롭게 한 것이다. 또 혼인 및 관례(冠禮)나 계례(笄禮) 등의 의식을 두어서, 남녀사이에 구별을 둔 것이다. 또 사례(射禮)나 향음주례(鄕飮酒禮) 및 사향(食饗) 등의 의식을 두어서, 서로 교류하는 일을 올바르게 바로잡은 것이다. 따라서 예(禮)는 백성들의 마음을 조절하고, 악(樂)은 백성들의 소리를 조화롭게 만들며, 정치는 이를 통해 시행하고, 형벌은 이를 통해 나쁜 것을 방지한다. 예(禮)·악(樂)·형벌·정치가 사방에 두루 시행되어 어그러지지 않는다면, 왕도가 모두 갖춰지게 된다.

集說 劉氏曰: 先王之制禮樂, 因人情而爲之節文. 因其哀死而喪期無數, 故爲衰麻哭泣之數以節之. 因其好逸樂而不能和順於義理, 故爲鐘鼓干戚之樂以和之. 因其有男女之欲而不知其別, 故爲昏姻冠笄之禮以別之. 因其有交接之事而或失其正, 故爲射鄕食饗之禮以正之. 節其心, 所以使之行而無過不及; 和其聲, 所以使之言而無所乖戾; 爲之政以率其怠倦, 而使禮樂之敎無不行; 爲之刑以防其恣肆, 而使禮樂之道無敢廢. 禮樂刑政四者通行於天下, 而民無悖違之者, 則王者之治道備矣.

번역 유씨가 말하길, 선왕이 예(禮)와 악(樂)을 제정함에, 사람의 정감에 따라서 그것에 대한 격식과 제도를 만들었다. 죽은 자를 애도할 때 그 기한에 끝이 없음에 연유했기 때문에, 상복이나 곡(哭)을 하며 우는 것들에 대해 정해진 수치를 두어서 조절을 했다. 또 안일하고 안락함을 좋아하여 의리에 순종하거나 조화롭게 되지 못함에 연유했기 때문에, 종·북 등의 악기와 방패·도끼 등의 무용도구를 두어 이러한 악(樂)을 제정해서 조화롭게 했다. 또 남녀 간의 욕망으로 인해 그 구별됨을 알지 못함에 연유했기 때문에, 혼인 및 관례(冠禮)와 계례(笄禮)의 규정을 두어 구별을 한 것이다. 또 서로 교류하는 사안에 있어서 간혹 올바름을 잃어버리는 일이 있음에 연유했기 때문에, 사례(射禮)·향음주례(鄕飮酒禮)·사향(食饗) 등의 예법을 제정하여 바르게 했던 것이다. 그 마음을 조절하는 것은 그들로 하여금 시행하되 지나치거나 미치지 못함이 없게끔 하는 것이다. 그 소리를 조화롭게 하는 것은 그들로 하여금 말을 함에 어긋나는 것이 없게끔 하는 것이다. 그들을 위해 정치를 시행하여 태만한 마음을 이끌어, 예(禮)와 악(樂)의 가르침을 시행하지 못하는 일이 없게끔 한 것이다. 그들을 위해 형벌을 시행하여 방자한 마음을 방지해서, 예(禮)와 악(樂)의 도리를 감히 저버리는 일이 없게끔 한 것이다. 예(禮)·악(樂)·형벌[刑]·정치[政]라는 네 가지가 천하에 통행되어, 백성들 중 어그러트리거나 위배하는 자가 없다면, 왕의 다스리는 도리가 모두 갖춰지게 된다.

大全 嚴陵方氏曰: 禮以道其志, 然後能節民心, 樂以和其聲, 然後能和民
聲. 政以一其行, 然後能行禮樂之道, 刑以防其姦, 然後能防禮樂之失. 四者如
是, 則無所不達, 無所不達, 則無所不順, 無所不順之謂備. 前言出治道, 則四
者之始也, 此言王道備, 則四者之終也.

번역 엄릉방씨가 말하길, 예(禮)를 통해서 그 뜻을 인도한 뒤에야 백성
들의 마음을 조절할 수 있고, 악(樂)을 통해서 그 소리를 조화롭게 한 뒤에
야 백성들의 소리를 조화롭게 할 수 있다. 정치는 이것을 통해 그 행동을
일치화한 뒤에야 예(禮)와 악(樂)의 도를 시행할 수 있고, 형벌은 이것을
통해 그 간사함을 방지한 뒤에야 예(禮)와 악(樂)의 도리를 저버리는 것을
방지할 수 있다. 이 네 가지 것들에 대해서 이처럼 할 수 있다면 통달되지
않는 것이 없고, 통달되지 않는 것이 없다면 순종하지 않는 것이 없는데,
순종하지 않는 것이 없다는 말은 곧 갖춰졌다는 뜻이다. 앞에서는 "다스림
의 도리가 나온다."고 했으니 이것은 이 네 가지 것들의 시작에 해당하고,
이곳에서는 "왕도가 갖춰진다."라고 했으니 이 네 가지 것들의 마침에 해당
한다.

鄭注 言爲作法度, 以遏其欲. 男二十而冠, 女許嫁而笄, 成人之禮. 射·鄕,
大射·鄕飮酒也.

번역 법도를 만들어서 욕심이 제멋대로 하는 것을 막았다는 뜻이다. 남
자는 20세가 되면 관례(冠禮)를 치르고, 여자는 혼인이 약속되면 계례(笄
禮)를 치르니, 성인(成人)이 되는 예법이다. '사(射)'자와 '향(鄕)'자는 대사
례(大射禮)[1]와 향음주례(鄕飮酒禮)[2]를 뜻한다.

---

1) 대사례(大射禮)는 제사를 지낼 때, 제사를 돕는 자들을 채택하기 위해 시행하는
   활쏘기 대회이다. 천자의 경우에는 '교외 및 종묘[郊廟]'에서 제사를 지낼 때,
   제후 및 군신(群臣)들과 미리 활쏘기를 하여, 적중함이 많은 자를 채택하고,
   채택된 자로 하여금 천자가 주관하는 제사에 참여하도록 하는 의례(儀禮)이다.
   『주례』「천관(天官)·사구(司裘)」편에는 "王大射, 則共虎侯, 熊侯, 豹侯, 設其
   鵠."이라는 기록이 있는데, 이에 대한 정현의 주에서는 "大射者, 爲祭祀射. 王將

釋文 遏, 於葛反, 本亦作節. 衰, 七雷反. 樂音洛. 冠, 古亂反, 注同. 筓音雞. 別, 彼列反, 下文注皆同.

번역 '遏'자는 '於(어)'자와 '葛(갈)'자의 반절음이며, 판본에 따라서는 또한 '節'자로도 기록한다. '衰'자는 '七(칠)'자와 '雷(뢰)'자의 반절음이다. '樂'자의 음은 '洛(낙)'이다. '冠'자는 '古(고)'자와 '亂(란)'자의 반절음이며, 정현의 주에 나오는 글자도 그 음이 이와 같다. '筓'자의 음은 '雞(계)'이다. '別'자는 '彼(피)'자와 '列(렬)'자의 반절음이며, 아래문장의 주에 나오는 글자도 모두 그 음이 이와 같다.

孔疏 ●"是故"至"備矣". ○正義曰: 此一節以下至"樂云", 廣明禮樂相須之事.

번역 ●經文: "是故"~"備矣". ○이곳 문단으로부터 그 아래로 '악운(樂云)'이라는 기록까지는 예(禮)와 악(樂)이 서로 의존하는 일들에 대해서 폭넓게 설명하였다.

有郊廟之事, 以射擇諸侯及群臣與邦國所貢之士可以與祭者. …… 而中多者得與於祭."라고 풀이하였다. 한편 각 계급에 따라 '대사례'의 예법에는 차등이 있었는데, 예를 들어 천자가 시행하는 '대사례'에서는 표적으로 호후(虎侯), 웅후(熊侯), 표후(豹侯)가 사용되었고, 표적지에는 곡(鵠)을 설치했다. 그리고 제후가 시행하는 '대사례'에서는 웅후(熊侯), 표후(豹侯)가 사용되었고, 표적지에 곡(鵠)을 설치했다. 경(卿)과 대부(大夫)의 경우에는 미후(麋侯)를 사용하였고, 표적지에 곡(鵠)을 설치했다.

2) 향음례(鄉飲禮)는 '향음주례(鄉飲酒禮)'라고도 부른다. 주(周)나라 때에는 향학(鄉學)에서 3년마다 대비(大比)라는 시험을 치러서, 선발된 자들을 천거하였다. 이러한 행사를 실시할 때 향대부(鄉大夫)는 음주 연회의 자리를 만들어서, 선발된 자들에게 빈례(賓禮)에 따라 대접을 하며, 그들에게 술을 따라주었는데, 이 의식을 '향음례' 또는 '향음주례'라고 불렀다. 『의례』「향음주례(鄉飲酒禮)」편에 대한 가공언(賈公彦)의 소(疏)에서는 정현의 『삼례목록(三禮目錄)』을 인용하여, "諸侯之鄉大夫三年大比, 獻賢者能於其君, 以賓禮待之, 與之飲酒. 於五禮屬嘉禮."라고 풀이했다. 또한 일반적으로 음주를 즐기며 연회를 하는 것을 뜻하기도 한다.

孔疏 ●"是故先王之制禮樂, 人爲之節"者, 庾云: "人爲, 猶爲人也, 言爲人作法節也."

번역 ●經文: "是故先王之制禮樂, 人爲之節". ○유울은 "'인위(人爲)'라는 말은 '위인(爲人)'이라는 말과 같으니, 사람들을 위해서 법도와 절도를 만들었다는 뜻이다."라고 했다.

孔疏 ●"射·鄕食饗, 所以正交接也"者, 射, 大射也. 鄕, 鄕飲酒也. 食饗, 饗食賓客也. 凡此皆是正交接之節, 不使相陵越也.

번역 ●經文: "射·鄕食饗, 所以正交接也". ○'사(射)'자는 대사례(大射禮)를 뜻한다. '향(鄕)'자는 향음주례(鄕飲酒禮)를 뜻한다. '사향(食饗)'은 빈객에게 향례(饗禮)3)와 사례(食禮)4)를 베푼다는 뜻이다. 무릇 이러한 것들은 모두 서로 교류할 때 올바르게 만드는 절도에 해당하여, 상호 업신여기거나 본분을 넘어서지 못하게 만든다.

孔疏 ●"禮節民心"者, 前經云"禮樂, 人爲之節", 故此經明其所節之事. 禮有尊卑上下, 故裁節民心, 謂無不敬也.

---

3) 향례(饗禮)는 연회의 한 종류이다. 또한 연회를 범칭하는 용어로도 사용된다. 본래 '향례'를 시행할 때에는 희생물을 통째로 바치지만, 그것을 먹지는 않는다. 또 술잔을 가득 채우지만, 마시지는 않으며, 자리에 서 있기만 하고, 앉지는 않는다. 또한 신분의 존비(尊卑)에 의거해서 술잔을 바치게 되는데, 정해진 술잔 바치는 회수가 끝나면, 의식을 끝낸다. 다만 숙위(宿衛)들과 기로(耆老) 및 고아들에게 향례를 할 때에는 술을 취할 때까지 마시게 하는 것을 법도로 삼았다.

4) 사례(食禮)는 연회의 한 종류이다. '사례'는 그 행사에 밥이 있고 반찬이 있는 것이니, 비록 술도 두었지만 마시지는 않았다. 그 예법에서는 밥을 위주로 한 것이기 때문에, '사례'라고 부른 것이다. 『예기』「왕제(王制)」편에는 "殷人以食禮."라는 기록이 있고, 이에 대한 진호(陳澔)의 주에서는 "食禮者, 有飯有殽, 雖設酒而不飮, 其禮以飯爲主, 故曰食也."라고 풀이했다. 또한 연회를 범칭하는 말로도 사용된다.

번역 ●經文: "禮節民心". ○앞의 경문에서는 "예(禮)와 악(樂)은 사람들을 위해서 절도로 삼은 것이다."라고 했다. 그렇기 때문에 이곳 경문에서는 절도로 삼는 사안에 대해서 나타낸 것이다. 예(禮)에는 존비 및 상하 신분에 따른 구별이 있다. 그렇기 때문에 백성들의 마음을 절제하도록 하니, 공경하지 않는 경우가 없게끔 한다는 뜻이다.

孔疏 ●"樂和民聲"者, 樂有宮 · 商 · 角 · 徵 · 羽及律呂, 所以調和民聲也.

번역 ●經文: "樂和民聲". ○악(樂)에는 궁(宮) · 상(商) · 각(角) · 치(徵) · 우(羽) 등의 오음(五音)과 육률(六律)[5] 및 육려(六呂)[6]가 있어서, 이것을 통해 백성들의 소리를 조화롭게 만든다.

孔疏 ●"政以行之"者, 政謂禁令, 用禁令以行禮樂也.

번역 ●經文: "政以行之". ○'정(政)'은 금령을 뜻하니, 이러한 금령을 사용하여 예(禮)와 악(樂)을 시행한다는 의미이다.

孔疏 ●"刑以防之"者, 若不行禮樂, 則以刑罰防止也.

번역 ●經文: "刑以防之". ○만약 예(禮)와 악(樂)을 시행하지 않는다면 형벌을 통해 방지한다.

孔疏 ●"禮 · 樂 · 刑 · 政, 四達而不悖, 則王道備矣"者, 若此四事通達流行而不悖逆, 則王道備具矣.

---

5) 육률(六律)은 12율(律) 중 양률(陽律)에 해당하는 황종(黃鐘), 태주(大簇), 고선(姑洗), 유빈(蕤賓), 이칙(夷則), 무역(無射)을 가리키는 용어이다. 한편 12율과 같은 의미로도 사용되었다.
6) 육려(六呂)는 12율(律) 중 음률(陰律)에 해당하는 임종(林鍾), 중려(仲呂), 협종(夾鍾), 대려(大呂), 응종(應鍾), 남려(南呂)를 가리키는 용어이다. 육동(六同)이라고도 부른다.

【번역】 ●經文: "禮·樂·刑·政, 四達而不悖, 則王道備矣". ○이러한 네
가지 사안이 두루 시행되어 천하에 퍼지게 되고 어긋남이 없게 된다면, 왕
도가 모두 갖춰지게 된다.

【集解】 愚謂: 射·鄕, 鄕射·鄕飮酒也. 人之好惡無節, 先王之制禮樂, 於天
下之人皆爲之節. 安樂者, 所謂"治世之音安以樂"也. 和安樂者, 言導之於和,
而使之發於聲者皆安樂也. 和安樂者, 樂之所以和民聲也. 節喪紀, 別男女, 正
交接者, 禮之所以節民心也. 又爲之政以一其行, 爲之刑以防其姦. 此四者, 聖
人脩道之敎, 人道之所以正, 而大亂之所以息也.

【번역】 내가 생각하기에, '사(射)'자와 '향(鄕)'자는 향사례(鄕射禮)[7]와 향
음주례(鄕飮酒禮)를 뜻한다. 사람들의 좋아함과 싫어함에 절도가 없어서,
선왕이 예(禮)와 악(樂)을 제정하여 천하의 모든 백성들로 하여금 그것을
절도로 삼게 한 것이다. '안락(安樂)'이라는 말은 "태평하게 다스려질 때의
음(音)은 안정되고 즐겁다."[8]라고 한 뜻에 해당한다. 안락함을 조화롭게
한다는 말은 조화로움으로 인도하여, 그들로 하여금 소리를 내는 것들이
모두 안락하도록 만든다는 뜻이다. 안락함을 조화롭게 한다는 것은 악(樂)
이 백성들의 소리를 조화롭게 하는 것이다. 상례(喪禮)를 조절하고, 남녀
사이에 유별함을 두며, 사귐을 올바르게 하는 것은 예(禮)가 백성들의 마음

---

7) 향사례(鄕射禮)는 활쏘기를 하며 음주를 했던 의례(儀禮)이다. 크게 두 가지
로 나뉘는데, 하나는 지방의 수령이 지방학교인 서(序)에서 사람들을 모아서
활쏘기를 익히며 음주를 했던 의례이고, 다른 하나는 향대부(鄕大夫)가 3년
마다 치르는 대비(大比)라는 시험을 끝내고 공사(貢士)를 한 연후에, 향대부
가 향로(鄕老) 및 향인(鄕人)들과 향학(鄕學)인 상(庠)에서 활쏘기를 익히고
음주를 했던 의례이다. 『주례』「지관(地官)·향대부(鄕大夫)」편에는 "退而以
鄕射之禮五物詢衆庶."라는 기록이 있는데, 이에 대한 손이양(孫詒讓)의 『정의
(正義)』에서는 "退, 謂王受賢能之書事畢, 鄕大夫與鄕老, 則退各就其鄕學之庠
而與鄕人習射, 是爲鄕射之禮."라고 풀이하였다.
8) 『예기』「악기」【456b】: 凡音者, 生人心者也. 情動於中, 故形於聲, 聲成文, 謂
之音. 是故治世之音安以樂, 其政和; 亂世之音怨以怒, 其政乖; 亡國之音哀以思,
其民困. 聲音之道, 與政通矣.

을 절제하는 것이다. 또한 이것을 위해 정치로써 그 행동을 일치시키고, 이것을 위해 형벌로써 간사함을 방지한다. 이 네 가지는 성인이 도를 닦아서 가르친 교화이며, 인도가 바르게 되는 이유이자 큰 혼란을 종식시키는 방법이다.

集解 右第二章, 本樂之所由作也.

번역 여기까지는 제 2장으로, 악(樂)이 말미암아서 만들어지는 것에 근본을 두고 있다.

集解 右樂本篇第一

번역 여기까지는 「악본(樂本)」으로 제 1편이다.

集解 十一篇之次, 禮記與劉向別錄·史記樂書皆不同. 蓋別錄乃二十三篇之舊次, 而禮記則取以入禮者之所更定, 樂書本取諸禮記, 而褚少孫又自以其意升降之也. 鄭氏註禮記, 一依經文, 而目錄之次又不同. 觀其於賓牟賈·師乙·魏文侯三篇, 皆以年代次之, 則其意似以禮記之舊次爲未善, 又以經文次第, 不欲輒更, 而於目錄見其意也. 又鄭謂"十一篇略有分", 則自魏文侯·賓牟賈·師乙三篇確然可見者之外, 其餘分篇, 鄭氏原無明說, 孔疏亦言"仔細不可的知". 疏中及史記正義分篇之說, 皆本於皇氏, 雖未有以知其必然, 然別無可考證, 今姑從之.

번역 「악기」편을 구성하고 있는 총 11개 편의 순서에 대해서, 『예기』, 유향의 『별록』, 『사기(史記)』「악서(樂書)」가 모두 동일하지 않다. 무릇 『별록』의 순서는 곧 23개 편으로 구성된 옛 순서에 따른 것이고, 『예기』는 간추려서 『예기』로 편입시킨 것들을 재차 고친 것이며, 「악서」는 본래 『예기』의 순서에서 그 내용을 취한 것인데, 저소손[9]은 또한 스스로 자신의 뜻에

---

9) 저소손(褚少孫, ?~?) : 전한(前漢) 때의 학자이다. 사마천(司馬遷)의 사후, 『사

따라 순서를 뒤바꾸었다. 정현의 『예기』에 대한 주는 일괄적으로 경문의 배열에 따르고 있는데,『목록』의 순서는 또한 『예기』와 다르다. 「빈무고(賓牟賈)」・「사을(師乙)」・「위문후(魏文侯)」 등의 세 편을 살펴보면, 이 모두는 연대에 따라서 순서를 정했는데, 정현은 아마도 『예기』의 옛 순서가 완벽하지 않다고 본 것 같고, 또 경문의 배열에 따라서 순서를 정했지만, 갑작스럽게 고치고 싶어 하지는 않았던 것 같으니,『목록』에서 이러한 의중을 살펴볼 수 있다. 또 정현은 "11개 편은 대략적으로 구분이 된다."라고 했으니, 「위문후」・「빈무고」・「사을」이라는 세 편처럼 확실히 구분할 수 있는 것 이외의 편들에 대해서는 정현은 분명하게 주장한 말이 없고, 공영달의 소(疏)에서도 또한 "자세한 사실에 대해서는 정확히 알 수 없다."라고 했다. 소(疏)의 기록과 『사기정의』에서 편을 분류한 주장은 모두 황간의 주장에 따른 것인데, 비록 그 주장이 확실히 맞는다고는 할 수 없지만, 별도로 고증할 수 있는 자료가 없기 때문에, 여기에서는 그 주장에 따른다.

기(史記)』중 누락된 부분을 보충하였다.

제2편

악론(樂論)

• 제 11 절 •

악(樂)과 동(同), 예(禮)와 이(異)

【461a】

樂者爲同, 禮者爲異. 同則相親, 異則相敬. 樂勝則流, 禮勝
則離. 合情飾貌者, 禮樂之事也. 禮義立, 則貴賤等矣. 樂文
同, 則上下和矣. 好惡著, 則賢不肖別矣. 刑禁暴, 爵擧賢,
則政均矣. 仁以愛之, 義以正之, 如此則民治行矣.

직역 樂者는 同을 爲하고, 禮者는 異를 爲한다. 同하면 相親하고, 異하면 相敬한다. 樂이 勝하면 流하고, 禮가 勝하면 離한다. 情을 合하고 貌를 飾하는 者는 禮樂의 事이다. 禮義가 立하면, 貴賤이 等한다. 樂文이 同하면, 上下가 和한다. 好惡가 著하면, 賢不肖가 別한다. 刑으로 暴를 禁하고, 爵으로 賢을 擧하면, 政이 均한다. 仁으로써 愛하고, 義로써 正하니, 此와 如하면 民治가 行이라.

의역 악(樂)이라는 것은 동일하게 만들고, 예(禮)라는 것은 다르게 만든다. 동일하게 되면 서로 친애하게 되고, 다르게 되면 서로 공경하게 된다. 악(樂)이 예(禮)보다 지나치면 방탕한 곳으로 빠지고, 예(禮)가 악(樂)보다 지나치면 서로 떠나게 된다. 정감을 합치고 모양을 꾸미는 것은 예(禮)와 악(樂)에 해당하는 일들이다. 예(禮)의 뜻이 확립되면, 귀천의 등급이 고르게 된다. 악(樂)의 격식이 동일하게 되면, 상하 계층이 화합하게 된다. 좋고 싫어함이 드러나면 현명하고 불초한 자들이 구별된다. 형벌로 난폭함을 금하고, 작위로써 현명한 자를 등용하면, 정치가 균평하게 시행된다. 인(仁)으로써 서로를 사랑하고, 의(義)로써 바르게 하니, 이처럼 한다면, 백성들을 다스리는 일이 시행된다.

集說 和以統同, 序以辨異. 樂勝則流, 過於同也. 禮勝則離, 過於異也. 合

情者, 樂之和於內, 所以救其離之失; 飾貌者, 禮之檢於外, 所以救其流之失. 此禮之義, 樂之文, 所以相資爲用者也. 仁以愛之, 則相敬而不至於離; 義以正之, 則相親而不至於流. 此又以仁義爲禮樂之輔者也. 等貴賤, 和上下, 別賢不肖, 均政, 此四者皆所以行民之治, 故曰民治行矣.

번역 조화롭게 함으로써 동일함을 통솔하고, 차례를 지음으로써 다름을 변별한다. 악(樂)이 지나치면 방탕하게 흐른다는 말은 동일하게 하는데 지나치다는 뜻이다. 예(禮)가 지나치면 떠나게 된다는 말은 다르게 하는데 지나치다는 뜻이다. 정감을 합한다는 말은 악(樂)이 내적으로 조화를 이루는 것으로, 떠나게 되는 잘못을 구제할 수 있는 방법이다. 모양을 꾸민다는 말은 예(禮)가 외적으로 검속하는 것으로, 방탕하게 흐르는 잘못을 구제할 수 있는 방법이다. 이것은 예(禮)의 뜻과 악(樂)의 형식이 서로 보탬이 되어 쓰임이 되는 것이다. 인(仁)으로써 사랑한다면 서로 공경하여 떠나게 되는 지경에 이르지 않고, 의(義)로써 바르게 한다면 서로 친하게 되어 방탕한 지경에는 이르지 않는다. 이것은 또한 인(仁)과 의(義)를 예(禮)와 악(樂)을 도와주는 것으로 삼은 것이다. 귀천의 등급이 균등하게 되고, 상하의 계층이 조화를 이루며, 현명하고 불초한 자들을 구별하고, 정치를 균등하게 하는 네 가지 것들은 모두 백성들을 다스리는 일을 시행하는 방법이다. 그렇기 때문에 "백성들을 다스리는 일이 시행된다."라고 말한 것이다.

集說 應氏曰: 上言王道備, 言其爲治之具也. 此言民治行, 言其爲治之效.

번역 응씨가 말하길, 앞에서는 "왕도가 갖춰진다."[1]고 했는데, 이것은 다스림을 시행하는 도구를 말한 것이다. 이곳에서는 "백성들을 다스리는 일이 시행된다."라고 했는데, 이것은 다스림을 시행해서 나타난 결과를 말한 것이다.

---

1) 『예기』「악기」【460c】: 是故先王之制禮樂, 人爲之節. 衰麻哭泣, 所以節喪紀也. 鐘鼓干戚, 所以和安樂也. 昏姻冠筓, 所以別男女也. 射鄕食饗, 所以正交接也. 禮節民心, 樂和民聲, 政以行之, 刑以防之. 禮樂刑政, 四達而不悖, 則王道備矣.

大全 慶源輔氏曰: 樂者, 所以合人之和, 禮者, 所以辨人之分. 和合則相親, 分辨則相敬. 有以合其情而無以飾其貌, 則樂勝而流矣. 有以飾其貌而無以合其情, 則禮勝而離矣. 合情飾貌, 禮樂之事也. 二者闕一, 則不可.

번역 경원보씨2)가 말하길, 악(樂)이라는 것은 사람들의 조화로움을 합치시키는 도구이다. 예(禮)라는 것은 사람들의 구분을 변별하는 도구이다. 조화로움이 합치되면 서로 친애하고, 구분이 분별되면 서로 공경한다. 정감을 합치하지만 모양을 꾸미지 못하면, 악(樂)이 지나쳐서 방탕하게 흐른다. 모양을 꾸미지만 정감을 합치하지 못하면, 예(禮)가 지나쳐서 서로 떠나게 된다. 정감을 합하고 모양을 꾸미는 것은 예(禮)와 악(樂)의 일이다. 두 가지 중 하나라도 빠진다면 안 된다.

大全 山陰陸氏曰: 所謂導之以禮樂而民和睦, 示之以好惡而民知禁, 有以禁之, 又有以舉之, 是之謂均, 所謂民治仁義而已, 非所與論於仁義之外也.

번역 산음육씨가 말하길, 이른바 "예(禮)와 악(樂)으로써 인도하니 백성들이 화목하게 되었고, 대신들이 군주를 도와서 좋고 싫어함으로써 보여주니 백성들이 금지할 바를 알았다."3)라고 했는데, 금지를 하면서도 또한 현명한 자를 등용하므로, 이것을 균등[均]이라고 부른 것이니, 이른바 백성들을 인(仁)과 의(義)로써 다스릴 따름이라는 의미이며, 인(仁)과 의(義) 이외의 것을 논의한 말이 아니다.

鄭注 同, 謂協好惡也. 異, 謂別貴賤也. 流, 謂合行不敬也. 離, 謂析居不和也. 欲其並行斌斌然. 等, 階級也.

---

2) 경원보씨(慶源輔氏, ?~?) : =보광(輔廣)·보한경(輔漢卿). 남송(南宋) 때의
   학자이다. 자(字)는 한경(漢卿)이고, 호(號)는 잠암(潛庵)·전이(傳貽)이다.
   여조겸(呂祖謙)과 주자(朱子)에게서 학문을 배웠다. 저서로는 『사서찬소(四書纂疏)』, 『육경집해(六經集解)』 등이 있다.
3) 『효경』「삼재장(三才章)」: 導之以禮樂而民和睦. 示之以好惡而民知禁. 詩云赫赫師尹民具爾瞻.

번역 '동(同)'자는 좋고 싫어함을 합치시킨다는 뜻이다. '이(異)'자는 신분의 차이를 구별한다는 뜻이다. '유(流)'자는 합하는 것을 시행하되 공경하지 않는다는 뜻이다. '이(離)'자는 구분하여 자처하되 조화를 이루지 못한다는 뜻이다. 예(禮)와 악(樂)이 함께 시행되어 문채와 바탕이 병행되도록 한 것이다. '등(等)'자는 계급을 뜻한다.

釋文 勝, 治證反. 析, 思曆反. 飭音敕, 本亦作飾, 音式. 斌, 彼貧反, 本又作彬. 著, 張慮反. 肖音笑.

번역 '勝'자는 '治(치)'자와 '證(증)'자의 반절음이다. '析'자는 '思(사)'자와 '曆(력)'자의 반절음이다. '飭'자의 음은 '敕(칙)'이며, 판본에 따라서는 또한 '飾'자로도 기록하는데, 그 음은 '式(식)'이다. '斌'자는 '彼(피)'자와 '貧(빈)'자의 반절음이며, 판본에 따라서는 또한 '彬'자로도 기록한다. '著'자는 '張(장)'자와 '慮(려)'자의 반절음이다. '肖'자의 음은 '笑(소)'이다.

孔疏 ●"樂者"至"行矣". ○正義曰: 皇氏云: "從'王道備矣'以上爲樂本, 從此以下爲樂論", 今依用焉. 此十一篇之說, 事不分明. 鄭目錄十一篇略有分別, 仔細不可委知. 熊氏云: "十篇, 鄭可具詳. 依別錄十一篇, 所有賓牟賈, 有師乙, 有魏文侯, 今此樂記有魏文侯, 乃次賓牟賈, 師乙爲末, 則是今之樂記十一篇之次與別錄不同. 推此而言, 其樂本以下亦雜亂, 故鄭略有分別." 按熊氏此說, 不與皇氏同.

번역 ●經文: "樂者"~"行矣". ○황간이 말하길, "'왕도비의(王道備矣)'라는 구문부터 그 이상의 내용은 「악본(樂本)」편이 되고, 이곳 문장부터 그 이하의 내용은 「악론(樂論)」편이 된다."라고 했는데, 현재는 그 주장에 따른다. 이곳 11개 편에서 설명하는 내용은 그 사안이 분명하지 않다. 정현의 『목록』에서는 11개 편에 대해서 대략적으로 구별이 된다고 했는데, 자세하게는 알 수 없다. 웅안생은 "10개 편에 대해서 정현은 상세하게 설명했다. 『별록』에 따르면 11개 편에는 「빈무고(賓牟賈)」, 「사을(師乙)」, 「위문후(魏文侯)」편이 포함되어 있는데, 현재 이곳 「악기」편에는 「위문후」편이 있고, 그 다음에 「빈무고」편이 있고, 「사을」편이 세 편 중 끝에 배열되어 있으니, 현재의 「악기」편에 수록된 11개 편의 순서와『별록』에 수록된 11개 편의 순서는 동일하지 않다. 이러한 사실을 미루어서 말을 해보자면, 「악본」편으로부터 그 이하의 편들은 뒤섞여 있기 때문에, 정현도 대략적으로 구별을 한 것이다."라고 했다. 웅안생의 이러한 주장을 살펴보면, 황간의 주장과는 동일하지 않다.

孔疏 ●"樂者爲同"者, 此言樂論之事, 謂上下同聽. 莫不和說也.

번역 ●經文: "樂者爲同". ○이곳 내용은 「악론(樂論)」편의 일들을 언급하고 있으니, 상하 계층이 듣는 것을 동일하게 하여, 조화롭고 즐거워하지 않는 자가 없다는 뜻이다.

孔疏 ●"禮者爲異"者, 謂尊卑各別, 恭敬不等也. 此章凡有四段, 自此至"民治行矣"爲第一段, 論樂與禮同異. 將欲廣論, 先論其異同也. 自"樂由中出"至"天子如此, 則禮行矣"爲第二段, 論樂與禮之功. 論同異旣辨, 故次宜有功也. 自"大樂與天地同和"至"述作之謂也"爲第三段, 論樂與禮唯聖人能識. 旣有其功, 故宜究識也. 自"樂者天地之和"至"則此所與民同也"爲第四段, 論樂與禮使上下和合, 是爲同也. 禮使父子殊別, 是爲異.

번역 ●經文: "禮者爲異". ○신분 계층이 각각 구별되어 공경함이 동등하지 않다는 뜻이다. 이 장은 모두 4개의 단락으로 구분되는데, 이곳 문장부터 "백성들을 다스리는 일이 시행된다."라는 구문까지는 제 1단락이 되어, 악(樂)과 예(禮)의 같게 함과 다르게 함을 논의하고 있다. 광범위한 논의를 하고자 해서, 먼저 그것들의 같게 하는 점과 다르게 하는 점을 논의한 것이다. "악(樂)은 마음으로부터 나온다."라는 구문부터 "천자가 이처럼 한다면 예(禮)가 시행된다."는 구문까지[4]는 제 2단락이 되니, 악(樂)과 예(禮)에 따른 공효를 논의하고 있다. 같게 함과 다르게 함이 이미 구별된다는 사실을 논의했으므로, 그 다음에는 마땅히 공효에 대한 내용이 있어야 하기 때문이다. "큰 악(樂)은 천지와 조화로움을 함께 한다."5)라는 구문부터 "조술하고 새로 만드는 자들을 뜻한다."6)라는 구문까지는 제 3단락이 되어, 악(樂)과 예(禮)는 오직 성인만이 알 수 있음을 논의하고 있다. 이미 그 공효가 있다고 했으므로, 마땅히 자세히 식별해야 하기 때문이다. "악(樂)이라는 것은 천지의 조화로움에 해당한다."7)라는 구문부터 "이것은 백성들도 모두 알고 있는 것들이다."8)라는 구문까지는 제 4단락이 되니, 악(樂)과 예(禮)가 상하 계층을 화합하고 합치시키는 것이 같게 함에 해당하고, 예(禮)가 부자관계에 차별을 두는 것이 다르게 함에 해당한다는 사실을 논의하고 있다.

孔疏 ●"同則相親", 無所間別, 故相親也. "異則相敬", 有所殊別, 故相敬也.

번역 ●經文: "同則相親". ○사이를 두거나 구별함이 없기 때문에 서로 친애하게 된다. 경문의 "異則相敬"에 대하여. 차이를 두고 구별함이 있기

---

4) 『예기』「악기」【461b~c】: 樂由中出, 禮自外作. 樂由中出故靜, 禮自外作故文. 大樂必易, 大禮必簡. 樂至則無怨, 禮至則不爭. 揖讓而治天下者, 禮樂之謂也. 暴民不作, 諸侯賓服, 兵革不試, 五刑不用, 百姓無患, 天子不怒, 如此則樂達矣. 合父子之親, 明長幼之序, 以敬四海之內, 天子如此, 則禮行矣.

5) 『예기』「악기」【462a~b】: 大樂與天地同和, 大禮與天地同節. 和故百物不失, 節故祀天祭地. 明則有禮樂, 幽則有鬼神. 如此則四海之內合敬同愛矣. 禮者殊事合敬者也. 樂者異文合愛者也. 禮樂之情同, 故明王以相沿也. 故事與時並, 名與功偕.

6) 『예기』「악기」【463a】: 故鐘鼓管磬, 羽籥干戚, 樂之器也. 屈伸俯仰, 綴兆舒疾, 樂之文也. 簠簋俎豆, 制度文章, 禮之器也. 升降上下, 周還裼襲, 禮之文也. 故知禮樂之情者能作, 識禮樂之文者能述. 作者之謂聖, 述者之謂明. 明聖者, 述作之謂也.

7) 『예기』「악기」【463b~c】: 樂者天地之和也. 禮者天地之序也. 和故百物皆化, 序故群物皆別. 樂由天作, 禮以地制. 過制則亂, 過作則暴. 明於天地, 然後能興禮樂也.

8) 『예기』「악기」【464a】: 論倫無患, 樂之情也; 欣喜歡愛, 樂之官也; 中正無邪, 禮之質也; 莊敬恭順, 禮之制也. 若夫禮樂之施於金石, 越於聲音, 用於宗廟社稷, 事乎山川鬼神, 則此所與民同也.

때문에 서로 공경한다는 뜻이다.

孔疏 ●“樂勝則流, 禮勝則離”者, 此明雖有同異, 而又有相須也. 勝, 猶過也. 若樂過和同而無禮, 則流慢, 無復尊卑之敬. 若禮過殊隔而無和樂, 則親屬離析, 無復骨肉之愛. 唯須禮樂兼有, 所以爲美. 故論語云“禮之用, 和爲貴”, 是也.

번역 ●經文: “樂勝則流, 禮勝則離”. ○이 내용은 비록 같게 함과 다르게 함의 차이가 있지만, 또한 서로 필요로 하게 됨을 나타내고 있다. ‘승(勝)’자는 “지나치다[過].”는 뜻이다. 만약 악(樂)이 조화롭게 하고 동일하게 함을 지나치게 해서 예(禮)가 없다면, 방탕하게 흘러 교만하게 되고 신분의 차이에 따른 공경함이 없게 된다. 만약 예(禮)가 차이를 두고 사이를 두는 일을 지나치게 해서 조화를 이루는 악(樂)이 없다면, 친족들이 떨어지게 되고 재차 골육지친의 친근함이 없게 된다. 오직 예(禮)와 악(樂)을 함께 갖춰야만 아름답게 된다. 그렇기 때문에『논어』에서는 “예(禮)의 쓰임은 조화로움을 존귀하게 여긴다.”[9]라고 말한 것이다.

孔疏 ●“合情飾貌者, 禮樂之事也”者, 合情, 謂樂也. 樂和其內, 是合情也. 飾貌, 謂禮也. 禮以撿跡於外, 是飾貌也. 貌與心牟, 二者無偏, 則是禮樂之事也.

번역 ●經文: “合情飾貌者, 禮樂之事也”. ○정감을 합치시키는 것은 악(樂)을 뜻한다. 악(樂)은 내적인 면을 조화롭게 하니, 이것은 정감을 합치시키는 것이다. 모양을 장식하는 것은 예(禮)를 뜻한다. 예(禮)는 외적인 면을 검속하니, 이것은 모양을 장식하는 것이다. 겉모습과 마음의 비중은 반반이 되니, 두 가지에 대해서 편벽됨이 없다면, 이것은 예(禮)와 악(樂)을 조화롭게 시행하는 사안이 된다.

---

9)『논어』「학이(學而)」: 有子曰, “禮之用, 和爲貴. 先王之道, 斯爲美, 小大由之. 有所不行, 知和而和, 不以禮節之, 亦不可行也.”

孔疏 ●"禮義立, 則貴賤等矣"者, 義, 宜也. 等, 階級也. 若行禮得其宜, 則貴賤各有階級矣.

번역 ●經文: "禮義立, 則貴賤等矣". ○'의(義)'자는 마땅함[宜]을 뜻한다. '등(等)'자는 계급을 뜻한다. 만약 예(禮)를 시행함에 그 마땅함을 얻는다면, 사람들의 신분에 각각 해당하는 계급이 생긴다.

孔疏 ●"樂文同, 則上下和矣"者, 文, 謂聲成文也. 若行樂文采諧同, 則上下各自和好也.

번역 ●經文: "樂文同, 則上下和矣". ○'문(文)'자는 "소리[聲]가 무늬와 제도를 이룬다."10)고 했을 때의 '문(文)'을 뜻한다. 만약 악(樂)을 시행하여 문채를 이루며 조화롭고 동일하게 된다면, 상하 계층이 각각 스스로 조화롭게 되고 서로를 좋아하게 된다.

孔疏 ●"好惡著, 則賢不肖別矣"者, 謂所好得其善, 所惡得其惡, 是好惡著, 則賢與不肖自然分別矣.

번역 ●經文: "好惡著, 則賢不肖別矣". ○좋아하는 것이 선함에 맞고, 싫어하는 것이 악함에 맞다면, 이것은 좋아함과 싫어함이 밝게 드러난 것이니, 현명한 자와 불초한 자들은 저절로 구별된다.

孔疏 ●"刑禁暴"者, 謂用刑罰禁止暴慢也.

번역 ●經文: "刑禁暴". ○형벌을 사용하여 난폭함과 교만함을 금지한다는 뜻이다.

---

10) 『예기』「악기」【456b】: 凡音者, 生人心者也. 情動於中, 故形於聲, 聲成文, 謂之音. 是故治世之音安以樂, 其政和; 亂世之音怨以怒, 其政乖; 亡國之音哀以思, 其民困. 聲音之道, 與政通矣.

孔疏 ●"爵擧賢"者, 謂用爵以擧賢良也.

번역 ●經文: "爵擧賢". ○작위를 하사하여 현명하고 어진 자를 선발한다는 뜻이다.

孔疏 ●"則政均矣"者, 刑爵得所, 政教均平矣. 刑者則愼罰, 爵者則明德.

번역 ●經文: "則政均矣". ○형벌과 작위가 제자리를 얻고, 정치와 교화가 균평하게 된다는 뜻이다. 형벌이라는 것은 벌을 신중히 내리는 것이며, 작위라는 것은 덕을 밝히는 것이다.

孔疏 ●"仁以愛之"者, 謂王者用仁以愛民也.

번역 ●經文: "仁以愛之". ○천자가 인(仁)을 사용하여 백성들을 사랑한다는 뜻이다.

孔疏 ●"義以正之"者, 謂王者用義以正惡矣.

번역 ●經文: "義以正之". ○천자가 의(義)를 사용하여 악함을 바로잡는다는 뜻이다.

孔疏 ●"如此則民治行矣"者, 言用仁用義, 則民治行[11]也. 此經凡有五事, 各以"矣"結之. 從"禮義立, 則貴賤等矣", 是其一也. "樂文同, 則上下和矣", 是其二也. "好惡著, 則賢不肖別矣", 是其三也. "刑禁暴, 爵擧賢, 則政均矣", 是其四也. "仁以愛之, 義以正之, 如此則民治行矣", 是其五也.

---

11) '치행(治行)'에 대하여. '치행'은 본래 '행치(行治)'로 기록되어 있었는데, 완원(阮元)의 『교감기(校勘記)』에서는 "혜동(惠棟)의 『교송본(校宋本)』에는 '행치'를 '치행'으로 기록하고 있고, 위씨(衛氏)의 『집설(集說)』에서도 동일하게 기록하고 있다."라고 했다.

번역   ●經文: "如此則民治行矣". ○인(仁)과 의(義)를 사용한다면 백성들을 다스리는 일이 시행된다는 뜻이다. 이곳 경문에는 모두 다섯 가지 사안이 기록되어 있는데, 각각에 '의(矣)'자를 기록하여 종결을 맺고 있다. "예(禮)의 뜻이 확립되면, 귀천의 등급이 고르게 된다."라는 것이 첫 번째 사안이다. "악(樂)의 격식이 동일하게 되면, 상하 계층이 화합하게 된다."라는 것이 두 번째 사안이다. "좋고 싫어함이 드러나면 현명하고 불초한 자들이 구별된다."라는 것이 세 번째 사안이다. "형벌로 난폭함을 금하고, 작위로써 현명한 자를 등용하면, 정치가 균평하게 시행된다."라는 것이 네 번째 사안이다. "인(仁)으로써 서로를 사랑하고, 의(義)로써 바르게 하니, 이처럼 한다면, 백성들을 다스리는 일이 시행된다."라는 것이 다섯 번째 사안이다.

訓纂   王氏引之曰: 義, 讀爲"禮儀三百"之儀. 小雅楚茨"禮儀卒度", 韓詩"儀"作"義". 周官肆師"治其禮義", 故書"儀爲義." 鄭司農云, "義讀爲儀." "禮儀"與"樂文"正相對. 周官大司徒"以儀辨等, 則民不越", 卽此所謂"禮義立則貴賤等"也. 下文"稽之度數, 制之禮義", 亦讀爲儀, "禮儀"與"度數", 義相因也. 漢書禮樂志正作"制之禮儀".

번역   왕인지가 말하길, '의(義)'자는 "예의(禮儀)는 삼백 가지이다."[12]라고 했을 때의 '의(儀)'자로 해석한다. 『시』「소아(小雅)·초자(楚茨)」편에서는 "예의(禮儀)가 모두 법도에 맞다."[13]라고 했는데, 『한시』에서는 '의(儀)'자를 '의(義)'자로 기록했다. 『주례』「사사(肆師)」편에서는 "예의(禮義)를 다스린다."[14]라고 했다. 그렇기 때문에 정현의 주에서는 "'의(儀)'자는 '의(義)'자이다."라고 한 것이며, 정사농은 "'의(義)'자는 '의(儀)'자로 해석한다."라고 한 것이다. '예의(禮儀)'라는 말과 '악문(樂文)'이라는 말은 서로 대응된다. 『주례』「대사도(大司徒)」편에서는 "의(儀)로써 등급을 변별하면,

---

12) 『중용』「27장」: 優優大哉! 禮儀三百, 威儀三千, 待其人然後行.
13) 『시』「소아(小雅)·초자(楚茨)」: 執爨踖踖, 爲俎孔碩, 或燔或炙. 君婦莫莫, 爲豆孔庶. 爲賓爲客, 獻酬交錯. 禮儀卒度, 笑語卒獲. 神保是格. 報以介福, 萬壽攸酢.
14) 『주례』「춘관(春官)·사사(肆師)」: 凡國之大事, 治其禮儀, 以佐宗伯.

백성들이 본분을 뛰어넘지 않는다."15)라고 했으니, 곧 이곳에서 "예의(禮義)가 확립되면, 귀천이 균등하게 된다."라고 한 말에 해당한다. 아래문장에서 "법칙을 살펴보았으며, 예의(禮義)를 제정했다."16)라고 했는데, 이때의 '의(義)'자 또한 '의(儀)'자로 풀이하니, '예의(禮儀)'와 '도수(度數)'는 그 뜻이 서로 관련되기 때문이다. 『한서(漢書)』「예악지(禮樂志)」편에서는 "예의(禮儀)를 제정한다."17)라고 기록했다.

集解 愚謂: 禮言"義", 見其有以相辨, 而貴賤之所以等也. 樂言"文", 見其有以相接, 而上下之所以和也. 好惡者, 刑爵之本; 刑爵者, 好惡之用. 仁以愛之, 而有惻怛之實, 義以正之, 而得裁制之宜, 又所以爲禮・樂・刑・爵之本者也. 民治行者, 言以此治民而民無不治也.

번역 내가 생각하기에, '예(禮)'에 대해서는 '의(義)'를 언급했는데, 서로 구별을 해서 신분의 등급이 균평하게 됨을 드러내기 위해서이다. '악(樂)'에 대해서는 '문(文)'을 언급했는데, 서로 교류함에 상하 계층이 조화롭게 됨을 드러내기 위해서이다. 좋아함과 싫어함은 형벌과 작위의 근본이 되고, 형벌과 작위는 좋아함과 싫어함의 쓰임이 된다. 인(仁)으로써 사랑하여 가엾게 여기는 실질이 생기고, 의(義)로써 올바르게 하여 절제의 마땅함을 얻게

---

15) 『주례』「지관(地官)・대사도(大司徒)」: 一曰以祀禮敎敬, 則民不苟. 二曰以陽禮敎讓, 則民不爭. 三曰以陰禮敎親, 則民不怨. 四曰以樂禮敎和, 則民不乖. 五曰以儀辨等, 則民不越. 六曰以俗敎安, 則民不愉. 七曰以刑敎中, 則民不虣. 八曰以誓敎恤, 則民不怠. 九曰以度敎節, 則民知足. 十曰以世事敎能, 則民不失職. 十有一曰以賢制爵, 則民愼德. 十有二曰以庸制祿, 則民興功.

16) 『예기』「악기」【470a】: 是故先王本之情性, 稽之度數, 制之禮義, 合生氣之和, 道五常之行, 使之陽而不散, 陰而不密, 剛氣不怒, 柔氣不懾, 四暢交於中, 而發作於外, 皆安其位而不相奪也. 然後立之學等, 廣其節奏, 省其文采, 以繩德厚, 律小大之稱, 比終始之序, 以象事行, 使親疏貴賤長幼男女之理, 皆形見於樂. 故曰, "樂觀其深矣."

17) 『한서(漢書)』「예악지(禮樂志)」: 先王恥其亂也, 故制雅頌之聲, 本之情性, 稽之度數, 制之禮儀, 合生氣之和, 導五常之行, 使之陽而不散, 陰而不集, 剛氣不怒, 柔氣不懾, 四暢交於中, 而發作於外, 皆安其位而不相奪, 足以感動人之善心, 不使邪氣得接焉, 是先王立樂之方也.

되니, 또한 예(禮)·악(樂)·형벌[刑]·작위[爵]의 근본이 된다. 백성들을 다스림이 시행된다는 말은 이것으로 백성들을 다스려서 백성들 중에 다스려지지 않은 자가 없다는 뜻이다.

集解 右第一章, 言禮樂之爲用異, 而實以相濟也. 蓋禮之與樂, 若陰之與陽, 仁之與義, 其理同出於一原, 其用相須而不離. 樂所以和禮, 而禮之從容不迫者卽樂也. 禮所以節樂, 而樂之節制不過者卽禮也. 且萬物得其理而後和, 其序尤有不可紊者, 故樂記一篇, 每以禮相配而言之.

번역 여기까지는 제 1장으로, 예(禮)와 악(樂)의 쓰임이 다르지만 실제로는 서로 완성시켜준다는 사실을 나타내고 있다. 무릇 예(禮)와 악(樂)의 관계, 음(陰)과 양(陽)의 관계, 인(仁)과 의(義)의 관계는 그 이치가 하나의 근원에서 모두 도출된 것이니, 그 쓰임은 서로를 필요로 하여 떨어질 수 없다. 악(樂)이 예(禮)를 조화롭게 만들어서 예(禮)를 시행함이 차분하여 급박하지 않은 것은 곧 악(樂) 때문이다. 예(禮)가 악(樂)을 절제해서 악(樂)을 시행함이 절제되어 지나치지 않은 것은 곧 예(禮) 때문이다. 또 만물은 그 이치를 얻은 이후에야 조화롭게 되고, 그 질서는 더욱이 문란하게 만들 수 없다. 그렇기 때문에 「악기」편에서는 매번 예(禮)를 악(樂)과 서로 짝해서 언급했다.

● 제12절 ●

대악(大樂)과 대례(大禮), 악달(樂達)과 예행(禮行)

【461b~c

> 樂由中出, 禮自外作. 樂由中出故靜, 禮自外作故文. 大樂必易, 大禮必簡. 樂至則無怨, 禮至則不爭. 揖讓而治天下者, 禮樂之謂也. 暴民不作, 諸侯賓服, 兵革不試, 五刑不用, 百姓無患, 天子不怒, 如此則樂達矣. 合父子之親, 明長幼之序, 以敬四海之內, 天子如此, 則禮行矣.

직역 　樂은 中으로 由하여 出하고, 禮는 外로 自하여 作한다. 樂은 中으로 由하여 出한 故로 靜하고, 禮는 外로 自하여 作한 故로 文한다. 大樂은 必히 易하고, 大禮는 必히 簡한다. 樂이 至하면 怨이 無하고, 禮가 至하면 不爭한다. 揖讓하여 天下를 治하는 者는 禮樂을 謂한다. 暴民이 不作하고, 諸侯가 賓服하며, 兵革이 不試하고, 五刑이 不用하며, 百姓이 無患하고, 天子가 不怒하니, 此와 如라면 樂이 達한다. 父子의 親을 合하고, 長幼의 序를 明하여, 이로써 四海의 內를 敬하니, 天子가 此와 如하면, 禮가 行한다.

의역 　악(樂)은 마음으로부터 나오고, 예(禮)는 외부로부터 만들어진다. 악(樂)은 마음으로부터 나오기 때문에 고요하며, 예(禮)는 외부로부터 만들어지기 때문에 문채가 난다. 큰 악(樂)은 반드시 쉽고, 큰 예(禮)는 반드시 간략하다. 악(樂)이 지극해지면 원망함이 없고, 예(禮)가 지극해지면 다투지 않는다. 옛날의 선왕이 인사를 하고 겸양을 하는 것만으로도 천하를 다스릴 수 있었다는 말은 바로 예(禮)와 악(樂)이 지극했음을 뜻한다. 난폭한 백성이 생기지 않고, 제후들이 복종하며, 병장기가 사용되지 않고, 오형(五刑)[1]이 사용되지 않으며, 백성들에게 근심이 없

---

1) 오형(五刑)은 다섯 가지 형벌을 뜻한다. '오형'의 구체적 항목에 대해서는 각

고, 천자가 성내지 않게 되니, 이처럼 한다면 악(樂)이 두루 통하게 된다. 천자가
부자관계의 친애함을 합하여 널리 시행하고, 장유관계의 질서를 밝혀서, 이를 통해
천하의 모든 사람들을 공경하니, 천자가 이처럼 한다면, 예(禮)가 시행된다.

集說 應氏謂四海之內四字, 恐在合字上, 如此則文理爲順.

번역 응씨는 '사해지내(四海之內)'라는 네 글자는 아마도 '합(合)'자 앞
에 있어야 하니, 이처럼 되어야만 문맥이 순탄하다고 했다.

集說 劉氏曰: 欣喜歡愛之和出於中, 進退周旋之序著於外. 和則情意安舒,
故靜; 序則威儀交錯, 故文. 大樂與天地同和, 如乾以易知而不勞; 大禮與天地
同節, 如坤以簡能而不煩. 樂至則人皆得其所而無怨, 禮至則人各安其分而不
爭. 如帝世揖讓而天下治者, 禮樂之至也. 達者, 徹於彼之謂. 行者, 出於此之
謂. 行者達之本, 達者行之效. 天子自能合其父子之親, 明其長幼之序, 則家齊
族睦矣. 又能親吾親以及人之親, 長吾長以及人之長, 是謂以敬四海之內, 則
禮之本立而用行矣. 禮之用行, 而後樂之效達. 故於樂但言天子無可怒者, 而
於禮則言天子如此. 是樂之達, 乃天子行禮之效也. 周子曰, "萬物各得其理而
後和, 故禮先而樂後", 是也.

번역 유씨가 말하길, 기뻐하며 사랑하는 조화로움은 마음에서 비롯되
고, 나아가고 물러나며 움직이는 질서들은 외부로 드러난다. 조화롭다면
정감과 뜻이 편안하게 된다. 그렇기 때문에 고요하다. 질서를 지키면 위엄
을 갖춘 의례들이 교차하게 된다. 그렇기 때문에 문채가 난다. 큰 악(樂)은
천지와 조화로움을 함께 하니, 건(乾)이 평이함으로 주장하여 수고롭지 않
음과 같고, 큰 예(禮)는 천지와 절도를 함께 하니, 곤(坤)이 간략함으로써

시대별 차이가 있지만, 『주례』의 기록에 근거하면, 묵형(墨刑), 의형(劓刑),
궁형(宮刑), 비형(剕刑: =刖刑), 대벽(大辟: =殺刑)이 된다. 『주례』「추관(秋官)
·사형(司刑)」편에는 "掌五刑之灋, 以麗萬民之罪, 墨罪五百, 劓罪五百, 宮罪五
百, 刖罪五百, 殺罪五百."이라는 기록이 있다.

능하여 번잡하지 않음과 같다.2) 악(樂)이 지극해지면 사람들은 모두 제자리를 얻어서 원망함이 없게 되고, 예(禮)가 지극해지면 사람들은 각각 본분을 편안하게 여겨서 다투지 않는다. 예를 들어 오제(五帝)3)시기에는 인사를 하고 겸양만 하더라도 천하가 다스려졌는데, 이것은 예(禮)와 악(樂)이 지극했기 때문이다. '달(達)'이라는 말은 저곳에도 통한다는 뜻이다. '행(行)'이라는 말은 이곳에서 나온다는 뜻이다. 행(行)은 달(達)의 근본이며 달(達)은 행(行)을 통한 효과이다. 천자가 스스로 부자관계에서 지켜야 하는 친애함에 합할 수 있고, 장유관계에서의 질서를 밝힐 수 있다면, 집안이 다스려지고 친족이 화목하게 된다. 또 자신의 부모를 친애하는 마음을 미루어서 남의 부모에게까지 미칠 수 있고, 자신의 어른들을 어른으로 섬기는 마음을 미루어서 남의 어른에게까지 미치는 것을 바로 "이를 통해 천하의 모든 사람들을 공경한다."라고 부르니, 이처럼 한다면, 예(禮)의 근본이 확립되고 그 쓰임이 시행된 것이다. 예(禮)의 쓰임이 시행된 이후에 악(樂)의 효과도 두루 통하게 된다. 그렇기 때문에 악(樂)에 대해서는 단지 "천자에게 성낼만한 것이 없다."라고 말하고, 예(禮)에 대해서는 "천자가 이처럼

---

2) 『역』「계사상(繫辭上)」: 乾以易知, 坤以簡能, 易則易知, 簡則易從, 易知則有親, 易從則有功, 有親則可久, 有功則可大, 可久則賢人之德, 可大則賢人之業.

3) 오제(五帝)는 전설시대에 존재했다고 전해지는 다섯 명의 제왕(帝王)을 뜻한다. 그러나 다섯 명이 누구였는지에 대해서는 이설(異說)이 많다. 첫 번째 주장은 황제(黃帝: =軒轅), 전욱(顓頊: =高陽), 제곡(帝嚳: =高辛), 당요(唐堯), 우순(虞舜)으로 보는 견해이다. 『사기정의(史記正義)』「오제본기(五帝本紀)」편에는 "太史公依世本・大戴禮, 以黃帝・顓頊・帝嚳・唐堯・虞舜爲五帝. 譙周・應劭・宋均皆同."이라는 기록이 있고, 『백호통(白虎通)』「호(號)」편에도 "五帝者, 何謂也? 禮曰, 黃帝・顓頊・帝嚳・帝堯・帝舜也."라는 기록이 있다. 두 번째 주장은 태호(太昊: =伏義), 염제(炎帝: =神農), 황제(黃帝), 소호(少昊: =摯), 전욱(顓頊)으로 보는 견해이다. 이 주장은 『예기』「월령(月令)」편에 나타난 각 계절별 수호신들의 내용을 종합한 것이다. 세 번째 주장은 소호(少昊), 전욱(顓頊), 고신(高辛), 당요(唐堯), 우순(虞舜)으로 보는 견해이다. 『서서(書序)』에는 "少昊・顓頊・高辛・唐・虞之書, 謂之五典, 言常道也."라는 기록이 있다. 또 『제왕세기(帝王世紀)』에는 "伏義・神農・黃帝爲三皇, 少昊・高陽・高辛・唐・虞爲五帝."라는 기록이 있다. 네 번째 주장은 복희(伏義), 신농(神農), 황제(黃帝), 당요(唐堯), 우순(虞舜)으로 보는 견해이다. 이 주장은 『역』「계사하(繫辭下)」편의 내용에 근거한 주장이다.

한다."라고 말한 것이다. 이것은 곧 악(樂)이 두루 통하는 것은 천자가 예(禮)를 시행한 효과에 해당한다는 뜻이다. 주자4)는 "만물은 각각 그 이치를 얻은 이후에 조화롭게 된다. 그렇기 때문에 예(禮)가 먼저이고, 악(樂)이 뒤이다."라고 했다.

大全 延平周氏曰: 樂由中出, 文在於外, 禮自外作, 本在於中, 所謂由中出者, 言其自然也, 所謂自外作者, 言其使然也. 以其自然故靜, 以其使然故文. 樂由天作故易, 此大樂所以有遺音也. 禮以地制故簡, 此大禮所以有遺味也.

번역 연평주씨가 말하길, 악(樂)은 마음으로부터 나오고 문채는 외부에 달려 있으며, 예(禮)는 외부로부터 만들어지고 근본은 마음에 있으니, 이른 바 "마음으로부터 나온다."는 말은 자연스러운 것을 뜻하며, "외부로부터 만들어진다."는 말은 그렇게 시킨 것을 뜻한다. 자연스러운 것이기 때문에 고요하며, 시켜서 한 것이기 때문에 문채가 난다. 악(樂)은 하늘로부터 만들어진 것이기 때문에 쉬우니, 이것은 큰 악(樂)에 있어서 음(音)을 다하지 않고 남겨둠이 있는 이유이다. 예(禮)는 땅으로부터 만들어지기 때문에 간결하니, 이것은 큰 예(禮)에 있어서 그 맛을 다하지 않고 남겨둠이 있는 이유이다.5)

大全 嚴陵方氏曰: 至則無以復加之謂也. 天下之心無怨爭, 則天下有所不

---

4) 주돈이(周敦頤, A.D.1017~A.D.1073) : =염계선생(濂溪先生)·주자(周子)·주렴계(周濂溪)·주무숙(周茂叔). 북송(北宋) 때의 학자이다. 북송오자(北宋五子) 및 송조육현(宋朝六賢) 중 한 사람으로 손꼽힌다. 초명(初名)은 돈실(惇實)이었지만, 영종(英宗)에 대한 피휘 때문에, 돈이(敦頤)로 개명하였다. 자(字)는 무숙(茂叔)이다. 염계서당(濂溪書堂)에서 강학을 하였기 때문에, '염계선생(濂溪先生)'이라고도 부른다. 저서로는 『태극도설(太極圖說)』·『통서(通書)』 등이 있다.

5) 『예기』「악기」【458d】 : 是故樂之隆, 非極音也. 食饗之禮, 非致味也. 淸廟之瑟, 朱絃而疏越, 壹倡而三歎, <u>有遺音者矣</u>. 大饗之禮, 尙玄酒而俎腥魚, 大羹不和, <u>有遺味者矣</u>. 是故先王之制禮樂也, 非以極口腹耳目之欲也, 將以敎民平好惡而反人道之正也.

足治者矣. 暴民不作, 則諸侯賓服, 諸侯賓服, 則兵革不試, 五刑不用, 兵革不試, 五刑不用, 然後百姓無患, 天子不怒, 故其序如此. 此皆和之所致, 故曰如此則樂達矣. 父子固有親矣, 禮則合之, 長幼固有序矣, 禮則明之. 父子得其親, 長幼得其序, 四海之內, 豈有相慢易者哉? 故曰以敬四海之內, 言四海之內皆相敬, 此皆節之所致, 故曰如此則禮行矣.

번역 엄릉방씨가 말하길, '지(至)'는 재차 더할 것이 없다는 뜻이다. 천하 백성들의 마음에 원망하거나 다툼이 없다면, 천하에 대해서는 굳이 다스릴만한 점이 없게 된다. 난폭한 백성이 생기지 않는다면 제후들은 복종하게 되고, 제후들이 복종한다면 병장기를 사용하지 않으며, 오형(五刑)을 사용하지 않으니, 병장기를 사용하지 않고 오형을 사용하지 않은 뒤에야 백성들에게는 근심할 것이 없게 되고, 천자는 성내는 일이 없게 된다. 그렇기 때문에 그 순서가 이와 같은 것이다. 이것들은 모두 조화로움을 통해 이루는 것들이다. 그렇기 때문에 "이처럼 하게 되면 악(樂)이 두루 통한다."고 말한 것이다. 부자관계에는 진실로 친애함이 있고 예(禮)는 합치를 시키며, 장유관계에서는 진실로 질서가 있고 예(禮)는 드러내니, 부자관계에서 친애함을 얻고 장유관계에서 질서를 얻으면, 천하에 있어서 어찌 서로 교만하게 구는 자가 생기겠는가? 그렇기 때문에 "이로써 천하 사람들을 공경한다."라고 말한 것이니, 이 말은 천하의 모든 사람들이 서로 공경한다는 뜻이다. 이것들은 모두 절도를 통해 이루는 것들이기 때문에 "이처럼 하게 되면 예(禮)가 시행된다."라고 말한 것이다.

鄭注 和在心也. 敬在貌也. 文, 猶動也. 易·簡, 若於淸廟大饗然. 至, 猶達也, 行也. 賓, 協也. 試, 用也.

번역 조화로움은 마음에 있다. 공경함은 겉으로 드러난다. '문(文)'자는 "움직인다[動]."는 뜻이다. '이(易)'자와 '간(簡)'자는 마치 청묘(淸廟)라는 시를 노래하고 대향(大饗)을 시행하는 예법처럼 한다는 뜻이다. '지(至)'자는 "통한다[達]."는 뜻이며, "시행한다[行]."는 뜻이다. '빈(賓)'자는 "복종하다[協].”는 뜻이다. ‘시(試)’자는 “사용하다[用].”는 뜻이다.

釋文 易, 以豉反, 注同. 爭, 爭鬪之爭. 長, 丁丈反.

번역 ‘易’자는 ‘以(이)’자와 ‘豉(시)’자의 반절음이며, 정현의 주에 나오는 글자도 그 음이 이와 같다. ‘爭’자는 ‘쟁투(爭鬪)’라고 할 때의 ‘爭’자이다. ‘長’자는 ‘丁(정)’자와 ‘丈(장)’자의 반절음이다.

孔疏 ●“樂由”至“行矣”. ○正義曰: 此一節明禮樂自內自外, 或易或簡, 天子行之得所, 則樂達禮行.

번역 ●經文: “樂由”~“行矣”. ○이곳 문단은 예(禮)와 악(樂)이 내부로부터 나오고 외부로부터 만들어지는데, 어떤 것은 쉽고 또 어떤 것은 간략하여, 천자가 시행하는 정사가 제자리를 얻게 되면, 악(樂)이 두루 통하고 예(禮)가 시행됨을 나타내고 있다.

孔疏 ●“樂由中出”者, 謂樂從心起也.

번역 ●經文: “樂由中出”. ○악(樂)은 마음으로부터 나온다는 뜻이다.

孔疏 ●“禮自外作”者, 謂禮敬在外貌也. “樂由中出, 故靜”者, 行之在心, 故靜也.

번역 ●經文: “禮自外作”. ○예(禮)에 따른 공경함은 외모로 나타난다는 뜻이다. 경문의 “樂由中出, 故靜”에 대하여. 마음에서 실행되기 때문에 고요하다.

孔疏 ●“禮自外作, 故文”者, 禮肅人貌, 貌在外, 故云“動也”. 庾云: “樂成在中, 是和合反自然之靜. 禮節在貌之前, 動合文理, 文猶動也.”

번역 ●經文: "禮自外作, 故文". ○예(禮)는 사람의 모습을 엄숙하게 하는데 모습은 외적인 면이다. 그렇기 때문에 "움직인다."라고 말한 것이다. 유울은 "악(樂)은 마음에서 완성되니, 이것은 조화롭게 화합하여 자연적인 고요함으로 되돌아가는 것임을 나타낸다. 예(禮)의 절도는 외적으로 나타나니, 움직이고 화합하여 동작이 격식에 맞게 된다. '문(文)'자는 '움직인다[動].'는 뜻이다."라고 했다.

孔疏 ●"大樂必易"者, "朱弦而疏越", 是也.

번역 ●經文: "大樂必易". ○"주색의 현을 매달고 바람이 구멍을 통하게 한다."6)는 뜻에 해당한다.

孔疏 ●"大禮必簡"者, "玄酒腥魚", 是也.

번역 ●經文: "大禮必簡". ○"현주(玄酒)를 숭상하고, 조리하지 않은 물고기를 도마에 올린다."7)는 뜻에 해당한다.

孔疏 ●"樂至則無怨"者, 至, 謂達也, 行也. 樂行於人由於和, 故無怨矣.

번역 ●經文: "樂至則無怨". ○'지(至)'자는 "통한다[達]."는 뜻이며, "시행한다[行]."는 뜻이다. 악(樂)이 사람들에게 시행될 때에는 조화로움에서 비롯되기 때문에 원망함이 없다.

---

6) 『예기』「악기」【458d】: 是故樂之隆, 非極音也. 食饗之禮, 非致味也. 淸廟之瑟, 朱絃而疏越, 壹倡而三歎, 有遺音者矣. 大饗之禮, 尙玄酒而俎腥魚, 大羹不和, 有遺味者矣. 是故先王之制禮樂也, 非以極口腹耳目之欲也, 將以敎民平好惡而反人道之正也.

7) 『예기』「악기」【458d】: 是故樂之隆, 非極音也. 食饗之禮, 非致味也. 淸廟之瑟, 朱絃而疏越, 壹倡而三歎, 有遺音者矣. 大饗之禮, 尙玄酒而俎腥魚, 大羹不和, 有遺味者矣. 是故先王之制禮樂也, 非以極口腹耳目之欲也, 將以敎民平好惡而反人道之正也.

孔疏 ●"禮至則不爭"者, 禮行於民由於謙敬, 謙敬則不爭也.

번역 ●經文: "禮至則不爭". ○예(禮)가 백성들에게 시행될 때에는 겸손함과 공경함에서 비롯되기 때문에, 겸손하고 공경한다면 다투지 않게 된다.

孔疏 ●"揖讓而治天下者, 禮樂之謂也"者, 民無怨爭, 則君上無爲, 但揖讓垂拱, 而天下自治. 其功由於禮樂, 故云"禮樂之謂也".

번역 ●經文: "揖讓而治天下者, 禮樂之謂也". ○백성들에게 원망하거나 다투는 일이 없다면, 군주는 인위적으로 할 일이 없고, 단지 읍(揖)을 하며 겸양을 표현하고 공수(拱手)만 하고 있어도, 천하가 저절로 다스려진다. 그 공덕은 예(禮)와 악(樂)에서 비롯되었기 때문에 "예(禮)와 악(樂)을 뜻한다."라고 말한 것이다.

孔疏 ●"暴民不作"此下至"樂達矣", 偏擧樂之功, 前云"樂達則無怨", 故致此以下之功也. 暴民, 謂凶暴之民. 不作, 謂不動作也.

번역 ●經文: "暴民不作"~"樂達矣". ○악(樂)의 공덕만을 제시한 것으로, 앞에서는 "악(樂)이 두루 통하면, 원망함이 없다."라고 했다. 그렇기 때문에 이곳 구문부터 그 이하의 구문에서 말한 공덕을 이루게 된다. 포민(暴民)은 흉포한 백성들을 뜻한다. '부작(不作)'은 활동하지 않는다는 뜻이다.

孔疏 ●"如此, 則樂達矣"者, 由樂和, 故至天子不怒, 以致前事, 是樂道達矣.

번역 ●經文: "如此, 則樂達矣". ○악(樂)의 조화로움에서 비롯되기 때문에 천자가 성내지 않게 되고, 이것을 통해 앞에서 제시한 일들을 이루었으니, 이것은 악(樂)의 도가 두루 통한 것이다.

孔疏 ●"天子如此, 則禮行矣"者, 天子若能使海內如此, 則是禮道興行矣.

樂云達, 禮云行者, 互文也. 禮云"天子如此", 樂不云"天子"者, 樂旣云"天子不怒", 故略其文, 不復云"天子"也.

번역 ●經文: "天子如此, 則禮行矣". ○천자가 만약 천하를 이처럼 다스릴 수 있다면, 예(禮)의 도가 흥성하게 시행된다. 악(樂)에 대해서는 두루 통한다고 했고 예(禮)에 대해서는 시행된다고 했는데, 이것은 상호 호환이 되도록 표현한 문장이다. 예(禮)에 대해서는 "천자가 이처럼 한다."라고 했고, 악(樂)에 대해서는 '천자(天子)'를 언급하지 않았는데, 악(樂)에 대해서 이미 "천자가 성내지 않는다."라고 했기 때문에, 문장을 간략히 표현하여 다시 '천자(天子)'라고 표현하지 않은 것이다.

訓纂 王氏引之曰: 靜, 當讀爲情. 情者, 誠也, 實也. 樂由中出, 故誠實無僞. 下文"唯樂不可以爲僞", 正所謂"樂由中出, 故情"也. 古字靜與情通. 大戴禮文王官人篇"飾貌者不情", 謂不誠實也. 逸周書官人篇"情"作"靜". 逸周書"情忠而寬", 大戴禮"情"作"靜".

번역 왕인지가 말하길, '정(靜)'자는 마땅히 '정(情)'자로 풀이해야 한다. '정(情)'이라는 것은 성실함[誠]과 진실함[實]을 뜻한다. 악(樂)은 마음으로부터 나오기 때문에 진실되어 거짓됨이 없다. 아래문장에서 "오직 악(樂)만은 거짓으로 만들 수 없다."라고 했는데, 이것은 바로 "악(樂)이 마음으로부터 나오기 때문에 진실되다."는 뜻에 해당한다. 고대의 글자에서 '정(靜)'자와 '정(情)'자는 통용이 되었다. 『대대례기(大戴禮記)』「문왕관인(文王官人)」편에서는 "외모를 꾸미는 것이 진실되지 못하다."[8]라고 했는데, 이때의 '부정(不情)'은 진실하지 못하다는 의미이다. 『일주서(逸周書)』「관인(官人)」편에서는 '정(情)'자를 '정(靜)'자로 기록했다. 『일주서』에서는 "진실되고 충직하며 관대하다."라고 했는데, 『대대례기』에서는 '정(情)'자를 '정(靜)'자로 기록했다.

---

8) 『대대례기(大戴禮記)』「문왕관인(文王官人)」: 故事阻者不夷, 畸鬼者不仁, 面譽者不忠, 飾貌者不情, 隱節者不平, 多私者不義, 揚言者寡信. 此之謂'揆德'.

訓纂 張守節曰: 出, 猶生也. 作, 猶起也. 禮使父慈子孝, 是合父子之親. 長坐幼立, 是明長幼之序. 孝經云, "敎以孝, 所以敬天下之爲人父. 敎以弟, 所以敬天下之爲人兄. 敎以臣, 所以敬天下之爲人君." 卽是敬四海之內也. 天子躬行禮, 則臣下必用禮, 如此則禮行矣. "合父子"以下, 悉是天子自身行之也.

번역 장수절이 말하길, '출(出)'자는 "발생한다[生]."는 뜻이다. '작(作)'자는 "일어난다[起]."는 뜻이다. 예(禮)는 부친으로 하여금 자애롭게 만들고 자식으로 하여금 효성스럽게 만드니, 이것은 부자관계에서 지켜야 하는 친애함과 합치된다. 또 어른은 앉아 있게 만들고 어린 자는 서 있게 만드니, 이것은 장유관계에서 지켜야 하는 질서와 합치된다. 『효경』에서는 "효로 교화시키는 것은 천하의 모든 아비된 자들을 공경하는 것이다. 우애로 교화시키는 것은 천하의 모든 형된 자들을 공경하는 것이다. 신하된 도리로 교화시키는 것은 천하의 모든 군주된 자들을 공경하는 것이다."[9]라고 했으니, 이것은 곧 천하의 모든 사람들을 공경한다는 뜻에 해당한다. 천자가 직접 예(禮)를 시행하면 신하는 반드시 예(禮)에 따르게 되니, 이처럼 하게 되면 예(禮)가 시행된다. "부자관계를 합한다."라는 구문부터 그 이하의 내용은 모두 천자 본인이 직접 시행하는 것들을 뜻한다.

訓纂 應子和曰: 樂和而易於流, 故雖動而必主乎靜. 禮嚴而易以倦, 故雖質而必飾以文. 四肢百體, 皆由順正樂之靜也. 禮儀三百, 威儀三千, 禮之文也. 樂出於虛, 愈出而愈靜, 禮飾其實, 愈實則愈文, 此所以不同. 易以心言, 簡以事言.

번역 응자화가 말하길, 악(樂)은 조화롭지만 방탕한데로 흐르기 쉽다. 그렇기 때문에 비록 움직이더라도 반드시 고요함을 위주로 해야 한다. 예(禮)는 엄숙하지만 나태하기 쉽다. 그렇기 때문에 비록 질박하더라도 반드

---

9) 『효경』「광지덕장(廣至德章)」: 子曰, 君子之敎以孝也, 非家至而日見之也. <u>敎以孝, 所以敬天下之爲人父者也. 敎以悌, 所以敬天下之爲人兄者也. 敎以臣, 所以敬天下之爲人君者也.</u> 詩云愷悌君子民之父母. 非至德, 其孰能順民如此其大者乎.

시 문식을 더해 꾸미게 된다. 사지를 비롯한 모든 부위는 모두 올바른 악(樂)의 고요함을 따름에서 비롯되어야 한다. 예의(禮儀)는 삼백여 가지이고 위의(威儀)는 삼천여 가지이니,10) 이것은 예(禮)의 격식에 해당한다. 악(樂)은 빈 곳에서 나오고 나올수록 더욱 고요해지며, 예(禮)는 그 진실됨을 장식하고 진실될수록 더욱 문식을 꾸미니 이것이 다른 점이다. "쉽다[易]." 는 말은 마음을 기준으로 한 말이고, "간략하다[簡]."는 말은 일을 기준으로 한 말이다.

集解 愚謂: 禮樂之本, 皆在於心. 然樂以統同, 擧其心之和順者達之而已, 故曰"由中出". 禮以辨異, 其親疎貴賤之品級, 必因其在外者而制之, 故曰"自外作". 樂由中出, 故無事乎品節之煩, 而其意靜; 禮由外作, 故必極乎度數之詳, 而其事文. 樂之大者必易, 一倡三嘆而有遺音, 而不在乎幼▼(耳+少)之音也. 禮之大者必簡, 玄酒·腥魚而有遺味, 而不在乎儀物之繁也. 然則由中出者, 固非求之於外, 而由外作者, 正當反而求之於中矣. 樂至則無怨者, 神人治而上下和也. 禮至則不爭者, 上下辨而民志定也. 必易必簡者, 禮樂之所以立乎其本; 無怨不爭者, 禮樂之所以達乎其用. 如此, 則第相與揖讓以行禮樂, 而天下自治矣. 天子不怒者, 言無可怒之事也. 合父子之親, 使民父子有親; 明長幼之序, 使民長幼有序. 以敬四海之內者, 使四海之內皆粲然有文以相接, 相敬而無相褻也. "暴民不作"至"天子不怒", 樂至則無怨之事也. "合父子之親"以下, 禮至則不爭之事也.

번역 내가 생각하기에, 예(禮)와 악(樂)의 근본은 모두 마음에 있다. 그러나 악(樂)은 같게 함을 통솔하니, 마음의 조화롭고 유순함을 들어서 통하게 할 따름이다. 그렇기 때문에 "마음에서 나온다."라고 말한 것이다. 예(禮)는 다름을 변별하니, 친하고 소원하며 귀하고 천한 차이 등은 반드시 외적인 것에 따라 제제를 한다. 그렇기 때문에 "외부로부터 만들어진다."라고 말한 것이다.11) 악(樂)은 마음에서 나오기 때문에 여러 등급과 절차에

---

10) 『중용』「27장」: 優優大哉, 禮儀三百, 威儀三千.
11) 『예기』「악기」【476a】: 樂也者, 情之不可變者也. 禮也者, 理之不可易者也. 樂

따르는 번잡함이 없고 그 뜻이 고요하게 된다. 예(禮)는 외부로부터 만들어
지기 때문에 반드시 여러 법칙을 상세히 제정하고 그 사안들에 격식이 갖
춰지게 된다. 악(樂) 중에서도 큰 것은 반드시 쉬우니, 한 사람이 선창하여
세 사람이 탄미하며 화답하고, 음(音)을 다하지 않고 남기는 음(音)을 두니,
그 의미가 은미하고 오묘한 음(音)을 내는 데 있지 않다. 예(禮) 중에서도
큰 것은 반드시 간략하니, 현주(玄酒)를 높이고 조리하지 않은 생 물고기를
올려서, 맛을 다하지 않고 남기는 맛을 두니, 그 의미가 의례 및 사물들의
번잡함에 있지 않다.[12] 그렇다면 마음으로부터 나온다는 것은 진실로 외적
인 것에서 구하는 것이 아니며, 외부로부터 만들어지는 것은 곧 마땅히 돌
이켜서 마음에서 구해야 한다. 악(樂)이 지극해지면 원망함이 없다고 했는
데, 신과 인간에 대한 일들이 다스려지고 상하 계층이 화합한다는 뜻이다.
예(禮)가 지극해지면 다투지 않는다고 했는데, 상하 계층이 구별되고 백성
들의 뜻이 안정된다는 뜻이다. 반드시 쉽고 또 간략한 것은 예(禮)와 악(樂)
이 근본을 성립하기 때문이며, 원망함이 없고 다투지 않는 것은 예(禮)와
악(樂)이 그 쓰임을 두루 통하게 했기 때문이다. 이와 같다면 함께 읍(揖)이
나 겸양을 함으로써 예(禮)와 악(樂)을 시행하여, 천하가 저절로 다스려지
게 된다. 천자가 성내지 않는다는 말은 성낼만한 일들이 없다는 뜻이다.
부자관계의 친함에 합한다는 말은 백성들로 하여금 부자관계에 친애함이
있도록 한다는 뜻이며, 장유관계의 질서를 밝힌다는 말은 백성들로 하여금
장유관계에 질서를 갖도록 한다는 뜻이다. 이것을 통해서 천하의 모든 사
람들을 공경한다는 말은 천하의 백성들로 하여금 모두 찬란하게 격식을
갖춰서 서로 교류하게 만들고, 서로 공경하게 하되 너무 친하여 버릇없이
구는 일이 없게끔 한다는 뜻이다. "난폭한 백성이 발생하지 않는다."는 말
로부터 "천자가 성내지 않는다."는 말까지는 악(樂)이 지극해지면 원망함

統同, 禮辨異. 禮樂之說, 管乎人情矣.
12) 『예기』「악기」【458d】: 是故樂之隆, 非極音也. 食饗之禮, 非致味也. 淸廟之
瑟, 朱絃而疏越, 壹倡而三歎, 有遺音者矣. 大饗之禮, 尙玄酒而俎腥魚, 大羹不和,
有遺味者矣. 是故先王之制禮樂也, 非以極口腹耳目之欲也, 將以敎民平好惡而
反人道之正也.

이 없어지는 일에 해당한다. "부자관계의 친애함에 합한다."는 말로부터 그 이하의 내용은 예(禮)가 지극해지면 다투지 않는 일에 해당한다.

集解 右第二章, 言禮樂之作不同, 而其治天下之功一也.

번역 여기까지는 제 2장으로, 예(禮)와 악(樂)이 만들어지는 것이 같지 않지만, 천하를 다스리는 공덕의 측면에서는 동일하다는 뜻이다.

대례(大禮)와 경(敬), 대악(大樂)과 애(愛)

【462a~b】

大樂與天地同和, 大禮與天地同節. 和故百物不失, 節故祀天祭地. 明則有禮樂, 幽則有鬼神. 如此則四海之內合敬同愛矣. 禮者殊事合敬者也. 樂者異文合愛者也. 禮樂之情同, 故明王以相沿也. 故事與時並, 名與功偕.

직역 大樂은 天地와 與하여 和를 同하고, 大禮는 天地와 與하여 節을 同한다. 和한 故로 百物이 不失하고, 節한 故로 天을 祀하고 地를 祭한다. 明에는 禮樂이 有하고, 幽에는 鬼神이 有하다. 此와 如하다면, 四海의 內는 敬을 合하고 愛를 同한다. 禮者는 事를 殊하고 敬을 合하는 者이다. 樂者는 文을 異하고 愛를 合하는 者이다. 禮樂의 情이 同한 故로 明王이 이로써 相히 沿한다. 故로 事는 時와 與하여 並하고, 名은 功과 與하여 偕한다.

의역 큰 악(樂)은 천지와 조화로움을 함께 하고, 큰 예(禮)는 천지와 절제함을 함께 한다. 조화롭기 때문에 모든 사물이 그들의 본성을 잃지 않고, 절제하기 때문에 천지에 대한 제사를 지내는 것이다. 밝은 인간 세상에는 예(禮)와 악(樂)이 있고, 그윽한 저 세상에는 작용인 귀(鬼)와 신(神)이 있다. 이와 같다면 천하 사람들은 공경함을 함께 하고 사랑함을 동일하게 따른다. 예(禮)라는 것은 그 사안을 제각각 구별하지만 공경함에 합치되도록 하는 것이다. 악(樂)이라는 것은 그 격식을 다르게 하지만 사랑함에 합치되도록 하는 것이다. 예(禮)와 악(樂)의 실정이 같기 때문에, 성왕들은 이를 통해서 서로 그 본질을 따랐다. 그렇기 때문에 사안은 때와 함께 시행되었고, 이름과 공덕은 함께 어울리게 되었다.

集說   百物不失, 言各遂其性也.

번역   '백물불실(百物不失)'은 각각 그 본성에 따른다는 뜻이다.

集說   朱子曰: 禮主減, 樂主盈, 鬼神亦止是屈伸之義. 禮樂鬼神一理. 又曰: 在聖人制作處便是禮樂, 在造化功用處便是鬼神. 禮有經禮·曲禮之事殊, 而敬一; 樂有五聲·六律之文異, 而愛一. 所以能使四海之內合敬同愛者, 皆大樂·大禮之所感化也. 禮樂之制, 在明王雖有損益, 而情之同者, 則相因述也. 惟其如此, 是以王者作興, 事與時並, 如唐虞之時, 則有揖讓之事. 夏殷之時, 則有放伐之事. 名與功偕者, 功成作樂, 故歷代樂名, 皆因所立之功而名之也.

번역   주자가 말하길, 예(禮)는 줄이는 것을 위주로 하고 악(樂)은 채우는 것을 위주로 한다. '귀신(鬼神)'이라는 말 또한 단지 굽히고 펴는 뜻에 해당할 따름이다. 예(禮)와 악(樂) 및 귀(鬼)와 신(神)은 그 이치가 동일하다. 또 말하길, 성인이 만든 것이 바로 예(禮)와 악(樂)이고, 그것이 만들어지고 변화하며 쓰이는 것은 곧 귀(鬼)와 신(神)이다. 예(禮)에는 경례(經禮)와 곡례(曲禮)처럼 다른 사안이 있지만, 공경함의 측면에서는 동일하다.1) 악(樂)에는 오성(五聲)이나 육률(六律)처럼 격식이 다른 점이 있지만, 사랑함의 측면에서는 동일하다. 천하 사람들로 하여금 공경함에 합치시키고 사랑함을 동일하게 따르게 할 수 있는 것은 모두 큰 악(樂)과 큰 예(禮)에 따라 감화된 것이다. 예(禮)와 악(樂)을 제정한 것은 성왕 때인데, 비록 각시대마다 덜고 더한 점이 있지만, 정감의 측면에서는 동일하니, 서로 그에 따라서 조술을 했기 때문이다. 오직 이와 같아야만 천자가 일어남에 그 사안이 때와 병행되는 것으로, 예를 들어 당우(唐虞)2)의 시대에는 읍(揖)과 겸양을 통해 제위를 양보한 일이 있었다. 또 하(夏)나라와 주(周)나라 때에는 정벌을 하여 제위에 오른 일이 있었다. "이름과 공덕이 함께 한다."는

---

1) 『예기』「예기(禮器)」【305d】: 故經禮三百, 曲禮三千, 其致一也.
2) 당우(唐虞)는 당요(唐堯)와 우순(虞舜)을 병칭하는 용어이다. 요순(堯舜)시대를 가리키며, 의미상으로는 태평성세(太平盛世)를 뜻한다. 『논어』「태백(泰伯)」편에는 "唐虞之際, 於斯爲盛."이라는 용례가 있다.

말은 공덕을 이루면 악(樂)을 만들기 때문에[3] 역대 악(樂)의 이름은 모두 수립한 공덕에 따라서 명명한 것이다.

集說 蔡氏曰: 禮樂本非判然二物也. 人徒見樂由陽來, 禮由陰作, 卽以爲禮屬陰, 樂屬陽, 判然爲二, 殊不知陰陽一氣也. 陰氣流行卽爲陽, 陽氣凝聚卽爲陰, 非眞有二物也. 禮樂亦止是一理. 禮之和卽是樂, 樂之節卽是禮, 亦非二物也. 善觀者, 旣知陰陽禮樂之所以爲二, 又知陰陽禮樂之所以爲一, 則達禮樂之體用矣.

번역 채씨가 말하길, 예(禮)와 악(樂)은 본래 확연하게 구별되는 두 가지 대상이 아니다. 사람들은 단지 악(樂)이 양(陽)으로부터 비롯되어 나타나고 예(禮)는 음(陰)으로부터 비롯되어 만들어진다는 것을 보고서,[4] 곧 예(禮)가 음(陰)에 속하고 악(樂)이 양(陽)에 속한다고 여겨, 확연하게 갈라 두 가지 대상으로 여겼던 것이다. 그러나 이것은 음(陰)과 양(陽)이 동일한 기운임을 알지 못했기 때문이다. 음기가 두루 흐르게 되면 곧 양기가 되고 양기가 응집되면 곧 음기가 되니, 진실로 두 가지 대상이 있을 수 없다. 예(禮)와 악(樂) 또한 단지 하나의 이치일 따름이다. 예(禮)의 조화로움은 곧 악(樂)에 해당하고 악(樂)의 절제는 곧 예(禮)에 해당하니, 이 또한 두 대상이 아니다. 잘 살펴볼 수 있는 자가 음기와 양기 및 예(禮)와 악(樂)이 둘이 되는 이유를 알았고, 또 음기와 양기 및 예(禮)와 악(樂)이 하나가 되는 이유를 알았다면, 예(禮)와 악(樂)의 본체 및 쓰임에 통달하게 된다.

大全 慶源輔氏曰: 與天地同和, 則和而不失其節, 故曰和故百物不失. 百

---

3) 『예기』「악기」【464c】: 王者功成作樂, 治定制禮, 其功大者其樂備, 其治辯者其禮具. 干戚之舞, 非備樂也; 孰亨而祀, 非達禮也. 五帝殊時, 不相沿樂; 三王異世, 不相襲禮. 樂極則憂, 禮粗則偏矣. 及夫敦樂而無憂, 禮備而不偏者, 其唯大聖乎!

4) 『예기』「교특생(郊特牲)」【319b~c】: 賓入大門而奏肆夏, 示易以敬也, 卒爵而樂闋. 孔子屢歎之. 奠酬而工升歌, 發德也. 歌者在上, 匏竹在下, 貴人聲也. 樂由陽來者也, 禮由陰作者也, 陰陽和而萬物得.

物不失, 則其節著矣. 與天地同節, 則節而不失其和, 故曰節故祀天祭地. 祀天祭地, 則其和至矣. 禮樂, 形而下者, 鬼神, 形而上者. 上下無異形, 幽明無二理, 非深於道者不能知也. 先言明, 後言幽, 主禮樂言之也. 先王制禮作樂, 與天地同和節, 則是理充塞乎天地幽明之間矣, 故四海之內因禮以合其敬, 因樂以同其愛. 又曰: 禮雖殊事, 然所以合天下之敬, 樂雖異文, 然所以同天下之愛. 由是觀之, 則禮樂之見於事與文者, 雖或不同而其情則未嘗不一也. 唯其情之一, 故明王相沿而爲禮樂, 以順天地之道, 以合敬愛之心. 至於事與名, 則又因時與功之不同而爲之, 又未嘗不與時偕行也. 功因時而有, 有堯舜之時則有堯舜之功, 有湯武之時則有湯武之功, 有是時, 則有是事, 有是功, 則有是名. 聖人觀其會通以行典禮, 固未嘗執一以廢百, 然亦未嘗循末以忘本也.

번역 경원보씨가 말하길, 천지와 조화로움을 함께 한다면 조화롭게 되고 절도를 잃지 않기 때문에, "조화롭기 때문에 모든 사물이 절도를 잃지 않는다."라고 말한 것이다. 모든 사물이 절도를 잃지 않는다면 절도가 드러나게 된다. 천지와 절도를 함께 한다면 조절을 하여 조화로움을 잃지 않기 때문에, "조절을 하기 때문에 천지에 대해 제사를 지낸다."라고 말한 것이다. 천지에 대해 제사를 지낸다면 조화로움이 지극해진다. 예(禮)와 악(樂)은 형이하를 뜻하고, 귀(鬼)와 신(神)은 형이상을 뜻한다. 상하에 형체를 달리 함이 없고 그윽하고 밝은 세상에 두 가지 아치가 없으니, 도(道)에 대해서 깊이 하는 자가 아니라면 이러한 사실을 알 수 없다. 먼저 밝은 세상을 말하고 그 이후에 그윽한 세상을 언급한 것은 예(禮)와 악(樂)을 위주로 말했기 때문이다. 선왕이 예(禮)와 악(樂)을 제정함에 천지와 함께 조화로움과 절도를 같게 했으니, 이치가 천지 및 그윽하고 밝은 세상 속에 충만하게 된다. 그렇기 때문에 천하의 모든 사람들이 예(禮)에 따라서 공경함에 합치되고, 악(樂)에 따라서 사랑함을 동일하게 따른다. 또 말하길, 예(禮)가 비록 그 사안들을 다르게 하지만 천하의 공경함이 합치되도록 만드는 것이고, 악(樂)이 비록 그 격식을 달리하지만 천하의 사랑하는 마음을 동일하게 만드는 것이다. 이것을 통해 살펴본다면, 예(禮)와 악(樂)이 사안과 격식을 통해 드러나는 것은 비록 어떨 때에는 동일하지 않지만, 그 실정에 있어서

는 일찍이 동일하지 않은 적이 없다. 다만 그 실정이 동일하기 때문에 성왕
들은 서로 따라서 예(禮)와 악(樂)을 제정하여, 이를 통해 천지의 도에 따르
고 공경하고 사랑하는 마음을 합치시켰다. 사안이 명칭과 함께 하는 경우
에 있어서는 또한 때가 공덕과 동일하지 않은 것에 따라서 행하기도 하지
만, 일찍이 때와 함께 시행되지 않은 적이 없었다. 공덕은 때에 따라서 생기
니, 요(堯)나 순(舜)임금의 때가 있다면 요나 순임금의 공덕이 있게 되고,
탕(湯)임금이나 무왕(武王)의 때가 있다면 탕임금이나 무왕의 공덕이 있게
된다. 이러한 때가 있다면 이러한 사안이 있는 것이고, 이러한 공덕이 있다
면 이러한 명칭이 있는 것이다. 성인은 그 뜻과 이치가 두루 통하는 것을
살펴보고 제도와 예의를 시행함에, 진실로 하나만을 고집하여 많은 것을
잃은 적이 없었다. 그러나 이때에도 또한 일찍이 말단을 좇아 근본을 망각
한 적이 없다.

鄭注 言順天地之氣與其數. 不失其性. 成物有功報焉. 敎人者. 助天地成
物者也. 易曰: "是故知鬼神之情狀, 與天地相似." 五帝德說黃帝德曰: "死而
民畏其神者百年." 春秋傳曰: "若敖氏之鬼." 然則聖人之精氣謂之神, 賢知之
精氣謂之鬼. 沿, 猶因述也. 孔子曰: "殷因於夏禮, 所損益可知也. 周因於殷
禮, 所損益可知也." 沿, 或作緣. 擧事在其時也. 禮器曰: "堯授舜, 舜授禹, 湯
放桀, 武王伐紂, 時也." 爲名在其功也. 偕, 猶俱也. 堯作大章, 舜作大韶, 禹作
大夏, 湯作大濩, 武王作大武, 名因其得天下之大功.

번역 천지의 기운과 그 법칙에 따른다는 뜻이다. 만물은 그 본성을 잃지
않는다는 뜻이다. 만물을 완성함에 공덕이 있어서 천지에 대해 제사를 지
냄으로써 보답한다는 뜻이다. 인간 세상에 예(禮)와 악(樂)이 있다는 말은
이 둘을 통해서 사람들을 가르친다는 뜻이다. 귀신(鬼神)은 천지를 도와서
만물을 완성하는 것들이다. 『역』에서는 "이러한 까닭으로 귀신의 실정을
아니, 천지와 더불어 서로 비슷하다."5)라고 했다. 『대대례기(大戴禮記)』「오

---

5) 『역』「계사상(繫辭上)」: 仰以觀於天文, 俯以察於地理, 是故知幽明之故, 原始
反終, 故知死生之說, 精氣爲物, 遊魂爲變, <u>是故知鬼神之情狀. 與天地相似</u>, 故不

제덕(五帝德)」편에서는 황제(黃帝)의 덕을 설명하며, "그가 죽었을 때, 백성들은 그 신(神)을 외경하길 백여 년 동안 했다."[6]라고 했고,『춘추전』에서는 "약오씨(若敖氏)의 귀(鬼)이다."[7]라고 했다. 따라서 성인의 정기를 '신(神)'이라고 부르는 것이며, 현명하고 지혜로운 자의 정기를 '귀(鬼)'라고 부르는 것이다. '연(沿)'자는 그에 따라 조술한다는 뜻이다. 공자는 "은(殷)나라의 예법은 하(夏)나라의 예법에 따르고 있으니, 덜고 더한 점을 알 수 있다. 주(周)나라의 예법은 은나라의 예법에 따르고 있으니, 덜고 더한 점을 알 수 있다."[8]라고 했다. '연(沿)'자를 다른 판본에서는 '연(緣)'자로 기록하기도 한다. 어떤 사안을 일으키는 것은 그 때에 달려 있다는 뜻이다.『예기』「예기(禮器)」편에서는 "요(堯)임금이 순(舜)임금에게 천자의 지위를 물려주고, 순임금이 우(禹)임금에게 천자의 지위를 물려주며, 탕(湯)임금이 걸(桀)을 내쫓고, 무왕(武王)이 주(紂)를 정벌한 것 등이 바로 시(時)에 해당한다."[9]라고 했다. 명칭을 짓는 것은 공덕에 달려 있다는 뜻이다. '해(偕)'자는 "함께 한다[俱]."는 뜻이다. 요임금 때에는 '대장(大章)'이라는 악무를 지었고, 순임금 때에는 '대소(大韶)'라는 악무를 지었으며, 우임금 때에는 '대하(大夏)'라는 악무를 지었고, 탕임금 때에는 대호(大濩)라는 악무를 지었으며, 무왕 때에는 '대무(大武)'라는 악무를 지었으니, 이것은 악무의 명칭이 제왕이 천하를 얻은 큰 공덕에서 비롯됨을 나타낸다.

釋文 敖, 五羔反. 賢知, 音智. 沿, 悅專反, 因也, 述也. 偕, 古諧反, 俱也. 濩, 戶故反, 下同.

違, 知周乎萬物而道濟天下, 故不過, 旁行而不流, 樂天知命, 故不憂, 安土敦乎仁, 故能愛.

6) 『대대례기(大戴禮記)』「오제덕(五帝德)」: 時播百穀草木, 故敎化淳鳥獸昆蟲, 歷離日月星辰; 極畋土石金玉, 勞心力耳目, 節用水火材物. 生而民得其利百年, <u>死而民畏其神百年</u>, 亡而民用其敎百年, 故曰三百年.

7) 『춘추좌씨전』「선공(宣公) 4년」: 且泣曰, "鬼猶求食, <u>若敖氏之鬼</u>不其餒而!"

8) 『논어』「위정(爲政)」: 子張問十世可知也. 子曰, "<u>殷因於夏禮, 所損益, 可知也, 周因於殷禮, 所損益, 可知也</u>. 其或繼周者, 雖百世, 可知也."

9) 『예기』「예기(禮器)」【296a】: 禮, 時爲大, 順次之, 體次之, 宜次之, 稱次之. <u>堯授舜, 舜授禹, 湯放桀, 武王伐紂, 時也</u>. 詩云, 匪革其猶, 聿追來孝.

번역 '敖'자는 '羔(고)'자의 반절음이다. '賢知'에서의 '知'자는 그 음이 '智(지)'이다. '沇'자는 '悅(열)'자와 '專(전)'자의 반절음이며, 따른다는 뜻이고, 조술한다는 뜻이다. '偕'자는 '古(고)'자와 '諧(해)'자의 반절음으로, 함께 한다는 뜻이다. '濩'자는 '戶(호)'자와 '故(고)'자의 반절음이며, 아래문장에 나오는 글자도 그 음이 이와 같다.

孔疏 ●"大樂"至"功偕". ○正義曰: 此一節明禮樂與天地合德, 明王用之, 相因不改, 功名顯著.

번역 ●經文: "大樂"~"功偕". ○이곳 문단은 예(禮)와 악(樂)이 천지와 그 덕을 함께 하고, 선왕이 그것을 사용하였으며, 서로 그에 따라서 고치지 않았고, 공덕과 명칭이 현저하게 드러났음을 나타내고 있다.

孔疏 ●"大樂與天地同和"者, 天地氣和, 而生萬物. 大樂之體, 順陰陽律呂, 生養萬物, 是"大樂與天地同和"也.

번역 ●經文: "大樂與天地同和". ○천지의 기운은 조화로워서 만물을 생성한다. 큰 악(樂)의 본체는 음양(陰陽)의 육률(六律)과 육려(六呂)에 따라 만물을 생성하고 양육한다. 이것이 "큰 악(樂)은 천지와 조화로움을 함께 한다."는 뜻이다.

孔疏 ●"大禮與天地同節"者, 天地之形, 各有高下大小爲限節. 大禮辨尊卑貴賤, 與天地相似, 是"大禮與天地同節"也.

번역 ●經文: "大禮與天地同節". ○천지의 형체에는 각각 높고 낮음 또 크고 작음 등의 제한이 있다. 큰 예(禮)는 존비 및 귀천에 따른 구별을 하여 천지와 유사하니, 이것이 "큰 예(禮)는 천지와 절제함을 함께 한다."는 뜻이다.

孔疏 ●"和, 故百物不失"者, 以大樂與天地同和, 能生成百物, 故不失其性也.

번역 ●經文: "和, 故百物不失". ○큰 악(樂)이 천지와 조화로움을 함께 하여, 모든 사물을 생성할 수 있기 때문에, 각각 그 본성을 잃지 않는 것이다.

孔疏 ●"節, 故祀天祭地"者, 以大禮與天地同節, 有尊卑上下, 報生成之功, 故""祀天祭地".

번역 ●經文: "節, 故祀天祭地". ○큰 예(禮)가 천지와 절제함을 함께 하여 존비 및 상하의 구분이 생기고, 생성해준 공덕에 보답을 하기 때문에 "천지에게 제사를 지낸다."라고 말한 것이다.

孔疏 ●"明則有禮樂"者, 聖王旣能使禮樂與天地同和節, 又於顯明之處尊崇禮樂以敎人.

번역 ●經文: "明則有禮樂". ○성왕은 이미 예(禮)와 악(樂)을 천지와 조화로움 및 절제함을 함께 하도록 할 수 있고, 또한 현저하게 드러나는 밝은 인간 세상에서 예(禮)와 악(樂)을 숭상하여 사람들을 교화시킬 수 있다.

孔疏 ●"幽則有鬼神"者, 幽冥之處尊敬鬼神以成物也.

번역 ●經文: "幽則有鬼神". ○그윽하고 어두운 세상에 있어서는 귀신(鬼神)을 존경하여, 이를 통해 만물을 완성시킨다.

孔疏 ●"如此, 則四海之內, 合敬同愛矣"者, 聖人若能如此上事行禮樂得所, 以治天下, 故四海之內合其敬愛; 以行禮得所, 故四海會合其敬; 行樂得所, 故四海之內齊同其愛矣.

번역 ●經文: "如此, 則四海之內, 合敬同愛矣". ○성인이 만약 앞서 말한 것처럼 할 수 있다면, 예(禮)와 악(樂)이 각각 제자리를 얻게 되어 이를 통해 천하를 다스릴 수 있기 때문에, 천하의 모든 사람들은 공경함과 사랑함에 합치된다. 즉 예(禮)를 시행함이 제자리를 얻었기 때문에 천하의 모든

사람들은 공경함에 합치되는 것이고, 악(樂)을 시행함이 제자리를 얻었기
때문에 천하의 모든 사람들은 사랑함을 동일하게 따르는 것이다.

孔疏 ●"禮者, 殊事合敬者也"者, 尊卑有別, 是殊事; 俱行於禮, 是合敬也.

번역 ●經文: "禮者, 殊事合敬者也". ○신분에는 구별이 있으니 이것은
사안을 달리한다는 뜻이다. 또 모두 예(禮)를 통해서 시행하니 이것은 공경
함에 합한다는 뜻이다.

孔疏 ●"樂者, 異文合愛者也"者, 宮商別調, 是異文; 無不歡愛, 是合愛也.

번역 ●經文: "樂者, 異文合愛者也". ○궁(宮)음과 상(商)음은 별도로 조
(調)를 이루니 이것은 격식을 달리한다는 뜻이다. 또 기뻐하며 사랑하지
않음이 없으니 이것은 사랑함에 합한다는 뜻이다.

孔疏 ●"禮樂之情同, 故明王以相沿也"者, 禮樂之狀, 質文雖異, 樂情主
和, 禮情主敬, 致治是同. 以其致治情同, 故明王所以相因述也. 言前代後代,
同禮樂之情, 因時質文, 或有損益, 故云"以相沿也". 沿, 謂因而增改也.

번역 ●經文: "禮樂之情同, 故明王以相沿也". ○예(禮)와 악(樂)의 모습
은 질박하고 화려하여 비록 차이를 보이지만, 악(樂)의 실정은 조화로움을
위주로 하고 예(禮)의 실정은 공경함을 위주로 하니, 다스림을 지극히 하는
측면에서는 동일하다. 다스림을 지극히 함에 그 실정이 같기 때문에, 성왕
들은 서로 그에 따라 본질을 조술한 것이다. 즉 이전 세대와 이후 세대에서
는 예(禮)와 악(樂)의 실정을 동일하게 따랐으며, 때에 따라서 질박하게 하
거나 화려하게 하여 간혹 덜어내거나 더한 점이 있는 것이다. 그렇기 때문
에 "서로 따른 것이다."라고 말한 것이니, '연(沿)'이라는 말은 그에 따르되
증가를 시키거나 고쳤다는 의미이다.

孔疏 ●"故事與時並"者, 事, 謂聖人所爲之事, 與所當時而並行, 若堯・舜揖讓之事, 與淳和之時而並行; 湯・武干戈之事, 與澆薄之時而並行. 此一句明禮也.

번역 ●經文: "故事與時並". ○'사(事)'는 성인이 시행하는 일이니 이것은 마땅하다고 여겨지는 시기와 함께 진행된다. 예를 들어 요(堯)와 순(舜)임금이 겸양을 통해 지위를 물려주었던 일들은 순박하고 조화로운 시기와 함께 시행된 것이고, 탕(湯)임금과 무왕(武王)이 전쟁을 한 것은 후덕하지 못한 당시의 시기와 함께 시행된 것이다. 이 한 구문은 예(禮)에 대해서 나타내고 있다.

孔疏 ●"名與功偕"者, 名, 謂樂名. 偕, 俱也. 言聖王制樂之名, 與所建之功而俱作也. 若堯之大章, 舜之大韶, 堯章明之功, 舜紹堯之德, 及禹・湯等樂名, 皆與功俱立也. 此一句明樂, 聖王雖同禮樂之情, 因而脩述, 但時與功不等, 故禮與樂亦殊.

번역 ●經文: "名與功偕". ○'명(名)'은 악무의 이름을 뜻한다. '해(偕)'자는 "함께 한다[俱]."는 뜻이다. 즉 성왕이 악(樂)을 제정했을 때 그 명칭은 나라를 건국한 공덕과 함께 만들어졌다는 의미이다. 예를 들어 요(堯)임금 때의 악무인 '대장(大章)', 순(舜)임금 때의 악무인 '대소(大韶)'는 곧 요임금의 밝게 드러나는 공덕을 표현하고, 순임금이 요임금을 계승한 덕을 드러내며, 우(禹)임금과 탕(湯)임금 등의 악무 이름 또한 모두 그들이 세운 공덕과 함께 정해진 것이다. 이 한 구문은 악(樂)에 대해서 나타내고 있으니, 성왕이 비록 예(禮)와 악(樂)의 실정을 동일하게 하여, 그에 따라 다듬고 조술을 하였지만, 시기와 공덕이 동일하지 않기 때문에 예(禮)와 악(樂) 또한 차이를 보인다는 뜻이다.

孔疏 ◎注"言順"至"其數". ○正義曰: 天地與陰陽生養爲氣, 樂有六律・六呂, 調和生養, 是順天地之氣, 解經"同和"也. 云"與其數", 謂天有日月星辰,地有山川高下, 其數不同, 故云"與其數", 解經"同節"也.

번역　◎鄭注: "言順"~"其數". ○천지는 음양(陰陽)과 더불어 생장하고 양육하는 것을 기운으로 삼고, 악(樂)에는 육률(六律)과 육려(六呂)가 있으며, 조화를 이루어 생장하고 양육시키니, 이것은 천지의 기운에 따른 것으로, 경문에 나온 "조화로움을 함께 한다."는 말을 풀이한 것이다. 정현이 '그 법칙과 함께'라고 했는데, 이것은 하늘에 해·달·별들이 있고 땅에 산천 및 높고 낮은 지역이 있어서, 그 법칙이 다르다는 뜻이다. 그렇기 때문에 '그 법칙과 함께'라고 말한 것이니, 경문에 나온 "절제함을 함께 한다."는 말을 풀이한 것이다.

孔疏　◎注"成物有功報焉". ○正義曰: 言天地春夏生物, 秋冬成物. 獨云 "成物"者, 對則生·成有異, 總而言之, 生亦成也, 故云"成物有功", 下注云"助 天地成物", 是也.

번역　◎鄭注: "成物有功報焉". ○천지는 봄과 여름에 만물을 생장시키고 가을과 겨울에 만물을 완성시킨다는 뜻이다. 유독 "만물을 완성시킨다."라고만 말한 것은 대비를 하면 생장시키고 완성시키는 일에는 차이가 있지만, 총괄적으로 말을 하면 생장시키는 것 또한 완성시킨다는 뜻에 포함된다. 그렇기 때문에 "만물을 완성시킴에 공덕이 있다."라고 말한 것으로, 아래 정현의 주에서 "천지를 도와서 만물을 완성시킨다."라고 한 뜻에 해당한다.

孔疏　◎注"易曰"至"之鬼". ○正義曰: 引"易曰: 是故知鬼神之情狀, 與天 地相似"者, 易·上繫辭云: "精氣爲物, 游魂爲變, 是故知鬼神之情狀, 與天地 相似." 注云: "精氣謂七八, 游魂謂九六. 遊魂謂之鬼, 物終所歸. 精氣謂之神, 物生所信也. 言木火之神, 生物東南. 金水之鬼, 終物西北. 二者之情, 其狀與 春夏生物·秋冬終物相似." 云"五帝德說黃帝德曰: 死而民畏其神者百年", 按 大戴禮·五帝德篇云: "宰我問孔子曰: '黃帝三百年, 請問黃帝人也? 抑非人 也? 何以至三百年乎?' 孔子曰: '生而民利其德百年, 死而民畏其神百年, 亡而

民用其教百年.’” 云“春秋傳曰: 若敖氏之鬼”, 引春秋者, 宣四年左傳: “楚司馬
子良生子越椒, 初生, 令尹子文請殺之. 其父子良不可, 子文以爲大慼, 曰: ‘鬼
猶求食, 若敖氏之鬼不其餒而.’” 云“聖人之精氣謂之神”者, 則黃帝是也, 言聖
人氣强, 能引生萬物, 故謂之神. 云“賢知之精氣謂之鬼”者, 則若敖氏是也, 氣
劣於聖, 但歸終而已, 故謂之鬼. 熊氏云: “繫辭鬼神者, 謂七八九六, 自然之鬼
神.” 又聖人賢人鬼神, 與自然鬼神, 俱能助天地而成物, 故鄭總引之也. 又鄭
注祭法“七祀”, 謂鬼神“司察小過”, 引此“幽則有鬼神”. 然則有天地自然之鬼
神, 有聖人賢人之鬼神, 有七祀之鬼神. 崔氏云: “明人君及臣, 生則有禮樂化
民, 死則爲鬼神以成物.” 此唯據聖人賢人之鬼神也, 與鄭引易・繫辭不合, 其
義非也.

번역 ◎鄭注: “易曰”~“之鬼”. ○정현이 “『역』에서는 ‘이러한 까닭으로
귀신의 실정을 아니, 천지와 더불어 서로 비슷하다.’10)라고 했다.”라는 말을
인용했는데, 『역』「계사상(繫辭上)」편에서는 “정기(精氣)가 물건이 되고 혼
(魂)이 돌아다녀 변(變)이 된다. 이 때문에 귀신의 정상(情狀)을 아니, 천지
와 더불어 서로 비슷하다.”라고 했고, 주에서는 “정기(精氣)는 7과 8이고,
유혼(游魂)은 9와 6이다. 유혼은 ‘귀(鬼)’라고 부르니, 만물이 끝내 회귀하는
곳이다. 정기는 ‘신(神)’이라고 부르니, 만물이 생겨날 때에 의지하는 것이
다. 즉 목(木)과 화(火)의 신(神)은 만물을 생겨나게 함에 동남쪽에서 하고,
금(金)과 수(水)의 귀(鬼)는 만물을 끝냄에 서북쪽에서 한다. 이 두 가지의
실정은 그 모습이 봄과 여름에 만물을 생장시키고 가을과 겨울에 만물을
끝맺음과 유사하다.”라고 했다. 정현이 “『대대례기(大戴禮記)』「오제덕(五
帝德)」편에서는 황제(黃帝)의 덕을 설명하며, ‘그가 죽었을 때, 백성들은 그
신(神)을 외경하길 백여 년 동안 했다.’라고 했다.”라고 했는데, 『대대례기』
「오제덕」편을 살펴보면, “재아(宰我)가 공자에게 묻기를 ‘황제는 삼백여 년

---

10) 『역』「계사상(繫辭上)」: 仰以觀於天文, 俯以察於地理, 是故知幽明之故, 原始
反終, 故知死生之說, 精氣爲物, 遊魂爲變, 是故知鬼神之情狀. 與天地相似, 故不
違, 知周乎萬物而道濟天下, 故不過, 旁行而不流, 樂天知命, 故不憂, 安土敦乎
仁, 故能愛.

동안 살았다고 하는데, 청컨대 황제는 사람입니까? 아니면 사람이 아닙니까? 어떻게 삼백여 년 동안 살 수 있습니까?'라고 하자 공자는 '그가 살아있을 때 백성들은 그 덕을 이롭게 여기길 백여 년 동안 했고, 그가 죽었을 때 백성들은 그 신(神)을 외경하길 백여 년 동안 했으며, 없어지자 백성들이 그 가르침을 사용하길 백여 년 동안 했다.'"라고 했다. 정현이 "『춘추전』에서는 '약오씨(若敖氏)의 귀(鬼)이다.'라고 했다."라고 했는데, 정현이 『춘추』의 기록을 인용한 것은 선공(宣公) 4년에 대한 『좌전』의 기록으로, 그 기록에서는 "초(楚)나라 사마(司馬)인 자량(子良)이 아들 월초(越椒)를 낳았다. 그가 처음 태어났을 때, 영윤(令尹)인 자문(子文)이 청하여 그를 죽이도록 했다. 그의 부친인 자량은 불가하다고 했는데, 크게 슬퍼할 일이라 여기며, '귀(鬼)도 오히려 먹을 것을 찾는데, 약오씨(若敖氏)의 귀(鬼)는 굶주리지 않을 것인가?'"라고 했다. 정현이 "성인의 정기를 '신(神)'이라고 부른다."라고 했는데, 황제(黃帝) 등이 여기에 해당하니, 성인의 기운은 강성하여 만물을 이끌고 생장시킬 수 있다. 그렇기 때문에 '신(神)'이라고 부른다는 뜻이다. 정현이 "현명하고 지혜로운 자의 정기를 '귀(鬼)'라고 부른다."라고 했는데, 약오씨(若敖氏) 등이 여기에 해당하니, 그 기운은 성인보다는 못하여 단지 끝마침으로 귀의시킬 따름이다. 그렇기 때문에 '귀(鬼)'라고 부르는 것이다. 웅안생은 "『역』「계사전(繫辭傳)」에서 '귀신(鬼神)'이라고 말한 것은 7·8·9·6을 뜻하니, 자연 세상의 귀신을 뜻한다."라고 했다. 또 성인과 현인의 귀신은 자연의 귀신과 함께 모두 천지를 도와서 만물을 완성시킬 수 있다. 그렇기 때문에 정현이 총괄적으로 인용을 했다고 여겼다. 또 『예기』「제법(祭法)」편에 나온 '칠사(七祀)'[11]에 대한 정현의 주에서

---

11) 칠사(七祀)는 주(周)나라 때 제정된 일곱 종류의 제사이다. 천자가 지내는 제사를 뜻하며, 제사 대상은 사명(司命), 중류(中霤), 국문(國門), 국행(國行), 태려(泰厲), 호(戶), 조(竈)이다. 『예기』「제법(祭法)」편에는 "王爲群姓立七祀. 曰司命, 曰中霤, 曰國門, 曰國行, 曰泰厲, 曰戶, 曰竈."라는 기록이 있다. 참고로 제후가 지내는 제사를 오사(五祀)라고 했으며, 그 대상은 사명(司命), 중류(中霤), 국문(國門), 국행(國行), 공려(公厲)이고, 대부(大夫)가 지내는 제사를 삼사(三祀)라고 했으며, 그 대상은 족려(族厲), 문(門), 행(行)이고, 적사(適士)가 지내는 제사를 이사(二祀)라고 했으며, 그 대상은 문(門), 행(行)이

는 '귀신(鬼神)'에 대해서 "작은 과실을 살핀다."[12]라고 했고, 이곳에서 "그윽한 세상에는 귀신이 있다."라고 했던 문장을 인용했다. 그렇다면 천지와 자연에 해당하는 귀신이 있고, 성인과 현인에 해당하는 귀신이 있으며, 칠사에 해당하는 귀신이 있는 것이다. 최영은은 "군주 및 신하는 살아있을 때 예(禮)와 악(樂)을 통해서 백성들을 교화하고, 죽게 되면 귀신이 되어 만물을 완성시킨다는 사실을 나타낸다."라고 했다. 이것은 단지 성인과 현인의 귀신에만 기준을 둔 해석이며, 정현이 『역』의「계사전」편 기록을 인용한 뜻과 부합되지 않으니, 그의 주장은 잘못되었다.

孔疏 ◎注"沿猶"至"知也". ○正義曰: 五帝三王同用禮樂, 是因也, 就而損益, 是述也. 故引論語"損益"之事以解之. 損益者, 則下文"事與時並, 名與功偕", 是也.

번역 ◎鄭注: "沿猶"~"知也". ○오제(五帝)와 삼왕(三王)[13] 때에는 예(禮)와 악(樂)을 모두 사용하였으니 이것이 따른다는 뜻이고, 더 나아가 덜어내거나 더한 것도 있으니 이것이 조술한다는 뜻이다. 그렇기 때문에 『논어』에서 "덜고 더한다."라고 했던 일을 인용하여 풀이를 한 것이다. 덜고 더한다는 것은 곧 아래문장에서 "그 사안은 때와 병행하고, 이름은 공덕과

고, 서사(庶士)나 서인(庶人)들이 지내는 제사를 일사(一祀)라고 했으며, 그 대상은 호(戶)이기도 했고, 또는 조(竈)이기도 했다.

12) 이 문장은 『예기』「제법(祭法)」【551b】의 "王爲群姓立七祀, 曰司命, 曰中霤, 曰國門, 曰國行, 曰泰厲, 曰戶, 曰竈. 王自爲立七祀. 諸侯爲國立五祀, 曰司命, 曰中霤, 曰國門, 曰國行, 曰公厲. 諸侯自爲立五祀. 大夫立三祀, 曰族厲, 曰門, 曰行. 適士立二祀, 曰門, 曰行. 庶士·庶人立一祀, 或立戶, 或立竈."라는 기록에 대한 정현의 주이다.

13) 삼왕(三王)은 하(夏), 은(殷), 주(周) 삼대(三代)의 왕을 뜻한다. 『춘추곡량전』「은공(隱公) 8年」편에는 "盟詛不及三王."이라는 기록이 있고, 이에 대한 범녕(範寧)의 주에서는 '삼왕'을 하나라의 우(禹), 은나라의 탕(湯), 주나라의 무왕(武王)을 지칭한다고 풀이했다. 그리고 『맹자』「고자하(告子下)」편에는 "五覇者, 三王之罪人也."이라는 기록이 있고, 이에 대한 조기(趙岐)의 주에서는 '삼왕'을 범녕의 주장과 달리, 주나라의 무왕 대신 문왕(文王)을 지칭한다고 풀이했다.

함께 한다."라고 한 뜻에 해당한다.

訓纂 劉氏台拱曰: 堯·舜·三代, 各有當代之禮樂, 所謂"殊事"·"異文"者也. 然事殊而同歸於敬, 文異而同歸於愛. 蓋禮樂之情, 主於敬愛, 故歷代明王相沿而不改. 特禮以時制, 故其事殊; 樂由功作, 故其文異耳.

번역 유태공이 말하길, 요(堯)·순(舜) 및 삼대(三代)에는 각각 당시대의 예(禮)와 악(樂)을 갖추고 있었으니, 이것이 바로 "사안을 달리한다."라는 말과 "격식을 달리한다."는 뜻에 해당한다. 그러나 사안이 다르더라도 공경함으로 귀의한다는 측면에서는 동일하며, 격식이 다르더라도 사랑함으로 귀의한다는 측면에서는 동일하다. 무릇 예(禮)와 악(樂)의 실정은 공경함과 사랑함을 위주로 한다. 그렇기 때문에 역대의 성왕들은 서로 따르며 고치지 않았던 것이다. 다만 예(禮)는 당시의 시대성에 따라 제정된다. 그렇기 때문에 그 사안이 달라지는 것이다. 그리고 악(樂)은 공덕으로부터 지어진다. 그렇기 때문에 그 격식이 달라지는 것일 뿐이다.

集解 愚謂: 天地有自然之和, 而大樂與天地同其和; 天地有自然之節, 而大禮與天地同其節. 百物不失者, 百物得和以生, 各保其性也. 祀天祭地者, 萬物得節以成, 本其功於天地而報之也. 鬼神者, 天地之功用, 自然之和節也. 禮樂者, 聖人之功用, 同和同節者也. 鬼神體物而不遺, 禮樂體事而無不在, 二者一明一幽, 同運並行, 故能使四海之內無不得其節而合於敬, 無不得其和而同於愛也.

번역 내가 생각하기에, 천지에는 자연적인 조화로움이 있고 큰 악(樂)은 천지와 그 조화로움을 함께 한다. 또 천지에는 자연적인 절제함이 있고 큰 예(禮)는 천지와 그 절제함을 함께 한다. "모든 사물이 잃지 않는다."는 말은 모든 사물이 조화로움을 얻어 생겨나서 각각 그 본성을 보존한다는 뜻이다. "천지에게 제사를 지낸다."는 말은 만물이 절제함을 얻어 완성되어, 천지에게 입은 공덕에 근본해서 보답을 하는 것이다. '귀신(鬼神)'은 천지의 작용이니, 자연적인 조화로움과 절제함이다. '예악(禮樂)'은 성인의 작용이니, 조화로움을 함께 하고 절제함을 함께 하는 것이다. 귀신은 만물을 체현하여 남김이 없고, 예악은 만사를 체현하여 있지 않은 곳이 없다. 이두 가지는 한 번은 밝고 한 번은 그윽하여 함께 운행되고 함께 시행된다. 그렇기 때문에 천하의 모든 사람들로 하여금 그 절제함을 얻어서 공경함에 함께 하지 못하는 자가 없도록 할 수 있고, 또 그 조화로움을 얻어서 사랑함에 함께 하지 못하는 자가 없도록 할 수 있다.

集解 愚謂: 禮之事異, 而敬之情則同; 樂之文殊, 而愛之情則同. 禮樂之文與事者其末, 而愛敬之情者其本, 末可變而本不可變, 故明王以相沿也. 事與時並者, 禮有質文損益, 視乎時以起事. 名與功偕者, 樂有韶・夏・濩・武, 隨乎功以立名也. 明王之於禮樂, 因其情之不可變者以爲本, 故因時以制禮, 象功以作樂, 而皆有以成一代之治也.

번역 내가 생각하기에, 예(禮)에 따라 사안이 달라지지만 공경함이라는 실정에서는 동일하다. 악(樂)에 따라 격식이 달라지지만 사랑함이라는 실정에서는 동일하다. 예악의 격식과 사안이라는 것은 말단에 해당하고, 사랑과 공경이라는 실정은 근본에 해당한다. 말단은 변할 수 있지만 근본은 변할 수 없다. 그렇기 때문에 성왕들이 서로 따랐던 것이다. "일이 때와 함께 시행된다."는 말은 예(禮)에는 질박함과 화려함이라는 차이가 있어서 시대마다 덜어내고 더하게 되니, 그 당시의 상황에 견주어서 일을 일으킨다는 뜻이다. "이름과 공덕을 함께 한다."는 말은 악곡에는 소(韶)・하(夏)・호(濩)・무(武) 등이 있는데, 그것은 공덕에 따라서 명칭을 정한 것이다. 성왕은 예악에 대해서 바꿀 수 없는 실정에 따라 근본으로 여겼기 때문에, 해당 시기에 따라 예(禮)를 제정한 것이고 공덕을 형상화하여 악(樂)을 지은 것이니, 이 모두에는 한 왕조의 통치를 완성시키는 점이 있다.

● 그림 13-1 제요(帝堯) 도당씨(陶唐氏)

氏 唐 陶 堯 帝

※ 출처: 『삼재도회(三才圖會)』「인물(人物)」 1권

● 그림 13-2 제순(帝舜) 유우씨(有虞氏)

※ 출처: 『삼재도회(三才圖會)』「인물(人物)」 1권

그림 13-3 하(夏)나라 우왕(禹王)

王　禹　夏

※ **출처:** 『삼재도회(三才圖會)』「인물(人物)」 1권

그림 13-4 은(殷)나라 탕왕(湯王)

商 王 成 湯

※ 출처: 『삼재도회(三才圖會)』「인물(人物)」 1권

• 제14절 •

예(禮) · 악(樂)과 기(器) · 문(文)

【463a】

故鐘鼓管磬, 羽籥干戚, 樂之器也. 屈伸俯仰, 綴兆舒疾, 樂之文也. 簠簋俎豆, 制度文章, 禮之器也. 升降上下, 周還裼襲, 禮之文也. 故知禮樂之情者能作, 識禮樂之文者能述. 作者之謂聖, 述者之謂明. 明聖者, 述作之謂也.

직역 故로 鐘鼓管磬과 羽籥干戚은 樂의 器이다. 屈伸俯仰하며, 綴兆舒疾함은 樂의 文이다. 簠簋俎豆와 制度文章은 禮의 器이다. 升降上下하며, 周還裼襲함은 禮의 文이다. 故로 禮樂의 情을 知하는 者는 能히 作하고, 禮樂의 文을 識하는 者는 能히 述한다. 作者를 聖이라 謂하고, 述者를 明이라 謂한다. 明聖者는 述作을 謂한다.

의역 그러므로 종·북·관악기·석경 등의 악기들과 깃털·피리·방패·도끼 등의 무용도구들은 악(樂)의 도구들에 해당한다. 굽히고 펴며 굽어보고 치켜듦, 무용수들의 대열과 춤을 추는 공간 및 천천히 하고 빠르게 하는 동작들은 악(樂)의 격식에 해당한다. 보(簠)·궤(簋)·조(俎)·두(豆)와 같은 제기들과 제도 및 각종 형식들은 예(禮)의 도구들에 해당한다. 오르고 내리며 위로 올라가고 내려가며, 선회하고 석(裼)과 습(襲)을 하는 것은 예(禮)의 격식에 해당한다. 그렇기 때문에 예(禮)와 악(樂)의 실정을 아는 자는 예(禮)와 악(樂)을 새롭게 만들 수 있고, 예(禮)와 악(樂)의 격식을 아는 자는 그것을 조술할 수 있다. 새로 만드는 자를 성인(聖人)이라고 부르며, 조술하는 자를 명자(明者)라고 부른다. 명자와 성인은 곧 조술하고 새로 만드는 자들을 뜻한다.

集說 綴, 舞者行位相連綴也. 兆, 位外之營兆也. 裼襲, 說見曲禮. 情, 謂理

趣之深奧者. 知之悉, 故能作. 文, 謂節奏之宣著者. 識之詳, 故能述. 若黃帝堯
舜之造律呂垂衣裳, 禹湯文武之不相沿襲, 皆聖者之作也. 周公經制, 盡取先
代之禮樂而參用之, 兼聖明之作述也. 季札觀樂而各有所論, 此明者之述也.
夫子之聖, 乃述而不作者, 有其德無其位故耳.

번역 '철(綴)'이라는 것은 무용수들의 대열과 자리가 서로 연결되어 있
음을 뜻한다. '조(兆)'는 무용수들이 서 있는 자리 밖의 영역이다. 석(裼)과
습(襲)에 대한 설명은 『예기』「곡례(曲禮)」편에 나온다.[1] '정(情)'은 매우 심
오한 의리와 뜻을 의미한다. 깊이 알고 있기 때문에 만들 수 있다. '문(文)'
은 연주에 현저히 드러나는 점이다. 상세히 알고 있기 때문에 조술할 수
있다. 황제(黃帝)나 요(堯) 및 순(舜) 등은 율려(律呂)를 만들고 의복 등을
제정했고, 우(禹)·탕(湯)·문왕(文王)·무왕(武王) 등은 서로 답습만 하지
않았으니, 이 모두는 제작을 할 수 있는 성인들에 해당한다. 주공(周公)이
만든 전장제도는 이전 세대의 예악을 모두 취하여 참고해서 사용하였으니,
성인과 명자(明者)가 짓고 조술하는 것을 겸하고 있다. 계찰(季札)은 음악
을 살펴보고 각각에 대해서 논의를 했는데, 이것은 명자의 조술에 해당한
다. 공자와 같은 성인도 조술만 하고 만들지 않았는데,[2] 그 이유는 그에

---

1) 『예기』「곡례하(曲禮下)」【47d】에는 "執玉, 其有藉者則裼, 無藉者則襲."이라
는 기록이 있다. 즉 "옥(玉)을 잡을 때, 그것이 깔개가 있는 옥이라면, 석(裼)
을 하고, 깔개가 없는 옥이라면 습(襲)을 한다."는 뜻이다. 또 이에 대하 진호
(陳澔)의 『집설(集說)』에는 "古人之衣, 近體有袍襗之屬, 其外有裘, 夏月則衣
葛. 或裘或葛, 其上皆有裼衣, 裼衣上有襲衣, 襲衣之上有常著之服, 則皮弁服及
深衣之屬是也. 掩而不開謂之襲, 若開而見出其裼衣, 則謂之裼也."라고 했다.
즉 "고대인이 입었던 옷 중에는 몸 위에 걸치는 옷으로는 포(袍)와 탁(襗) 등
이 있었고, 그 위에 걸치는 옷으로는 구(裘)가 있었는데, 여름철에는 베로 만
든 옷을 대신 입었다. 가죽옷을 입게 되거나 베로 만든 옷을 입게 되더라도,
그 위에는 모두 석의(裼衣)를 걸쳤고, 석의 위에는 또 습의(襲衣)를 걸쳤으
며, 습의 위에는 또한 일상적으로 착용하게 되는 정식 의복류들을 걸쳤으니,
피변복(皮弁服)이나 심의(深衣) 등이 바로 여기에 해당한다. 가려서 안에 입
고 있는 옷을 드러내지 않는 것을 습(襲)이라고 하며, 옷을 걷어 올려서 안에
입고 있던 석의를 드러내는 것을 석(裼)이라고 부른다."라는 뜻이다.
2) 『논어』「술이(述而)」: 子曰, "述而不作, 信而好古, 竊比於我老彭."

해당하는 덕은 있었지만, 해당하는 지위가 없었기 때문이다.

大全 金華應氏曰: 創新開始曰作, 所以察事物之幾微, 而建立其規模制度. 襲舊成終曰述, 所以因前古之遺緒, 而修明其遺闕也.

번역 금화응씨가 말하길, 새로운 것을 창안하고 시초를 열어주는 것을 '작(作)'이라고 부르니, 사물의 기미를 살펴서 그 규범과 제도를 건립하는 것이다. 옛것을 답습하고 마무리를 짓는 것을 '술(述)'이라고 부르니, 고대로부터 전혀온 과업에 따라서 남겨지고 빠진 것들을 가다듬어 밝히는 것이다.

大全 慶源輔氏曰: 禮樂之情, 存乎中, 禮樂之文, 形乎外, 卽吾之心而能作者, 聖之事也, 因外之文而能述者, 明之事也. 聖可兼明, 明不能兼聖, 聖, 誠者也, 明, 明者也. 自明而誠則聖矣.

번역 경원보씨가 말하길, 예(禮)와 악(樂)의 실정은 마음속에 있고, 예(禮)와 악(樂)의 격식은 겉으로 드러난다. 따라서 내 마음으로 나아가 만들 수 있는 것은 성인의 일에 해당하며, 외적으로 나타난 격식에 따라서 조술할 수 있는 것이 명자의 일에 해당한다. 성인은 명자의 일도 겸할 수 있지만 명자는 성인의 일을 겸할 수 없으니, 성인은 진실된 자를 뜻하며 명자는 밝게 아는 자를 뜻한다. 밝게 아는 것으로부터 진실되다면 성인이 된다.

鄭注 綴, 謂酇, 舞者之位也. 兆, 其外營域也. 述, 謂訓其義也.

번역 '철(綴)'자는 '찬(酇)'을 뜻하니, 무용수들이 위치하는 자리를 의미한다. '조(兆)'자는 무용수들의 자리 밖에 있는 영역이다. '술(述)'자는 그 도의를 풀이한다는 뜻이다.

釋文 伸音申. 綴, 丁劣反, 徐丁衛反, 下"綴遠"·"綴短"皆同. 簠簋, 上音甫, 下居洧反, 並祭器名. 上下, 時掌反. 還音旋. 裼, 思曆反. 襲音習. 酇, 作管反, 後同.

번역 '伸'자의 음은 '申(신)'이다. '綴'자는 '丁(정)'자와 '劣(렬)'자의 반절음이며, 서음(徐音)은 '丁(정)'자와 '衛(위)'자의 반절음이고, 아래문장에 나오는 '綴遠'과 '綴短'에서의 '綴'자도 모두 그 음이 이와 같다. '簠簋'에서의 '簠'자는 그 음이 '甫(보)'이고, '簋'자는 '居(거)'자와 '洧(유)'자의 반절음이며, 둘 모두 제기의 이름이다. '上下'에서의 '上'자는 그 음이 '時(시)'자와 '掌(장)'자의 반절음이다. '還'자의 음은 '旋(선)'이다. '裼'자는 '思(사)'자와 '曆(력)'자의 반절음이다. '襲'자의 음은 '習(습)'이다. '鄭'자는 '作(작)'자와 '管(관)'자의 반절음이며, 뒤에 나오는 글자도 그 음이 이와 같다.

孔疏 ●"故鍾"至"謂也". ○正義曰: 此一節申明禮樂器之與文, 幷述作之體. "綴兆疾徐"者, 綴, 謂舞者行位相連綴也. 兆, 謂位外之營兆也.

번역 ●經文: "故鍾"~"謂也". ○이 문단은 예(禮)와 악(樂)의 도구와 격식에 대해서 나타내고 있고, 아울러 조술하고 만드는 본체에 대해서도 나타내고 있다. 경문의 "綴兆疾徐"에 대하여. '철(綴)'자는 무용수들의 대열과 자리가 서로 연속되어 있는 것을 뜻한다. '조(兆)'자는 무용수들의 자리 밖에 있는 영역을 뜻한다.

孔疏 ●"周還裼襲"者, 周, 謂行禮周曲迴旋也. 裼, 謂袒上衣而露裼也. 襲, 謂掩上衣也. 禮盛者尚質, 故襲. 不盛者尚文, 故裼.

번역 ●經文: "周還裼襲". ○'주(周)'자는 의례를 시행하며 두루 움직이고 선회하는 것을 뜻한다. '석(裼)'은 위에 입고 있는 옷을 걷어서 안에 입고 있는 석의(裼衣)[3]를 드러낸다는 뜻이다. '습(襲)'자는 겉에 입고 있는 옷으

---

3) 석의(裼衣)는 고대에 의례를 시행할 때 입는 옷이다. 가죽옷이나 갈옷 위에 걸쳤던 외투 중 하나이다. '석의' 위에는 습의(襲衣)를 걸쳤기 때문에, 중간에 입는 옷이라는 뜻에서 '중의(中衣)'라고도 부른다.

로 가린다는 뜻이다. 예(禮) 중에서도 성대한 경우에는 질박함을 숭상하기 때문에 습(襲)⁴⁾을 한다. 성대하지 않은 경우에는 화려함을 숭상하기 때문에 석(裼)⁵⁾을 한다.

孔疏 ●"故知禮樂之情者能作"者, 下文云"窮本知變, 樂之情", 若能窮極其本, 識其變通, 是知樂之情也. 下文云"著誠去僞, 禮之經也", 若能顯著誠信, 棄去浮僞, 是知禮之情也. 凡制作者, 量事制宜, 旣能窮本知變, 又能著誠去僞, 所以能制作者. "識禮樂之文者能述"者, 文, 謂上經云"屈伸俯仰"·"升降上下", 是也. 述, 謂訓說義理. 旣知文章升降, 辨定是非, 故能訓說禮樂義理, 不能制作禮樂也.

번역 ●經文: "故知禮樂之情者能作". ○아래문장에서는 "근본을 지극히 하고 변화를 아는 것은 악(樂)의 정감에 해당한다."라고 했으니, 근본을 지극히 할 수 있고 변통함을 알 수 있다면, 이것은 악(樂)의 실정을 아는 것이다. 아래문장에서 "진실됨을 드러내고 거짓됨을 제거하는 것은 예(禮)의 기준에 해당한다."라고 했으니, 진실됨을 드러낼 수 있고 거짓됨을 제거할 수 있다면, 이것은 예(禮)의 실정을 아는 것이다.⁶⁾ 무릇 제작을 하는 경우에는 그 사안을 헤아리고 합당함에 따라 제정을 하는데, 이미 근본을 지극히 했고 변화를 알 수 있고, 또 진실됨을 드러내어 거짓됨을 제거할 수 있으니, 이것이 새로운 것을 제정할 수 있는 이유이다. 경문의 "識禮樂之文者能述"에 대하여. '문(文)'은 앞의 경문에서 "굽히고 펴며 굽어보고 치켜본다."

---

4) 습(襲)은 고대에 의례를 시행할 때 하는 복장 방식 중 하나이다. 겉옷으로 안에 입고 있던 옷들을 완전히 가리는 방식이다. 한편 '습'은 비교적 성대한 의식 때 시행하는 복장 방식으로도 사용되어, 안에 있고 있는 옷을 드러내지 않음으로써, 공경의 뜻을 표기하기도 했다.

5) 석(裼)은 고대에 의례를 시행할 때 하는 복장 방식 중 하나이다. 좌측 소매를 걷어 올려서, 안에 입고 있는 석의(裼衣)를 드러내는 것이다. 한편 '석'은 비교적 성대하지 않은 의식 때 시행하는 복장 방식으로도 사용되어, 좌측 소매를 걷어 올려서 공경의 뜻을 표기하기도 했다.

6) 『예기』「악기」【476b~c】: 窮本知變, 樂之情也. 著誠去僞, 禮之經也. 禮樂偩天地之情, 達神明之德, 降興上下之神, 而凝是精粗之體, 領父子君臣之節.

라고 말하고, "오르고 내리며 위로 올라가고 내려간다."라고 한 말에 해당한다. '술(述)'은 의리에 대해서 풀이하고 해설한다는 뜻이다. 문장과 오르고 내림을 알고 시비를 변별하여 확정하기 때문에, 예(禮)와 악(樂)의 의리를 풀이하고 해설할 수 있지만, 예(禮)와 악(樂)을 제정할 수는 없다.

孔疏 ●"作者之謂聖", 聖者通達物理, 故"作者之謂聖", 則堯・舜・禹・湯, 是也.

번역 ●經文: "作者之謂聖". ○성인은 사물의 이치에 대해 두루 달통한다. 그렇기 때문에 "짓는 자를 성인이라 부른다."라고 했으니, 요(堯)・순(舜)・우(禹)・탕(湯)임금 등이 이러한 경우에 해당한다.

孔疏 ●"述者之謂明", 明者辨說是非, 故脩述者之謂明, 則子游・子夏之屬, 是也.

번역 ●經文: "述者之謂明". ○명자는 시비를 변별하여 설명할 수 있다. 그렇기 때문에 가다듬어서 조술하는 자를 명인이라고 부르니, 자유(子游) 및 자하(子夏) 등의 무리가 이러한 경우에 해당한다.

訓纂 方性夫曰: 管在堂下, 磬在堂上. 羽籥文舞, 干戈武舞. 屈伸, 舞者之身容. 俯仰, 舞者之頭容. 綴・兆, 其位也. 舒疾, 其節也. 簠簋以盛地産, 俎豆以薦天産. 制度者, 文章之法. 文章者, 制度之飾. 升降言其行, 上下言其等, 周旋言其容, 裼襲言其服, 則禮樂之文與器, 略見於此矣.

번역 방성부가 말하길, 관악기는 당하(堂下)에 있고 석경(石磬)은 당상(堂上)에 있다. 깃털과 피리는 문무(文舞)를 출 때 사용하는 무용도구이고, 방패와 창은 무무(武舞)를 출 때 사용하는 무용도구이다. 굽히고 펴는 것은 무용수들의 몸에 나타나는 모습이다. 굽어보고 치켜본다는 것은 무용수들의 머리에 나타나는 모습이다. '철(綴)'과 '조(兆)'는 무용수들의 자리를 뜻

한다. 천천히 하고 빨리 한다는 말은 무용수들의 절도를 뜻한다. 보(簠)와
궤(簋)에는 땅에서 생산된 사물을 담고, 조(俎)와 두(豆)에는 하늘이 낳아
준 사물을 담는다. '제도(制度)'라는 것은 각종 제도를 만드는 법도이다. '문
장(文章)'이라는 것은 제도를 통해 나타난 수식들이다. 오르고 내린다는 말
은 행동을 뜻하고, 상하(上下)는 그 등급을 뜻하며, 선회한다는 것은 용모
에 대한 것을 뜻하고, 석(裼)과 습(襲)은 복장에 대한 것을 뜻하니, 예(禮)와
악(樂)의 격식과 도구에 대해서는 대략적으로 여기에서 확인할 수 있다.

集解 愚謂: 禮樂之文, 所謂"殊事異文"者也, 器則文之所寓也. 其文易識,
其情難知. 知其情, 則得其本以達其末, 而化裁變通, 其文由之而出, 故能作.
識其文, 則於其本猶有所未逮也, 而於其已然之迹, 亦可以守之而不失, 故能
述. 作者之謂聖, 禹·湯·文·武·周公, 是也. 述者之謂明, 游·夏·季札, 是也.

번역 내가 생각하기에, 예(禮)와 악(樂)의 문(文)이라는 것은 "사안을
달리하며 격식을 달리한다."는 뜻에 해당하니, 기(器)라는 것은 문(文)이
깃드는 곳이다. 격식에 대해서는 알기 쉽지만 실정에 대해서는 알기 어렵
다. 실정을 안다면 근본을 얻어서 말단까지도 달통하게 되어, 변화하여 제
단하고 변통하게 되니, 격식이라는 것도 이러한 것에 따라서 나오게 된다.
그렇기 때문에 새롭게 만들 수 있다. 격식을 안다면 근본에 대해서는 여전
히 미치지 못한 점이 있는 것이고, 이미 드러난 것들에 대해서는 또한 고수
하며 잃지 않을 수가 있다. 그렇기 때문에 조술할 수는 있다. 새롭게 만드는
자를 성인이라고 부르니, 우(禹)·탕(湯)·문왕(文王)·무왕(武王)·주공
(周公) 등이 여기에 해당한다. 조술하는 자를 명자라고 부르니, 자유(子游)
·자하(子夏)·계찰(季札) 등이 여기에 해당한다.

集解 右第三章, 言禮樂之本在乎愛敬之情也.

번역 여기까지는 제 3장으로, 예(禮)와 악(樂)의 근본이 사랑과 공경이
라는 실정에 있음을 나타내고 있다.

● 그림 14-1 자유(子游)

※ 출처:『삼재도회(三才圖會)』「인물(人物)」4권

그림 14-2 자하(子夏)

※ **출처:** 『성현상찬(聖賢像贊)』

● 그림 14-3 계찰(季札)

像子季陵延

※ 출처: 『삼재도회(三才圖會)』「인물(人物)」 4권

• 제 15절 •

예(禮) · 악(樂)과 화(和) · 서(序)

【463b~c】

> 樂者天地之和也. 禮者天地之序也. 和故百物皆化, 序故群物
> 皆別. 樂由天作, 禮以地制. 過制則亂, 過作則暴. 明於天地,
> 然後能興禮樂也.

직역 樂者는 天地의 和이다. 禮者는 天地의 序이다. 和한 故로 百物이 皆히 化하고, 序한 故로 群物이 皆히 別한다. 樂은 天로 由하여 作하고, 禮는 地로써 制한다. 過制하면 亂하고, 過作하면 暴한다. 天地에 明한 然後에야 能히 禮樂을 興한다.

의역 악(樂)이라는 것은 천지의 조화로움에 해당한다. 예(禮)라는 것은 천지의 질서에 해당한다. 조화롭기 때문에 만물은 모두 조화롭게 되는 것이고, 질서가 있기 때문에 만물은 모두 구별되는 것이다. 악(樂)은 하늘로부터 만들어지고, 예(禮)는 땅으로부터 제정된다. 잘못 제정되면 어지럽게 되고, 잘못 만들어지면 난폭하게 된다. 천지에 대해서 해박하게 안 뒤에야 예(禮)와 악(樂)을 흥성하게 만들어서 천지의 작용을 도울 수 있다.

集說 朱子曰: 樂由天作屬陽, 故有運動底意. 禮以地制, 如由地出, 不可移易.

번역 주자가 말하길, 악(樂)은 하늘로부터 비롯되어 만들어지니 양(陽)에 해당한다. 그렇기 때문에 두루 운행되는 뜻이 있다. 예(禮)는 땅을 통해서 제정되니 땅으로부터 비롯되어 나온 것과 같으므로, 옮기거나 바꿀 수 없다.

集說 劉氏曰: 前言大樂與天地同和, 大禮與天地同節, 以成功之所合而言也. 此言樂者天地之和, 禮者天地之序, 以效法之所本而言也. 蓋聖人之禮樂, 與天地之陰陽相爲流通, 故始也法陰陽以爲禮樂, 終也以禮樂而贊陰陽. 天地之和, 陽之動而生物者也. 氣行而不乖, 故百物皆化. 天地之序, 陰之靜而成物者也. 質具而有秩, 故群物皆別. 樂由天作者, 法乎氣之行於天者而作, 故動而屬陽. 聲音, 氣之爲也. 禮以地制者, 法乎質之具於地者而制, 故靜而屬陰. 儀則, 質之爲也. 過制則失其序, 如陰過而肅, 則物之成者復壞矣, 故亂. 過作則失其和, 如陽過而亢, 則物之生者反傷矣, 故暴. 明乎天地之和與序, 然後能興禮樂以贊化育也.

번역 유씨가 말하길, 앞에서는 큰 악(樂)은 천지와 조화로움을 함께 하고 큰 예(禮)는 천지와 절제함을 함께 한다고 했으니,[1] 공덕을 이룸에 부합되는 것을 기준으로 말한 것이다. 이곳에서는 악(樂)이라는 것은 천지의 조화로움이고 예(禮)라는 것은 천지의 질서라고 했는데, 이것은 법도를 본받음에 근본으로 삼는 것을 기준으로 말한 것이다. 무릇 성인이 제정한 예(禮)와 악(樂)은 천지의 음양(陰陽)과 서로 더불어서 유행하며 두루 통한다. 그렇기 때문에 최초에는 음양을 본받아서 예(禮)와 악(樂)을 만들고, 끝으로는 예(禮)와 악(樂)을 통해서 음양을 돕는다. 천지의 조화로움은 양(陽)이 움직여서 만물을 생겨나게 함이다. 기운이 운행하며 어그러지지 않기 때문에 만물이 모두 조화롭게 된다. 천지의 질서는 음(陰)이 고요하여 만물을 완성하게 함이다. 바탕이 갖춰지고 질서가 있기 때문에 만물이 모두 구별된다. "악(樂)이 하늘로부터 만들어졌다."는 말은 기운이 하늘에서 운행하는 것을 본받아 만들었다는 뜻이다. 그렇기 때문에 움직여서 양(陽)에 속한다. 소리[聲]와 음(音)은 기운이 나타난 것이다. "예(禮)는 땅으로써 제정한다."는 말은 바탕이 땅에서 갖춰진 것을 본받아 제정했다는 뜻이다.

---

1) 『예기』「악기」【462a~b】: 大樂與天地同和, 大禮與天地同節. 和故百物不失, 節故祀天祭地. 明則有禮樂, 幽則有鬼神. 如此則四海之內合敬同愛矣. 禮者殊事合敬者也. 樂者異文合愛者也. 禮樂之情同, 故明王以相沿也. 故事與時並, 名與功偕.

그렇기 때문에 고요하여 음(陰)에 속한다. 법칙은 바탕이 나타난 것이다. 잘못 제정되면 그 질서를 잃으니, 마치 음(陰)이 지나쳐서 숙살하게 되면 만물 중 완성된 것들이 재차 무너지는 것과 같다. 그렇기 때문에 어지럽게 된다. 잘못 만들어지면 조화로움을 잃으니, 마치 양(陽)이 지나쳐서 오래되면 만물 중 생겨나는 것들이 반대로 상처를 입게 된다. 그렇기 때문에 난폭하게 된다. 천지의 조화로움과 질서에 대해서 밝게 안 뒤에라야 예(禮)와 악(樂)을 흥성하게 만들어서 천지의 화육하는 작용을 도울 수 있다.

大全 延平周氏曰: 樂之本, 出於天地之和, 及用於天地之間, 則其和也, 能致百物之化. 禮之本, 出於天地之序, 及行於天地之間, 則其序也, 能致群物之別. 樂雖出於天地之和, 然樂則陽也, 故其作以天爲主, 禮雖出於天地之序, 然禮則陰也, 故其制以地爲主. 過制則非禮, 非禮則亂, 過作則非樂, 非樂則暴. 天地之所以節與和者, 以禮樂也. 禮樂之所以節與和者, 以天地也. 是天地則禮樂也, 禮樂則天地也. 故曰明於天地, 然後能興禮樂也.

번역 연평주씨가 말하길, 악(樂)의 근본은 천지의 조화로움에서 비롯되고 천지 사이에서 그 작용이 미치게 되니, 그 조화로움은 만물을 조화롭게 만들 수 있다. 예(禮)의 근본은 천지의 질서에서 비롯되고 천지 사이에서 그것이 시행되니, 그 질서는 만물의 구별을 이룰 수 있다. 악(樂)이 비록 천지의 조화로움에서 비롯되었더라도 악(樂)이라는 것은 양(陽)에 해당한다. 그렇기 때문에 만들 때에는 하늘을 위주로 한다. 또 예(禮)가 비록 천지의 질서에서 비롯되었더라도 예(禮)라는 것은 음(陰)에 해당한다. 그렇기 때문에 제정할 때에는 땅을 위주로 한다. 잘못 제정하면 올바른 예(禮)가 아니고 올바른 예(禮)가 아니라면 어지럽게 된다. 잘못 만들면 올바른 악(樂)이 아니고 올바른 악(樂)이 아니라면 난폭하게 된다. 천지가 절제를 하고 조화롭게 하는 것은 예(禮)와 악(樂)을 통해서 한다. 예(禮)와 악(樂)이 절제를 하고 조화롭게 하는 것은 천지를 통해서 한다. 이러한 까닭으로 천지는 곧 예악이고 예악은 곧 천지이다. 그렇기 때문에 "천지에 대해서 밝게 안 뒤에야 예악을 흥성하게 할 수 있다."라고 말한 것이다.

鄭注 化, 猶生也. 別, 謂形體異也. 言法天地也. 過, 猶誤也, 暴失文武之意.

번역 '화(化)'자는 "생기다[生]."는 뜻이다. '별(別)'자는 형체가 달라진다는 뜻이다. 예(禮)와 악(樂)은 천지를 법칙으로 삼았다는 뜻이다. '과(過)'자는 "잘못되다[誤]."는 뜻이니, 문왕(文王)과 무왕(武王)의 뜻을 잘못하여 잃어버린다는 의미이다.

孔疏 ●"樂者"至"樂也". ○正義曰: 此一節申明禮樂從天地而來, 王者必明於天地, 然後能興禮樂. 樂者, 調暢陰陽, 是"天地之和也".

번역 ●經文: "樂者"~"樂也". ○이곳 문단은 예(禮)와 악(樂)이 천지를 통해서 도출되었으니, 천자는 반드시 천지에 대해서 밝게 알아야만 그런 뒤에야 예(禮)와 악(樂)을 흥성하게 만들 수 있음을 거듭 나타낸 것이다. '악(樂)'이라는 것은 음양의 기운을 조화롭게 펴는 것이니, 이것이 "천지의 조화로움이다."는 뜻이다.

孔疏 ●"禮者, 天地之序也", 禮明貴賤, 是"天地之序也".

번역 ●經文: "禮者, 天地之序也". ○예(禮)는 귀천의 등급을 밝힌다. 이것이 "천지의 질서이다."는 뜻이다.

孔疏 ●"樂由天作"者, 樂生於陽, 是法天而作也.

번역 ●經文: "樂由天作". ○악(樂)은 양(陽)에서 생겨났으니, 이것이 하늘을 본받아서 제정했다는 뜻이다.

孔疏 ●"禮以地制"者, 禮主於陰, 是法地而制, 言法天地也.

번역 ●經文: "禮以地制". ○예(禮)는 음(陰)을 위주로 하니, 이것이 땅을 본받아서 제정했다는 의미로, 천지를 본받는다는 뜻이다.

孔疏 ●"過制則亂"者, 過, 謂誤也. 惟聖人識合天地者, 則制禮作樂不誤. 若非聖識, 則必誤, 誤制禮, 則尊卑淫亂也, 猶地體誤, 則亂於高下也.

번역 ●經文: "過制則亂". ○'과(過)'자는 "잘못되다[誤]."는 뜻이다. 오직 성인만이 천지에 대해서 잘 알아서 합치되니, 예(禮)와 악(樂)을 제정함에도 잘못을 범하지 않는다. 만약 성인처럼 밝게 아는 자가 아니라면 반드시 잘못을 범하니, 예(禮)를 잘못 만들게 되면 존비의 질서가 문란하게 되므로, 이것은 마치 땅의 본체가 잘못되면 높고 낮은 지형이 어지럽게 섞이는 것과 같다.

孔疏 ●"過作則暴"者, 謂違暴失所. 若過誤作樂, 則樂體違暴, 失文武之意, 謂文樂武樂雜亂也.

번역 ●經文: "過作則暴". ○위배하고 난폭하여 제자리를 잃는다는 뜻이다. 만약 악(樂)을 잘못 만든다면 악(樂)의 본채가 어긋나고 난폭하게 되어 문왕(文王)과 무왕(武王)의 뜻을 잃게 되니, 문(文)에 대한 음악과 무(武)에 대한 음악이 뒤섞이고 혼란스럽게 된다는 의미이다.

集解 愚謂: 禮以節行, 非所以爲亂也, 然過制則不足以爲節, 而反至於亂矣. 樂以道和, 非所以爲暴也, 然過作則不足以爲和, 而反至於暴矣. 上言"樂者天地之和, 禮者天地之序", 下又以樂專屬天, 以禮專屬地者, 蓋天地各有自然之和·序, 而樂之動而屬乎陽, 禮之靜而屬乎陰, 於天地又各有所專屬焉. 猶之立天之道曰陰與陽, 立地之道曰柔與剛, 而分而言之, 則陽與剛屬乎天, 陰與柔屬乎地, 雖若各爲一理, 而實則相通也.

번역 내가 생각하기에, 예(禮)를 통해서 행동을 절제하니 이것은 어지럽게 만드는 방법이 아니다. 그러나 잘못 제정하게 되면 절제하기에 부족하고 반대로 어지럽게 된다. 악(樂)을 통해서 조화로움을 인도하니 이것은 난폭하게 만드는 방법이 아니다. 그러나 잘못 만들게 되면 조화롭게 하기에 부족하고 반대로 난폭하게 된다. 앞에서는 "악(樂)이라는 것은 천지의

조화로움이고 예(禮)라는 것은 천지의 질서이다.”라고 했고, 그 뒤에서는
또한 악(樂)을 전적으로 하늘에 포함시키고 예(禮)를 전적으로 땅에 포함
시켰다. 그 이유는 천지는 각각 자연적인 조화로움과 질서를 갖추고 있는
데, 악(樂)은 움직이게 되어 양(陽)에 속하고 예(禮)는 고요하여 음(陰)에
속하니, 천지에 대해서 또한 각각 전적으로 해당하는 것이 있게 된다. 이것
은 하늘의 도를 세운 것을 음(陰)과 양(陽)이라고 부르며, 땅의 도를 세운
것을 유(柔)와 강(剛)이라고 부르지만,[2] 구분해서 말을 하면 양(陽)과 강
(剛)은 하늘에 속하고 음(陰)과 유(柔)는 땅에 속하여, 비록 각각 하나의
이치가 되지만, 실제로는 서로 통하게 됨과 같다.

---

2) 『역』「설괘전(說卦傳)」 : 昔者聖人之作易也, 將以順性命之理. 是以立天之道曰
陰與陽, 立地之道曰柔與剛, 立人之道曰仁與義.

• 제16절 •

예(禮)·악(樂)과 군(君)·민(民)

【464a】

> 論倫無患, 樂之情也; 欣喜歡愛, 樂之官也; 中正無邪, 禮之質也; 莊敬恭順, 禮之制也. 若夫禮樂之施於金石, 越於聲音, 用於宗廟社稷, 事乎山川鬼神, 則此所與民同也.

직역 論倫하고 患을 無함은 樂의 情이고; 欣喜歡愛는 樂의 官이며; 中正하고 邪가 無함은 禮의 質이고; 莊敬恭順은 禮의 制이다. 若夫히 禮樂을 金石에 施하고, 聲音에 越하며, 宗廟社稷에 用하고, 山川鬼神에서 事하니, 此는 民과 與하여 同한 所이다.

의역 노래에 가사가 있고, 율려(律呂)가 있어서 근심이 없게 되는 것은 악(樂)의 실정에 해당한다. 기뻐하고 사랑하게 함은 악(樂)의 기능에 해당한다. 중도에 맞고 올바르며 사벽함이 없는 것은 예(禮)의 본질에 해당한다. 장엄하고 공경하며 공손하고 순종하는 것은 예(禮)가 제재하는 것에 해당한다. 이러한 것들을 파악하기 어려우니 오직 군자만이 알 수 있다. 그런데 예(禮)와 악(樂)을 쇠나 돌로 된 악기로 연주하고 소리나 음(音)으로 표현하여, 종묘와 사직의 제사에서 사용하고 산천과 귀신들을 섬기는 것들은 백성들도 모두 알고 있는 것들이다.

集說 方氏曰: 金石聲音, 特樂而已, 亦統以禮爲言者, 凡行禮然後用樂, 用樂以成禮, 未有用樂而不爲行禮者也. 情·官·質·制者, 禮樂之義也. 金石·聲·音者, 禮樂之數也. 其數可陳, 則民之所同; 其義難知, 則君之所獨. 故於金石聲音, 曰此所與民同也.

번역 방씨가 말하길, 쇠나 돌로 된 악기 소리나 음(音) 등은 단지 악(樂)

에만 해당할 따름인데, 또한 예(禮)까지도 통괄해서 말한 이유는 무릇 예(禮)를 실행한 연후에야 악(樂)을 사용하고 악(樂)을 사용하여 예(禮)를 완성하니, 악(樂)을 사용하면서 예(禮)를 시행하지 않은 경우는 없기 때문이다. 실정·기능·바탕·제도라는 것은 예(禮)와 악(樂)의 뜻에 해당한다. 쇠나 돌로 된 악기 소리나 음(音) 등은 예(禮)와 악(樂)의 제도에 해당한다. 그 제도에 대해서는 진술할 수 있으니 백성들도 동일하게 아는 것이다. 그러나 그 뜻에 대해서는 알기 어려우니 군자만이 홀로 아는 것이다. 그렇기 때문에 쇠나 돌로 된 악기 소리 및 음(音)에 대해서는 "이것이 백성들과 함께 동일하게 아는 것이다."라고 말한 것이다.

集說 劉氏曰: 論者雅頌之辭, 倫者律呂之音. 惟其辭足論而音有倫, 故極其和而無患害. 此樂之本情也, 而在人者則以欣喜歡愛爲作樂之主焉. 中者, 行之無過不及. 正者, 立之不偏不倚. 惟其立之正而行之中, 故得其序而無邪僻. 此禮之本質也, 而在人者則以莊敬恭順爲行禮之制焉. 此聖賢君子之所獨知也. 若夫施之器而播之聲, 以事乎鬼神者, 則衆人之所共知者也.

번역 유씨가 말하길, '논(論)'이라는 것은 아(雅)나 송(頌)에 해당하는 가사들이며, '윤(倫)'이라는 것은 육률(六律)과 육려(六呂)에 해당하는 음(音)들이다. 다만 그 가사에 대해서는 논의할 수 있고 음(音)에도 질서가 있기 때문에, 조화로움을 지극히 하여 우환과 해로움이 없는 것이다. 이것은 악(樂)의 근본적인 실정에 해당하는데, 사람에게 있어서는 기뻐함과 사랑함을 악(樂)을 짓는 일에 있어서 위주로 삼는다. '중(中)'이라는 것은 행동이 지나치거나 미치지 못함이 없는 것이다. '정(正)'이라는 것은 서서 치우치거나 기울지 않는 것이다. 다만 서 있는 것이 올바르고 행실이 마땅하기 때문에 질서를 얻어서 삿되고 편벽됨이 없는 것이다. 이것은 예(禮)의 본질에 해당하는데, 사람에게 있어서는 장엄하고 공경하며 공손하고 순종하는 것을 예(禮)를 시행할 때의 제재로 삼는다. 이것은 성현과 군자만이 알 수 있는 것이다. 악기를 통해 연주하고 소리로 나타내어, 이를 통해 귀신을 섬기는 경우라면, 대중들도 모두 알고 있는 것이다.

大全 延平周氏曰: 論倫而無患者, 言其和, 和則樂之情也. 中正而無邪者, 言其中, 中則禮之質也. 欣喜歡愛者, 樂之所司, 故曰樂之官也. 莊敬恭順者, 禮之所裁, 故曰禮之制也.

번역 연평주씨가 말하길, 인륜을 논설하여 근심이 없게 되는 것은 조화로움을 뜻하니, 조화로움은 곧 악(樂)의 실정에 해당한다. 알맞고 올바르게 되어 사벽함이 없는 것은 중도를 뜻하니, 중도는 곧 예(禮)의 본질에 해당한다. 기뻐함과 사랑함이라는 것은 악(樂)이 맡아서 하는 것이다. 그렇기 때문에 "악(樂)의 기능이다."라고 말한 것이다. 장엄하고 공경하며 공손하고 순종하는 것은 예(禮)가 제재하는 것이다. 그렇기 때문에 "예(禮)의 제재이다."라고 말한 것이다.

大全 馬氏曰: 情官質制四者. 雖不同而其大槃皆不出於一人之身. 若夫施於金石, 越於聲音, 用於宗廟社稷, 事乎山川鬼神者, 不獨在於一人之身, 而與天下共之也.

번역 마씨가 말하길, 실정·기능·본질·제재라는 네 가지는 비록 동일하지 않지만 대략적으로 이 모두는 한 사람에게서 나온 것이 아니다. 쇠나 돌로 된 악기로 연주하고, 소리나 음(音)으로 나타내며, 종묘와 사직의 제사에 사용하고, 산천과 귀신을 섬기는 것들은 한 사람에게만 해당할 뿐 아니라, 천하의 모든 사람들과 함께 하는 것이다.

鄭注 倫, 猶類也. 患, 害也. 官, 猶事也. 質, 猶本也. 言情官質制, 先王所專也.

번역 '윤(倫)'자는 무리[類]라는 뜻이다. '환(患)'자는 피해[害]를 뜻한다. '관(官)'자는 사안[事]과 같다. '질(質)'자는 근본[本]과 같다. 즉 실정·사안·근본·제재라는 것은 선왕이 전적으로 담당하는 것이라는 뜻이다.

釋文 邪, 字又作衺, 同, 似嗟反.

번역 '邪'자는 그 글자를 또한 '斜'자로도 기록하니, 둘 모두 '似(사)'자와 '嗟(차)'자의 반절음이다.

孔疏 ●"論倫"至"同也". ○正義曰: 此一節明禮樂文質不同, 事爲有異.

번역 ●經文: "論倫"~"同也". ○이곳 문단은 예(禮)와 악(樂)의 형식과 본질이 다르고, 나타나는 사안에서도 차이점이 있음을 나타내고 있다.

孔疏 ●"論倫無患"者, 樂主和同, 論說等倫, 無相毀害, 是"樂之情也". 言樂之本情, 欲使倫等和同, 無相損害也.

번역 ●經文: "論倫無患". ○악(樂)은 조화롭고 합치됨을 위주로 하니, 동급의 무리들에 대해 의론할 때 서로 해치거나 피해를 줌이 없는데, 이것은 "악의 실정이다."는 뜻에 해당한다. 즉 악(樂)의 실정은 무리들로 하여금 조화롭고 합치되도록 하여, 서로 손해를 끼치게 함이 없도록 한다는 의미이다.

孔疏 ●"欣喜歡愛, 樂之官也"者, 官, 猶事也. 賀瑒云: "八音克諧, 使物歡欣, 此樂之事迹也." 在心則倫類無害, 故爲樂情. 在貌則欣喜歡愛, 故爲樂事也.

번역 ●經文: "欣喜歡愛, 樂之官也". ○'관(官)'자는 사안[事]과 같다. 하창[1]은 "팔음(八音)은 모두 조화로워서 사물들로 하여금 기뻐하게 만드니, 이것은 악(樂)이 드러난 자취이다."라고 했다. 마음에 있어서는 동급의 무리들을 논설하여 해로움이 없게 한다. 그렇기 때문에 악(樂)의 실정이 된다. 겉으로 드러남에 있어서는 기뻐하고 사랑하게 한다. 그렇기 때문에 악(樂)의 사안이 된다.

---

1) 하창(賀瑒, A.D.452~A.D.510): 남조(南朝) 때의 학자이다. 남조의 제(齊)나라와 양(梁)나라에서 각각 활동하였다. 자(字)는 덕연(德璉)이다. 『예기신의소(禮記新義疏)』 등을 찬술하였다.

孔疏 ●“中正無邪, 禮之質也”者, 謂內心中正, 無有邪僻, 是禮之本質也.

번역 ●經文: “中正無邪, 禮之質也”. ○마음이 합당하고 올바르게 되어 삿되고 치우침이 없으니, 이것은 예(禮)의 본질에 해당한다는 뜻이다.

孔疏 ●“莊敬恭順, 禮之制也”者, 外貌莊敬, 謙恭謹愼, 是禮之節制也.

번역 ●經文: “莊敬恭順, 禮之制也”. ○겉모습이 장엄하고 공경하며 겸손하고 공손하여 신중히 하는 것은 예(禮)에 따라 절제한 것이다.

孔疏 ●“若夫禮樂之施於金石, 越於聲音”者, 此明樂也.

번역 ●經文: “若夫禮樂之施於金石, 越於聲音”. ○이 구문은 악(樂)에 대해서 나타내고 있다.

孔疏 ●“用於宗廟社稷, 事乎山川鬼神”者, 此明禮也. 若通而言之, 則禮樂相將矣.

번역 ●經文: “用於宗廟社稷, 事乎山川鬼神”. ○이 구문은 예(禮)에 대해서 나타내고 있다. 만약 통괄적으로 말을 한다면 예(禮)와 악(樂)이 함께 사용된다.

孔疏 ●“則此所與民同也”者, 言施於金石, 越於聲音, 用於宗廟社稷, 事乎山川鬼神, 此等與民共同有也. 前經論樂之情, 樂之官, 禮之質, 禮之制, 是先王所專有也, 言先王獨能專此四事.

번역 ●經文: “則此所與民同也”. ○쇠나 돌로 된 악기로 연주하고 소리나 음(音)으로 나타내며, 종묘와 사직의 제사에서 사용하고 산천과 귀신을 섬기는데, 이러한 것들은 백성들과 함께 갖추고 있다는 뜻이다. 앞의 경문에서는 악(樂)의 실정, 악(樂)의 사안, 예(禮)의 본질, 예(禮)의 제재에 대해서 논의했는데, 이것은 선왕만이 전적으로 갖춘 것들로, 곧 선왕만이 홀로 이러한 네 가지 것들을 전적으로 다룰 수 있다는 뜻이다.

訓纂 王注: 言能合道, 論中倫理, 而無患也.

번역 왕숙의 주에서 말하길, 도에 합치될 수 있고 논의 중에 윤리가 포함되어 있어서 우환이 없다는 뜻이다.

訓纂 王注: 自天子至民人, 皆貴禮之和·樂之和, 以事鬼神先祖也.

번역 왕숙의 주에서 말하길, 천자로부터 백성에 이르기까지 모두 예(禮)의 조화로움과 악(樂)의 조화로움을 존귀하게 여겨서 귀신과 선조를 섬길 수 있다.

訓纂 劉氏台拱曰: 順, 疑愼字之誤, 古順·愼通.

번역 유태공이 말하길, '순(順)'자는 아마도 '신(愼)'자의 오자인 것 같으니, 고대에는 순(順)자와 신(愼)자를 통용해서 사용했다.

訓纂 王氏引之曰: 正義曰"謙恭謹愼", 則所據本作愼, 不作順可知.

번역 왕인지가 말하길, 『정의』에서는 '겸공근신(謙恭謹愼)'이라고 기록했으니, 『정의』에서 근거했던 판본에는 '신(愼)'자로 기록되어 있었고, '순(順)'자로 기록되지 않았음을 알 수 있다.

集解 愚謂: 論倫無患者, 言其心之和順足以論說樂之倫理, 而不相悖害也. 樂之情, 禮之質, 以其根於心者言, 聖人制禮樂之本也. 樂之官, 禮之制, 以其著於事者言, 聖人用禮樂之實也. 至於禮樂旣達, 而施而用之, 又欲以情·官·質·制徧化天下之人, 而與民同之也.

【번역】 내가 생각하기에, '논륜무환(論倫無患)'이라는 말은 마음이 조화롭
고 순종적이어서 악(樂)의 윤리에 대해서 논설하기에 충분하고, 서로 어긋
나거나 해를 입히지 않는다는 뜻이다. 악(樂)의 실정과 예(禮)의 본질은 마
음에 근본한 것을 기준으로 한 말이며, 성인이 예(禮)와 악(樂)의 근본을
제정한 것이다. 악(樂)의 기능과 예(禮)의 제재는 사안으로 드러나는 것을
기준으로 한 말이며, 성인이 예(禮)와 악(樂)의 실질을 사용한 것이다. 예
(禮)와 악(樂)에 대해서 이미 두루 달통해 있고 그것을 베풀어 사용하며,
또한 실정·기능·본질·제재라는 것을 통해서 천하의 사람들을 두루 변화
하게 하여 백성들과 함께 동일하게 따르고자 하는 것이다.

【集解】 右第四章, 言禮樂之作, 本於天地而達於民也.

【번역】 여기까지는 제 4장으로, 예(禮)와 악(樂)을 만든 것은 천지에 근본
을 두고 있고, 백성들에게 두루 통한다는 뜻이다.

【集解】 右樂論篇第二.

【번역】 여기까지는 「악론(樂論)」편으로 제 2편에 해당한다.

제3편

악례 (樂禮)

• 제 17 절 •

성인(聖人)과 작악(作樂) · 제례(制禮)

【464c】

> 王者功成作樂, 治定制禮, 其功大者其樂備, 其治辯者其禮具. 干戚之舞, 非備樂也; 孰亨而祀, 非達禮也. 五帝殊時, 不相沿樂; 三王異世, 不相襲禮. 樂極則憂, 禮粗則偏矣. 及夫敦樂而無憂, 禮備而不偏者, 其唯大聖乎!

직역 王者는 功이 成하면 樂을 作하고, 治가 定하면 禮를 制하니, 그 功이 大한 者는 그 樂이 備하고, 그 治가 辯한 者는 그 禮가 具한다. 干戚의 舞는 備樂이 非이며; 孰亨하여 祀함은 達禮가 非이다. 五帝는 時가 殊하여, 相히 樂을 沿하길 不하고; 三王은 世가 異하여, 相히 禮를 襲하길 不이라. 樂이 極하면 憂하고, 禮가 粗하면 偏한다. 夫히 樂이 敦하여 憂가 無하고, 禮가 備하여 不偏한 者에 及함은 그 唯히 大聖인져!

의역 천자가 된 자는 공덕을 이루면 악(樂)을 만들고, 다스림의 도리가 안정되면 예(禮)를 제정하니, 그 공덕이 큰 경우에는 음악도 제대로 갖춰지고, 그 다스림의 도리가 두루 미친 경우에는 예(禮)도 온전히 갖춰진다. 방패나 도끼를 들고 추는 춤은 제대로 갖춰진 악(樂)이 아니며, 희생물을 익혀서 제사를 지내는 것은 두루 달통하는 예(禮)가 아니다. 오제(五帝) 때에는 때가 달랐으므로, 악(樂)에 대해서 서로 따르지 않았던 것이며, 삼왕(三王) 때에는 세대가 달라졌으므로, 예(禮)에 대해서 서로 답습만하지 않았던 것이다. 악(樂)이 지나치게 지극해지면 근심스럽게 되고, 예(禮)가 너무 소략하게 되면 치우치게 된다. 무릇 악(樂)을 후하게 하더라도 근심이 없게 되고 예(禮)가 갖춰져서 치우치지 않는 경우는 오직 위대한 성인만이 가능할 것이다!

集說 干戚之舞, 武舞也. 不如韶樂之盡善盡美, 故云非備樂也. 熟烹牲體而薦, 不如古者血腥之祭爲得禮意, 故云非達禮也. 若奏樂而欲極其聲音之娛樂, 則樂極悲來, 故云樂極則憂; 行禮粗略而不能詳審, 則節文之儀, 必有偏失而不舉者, 故云禮粗則偏矣. 惟大聖人則道全德備, 雖敦厚於樂, 而無樂極悲來之憂; 其禮儀備具, 而無偏粗之失也.

번역 방패와 도끼를 들고 추는 춤은 무무(武舞)에 해당한다. 소(韶)라는 악곡처럼 진선과 진미를 다한 것만 못하기 때문에,[1] "모든 것이 갖춰진 음악이 아니다."라고 말한 것이다. 희생물을 익혀서 바치는 것은 고대에 피와 생고기를 바쳐서 제사를 지내어 예(禮)의 뜻을 다할 수 있었던 것만 못하기 때문에,[2] "달통한 예(禮)가 아니다."라고 말한 것이다. 만약 음악을 연주하여 소리와 음(音)에 따른 즐거움을 지극히 하고자 한다면, 악(樂)이 지나치게 되어 슬픈 감정이 찾아오게 된다. 그렇기 때문에 "악(樂)이 너무 지극해지면 근심스럽게 된다."라고 말한 것이다. 또 예(禮)를 시행하며 지나치게 소략하고 세심하게 살필 수 없다면, 절도와 격식에 따른 의례에 반드시 치우치거나 실수를 범한 점이 생겨 거행하지 못하는 경우가 발생한다. 그렇기 때문에 "예(禮)가 너무 거칠게 되면 치우친다."라고 말한 것이다. 오직 위대한 성인만이 도(道)를 온전히 하고 덕(德)을 모두 갖춰서, 비록 악(樂)에 대해 후하게 하더라도 악(樂)을 너무 지나치게 해서 슬픈 감정이 도래하는 근심이 없을 수 있고, 그 예의(禮儀)에 대해서는 모두 갖춰서 치우치거나 소략하게 되는 실수가 없게 된다.

大全 嚴陵方氏曰: 樂以象其功, 禮以飾其治. 以樂象其功, 故其功大者其樂備, 以禮飾其治, 故其治辯者其禮具.

번역 엄릉방씨가 말하길, 악(樂)을 통해서 공덕을 형상화하고, 예(禮)를

---

1) 『논어』「팔일(八佾)」 : 子謂韶, "盡美矣, 又盡善也." 謂武, "盡美矣, 未盡善也."
2) 『예기』「교특생(郊特牲)」【317d】 : 大路繁纓一就, 先路三就, 次路五就. <u>郊血, 大饗腥</u>, 三獻爓, 一獻孰, 至敬不饗味而貴氣臭也.

통해서 다스림을 장식하게 된다. 악(樂)을 통해서 공덕을 형상화하기 때문에 공이 큰 경우에는 악(樂)도 갖춰지게 되고, 예(禮)를 통해서 다스림을 장식하기 때문에 다스림이 두루 미치는 경우에는 예(禮)도 갖춰지게 된다.

鄭注 功成·治定, 同時耳. 功主於王業, 治主於敎民. 明堂位說周公曰: "治天下六年, 朝諸侯於明堂, 制禮作樂." 辯, 徧也. 樂以文德爲備, 若咸池者, 孔子曰: "韶盡美矣, 又盡善也." 謂: "武盡美矣, 未盡善也." 達, 具也. 郊特牲曰: "郊血, 大饗腥, 三獻爓, 一獻孰. 至敬不饗味而貴氣臭也." 言其有損益也. 樂, 人之所好也, 害在淫佚. 禮, 人之所勤也, 害在倦略. 敦, 厚也.

번역 공덕이 완성되고 다스림이 안정되는 것은 같은 시기에 진행되는 일일 따름이다. 공덕은 천자의 과업에 주안점을 두고, 다스림은 백성들을 교화하는데 주안점을 둔다. 『예기』「명당위(明堂位)」편에서는 주공(周公)에 대해 설명하며, "섭정하여 천하를 다스려 6년이 지난 이후 명당(明堂)에서 제후들에게 조회를 받았고, 예(禮)를 제정하고 악(樂)을 만들었다."[3]라고 했다. '변(辯)'자는 "두루 미치다[徧]."는 뜻이다. 악(樂)에서는 문덕(文德)을 표현한 것을 갖춰진 것이라고 여기니 함지(咸池)[4]라는 악곡과 같은 것으로, 공자는 "소(韶)는 아름다움을 다 드러냈고, 또 선함도 다 드러냈다."라고 했다. 그리고 "무(武)는 아름다움을 다 드러냈지만, 선함에 대해서는 다 드러내지 못했다."라고 했다. '달(達)'자는 "갖춰지다[具]."라는 뜻이다. 『예기』「교특생(郊特牲)」편에서는 "교(郊)제사[5] 때에는 희생물의 피

---

3) 『예기』「명당위(明堂位)」【398d】: 昔殷紂亂天下, 脯鬼侯以饗諸侯, 是以周公相武王以伐紂. 武王崩, 成王幼弱, <u>周公踐天子之位以治天下. 六年朝諸侯於明堂, 制禮作樂頒度量</u>, 而天下大服. 七年致政於成王.

4) 대함(大咸)은 요(堯)임금 때의 악무(樂舞)이다. 주(周)나라의 육무(六舞) 중 하나로 정착하였다. 또한 함지(咸池)라고도 부른다.

5) 교제(郊祭)는 '교사(郊祀)'라고도 부른다. 교외(郊外)에서 천지(天地)에 제사를 지냈기 때문에 붙여진 명칭이다. 음양설(陰陽說)이 성행했던 한(漢)나라 때에는 하늘에 대한 제사는 양(陽)의 뜻을 따라 남교(南郊)에서 지냈고, 땅에 대한 제사는 음(陰)의 뜻을 따라 북교(北郊)에서 지냈다. 『한서』「교사지하(郊祀志下)」편에는 "帝王之事莫大乎承天之序, 承天之序莫重於<u>郊祀</u>. …… 祭

[血]를 바치고, 대향(大饗)에는 생고기[腥]를 바치며, 삼헌(三獻)[6]을 하는 제사에서는 데친 고기[爓]를 바치고, 일헌(一獻)[7]에는 익힌 고기[孰]를 바치니, 지극히 공경해야 하는 대상에 대해서는 음식의 맛을 흠향시키는 것이 아니고, 기운[氣]과 냄새[臭]를 귀하게 여긴다."[8]라고 했다. 오제(五帝)와 삼왕(三王) 때에는 각각 덜어내고 더한 점이 있다는 뜻이다. 악(樂)은 사람들이 좋아하는 대상인데, 해롭게 되는 것은 음란하고 지나치게 되는 점에 달려있다. 예(禮)는 사람들이 힘쓰는 대상인데, 해롭게 되는 것은 게을러 소략하게 하는데 달려있다. '돈(敦)'자는 "두텁다[厚]."는 뜻이다.

釋文 王如字, 徐于況反. 治定, 直吏反, 注"治定"・"治主"・下"治辯"同. 辨, 本又作辯, 舊音遍, 按廣雅: "辨, 徧也." 薄莧反. 徧音遍. 亨, 沈普衡反, 徐許兩反. 爓, 在廉反. 粗, 倉都反, 後皆同. 徧音篇, 下同. 好, 呼報反. 俖, 苦瓜反. 夫音扶, 下皆放此.

번역 '王'자는 글자대로 읽는데, 서음(徐音)은 '于(우)'자와 '況(황)'자의 반절음이다. '治定'에서의 '治'자는 '直(직)'자와 '吏(리)'자의 반절음이며, 정현의 주에 나오는 '治定'과 '治主'에서의 '治'자와 아래문장에 나오는 '治辯'에서의 '治'자도 그 음이 모두 이와 같다. '辨'자는 판본에 따라서 또한 '辯'자로도 기록하는데, 구음(舊音)은 '遍(편)'이며, 『광아』[9]를 살펴보면, "'辨'

天於南郊, 就陽之義也. 地於北郊, 卽陰之象也."라는 기록이 있다. 한편 '교사'는 후대에 제사를 범칭하는 용어로도 사용되었다. '교사' 중의 '교(郊)'자는 규모가 큰 제사를 뜻하며, '사(祀)'는 비교적 규모가 작은 제사들을 뜻한다.

6) 삼헌(三獻)은 세 차례 술을 따라서 바친다는 뜻이다. 사직(社稷) 및 오사(五祀)에 대한 제사를 지내게 되면, 해당 의례에서는 모두 세 차례 술을 따라서 바치게 되므로, 이러한 제사들을 '삼헌'이라고 부른다.

7) 일헌(一獻)은 한 차례 술을 따라서 바친다는 뜻이다. 뭇 소사(小祀)에 해당하는 신들에게 제사를 지내게 되면, 제사 대상들의 서열이 비교적 낮으므로, 술에 있어서도 오직 한 번만 바친다. 그렇기 때문에 이러한 제사들을 '일헌'이라고 부른다.

8) 『예기』「교특생(郊特牲)」【317d】: 大路繁纓一就, 先路三就, 次路五就. <u>郊血, 大饗腥, 三獻爓, 一獻孰, 至敬不饗味而貴氣臭也</u>.

9) 『광아(廣雅)』는 위(魏)나라 때 장읍(張揖)이 지은 자전(字典)이다. 『박아(博

자는 두루 미친다는 뜻이다."라고 했고, 그 음은 '薄(박)'자와 '莧(현)'자의
반절음이라고 했다. '徧'자의 음은 '遍(편)'이다. '亨'자의 심음(沈音)은 '普
(보)'자와 '衡(형)'자의 반절음이며, 서음은 '許(허)'자와 '兩(량)'자의 반절음
이다. '爓'자는 '在(재)'자와 '廉(렴)'자의 반절음이다. '粗'자는 '倉(창)'자와
'都(도)'자의 반절음이며, 이후에 나오는 글자도 모두 그 음이 이와 같다.
'偏'자의 음은 '篇(편)'이며, 아래문장에 나오는 글자도 그 음이 이와 같다.
'好'자는 '呼(호)'자와 '報(보)'자의 반절음이다. '侉'자는 '苦(고)'자와 '瓜(과)'
자의 반절음이다. '夫'자의 음은 '扶(부)'이며, 아래문장에 나오는 이 글자는
모두 이와 같다.

孔疏 ●"王者"至"聖乎". ○正義曰: 此章是樂記第三章, 名曰樂禮章也. 章
中明王者爲治, 必制禮作樂, 故名樂禮章也. 按鄭目錄云第三是樂施, 第四是
樂言, 第五是樂禮. 今記者以樂禮爲第三言[10], 鄭目錄當是舊次未合之時, 此
今所列, 或記家別起意, 意趣不同故也.

번역 ●經文: "王者"~"聖乎". ○이곳 장은 「악기」의 제 3장에 해당하
며, 「악례(樂禮)」장이라고 부른다. 이곳에서는 성왕이 다스림의 도리를 시
행할 때 반드시 예(禮)를 제정하고 악(樂)을 만든다는 사안을 나타내고 있
다. 그렇기 때문에 「악례」장이라고 정한 것이다. 정현의 『목록』을 살펴보
면, 제 3장은 「악시(樂施)」이고, 제 4장은 「악언(樂言)」이며, 제 5장은 「악
례」이다. 현재 『예기』를 기록한 자는 「악례」를 제 3장으로 배열했다. 그
이유는 정현의 『목록』에 나온 배열은 옛 순서에 따른 것으로 배열이 아직

雅)』라고도 부른다. 『이아』의 체제를 계승하고, 새로운 내용을 보충하여, 경
전(經典)에 기록된 글자들을 해석한 서적이다. 본래 상·중·하 3권으로 구
성되어 있었지만, 수(隋)나라 조헌(曹憲)이 재차 10권으로 편집하였다. 한편
'광(廣)'자가 수나라 양제(煬帝)의 시호였기 때문에, 피휘를 하여, 『박아』라고
부르게 되었다.
10) '언(言)'자에 대하여. 『십삼경주소(十三經注疏)』 북경대 출판본에서는 "'언'자
를 『민본(閩本)』·『감본(監本)』·『모본(毛本)』에서는 동일하게 기록하고 있는
데, 위씨(衛氏)의 『집설(集說)』에서는 '장(章)'자로 기록했다."라고 했다.

적절하게 부합되지 않았을 때의 순서를 반영한 것이다. 그런데 이곳에서는 배열을 달리하고 있다. 그 이유는 아마도 『예기』를 기록한 자가 별도로 자신의 뜻을 반영하여, 그 의도가 달라졌기 때문이다.

孔疏 ●"王者功成作樂, 治定制禮"者, 功成, 謂天子功業旣成. 治定, 謂民得王敎, 尊卑位定也. 然功成治定, 俱是一時, 但所斷義, 各有異也, 故分言耳. "功成作樂"者, 王者先王之功, 由民所樂, 故功成命而作樂, 以應民所樂之心. 猶如民樂周有干戈而業成, 故周王成功, 制干戈之樂也. "治定制禮"者, 禮以體別爲義, 今治人得體, 故制禮應之. 如周王太平乃制禮也. 而樂云"作", 禮云"制"者, 作是動用, 制是裁斷, 禮是形化, 故言"制", 樂是氣化, 故言"作", 亦相互也. 白虎通云: "樂者, 陽也, 動作倡始, 故言作也. 禮者, 陰也, 繫制於陽, 故云制也." 治定, 謂敎民從化. 若用質敎民治定者, 則制禮省略也. 若用文敎民而治定者, 則制禮繁多也. 其法雖殊, 若大判而論, 則五帝以上尙樂, 三王之世貴禮, 故樂興五帝, 禮盛三王, 所以爾者, 五帝之時尙德, 故義取於同和; 三王之代尙禮, 故義取於儀別. 是以樂隨王者之功, 禮隨治世之敎也.

번역 ●經文: "王者功成作樂, 治定制禮". ○'공성(功成)'은 천자의 공덕과 과업이 이미 완성되었다는 뜻이다. '치정(治定)'은 백성들이 천자의 교화를 받게 되어, 신분의 질서가 안정되었다는 뜻이다. 그러나 공덕이 이루어지고 다스림의 도리가 안정되는 것은 모두 동시에 일어나는 일인데, 다만 그 의미를 취함에 있어서 각각 차이를 보인 것이다. 그렇기 때문에 구분해서 말한 것일 뿐이다. 경문의 "功成作樂"에 대하여. 천자가 세운 선왕의 공덕은 백성들이 즐거워하는 것에 연유한다. 그렇기 때문에 공덕이 이루어지면 명령을 하여 악(樂)을 짓도록 해서, 이를 통해 백성들이 즐거워하는 마음에 호응하도록 한다. 이것은 마치 백성들이 주(周)나라가 전쟁을 일으켜서 과업을 완성하는 것을 즐거워했던 경우와 같다. 그렇기 때문에 주나라 천자는 공덕을 이루고서 방패와 창을 무용도구로 사용하는 악(樂)을 제정했던 것이다. 경문의 "治定制禮"에 대하여. 예(禮)는 본체의 구별을 뜻으로 삼으니, 현재 사람들을 다스림에 적절하게 구별된 본체를 얻게 되었기 때문에, 예(禮)를 제정하여 호응하게 한 것이다. 마치 주나라 천자가 태평성세를 이루어서 예(禮)를 제정했던 것과 같다. 그런데 악(樂)에 대해서는 "만든다[作]."라고 했고 예(禮)에 대해서는 "제정한다[制]."라고 했다. 그 이유는 '작(作)'이라는 말은 움직이며 쓰인다는 뜻에 해당하고 '제(制)'자는 재단한다는 뜻이 되며, 예(禮)는 형체로 드러나는 것이기 때문에 '제(制)'라고 말한 것이고, 악(樂)은 기운을 통해 나타나는 것이기 때문에 '작(作)'이라고 말한 것인데, 이 또한 상호 호환이 되도록 기록한 것이다. 『백호통』[11]은 "악(樂)이라는 것은 양(陽)에 해당하고, 움직이고 일으키며 선창하고 시작하기 때문에 '작(作)'이라고 말한다. 예(禮)라는 것은 음(陰)에 해당하고, 양(陽)과 연계되어 절제하는 것이기 때문에 '제(制)'라고 말한다."라고 했다. '치정(治定)'은 백성들을 가르쳐서 교화에 따르도록 한다는 뜻이다. 만약 질박한 것을 사용하여 백성들을 가르쳐서 다스림이 안정되는 경우에는 예(禮)를 제정한 것도 소략하게 된다. 만약 화려한 것을 사용하여 백성들을 가르치고 다스림이 안정되는 경우에는 예(禮)를 제정한 것도 번다하게 된다. 법도에 비록 차이를 보이지만 대략적으로 논의를 한다면, 오제(五帝)로부터 그 이상의 제왕들은 악(樂)을 숭상했고, 삼왕(三王) 때에는 예(禮)를 존귀하게 여겼다. 그렇기 때문에 악(樂)은 오제 때 흥성했고 예(禮)는 삼왕 때 융성하게 되었으니, 이처럼 된 이유는 오제 시대에는 덕을 숭상했기 때문에 함께 하고 조화로운 데에서 뜻을 취한 것이고, 삼왕 때에는 예(禮)를 숭상했기 때문에 의례에 따른 구별에서 뜻을 취한 것이다. 이러한 까닭으로 악(樂)은 천자의 공덕에 따르게 되어 있고 예(禮)는 세상을 다스리는 교화에 따르게 되어 있다.

孔疏 ●"其功大者其樂備, 其治辯者其禮具"者, 辯, 徧也. 夫禮樂必由其功治, 功治有大小, 故禮樂亦應以廣狹也. 若以一代而言, 則武王功治尙小, 故禮

---

11) 『백호통(白虎通)』은 후한(後漢) 때 편찬된 서적이다. 『백호통의(白虎通義)』라고도 부른다. 후한의 장제(章帝)가 학자들을 불러 모아서, 백호관(白虎觀)에서 토론을 시키고, 각 경전 해석의 차이점을 기록한 서적이다.

樂未得備徧. 至周公功成治大, 故禮樂應之而備也. 若異代言之, 則堯·舜功
大治辯, 樂備禮具. 若湯·武比於堯·舜, 則功小治狹, 樂不備, 禮不具也. 樂
備, 謂文德備具; 不備, 謂干戚之舞矣. 禮具, 則血腥而祭, 不具, 謂孰亨而祀.
言禮樂之體, 皆以德爲備具也.

번역 ●經文: "其功大者其樂備, 其治辯者其禮具". ○'변(辯)'자는 "두루
미치다[徧]."는 뜻이다. 무릇 예(禮)와 악(樂)은 반드시 공덕과 다스림의 도
리에서 비롯되는데, 공덕과 다스림의 도리에는 크고 작은 차이가 있다. 그
렇기 때문에 예(禮)와 악(樂) 또한 그에 호응하여 넓게 되기도 하고 좁게
되기도 한다. 만약 한 시대에 기준을 두고 말을 한다면, 무왕(武王)의 공덕
과 다스림의 도리는 여전히 작았기 때문에 예(禮)와 악(樂)도 아직까지 완
전히 갖춰지고 두루 미치지 못한 것이다. 주공(周公) 때에 이르러 공덕이
완성되고 다스림의 도리도 크게 되었기 때문에, 예(禮)와 악(樂)도 이에 호
응하여 갖춰지게 되었다. 만약 다른 시대를 기준으로 말을 해본다면, 요
(堯)와 순(舜)임금의 공덕은 크고 다스림의 도리도 두루 미쳤으므로, 악
(樂)과 예(禮)가 갖춰지게 되었다. 탕(湯)과 무왕을 요와 순에 비교해보면,
그 공덕은 작고 다스림의 도리도 협소하므로, 악(樂)과 예(禮)가 제대로 갖
춰지지 않았다. 악(樂)이 갖춰졌다는 말은 문덕이 모두 갖춰졌다는 뜻이며,
갖춰지지 않았다는 말은 방패와 도끼를 들고 추는 악무를 뜻한다. 예(禮)가
갖춰졌다는 말은 희생물의 피와 생고기로 제사를 지낸다는 뜻이며, 갖춰지
지 않았다는 말은 고기를 익혀서 제사를 지낸다는 뜻이다. 즉 예(禮)와 악
(樂)의 본체는 모두 덕을 갖춰진 것으로 여긴다는 의미이다.

孔疏 ●"干戚之舞, 非備樂也"者, 言周樂干戚之舞, 非如舜時文德之備樂也.

번역 ●經文: "干戚之舞, 非備樂也". ○주(周)나라 때의 악무는 방패와
도끼를 들고 추는 춤이니, 순(舜)임금 때 문덕을 통해 제대로 갖춰진 음악
만은 못하다는 뜻이다.

孔疏 ●"執亨而祀, 非達禮也"者, 言後世執亨牲體而祭祀, 非如五帝之時血腥之達禮也.

번역 ●經文: "執亨而祀, 非達禮也". ○후세에 희생물을 익혀서 제사를 지냈던 것은 오제(五帝) 시대 때 희생물의 피와 생고기를 바쳐서 두루 통했던 예(禮)만은 못하다는 뜻이다.

孔疏 ●"五帝殊時, 不相襲樂"者, 沿, 因也. 五帝旣先後殊時, 不相共同用一樂也.

번역 ●經文: "五帝殊時, 不相襲樂". ○'연(沿)'자는 "~에 따른다[因]."는 뜻이다. 오제(五帝)시기에는 선대와 후대에 따라 그 시기가 달라졌으므로, 모두 동일한 악(樂)을 사용하지 않았다는 의미이다.

孔疏 ●"三王異世, 不相襲禮"者, 三王前後異世, 不相共襲因一禮也. 若論禮樂之情, 則聖王同用也. 故前文云"禮樂之情同, 故明王以相沿", 是也. 此論禮樂之迹, 損益有殊, 隨時而改, 故12)云不相襲也.

번역 ●經文: "三王異世, 不相襲禮". ○삼왕(三王)시기에는 선대와 후대가 이미 달라져서, 모두 동일한 예(禮)를 사용하며 답습하지 않았다. 만약 예(禮)와 악(樂)의 실정을 기준으로 논의한다면, 성왕이 사용했던 것은 동일하다. 그렇기 때문에 앞 문장에서는 "예(禮)와 악(樂)의 실정은 같다. 그렇기 때문에 성왕이 서로 따랐다."13)라고 말한 것이다. 이곳에서는 예(禮)

---

12) '고(故)'자에 대하여. '고'자는 본래 없던 글자인데, 완원(阮元)의 『교감기(校勘記)』에서는 "혜동(惠棟)의 『교송본(校宋本)』에는 '고'자가 기록되어 있다. 따라서 이곳 판본에는 '고'자가 누락된 것이며, 『민본(閩本)』·『감본(監本)』·『모본(毛本)』에도 동일하게 누락되어 있으며, 위씨(衛氏)의 『집설(集說)』에는 '고불상연습야(故不沿襲也)'라고 기록되어 있다."라고 했다.

13) 『예기』「악기」【462a~b】: 大樂與天地同和, 大禮與天地同節. 和故百物不失, 節故祀天祭地. 明則有禮樂, 幽則有鬼神. 如此則四海之內合敬同愛矣. 禮者殊事合敬者也. 樂者異文合愛者也. 禮樂之情同, 故明王以相沿也. 故事與時並, 名

와 악(樂)이 드러난 자취를 논의하여, 덜고 더함에 차이가 있고 때에 따라 고쳐지기 때문에, "서로 답습하지 않았다."라고 말한 것이다.

孔疏 ●"樂極則憂"者, 樂人之所好, 害在淫侈. 若極而不止, 則必至憂蹙也.

번역 ●經文: "樂極則憂". ○악(樂)은 사람들이 즐거워하는 것인데, 해롭게 되는 것은 음탕하고 지나친 데 달려있다. 만약 너무 극도로 하여 그치지 않는다면 반드시 우환을 재촉하게 된다.

孔疏 ●"禮粗則偏矣"者, 偏, 謂倦略. 禮者, 人之所勤, 言人不能勤行於禮, 好生懈倦, 則致粗略. 偏, 謂不周備也.

번역 ●經文: "禮粗則偏矣". ○'편(偏)'자는 게으르고 소략하다는 뜻이다. 예(禮)라는 것은 사람들이 힘쓰는 대상이니, 즉 사람들이 예(禮)를 시행하는데 힘쓸 수 없고 나태함을 좋아한다면, 너무 거칠고 소략하게 된다는 뜻이다. '편(偏)'자는 두루 갖추지 않았다는 뜻이다.

孔疏 ●"及夫敦樂而無憂"者, 敦, 厚也. 厚重於樂, 知足則止, 而無至於憂也.

번역 ●經文: "及夫敦樂而無憂". ○'돈(敦)'자는 "두텁다[厚]."는 뜻이다. 악(樂)에 대해서 중시하고 두텁게 하더라도, 만족할 줄 알아서 멈추게 되어 근심에 빠지는 일이 없다.

孔疏 ●"禮備而不偏"者, 行禮安靜, 委曲備具, 不致勤苦倦略. 能如此者, 其唯大聖乎. 言大聖之人, 能行禮樂如此也.

번역 ●經文: "禮備而不偏". ○예(禮)를 시행함이 안정되고 고요하며, 두루 갖춰져 있어서, 너무 고달파서 소략하게 되는 지경에 이르지 않는다.

與功偕.

이처럼 할 수 있는 자는 오직 위대한 성인일 따름이다. 즉 위대한 성인만이 이처럼 예(禮)와 악(樂)을 시행할 수 있다는 뜻이다.

孔疏 ◎注“功14)成”至“作樂”. ○正義曰: “功成治定, 同時耳”者, 謂一時之事, 若周公攝政六年是也. 云“功主於王業”者, 功, 謂王業之功. 樂者, 聖人所樂, 發揚己之功德, 故云“功成作樂”. 云“治主於敎民”者, 治定, 謂治人安定, 使上下有序. 禮者, 主於施下, 明下之從順, 故治定制禮也.

번역 ◎鄭注: “功成”~“作樂”. ○정현이 “공덕이 완성되고, 다스림이 안정되는 것은 같은 시기에 진행되는 일일 따름이다.”라고 했는데, 이것은 동시에 일어나는 일을 뜻하니, 마치 주공(周公)이 섭정을 한 후 6년째가 되는 해와 같다. 정현이 “공덕은 천자의 과업에 주안점을 둔다.”라고 했는데, ‘공(功)’은 천자가 이룩하는 공덕을 뜻한다. ‘악(樂)’이라는 것은 성인이 즐거워하는 것으로 자신의 공덕을 드러낸 것이다. 그렇기 때문에 “공덕이 완성되면 악(樂)을 만든다.”라고 말한 것이다. 정현이 “다스림은 백성들을 교화하는데 주안점을 둔다.”라고 했는데, ‘치정(治定)’은 백성들을 다스리는 일이 안정되어, 상하 계층에 질서가 생기도록 했다는 뜻이다. 예(禮)라는 것은 밑으로 베풀어 시행하는데 주안점을 두고, 아랫사람들이 따르고 순종하도록 한다. 그렇기 때문에 다스림의 도리가 안정되면 예(禮)를 제정하는 것이다.

孔疏 ◎注“樂以”至“善也”. ○正義曰: 鄭之此注, 據異代. 此經云“干戚非備樂”, 明以文德爲備, 故云“若咸池者”, 下文云“咸池備矣”, 是也. 引論語舜以文德爲備, 故云“韶盡美矣”, 謂樂音美也, “又盡善也”, 謂文德具也. 虞舜之時, 雜舞干羽於兩階, 而文多於武也. 謂“武盡美矣”者, 大武之樂, 其體美矣, 下文說大武之樂, 是也. “未盡善”者, 文德猶少, 未致太平.

---

14) ‘공(功)’자에 대하여. ‘공’자는 본래 없던 글자인데, 완원(阮元)의 『교감기(校勘記)』에서는 “‘성(成)’자 앞에는 마땅히 ‘공’자가 있어야 한다.”라고 했다.

번역 ◎鄭注: "樂以"~"善也". ○정현의 이곳 주석은 다른 시대에 기준을 둔 말이다. 이곳 경문에서는 "방패와 도끼를 들고 추는 악무는 갖춰진 악(樂)이 아니다."라고 했으니, 문덕을 표현한 것을 갖춰진 음악이라고 여긴다는 사실을 나타낸다. 그렇기 때문에 정현은 "함지(咸池)와 같은 것이다."라고 말한 것이니, 아래문장에서 "함지(咸池)는 모든 것을 갖췄다는 뜻이다."15)라고 한 말이 바로 이러한 사실을 나타낸다. 정현이 『논어』를 인용하여, 순(舜)임금의 문덕을 표현한 것이 갖춰진 것이라고 했다. 그렇기 때문에 "소(韶)는 아름다움을 다 표현한다."라고 말한 것이니, 악(樂)과 음(音)의 아름다움을 뜻한다. 또 "또한 선함을 다 표현한다."라고 했는데, 이것은 문덕이 갖춰져 있음을 뜻한다. 우순(虞舜) 시대에는 양쪽 계단에서 방패와 깃털로 춤을 추는 무용수들이 뒤섞여 있었는데, 문(文)을 표현한 것이 무(武)를 표현한 것보다 많았다. "무(武)는 아름다움을 다 표현했다."라고 한 말은 대무(大武)라는 악곡을 뜻하니, 그 본체는 아름답다. 아래문장에서 대무(大武)의 악무를 설명한 것이 바로 그 뜻을 나타낸다. "아직 선함을 다 표현하지 못했다."는 말은 문덕이 여전히 작아서, 태평성대를 이루지 못했다는 의미이다.

孔疏 ◎注"達具"至"臭也". ○正義曰: 按禮運云"薦其血毛", 謂上古也. "腥其俎, 熟其殽", 謂中古也. "退而合亨", 謂三王也. 是上代質, 用血腥, 次代文, 用亨孰, 故引郊特牲"郊血, 大饗腥, 三獻爓, 一獻孰"以結之. 是卑者爓孰, 尊者血腥. 尊者禮具, 卑者不具. 然三王之世, 禮文煩多. 五帝之時, 禮文簡略. 今以上世爲具禮, 下世爲不具禮者, 禮之所具在於德, 上代禮文雖略, 德備也. 下代禮文雖煩, 德不具也. 故前文云"大禮與天地同節", 故下篇云"無體"之禮, 是其具也.

번역 ◎鄭注: "達具"~"臭也". ○『예기』「예운(禮運)」편을 살펴보면, "희

---

15) 『예기』「악기」【468a】: 大章, 章之也. <u>咸池, 備矣</u>. 韶, 繼也. 夏, 大也. 殷周之樂盡矣.

생물의 피와 털을 바친다."라고 했는데, 이것은 상고시대의 예법을 뜻한다. 또 "아직 조리하지 않은 생고기를 도마 위에 올려서 바치며, 살점이 붙어 있는 뼈는 삶아서 익힌다."라고 했는데, 이것은 중고시대의 예법을 뜻한다. 또 "물러나서, 바쳤던 희생물의 고기를 거둬서 함께 삶아서 익힌다."라고 했는데, 이것은 삼왕시대의 예법을 뜻한다.16) 이것은 이전 시대에는 질박함에 따라서 희생물의 피와 생고기를 사용했고, 그 다음 시대에는 보다 격식을 갖춰서 익힌 희생물을 사용했음을 뜻한다. 그렇기 때문에 정현은『예기』「교특생(郊特牲)」편을 인용하여, "교(郊)제사 때에는 희생물의 피[血]를 바치고, 대향(大饗)에는 생고기[腥]를 바치며, 삼헌(三獻)을 하는 제사에서는 데친 고기[燗]를 바치고, 일헌(一獻)에는 익힌 고기[孰]를 바친다."라는 말로 결론을 맺은 것이다. 이것은 상대적으로 낮은 대상에 대해서는 데치고 익힌 고기를 사용하며, 존귀한 대상에게는 희생물의 피와 생고기를 사용한다는 사실을 나타낸다. 존귀한 대상에 대해서는 예(禮)를 모두 갖추게 되는데, 상대적으로 낮은 대상에 대해서는 예(禮)를 모두 갖추지 않는다. 그런데 삼왕시대에는 예(禮)의 격식이 번다해졌다. 오제시대에는 예(禮)의 형식이 간략했다. 현재는 오랜 옛날에 대해서 예(禮)를 갖췄다고 여긴 것이고, 그 이후의 시대에 대해서는 예(禮)를 모두 갖추지 않았다고 여겼는데, 예(禮)를 갖추는 것은 덕에 달려 있는 것이며, 먼 옛날에는 예(禮)의 형식이 비록 간략했더라도, 덕이 모두 완비되어 있었다. 반면 그 이후의 세대에는 예(禮)의 형식이 비록 번잡하게 발달되었지만, 덕이 온전히 갖춰지지 않았다. 그렇기 때문에 앞 문장에서는 "큰 예(禮)는 천지와 절제함을 함께 한다."17)라고 말한 것이고, 뒤에서 "본체가 없다."는 예(禮)에 대해서 말한

---

16) 『예기』「예운(禮運)」【271b】: 作其祝號, 玄酒以祭, <u>薦其血毛, 腥其俎, 孰其殽</u>. 與其越席, 疏布以冪. 衣其澣帛, 醴醆以獻, 薦其燔炙. 君與夫人交獻以嘉魂魄, 是謂合莫. 然後<u>退而合亨</u>, 體其犬·豕·牛·羊, 實其簠·簋·籩·豆·鉶羹, 祝以孝告, 嘏以慈告, 是謂大祥. 此禮之大成也.

17) 『예기』「악기」【462a~b】: 大樂與天地同和, <u>大禮與天地同節</u>. 和故百物不失, 節故祀天祭地. 明則有禮樂, 幽則有鬼神. 如此則四海之內合敬同愛矣. 禮者殊事合敬者也. 樂者異文合愛者也. 禮樂之情同, 故明王以相沿也. 故事與時並, 名與功偕.

것이니,18) 이것은 갖춰짐에 대한 내용이다.

孔疏 ◎注"樂人"至"倦略". ○正義曰: "樂, 人之所好也19), 害在淫侈"者, 樂聲之作, 人聽而不厭, 是人之所好, 好而不止, 放蕩奢佚, 故害在淫侈. 若朋淫於家, 俾晝作夜, 物極則反, 樂去憂來. 又煩手淫聲, 慆堙心耳, 則哀痛生也. 云"禮, 人之所勤也"者, 一獻之禮, 賓主百拜, 是所勤也. 勞而不堪, 有司跛倚, 是害在倦略也.

번역 ◎鄭注: "樂人"~"倦略". ○정현이 "악(樂)은 사람들이 좋아하는 대상인데, 해롭게 되는 것은 음란하고 지나치게 되는 점에 달려있다."라고 했는데, 악(樂)의 소리가 생겨나서 사람들이 그것을 들으며 싫증을 내지 않으니, 이것은 사람들이 좋아하는 것인데, 좋아하더라도 그치지 않는다면 방탕하고 사치스럽게 된다. 그렇기 때문에 해롭게 되는 것은 음란하고 지나치게 되는 점에 달려있는 것이다. 만약 소인배들과 어울려 집에서 음란한 짓을 벌이고,20) 밝음도 없고 어둠도 없게 하면,21) 사물이 지극해져서 되돌아오게 되어, 즐거움은 사라지고 근심이 도래하게 된다. 또 손을 지나치게 놀려 소리를 지나치게 내어 마음과 귀를 가로막게 된다면, 애통한 마음이 생겨나게 된다. 정현이 "예(禮)는 사람들이 힘쓰는 대상이다."라고 했는데, 일헌(一獻)의 예(禮)에 있어서도 빈객과 주인은 수없이 절을 하니,22)

---

18) 『예기』「공자한거(孔子閒居)」【606a】: 子夏曰, "五至旣得而聞之矣, 敢問何謂三無." 孔子曰, "無聲之樂, <u>無體之禮</u>, 無服之喪, 此之謂三無." 子夏曰, "三無旣得略而聞之矣, 敢問何詩近之?" 孔子曰, "'夙夜其命宥密.' 無聲之樂也. '威儀逮逮, 不可選也.' <u>無體之禮也</u>. '凡民有喪, 匍匐救之.' 無服之喪也."

19) '야(也)'자에 대하여. '야'자는 완원(阮元)의 『교감기(校勘記)』에서는 "혜동(惠棟)의 『교송본(校宋本)』에는 '호(好)'자 뒤에 '야'자가 기록되어 있다."라고 했다.

20) 『서』「우서(虞書)·익직(益稷)」: 惟慢遊是好, 傲虐是作, 罔晝夜頟頟, 罔水行舟, <u>朋淫于家</u>, 用殄厥世.

21) 『시』「대아(大雅)·탕(蕩)」: 文王曰咨, 咨女殷商. 天不湎爾以酒, 不義從式. 旣愆爾止, 靡明靡晦. 式號式呼, <u>俾晝作夜</u>.

22) 『예기』「악기」【468c】: 夫豢豕爲酒, 非以爲禍也. 而獄訟益繁, 則酒之流生禍也. 是故先王因爲酒禮. <u>壹獻之禮, 賓主百拜</u>, 終日飮酒而不得醉焉. 此先王之所以備酒禍也. 故酒食者, 所以合歡也. 樂者, 所以象德也. 禮者, 所以綴淫也. 是

이것이 힘쓰는 대상을 뜻한다. 힘들어서 감당하지 못하여 유사[23]들이 삐딱하게 서거나 어딘가에 의지해서 서 있게 되니,[24] 이것은 해롭게 되는 것이 게을러 소략하게 하는데 달려있음을 뜻한다.

集解 愚謂: 聲容者, 樂之末也, 故干・戚之舞非備樂, 而朱弦・疏越有遺音者矣. 儀物者, 禮之末也, 故孰亨而祀非達禮, 而玄酒・腥魚有遺味者矣. 樂之文, 五帝未嘗相沿, 禮之事, 三王不必相襲, 以其非禮樂之本故也. 帝王皆有禮樂, 於五帝言"樂", 於三王言"禮", 互文也. 樂失其本, 而致飾於聲容之盛, 則反害於和樂之正而至於憂矣. 禮失其本, 而徒務乎儀物之粗, 則不根於忠信之實而失之偏矣. 敦厚其樂而不至於憂, 禮節詳備而不至於偏, 則惟其情足以稱之, 而能與天地同其和節故也, 非大聖其孰能之?

번역 내가 생각하기에, 소리와 무용수들의 행위는 악(樂) 중에서도 말단에 해당한다. 그렇기 때문에 방패와 도끼를 들고 추는 춤은 갖춰진 음악이 아니며, 주색의 현을 달고 구멍을 통하게 하여 음(音)을 다 표현하지 않는 것이다. 의례에 따라 사용되는 기물들은 예(禮) 중에서도 말단에 해당한다. 그렇기 때문에 희생물의 고기를 익혀서 제사를 지내는 것은 두루 통하는 예(禮)가 아니며, 현주(玄酒)와 조리를 하지 않은 생 물고기를 바쳐서 맛을 다 표현하지 않는 것이다.[25] 악(樂)의 격식에 대해서 오제(五帝) 때에

故先王有大事, 必有禮以哀之; 有大福, 必有禮以樂之. 哀樂之分, 皆以禮終. 樂也者, 聖人之所樂也, 而可以善民心. 其感人深, 其移風易俗, 故先王著其敎焉.

23) 유사(有司)는 관리를 뜻하는 용어이다. '사(司)'자는 담당한다는 뜻이다. 관리들은 각자 담당하고 있는 업무가 있었으므로, 관리를 '유사'라고 불렀던 것이다. 일반적으로 하위관료들을 지칭하여, 실무자를 뜻하는 용어로 많이 사용된다. 그러나 때로는 고위관료까지도 지칭하는 용어로 사용되기도 한다.

24) 『예기』「예기(禮器)」【316b】: 子路爲季氏宰. 季氏祭, 逮闇而祭, 日不足, 繼之以燭. 雖有强力之容, 肅敬之心, 皆倦怠矣. 有司跛倚以臨祭, 其爲不敬大矣.

25) 『예기』「악기」【458d】: 是故樂之隆, 非極音也. 食饗之禮, 非致味也. 淸廟之瑟, 朱絃而疏越, 壹倡而三歎, 有遺音者矣. 大饗之禮, 尙玄酒而俎腥魚, 大羹不和, 有遺味者矣. 是故先王之制禮樂也, 非以極口腹耳目之欲也, 將以敎民平好惡而反人道之正也.

는 일찍이 서로 따른 적이 없고, 예(禮)의 일에 대해서 삼왕(三王) 때에는 반드시 서로 답습만 한 것이 아니니, 그것들은 예(禮)와 악(樂)의 근본이 아니기 때문이다. 제왕들은 모두 예(禮)와 악(樂)을 두었는데, 오제 때에는 '악(樂)'을 언급했고 삼왕 때에는 '예(禮)'를 언급했으니, 이것은 상호 호환이 되도록 기록한 것이다. 악(樂)이 근본을 잃게 되어 소리와 무용수들의 동작만을 융성하게 꾸미게 된다면, 반대로 조화로운 악(樂)의 올바름에 해를 끼쳐서 근심하는 지경에 이른다. 예(禮)가 근본을 잃게 되어 의례 형식에 따른 기물들을 크게만 하는데 힘쓰게 된다면, 충심과 신의의 실질에 뿌리를 두지 못해서 치우치는 실수를 범하게 된다. 악(樂)을 두텁게 하더라도 근심하는 지경에 이르지 않고, 예(禮)의 규범을 상세하게 갖추더라도 치우치는 실수를 범하지 않는 것은 오직 그 실정에 따라야만 대칭을 시킬 수 있고, 또 천지와 함께 조화로움과 절제를 동일하게 따를 수 있기 때문이다. 이것은 위대한 성인이 아니라면 그 누가 가능하겠는가?

集解 右第一章, 言惟聖人能作禮樂也.

번역 여기까지는 제 1장으로, 성인만이 예(禮)와 악(樂)을 제정할 수 있음을 뜻한다.

그림 17-1 주공(周公)

※ **출처:** 『삼재도회(三才圖會)』「인물(人物)」 4권

그림 17-2 주(周)나라의 명당(明堂)

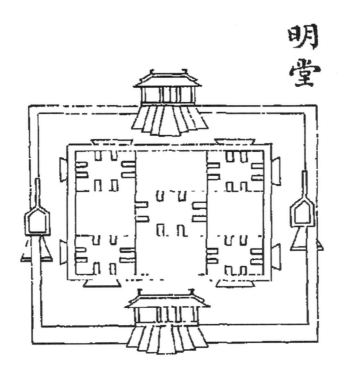

明堂

※ 출처: 『삼례도집주(三禮圖集注)』4권

● 그림 17-3 주(周)나라의 명당(明堂)-『삼재도회』

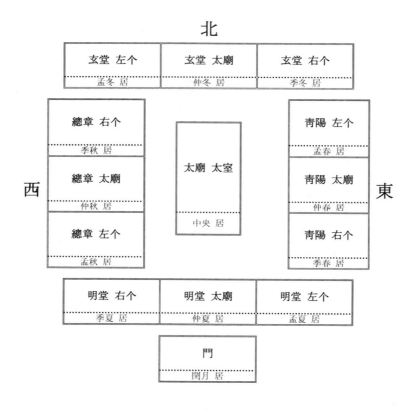

北

| 玄堂 左个 | 玄堂 太廟 | 玄堂 右个 |
| 孟冬 居 | 仲冬 居 | 季冬 居 |

西

總章 右个		青陽 左个
季秋 居		孟春 居
總章 太廟	太廟 太室	青陽 太廟
仲秋 居		仲春 居
總章 左个	中央 居	青陽 右个
孟秋 居		季春 居

東

| 明堂 右个 | 明堂 太廟 | 明堂 左个 |
| 季夏 居 | 仲夏 居 | 孟夏 居 |

| 門 |
| 閏月 居 |

南

※ 참고: 『삼재도회(三才圖會)』

그림 17-4 주(周)나라의 명당(明堂)-주자의 설

北

玄堂 左个 總章 右个 季秋·孟冬 居	玄堂 太廟 仲冬 居	玄堂 右个 靑陽 左个 孟春·季冬 居
總章 太廟 仲秋 居	太廟 太室 中央 居	靑陽 太廟 仲春 居
總章 左个 明堂 右个 季夏·孟秋 居	明堂 太廟 仲夏 居	靑陽 右个 明堂 左个 季春·孟夏 居

西   東

南

※ 참고: 『주자어류(朱子語類)』

• 제 18절 •

예(禮) · 악(樂)과 천지(天地) · 인의(仁義)

【464d~46

天高地下, 萬物散殊, 而禮制行矣. 流而不息, 合同而化, 而樂興焉. 春作夏長, 仁也. 秋斂冬藏, 義也. 仁近於樂, 義近於禮. 樂者敦和, 率神而從天; 禮者別宜, 居鬼而從地. 故聖人作樂以應天, 制禮以配地. 禮樂明備, 天地官矣.

직역 天은 高하고 地는 下하며, 萬物은 散殊하고, 禮制가 行한다. 流하여 不息하고, 合同하여 化하며, 樂이 興한다. 春에는 作하고 夏에는 長하니, 仁이다. 秋에는 斂하고 冬에는 藏하니, 義이다. 仁은 樂에 近하고, 義는 禮에 近한다. 樂者는 和를 敦하고, 神을 率하여 天을 從하며; 禮者는 宜를 別하고, 鬼에 居하여 地를 從한다. 故로 聖人은 樂을 作하여 天에 應하고, 禮를 制하여 地에 配한다. 禮樂이 明備하고, 天地가 官한다.

의역 하늘은 높고 땅은 낮으며, 만물은 그 사이에 흩어지고 달라지며, 예(禮)에 따른 절제함이 시행된다. 두루 흘러 그치지 않고, 합하고 같아져서 변화를 하여 악(樂)이 흥성하게 된다. 봄은 만들고 여름은 장성하게 하니, 인(仁)에 해당한다. 가을은 거둬들이고 겨울은 보관하니, 의(義)에 해당한다. 인(仁)은 악(樂)에 가깝고, 의(義)는 예(禮)에 가깝다. 악(樂)이라는 것은 조화로움을 돈독히 하고, 신(神)에 따라 하늘을 따르며, 예(禮)라는 것은 마땅함을 변별하고, 귀(鬼)에 머물며 땅을 따른다. 그렇기 때문에 성인은 악(樂)을 만들어서 하늘에 호응하고, 예(禮)를 제정하여 땅에 부합한다. 예(禮)와 악(樂)이 밝아지고 갖춰지니, 천지가 주관하는 것이다.

集說 物各賦物而不可以强同, 此造化示人以自然之禮制也. 絪縕化醇而不容以獨異, 此造化示人以自然之樂情也. 合同者, 春夏之仁, 故曰仁近於樂.
散殊者, 秋冬之義, 故曰義近於禮. 敦和, 厚其氣之同者. 別宜, 辨其物之異者.
率神, 所以循其氣之伸; 居鬼, 所以斂其氣之屈. 伸陽而從天, 屈陰而從地也.
由是言之, 則聖人禮樂之精微寓於制作者, 旣明且備, 可得而知矣. 官, 猶主
也. 言天之生物, 地之成物, 各得其職也.

번역 만물은 각각 만물로서의 본성과 형질을 부여받아 억지로 동화시
킬 수 없으니, 이것이 창조하고 화육함에 사람들에게 자연의 예제(禮制)를
보인 이유이다. 천지가 얽히고설킴에 만물이 변화하여 엉기고,1) 홀로만 다
른 것을 용납하지 않으니, 이것이 창조하고 화육함에 자연의 악정(樂情)을
보인 이유이다. 합치하고 같아지는 것은 봄과 여름이 인(仁)에 해당하기
때문에, "인(仁)은 악(樂)에 가깝다."라고 말한 것이다. 흩어지고 달라지는
것은 가을과 겨울의 의(義)에 해당하기 때문에, "의(義)는 예(禮)에 가깝
다."라고 말한 것이다. 조화로움을 돈독히 하는 것은 기운의 같아지는 작용
을 두텁게 하는 것이다. 마땅함을 구별하는 것은 사물의 차이점을 구별하
는 것이다. 신(神)에 따른다는 것은 기운의 펼쳐지는 작용에 따르는 것이
다. 귀(鬼)에 머문다는 것은 기운의 굽혀지는 작용에 따라 거둬들이는 것이
다. 양기(陽氣)를 펼쳐서 하늘에 따르고 음기(陰氣)를 굽혀서 땅에 따른다.
이것을 통해 말해보자면, 성인이 만든 예(禮)와 악(樂)의 정미한 뜻은 제정
과 만드는 작업 속에 깃드니, 그것이 이미 밝아지고 갖춰진 것임을 알 수
있다. '관(官)'자는 "주관한다[主]."는 뜻이다. 즉 하늘이 만물을 낳고 땅이
만물을 완성시킴에 각각 그 직무를 얻게 한다는 뜻이다.

集說 劉氏曰: 此申明禮者, 天地之序; 樂者, 天地之和. 高下散殊者, 質之
具, 天地自然之序也. 而聖人法之, 則禮制行矣. 周流同化者, 氣之行, 天地自
然之和也. 而聖人法之, 則樂興焉. 春作夏長, 天地生物之仁也. 氣行而同和,
故近於樂. 秋斂冬藏, 天地成物之義也. 質具而異序, 故近於禮. 此言效法之所

---

1) 『역』「계사하(繫辭下)」: <u>天地絪縕, 萬物化醇</u>, 男女構精, 萬物化生.

本也. 敦和者, 厚其氣之同. 別宜者, 辨其質之異. 神者, 陽之靈. 鬼者, 陰之靈. 率神以從天者, 達其氣之伸而行於天. 居鬼而從地者, 斂其氣之屈而具於地. 蓋樂可以敦厚天地之和, 而發達乎陽之所生; 禮可以辨別天地之宜, 而安定乎陰之所成. 故聖人作樂以應助天之生物, 制禮以配合地之成物. 禮樂之制作旣明且備, 則足以裁成其道, 輔相其宜, 而天之生, 地之成, 各得其職矣. 此言成功之所合也.

번역 유씨가 말하길, 이것은 예(禮)라는 것이 천지의 질서이며 악(樂)이라는 것이 천지의 조화로움임을 거듭 밝힌 것이다.2) 높고 낮으며 흩어지고 달라진다는 것은 바탕이 갖춰진 것으로 천지자연의 질서에 해당한다. 그리고 성인은 그것을 본받으니 예제가 시행된다. 두루 유행하여 같아지고 변화하는 것은 기의 운행이니 천지자연의 조화로움에 해당한다. 그리고 성인은 그것을 본받으니 악(樂)이 흥성하게 된다. 봄은 만물을 만들어내고 여름은 장성하게 하니, 천지가 만물을 생장시키는 인(仁)에 해당한다. 기운이 운행하여 같아지고 조화롭게 되기 때문에 악(樂)에 가깝다. 가을에 거둬들여지고 겨울에 보관되는 것은 천지가 만물을 완성시키는 의(義)에 해당한다. 본질이 갖춰지고 질서에 따라 달라지기 때문에 예(禮)에 가깝다. 이것은 본받음에 있어서 근본으로 삼는 것을 뜻한다. 조화로움을 돈독히 한다는 것은 기운의 같아지게 하는 작용을 두텁게 한다는 뜻이다. 마땅함을 구별한다는 것은 본질의 다름을 구별한다는 뜻이다. '신(神)'이라는 것은 양(陽)의 영묘함이다. '귀(鬼)'라는 것은 음(陰)의 영묘함이다. 신(神)을 따라 하늘을 따른다는 것은 기운의 펼쳐지는 작용을 두루 통하게 하여 하늘에서 시행되도록 하는 것이다. 귀(鬼)에 머물며 땅에 따른다는 것은 기운의 굽혀지는 작용에 따라 거둬들여 땅에서 갖춰지도록 하는 것이다. 무릇 악(樂)은 천지의 조화로움을 돈독하게 할 수 있고, 양(陽)의 발생시키는 작용을 두루 발산하게 하며, 예(禮)는 천지의 마땅함에 따라 구별을 할 수 있고, 음(陰)

2) 『예기』「악기」【463b~c】: <u>樂者天地之和也. 禮者天地之序也.</u> 和故百物皆化, 序故群物皆別. 樂由天作, 禮以地制. 過制則亂, 過作則暴. 明於天地, 然後能興禮樂也.

의 완성시키는 작용을 안정시킨다. 그렇기 때문에 성인은 악(樂)을 만들어서 하늘이 만물을 생장시키는 작용에 호응하여 돕고, 예(禮)를 제정하여 땅이 만물을 완성시키는 작용에 짝하여 합하도록 한다. 예(禮)와 악(樂)이 제정되고 만들어져서 이미 밝아지고 또 갖춰졌다면, 그 도(道)를 재단하여 완성시킬 수 있고 그 마땅함을 도울 수 있어서, 하늘이 생장시키고 땅이 완성시킴에 각각 그 직분을 얻게 된다. 이것은 공덕을 이룸에 부합되는 것을 뜻한다.

大全 朱子曰: 天高地下, 萬物散殊一段, 意思極好, 非孟子以下所能作. 其文如中庸, 必子思之辭. 左傳子太叔亦論此, 夫禮, 天之經, 地之義, 民之行. 天地之經, 而民實則之. 舊見伯恭愛敎人看, 只是說得粗, 又意不溜亮, 不如此說之純粹通暢. 他只是說人做這箇去合那天之度數, 如云爲六畜·五牲·三犧以奉五味云云之類, 都是做這箇去合那天, 都無自然之理. 如云天高地下, 萬物散殊, 而禮制行矣, 流而不息, 合同而化, 而樂興焉, 皆是自然合當如此.

번역 주자가 말하길, "하늘은 높고 땅은 낮으며, 만물이 그 사이에 흩어지고 달라진다."고 한 단락은 그 뜻이 매우 좋으니, 맹자(孟子)로부터 그 이후의 사람들이 지을 수 있는 글이 아니다. 그 문장은 『중용』의 기록과 같으니, 분명 자사(子思)의 말일 것이다. 『좌전』에서도 자태숙(子太叔) 또한 이러한 논의를 하여, "무릇 예(禮)는 하늘의 질서이며 땅의 뜻이고 백성들이 시행하는 것이다. 천지의 질서를 백성들은 진실로 본받아 따른다."[3]라고 했는데, 옛날에 여조겸이 사람들을 사랑하고 가르친다고 했던 말을 보면, 그 설명이 거칠고 또 그 뜻도 분명하지 못하니, 이곳의 기록이 순수하고 거리낌 없이 두루 통하는 것만 못하다. 그는 단지 사람들이 이러한 하늘의 법칙에 부합되는 것만을 설명했으니, "육축(六畜)[4]·오생(五牲)[5]·삼희

---

3) 『춘추좌씨전』「소공(昭公) 25년」: 吉也聞諸先大夫子産曰, "夫禮, 天之經也, 地之義也, 民之行也." 天地之經, 而民實則之. 則天之明, 因地之性, 生其六氣, 用其五行.

4) 육축(六畜)은 여섯 종류의 가축을 뜻한다. 말[馬], 소[牛], 양(羊), 닭[雞], 개

(三犧)6)로 오미(五味)7)를 갖춘다."8)고 말하는 부류들은 모두 이러한 것들을 하늘에 껴 맞춘 것이니, 자연의 이치가 포함되어 있지 않다. 그러나 이곳에서 말한 것처럼 "하늘은 높고 땅은 낮으며, 만물은 그 사이에 흩어지고 달라지고, 예(禮)에 따른 절제함이 시행된다. 두루 흘러 그치지 않고, 합하고 같아져서 변화를 하여 악(樂)이 흥성하게 된다."라는 말들은 모두 이처럼 자연의 이치와 합당하다.

鄭注 禮爲異也. 樂爲同也. 言樂法陽而生, 禮法陰而成. 敦和, 樂貴同也. 率, 循也. 從, 順也. 別宜, 禮尙異也. 居鬼, 謂居其所爲, 亦言循之也. 鬼神, 謂先聖先賢也. 官, 猶事也. 各得其事.

번역 예(禮)는 다르게 함이 된다. 악(樂)은 같게 함이 된다. 예(禮)와 악(樂)이 의(義)와 인(仁)에 가깝다는 말은 악(樂)은 양(陽)을 본받아서 생겨나게 하고, 예(禮)는 음(陰)을 본받아서 완성시킨다는 뜻이다. 조화로움을

[犬], 돼지[豕]를 가리킨다. 『춘추좌씨전』「소공(昭公) 25년」편에는 "爲六畜·五牲·三犧, 以奉五味."라는 기록이 있고, 이에 대한 두예(杜預)의 주에서는 "馬·牛·羊·雞·犬·豕."라고 풀이했다.

5) 오생(五牲)은 고대 제사 때 사용되었던 다섯 가지 동물들을 뜻한다. 소[牛], 양(羊), 돼지[豕], 개[犬], 닭[鷄]을 가리킨다. 『춘추좌씨전』「소공(昭公) 11년」편에는 "五牲不相爲用."이라는 기록이 있는데, 이에 대한 두예(杜預)의 주에는 "五牲, 牛, 羊, 豕, 犬, 雞."라고 풀이하였다.

6) 삼희(三犧)는 제사에 사용된 희생물로, 기러기[鴈], 오리[鶩], 꿩[雉]을 가리킨다. 『춘추좌씨전』「소공(昭公) 25년」에는 "爲六畜·五牲·三犧, 以奉五味."라는 기록이 있는데, 이에 대한 공영달(孔穎達)의 소(疏)에서는 복건(服虔)의 주장을 인용하여, "三犧, 鴈·鶩·雉."라고 풀이했다. 일설에는 소[牛], 양(羊), 돼지[豕]를 가리킨다고도 주장한다. 왕인지(王引之)는 『경의술문(經義述聞)』에서 "今案五牲, 牛羊豕犬雞也; 三犧, 牛羊豕也."라고 풀이했다.

7) 오미(五味)는 다섯 가지 맛을 뜻한다. 맛의 종류를 총칭하는 용어로도 사용된다. '오미'는 구체적으로 산(酸: 신맛), 고(苦: 쓴맛), 신(辛: 매운맛), 함(鹹: 짠맛), 감(甘: 단맛)을 가리킨다. 『예기』「예운(禮運)」편에는 "五味, 六和, 十二食, 還相爲質也."라는 기록이 있는데, 이에 대한 정현의 주에서는 "五味, 酸, 苦, 辛, 鹹, 甘也."라고 풀이하였다.

8) 『춘추좌씨전』「소공(昭公) 25년」: 是故爲禮以奉之, 爲六畜·五牲·三犧, 以奉五味; 爲九文·六采·五章, 以奉五色; 爲九歌·八風·七音·六律, 以奉五聲.

돈독히 하는 것은 악(樂)이 같게 함을 존귀하게 여기기 때문이다. '솔(率)' 자는 "따르다[循]."는 뜻이다. '종(從)'자는 "순종한다[順]."는 뜻이다. 마땅함을 구별하는 것은 예(禮)가 다르게 함을 숭상하기 때문이다. '거귀(居鬼)'는 시행하는 것에 머문다는 의미로, 이 또한 따른다는 뜻이다. '귀신(鬼神)'은 이전 세대의 성인과 현인을 뜻한다. '관(官)'자는 사안[事]을 뜻한다. 각각 해당하는 사안을 얻는다는 의미이다.

釋文 夏長, 上戶嫁反, 下丁丈反, 下注"長養"皆同. 近, 附近之近, 又其靳反, 下皆同. 惇音純, 本又作敦.

번역 '夏長'에서의 '夏'자는 '戶(호)'자와 '嫁(가)'자의 반절음이며, '長'자는 '丁(정)'자와 '丈(장)'자의 반절음이고, 아래 정현의 주에 나오는 '長養'에서의 '長'자도 모두 그 음이 이와 같다. '近'자는 '부근(附近)'이라고 할 때의 '近'이며, 또한 그 음은 '其(기)'자와 '靳(근)'자의 반절음도 되는데, 아래문장에 나오는 이 글자는 모두 그 음이 이와 같다. '惇'자의 음은 '純(순)'이며, 판본에 따라서는 또한 '敦'자로도 기록한다.

孔疏 ●"天高"至"官矣". ○正義曰: 此一節申明禮樂配於天地, 若禮樂備具, 則天地之事各得其宜.

번역 ●經文: "天高"~"官矣". ○이곳 문단은 예(禮)와 악(樂)이 하늘과 땅에 짝하게 됨을 거듭 나타내고 있으니, 만약 예(禮)와 악(樂)을 완비하고 갖춘다면, 천지의 일들이 각각 그 마땅함을 얻게 된다.

孔疏 ●"天高地下, 萬物散殊, 而禮制行矣"者, 以天高地下不同, 故人倫尊卑有異, 其間萬物各散殊塗. 禮者, 別尊卑, 定萬物, 是禮之法制行矣.

번역 ●經文: "天高地下, 萬物散殊, 而禮制行矣". ○하늘은 높고 땅은 낮아 다르기 때문에, 인륜에 있어서도 신분의 질서에 차이가 생기고, 그 사이에 만물은 각각 흩어져 다르게 된다. 예(禮)라는 것은 존비를 구별하고 만물을 안정시키니, 이것은 예(禮)의 법도와 제도가 시행된 것이다.

孔疏 ●"流而不息, 合同而化, 而樂興焉"者, 言天地萬物流動不息, 合會齊同而變化者也. 樂者, 調和氣性, 合德化育, 是樂興也. 樂主和同, 故云"興", 禮主異, 故云"行". 此"樂興"與"禮行"相對, 樂云"興", 禮加"制"字, 而云"禮制行"者, 禮以裁制爲義, 故特加"制". 樂以興作爲本, 故不云"制"也.

번역 ●經文: "流而不息, 合同而化, 而樂興焉". ○천지와 만물이 유행하며 그치지 않고 화합하여 가지런하게 같아지고 변화되는 것을 말한다. 악(樂)이라는 것은 기운과 본성을 조화롭게 하고 덕에 부합되도록 변화하여 양육시키는 것이니, 이것은 악(樂)이 흥성하게 된다는 뜻이다. 악(樂)은 조화롭게 하고 같게 함을 위주로 하기 때문에 "흥성하다[興]."라고 말한 것이며, 예(禮)는 다르게 함을 위주로 하기 때문에 "시행한다[行]."라고 말한 것이다. 이곳에서는 "악(樂)이 흥성하게 된다."라고 말하고 "예(禮)가 시행된다."라고 말하여, 서로 대비가 되도록 했는데, 악(樂)에 대해서는 '흥(興)'이라고만 말하고, 예(禮)에 대해서는 '제(制)'라는 글자를 더하여, '예제행(禮制行)'이라고 말했다. 그 이유는 예(禮)는 제재함을 뜻으로 삼기 때문에 특별히 '제(制)'자를 덧붙인 것이다. 악(樂)은 흥성하게 일어남을 근본으로 삼기 때문에 '제(制)'자를 말하지 않았다.

孔疏 ●"仁近於樂, 義近於禮"者, 仁主仁愛, 樂主和同, 故仁近於樂也. 義主斷割, 禮爲節限, 故義近於禮也.

번역 ●經文: "仁近於樂, 義近於禮". ○인(仁)은 인자함과 친애함을 위주로 하고, 악(樂)은 조화로움과 같게 함을 위주로 한다. 그렇기 때문에 인(仁)은 악(樂)에 가깝다. 의(義)는 판단하고 결단함을 위주로 하고, 예(禮)는 조절하고 제한을 둔다. 그렇기 때문에 의(義)는 예(禮)에 가깝다.

孔疏 ●"樂者敦和, 率神而從天"者, 率, 循也. 言樂之爲體, 敦重和同, 因循聖人之神氣, 而從於天也.

번역 ●經文: "樂者敦和, 率神而從天". ○'율(率)'자는 "따르다[循]."는 뜻이다. 즉 악(樂)의 본체는 조화로움과 같게 함을 두텁게 하니, 이것은 성인의 신기(神氣)에 따라서 하늘의 작용을 쫓는다는 뜻이다.

孔疏 ●"禮者別宜, 居鬼而從地"者, 居, 謂居處也. 言禮之爲體, 殊別萬物所宜, 居處鬼之所爲而順地也. 樂所以率神者, 聖人之魂爲神, 樂者調和其氣, 故云"率神". 禮所以居鬼者, 賢人之魂爲鬼, 禮者裁制形體, 故云"居鬼". 居者亦率循之義, 變文爾.

번역 ●經文: "禮者別宜, 居鬼而從地". ○'거(居)'자는 머문다는 뜻이다. 즉 예(禮)의 본체는 만물을 마땅함에 따라 구별하니, 귀(鬼)가 행동하는 것에 따라서 땅의 작용에 순종한다는 뜻이다. 악(樂)은 신(神)을 따르는 것인데, 성인의 혼(魂)은 신(神)이 되고, 악(樂)이라는 것은 그 기운을 조화롭게 하기 때문에, "신(神)을 따른다."라고 말한 것이다. 예(禮)는 귀(鬼)에 따르는 것인데, 현인의 혼(魂)은 귀(鬼)가 되고, 예(禮)라는 것은 형태를 제재하기 때문에, "귀(鬼)에 따른다."라고 말한 것이다. '거(居)'자 또한 따른다는 뜻이니, 글자를 바꿔서 쓴 것일 뿐이다.

孔疏 ●"禮樂明備, 天地官矣"者, 官, 猶事也. 言聖人能使禮樂顯明備具, 則天地之事, 各得其利矣.

번역 ●經文: "禮樂明備, 天地官矣". ○'관(官)'자는 사안[事]을 뜻한다. 즉 성인은 예(禮)와 악(樂)을 현저하게 드러내고 온전히 갖출 수 있으니, 천지의 일들이 각각 그 이로움을 얻게 된다는 뜻이다.

孔疏 ◎注"敦和"至"賢也". ○正義曰: "敦和, 樂貴同也"者, 謂敦重於和,

由其貴同, 故知敦則貴也, 和則同也. "敦和"與"別宜"相對者, "別宜"謂分別其
所宜, 明"敦和"是敦重其所和也. 云"別宜, 禮尙異也"者, 樂言"敦和", 樂貴同
也, 禮言"別宜", 是禮尙異也. 云"居鬼, 謂居其所爲, 亦言循之也"者, "居鬼"謂
居處之所爲, "居處"則依循之義也, 故云"亦言循之也". 與率神不異, 故言
"亦". 云"鬼神, 謂先聖先賢也"者, 鬼則先賢, 神卽先聖. 聖人魂强, 能神通變
化, 樂者淸虛無體, 亦能變化, 故云"率神"也. 賢人魂弱, 但歸處居住有形, 上
下之禮亦有體, 依循鬼之尊卑, 故云"居鬼"也. 賀云: 以爲居鬼者, 居其所爲,
謂若五祀之神, 各主其所造而受祭, 不得越其分, 是不變化也. 五祀之神造門,
故祭於門; 造祭, 故祭於竈, 故云"居". 義亦通也.

번역 ◎鄭注: "敦和"~"賢也". ○정현이 "조화로움을 돈독히 하는 것은
악(樂)이 같게 함을 존귀하게 여기기 때문이다."라고 했는데, 조화로움에
대해서 두텁게 하는 것은 같게 함을 존귀하게 여기는 것에서 비롯된다는
뜻이다. 그렇기 때문에 돈독함이 존귀함에 해당하고 조화로움이 같게 함에
해당한다는 사실을 알 수 있다. '돈화(敦和)'라는 말은 '별의(別宜)'라는 말
과 서로 대비가 되는데, '별의(別宜)'라는 말은 마땅함에 따라서 구별을 한
다는 뜻이니, 이것은 곧 '돈화(敦和)'라는 말이 조화로운 것에 대해 두텁게
한다는 뜻이 됨을 나타낸다. 정현이 "마땅함을 구별하는 것은 예(禮)가 다
르게 함을 숭상하기 때문이다."라고 했는데, 악(樂)에 대해서는 "조화로움
을 돈독히 한다."라고 했으니, 이것은 악(樂)이 같게 함을 존귀하게 여긴다
는 뜻이며, 예(禮)에 대해서는 "마땅함을 구별한다."라고 했으니, 이것은 예
(禮)가 다르게 함을 숭상한다는 뜻이다. 정현이 "'거귀(居鬼)'는 시행하는
것에 머문다는 의미로, 이 또한 따른다는 뜻이다."라고 했는데, '거귀(居鬼)'
라는 말은 행하는 곳에 머문다는 뜻이고, '거처(居處)'라는 말은 의거하여
따른다는 뜻이다. 그렇기 때문에 "또한 따른다는 의미이다."라고 말한 것이
다. 이것은 신(神)에 따르는 것과 차이가 나지 않기 때문에 '또한[亦]'이라고
말한 것이다. 정현이 "'귀신(鬼神)'은 이전 세대의 성인과 현인을 뜻한다."
라고 했는데, '귀(鬼)'는 선대의 현인에 해당하니, '신(神)'은 곧 선대의 성인
이 된다. 성인의 혼(魂)은 강성하므로 신묘하고 두루 통하여 변화를 일으킬

수 있고, 악(樂)이라는 것은 맑고 비어있으며 고정된 본체가 없으니 또한 변화할 수 있다. 그렇기 때문에 "신(神)에 따른다."라고 말한 것이다. 현인의 혼(魂)은 상대적으로 약하여 단지 머물고 가는 곳에서만 형체로 드러나며, 상하계층의 예(禮)에도 또한 본체가 있으니 귀(鬼)의 존비 격차에 의거하고 따르기 때문에, "귀(鬼)에 따른다."라고 말한 것이다. 하순은 다음과 같이 말한다. 즉 귀(鬼)에 머문다고 여긴 것은 행동하는 것에 머문다는 의미로, 오사(五祀)[9]의 신들은 각각 일을 일으키는 곳을 위주로 제사를 받고 그 본분을 벗어날 수 없으니, 이것은 변화되지 않음을 뜻한다. 또 오사의 신은 문에서 작용을 하므로 문에 제사를 지내는 것이며, 제사에 작용을 하므로 부엌에서 제사를 지내는 것이다. 그렇기 때문에 "머문다[居]."라고 말했다고 했는데, 그 의미가 또한 통용된다.

訓纂 張子曰: 樂動, 故率神而從天. 禮靜, 故居鬼而從地. 神爲伸, 鬼爲歸, 指幽明而言.

번역 장자가 말하길, 악(樂)은 움직이기 때문에 신(神)에 따르고 하늘을

---

9) 오사(五祀)는 본래 주택 내외에 있는 대문[門], 방문[戶], 방 가운데[中霤], 부뚜막[竈], 도로[行]를 주관하는 다섯 신(神)들을 가리키기도 하며, 이들에게 지내는 제사를 지칭하기도 한다. 한편 계층별로 봤을 때, 통치자 계급은 통치 범위를 자신의 집으로 생각하여, 각각 다섯 대상에 대해서 대표적인 장소에서 제사를 지내기도 한다. 『예기』「월령(月令)」편에는 "天子乃祈來年于天宗, 大割祠于公社及門閭, 臘先祖五祀. 勞農以休息之."라는 기록이 있고, 이에 대한 정현의 주에서는 "五祀, 門, 戶, 中霤, 竈, 行也."라고 풀이했다. 한편 '오사' 중 행(行) 대신 우물[井]를 포함시키기도 한다. 『회남자(淮南子)』「시칙훈(時則訓)」편에는 "其位北方, 其日壬癸, 盛德在水, 其蟲介, 其音羽, 律中應鐘, 其數六, 其味鹹, 其臭腐. 其祀井, 祭先腎."이라는 기록이 있다. 그리고 이들에 대해 제사를 지내는 이유에 대해서, 『논형(論衡)』「제의(祭意)」편에서는 "五祀報門 · 戶 · 井 · 竈 · 室中霤之功. 門 · 戶, 人所出入, 井 · 竈, 人所欲食, 中霤, 人所託處, 五者功鈞, 故俱祀之."라고 설명한다. 즉 '오사'에 대한 제사는 그들에 대한 공덕에 보답을 하는 것으로, 문(門)과 호(戶)는 사람들이 출입을 하는데 편리함을 제공해주었고, 정(井)과 조(竈)는 사람들이 음식을 먹을 수 있도록 해주었으며, 중류(中霤)는 사람이 거처할 수 있도록 해주었기 때문에, 이들에 대해서 제사를 지내는 것이다.

쫓는다. 예(禮)는 고요하기 때문에 귀(鬼)에 머물며 땅을 쫓는다. 신(神)은
펼쳐짐이며 귀(鬼)는 회귀함이니, 이것은 그윽한 저 세상과 밝은 현 세상을
가리켜서 한 말이다.

訓纂   方性夫曰: 氣固自和, 樂則敦之使厚; 物固有宜, 禮則別之使辨. 和旣
敦, 則莫不循其理, 而無屈, 故能率神; 宜旣別, 則莫不安其處而有所歸, 故能
居鬼. 神者陽之盛, 天以陽爲德, 則樂之敦和率神, 所以從天; 鬼者陰之盛, 地
以陰爲德, 則禮之別宜居鬼, 所以從地. 聖人以樂之從天也, 故作爲聲音以應
天之陽; 以禮之從地也, 故制爲文采以配地之陰.

번역   방성부가 말하길, 기운은 진실로 그 자체로 조화로운데, 악(樂)은
돈독히 만들어서 그것을 두텁게 한다. 사물은 진실로 마땅함을 갖추고 있
는데, 예(禮)는 구별을 하여 그것들을 구분되게 한다. 조화로움이 돈독히
되었다면 이치에 따르지 않는 것이 없어서 굽힘이 없다. 그렇기 때문에 신
(神)에 따를 수 있다. 마땅함이 변별되었다면 머문 곳에 대해서 안주하여
회귀함이 없는 경우가 없다. 그렇기 때문에 귀(鬼)에 머물 수 있다. 신(神)
은 양(陽)의 융성함에 해당하고 하늘은 양(陽)을 덕으로 삼으니, 악(樂)이
조화로움을 돈독히 하고 신(神)을 따르는 것은 하늘을 따르는 방법이다. 귀
(鬼)는 음(陰)의 융성함에 해당하고 땅은 음(陰)을 덕으로 삼으니, 예(禮)가
마땅함을 구별하여 귀(鬼)에 머무는 것은 땅을 따르는 방법이다. 성인은 악
(樂)이 하늘을 따르는 것이기 때문에 그것을 만들어 소리와 음(音)을 내어
하늘의 양(陽)에 호응했다. 그리고 예(禮)가 땅을 따르는 것이기 때문에 그
것을 제정하여 화려하고 문채가 나도록 해서 땅의 음(陰)에 짝하도록 했다.

訓纂   馬彦醇曰: 聖人制作, 所以輔相天地之宜, 則禮樂明備, 而天地各當
其位也.

번역   마언순이 말하길, 성인이 제정하고 만드는 것은 천지의 마땅함을
돕는 방법이니, 예(禮)와 악(樂)이 밝아지고 구비되어, 천지가 각각 자신의

자리에서 마땅하게 된다.

集解　天地定位, 萬物錯陳, 此天地自然之禮也. 流而不息, 而闔辟不窮, 合
同而化, 而渾淪無間, 此天地自然之樂也. 春作夏長者, 天地生物之仁也. 仁者
陽之施, 故近於樂. 秋斂冬藏者, 天地成物之義也. 義者陰之肅, 故近於禮. 敦
和者, 厚其氣之同; 別宜者, 辨其體之異. 率神者, 氣之流行而不息, 循乎神之
伸也. 居鬼者, 體之一定而不易, 主乎鬼之屈也. 率神則屬乎陽而從天, 居鬼則
屬乎陰而從地. 聖人作樂以應天, 法乎陽以爲生物之仁; 制禮以配地, 法乎陰
以爲成物之義也. 天地官, 言天地各得其職, 猶中庸之言"天地位"也. 蓋聖人法
天地以作禮樂, 而禮樂又能爲功於天地, 此聖人所以贊化育而上下同流者也.

번역　천지가 자리를 안정시키고 만물이 그 안에 뒤섞여 있는 것은 천지
자연의 예(禮)에 해당한다. 유행하여 쉬지 않고 닫히고 열림에 다함이 없으
며, 합치되어 같아져서 변화하고 융합하여 사이에 틈이 없는 것은 천지자
연의 악(樂)에 해당한다. 봄이 만들고 여름이 장성하게 하는 것은 천지가
만물을 낳는 인(仁)에 해당한다. 인(仁)이라는 것은 양(陽)이 베풀어진 것
이다. 그렇기 때문에 악(樂)에 가깝다. 가을이 거두고 겨울이 보관하는 것
은 천지가 만물을 완성하는 의(義)에 해당한다. 의(義)라는 것은 음(陰)의
숙살하는 기운이다. 그렇기 때문에 예(禮)에 가깝다. '돈화(敦和)'는 기운의
같아지는 작용을 두텁게 하는 것이며, '별의(別宜)'는 본체의 다름을 구별하
는 것이다. '솔신(率神)'은 기운이 유행하며 쉬지 않아서, 신(神)의 펼쳐지는
작용에 따른다는 뜻이다. '거귀(居鬼)'는 본체가 하나로 안정되어 바뀌지
않으니, 귀(鬼)의 굽혀지는 작용을 위주로 한다. 신(神)을 따른다면 양(陽)
에 포함되어 하늘을 쫓는 것이고, 귀(鬼)에 머문다면 음(陰)에 포함되어 땅
을 쫓는 것이다. 성인은 악(樂)을 만들어서 하늘에 호응하게 했고, 양(陽)에
게서 본받아 만물을 낳는 인(仁)으로 삼았다. 또 예(禮)를 제정하여 땅에
짝하도록 했고, 음(陰)에게서 본받아 만물을 완성시키는 의(義)로 삼았다.
'천지관(天地官)'은 천지가 각각 그 직분을 얻었다는 뜻으로, 『중용』에서
"천지가 제자리를 잡다."[10]고 한 말과 같다. 무릇 성인은 천지를 본받아서

예(禮)와 악(樂)을 만들었고, 예(禮)와 악(樂)은 또한 천지에 대해서 공덕을
세울 수 있으니, 이것은 성인이 천지의 화육하는 작용을 도와서 상하가 함
께 유행하게 되는 까닭이다.

---

10) 『중용』「1장」 : 致中和, <u>天地位</u>焉, 萬物育焉.

• 제 19절 •

예(禮)와 별(別)

【465d】

天尊地卑, 君臣定矣. 卑高以¹⁾陳, 貴賤位矣. 動靜有常, 小大殊矣. 方以類聚, 物以群分, 則性命不同矣. 在天成象, 在地成形, 如此則禮者天地之別也.

직역 天은 尊하고 地는 卑하니, 君臣이 定이라. 卑高가 以히 陳하니, 貴賤이 位라. 動靜에 常이 有하니, 小大가 殊라. 方은 類로써 聚하고, 物은 群으로써 分하니, 性命이 不同이라. 天에 在하여 象을 成하고, 地에 在하여 形을 成하니, 此와 如하면 禮者는 天地의 別이라.

의역 하늘은 높고 땅은 낮아서 군주와 신하의 지위가 정해진다. 높고 낮음이 이미 정해져서, 신분의 귀천이 등차적으로 자리잡는다. 움직임과 고요함에는 항상된 법칙이 있어서, 크고 작은 일들이 달라진다. 인륜의 도는 해당 부류로써 머물게 되고, 사안은 같은 부류로써 구분하니, 성명(性命)이 다르기 때문이다. 하늘에 있어서는 상(象)을 이루고, 땅에 있어서는 형체를 이루니, 이와 같다면 예(禮)는 천지의 법칙에 따른 구별이다.

---

1) '이(以)'자에 대하여. 『십삼경주소(十三經注疏)』북경대 출판본에는 '이(已)'자로 기록되어 있으며, "'이(已)'자는 『민본(閩本)』·『감본(監本)』·『모본(毛本)』·『석경(石經)』·『악본(岳本)』·『가정본(嘉靖本)』 및 위씨(衛氏)의 『집설(集說)』에는 동일하게 기록되어 있는데, 『방본(坊本)』에는 '이(以)'자로 기록되어 있다. 『석경고문제요(石經考文提要)』에서는 "'송대자본(宋大字本)』·『송본구경(宋本九經)』· 남송건상본(南宋巾箱本)』·『여인중본(余仁仲本)』·『유숙강본(劉叔剛本)』에는 모두 이(已)자로 기록되어 있다."라고 했다.

集說 此與易繫辭略同, 記者引之, 言聖人制禮, 其本於天地自然之理者如此. 定君臣之禮者, 取於天地尊卑之勢也. 列貴賤之位者, 取於山澤卑高之勢也. 小者不可爲大, 大者不可爲小, 故小大之殊, 取於陰陽動靜之常也. 此小大如論語"小大由之"之義, 謂小事・大事也. 方, 猶道也. 聚, 猶處也. 君臣父子夫婦長幼朋友各有其道, 則各以其類而處之, 所謂方以類聚也. 物, 事也. 行禮之事, 卽謂天理之節文, 人事之儀則, 行之不止一端, 分之必各從其事, 所謂物以群分也. 所以然者, 以天所賦之命, 人所受之性, 自然有此三綱五常之倫, 其間尊卑厚薄之等, 不容混而一之也. 故曰性命不同矣. 在天成象, 如衣與旗常之章, 著爲日月星辰之象也. 在地成形, 如宮室器具各有高卑大小之制, 是取法於地也. 由此言之, 禮之有別, 非天地自然之理乎?

번역 이 내용은 『역』「계사전(繫辭傳)」의 내용과 대략적으로 동일한데,[2] 『예기』를 기록한 자가 이 말을 인용하여, 성인이 예(禮)를 제정한 것은 이처럼 천지자연의 이치에 근본한 것임을 나타내었다. 군신의 예법을 확정한 것은 천지의 높고 낮은 형세에 따른 것이다. 신분 귀천의 지위를 등차로 나열한 것은 산과 못의 높고 낮은 형세에 따른 것이다. 작은 것은 크게 될 수 없고 큰 것은 작게 될 수 없기 때문에, 작고 큼의 다름은 음양과 동정의 항상된 법칙에 따른 것이다. 여기에서 말한 '소대(小大)'는 『논어』에서 "작고 큰 일이 여기에 따른다."[3]라고 했을 때의 뜻과 같으니, 작은 일과 큰 일을 의미한다. '방(方)'은 도(道)와 같다. '취(聚)'자는 "머문다[處]."는 뜻이다. 군신・부자・부부・장유・붕우의 관계에서는 각각 해당하는 도가 있어서, 각각 그 부류에 따라서 머물게 되니, 이것이 바로 "도는 부류로써 머문다."는 의미이다. '물(物)'자는 사안[事]을 뜻한다. 예(禮)를 시행하는 사안은 곧 천리의 절문과 인사의 의칙을 뜻하니, 그것을 시행할 때에는 한 부분에만 그치지 않고, 그것을 나눔에 있어서는 반드시 각각 해

---

2) 『역』「계사상(繫辭上)」: 尊地卑, 乾坤定矣. 卑高以陳, 貴賤位矣. 動靜有常, 剛柔斷矣. 方以類聚, 物以群分, 吉凶生矣. 在天成象, 在地成形, 變化見矣.
3) 『논어』「학이(學而)」: 有子曰, "禮之用, 和爲貴. 先王之道, 斯爲美, <u>小大由之</u>. 有所不行, 知和而和, 不以禮節之, 亦不可行也."

당하는 사안에 따르니, 이것이 "사안은 무리로써 구분한다."는 뜻이다. 이처럼 하는 이유는 하늘이 부여한 천명과 사람이 부여받은 본성은 자연적으로 이러한 삼강(三綱)과 오상(五常)의 윤리를 갖추고 있어서, 그 사이에 있는 존비·후박 등의 차등에 대해서는 뭉쳐서 하나로 만들 수 없기 때문이다. 그래서 "본성과 천명이 다르다."고 한 것이다. "하늘에 있어서는 상(象)을 이룬다."는 말은 옷과 깃발 등에 새기는 무늬와 같은 것으로, 그곳에는 해·달·별 등의 무늬를 드러내게 된다. "땅에 있어서는 형체를 이룬다."는 말은 마치 궁실 및 기물들에 있어서 각각 높고 낮음 및 크고 작음의 차등적 제도가 나타남과 같으니, 이러한 것들은 땅에서 법도를 취한 것이다. 이를 통해 말해본다면, 예(禮)에 차별이 있는 것은 천지자연의 이치가 아니겠는가?

集說 應氏曰: 此卽所謂天高地下, 萬物散殊, 而禮制行矣.

번역 응씨가 말하길, 이 내용은 곧 "하늘은 높고 땅은 낮으며, 만물은 그 사이에 흩어지고 달라지고, 예(禮)에 따른 절제함이 시행된다."[4]는 뜻에 해당한다.

集說 劉氏曰: 此又申言禮者天地之序也. 天地萬物, 各有動靜之常, 大者有大動靜, 小者有小動靜, 則小大之事法之, 而久近之期殊矣. 方以類聚, 言中國蠻夷戎狄之民, 各以類而聚. 物以群分, 言飛潛動植之物, 各以群而分. 則以其各正性命之不同也, 故聖人亦因之而異其禮矣. 在天成象, 則日月星辰之歷數, 各有其序. 在地成形, 則山川人物之等倫, 各有其儀. 由此言之, 則禮者豈非天地之別乎?

---

4) 『예기』「악기」【464d~465a】: <u>天高地下, 萬物散殊, 而禮制行矣</u>. 流而不息, 合同而化, 而樂興焉. 春作夏長, 仁也. 秋斂冬藏, 義也. 仁近於樂, 義近於禮. 樂者敦和, 率神而從天; 禮者別宜, 居鬼而從地. 故聖人作樂以應天, 制禮以配地. 禮樂明備, 天地官矣.

번역 유씨가 말하길, 이 내용은 또한 "예(禮)가 천지의 질서이다."[5]는 뜻을 거듭 밝힌 것이다. 천지만물에는 각각 움직임과 고요함의 항상됨이 있으니, 큰 것은 큰 움직임과 고요함이 있고, 작은 것은 작은 움직임과 고요함이 있으므로, 크고 작은 사안은 그것을 본받아서 오랜 기간이 걸리거나 근시일내로 할 수 있는 시간적 차이가 있다. '방이류취(方以類聚)'는 중국 및 사방 오랑캐 땅의 백성들은 각각 같은 부류로써 모여 산다는 뜻이다. '물이군분(物以群分)'은 날거나 물속에 살거나 동식물 등은 각각 무리를 지어서 구분이 된다는 뜻이다. 이것은 각각 성명을 바르게 함이 다르기 때문이다. 그래서 성인은 또한 그에 따라 예법에 차이를 두었다. 하늘에 있어서는 상(象)을 이루니, 해・달・별의 운행에는 각각 해당하는 질서체계가 있다. 땅에 있어서는 형체를 이루니, 산과 못 및 사람과 사물의 무리들에게는 각각 해당하는 법칙이 있다. 이를 통해 말해본다면, 예가 어찌 천지에 따른 구별이 아니겠는가?

大全 嚴陵方氏曰: 以形言則曰高下, 以道言則曰尊卑, 以位言則曰卑高. 獨位反言之者, 以位必積卑至高故也. 陽常動而長, 陰常靜而消. 消則小而有別於大, 長則大而有別於小. 凡此皆天地所以辨而別也, 而禮行乎其間, 故曰如此則禮者天地之別也.

번역 엄릉방씨가 말하길, 형체를 기준으로 말을 한다면 '고하(高下)'라고 말하고, 도(道)를 기준으로 말을 한다면 '존비(尊卑)'라고 말하며, 지위를 기준으로 말을 한다면 '비고(卑高)'라고 말한다. 그런데 유독 지위에 있어서만 '고비(高卑)'가 아닌 '비고(卑高)'라고 하여, 그 순서를 거꾸로 말한 이유는 지위는 반드시 낮은 것으로부터 쌓여가서 높은 곳에 이르기 때문이다. 양(陽)은 항상 움직이고 자라나며 음(陰)은 항상 고요하고 줄어든다. 줄어든다면 작아져서 큰 것과 구별됨이 생기고, 자라난다면 커져서 작은 것과

---

5) 『예기』「악기」【463b~c】: 樂者天地之和也. <u>禮者天地之序也</u>. 和故百物皆化, 序故群物皆別. 樂由天作, 禮以地制. 過制則亂, 過作則暴. 明於天地, 然後能興禮樂也.

구별됨이 생긴다. 무릇 이러한 것들은 천지가 분별하여 구별한 것인데, 예(禮)는 천지 사이에서 시행되기 때문에, "이와 같다면 예는 천지의 법칙에 따른 구별이다."라고 말한 것이다.

鄭注 卑·高, 謂山澤也. 位矣, 尊卑之位, 象山澤也. 動靜, 陰陽用事. 小大6), 萬物也. 大者常存, 小者隨陰7)陽出入. 方, 謂行蟲也. 物, 謂殖生者也. 性之言生也. 命, 生之長短也. 象, 光耀也. 形, 體貌也.

번역 '비(卑)'와 '고(高)'는 산과 못을 뜻한다. 지위라는 것은 신분의 존비에 따른 지위를 뜻하니, 산과 못을 형상화한 것이다. 움직임과 고요함은 음양이 일을 부린 것이다. '소대(小大)'는 만물을 뜻한다. 큰 것은 항상 존재하지만, 작은 것은 음양에 따라 나타나기도 하고 들어가기도 한다. '방(方)'은 움직이는 짐승들을 뜻한다. '물(物)'은 붙어서 생장하는 것들을 뜻한다. '성(性)'자는 "생겨나다[生]."는 뜻이다. '명(命)'은 생명의 길고 짧음을 뜻한다. '상(象)'자는 빛이 남을 뜻한다. '형(形)'자는 형체를 뜻한다.

釋文 卑如字, 又音婢, 下同.

번역 '卑'자는 글자대로 읽으며, 또한 그 음은 '婢(비)'도 되니, 아래문장에 나오는 글자도 그 음이 이와 같다.

---

6) '소대(小大)'에 대하여. '소대'는 본래 '대소(大小)'라고 기록되어 있었는데, 완원(阮元)의 『교감기(校勘記)』에서는 "혜동(惠棟)의 『교송본(校宋本)』에는 '소대'라고 기록되어 있고, 『악본(岳本)』 및 위씨(衛氏)의 『집설(集說)』에도 동일하게 기록되어 있다. 이곳 판본에는 '소대'라는 두 글자가 전도된 것이며, 『민본(閩本)』·『감본(監本)』·『모본(毛本)』에도 동일하게 잘못되어 있고, 『가정본(嘉靖本)』에도 잘못되어 있다."라고 했다.

7) '음(陰)'자에 대하여. '음'자는 본래 없던 글자인데, 완원(阮元)의 『교감기(校勘記)』에서는 "혜동(惠棟)의 『교송본(校宋本)』에는 '양(陽)'자 앞에 '음'자가 기록되어 있으니, 이 기록이 옳다. 노문초(盧文弨)는 『사기집해(史記集解)』에서도 '음'자를 기록했다고 말했다."라고 했다.

孔疏 ●“天尊”至“別也”. ○正義曰: 自此以下至“禮樂云”, 廣明禮樂之功, 包天地之德, 各隨文解之. 此天尊地卑一經, 明禮爲天地之別也.

번역 ●經文: “天尊”~“別也”. ○이곳 구문으로부터 그 이하로 ‘예악운(禮樂云)’8)이라고 한 말까지는 예악의 공효가 천지의 덕을 포함하고 있음을 폭넓게 설명하고 있으니, 각각의 문장에 따라 풀이하겠다. 이곳의 ‘천존지비(天尊地卑)’로 시작되는 한 단락은 예(禮)가 천지의 구별이 됨을 나타내고 있다.

孔疏 ●“卑高已陳, 貴賤位矣”者, 卑謂澤也, 高謂山也. 山澤列在天地之中, 故云“已陳”也. 貴賤, 卽公卿以下, 象山川而有貴賤之位也, 所以鄭云“位矣”. 尊卑之位, 象山澤, 故鄭注周易云: “君臣尊卑之貴賤, 如山澤之有高卑也.”

번역 ●經文: “卑高已陳, 貴賤位矣”. ○‘비(卑)’는 못을 뜻하며 ‘고(高)’는 산을 뜻한다. 산과 못은 천지 사이에 분포되어 있기 때문에 “이미 나열되어 있다.”라고 말한 것이다. ‘귀천(貴賤)’은 공(公)·경(卿)으로부터 그 이하의 계층을 뜻하니, 산과 하천의 형세를 본떠서 귀천의 지위가 생기는 것이니, 정현이 “지위이다.”라고 한 이유이다. 신분의 차이에 따른 지위는 산과 못의 형세를 본뜬 것이기 때문에, 『주역』에 대한 정현의 주에서는 “군신 및 존비의 귀천은 산과 못의 형세에 높고 낮은 차이가 있음과 같다.”고 한 것이다.

孔疏 ●“動靜有常, 小大殊矣”者, 動靜, 謂雷風也. 動散有常, 故云“常”也. 小大, 謂萬物也. 小, 謂草木春生秋殺, 及昆蟲夏生冬伏者. 大, 謂常存, 不隨四時變化. 變化不等, 故云“殊”也. 鄭注易云“動靜, 雷風也”, 而鄭此云“陰陽用事”者, 亦得會通也.

---

8) 『예기』「악기」【467a】: 及夫禮樂之極乎天, 而蟠乎地, 行乎陰陽, 而通乎鬼神, 窮高極遠而測深厚. 樂著太始而禮居成物. 著不息者, 天也. 著不動者, 地也. 一動一靜者, 天地之間也. 故聖人曰禮樂云.

번역 ●經文: "動靜有常, 小大殊矣". ○'동정(動靜)'은 우레와 바람을 뜻한다. 움직여 흩어짐에는 항상됨이 있기 때문에 '상(常)'이라고 말했다. '소대(小大)'는 만물을 뜻한다. '소(小)'는 초목이 봄에 생장하고 가을에 죽으며, 곤충들이 여름에 생겨났다가 겨울에 숨는 것 등을 뜻한다. 큰 것은 항상 존재하는 것을 뜻하니, 사계절의 변화에 따르지 않는다. 변화는 차등적이기 때문에 '수(殊)'라고 말했다. 『주역』에 대한 정현의 주에서는 "동정(動靜)은 우레와 바람이다."라고 했고, 이곳 구문에 대한 정현의 주에서는 "음양이 일을 부린 것이다."라고 하여 차이를 보이지만, 이 또한 통용된다.

孔疏 ●"方以類聚"者, 方, 謂走蟲禽獸之屬, 各以類聚, 不相雜也.

번역 ●經文: "方以類聚". ○'방(方)'자는 움직이는 금수 등을 뜻하니, 각자 부류에 따라 모이며, 다른 종류끼리 서로 섞이지 않는다.

孔疏 ●"物以群分"者, 物, 謂殖生, 若草木之屬, 各有區分, 自殊於藪澤者也. 鄭注易云"類聚群分, 謂水火也", 而此注云"方, 謂行蟲. 物, 謂殖生者", 言二注不同, 各有以也. 類聚稱"方"者, 行蟲有性識道理, 故稱"方"也. 群分稱"物"者, 謂殖生無心靈, 但一物而已, 故云"物"也.

번역 ●經文: "物以群分". ○'물(物)'은 한 장소에 붙어서 생장하는 것으로 초목과 같은 부류이며, 각각 구역화된 구분이 있고, 그 자체로 연못 등지에 서식하는 것들과는 구별된다. 『주역』에 대한 정현의 주에서는 "부류에 따라 모이고 군집하여 구별된다는 것은 수(水)와 화(火)를 뜻한다."라고 했고, 이곳 기록에 대한 주에서는 "'방(方)'은 움직이는 짐승들을 뜻한다. '물(物)'은 붙어서 생장하는 것들을 뜻한다."라고 했으니, 두 주석의 내용이 다른 것은 각각의 이유가 있음을 의미한다. 부류에 따라 모인다는 것에 대해 '방(方)'을 지칭한 것은 움직일 수 있는 짐승들에게는 본성과 지식 및 도리가 있기 때문에 '방(方)'이라고 말한 것이다. 군집하여 구분되는 것에 대해 '물(物)'을 지칭한 것은 붙어서 생장하는 것에는 심령이 없고, 단지

한 종류의 사물일 뿐이기 때문에 '물(物)'이라고 말한 것이다.

孔疏 ●"則性命不同矣"者, 性, 生也. 各有嗜好, 謂之爲性也. 命者, 長短夭壽也. 行殖之物, 旣稟大小之殊, 故性命夭壽不同. 萬物各有群類區分性命之別, 故聖人因此制禮, 類族緣物, 各遂性命也.

번역 ●經文: "則性命不同矣". ○'성(性)'자는 "생겨나다[生]."는 뜻이다. 각자 기호가 있으니 이것을 '성(性)'이라고 부른다. '명(命)'은 수명의 길고 짧음을 뜻한다. 움직이는 동물이나 붙어사는 식물들은 각각 크고 작은 차이를 품수받았기 때문에, 성명의 길고 짧음도 다르다. 만물은 각각 군집하고 무리를 이루며 구역을 이루고 구분되며 성명의 차이를 가지고 있기 때문에, 성인은 이에 따라서 예(禮)를 제정하여, 무리와 종족은 각각 그 사물에 연관하여 각자 성명을 이루게 했다.

孔疏 ●"在天成象"者, 馬融·王肅注易並云: "象者, 日月星." 鄭注易云: "成象, 日月星辰也." 注此云: "象, 光耀也."

번역 ●經文: "在天成象". ○마융[9]과 왕숙은 『주역』에 대한 주에서, 모두 "상(象)은 해·달·별이다."라고 했고, 『주역』에 대한 정현의 주에서는 "상(象)을 이룸은 해·달·별이다."라고 했다. 그리고 이곳 기록에 대한 주에서는 "상(象)은 빛이 남을 뜻한다."라고 했다.

孔疏 ●"在地成形"者, 馬融注易云: "植物·動物也." 王肅注易云: "山川·群物也." 鄭注易云: "謂草木鳥獸也." 注此云: "形, 體貌也." 按此三者, 所注

---

9) 마융(馬融, A.D.79~A.D.166) : =마계장(馬季長). 후한대(後漢代)의 경학자(經學者)이다. 자(字)는 계장(季長)이며, 마속(馬續)의 동생이다. 고문경학(古文經學)을 연구하였으며, 『주역(周易)』, 『상서(尙書)』, 『모시(毛詩)』, 『논어(論語)』, 『효경(孝經)』 등을 두루 주석하고, 『노자(老子)』, 『회남자(淮南子)』 등도 주석하였지만 현재 전해지지 않는다.

雖異, 其意皆同.

번역 ●經文: "在地成形". ○『역』에 대한 마융의 주에서는 "식물과 동물이다."라고 했고, 『역』에 대한 왕숙의 주에서는 "산천과 무리를 이룬 사물들이다."라고 했으며, 『역』에 대한 정현의 주에서는 "초목과 금수이다."라고 했다. 그리고 이곳 기록에 대한 주에서는 "'형(形)'자는 형체를 뜻한다."라고 했다. 이러한 세 가지 주석을 살펴보면, 주석한 기록이 비록 다르지만, 그 의미는 모두 동일하다.

孔疏 ●"如此, 則10)禮者, 天地之別也"者, 合結禮者, 天地有別, 聖人制禮有殊別, 是從天地之分別也.

번역 ●經文: "如此, 則禮者, 天地之別也". ○예(禮)에 대해서 종합적으로 결론을 맺은 것으로, 천지에는 구별됨이 있고, 성인이 예(禮)를 제정했을 때에도 구별과 차이가 있었으니, 이것은 천지의 분별에 따른 것이라는 의미이다.

集解 愚謂: 此申言天高地下, 萬物散殊, 而禮制行之義也. 禮有君臣, 而天尊地卑, 卽自然之君臣也. 卑謂澤, 高謂山. 禮有貴賤, 而山澤之卑高, 卽自然之貴賤也. 易之義以陽爲大, 陰爲小. 禮有小大, 而陽動陰靜各有其常, 卽自然之小大也. 方以道言, 物以形言. 方以類聚, 而剛柔燥濕之相從, 物以群分, 而飛潛動植之各異, 由其所稟之性命不同也. 在天而日月星辰之成象, 在地而山川人物之成形, 凡此皆禮之見於天地者, 乃天地自然之別也.

번역 내가 생각하기에, 이것은 "하늘은 높고 땅은 낮으며, 만물은 그 사이에 흩어지고 달라지고, 예(禮)에 따른 절제함이 시행된다."는 뜻을 거듭

---

10) '즉(則)'자에 대하여. '즉'자는 본래 없던 글자인데, 완원(阮元)의 『교감기(校勘記)』에서는 "혜동(惠棟)의 『교송본(校宋本)』에는 '예(禮)'자 앞에 '즉'자가 기록되어 있고, 『모본(毛本)』에도 동일하게 기록되어 있다."라고 했다.

밝힌 것이다. 예(禮)에는 군주와 신하의 구별이 있고 하늘은 높고 땅은 낮으니, 이것은 곧 자연의 섭리에 따른 군주와 신하의 관계이다. '비(卑)'는 못을 뜻하고 '고(高)'는 산을 뜻한다. 예(禮)에는 귀천에 따른 신분의 구별이 있고 산과 못은 낮고 높은 차이가 있으니, 이것은 곧 자연의 섭리에 따른 귀천의 등급이다. 『역』의 뜻에서는 양(陽)을 큰 것으로 삼고 음(陰)을 작은 것으로 삼는다. 예(禮)에도 크고 작은 차이가 있고, 양(陽)이 움직이고 음(陰)이 고요함에는 각각 항상된 질서가 있으니, 이것은 곧 자연의 섭리에 따른 크고 작은 차이이다. '방(方)'자는 도(道)를 기준으로 한 말이고 '물(物)'자는 형체를 기준으로 한 말이다. 도는 부류로써 모이고 굳셈과 부드러움 및 마름과 습함이 서로 따르며, 사물은 군집하여 구분되고 날거나 물 속에 살거나 동식물 등은 각각 차이를 보이니, 이것은 그것들이 품수받은 성명(性命)의 다름에서 비롯된다. 하늘에 있어서는 해·달·별들이 상(象)을 이루고, 땅에 있어서는 산과 못 사람과 사물이 형체를 이루니, 이러한 것들은 모두 예(禮)가 천지에 드러난 것으로, 천지자연의 구별에 해당한다.

● 그림 19-1 상의의 6가지 무늬

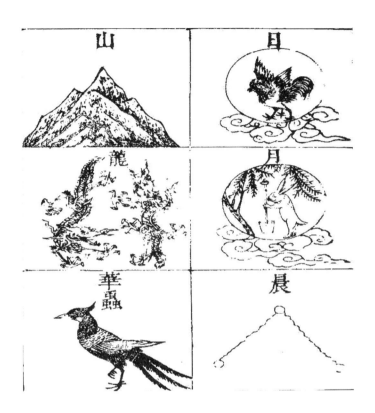

※ 출처: 『삼재도회(三才圖會)』「의복(衣服)」 1권

그림 19-2 하의의 6가지 무늬

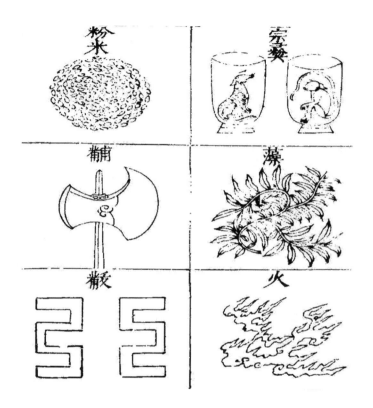

※ 출처: 『삼재도회(三才圖會)』「의복(衣服)」1권

• 제 20 절 •

악(樂)과 화(和)

【466c~d】

地氣上齊, 天氣下降, 陰陽相摩, 天地相蕩, 鼓之以雷霆, 奮
之以風雨, 動之以四時, 煖之以日月, 而百化興焉. 如此則樂
者天地之和也.

직역 地氣는 上齊하고, 天氣는 下降하며, 陰陽이 相摩하고, 天地가 相蕩하니,
鼓하길 雷霆으로써 하며, 奮하길 風雨로써 하고, 動하길 四時로써 하며, 煖하길 日
月로써 하여, 百化가 興한다. 此와 如하면 樂者는 天地의 和라.

의역 땅의 기운은 위로 오르고, 하늘의 기운은 아래로 내려오며, 음양은 서로
부딪치고, 천지의 기운이 흘러 움직이니, 우레와 천둥으로 두드리고, 바람과 비로
휘두르며, 사계절을 통해 움직이고, 해와 달로 따뜻하게 하여, 만물의 화육과 생장
이 흥성하게 된다. 이와 같다면 악(樂)은 천지의 조화로움에 해당한다.

集說 應氏曰: 此卽所謂流而不息, 合同而化, 而樂興焉.

번역 응씨가 말하길, 이 내용은 곧 "두루 흘러 그치지 않고, 합하고 같아
져서 변화를 하여 악(樂)이 흥성하게 된다."[1]는 뜻에 해당한다.

---

1) 『예기』「악기」【464d~465a】 : 天高地下, 萬物散殊, 而禮制行矣. 流而不息, 合
同而化, 而樂興焉. 春作夏長, 仁也. 秋斂冬藏, 義也. 仁近於樂, 義近於禮. 樂者
敦和, 率神而從天; 禮者別宜, 居鬼而從地. 故聖人作樂以應天, 制禮以配地. 禮
樂明備, 天地官矣.

集說 劉氏曰: 此申言樂者天地之和也. 齊, 讀爲躋. 天地相蕩, 亦言其氣之播蕩也. 百化興焉, 所謂天地絪縕而萬物化醇也. 以上言效法之所本.

번역 유씨가 말하길, 이 내용은 "악(樂)이라는 것은 천지의 조화로움에 해당한다."2)라는 뜻을 거듭 밝힌 것이다. '제(齊)'자는 "오른다."는 뜻의 '제(躋)'자로 해석한다. '천지상탕(天地相蕩)'은 또한 기운의 흐름과 움직임을 뜻한다. '백화흥언(百化興焉)'은 이른바 "천지가 얽히고설킴에 만물이 변화하여 엉킨다."3)는 뜻에 해당한다. 이러한 내용은 본받음에 근본으로 삼는 것들을 언급한 것이다.

大全 張氏曰: 聖人作樂, 法天地和同, 是樂者天地之和也, 亦是敦和率神而從天也.

번역 장자가 말하길, 성인이 악(樂)을 제정할 때에는 천지의 조화롭고 동일하게 되는 작용을 본받았으니, 이것이 "악(樂)이 천지의 조화로움이다."는 뜻이며, 또한 "조화로움을 돈독히 하고, 신(神)에 따라 하늘을 따른다."4)는 뜻이다.

鄭注 齊讀爲躋, 躋, 升也. 摩, 猶迫也. 蕩, 猶動也. 奮, 訊也. 百化, 百物化生也.

번역 '제(齊)'자는 '제(躋)'자로 해석하니, '제(躋)'자는 "오른다[升]."는 뜻이다. '마(摩)'자는 "급하다[迫]."는 뜻이다. '탕(蕩)'자는 "움직인다[動]."

---

2) 『예기』「악기」【463b~c】: 樂者天地之和也. 禮者天地之序也. 和故百物皆化, 序故群物皆別. 樂由天作, 禮以地制. 過制則亂, 過作則暴. 明於天地, 然後能興禮樂也.
3) 『역』「계사하(繫辭下)」: 天地絪縕, 萬物化醇, 男女構精, 萬物化生.
4) 『예기』「악기」【464d~465a】: 天高地下, 萬物散殊, 而禮制行矣. 流而不息, 合同而化, 而樂興焉. 春作夏長, 仁也. 秋斂冬藏, 義也. 仁近於樂, 義近於禮. 樂者敦和, 率神而從天; 禮者別宜, 居鬼而從地. 故聖人作樂以應天, 制禮以配地. 禮樂明備, 天地官矣.

는 뜻이다. '분(奮)'자는 "빠르게 움직인다[訊]."는 뜻이다. '백화(百化)'는 모든 사물이 화육하고 생장함이다.

釋文 上齊, 時掌反. 齊, 注讀爲隮, 又作隮, 子兮反, 升也. 摩, 本又作磨, 末河反, 迫也. 蕩, 本或作盪, 同, 大黨反. 霆音廷, 又作挺. 奮, 甫問反, 易作"潤之". 暖, 徐詩遠反, 沈況遠反. 迫音伯. 訊, 本又作迅, 音信.

번역 '上齊'에서의 '上'자는 '時(시)'자와 '掌(장)'자의 반절음이다. '齊'자는 정현의 주에서는 '隮'자로 풀이했고, 또한 '隮'자로도 기록하는데, 그 음은 '子(자)'자와 '兮(혜)'자의 반절음이고, 올라간다는 뜻이다. '摩'자는 판본에 따라서 또한 '磨'자로도 기록하니, 그 음은 '末(말)'자와 '河(하)'자의 반절음이고, 급하다는 뜻이다. '蕩'자는 판본에 따라서 또한 '盪'자로도 기록하는데, 두 글자는 모두 '大(대)'자와 '黨(당)'자의 반절음이다. '霆'자의 음은 '廷(정)'이며, 또한 '挺'자로도 기록한다. '奮'자는 '甫(보)'자와 '問(문)'자의 반절음이며, 『역』에서는 '潤之'라고 기록했다. '暖'자의 서음(徐音)은 '詩(시)'자와 '遠(원)'자의 반절음이며, 심음(沈音)은 '況(황)'자와 '遠(원)'자의 반절음이다. '迫'자의 음은 '伯(백)'이다. '訊'자는 판본에 따라서 또한 '迅'자로도 기록하는데, 그 음은 '信(신)'이다.

孔疏 ●"地氣"至"和也". ○正義曰: "地氣上齊"者, 齊, 升也, 謂地氣上升天. "天氣下降"者, 謂降下與地氣交合. 積氣從下升, 在樂象氣, 故先從地始. 形以上爲尊, 故先禮象形, 從天爲初.

번역 ●經文: "地氣"~"和也". ○경문의 "地氣上齊"에 대하여. '제(齊)'자는 "오른다[升]."는 뜻이니, 땅의 기운이 하늘로 올라간다는 의미이다. 경문의 "天氣下降"에 대하여. 밑으로 내려와서 땅의 기운과 함께 결합된다는 뜻이다. 기운이 쌓여서 아래로부터 위로 올라가는데, 악(樂)에 있어서는 기운을 본뜬 것이기 때문에 우선 땅으로부터 시작한 것이다. 형체는 위를 존귀한 것으로 여기기 때문에, 앞서 예(禮)에 있어서는 형태를 본뜬 것이기 때문에 하늘로부터 시작하였다.

【孔疏】 ●"陰陽相摩"者, 摩, 謂切迫, 陰陽二氣相切迫也. "天地相蕩"者, 蕩, 動也, 言天地之氣相感動.

【번역】 ●經文: "陰陽相摩". ○'마(摩)'자는 절박하다는 뜻이니, 음(陰)과 양(陽)의 두 기운이 서로 다급히 가까워진다는 뜻이다. 경문의 "天地相蕩"에 대하여. '탕(蕩)'자는 "움직인다[動]."는 뜻이니, 천지의 기운이 서로 느껴서 움직인다는 의미이다.

【孔疏】 ●"鼓之以雷霆"者, 雖以氣生而物未發, 故用雷霆以鼓動之.

【번역】 ●經文: "鼓之以雷霆". ○비록 기운이 생겨났지만 만물이 아직 발생하지 않았기 때문에, 우레와 천둥을 사용하여 격동하게 만든다.

【孔疏】 ●"奮之以風雨"者, 萬物得風雨, 奮迅而出也.

【번역】 ●經文: "奮之以風雨". ○만물이 바람과 비를 얻게 되어, 신속하게 일어나 나타난다.

【孔疏】 ●"動之以四時"者, 言萬生長, 隨四時而動也.

【번역】 ●經文: "動之以四時". ○만물이 생장하는 것은 사계절에 따라 움직인다는 뜻이다.

【孔疏】 ●"暖之以日月"者, 萬物之生, 必須日月暖煦之. 自"鼓之以雷霆"至"暖之以日月", 皆以天地相蕩之事細別言之耳.

【번역】 ●經文: "暖之以日月". ○만물이 생겨날 때에는 반드시 해와 달이 따뜻하게 비춰줘야만 한다. "우레와 천둥으로 고무시킨다."는 구문부터

"해와 달로 따뜻하게 한다."는 구문까지는 모두 천지가 서로 움직이는 사안을 세밀하게 구별해서 말한 것일 뿐이다.

孔疏 ●"而百化興焉"者, 百化, 百物也. 興, 生也. 百物化生⁵⁾由天地, "齊"·"降"以下諸事.

번역 ●經文: "而百化興焉". ○'백화(百化)'는 모든 사물을 뜻한다. '흥(興)'자는 "생겨난다[生]."는 뜻이다. 만물이 화육되고 생장하는 것은 천지로부터 비롯되니, "오른다."라는 말이나 "내려간다."는 말로부터 그 이하의 여러 사안에서 비롯되는 것이다.

孔疏 ●"如此, 則樂者, 天地之和也"者, 此結樂也. 言作樂者法象天地之和氣, 若作樂和, 則天地亦和. 前經云"禮者, 天地之別", 言制禮者法象之也. 若制禮得所, 亦能使天地別異. 此經"樂者, 天地之和⁶⁾", 則是法天地之和氣, 故云"樂者, 天地之和也".

번역 ●經文: "如此, 則樂者, 天地之和也". ○이것은 악(樂)에 대해서 결론을 맺은 것이다. 즉 악(樂)을 제정했을 때 천지의 조화로운 기운을 본받았다는 뜻이니, 만약 악(樂)을 제정함이 조화롭다면 천지 또한 조화로운 것이다. 앞의 경문에서는 "예(禮)는 천지의 구별이다."라고 했으니, 예(禮)를 제정한 것이 본받은 대상을 뜻한다. 만약 예(禮)를 제정하여 제자리를

---

5) '화생(化生)'에 대하여. '화생'이라는 두 글자는 본래 없던 글자인데, 완원(阮元)의 『교감기(校勘記)』에서는 "혜동(惠棟)의 『교송본(校宋本)』에는 '백물(百物)' 뒤에 '화생'이라는 두 글자가 기록되어 있으니, 이곳 판본에는 글자가 누락된 것이며, 『민본(閩本)』·『감본(監本)』·『모본(毛本)』에도 동일하게 누락되어 있다."라고 했다.

6) '천지지화(天地之和)'에 대하여. 이것은 본래 '악지불화(樂之不和)'라고 기록되어 있었는데, 완원(阮元)의 『교감기(校勘記)』에서는 "혜동(惠棟)의 『교송본(校宋本)』에는 '화(和)'자 앞에 '불(不)'자가 없고, 『민본(閩本)』·『감본(監本)』·『모본(毛本)』에는 '악지화(樂之和)'가 '천지지화'로 기록되어 있다."라고 했다.

얻었다면, 이 또한 천지로 하여금 구별하고 차이를 두게 할 수 있다. 이곳 경문에서 "악(樂)은 천지의 조화로움이다."라고 했다면, 천지의 조화로운 기운을 본받은 것이다. 그렇기 때문에 "악(樂)은 천지의 조화로움이다."라고 말한 것이다.

訓纂 釋詁: 動, 作也.

번역 『이아』「석고(釋詁)」편에서 말하길, '동(動)'자는 "일어난다[作]."는 뜻이다.[7]

訓纂 陳晉之曰: 煖之者日也, 月亦預焉. 潤之者雨也, 風亦預焉. 相須而成故也.

번역 진진지[8]가 말하길, 따뜻하게 하는 것은 해인데 달 또한 관련된다. 적시는 것은 비인데 바람 또한 관련된다. 서로 결합하여 완성되기 때문이다.

集解 愚謂: 此申言流而不息, 合同而化, 而樂興焉之義也. 言其體, 謂之天地; 言其氣, 謂之陰陽. 陰之氣上升, 陽之氣下降, 則陰陽相摩矣. 天下交於地, 地上交於天, 則天地相蕩矣. 煖, 易作"烜". 鼓之·奮之·動之·煖之, 皆指萬物而言. 凡此皆樂之見於天地者, 乃天地自然之和也.

번역 내가 생각하기에, 이 내용은 "두루 흘러 그치지 않고, 합하고 같아져서 변화를 하여 악(樂)이 흥성하게 된다."는 뜻을 거듭 밝힌 것이다. 본체를 말해서 '천지(天地)'라고 한 것이며, 기운을 말해서 '음양(陰陽)'이라고 한 것이다. 음(陰)의 기운은 위로 상승하고 양(陽)의 기운은 아래로 하강하니, 음양이 서로 만나게 된다. 하늘은 아래로 내려와 땅과 사귀고 땅은 위로

---

7) 『이아』「석고(釋詁)」 : 浡·肩·搖·動·蠢·迪·俶·厲, <u>作也</u>.
8) 진양(陳暘, ?~?) : =진진지(陳晉之). 북송(北宋) 말기 때의 학자이다. 저서로는 『악서(樂書)』 등이 있다.

올라가서 하늘과 사귀니, 천지가 서로 움직이게 된다. '난(煖)'자를『역』에서는 '훤(烜)'자로 기록했다. 울리고·떨치며·움직이고·따뜻하게 함은 모두 만물을 기준으로 한 말이다. 무릇 이러한 것들은 모두 악(樂)이 천지에 나타난 것으로, 곧 천지자연의 조화로움에 해당한다.

• 제 21 절 •

화(化)·변(辨)과 천지(天地)의 정(情)

【466d】

化不時則不生, 男女無辨則亂升, 天地之情也.

직역 化가 不時하면 不生하고, 男女가 辨이 無하면 亂이 升하니, 天地의 情이다.

의역 조화가 때에 맞지 않다면 만물이 생장하지 않고, 남녀 사이에 구별됨이 없다면, 혼란함이 기승을 부리니, 이것이 천지의 실정이다.

集說 此言禮樂之得失與天地相關, 所謂和氣致祥, 乖氣致異也. 總結上文兩節之意.

번역 이 내용은 예악의 득실이 천지와 서로 관련됨을 나타내고 있으니, 이른바 "조화로운 기운은 상서로움을 불러오고, 어그러진 기운은 재이를 불러온다."는 뜻에 해당한다. 이 문장은 앞의 두 문장의 뜻을 결론 맺은 것이다.

大全 長樂陳氏曰: 化不時則不生, 以天地明人事也. 男女無別則亂升, 以人事明天地也.

번역 장락진씨가 말하길, "조화가 때에 맞지 않다면 만물이 생장하지 않는다."는 말은 천지를 통해 사람에 대한 일을 나타낸 것이다. "남녀 사이에 구별됨이 없다면 혼란함이 기승을 부린다."는 말은 인사를 통해 천지에 대한 일을 나타낸 것이다.

鄭注 辨, 別也. 升, 成也. 樂失則害物, 禮失則亂人.

번역 '변(辨)'자는 구별[別]을 뜻한다. '승(升)'자는 "이루다[成]."는 뜻이다. 악(樂)이 상실되면 만물에 해를 끼치고, 예(禮)가 상실되면 사람을 혼란스럽게 만든다.

孔疏 ●"化不"至"情也". ○正義曰: 此一經明天地不時, 由禮樂失所.

번역 ●經文: "化不"~"情也". ○이곳 경문은 천지가 때에 맞지 않는 것은 예악(禮樂)이 제자리를 잃은 것에서 비롯됨을 나타내고 있다.

孔疏 ●"化不時"者, 謂天地化養, 不得其時, 則不生物也. 此明樂所以調和變化故也.

번역 ●經文: "化不時". ○천지가 만물을 화육함에 그 때를 얻지 못한다면, 만물을 생장시키지 못한다는 뜻이다. 이것은 악(樂)이 조화를 이루고 변화를 시키는 것이기 때문임을 나타낸다.

孔疏 ●"男女無辨則亂升"者, 升, 成也. 辨, 別也. 若男女雜亂無別, 則亂成也. 此明禮之所以別男女故也.

번역 ●經文: "男女無辨則亂升". ○'승(升)'자는 "이루다[成]."는 뜻이다. '변(辨)'자는 구별[別]을 뜻한다. 만약 남녀관계가 뒤섞여 혼란하여 구별이 없다면 문란하게 된다. 이것은 예(禮)가 남녀사이를 구별하는 것이기 때문임을 나타낸다.

孔疏 ●"天地之情也"者, 樂以法天, 化得其時則物生, 不得其時則物不生, 是天之情也. 禮以法地, 男女有別則治興, 男女無別則亂成, 是地之情也. 皇氏云: "天地無情, 以人心而謂之耳."

번역 ●經文: "天地之情也". ○악(樂)은 하늘을 본받아서, 조화로움이 때를 얻는다면 만물이 생겨나고 때를 얻지 못한다면 만물이 생겨나지 않으니, 이것이 하늘의 실정이다. 예(禮)는 땅을 본받아서, 남녀사이에 구별됨이 있으면 다스림이 흥성하게 되고, 남녀사이에 구별됨이 없다면 혼란함이 조성되니, 이것이 땅의 실정이다. 황간은 "천지는 감정이 없어서, 사람의 마음에 기준으로 두어 말한 것일 뿐이다."라고 했다.

集解 愚謂: 此又言在人者不可以無禮樂也. 蓋天地雖有自然之禮樂, 而禮樂之在人者乃所以贊天地之化育也. 故無樂則氣化不時, 而至於乖沴, 故萬物不生; 無禮則男女無別, 而至於相瀆, 故旣亂興作. 蓋禮樂與天地相感通, 故禮樂之不興, 雖人事之所爲, 而其足以害物而致亂者, 乃天地之情也.

번역 내가 생각하기에, 이 내용은 또한 사람에게 있어서 예악이 없을 수 없음을 나타내고 있다. 무릇 천지에 비록 자연의 법칙에 따른 예악이 있더라도, 사람에게 있는 예악은 천지의 화육하는 작용을 돕는 것이다. 그렇기 때문에 악(樂)이 없다면 기운의 조화가 때에 맞지 않아서 어긋나는 지경에 이르기 때문에, 만물이 생장하지 않는 것이다. 또 예(禮)가 없다면 남녀관계에 구별됨이 없어서 서로 무람되게 구는 지경에 이르기 때문에, 재앙이 흥성하게 된다. 무릇 예악은 천지와 서로 느껴서 통하기 때문에 예악이 흥성하지 않는 것은 비록 사람에 따른 일이지만, 만물에게 피해를 주어 재앙을 일으킬 수 있으니, 이것은 곧 천지의 실정이 된다.

• 제22절 •

예(禮)·악(樂)과 시(始)·성(成)

【467a】

及夫禮樂之極乎天, 而蟠乎地, 行乎陰陽, 而通乎鬼神, 窮高
極遠而測深厚. 樂著太始而禮居成物. 著不息者, 天也. 著不
動者, 地也. 一動一靜者, 天地之間也. 故聖人曰禮樂云.

직역 夫히 禮樂이 天에 極하고, 地에 蟠하며, 陰陽에 行하고, 鬼神에 通함에
及하여, 高를 窮하고 遠을 極하며 深厚를 測한다. 樂은 太始를 著하고 禮는 成物에
居한다. 著히 不息하는 者는 天이다. 著히 不動하는 者는 地이다. 一動하고 一靜하
는 者는 天地의 間이다. 故로 聖人은 曰, 禮樂이라 云이라.

의역 무릇 예(禮)와 악(樂)이 하늘에 두루 미치고, 땅에 두루 퍼지며, 음양에
두루 시행되고, 귀신의 현묘한 작용에 두루 통함에 있어서, 높고 먼 곳까지 두루
통하고 깊고 두터운 것을 헤아린다. 악(樂)은 큰 시작에 있고, 예(禮)는 만물을
이루는데 있다. 뚜렷하게 쉬지 않음은 천(天)에 해당한다. 뚜렷하게 움직이지 않음
은 지(地)에 해당한다. 한 번 움직이고 한 번 고요함은 천지 사이에 있는 만물에
해당한다. 그렇기 때문에 성인은 "예악을 뜻한다."라고 말한 것이다.

集說 朱子曰: 乾知太始, 坤作成物. 知者, 管也. 乾管却太始, 太始卽物生
之始, 乾始物而坤成之也.

번역 주자가 말하길, 건(乾)은 큰 시작을 주관하고 곤(坤)은 만물을 이
룬다고 했다.[1] 이때의 '지(知)'자는 "주관하다[管]."는 뜻이다. 즉 건(乾)은

---

1) 『역』「계사상(繫辭上)」: 乾道成男, 坤道成女. 乾知大始, 坤作成物.

큰 시작을 주관하는데, 큰 시작은 곧 만물이 생겨나는 시작이 되어, 건(乾)은 만물을 시작시키고 곤(坤)은 그것을 완성시킨다.

集說 應氏曰: 及, 至也. 言樂出於自然之和, 禮出於自然之序, 二者之用, 充塞流行, 無顯不至, 無幽不格, 無高不屆, 無深不入, 則樂著乎乾知太始之初, 禮居乎坤作成物之位. 而昭著不息者, 天之所以爲天; 昭著不動者, 地之所以爲地. 著不動者, 藏諸用也. 著不息者, 顯諸仁也. 天地之間, 不過一動一靜而已. 故聖人昭揭以示人, 而名之曰禮樂也. 或曰, 不息不動, 分著於天地. 而一動一靜, 循環無端者, 天地之間也. 動靜不可相離, 則禮樂不容或分. 故聖人言禮樂必合而言之, 未嘗析而言之也. 以上言成功之所合.

번역 응씨가 말하길, '급(及)'자는 "~에 이르다[至]."는 뜻이다. 즉 악(樂)은 자연의 조화로움에서 도출되고 예(禮)는 자연의 질서에서 도출되는데, 예악의 쓰임이 충만하고 두루 유행하여, 밝은 곳에도 이르지 않음이 없고 그윽한 곳에도 도달하지 않음이 없으며, 높은 곳에도 다다르지 않음이 없고 깊은 곳에도 들어가지 않음이 없으니, 악(樂)은 건(乾)이 큰 시작을 주관하는 처음에 자리하고, 예(禮)는 곤(坤)이 만물을 이루는 위치에 있다. 뚜렷하게 쉬지 않는 것은 하늘이 하늘이 되는 까닭이며, 뚜렷하게 움직이지 않는 것은 땅이 땅이 되는 까닭이다. "뚜렷하게 움직이지 않는다."는 말은 쓰임을 감춘다는 뜻이다. "뚜렷하게 쉬지 않는다."는 말은 인(仁)을 드러낸다는 뜻이다.[2] 천지의 사이에 있는 만물은 한 번 움직이고 한 번 고요한데에 불과할 따름이다. 그렇기 때문에 분명히 제시해서 사람들에게 보여주고, 그 명칭을 '예(禮)'와 '악(樂)'이라고 한 것이다. 혹자는 "불식(不息)과 부동(不動)은 천(天)과 지(地)에 각각 나뉘어 드러난다. 한 번 움직이고 한 번 고요하여 두루 순환하며 끝이 없는 것은 천지의 사이에 있는 만물이다. 움직임과 고요함은 서로 떨어질 수 없으니, 예(禮)와 악(樂)도 나눠질 수 없다. 그렇기 때문에 성인은 '예악(禮樂)'이라고 하여 반드시 함께 언급을

---

2) 『역』「계사상(繫辭上)」: 顯諸仁, 藏諸用, 鼓萬物而不與聖人同憂.

했으며, 일찍이 둘을 나눠서 말한 적이 없다. 이상의 내용은 공을 이루는 것과 부합되는 것을 언급한 것이다."라고 했다.

集說 劉氏曰: 自一陽生於子, 至六陽極於巳而爲乾, 此乾知太始也. 自一陰生於午, 至六陰極於亥而爲坤, 此坤作成物也. 又乾坤交於否泰, 一歲則正月泰, 二壯, 三夬, 四乾, 五姤, 六遯, 皆有乾以統陰, 是乾主春夏也. 七月否, 八觀, 九剝, 十坤, 子復, 丑臨, 皆有坤以統陽, 是坤主秋冬也.

번역 유씨가 말하길, 하나의 양(陽)은 자(子) 방위에서 생겨나서, 여섯 양(陽)이 사(巳) 방위에서 지극해져 건(乾)이 되니, 이것이 "건(乾)이 큰 시작을 주관한다."는 뜻이다. 하나의 음(陰)은 오(午) 방위에서 생겨나서, 여섯 음(陰)이 해(亥) 방위에서 지극해져 곤(坤)이 되니, 이것이 "곤(坤)이 만물을 이룬다."는 뜻이다. 또 건(乾)과 곤(坤)은 비(否)와 태(泰)에서 교차하고, 한 해를 기준으로 한다면 정월은 태(泰)가 되며, 이월은 대장(大壯)이 되고, 삼월은 쾌(夬)가 되며, 사월은 건(乾)이 되고, 오월은 구(姤)가 되며, 유월은 돈(遯)이 되고, 이 모두는 건(乾)을 통해서 음(陰)을 통솔함이니, 곧 건(乾)이 봄과 여름을 주관한다는 사실을 나타낸다. 또 칠월은 비(否)가 되고, 팔월은 관(觀)이 되며, 구월은 박(剝)이 되고, 시월은 곤(坤)이 되며, 자(子)의 방위인 십일월은 복(復)이 되고, 축(丑)의 방위인 십이월은 림(臨)이 되며, 이 모두는 곤(坤)을 통해서 양(陽)을 통솔함이니, 곧 곤(坤)이 가을과 겨울을 주관한다는 사실을 나타낸다.

大全 山陰陸氏曰: 此言禮樂在人有如此者, 非天下之至精至變至神, 孰能與於此?

번역 산음육씨가 말하길, 이 내용은 예악이 사람에게 있어서 이와 같은 작용이 있다는 뜻이니, 천하의 지극히 정밀하고 지극히 변화로우며 지극히 신묘한 자가 아니라면, 그 누가 여기에 참여할 수 있겠는가?

大全 金華邵氏曰: 太始, 氣也. 成物, 形也. 太始, 本有是氣, 樂則著而明之, 成物本有是形, 禮則居而辨之, 故著而運行不息則爲天, 著而一定不易則爲地. 著而爲一動一靜, 則在動非動, 在靜非靜, 乃天地之間而機緘之妙也. 聖人於此, 窮其所自而歸之於禮樂, 故曰禮樂云. 又以見天地造化, 亦不無待於禮樂也.

번역 금화소씨가 말하길, 큰 시작은 기(氣)에 해당한다. 만물을 이룸은 형체[形]에 해당한다. 큰 시작은 본래 이러한 기가 있었던 것이니, 악(樂)의 측면에서는 붙어서 드러내게 되고, 만물을 이룸은 본래 이러한 형체가 있었던 것이니, 예(禮)의 측면에서는 머물러 분별하게 된다. 그렇기 때문에 머물며 운행하되 쉬지 않는 것은 천(天)이 되고, 머물며 일정하여 바뀌지 않는 것은 지(地)가 된다. 머물며 한 번 움직이고 한 번 고요하다면, 움직임에 있지만 움직임은 아니며 고요함에 있지만 고요함이 아니니, 천지의 사이에서 그 기미가 열리고 닫히는 현묘함에 해당한다. 성인은 이러한 것에 대해서 연유되는 것을 궁구히 하여 예악에 귀결시켰기 때문에 "예악을 뜻한다."고 말한 것이다. 또 이를 통해 천지의 조화로움이 또한 예악에 깃들지 않음이 없음을 드러냈다.

鄭注 極, 至也. 蟠, 猶委也. 高遠, 三辰也. 深厚, 山川也. 言禮樂之道, 上至於天, 下委於地, 則其間無所不之. 著之言處也. 大始, 百物之始主3)也. 著, 猶明白也. 息, 猶休止也. 易曰: "天行健, 君子以自强不息." 間, 謂百物也. 言禮樂之法天地也, 樂靜而禮動, 其並用事, 則亦天地之間耳.

번역 '극(極)'자는 "~에 이르다[至]."는 뜻이다. '반(蟠)'자는 "의탁하다[委]."는 뜻이다. '고원(高遠)'은 삼신(三辰)4)을 뜻한다. '심후(深厚)'는 산천

---

3) '주(主)'자에 대하여. 『십삼경주소(十三經注疏)』 북경대 출판본에서는 "'주'자를 『민본(閩本)』·『감본(監本)』·『모본(毛本)』에서는 동일하게 기록하고 있지만, 『악본(岳本)』·『가정본(嘉靖本)』, 위씨(衛氏)의 『집설(集說)』, 혜동(惠棟)의 『교송본(校宋本)』, 『고문(考文)』에서 인용하고 있는 『고본(古本)』 및 『족리본(足利本)』에서는 '생(生)'자로 기록했고, 『예기훈찬(禮記訓纂)』에도 동일하게 기록되어 있다."라고 했다.

을 뜻한다. 즉 예악의 도가 위로는 하늘에 이르고 아래로는 땅에 의탁하니, 그 사이에 이르지 못할 곳이 없다는 뜻이다. '착(著)'자는 "~에 처하다[處]."는 뜻이다. '대시(大始)'는 만물이 처음 생겨나는 때를 뜻한다. '저(著)'자는 명백하게 드러난다는 뜻이다. '식(息)'자는 휴식하고 멈춘다는 뜻이다. 『역』에서는 "하늘의 운행이 굳건하니 군자가 그것을 본받아 스스로 힘쓰고 쉬지 않는다."[5]고 했다. '간(間)'자는 모든 사물을 뜻한다. 즉 예악은 천지를 본받아서, 악(樂)은 고요하고 예(禮)는 움직이는데, 그 둘이 작용을 하니, 이 또한 천지 사이에 포함된 만물일 따름이라는 의미이다.

釋文 蟠, 步丹反, 或蒲河反, 注同. 著, 直略反, 處也, 注"著之言"同. 大音泰, 注同. 處, 昌呂反.

번역 '蟠'자는 '步(보)'자와 '丹(단)'자의 반절음이며, 또한 '蒲(포)'자와 '河(하)'자의 반절음도 되고, 정현의 주에 나오는 글자도 그 음이 이와 같다. '著'자는 '直(직)'자와 '略(략)'자의 반절음으로, 처한다는 뜻이며, 정현의 주에 나오는 '著之言'에서의 '著'자도 그 음이 이와 같다. '大'자의 음은 '泰(태)'이며, 정현의 주에 나오는 글자도 그 음이 이와 같다. '處'자는 '昌(창)'자와 '呂(려)'자의 반절음이다.

孔疏 ●"及夫"至"深厚". ○正義曰: 此一節盛說禮樂之大.

번역 ●經文: "及夫"~"深厚". ○이곳 문단은 예악의 위대함을 융성하게 설명하였다.

孔疏 ●"極乎天"者, 極, 至也. 言禮樂上至乎天.

---

4) 삼신(三辰)은 해[日], 달[月], 별[星]을 가리킨다. 『춘추좌씨전』「환공(桓公) 2년」편에는 "三辰旂旗, 昭其明也."라는 기록이 있는데, 이에 대한 두예(杜預)의 주에서는 "三辰, 日·月·星也."라고 풀이했다.
5) 『역』「건괘(乾卦)」: 象曰, 天行健, 君子以自强不息.

번역 ●經文: "極乎天". ○'극(極)'자는 "~에 이르다[至]."는 뜻이다. 즉 예악이 위로는 하늘에 이른다는 의미이다.

孔疏 ●"而蟠乎地"者, 蟠, 委也. 言禮樂下委於地. 禮法天地高下, 是禮至委於天地. 樂法地氣上升, 天氣下降, 是樂至委於天地. 天高故言"至", 地下故言"委".

번역 ●經文: "而蟠乎地". ○'반(蟠)'자는 "의탁하다[委]."는 뜻이다. 즉 예악이 아래로는 땅에 의탁한다는 의미이다. 예(禮)는 천지의 높고 낮음을 본받았으니, 이것은 예(禮)가 천지에 이르고 의탁하게 됨을 나타낸다. 악(樂)은 땅의 기운이 위로 상승하는 것을 본받고, 하늘의 기운이 아래로 하강하는 것을 본받았으니, 이것은 악(樂)이 천지에 이르고 의탁하게 됨을 나타낸다. 하늘은 높기 때문에 '지(至)'라고 말했고, 땅은 낮기 때문에 '위(委)'라고 말했다.

孔疏 ●"行乎陰陽"者, 禮法動靜有常, 樂法陰陽相摩, 是禮樂行乎陰陽, 陰陽和, 四時玉燭, 應於禮樂, 是禮樂行乎陰陽.

번역 ●經文: "行乎陰陽". ○예(禮)는 움직임과 고요함에 항상된 법칙이 있는 것을 본받았고, 악(樂)은 음양이 서로에게 다가감을 본받았으니, 이것은 예악이 음양에서 시행됨을 나타낸다. 음양은 조화롭고 사계절의 기운은 조화롭게 퍼지니, 이것은 예악이 음양에서 시행됨을 나타낸다.

孔疏 ●"而通乎鬼神"者, 禮樂用之以祭鬼神, 是"通乎鬼神"也.

번역 ●經文: "而通乎鬼神". ○예악을 사용하여 귀신에게 제사를 지내니, 이것이 "귀신에게 소통한다."는 뜻이다.

孔疏 ●"窮高極遠"者, 窮, 盡也. 高遠, 謂天之三光, 三光應禮樂而明, 是禮樂盡三光之道也.

번역 ●經文: “窮高極遠”. ○‘궁(窮)’자는 “다한다[盡].”는 뜻이다. ‘고원(高遠)’은 하늘의 삼광(三光)6)을 뜻하며, 삼광은 예악에 호응하여 빛을 내니, 이것은 예악이 삼광의 도를 다한다는 사실을 나타낸다.

孔疏 ●“而測深厚”者, 測, 知也. 深厚, 謂地之山川. 山川應禮樂而出瑞應, 是測深厚. 此經盛論禮樂之大厚, 雖取象於天地功德, 又能徧滿於天地之間. 禮運云“天降膏露”, 是極乎天也. “地出醴泉”, 是蟠乎地也. 日月歲時無易, 百穀用成, 是行乎陰陽也. 作樂一變, 以至六變, 百神俱至, 是通乎鬼神也. 孝經緯云“景星出”, 是窮高極遠也. 禮運云“山出器車”, “魚鮪不淰”, 是測深厚也. 言禮樂無所不至.

번역 ●經文: “而測深厚”. ○‘측(測)’자는 “안다[知].”는 뜻이다. ‘심후(深厚)’는 땅에 있는 산과 하천을 뜻한다. 산과 하천은 예악에 호응하여 서응(瑞應)7)을 내보내니, 이것이 심후를 안다는 뜻이다. 이곳 경문에서는 예악의 큼과 두터움을 융성하게 논의했으니, 비록 그것이 천지의 공덕에서 상을 취했다고 하더라도, 또한 천지 사이에 두루 퍼져 충만하게 될 수 있다. 『예기』「예운(禮運)」편에서는 “하늘은 감미로운 이슬을 내려준다.”라고 했는데, 이것은 하늘에 이른다는 뜻에 해당한다. 또 “땅은 달콤한 샘물을 내어준다.”라고 했는데, 이것은 땅에 의탁한다는 뜻에 해당한다.8) 해와 달 및 한 해의 운행은 때에 따라 바뀜이 없고 백곡(百穀)9)은 풍성하니,10) 이것은

---

6) 삼광(三光)은 삼신(三辰)과 같은 뜻이다.

7) 서응(瑞應)은 상서로운 징후로 나타나는 징표를 뜻한다. 고대에 제왕이 태평성세를 이루게 되면, 상서(祥瑞)로운 징표를 내보내어 그의 노력에 호응[應]한다고 여겼기 때문에, 이러한 징표를 ‘서응’이라고 부른다.

8) 『예기』「예운(禮運)」【292b~c】: 故天不愛其道, 地不愛其寶, 人不愛其情. 故<u>天降膏露, 地出醴泉, 山出器車</u>, 河出馬圖, 鳳凰麒麟皆在郊棷, 龜龍在宮沼, 其餘鳥獸之卵胎, 皆可俯而闚也, 則是無故, 先王能修禮以達義, 體信以達順. 故此順之實也.

9) 백곡(百穀)은 곡식을 총칭하는 말이다. 『시』「빈풍(豳風)·칠월(七月)」편에는

음양에서 시행된다는 뜻에 해당한다. 음악을 연주하며 한 차례 다시 연주를 하는 것으로부터 여섯 차례 연주를 하는 것에 이르면, 모든 신이 다 이르게 되니,[11] 이것은 귀신과 통한다는 뜻에 해당한다. 『효경』의 위서(緯書)에서는 "경성(景星)[12]이 출현했다."라고 했는데, 이것은 고원(高遠)에 다하고 이른다는 뜻에 해당한다. 「예운」편에서는 "산은 상서로운 기구와 수레를 내어준다."라고 했고, "물고기들이 놀라서 달아나지 않는다."[13]라고 했으니, 이것은 심후(深厚)를 헤아린다는 뜻에 해당한다. 즉 이 내용은 예악이 이르지 못하는 곳이 없음을 뜻한다.

孔疏 ●"樂者"至"樂云". ○正義曰: "樂著大始, 而禮居成物"者, 言樂象於天, 天爲生物之始. 著, 猶處也, 是"樂處大始". 禮法於地, 言禮以稟天氣以成於物, 故云"禮居成物". "著"與"居"相對, 故注以"著"爲"處"也.

번역 ●經文: "樂者"~"樂云". ○경문의 "樂著大始, 而禮居成物"에 대하여. 악(樂)은 하늘을 본받았고 하늘은 만물을 생겨나게 하는 시작이 된다는 뜻이다. '착(著)'자는 "~에 처하다[處]."는 뜻이니, 이것은 "악(樂)은 큰 시작에 처한다."는 의미이다. 예(禮)는 땅을 본받았으니, 즉 예(禮)는 천기를 품수하여 만물을 완성시킨다는 뜻이다. 그렇기 때문에 "예(禮)는 만물을 이룸에 머문다."고 했다. '착(著)'자와 '거(居)'자는 서로 대비가 되기 때문

"亟其乘屋, 其始播<u>百穀</u>."이라는 용례가 있으며, 『서』「우서(虞書)・순전(舜典)」편에도 "帝曰, 棄黎民阻飢, 汝后稷, 播時<u>百穀</u>."이라는 용례가 있다.

10) 『서』「주서(周書)・홍범(洪範)」: <u>歲月日, 時無易, 百穀用成</u>, 乂用明, 俊民用章, 家用平康.

11) 『주례』「춘관(春官)・대사악(大司樂)」: 凡六樂者, 一變而致羽物及川澤之示, 再變而致臝物及山林之示, 三變而致鱗物及丘陵之示, 四變而致毛物及墳衍之示, 五變而致介物及土示, 六變而致象物及天神.

12) 경성(景星)은 대성(大星)・덕성(德星)・서성(瑞星)으로도 부른다. 도덕이 갖춰진 나라에게만 나타난다는 상서로운 징표의 별이다. 『문자(文子)』「정성(精誠)」편에는 "故精誠內形氣動于天, 景星見, 黃龍下, 鳳凰至, 醴泉出, 嘉穀生, 河不滿溢, 海不波涌."이라는 용례가 있다.

13) 『예기』「예운(禮運)」【284b~c】: 何謂四靈? 麟鳳龜龍, 謂之四靈. 故龍以爲畜, <u>故魚鮪不淰</u>, 鳳以爲畜, 故鳥不獝, 麟以爲畜, 故獸不狘, 龜以爲畜, 故人情不失.

에, 정현의 주에서는 '착(著)'자를 '처(處)'자의 뜻이라고 여겼다.

孔疏 ●"著不息者, 天也, 著不動者, 地也"者, "著"謂顯著. 言顯著明白, 運生不息者, 是天也. 按易·乾·象云: "天行健, 君子以自强不息也." 顯著養物不移動者, 地也, 故坤卦·象云: "安貞吉." 言樂法於天, 動而不息, 禮象於地, 靜而不動.

번역 ●經文: "著不息者, 天也, 著不動者, 地也". ○'저(著)'자는 현저하게 드러난다는 뜻이다. 즉 현저하고 명백하게 드러나서 운행하며 생성시킴을 그치지 않는 것은 하늘이라는 의미이다. 『역』「건괘(乾卦)·상전(象傳)」을 살펴보면, "하늘의 운행이 굳건하니 군자가 그것을 본받아 스스로 힘쓰고 쉬지 않는다."라고 했다. 현저하게 만물을 양육하며 움직이지 않는 것은 땅이다. 그렇기 때문에 『역』「곤괘(坤卦)·단전(象傳)」에서는 '편안하고 곧음의 길함'[14]을 언급했으니, 이것은 악(樂)이 하늘에서 본받아 움직이며 그치지 않고, 예(禮)가 땅에서 본받아 고요하며 움직이지 않음을 뜻한다.

孔疏 ●"一動一靜, 天地之間也"者, 動者, 或一物飛走蠢動, 感天之陽氣也. 靜者, 或一物安伏而止靜, 感地之陰氣也. "天地之間也"者, 言此一動一靜, 在天地之間所有百物也. 動則周禮動物及雷風日月之屬是也, 靜則植物山陵之屬是也.

번역 ●經文: "一動一靜, 天地之間也". ○'동(動)'이라는 것은 어떤 사물이 날거나 달리거나 꿈틀거리는 등의 움직임은 하늘의 양기(陽氣)에 감응한 것임을 뜻한다. '정(靜)'이라는 것은 어떤 사물이 숨거나 그쳐서 고요한 등의 모습은 땅의 음기(陰氣)에 감응한 것임을 뜻한다. 경문의 "天地之間也"에 대하여. 즉 이처럼 한 차례 움직이거나 한 차례 고요한 것은 천지 사이에 있는 모든 사물에 해당한다는 뜻이다. 움직이는 것은 『주례』에 나

---

14) 『역』「곤괘(坤卦)·단전(象傳)」: <u>安貞之吉</u>, 應地无疆.

오는 동물 및 우레·바람·해·달 등의 부류가 여기에 해당한다. 고요한 것은 식물 및 산과 언덕 등의 부류가 여기에 해당한다.

孔疏 ●"故聖人曰禮樂云"者, 云, 言也. 謂禮樂所言, 法天地也. 記者引聖人語證此一章也, 言聖人云此一章, 是禮樂法天地, 故言"聖人曰禮樂云".

번역 ●經文: "故聖人曰禮樂云". ○'운(云)'자는 "말하다[言]."는 뜻이다. 즉 예악에서 언급하는 것은 천지를 본받은 것이라는 의미이다. 『예기』를 기록한 자는 성인의 말을 인용하여 이곳 문장의 뜻을 증명한 것이니, 성인은 "이곳 문장은 예악이 천지를 본받았음을 뜻한다."라고 말한 것이기 때문에, "성인이 '예악이 말한 내용이다.'"라고 한 것이다.

孔疏 ◎注"樂靜"至"間耳". ○正義曰: 言禮樂之法天地也, 樂靜而禮動, 其並用事, 則亦天地之間耳. 釋禮樂所以亦是天地之間物義也. 若離而言之, 則樂靜禮動. 若禮樂合用事, 則同有動靜, 故如天地之間, 物有動靜也.

번역 ◎鄭注: "樂靜"~"間耳". ○예악은 천지를 본받았음을 뜻하는데, 악(樂)은 고요하고 예(禮)는 움직이니, 이 모두가 작용을 하는 것 또한 천지 사이에 해당할 따름이라는 의미이다. 즉 예악의 원류 또한 천지 사이의 사물과 의칙에 해당한다는 뜻을 풀이한 말이다. 만약 구분해서 말을 한다면, 악(樂)은 고요하고 예(禮)는 움직인다고 할 수 있다. 만약 예(禮)와 악(樂)이 함께 작용을 한다면, 둘 모두 움직이기도 하고 고요하기도 하다. 그렇기 때문에 천지 사이의 만물과 같으니, 만물에게도 움직이거나 고요할 때가 있기 때문이다.

訓纂 王氏念孫曰: 測, 盡也, 謂盡其深厚, 非謂測知其深厚也. 窮·極·測, 皆盡也. 言禮樂之大, 無所不至, 窮乎高, 極乎遠, 而盡乎深厚也. 中庸"則其生物不測", "及其不測", 亦無窮也. 說文, "測, 深所至也." 深所至, 謂深之盡極處也.

번역 왕념손이 말하길, '측(測)'자는 "다하다[盡]."는 뜻이니, 깊이와 두 터움을 다한다는 의미이지, 깊이와 두터움을 헤아려서 안다는 의미가 아니 다. '궁(窮)'·'극(極)'·'측(測)'자는 모두 "다하다[盡]."는 뜻이다. 즉 예악의 큼은 이르지 못할 곳이 없어서, 높은 곳에도 다하고 먼 곳에도 다하며 깊고 두터운 곳에도 다한다는 의미이다. 『중용』에서 "만물을 생겨나게 함이 불 측(不測)한다."15)라고 했고, '그 불측(不測)함에 있어서'16)라고 했는데, 이 때의 '불측(不測)' 또한 무궁하다는 의미이다. 『설문』에서는 "'측(測)'자는 깊숙이 도달할 수 있는 곳이다."라고 했으니, '심소지(深所至)'라는 말은 그 깊이에 있어서 끝까지 도달한 곳을 의미한다.

訓纂 劉執中曰: 一動一靜者, 禮樂行於斯民, 而中和育於萬物, 充盈乎天 地之間者, 人之道所以配乎天地也.

번역 유집중17)이 말하길, 한 번 움직이고 한 번 고요하다는 것은 예악이 백성들에게 베풀어지고, 중화의 기운이 만물을 육성하여, 천지 사이에 가득 찬 것을 뜻하니, 사람의 도리는 이를 통해 천지에 짝하게 된다.

集解 朱子曰: 此以理言, 有是理卽有是氣. 一氣之和, 無所不通.

번역 주자가 말하길, 이 내용은 이치에 기준을 두고 한 말이니, 이러한 이치가 있으면 곧 이러한 기운이 있다는 의미이다. 하나의 기운이 조화로 워서 소통되지 않는 곳이 없다.

---

15) 『중용』「26장」: 天地之道, 可壹言而盡也. 其爲物不貳, 則其生物不測.

16) 『중용』「26장」: 今夫手, 一勺之多, 及其不測, 黿鼉鮫龍魚鼈生焉, 貨財殖焉.

17) 장락유씨(長樂劉氏, A.D.1017~A.D.1086): =유이(劉彝)·유집중(劉執中). 북 송(北宋) 때의 성리학자이다. 자(字)는 집중(執中)이다. 복주(福州) 출신이며, 어려서 호원(胡瑗)에게서 학문을 배웠다. 『정속방(正俗方)』, 『주역주(周易注)』 를 지었으나 현존하지 않는다. 『칠경중의(七經中議)』, 『명선집(明善集)』, 『거 이집(居易集)』 등이 남아 있다.

集解 愚謂: 此言聖人作禮樂之功效, 所謂“禮樂明備而天地官”者也.

번역 내가 생각하기에, 이 내용은 성인이 예악을 만든 공효에 대해서 나타내고 있으니 “예(禮)와 악(樂)이 밝아지고 갖춰지니, 천지가 주관하는 것이다.”[18]는 뜻에 해당한다.

集解 愚謂: 樂者陽之動, 故氣之方出而爲物之大始者, 樂之所著也. 禮者陰之靜, 故質之有定而爲物之已成者, 禮之所居也. 著不息者, 天之動也. 著不動者, 地之靜也. 一動一靜, 充周乎天地之間, 以始物而成物者, 自然之禮樂也. 惟天地之禮樂如此, 故聖人之治天下, 亦必曰“禮樂”云. 云者, 語辭也.

번역 내가 생각하기에, 악(樂)은 양(陽)의 움직임에 해당하기 때문에, 기운이 방출되어 만물의 큰 시작이 되는 것은 악(樂)이 깃는 것에 해당한다. 예(禮)는 음(陰)의 고요함에 해당하기 때문에, 형질에 고정됨이 있고 만물 중 이미 이루어진 것이 됨은 예(禮)가 머문 것에 해당한다. “현저하게 쉬지 않는다.”는 말은 하늘의 움직임을 뜻한다. “현저하게 움직이지 않는다.”는 말은 땅의 고요함을 뜻한다. 한 번 움직이고 한 번 고요하여, 천지 사이에 충만하게 두루 퍼져 있어서, 만물을 처음으로 만들어내고 만물을 이루는 것은 자연의 예악이다. 다만 천지의 예악이 이와 같기 때문에 성인이 천하를 다스릴 때에도 반드시 “예악이다.”라고 말한 것이다. ‘운(云)’자는 어조사이다.

集解 右第二章, 言天地有自然之禮樂, 聖人法而制之, 又能爲功於天地也.

번역 여기까지는 제 2장이니, 천지에는 자연의 예악이 있어서, 성인이 그것을 본받아 제작을 했고, 또한 천지에 대해 공을 이룰 수 있음을 뜻한다.

---

18) 『예기』「악기」【464d~465a】: 天高地下, 萬物散殊, 而禮制行矣. 流而不息, 合同而化, 而樂興焉. 春作夏長, 仁也. 秋斂冬藏, 義也. 仁近於樂, 義近於禮. 樂者敦和, 率神而從天; 禮者別宜, 居鬼而從地. 故聖人作樂以應天, 制禮以配地. <u>禮樂明備, 天地官矣.</u>

集解 右樂禮篇第三. <史記正義作禮樂, ○今按, 十一篇之名, 別錄及史記
正義與孔疏間有不同. 今其名篇之義已不可盡考知, 亦無以質其得失也.>

번역 여기까지는 「악례」로 제 3편에 해당한다. <『사기정의』에서는 '예
악(禮樂)'이라고 기록했다. ○현재 살펴보니, 11편의 편명에 대해서, 『별록』
및 『사기정의』, 공영달의 소(疏) 사이에는 동일하지 않은 점이 있다. 현재
로서는 편명의 의미에 대해서 이미 고찰할 수 없게 되었고, 또한 그 장단점
을 따질 수도 없게 되었다.>

제4편

악시(樂施)

악무(樂舞)와 덕행(德行)

【467d】

> 昔者, 舜作五絃之琴以歌南風, 夔始制樂以賞諸侯. 故天子之
> 爲樂也, 以賞諸侯之有德者也. 德盛而敎尊, 五穀時熟, 然後
> 賞之以樂. 故其治民勞者, 其舞行綴遠; 其治民逸者, 其舞行
> 綴短. 故觀其舞, 知其德; 聞其諡, 知其行也.

직역 昔者에 舜은 五絃의 琴을 作하여 南風을 歌하고, 夔는 始히 樂을 制하여 諸侯를 賞이라. 故로 天子가 樂을 爲함은, 이로써 諸侯 중의 德이 有한 者를 賞함이다. 德이 盛하고 敎가 尊하며, 五穀이 時히 熟하니, 然後에야 賞하길 樂으로써 한다. 故로 그 民을 治함에 勞한 者는 그 舞行이 綴遠하고; 그 民을 治함에 逸한 者는 그 舞行이 綴短한다. 故로 그 舞를 觀하면, 그 德을 知하고; 그 諡를 聞하면, 그 行을 知한다.

의역 예전에 순임금은 오현의 금(琴)을 만들어서 남풍(南風)을 연주하였고, 그의 신하였던 기(夔)는 명령에 따라 악곡을 만들어서 제후에게 상으로 건네었다. 그렇기 때문에 천자가 악곡을 만드는 것은 제후 중 유덕한 자에게 상으로 하사하기 위해서이다. 따라서 덕성이 융성하고 교화가 존귀하게 높여지며, 오곡이 때에 맞게 익은 뒤에야 그에게 악곡을 상으로 내려준다. 그러므로 백성들을 다스리는데 노력하는 자라면, 하사받은 음악이 융성하므로 무희들의 대열이 길고, 백성들을 다스리는데 태만했던 자라면, 하사받은 음악도 보잘것없어 무희들의 대열이 짧다. 따라서 무희들의 대열을 살펴보면 군주의 덕성을 알 수 있고, 그의 시호를 듣는다면 그의 행적을 알 수 있다.

集說 應氏曰: 勤於治民, 則德盛而樂隆, 故舞列遠而長; 怠於治民, 則德薄而樂殺, 故舞列近而短.

번역 응씨가 말하길, 백성을 다스리는데 수고롭게 일했다면, 덕이 융성하고 음악 또한 융성하기 때문에, 무희들의 대열이 멀고도 길게 늘어선다. 백성들을 다스리는데 태만하게 굴었다면, 덕이 얇고 음악 또한 줄어들기 때문에, 무희들의 대열이 가깝고도 짧다.

集說 石梁王氏曰: 夔制樂豈專爲賞諸侯? 此處皆無義理.

번역 석량왕씨1)가 말하길, 기(夔)가 음악을 만들었더라도, 어떻게 자기 마음대로 제후에게 상으로 하사할 수 있겠는가? 여기에 대해서는 해당하는 도리가 없다.

鄭注 夔欲舜與天下之君共此樂也. 南風, 長養之風也, 以言父母之長養己, 其辭未聞也. 夔舜時典樂者也. 書曰: "夔, 命女典樂." 民勞則德薄, 酇相去遠, 舞人少也. 民逸則德盛, 酇相去近, 舞人多也. 謚者, 行之迹也.

번역 기(夔)는 순임금이 천하의 제후들과 함께 이 음악을 공유하기를 원했다. '남풍(南風)'은 사물을 장성하게 길러주는 바람이니, 이를 통해 부모가 자신을 장성하게 길러줌을 뜻하였지만, 해당 노래의 가사에 대해서는 들어보지 못했다. 기(夔)는 순임금 때 음악을 담당했던 자이다. 『서』에서는 "기(夔)야, 너를 전악(典樂)으로 명한다."2)라고 했다. 백성들이 수고롭다면 그 나라의 제후는 덕성이 옅은 것이니, 무희들의 대열 간 거리가 먼 것은 무희들의 수가 적기 때문이다. 백성들이 편안하게 여긴다면 그 나라의 제후는 덕성이 융성한 것이니, 무희들의 대열 간 거리가 가까운 것은 무희들

---

1) 석량왕씨(石梁王氏, ?~?) : 자세한 이력이 남아 있지 않다.
2) 『서』「우서(虞書)·순전(舜典)」: 帝曰, 夔, 命汝典樂, 敎胄子, 直而溫, 寬而栗, 剛而無虐, 簡而無傲, 詩言志, 歌永言, 聲依永, 律和聲, 八音克諧, 無相奪倫, 神人以和.

의 수가 많기 때문이다. 시호[諡]는 행적을 나타낸다.

釋文 夔, 求龜反, 舜臣. 女音汝. 行, 戶剛反, 下同. 行, 下孟反, 注同.

번역 ‘夔’자는 ‘求(구)’자와 ‘龜(귀)’자의 반절음이며, 순임금의 신하이다. ‘女’자의 음은 ‘汝(여)’이다. ‘其舞行’에서의 ‘行’자는 ‘戶(호)’자와 ‘剛(강)’자의 반절음이며, 아래문장에 나오는 글자도 그 음이 이와 같다. ‘知其行也’에서의 ‘行’자는 ‘下(하)’자와 ‘孟(맹)’자의 반절음이며, 정현의 주에 나오는 글자도 그 음이 이와 같다.

孔疏 ●“昔者”至“諸侯”. ○正義曰: 此一節論樂記第四章, 名爲樂施, 施者, 用於天下, 此章中明樂施被之事也. 本是第三, 前旣推禮章爲第三, 此爲第四, 亦明禮樂旣備, 後乃施布天下也. 自此至“知其行也”, 此一節特明聖人制樂以賞諸侯, 其功大者其樂備.

번역 ●經文: “昔者”~“諸侯”. ○이곳 문단은 「악기」편 중 제 4장으로, 편명은 「악시(樂施)」이니, ‘시(施)’자는 천하에 사용된다는 의미이다. 따라서 이곳 4장에서는 악(樂)이 시행되는 사안을 나타내고 있다. 본래는 3장에 있었는데, 앞에서 이미 「악례(樂禮)」장을 제 3장으로 삼았으므로, 「악시」는 제 4장이 되며, 이 또한 예악이 이미 갖춰진 뒤에는 곧 천하에 베푼다는 뜻을 나타내고 있다. 이곳 구문으로부터 “그 행함을 안다”는 구문까지는 제 1절로 성인이 악곡을 제정하여 제후들에게 상으로 하사했으니, 공덕이 큰 자라면 그에게 내려준 음악 또한 성대하게 갖춰졌음을 특별히 나타내고 있다.

孔疏 ●“昔者, 舜作五弦之琴以歌南風”者, 五弦, 謂無文武二弦, 唯宮·商等之五弦也. 南風, 詩名, 是孝子之詩. 南風, 長養萬物, 而孝子歌之, 言己得父母生長, 如萬物得南風生也. 舜有孝行, 故以此五弦之琴歌南風之詩, 而敎天下之孝也. 此詩今無, 故鄭注云: “其辭未聞也.” 按世本云: “神農作琴.” 今云舜作者, 非謂舜始造也, 正用此琴特歌南風, 始自舜耳. 或五弦始舜也.

번역 ●經文: "昔者, 舜作五弦之琴以歌南風". ○'오현(五弦)'은 칠현 중 문현(文弦)과 무현(武弦)이 없고, 단지 궁·상·각·치·우 등의 다섯 현만 있는 것을 뜻한다. '남풍(南風)'은 시의 편명으로, 효자를 노래한 시이다. 남쪽에서 부는 바람은 만물을 장성하게 길러주어, 효자가 그 노래를 부르는 것이니, 자신은 부모로부터 생장할 수 있는 은혜를 얻었는데, 이것은 만물이 남풍을 얻어 생장함과 같다는 뜻이다. 순임금은 효행으로 뛰어났기 때문에 이러한 오현의 금(琴)으로 「남풍」의 시를 연주해서 불렀고, 이것을 통해 천하에 효를 가르쳤다. 그러나 이 시는 현재 망실되어 남아있지 않기 때문에, 정현의 주에서는 "그 가사에 대해서는 들어보지 못했다."라고 했다. 『세본』3)을 살펴보면, "신농(神農)4)은 금(琴)을 만들었다."라고 했는데, 현재는 순임금이 만들었다고 했다. 이 말은 순임금이 처음으로 금(琴)을 만들었다는 뜻이 아니니, 이러한 금(琴)을 이용해서 단지 「남풍」의 시를 연주했던 것이 순임금으로부터 처음 시작되었다는 뜻일 뿐이다. 그것이 아

---

3) 『세본(世本)』은 『세(世)』·『세계(世系)』 등으로 일컬어지기도 한다. 선진시대(先秦時代) 때의 사관(史官)이 기록한 문헌이라고 전해지지만, 진위여부를 확인할 수 없다. 『세본』은 고대의 제왕(帝王), 제후(諸侯) 및 경대부(卿大夫)들의 세계도(世系圖)를 기록한 서적이다. 일실되어 현존하지 않지만, 후대 학자들이 다른 문헌 속에 남아 있는 기록들을 수집하여, 일집본(佚輯本)을 남겼다. 이러한 일집본에는 여덟 종류의 주요 판본이 있는데, 각 판본마다 내용상의 차이를 보이고 있다. 1959년에는 상무인서관(商務印書館)에서 이러한 여덟 종류의 판본을 모아서 『세본팔종(世本八種)』을 출판하였다.
4) 신농씨(神農氏)는 신농(神農)이라고도 부른다. 전설시대에 존재했다고 전해지는 고대 제왕(帝王)의 이름이다. 처음으로 백성들에게 농사짓는 방법을 가르쳤다는 뜻에서, '신농'이라고 부르게 되었다. 또한 약초를 발견하고 재배하여 사람들의 병을 치료했었다고 전해진다. 또한 '신농'은 염제(炎帝)라고도 부르는데, 그 이유는 오행(五行) 중 하나인 화(火)의 덕(德)을 통해서 제왕이 되었다고 믿었기 때문이다. 『회남자(淮南子)』「주술훈(主述訓)」편에는 "昔者, 神農之治天下也, 神不馳於胸中, 智不出於四域, 懷其仁誠之心, 甘雨時降, 五穀蕃植."이라는 기록이 있다. 한편 '신농'은 토신(土神)을 뜻하는 용어로도 사용되었다. 이것은 농사와 땅과의 관계가 밀접하기 때문이며, 이러한 뜻에서 농사를 주관했던 관리를 또한 '신농'으로 칭하기도 하였다.

니라면 오현의 금(琴)을 만든 것이 순임금으로부터 시작되었다는 뜻이다.

孔疏 ●"夔始制樂以賞諸侯"者, 夔是舜典樂之官, 名夔, 欲天下同行舜道, 故歌此南風以賞諸侯, 使海內同孝也. 然樂之始, 亦不正在夔也, 正是夔始以此詩與諸侯.

번역 ●經文: "夔始制樂以賞諸侯". ○기(夔)는 순임금 때 전악(典樂)이라는 관직을 맡았던 관리로 이름은 기(夔)인데, 천하 사람들이 순임금의 도를 모두 실천하기 원했기 때문에, 이러한 「남풍」의 시를 노래로 불러서 제후들에게 상으로 주었고, 그들로 하여금 사해(四海) 이내의 모든 사람들이 동일하게 효를 실천하도록 했던 것이다. 그러나 악(樂)이 시작된 것 또한 기(夔)로부터 비롯되지 않았으니, 이 말은 기(夔)가 처음으로 이 시를 제후에게 주었다는 뜻이다.

孔疏 ◎注"夔欲"至"典樂". ○正義曰: "夔欲舜與天下之君共此樂"者, 舜旣獨歌南風, 夔爲典樂之官, 欲令舜與天下諸侯共歌此南風之樂, 故制此南風之樂以賞諸侯. 云"其辭未聞也"者, 此南風歌辭, 未得聞也. 如鄭此言, 則非詩・凱風之篇也. 熊氏以爲凱風, 非矣. 按聖證論引尸子及家語難鄭云: "昔者舜彈五弦之琴, 其辭曰: '南風之薰兮, 可以解吾民之慍兮. 南風之時兮, 可以阜吾民之財兮.' 鄭云'其辭未聞', 失其義也." 今按馬昭云: "家語王肅所增加, 非鄭所見." 又尸子雜說, 不可取證正經, 故言"未聞"也.

번역 ◎鄭注: "夔欲"~"典樂". ○정현이 "기(夔)는 순임금이 천하의 제후들과 함께 이 음악을 공유하기를 원했다."라고 했는데, 순임금은 이미 자기 홀로 「남풍(南風)」이라는 시를 노래로 불렀던 것인데, 기(夔)는 전악(典樂)이라는 관리여서, 순임금과 천하의 제후들이 모두 「남풍」의 악곡을 노래로 부르기를 원했기 때문에, 「남풍」에 대한 악곡을 제정해서 제후들에게 상으로 주었던 것이다. 정현이 "해당 노래의 가사에 대해서는 들어보지 못했다."라고 했는데, 여기에서 말한 「남풍」편의 가사에 대해서는 들어보

지 못했다는 뜻이다. 만약 정현의 이러한 주장대로라면, 이것은『시』「개풍
(凱風)」편을 뜻하는 것이 아니다. 웅안생은 이 편을「개풍」편이라고 여겼
으니, 잘못된 주장이다. 또『성증론』5)을 살펴보면,『시자』와『공자가어』를
인용하여 정현의 주장을 비판하며, "예전에 순임금은 오현의 금(琴)을 연주
했는데, 그 노래 가사에서는 '남풍이 솔솔 불어오니, 내 백성들을 따뜻하게
할 수 있구나. 남풍이 때에 맞게 불어오니, 내 백성들의 재화를 불려줄 수
있구나.'6)라고 했다. 그런데 정현은 '그 노래 가사는 들어보지 못했다.'라고
했으니, 그 뜻을 놓친 것이다."라고 했다. 그러나 현재 마소의 주장을 살펴
보면, "『공자가어』는 왕숙이 제멋대로 글자를 더한 것이니, 정현이 보지
못했던 본래의 기록이 아니다."라고 했다. 또『시자』는 잡된 기록이므로,
이 내용을 인용하여 경문을 증명할 수 없다. 그렇기 때문에 "들어보지 못했
다."라고 말한 것이다.

孔疏 ●"故天"至"綴短". ○正義曰: 此一經明諸侯德尊樂備舞具, 各隨文
解之.

번역 ●經文: "故天"~"綴短". ○이곳 경문은 제후의 덕이 존귀하여 음
악도 예법대로 갖추고 무용수들도 갖춰진다는 사실을 나타내고 있으니, 각
각의 문장에 따라서 풀이하겠다.

孔疏 ●"故其治民勞者, 其舞行綴遠"者, 綴, 謂鄧也. "遠"是舞者外營域行
列之處. 若諸侯治理於民, 使民勞苦者, 由君德薄, 賞之以樂, 舞人既少, 故其
舞人相去行綴遠, 謂由人少舞處寬也.

---

5)『성증론(聖證論)』은 후한(後漢) 때 학자인 왕숙(王肅)의 저작으로, 정현의 학
설을 반박하는 내용으로 구성되어 있다. 저서는 이미 산일되어 없어졌으나,
남아 있던 일부 기록들은 수합되어『옥함산방집일서(玉函山房輯佚書)』에 수
록되어 있으며, 청(淸)나라 때 학자인 피석서(皮錫瑞)는『성증론보평(聖證論
補評)』을 저술하였다.
6)『공자가어(孔子家語)』「변악해(辯樂解)」: 昔者舜彈五絃之琴, 造南風之詩, 其
詩曰, "南風之薰兮, 可以解吾民之慍兮, 南風之時兮, 可以阜吾民之財兮."

번역 ●經文: "故其治民勞者, 其舞行綴遠". ○'철(綴)'자는 무용수들의 위치를 뜻한다. '원(遠)'자는 무용수들이 춤을 추는 곳 밖의 영역으로, 대오를 이루는 장소이다. 만약 제후가 백성들을 다스릴 때, 백성들로 하여금 고달프게 하는 자라면, 이것은 군주의 옅은 덕에서 비롯된 일이므로, 그에게 악곡을 상으로 하사할 때 무용수들도 이미 적기 때문에, 무용수들이 서 있을 때 서로간의 거리가 멀게 되니, 이것은 곧 무용수들이 적어서 무용수들이 서는 자리에 큰 공간이 생긴다는 의미이다.

孔疏 ●"其治民逸者, 其舞行綴短"者, 此諸侯治理於民使逸樂, 由其君德盛, 故賞之以樂, 舞人多, 故去行綴短也, 謂由人多舞處狹也. 舞處之綴一種, 但人多則去之近, 人少則去之遠也.

번역 ●經文: "其治民逸者, 其舞行綴短". ○이 내용은 제후가 백성들을 다스릴 때, 그들을 편안하고 즐겁게 하니, 이것은 그 나라의 군주가 덕이 융성한 것으로부터 비롯되었기 때문에, 그에게 악곡을 상으로 하사하며 무용수들을 많이 사용하게끔 한 것이다. 그래서 대열에서 그 거리가 짧게 되니, 무용수들이 많아서 무용수들이 서는 자리가 협소하게 된다는 뜻이다. 무용수들이 위치하는 장소는 동일하지만, 무용수들이 많게 되면 서로간의 거리가 짧게 되고, 무용수들이 적으면 서로간의 거리가 멀게 된다.

孔疏 ◎注"民勞"至"多也". ○正義曰: 酇, 謂酇聚. 舞人行位之處, 立表酇以識之.

번역 ◎鄭注: "民勞"~"多也". ○'찬(酇)'자는 무용수들이 대오를 짜서 모여 있는 장소를 뜻한다. 무용수들이 대오를 짜서 위치하는 장소에 '찬(酇)'을 표석으로 세워서 인지하게끔 한다.

孔疏 ●"故觀"至"行也". ○正義曰: 此覆結上文.

번역 ●經文: "故觀"~"行也". ○이 내용은 앞 문장의 뜻을 재차 결론 맺은 것이다.

孔疏 ○觀其舞之遠近, 則知其德之薄厚, 由舞所以表德也.

번역 ○무용수들의 간격이 멀고 짧은 차이를 보게 되면, 그 나라 군주의 덕이 옅거나 두텁다는 사실을 알 수 있으니, 이것은 무용수들을 통해 그의 덕성을 드러내기 때문이다.

孔疏 ●“聞其諡, 知其行也”者, 此一句以諡比擬其舞也, 聞諡之善否, 知其行之所好惡, 由諡所以迹行也.

번역 ●經文: “聞其諡, 知其行也”. ○이곳 한 구문은 시호를 통해서 무용수들에 대한 뜻을 비유한 것이다. 즉 시호가 좋거나 나쁘다는 것을 듣게 되면, 그 사람의 행적이 좋거나 나쁘다는 사실을 아니, 이것은 시호를 통해서 행적을 드러내기 때문이다.

集解 陳氏祥道曰: 賞諸侯以樂, 前此無有也, 而夔始制之.

번역 진상도가 말하길, 제후에게 악곡을 상으로 주었다고 했는데, 그 이전에는 이러한 일이 없었으니, 기(夔)가 처음으로 이러한 제도를 제정한 것이다.

集解 右第一章

번역 여기까지는 제 1장이다.

【참고】『시』「패풍(邶風)·개풍(凱風)」

凱風自南, (개풍자남) : 온화하고 따뜻한 바람이 남쪽으로부터
吹彼棘心. (취피극심) : 저 가시나무의 목심에 불어오는구나.

棘心夭夭, (극심요요) : 가시나무의 목심이 아름답고 무성하니,
母氏劬勞. (모씨구로) : 어미가 수고롭게 기르셨구나.

凱風自南, (개풍자남) : 온화하고 따뜻한 바람이 남쪽으로부터
吹彼棘薪. (취피극신) : 땔감으로 쌓아둔 가시나무에 불어오는구나.
母氏聖善, (모씨성선) : 어미에게 밝고 뛰어난 선한 덕성이 있지만,
我無令人. (아무령인) : 우리들 중에는 잘 보답하는 자가 없구나.

爰有寒泉, (원유한천) : 이에 차가운 샘물이 솟아
在浚之下. (재준지하) : 준(浚) 땅의 아래에 있구나.
有子七人, (유자칠인) : 자식 일곱 명이 있지만,
母氏勞苦. (모씨로고) : 어미가 수고롭고 고달프구나.

睍睆黃鳥, (현환황조) : 아름다운 황조여,
載好其音. (재호기음) : 소리도 아름답게 내는구나.
有子七人, (유자칠인) : 자식 일곱 명이 있지만,
莫慰母心. (막위모심) : 어미의 마음을 안심시키지 못하는구나.

[毛序] : 凱風, 美孝子也. 衛之淫風流行, 雖有七子之母, 猶不能安其室. 故美
七子能盡其孝道, 以慰其母心而成其志爾.

[모서] : 「개풍(凱風)」편은 효자에 대해 찬미한 시가이다. 위(衛)나라의 음
란한 풍조가 유행하여, 비록 일곱 명의 자식을 둔 어미였지만, 오
히려 집을 편안히 여기지 못했다. 그렇기 때문에 일곱 명의 자식이
효의 도리를 지극히 해서 어미의 마음을 위로하고 그 뜻을 이루었
다는 것을 찬미하였다.

그림 23-1 염제(炎帝) 신농씨(神農氏)

※ **출처:** 『삼재도회(三才圖會)』「인물(人物)」 1권

● 그림 23-2 후기전악도(后夔典樂圖)

※ **출처:**『흠정서경도설(欽定書經圖說)』2권

• 제 24 절 •

악명(樂名)의 뜻

【468a】

> 大章, 章之也. 咸池, 備矣. 韶, 繼也. 夏, 大也. 殷周之樂盡矣.

직역 大章은 章함이다. 咸池는 備함이다. 韶는 繼함이다. 夏는 大함이다. 殷周의 樂은 盡함이다.

의역 요임금의 대장(大章)은 요임금의 덕을 밝게 드러낸다는 뜻이다. 함지(咸池)는 모든 것을 갖췄다는 뜻이다. 순임금의 소(韶)는 요임금을 계승했다는 뜻이다. 우임금의 하(夏)는 요순의 덕을 크게 했다는 뜻이다. 은나라와 주나라의 음악인 대호(大濩)와 대무(大武)는 인간의 도리를 다했다는 뜻이다.

集說 疏曰: 堯樂謂之大章者, 言堯德章明於天下也. 咸, 皆也. 池, 施也. 黃帝樂名咸池, 言德皆施被於天下, 無不周徧, 是爲備具矣. 韶, 繼也者, 言舜之道德繼紹於堯也. 夏, 大也. 禹樂名夏者, 言能光大堯舜之德也. 殷周之樂, 謂湯之大濩, 武王之大武也. 盡矣, 言於人事盡極矣.

번역 공영달의 소(疏)에서 말하길, 요임금에 대한 악곡을 '대장(大章)'이라고 부르는 것은 요임금의 덕이 천하에 밝게 드러남을 뜻한다. '함(咸)'자는 모두[皆]라는 뜻이다. '지(池)'자는 "베푼다[施]."는 뜻이다. 황제에 대한 악곡 명칭은 '함지(咸池)'이니, 그 덕이 모두 천하에 베풀어져서 두루 펼쳐지지 못함이 없으니, 이것은 모든 것을 갖췄다는 뜻이라는 의미이다. "소(韶)는 계승한다는 뜻이다."라는 말은 순임금의 도와 덕은 요임금에게서 계승했다는 뜻이다. '하(夏)'자는 "크다[大]."는 뜻이다. 우임금의 악곡을 '하

(夏)'라고 부르는 것은 요임금과 순임금의 덕을 빛나게 하고 크게 넓힐 수 있음을 뜻한다. 은나라와 주나라 때의 악곡은 탕임금에 대한 대호(大濩)와 무왕에 대한 대무(大武)를 뜻한다. "다했다."는 말은 인간에 대한 사안에 있어서 지극함을 다했다는 뜻이다.

大全 石林葉氏曰: 咸池言備者, 德之全也. 殷周言盡者, 聲之極也.

번역 석림섭씨[1]가 말하길, 함지(咸池)에 대해서 갖춰졌다고 한 말은 덕을 온전히 갖췄음을 의미한다. 은나라와 주나라에 대해서 다했다고 한 말은 소리의 아름다움이 지극하다는 뜻이다.

鄭注 堯樂名也, 言堯德章明也, 周禮闕之, 或作大卷. 黃帝所作樂名也, 堯增脩而用之. 咸, 皆也. 池之言施也, 言德之無不施也. 周禮曰大咸. 舜樂名也, 韶之言紹也, 言舜能繼紹堯之德, 周禮曰大韶. 禹樂名也. 言禹能大堯舜之德, 周禮曰大夏. 言盡人事也, 周禮曰大濩·大武.

번역 '대장(大章)'은 요임금에 대한 악곡 명칭으로, 요임금의 덕이 밝게 빛난다는 의미이며, 『주례』에는 그 악곡명이 누락되어 있는데, 아마도 '대권(大卷)'이라고도 기록했기 때문이다.[2] '함지(咸池)'는 황제 때 만들어진 악곡 명칭으로, 요임금이 보태고 고쳐서 사용했다. '함(咸)'자는 모두[皆]라는 뜻이다. '지(池)'자는 "베푼다[施]."는 뜻이니, 즉 덕을 베풀지 못한 것이 없다는 의미이다. 『주례』에서는 '대함(大咸)'이라고 기록했다. '소(韶)'는 순임금에 대한 악곡 명칭으로, '소(韶)'자는 "잇다[紹]."는 뜻이니, 순임금은 요임금의 덕을 계승할 수 있음을 의미하며, 『주례』에서는 '대소(大韶)'라고 기록했다. '하(夏)'는 우임금에 대한 악곡 명칭이다. 즉 우임금은 요임금과

---

1) 석림섭씨(石林葉氏, ?~A.D.1148) : =섭몽득(葉夢得)·섭소온(葉少蘊). 남송(南宋) 때의 유학자이다. 자(字)는 소온(少蘊)이고, 호(號)는 몽득(夢得)이다. 박학다식했다고 전해지며, 『춘추(春秋)』에 대한 조예가 깊었다.

2) 『주례』「춘관(春官)·대사악(大司樂)」 : 以樂舞敎國子, 舞雲門·大卷·大咸·大韶·大夏·大濩·大武.

순임금의 덕을 크게 확장할 수 있음을 뜻하며, 『주례』에서는 '대하(大夏)'라
고 기록했다. 다한다는 뜻은 인간에 대한 사안을 다한다는 의미이며, 『주례』
에서는 '대호(大濩)'와 '대무(大武)'라고 기록했다.

釋文 大咸, 如字, 一本作"大卷", 並音權. 韶, 上遙反, 注同. 濩音護.

번역 '大咸'의 '咸'자는 글자대로 읽으며, 다른 판본에서는 '大卷'이라고
도 기록하는데, 두 글자는 모두 그 음이 '權(권)'이다. '韶'자는 '上(상)'자와
'遙(요)'자의 반절음이며, 정현의 주에 나오는 글자도 그 음이 이와 같다.
'濩'자의 음은 '護(호)'이다.

孔疏 ●"大章"至"盡矣". ○正義曰: 此一節論六代之樂也.

번역 ●經文: "大章"~"盡矣". ○이곳 문단은 육대(六代)3)의 악곡에 대
해서 논의하고 있다.

孔疏 ●"大章, 章之也"者, 章, 明也. 堯樂謂之大章者, 言堯之德章明於天
下也.

번역 ●經文: "大章, 章之也". ○'장(章)'자는 "밝힌다[明]."는 뜻이다. 요
임금에 대한 악곡을 '대장(大章)'이라고 부르는 이유는 요임금의 덕이 천하
에 밝게 빛난다는 뜻이다.

孔疏 ●"咸池, 備矣"者, 咸, 皆也. 池, 施也. 咸池, 黃4)帝之樂名, 言黃帝之

---

3) 육대(六代)는 황제(黃帝)·당(唐)·우(虞)·하(夏)·은(殷)·주(周) 등의 여섯
   왕조를 가리킨다. 『진서(晉書)』「악지상(樂志上)」편에는 "周始二南, 風兼六代.
   昔黃帝作雲門, 堯作咸池, 舜作大韶, 禹作大夏, 殷作大濩, 周作大武, 所謂因前
   王之禮, 設俯仰之容, 和順積中, 英華發外."라는 기록이 있다.
4) '황(黃)'자에 대하여. '황'자는 본래 '황(皇)'자로 기록되어 있었는데, 손이양
   (孫詒讓)의 『교기(校記)』에서는 "'황(皇)'자는 마땅히 '황(黃)'자가 되어야 한

德皆施被於天下, 無不周徧, 是爲備具矣.

번역 ●經文: "咸池, 備矣". ○'함(咸)'자는 모두[皆]라는 뜻이다. '지(池)'자는 "베푼다[施]."는 뜻이다. '함지(咸池)'는 황제의 악곡 명칭이니, 황제의 덕이 모두 천하에 베풀어져서 두루 펼쳐지지 않음이 없으니, 이것이 모두 갖춰졌음을 뜻한다는 의미이다.

孔疏 ●"韶, 繼也"者, 韶, 舜樂名. 言舜之道德能繼紹於堯也.

번역 ●經文: "韶, 繼也". ○'소(韶)'는 순임금에 대한 악곡 명칭이다. 순임금의 도와 덕은 요임금을 계승할 수 있음을 뜻한다.

孔疏 ●"夏, 大也"者, 夏, 禹樂名. 言禹能光大堯·舜之德.

번역 ●經文: "夏, 大也". ○'하(夏)'는 우임금에 대한 악곡 명칭이다. 우임금은 요임금과 순임금의 덕을 빛나고 크게 할 수 있음을 뜻한다.

孔疏 ●"殷周之樂盡矣"者, 殷樂, 謂湯之大濩也. 周樂, 謂周之大武也, 言於人事盡極矣. 但自夏以前, 皆以文德王有天下, 殷·周二代, 唯以武功爲民除殘伐暴, 民得以生, 人事道理盡極矣.

번역 ●經文: "殷周之樂盡矣". ○은나라의 악곡은 탕임금에 대한 '대호(大濩)'를 뜻한다. 주나라의 악곡은 주나라의 '대무(大武)'를 뜻하니, 이것들은 인간에 대한 사안을 지극히 했다는 의미이다. 다만 하나라로부터 그 이전에 대해서는 모두 문(文)의 덕으로 왕노릇을 하여 천하를 소유한 경우에 해당하는데, 은나라와 주나라만은 무(武)의 공적으로 백성들을 위해 잔악한 자를 제거하고 난폭한 자를 교체하여, 백성들이 살아갈 수 있게끔 한 것이니, 인간사에 대한 도리를 지극히 한 것이다.

___
다."고 했다.

孔疏 ◎注"堯樂"至"大卷". ○正義曰: 知大章堯樂者, 按樂緯及禮樂志云: "黃帝曰咸池, 堯作大章." 故知大章堯樂名也. 云"周禮闕"者, 言周禮無大章, 故云"闕"也. 此本云大章, 周禮曰大卷, 言此大章當周禮大卷也.

번역 ◎鄭注: "堯樂"~"大卷". ○'대장(大章)'이 요임금에 대한 악곡 명칭임을 알 수 있는 이유는 『악』에 대한 위서(緯書)와 「예악지(禮樂志)」편을 살펴보면, "황제에 대한 악곡은 '함지(咸池)'라고 부르며, 요임금은 '대장(大章)'을 지었다."5)라고 했기 때문에, '대장(大章)'이 요임금에 대한 악곡 명칭임을 알 수 있다. 정현이 "『주례』에는 빠져있다."라고 했는데, 이 말은 『주례』의 기록에는 '대장(大章)'이라는 명칭이 없다는 뜻이다. 그렇기 때문에 "빠져있다."라고 말한 것이다. 이곳 판본에는 '대장(大章)'이라고 기록되어 있는데, 『주례』에서는 '대권(大卷)'이라고 기록했으므로, 이곳에 기록된 '대장(大章)'이 『주례』에 나오는 '대권(大卷)'임을 알 수 있다.

孔疏 ◎注"黃帝"至"大咸". ○正義曰: 今知咸池是黃帝所作樂名者, 按樂緯及禮樂志云: "黃帝曰咸池." 故知咸池6)是黃帝樂名. 云"堯增脩而用之"者, 此黃帝所作咸池之樂, 至堯之時, 更增改脩治而用之. 周禮·大司樂謂之大咸. 咸池雖黃帝之樂, 若堯旣增脩而用之者, 則世本名咸池是也, 故此文次在大章之下矣. 又周禮云: "咸池以祭地." 黃帝之樂, 堯不增脩者, 則別立其名, 則此大章是也. 其咸池雖黃帝之樂, 堯增脩者, 至周謂之大咸. 其黃帝之樂, 堯不增脩大章者, 至周謂之大卷. 於周之世, 其黃帝樂, 堯不增脩, 謂之大卷者, 更加以雲門之號, 是雲門·大卷一也. 熊氏云: "知大卷當大章者, 按周禮'雲門·大卷', 大卷在大咸之上, 此大章在咸池之上, 故知大卷當大章. 知周別爲黃帝

5) 『한서(漢書)』「예악지(禮樂志)」: 黃帝作咸池, 顓頊作六莖, 帝嚳作五英, 堯作大章, 舜作招, 禹作夏, 湯作濩, 武王作武, 周公作勺.
6) '황제왈함지고지함지(黃帝曰咸池故知咸池)'에 대하여. '황(黃)'자는 본래 '황(皇)'자로 기록되어 있었고, 뒤의 '지(池)'자는 본래 없었는데, 완원(阮元)의 『교감기(校勘記)』에서는 "혜동(惠棟)의 『교송본(校宋本)』에는 '황(皇)'자가 '황(黃)'자로 기록되어 있고, '지함(知咸)'이라는 글자 뒤에는 '지(池)'자가 기록되어 있다."라고 했다.

樂[7]名雲門者, 以此樂記唯云咸池·大章, 無雲門之名. 周禮, 雲門在六代樂之首, 故知別爲黃帝立雲門之名也. 知於大卷之上加雲門者, 以黃帝之樂, 堯增脩者旣謂之咸池, 不增脩者別名大卷. 明周爲黃帝於不增脩之樂別更立名, 故知於大卷之上別加雲門, 是雲門·大卷一也." 故周禮"雲門·大卷", 鄭注云: "黃帝曰雲門·大卷, 言黃帝之德, 如雲之出, 民得以有族類." 知黃帝之樂, 堯增脩曰咸池者, 以禮樂志云: "黃帝曰咸池." 今周禮大咸在雲門之下·大韶之上, 當堯之代, 故知堯增脩曰咸池. 增脩者, 以五帝殊時, 不相沿樂, 故知堯增脩也. 知樂有增脩者, 禮樂志: "漢之文始舞者, 韶舞, 高帝六年更云改名文始也. 漢之五行舞者, 本周舞, 始皇二十六年更立五行舞." 是知有增脩之法. 熊氏又云: "按孝經·鉤命決[8]云: '伏犧樂爲立基, 神農樂爲下謀, 祝融樂爲祝續.'" 按樂緯云: "黃帝曰咸池, 帝嚳曰六英, 顓頊曰五莖, 堯作大章, 舜曰簫韶, 禹曰大夏, 商曰大濩, 周曰大武·象." 禮樂志云: "顓頊作六莖, 帝嚳作五英." 與樂緯不同, 其餘無異名. 曰六英者, 宋均注云: "爲六合之英華." 五龍爲五莖者, 能爲五行之道立根莖也.

[번역] ◎鄭注: "黃帝"~"大咸". ○현재 '함지(咸池)'가 황제가 만든 악곡의 명칭임을 알 수 있는 이유는 『악』의 위서(緯書) 및 「예악지」를 살펴보면, "황제에 대한 악곡을 '함지(咸池)'라고 부른다."라고 했기 때문에, '함지(咸池)'가 황제에 대한 악곡 명칭임을 알 수 있다. 정현이 "요임금이 보태고 고쳐서 사용했다."라고 했는데, 이것은 황제가 만든 '함지(咸池)'라는 악곡이 요임금 때에 이르게 되면 재차 증가되고 다듬어져서 사용되었음을 뜻한다. 『주례』「대사악(大司樂)」편에서는 '대함(大咸)'이라고 기록했다. '함지'

---

7) '악(樂)'자에 대하여. '악'자는 본래 '요(堯)'자로 기록되어 있었는데, 손이양(孫詒讓)의 『교기(校記)』에서는 "'악'자는 『민본(閩本)』에 따라서 바로잡은 것이다."라고 했다.

8) '효경구명결(孝經鉤命決)'에 대하여. 이 구문은 본래 '오행구명결(五行鉤命決)'로 기록되어 있었는데, 완원(阮元)의 『교감기(校勘記)』에서는 "제소남(齊召南)은 살펴보니 『구명결(鉤命決)』은 『효경』에 대한 위서(緯書)이다. 『주례』「대사악(大司樂)」편에 대한 가공언(賈公彦)의 소(疏)에서도 이곳 문장을 인용하며, '효경위(孝經緯)'라고 기록했다. 따라서 이곳 문장에서 '오행(五行)'이라고 기록한 두 글자는 잘못된 기록이다."라고 했다.

가 비록 황제 때의 악곡이지만, 요임금이 이미 보충하고 고쳐서 사용했으니, 『세본』에서 '함지(咸池)'라고 한 것이 바로 이것을 가리킨다. 그렇기 때문에 이곳 문장에서도 그 순서에 있어서 대장(大章) 뒤에 있는 것이다. 또 『주례』에서는 "함지로 땅에 대한 제사를 지낸다."[9]라고 했다. 황제 때의 악곡에 대해서, 요임금이 보충을 하거나 다듬지 않은 것에 대해서는 별도로 명칭을 정했으니, 이곳 기록에 나온 '대장(大章)'이 바로 그것에 해당한다. '함지(咸池)'가 비록 황제 때의 악곡이고, 요임금이 그것을 보충하고 다듬은 것이라고 하지만, 주(周)나라에 이르게 되면 그것을 '대함(大咸)'이라고 불렀고, 황제 때의 악곡에 대해 요임금이 보충을 하거나 다듬지 않은 것은 '대장(大章)'이지만, 주나라에 이르게 되면 그것을 '대권(大卷)'이라고 불렀다. 주나라 때 황제 때의 악곡 중 요임금이 보충하거나 다듬지 않은 것을 '대권(大卷)'이라고 불렀는데, 재차 '운문(雲門)'이라는 칭호를 덧붙였으니, 이것은 '운문(雲門)'과 '대권(大卷)'이 동일한 악곡임을 뜻한다. 웅안생은 "'대권(大卷)'이 대장(大章)에 해당한다는 사실을 알 수 있는 이유는 『주례』를 살펴보면, '운문(雲門)과 대권(大卷)이다.'라고 하여, '대권(大卷)'이 대함(大咸)보다 앞에 있고, 이곳 기록에는 대장(大章)이 함지보다 앞에 있기 때문에 대권이 대장에 해당한다는 사실을 알 수 있다. 주나라 때 황제 때의 악곡을 별도로 운문(雲門)이라고 불렀다는 사실을 알 수 있는 이유는 「악기」편에서는 단지 함지(咸池)와 대장(大章)을 언급하고, 운문(雲門)이라는 악곡 명칭이 없다. 『주례』에서는 운문(雲門)이 육대의 악곡 명칭 중 가장 앞에 있기 때문에 별도로 황제 때의 악곡에 대해서 운문(雲門)이라는 명칭을 정했다는 사실을 알 수 있다. 대권(大卷)이라는 악곡 명칭 앞에 운문(雲門)이라는 악곡 명칭을 더하게 된 사실을 알 수 있는 이유는 황제 때의 악곡 중 요임금이 보태고 다듬은 것에 대해서는 이미 함지(咸池)라고 불렀고, 보태거나 다듬지 않은 악곡에 대해서는 별도로 대권(大卷)이라고 불렀다. 이것은 주나라 때 황제 때의 악곡 중 보태거나 다듬지 않은 악곡에 대해서 별도로 다른 이름을 제정했음을 나타낸다. 그렇기 때문에 대권(大

9) 『주례』「춘관(春官)・대사악(大司樂)」: 乃奏大蔟, 歌應鍾, 舞咸池, 以祭地示.

卷)이라는 명칭 앞에 별도로 운문(雲門)이라는 악곡 명칭을 더했음을 알 수 있으니, 이것은 운문(雲門)과 대권(大卷)이 동일한 악곡임을 나타낸다." 라고 했다. 그래서 『주례』에서는 "운문(雲門)과 대권(大卷)이다."라고 한 것이고, 정현의 주에서는 "황제 때의 악곡을 운문(雲門)과 대권(大卷)이라 고 부르니, 이것은 황제의 덕이 구름이 나타나는 것과 같아서 백성들이 그 것을 통해 모여서 살 수 있음을 뜻한다."라고 말한 것이다. 황제 때의 악곡 중 요임금이 보태고 다듬은 악곡을 함지(咸池)라고 불렀다는 사실을 알 수 있는 이유는 「예악지」에서 "황제 때의 악곡을 함지(咸池)라고 부른다."라 고 했기 때문이다. 현재 『주례』의 기록에는 대함(大咸)이 운문(雲門)보다 뒤에 기록되어 있고 대소(大韶)보다는 앞에 기록되어 있으니, 이 시대는 요임금 때에 해당한다. 그렇기 때문에 요임금이 보태고 다듬은 악곡을 함 지(咸池)라고 부른다는 사실을 알 수 있다. 보태거나 다듬은 것은 오제(五 帝)가 통치하던 시기는 각각 그 시의가 달랐으므로, 서로 음악을 답습만할 수 없었다. 그렇기 때문에 요임금이 보태거나 다듬었다는 사실을 알 수 있 다. 악곡 중 동일한 것을 보태거나 다듬은 것이 있었다는 사실을 알 수 있는 이유는 「예악지」에서는 "한(漢)나라 때의 문시무(文始舞)라는 악곡은 소무 (韶舞)에 해당하는데, 고제(高帝) 6년에는 재차 이름을 고쳐서 '문시(文始)' 라고 불렀다. 한나라 때의 오행무(五行舞)라는 악곡은 본래 주무(周舞)에 해당하는데, 시황(始皇) 26년에는 재차 오행무(五行舞)라는 명칭으로 정했 다."[10]라고 했다. 이것을 통해서 악곡에 대해서는 보태거나 다듬는 법도가 있었음을 알 수 있다. 웅안생은 또한 "『효경』에 대한 위서(緯書)인『구명결』 를 살펴보면, '복희 때의 악곡은 입기(立基)라고 부르며 신농 때의 악곡은 하모(下謀)라고 부르며 축융[11] 때의 악곡은 축속(祝續)이라고 부른다.'"라

---

10) 『한서(漢書)』「예악지(禮樂志)」: 文始舞者, 曰本舜招舞也, 高祖六年更名曰文 始, 以示不相襲也. 五行舞者, 本周舞也, 秦始皇二十六年更名曰五行也.

11) 축융(祝融)은 전설시대에 존재했다고 전해지는 고대 제왕 중 한 명이다. 삼 황(三皇) 중 한 명이다. '삼황'에 속한 인물들에 대해서 대부분 복희(伏羲)와 신농(神農)이 포함된다고 주장한다. 그러나 나머지 1명에 대해서는 이견(異 見)이 많은데, 어떤 자들은 수인(燧人)을 포함시키기도 하고, 또 어떤 자들은 여왜(女媧)를 포함시키기도 하며, 또 어떤 자들은 '축융'을 포함시키기도 한

고 했다.『악』에 대한 위서를 살펴보면, "황제 때의 악곡을 함지(咸池)라고 부르며, 제곡 때의 악곡을 육영(六英)이라고 부르고, 전욱[12] 때의 악곡을 오경(五莖)이라고 부르며, 요임금은 대장(大章)을 지었고, 순임금 때의 악

다.『잠부론(潛夫論)』「오덕지(五德志)」편에는 "世傳三皇五帝, 多以爲伏羲 · 神農爲二皇, 其一者或曰燧人, 或曰祝融, 或曰女媧, 其是與非未可知也."라는 기록이 있다. 한편 '축융'은 신(神)을 뜻하기도 한다. 고대인들은 '축융'을 전욱씨(顓頊氏)의 후손이며, 노동(老童)의 아들인 오회(吳回)로 여겼다. 또한 생전에는 고신씨(高辛氏)의 화정(火正)이 되었으며, 죽어서는 화관(火官)의 신이 되었다고 생각했다. 즉 고대에는 오행설(五行說)이 유행하여, 오행마다 주관하는 신들이 있었다고 여겨졌다. 그중 신농(神農)은 화(火)를 주관한다고 여겨졌고, '축융'은 신농의 휘하에서 '화'의 운행을 돕는 신으로 여겨졌다.『예기』「월령(月令)」편에는 "其日丙丁, 其帝炎帝, 其神祝融."이라는 기록이 있고,『여씨춘추(呂氏春秋)』「맹하기(孟夏紀)」편에는 "其神祝融."이라는 기록이 있는데, 이에 대한 고유(高誘)의 주에서는 "祝融, 顓頊氏後, 老童之子吳回也, 爲高辛氏火正, 死爲火官之神."이라고 풀이했다. 또한 '축융'은 오방(五方) 중 남쪽을 다스리는 신으로 여겨졌다. 이러한 사유 또한 오행설에 근거한 것으로, 고대인들은 '오방'마다 각각의 방위를 주관하는 신들이 있었다고 여겼다. 그러나 해당하는 신들에 대해서는 이견(異見)이 존재한다. 이러한 기록들 중『관자(管子)』「오행(五行)」편에는 "得奢龍而辯於東方, 得祝融而辯於南方."이라는 기록이 있고,『한서(漢書)』「양웅전상(揚雄傳上)」편에는 "麗鉤芒與驂蓐收兮, 服玄冥及祝融."이라는 기록이 있는데, 이에 대한 안사고(顏師古)의 주에서는 "祝融, 南方神."이라고 풀이했다.

12) 전욱(顓頊)은 고양씨(高陽氏)라고도 부른다. '전욱'은 고대 오제(五帝) 중 하나이다.『산해경(山海經)』「해내경(海內經)」편에는 "黃帝妻雷祖, 生昌意, 昌意降處若水, 生韓流. 韓流, …… 取淖子曰阿女, 生帝顓頊."이라는 기록이 있다. 즉 황제(黃帝)의 처인 뇌조(雷祖)가 창의(昌意)를 낳았는데, 창의가 약수(若水)에 강림하여 거처하다가, 한류(韓流)를 낳았다. 다시 한류는 아녀(阿女)를 부인으로 맞이하여 '전욱'을 낳았다. 또한『회남자(淮南子)』「천문훈(天文訓)」편에는 "北方, 水也, 其帝顓頊, 其佐玄冥, 執權而治冬."이라는 기록이 있다. 즉 북방(北方)은 오행(五行)으로 배열하면 수(水)에 속하는데, 이곳의 상제(上帝)는 '전욱'이고, 상제를 보좌하는 신(神)은 현명(玄冥)이다. 이들은 겨울을 다스린다. 또한 '전욱'과 관련하여『수경주(水經注)』「호자하(瓠子河)」편에는 "河水舊東決, 逕濮陽城東北, 故衛也, 帝顓頊之墟. 昔顓頊自窮桑徙此, 號曰商丘, 或謂之帝丘."라는 기록이 있다. 즉 황하의 물길은 옛날에 동쪽으로 흘러서, 복양성(濮陽城)의 동북쪽을 경유하였는데, 이곳은 옛 위(衛) 지역으로, '전욱'이 거처하던 터이며, 예전에 '전욱'이 궁상(窮桑) 땅으로부터 이곳으로 옮겨왔기 때문에, 이곳을 상구(商丘) 또는 제구(帝丘)라고도 부른다.

곡을 소소(簫韶)라고 부르며, 우임금 때의 악곡을 대하(大夏)라고 부르고, 은나라 때의 악곡을 대호(大濩)라고 부르며, 주나라 때의 악곡을 대무(大武)와 상(象)이라고 부른다."라고 했다. 「예악지」에서는 "전욱은 육경(六莖)을 지었고, 제곡은 오영(五英)을 지었다."라고 하여, 『악』의 위서 기록과 동일하지 않은데, 나머지 악곡에 대해서는 이명이 없다. '육영(六英)'이라고 부르는 이유에 대해서 송균[13]의 주에서는 "육합(六合)[14]의 아름다움 때문이다."라고 했다. 오룡(五龍)이 '오경(五莖)'을 뜻하는 이유는 오행의 도는 뿌리와 줄기를 세울 수 있기 때문이다.

대상	「악기」	『주례』	「예악지」	『악위』	『구명결』
복희(伏犧)					입기(立基)
신농(神農)					하모(下謀)
축융(祝融)					축속(祝續)
황제(黃帝)	함지(咸池)	운문(雲門) 대권(大卷)	함지(咸池)	함지(咸池)	
제곡(帝嚳)			오영(五英)	육영(六英)	
전욱(顓頊)			육경(六莖)	오경(五莖)	
요(堯)	대장(大章)	대함(大咸)· 함지(咸池)	대장(大章)	대장(大章)	
순(舜)	소(韶)	대소(大韶)	초(招)	소소(簫韶)	
우(禹)	하(夏)	대하(大夏)	하(夏)	대하(大夏)	
은(殷)		대호(大濩)	호(濩)	대호(大濩)	
주(周)		대무(大武)	무(武) 작(勺)	대무(大武) 상(象)	

孔疏 ◎注"韶之言紹也". ○正義曰: 按元命包云: "舜之時, 民樂紹堯業." 故云"韶之言紹也".

---

13) 송균(宋均, ?~?) : 후한(後漢) 초기 때의 학자이다. 자(字)는 숙양(叔庠)이다. 부친은 송백(宋伯)이다. 『시(詩)』와 『예(禮)』에 조예가 깊었다고 전해진다.
14) 육합(六合)은 천지(天地)와 사방(四方)을 뜻하는 용어이다. 우주처럼 거대한 공간을 비유하는 용어로 사용된다.

번역 ◎鄭注: "韶之言紹也". ○『원명포』를 살펴보면, "순임금 때에는 순임금이 요임금의 과업을 계승한 것을 백성들이 즐거워했다."라고 했다. 그렇기 때문에 "'소(韶)'자는 '잇다[紹].'는 뜻이다."라고 말한 것이다.

孔疏 ◎注"言禹能大堯舜之德". ○正義曰: 按大15)司樂注云: "禹德能大中國." 此云"大堯舜之德"者, 以廣大中國, 則是大堯舜德, 其義然也.

번역 ◎鄭注: "言禹能大堯舜之德". ○『주례』「대사악(大司樂)」편에 대한 정현의 주를 살펴보면, "우임금의 덕은 중국을 크게 확장할 수 있었다."라고 했는데, 이곳에서는 "요임금과 순임금의 덕을 크게 한다."라고 했다. 그 이유는 중국을 광대하게 넓힌다면, 이것은 요임금과 순임금의 덕을 크게 만든 것이니, 그 뜻이 이와 같다.

孔疏 ◎注"周禮曰大濩·大武". ○正義曰: 按大司樂注云: "湯德能使天下得其所, 是其德也." 元命包曰: "湯之時, 民樂其救之於患害, 故曰濩." 救世由救之, 故民得所, 義亦通也. 大武, 武王樂也, 以武取定天下, 周公制焉.

번역 ◎鄭注: "周禮曰大濩·大武". ○『주례』「대사악(大司樂)」편에 대한 정현의 주를 살펴보면, "탕임금의 덕은 천하의 백성들로 하여금 제자리를 얻게끔 할 수 있으니, 이것이 그 덕에 해당한다."라고 했다. 『원명포』에서는 "탕임금 때에는 백성들이 재앙에 대한 근심에서 탕임금이 자신들을 구제해준 것을 즐거워했다. 그렇기 때문에 '호(濩)'라고 부른다."라고 했다. 세상을 구원했던 것이 바로 그의 구원에서 비롯되었기 때문에 백성들은 자신의 자리를 얻게 되었으니, 그 의미 또한 통한다. '대무(大武)'는 무왕에 대한 악곡으로, 무력을 통해 천하를 얻어 안정시켰기 때문이며, 주공이 제정했다.

---

15) '대(大)'자에 대하여. '대'자는 본래 없던 글자인데, 완원(阮元)의 『교감기(校勘記)』에서는 "'사(司)'자 앞에는 마땅히 '대'자가 있어야 한다."라고 했다.

集解 愚謂: 此與周禮大司樂皆言歷代樂名, 此言"大章", 與周禮"雲門·大卷"相當, 則大章卽雲門·大卷無疑也. 鄭氏周禮註云, "黃帝曰雲門·大卷. 黃帝能正名百物, 以明民共財, 其德如雲之出, 民得以有族類. 大咸·咸池, 堯樂也. 堯能殫均刑法以儀民, 言其德無所不施." 是雲門·大卷爲黃帝樂, 咸池爲堯樂也. 樂緯及禮樂志云"黃帝曰咸池", "堯曰大章", 而莊子亦言"黃帝張咸池於洞庭之野", 故鄭於此註又以大章爲堯樂, 咸池爲黃帝樂, 又以其於先後之序不合, 則謂"黃帝之樂, 堯增脩而用之." 夫五帝不相沿樂, 舜·禹·湯·武皆自作一代之樂, 何以堯不作樂而但脩黃帝之樂而用之乎? 周用六代之樂, 於先代之樂未嘗別爲立名, 何以堯用黃帝之樂乃別爲之名乎? 秦人事不師古, 始改周舞曰五行舞, 至漢高帝又改舜招舞曰文始舞, 三代時未聞有是也. 大章爲黃帝樂, 咸池爲堯樂, 以周禮六樂之序斷之, 無可疑者. 緯書繆妄, 莊生寓言, 而漢志之言卽本之緯書, 均未可據也.

번역 내가 생각하기에, 이곳 내용과 『주례』「대사악(大司樂)」의 기록에서는 모두 역대의 악곡 명칭을 기록하고 있는데, 이곳에서 '대장(大章)'이라고 한 악곡은 『주례』에서 "운문(雲門)과 대권(大卷)이다."라고 한 악곡에 해당하니, 대장(大章)은 운문(雲門)과 대권(大卷)에 해당한다는 사실은 의심할 수 없다. 『주례』에 대한 정현의 주에서는 "황제 때의 악곡은 운문(雲門)과 대권(大卷)이라고 부른다. 황제는 만물에 대해 명칭을 바로잡아서 백성들에게 재화를 함께 하도록 밝혔으니, 그의 덕은 구름이 나타나는 것과 같아서 백성들이 무리를 이루어 살 수 있었다. 대함(大咸)과 함지(咸池)는 요임금 때의 악곡이다. 요임금은 형법을 균평하게 해서 백성들을 올바르게 만들었으니, 그의 덕이 베풀어지지 않은 곳이 없음을 뜻한다."라고 했다. 이것은 운문(雲門)과 대권(大卷)이 황제 때의 악곡이고, 함지(咸池)가 요임금 때의 악곡임을 나타낸다. 『악』의 위서(緯書)와 「예악지」에서는 "황제 때의 악곡을 함지(咸池)라고 부른다."라고 했고, "요임금 때의 악곡을 대장(大章)이라고 부른다."라고 했으며, 장자 또한 "황제는 동정(洞庭)의 들판에서 함지(咸池)를 시연했다."[16]라고 했다. 그렇기 때문에 정현은 이곳 주석에서 또한 대장(大章)을 요임금 때의 악곡으로 여기고, 함지(咸池)를 황제 때의 악곡으로 여긴 것이며, 또한 앞뒤의 순서가 합치되지 않는 점 때문에 "황제 때의 악곡에 대해서 요임금이 보태고 다듬어서 사용했다."라고 한 것이다. 무릇 오제 때에는 서로 음악을 답습하지 않았고, 순임금·우임금·탕임금·무왕들도 모두 스스로 한 왕조를 대표하는 악곡을 지었는데, 어떻게 요임금만 악곡을 별도로 짓지 않고 단지 황제 때의 악곡을 다듬어서 사용할 수 있겠는가? 또 주나라 때에는 육대의 악곡을 사용하여, 이전 왕조의 악곡에 대해서는 일찍이 별도로 다른 명칭을 정하지 않았는데, 어떻게 요임금이 황제의 악곡을 사용하였으므로, 별도로 그것을 위해 명칭을 만들 수 있었겠는가? 진나라 때에는 각 사안들에 대해서 옛것을 본받지 않아서,[17] 처음으로 주나라 때의 악무를 고쳐 오행무(五行舞)라고 불렀고, 한나라 고조 때에 이르러서는 또한 순임금 때의 소무(招舞)를 고쳐서 문시무(文始舞)라고 불렀지만, 삼대 때에도 이러한 일이 있었는지에 대해서는 들어보지 못했다. 대장(大章)은 황제 때의 악곡이며, 함지(咸池)는 요임금 때의 악곡이니, 『주례』에 기록된 육대 때의 악곡 기록 순서로 판단을 해보면 의심할 것이 없다. 위서의 기록은 망령스럽고, 『장자』의 기록은 우언에 불과하며, 「예악지」에서 언급한 내용은 곧 위서에 근본을 둔 것이니, 모두 근거로 삼을 수 없다.

集解　右第二章.

번역　여기까지는 제 2장이다.

---

16) 『장자(莊子)』「천운(天運)」: 北門成問於黃帝曰, "帝張咸池之樂於洞庭之野, 吾始聞之懼, 復聞之怠, 卒聞之而惑; 蕩蕩默默, 乃不自得."
17) 『서』「상서(商書)·열명하(說命下)」: 說曰, 王人求多聞, 時惟建事, 學于古訓, 乃有獲, 事不師古, 以克永世, 匪說攸聞.

그림 24-1　태호(太昊) 복희씨(伏羲氏)

氏 義 伏 昊 太

※ 출처:『삼재도회(三才圖會)』「인물(人物)」1권

● 그림 24-2 축융(祝融)

※ **출처:**『산해경석의(山海經釋義)』

그림 24-3 제곡(帝嚳) 고신씨(高辛氏)

※ **출처:** 『삼재도회(三才圖會)』「인물(人物)」1권

●그림 24-4 전욱(顓頊) 고양씨(高陽氏)

※ **출처:** 『삼재도회(三才圖會)』「인물(人物)」 1권

• 제 25 절 •

악(樂)과 교(敎) · 사(事)

【468a~b】

天地之道, 寒暑不時則疾, 風雨不節則饑. 敎者民之寒暑也, 敎不時則傷世; 事者民之風雨也, 事不節則無功. 然則先王之爲樂也, 以法治也, 善則行象德矣.

직역 天地의 道에, 寒暑가 不時하면 疾하고, 風雨가 不節하면 饑한다. 敎者는 民의 寒暑이니, 敎가 不時하면 世를 傷하고; 事者는 民의 風雨이니, 事가 不節하면 功이 無하다. 然이면 先王이 樂을 爲함은 法으로써 治함이니, 善이라면 行에 德을 象한다.

의역 천지의 도에 있어서, 추위와 더위가 때에 맞지 않으면 질병이 유행하고, 바람과 비가 절기에 맞지 않으면 기근이 든다. 가르침은 비유하자면 백성들에게 있어 추위와 더위 같은 대상이니, 가르침이 때에 맞지 않다면 세상에 피해를 입힌다. 또 각각의 해당 사안들은 비유하자면 백성들에게 있어서 바람과 비 같은 대상이니, 사안이 절도에 맞지 않는다면 공이 없다. 그러므로 선왕이 악(樂)을 제정함은 법으로써 다스리는 것이니, 그것이 선하다면 백성들의 행동 또한 군주의 덕을 본받게 된다.

集說 寒暑者, 一歲之分劑; 風雨者, 一旦之氣候. 敎重而事輕, 故以寒暑喩敎, 而以風雨喩事也. 然則先王之制禮樂, 事皆有敎, 是法天地之道以爲治於天下也. 施於政治而無不善, 則民之行, 象君之德矣.

번역 추위와 더위는 한 해의 분기점을 의미하며, 바람과 비는 하루의

날씨를 의미한다. 가르침은 중요하고 해당 사안은 상대적으로 덜 중요하다. 그렇기 때문에 추위와 더위로 가르침에 대한 비유를 한 것이고, 바람과 비로 해당 사안을 비유한 것이다. 그렇다면 선왕이 예악을 제정하여 각 사안에는 모두 해당하는 가르침이 있는데, 이것들은 천지의 도를 본받아서 천하에 대한 다스림을 시행한 것이다. 정치에 이것들을 시행하여 선하지 않음이 없다면, 백성들의 행동 또한 군주의 덕을 본받게 된다.

大全 慶源輔氏曰: 寒暑不時, 風雨不節, 天地之禮樂失矣. 敎不時, 事不節, 人之禮樂失矣. 敎時事節, 固禮樂之事也. 天地之道, 寒暑時而風雨節矣, 故先王因而作樂, 以象法其治. 善, 謂作樂之善也. 行象德, 則如大章韶夏是矣. 若不顧其德而求備於鐘鼓管磬之間, 則不可謂之善矣.

번역 경원보씨가 말하길, 추위와 더위가 때에 맞지 않고 바람과 비가 절기에 맞지 않은 것은 천지의 예악이 실추된 것이다. 가르침이 때에 맞지 않고 해당 사안이 절도에 맞지 않은 것은 사람의 예악이 실추된 것이다. 가르침이 때에 맞고 사안이 절도에 맞는 것은 진실로 예악에 대한 사안을 뜻한다. 천지의 도는 추위와 더위가 때에 맞고 바람과 비가 절기에 맞는 것이다. 그렇기 때문에 선왕이 그에 따라 악(樂)을 제정해서, 이를 통해 다스림의 법령과 교령으로 삼았다. '선(善)'은 음악을 잘 만들었다는 뜻이다. 행동이 덕을 본받는다는 것은 대장(大章) · 소(韶) · 하(夏) 등의 악곡이 여기에 해당한다. 만약 덕을 살펴보지 않고, 종 · 북 · 피리 · 경(磬) 등의 악기만을 갖추게 된다면, 그것을 선(善)하다고 평가할 수 없다.

鄭注 敎, 謂樂也. 以法治, 以樂爲治之法. 行象德, 民之行順君之德也.

번역 가르침은 악(樂)을 뜻한다. '이법치(以法治)'는 악(樂)으로써 다스림의 법도로 삼는다는 뜻이다. '행상덕(行象德)'은 백성들의 행실이 군주의 덕을 따른다는 뜻이다.

釋文　饑, 居祈反. 治, 直吏反, 下同.

번역　'饑'자는 '居(거)'자와 '祈(기)'자의 반절음이다. '治'자는 '直(직)'자와 '吏(리)'자의 반절음이며, 아래문장에 나오는 글자도 그 음이 이와 같다.

孔疏　●"天地"至"德矣". ○正義曰: 此一節明樂之爲善. 樂得其所, 則事有功也.

번역　●經文: "天地"~"德矣". ○이곳 문단은 악(樂)을 잘 만든 사안에 대해서 나타내고 있다. 음악이 제자리를 얻게 되면 각각의 사안들에도 공이 생긴다.

孔疏　●"然則先王之爲樂也, 以法治也"者, 言先王作樂以爲治爲法, 若樂善則治得其善, 若樂不善則治乖於法, 則前文"敎不時則傷世, 事1)不節則無功", 是也.

번역　●經文: "然則先王之爲樂也, 以法治也". ○선왕이 악(樂)을 만들어서 이것을 다스림과 법도로 삼았으니, 만약 악(樂)이 선하다면 다스림도 선하게 되고, 악(樂)이 선하지 않다면 다스림도 법도에서 어긋나게 된다는 뜻으로, 앞 문장에서 "가르침이 때에 맞지 않으면 세상에 피해를 주고, 사안이 절도에 맞지 않으면 공이 없다."고 한 뜻에 해당한다.

孔疏　●"善則行象德矣"者, 言人君爲治得其所敎化美善, 則下民之行法象君之德也.

---

1) '사(事)'자에 대하여. '사'자는 본래 없던 글자인데, 완원(阮元)의『교감기(校勘記)』에서는 "혜동(惠棟)의『교송본(校宋本)』에는 '불(不)'자 앞에 '사'자가 기록되어 있고, 위씨(衛氏)의『집설(集說)』에도 동일하게 기록되어 있다. 따라서 이곳 판본에는 글자가 누락된 것이며,『민본(閩本)』·『감본(監本)』·『모본(毛本)』에도 동일하게 누락되어 있다."라고 했다.

번역 ●經文: "善則行象德矣". ○군주가 다스림을 시행할 때 교화의 아름다움과 선함을 얻게 된다면, 백성들의 행실이 군주의 덕을 본받게 된다는 뜻이다.

訓纂 張守節曰: 寒暑不時, 則民多疾疫. 風雨不時, 則穀損民饑. 樂以氣和民心, 如天地寒暑以氣生化, 故謂樂爲民之寒暑. 禮以形教, 故曰事. 天地之以風雨奮潤萬物, 猶以禮安治萬民, 故謂禮爲民之風雨也.

번역 장수절이 말하길, 추위와 더위가 때에 맞지 않으면 백성들에게는 많은 질병이 생긴다. 바람과 비가 때에 맞지 않으면 농작물이 피해를 입어 백성들에게 기근이 생긴다. 악(樂)은 기운을 통해 백성들의 마음을 조화롭게 하니, 마치 천지의 추위와 더위가 기운을 통해 조화로움을 발생시키는 것과 같다. 그렇기 때문에 악(樂)은 백성들에게 있어서 추위와 더위가 된다고 한 것이다. 예(禮)는 형법과 교화를 통해 가르침을 시행한다. 그렇기 때문에 '사(事)'라고 말한 것이다. 천지는 바람과 비로 만물을 움직이고 윤택하게 하니, 마치 예(禮)를 통해 모든 백성들을 편안하게 다스리는 것과 같다. 그렇기 때문에 예(禮)가 백성들에게 있어서 바람과 비가 된다고 한 것이다.

集解 愚謂: 教不時則傷世, 故必有樂以教民; 事不節則無功, 故必有禮以節事.

번역 내가 생각하기에, 가르침이 때에 맞지 않으면 세상에 피해를 입힌다. 그렇기 때문에 반드시 악(樂)을 통해서 백성들을 교화한다. 사안이 절도에 맞지 않으면 공이 없다. 그렇기 때문에 반드시 예(禮)를 통해서 사안을 조절한다.

集解 愚謂: 此承上"教不時則傷世", 而言先王以樂教民之事也.

번역 내가 생각하기에, 선왕에 대한 내용은 앞의 "가르침이 때에 맞지

않으면 세상에 피해를 입힌다."는 내용을 이어서, 선왕이 악(樂)을 통해서
백성들을 가르치는 사안을 언급하고 있다.

예(禮) · 악(樂)과 이풍역속(移風易俗)

夫豢豕爲酒, 非以爲禍也. 而獄訟益繁, 則酒之流生禍也. 是故先王因爲酒禮. 壹獻之禮, 賓主百拜, 終日飮酒而不得醉焉. 此先王之所以備酒禍也. 故酒食者, 所以合歡也. 樂者, 所以象德也. 禮者, 所以綴淫也. 是故先王有大事, 必有禮以哀之; 有大福, 必有禮以樂之. 哀樂之分, 皆以禮終. 樂也者, 聖人之所樂也, 而可以善民心. 其感人深, 其移風易俗, 故先王著其敎焉.

직역 夫히 豕를 豢하고 酒를 爲함은 이로써 禍를 爲함이 非이다. 그러나 獄訟이 益繁하면, 酒의 流가 禍를 生한다. 是故로 先王은 因하여 酒禮를 爲했다. 壹獻의 禮에, 賓主가 百拜하여, 終日토록 酒를 飮해도 醉를 不得한다. 此는 先王이 酒禍를 備한 所以이다. 故로 酒食者는 歡을 合하는 所以이다. 樂者는 德을 象하는 所以이다. 禮者는 淫을 綴하는 所以이다. 是故로 先王은 大事가 有함에, 必히 禮를 有하여 哀하고; 大福이 有함에, 必히 禮를 有하여 樂이라. 哀樂의 分은 皆히 禮로써 終한다. 樂이라는 者는 聖人이 樂한 所이고, 可히 이로써 民心을 善이라. 그 人을 感함이 深하고, 그 風을 移하고 俗을 易이라, 故로 先王이 그 敎를 著라.

의역 무릇 돼지를 키우고 술을 만드는 것은 본래 제사나 연회를 위한 것이지, 재앙을 불러들이기 위해서가 아니다. 그런데도 다툼이 빈번하게 일어난다면, 술이 지나쳐서 재앙을 초래한 것이다. 이러한 까닭으로 선왕은 그에 따라 술에 대한 예법을 만들었다. 한 차례 술을 따르는 의례에서도 빈객과 주인은 수없이 절을 하여, 종일토록 술을 마시더라도 취하지 않았다. 이것은 선왕이 술로 인한 재앙을 대비한 것이다. 그러므로 술과 음식이라는 것은 기쁨을 함께 하기 위한 수단이다. 악(樂)은 덕을 본뜨기 위한 수단이다. 예(禮)는 방탕함을 그치게 하는 수단이다. 이러한 까닭으로 선왕은 상사(喪事) 등의 일이 있을 때, 반드시 그에 해당하는 예(禮)를 제정하여 그 사안을 슬퍼하였고, 크게 경사스러운 일이 있을 때, 반드시 그에 해당하는 예(禮)를 제정하여 그 사안을 즐거워하였다. 슬픔과 즐거움이 나뉘는 분기점에서 이 모두를 예(禮)에 따라 마무리를 짓는다. 악(樂)이라는 것은 성인이 즐거워했던 것이고, 이를 통해서 백성들의 마음을 선하게 할 수 있다. 사람들을 감응시킴이 깊고, 풍속을 좋은 쪽으로 바꾸기 때문에, 선왕은 그 가르침을 드러낸 것이다.

集說 一獻之禮, 士之饗禮惟一獻也. 綴, 止也. 大事, 死喪之事也. 大福, 吉慶之事也. 以大福對大事而言, 則大事爲禍矣. 哀樂皆以禮終, 則不至於過哀過樂矣. 此章言禮處多, 而末亦云樂者, 明禮樂非二用也. 應氏本漢志俗下增易字, 音以豉反.

번역 일헌(一獻)의 의례는 사 계층의 향례(饗禮)에서 오직 한 차례 술을 따르는 것을 뜻한다. '철(綴)'자는 "그치다[止]."는 뜻이다. '대사(大事)'는 상사(喪事)를 뜻한다. 대복(大福)은 길하거나 경사스러운 일을 뜻한다. 대복을 통해 대사와 대비해서 말을 했다면 대사는 재앙이 된다. 슬프고 즐거운 일들을 모두 예(禮)를 통해서 마무리 짓는다면, 슬픔이 지나치거나 즐거움이 지나치는 지경에 이르지 않는다. 이곳 문장에서는 예(禮)에 대한 언급이 대부분이지만, 끝에서는 또한 악(樂)에 대해서 언급했으니, 예(禮)와 악(樂)이 별개의 쓰임이 아니라는 사실을 밝혔다. 응씨는『한서(漢書)』「예악지(禮樂志)」의 기록에 근본을 두어 '속(俗)'자 뒤에 '易'자를 첨가했는데,[1] 그 음은 '以(이)'자와 '豉(시)'자의 반절음이다.

集說 疏曰: 按今鄕飮酒之禮, 是一獻無百拜, 此云百拜喩多也.

번역 공영달의 소(疏)에서 말하길, 살펴보니 현재의 향음주례에서는 한

---

1)『한서(漢書)』「예악지(禮樂志)」: 樂者, 聖人之所樂也, 而可以善民心. 其感人深, 其移風易俗易, 故先王著其敎焉.

차례 술을 따르며 백번의 절을 하는 예법이 없으니, 이곳에서 백번의 절을 한다고 한 말은 많음을 비유한 것이다.

大全 嚴陵方氏曰: 聖人所以樂其樂者, 以樂可以善民心故耳. 所以能善民心, 以其感人深而移風易俗故耳. 樂之道如此, 苟非著之以爲敎, 則其道或幾乎息矣, 故先王著其敎焉. 上言聖人以見有所樂, 故作之也. 下言先王以見敎之所由來尙矣. 君上所化謂之風, 民下所習謂之俗, 遷此之彼爲移, 更有爲無曰易.

번역 엄릉방씨가 말하길, 성인이 악(樂)을 즐거워했던 것은 악(樂)이 백성들의 마음을 선하게 할 수 있기 때문이다. 악(樂)이 백성들의 마음을 선하게 할 수 있는 이유는 그것이 사람들을 감응시키는 것이 깊고, 풍속을 좋은 쪽으로 바꾸기 때문이다. 악(樂)의 도가 이와 같으니, 만약 그것들을 드러내서 가르침으로 삼지 않는다면, 그 도리는 간혹 그치게 된다. 그렇기 때문에 선왕은 그 가르침을 드러낸 것이다. 앞에서는 성인이 즐거워하는 것이 있음을 보았기 때문에 악(樂)을 만들었다고 말했다. 뒤에서는 선왕이 가르침이 유래된 것을 보고 숭상했음을 말했다. 군주가 교화하는 것을 '풍(風)'이라고 부르고, 백성들이 익히는 것을 '속(俗)'이라고 부르며, 이곳에서 저곳으로 옮겨가는 것을 '이(移)'라고 부르고, 있던 것을 고쳐 없도록 하는 것을 '역(易)'이라고 부른다.

鄭注 以穀食犬豕曰豢. 爲, 作也. 言豢豕作酒, 本以饗祀養賢, 而小人飮之善酗, 以致獄訟. 壹獻, 士飮酒之禮. 百拜, 以喩多. 綴, 猶止也. 大事, 謂死喪也. 著, 猶立也, 謂立司樂以下, 使敎國子.

번역 곡물을 개나 돼지에게 먹이는 것을 '환(豢)'이라고 부른다. '위(爲)'자는 "만든다[作]."는 뜻이다. 즉 돼지에게 사료를 먹이고 술을 만드는 것은 본래 향례나 제사를 통해 현명한 자들을 기르기 위한 것인데, 소인들이 술을 마시게 되면 주정을 잘 부려서 다툼을 발생시킨다. '일헌(壹獻)'은 사계층이 술을 마시는 예법을 뜻한다. '백배(百拜)'는 이를 통해서 많음을 비유한 것이다. '철(綴)'자는 "그치다[止]."는 뜻이다. '대사(大事)'는 상사(喪事)를 뜻한다. '저(著)'자는 "세우다[立]."는 뜻이니, 사악(司樂)으로부터 그이하의 관리들을 만들어서, 그들로 하여금 국자(國子)[2]들을 가르치도록 했다는 뜻이다.[3]

釋文 豢音患, 養也. 食音嗣. 酗, 許具反. 綴, 知劣反. 樂音洛, 下"所樂"·"哀樂"·"康樂"皆同. 分, 扶問反. 著, 知慮反.

번역 '豢'자의 음은 '患(환)'이며, 기른다는 뜻이다. '食'자의 음은 '嗣(사)'이다. '酗'자는 '許(허)'자와 '具(구)'자의 반절음이다. '綴'자는 '知(지)'자와 '劣(렬)'자의 반절음이다. '樂'자의 음은 '洛(낙)'이며, 아래문장에 나오는 '所樂'·'哀樂'·'康樂'에서의 '樂'자도 모두 그 음이 이와 같다. '分'자는 '扶(부)'자와 '問(문)'자의 반절음이다. '著'자는 '知(지)'자와 '慮(려)'자의 반절음이다.

孔疏 ●"夫豢"至"敎焉". ○正義曰: 此一節明言禮樂之設不得其所, 則禍亂興, 故先王節其禮樂以防淫亂也.

번역 ●經文: "夫豢"~"敎焉". ○이곳 문단은 예악을 만든 것이 제자리

---

2) 국자(國子)는 천자 및 공(公), 경(卿), 대부(大夫)의 자제들을 말한다. 때론 상황에 따라 천자의 태자(太子) 및 왕자(王子)를 포함시키지 않는 경우도 있다. 『주례』「지관(地官)·사씨(師氏)」편에는 "以三德敎國子"라는 기록이 있고, 이에 대한 정현의 주에서 "國子, 公卿大夫之子弟."라고 풀이한 용례와 『한서(漢書)』「예악지(禮樂志)」편에서 "朝夕習業, 以敎國子. 國子者, 卿大夫之子弟也."라고 풀이한 용례가 바로 여기에 해당한다. 그러나 이것은 천자에 대한 언급을 가급적 회피했기 때문에, 생략하여 기술하지 않은 것이다. 청대(淸代) 유서년(劉書年)의 『유귀양설경잔고(劉貴陽說經殘稿)』「국자증오(國子證誤)」편에서 "國子者, 王大子, 王子, 諸侯公卿大夫士之子弟, 皆是, 亦曰國子弟."라고 풀이하고 있는 것처럼, '국자'에는 천자의 태자와 왕자들까지도 포함된다.

3) 『주례』「춘관(春官)·대사악(大司樂)」: 以樂舞敎國子: 舞雲門·大卷·大咸·大韶·大夏·大濩·大武.

를 얻지 못했다면 재앙과 혼란을 일으키기 때문에, 선왕이 예악을 조절하여 음란한 일들을 방지했음을 나타내고 있다.

孔疏 ●"夫豢豕爲酒, 非以爲禍也"者, 豢, 養也, 言養豕作酒, 本爲行禮, 非以爲禍亂而爲也.

번역 ●經文: "夫豢豕爲酒, 非以爲禍也". ○'환(豢)'자는 "기른다[養]."는 뜻이니, 돼지를 기르고 술을 만드는 것은 본래 의례를 시행하기 위함이지, 재앙과 혼란을 일으키기 위해서 시행한 일이 아니라는 뜻이다.

孔疏 ●"而獄訟益繁, 則酒之流生禍也"者, 言由酒至酗, 鬪爭殺傷, 而刑獄增益繁多, 則是酒之流害, 所以生此獄訟之禍也.

번역 ●經文: "而獄訟益繁, 則酒之流生禍也". ○술을 통해 주정을 하는 지경에 이르러 다툼이 발생하고 서로를 해쳐서 형벌과 옥사가 늘어나고 번다하게 된다면, 이것은 술이 지나쳐서 해를 끼친 것이 이러한 옥송의 재앙을 발생시킨 것이라는 의미이다.

孔疏 ●"是故先王因爲酒禮"者, 由其生禍, 故先王因此爲飮酒之禮也.

번역 ●經文: "是故先王因爲酒禮". ○재앙을 발생시키는 데에서 연유하였기 때문에, 선왕이 이에 따라서 음주에 대한 예법을 만든 것이다.

孔疏 ●"壹獻之禮, 賓主百拜"者, 謂士之饗禮, 唯有壹獻, 言所獻酒少也. 從初至末, 賓主相答而有百拜, 言拜數多也. 是意在於敬, 不在酒也.

번역 ●經文: "壹獻之禮, 賓主百拜". ○사 계층의 향례에서는 오직 일헌(一獻)만 할 따름이라는 의미로, 술을 따르는 것이 적다는 뜻이다. 처음부터 끝날 때까지 빈객과 주인은 서로에게 답배를 하여 백번 절을 하게 되니, 이것은 절을 하는 횟수가 많다는 뜻이다. 그 의도는 공경함에 있는 것이지 술 자체에 있는 것이 아니다.

孔疏 ●"終日飮酒而不得醉焉"者, 謂饗禮也. 以其恭敬, 示飮而已, 故不得醉也.

번역 ●經文: "終日飮酒而不得醉焉". ○향례(饗禮)를 뜻한다. 공경함을 통해서 술을 마시는 일에 나타낼 따름이다. 그렇기 때문에 취할 수 없다.

孔疏 ●"樂者, 所以象德也"者, 謂君作樂以訓民, 使民法象其德也. "禮者, 所以綴淫也"者, 綴, 止也. 言人君制禮以敎天下, 所以綴止淫邪也.

번역 ●經文: "樂者, 所以象德也". ○군주가 악(樂)을 만들어서 백성들을 훈도하고, 백성들로 하여금 군주의 덕을 본받도록 했다는 뜻이다. 경문의 "禮者, 所以綴淫也"에 대하여. '철(綴)'자는 "그친다[止]."는 뜻이다. 즉 군주가 예(禮)를 제정하여 천하의 백성들을 교육했던 것은 음란하고 사악한 것을 그치기 위함이라는 의미이다.

孔疏 ●"樂也者, 聖人之所樂也"者, 言樂體者, 聖人心所愛樂也. 聖人貪愛此樂, 以樂身化民.

번역 ●經文: "樂也者, 聖人之所樂也". ○악(樂)의 본체는 성인의 마음에 아끼고 즐거워하는 것이라는 뜻이다. 성인은 이러한 악(樂)을 좋아하여, 자신을 기쁘게 만들고 백성들을 교화한다.

孔疏 ●"而可以善民心"者, 言用樂化民, 調善民心.

번역 ●經文: "而可以善民心". ○악(樂)을 이용하여 백성들을 교화하고, 백성들의 마음을 조화롭고 선하게 한다는 뜻이다.

孔疏 ●"其感人深"者, 言樂本從民心而來, 乃成於樂, 故感動人深也.

번역 ●經文: "其感人深". ○악(樂)은 본래 백성들의 마음으로부터 유출된 것이니, 곧 이것이 악(樂)을 통해 완성했기 때문에4) 사람들을 깊이 감동시킨다는 뜻이다.

孔疏 ●"其移風易俗"者, 風, 謂水土之風氣, 謂舒疾剛柔. 俗, 謂君上之情欲, 謂好惡趣捨. 用樂化之, 故使惡風移改, 弊俗變易.

번역 ●經文: "其移風易俗". ○'풍(風)'은 물과 땅의 바람 기운을 뜻하니, 느리고 빠르며 굳세고 부드러움을 의미한다. '속(俗)'은 군주의 정감을 뜻하니, 좋아하고 싫어하며 취하고 버리는 것을 뜻한다. 악(樂)을 이용하여 교화를 하기 때문에 나쁜 풍속을 고치고 나쁜 습속을 바꾼다.

孔疏 ●"故先王著其敎焉"者, 著, 立也. 以其樂功如此, 故先王立樂官, 以樂敎化焉.

번역 ●經文: "故先王著其敎焉". ○'저(著)'자는 "세운다[立]."는 뜻이다. 악(樂)의 공효가 이와 같기 때문에, 선왕은 악(樂)과 관련된 관리들을 세워서 악(樂)을 통해 교화를 했다.

孔疏 ◎注"壹獻"至"喩多". ○正義曰: 凡饗禮, 按大行人云: 上公九獻, 侯伯七獻, 子男五獻, 並依命數. 其臣介則孤同子男, 卿大夫略爲一節, 但三獻, 則天子諸侯之士同壹獻. 故昭六年"季孫宿如晉, 晉侯享之, 有加籩. 武子退, 使行人告曰: 得貺, 不過三獻", 是其事也. 但春秋亂世之法, 或有大夫五獻者, 故昭元年鄭伯享趙孟, "具五獻之籩豆於幕下", 是亂世之法也. 或者鄭以公孤之禮享趙孟, 故五獻也. 言"百拜喩多"者, 按今鄉飲酒之禮, 是壹獻, 無百拜.

---

4) 『논어』「태백(泰伯)」 : 子曰, "興於詩, 立於禮, 成於樂."

今云"百拜", 故喩多也.

번역 ◎鄭注: "壹獻"~"喩多". ○무릇 향례(饗禮)에 대해서,『주례』「대행인(大行人)」편을 살펴보면, 상공(上公)5)은 구헌(九獻)을 하고, 후작·백작은 칠헌(七獻)을 하며, 자작·남작은 오헌(五獻)을 하니, 모두 각자의 명(命) 등급에 따른다. 그리고 그들에게 소속된 신하와 개(介)의 경우라면, 고(孤)는 자작·남작과 동일하며, 경·대부는 대체적으로 한 등급이 되어, 단지 삼헌(三獻)을 한다면, 천자와 제후에게 소속된 사는 모두 일헌(壹獻)을 한다.6) 그렇기 때문에 소공(昭公) 6년에 대한 기록에서, "계손숙(季孫宿)이 진(晉)나라에 가자, 진나라 후작은 그에게 향연을 베풀었고, 추가적으로 올리는 변(籩)의 음식들이 있었다. 무자(武子)가 물러나자 행인(行人)들에게 '하사를 받음에는 삼헌(三獻)을 지나칠 수 없습니다.'"7)라고 했으

---

5) 상공(上公)은 주(周)나라 제도에 있었던 관직 등급이다. 본래 신하의 관직 등급은 8명(命)까지이다. 주나라 때에는 태사(太師), 태부(太傅), 태보(太保)와 같은 삼공(三公)들이 8명의 등급에 해당했다. 그런데 여기에 1명을 더하게 되면 9명이 되어, 특별직인 '상공'이 된다.『주례』「춘관(春官)·전명(典命)」편에는 "上公九命爲伯, 其國家宮室車旗衣服禮儀, 皆以九爲節."이라는 기록이 있고, 이에 대한 정현의 주에서는 "上公, 謂王之三公有德者, 加命爲二伯. 二王之後亦爲上公."이라고 풀이하였다. 즉 '상공'은 삼공 중에서도 유덕(有德)한 자에게 1명을 더해주어, 제후들을 통솔하는 '두 명의 백(伯)[二伯]'으로 삼았다.

6)『주례』「추관(秋官)·대행인(大行人)」: 上公之禮, 執桓圭九寸, 繅藉九寸, 冕服九章, 建常九斿, 樊纓九就, 貳車九乘, 介九人, 禮九牢, 其朝位, 賓主之間九十步, 立當車軹, 擯者五人, 廟中將幣三享, 王禮再祼而酢, <u>饗禮九獻</u>, 食禮九擧, 出入五積, 三問三勞. <u>諸侯之禮</u>, 執信圭七寸, 繅藉七寸, 冕服七章, 建常七斿, 樊纓七就, 貳車七乘, 介七人, 禮七牢, 朝位賓主之間七十步, 立當前疾, 擯者四人, 廟中將幣三享, 王禮壹祼而酢, <u>饗禮七獻</u>, 食禮七擧, 出入四積, 再問再勞. <u>諸伯執躬圭, 其他皆如諸侯之禮</u>. 諸子執穀璧五寸, 繅藉五寸, 冕服五章, 建常五斿, 樊纓五就, 貳車五乘, 介五人, 禮五牢, 朝位賓主之間五十步, 立當車衡, 擯者三人, 廟中將幣三享, 王禮壹祼不酢, <u>饗禮五獻</u>, 食禮五擧, 出入三積, 壹問壹勞. <u>諸男執蒲璧, 其他皆如諸子之禮</u>.

7)『춘추좌씨전』「소공(昭公) 6년」: 夏, <u>季孫宿如晉, 拜莒田也. 晉侯享之, 有加籩.</u> <u>武子退, 使行人告曰</u>, "小國之使大國也, 苟免於討, 不敢求貺. <u>得貺不過三獻.</u> 今豆有加, 下臣弗堪, 無乃戾也?"

니, 바로 그 사안에 해당한다. 다만 춘추시대에 시행되었던 난세의 법도에
서는 간혹 대부가 오헌(五獻)을 하는 경우도 있었다. 그렇기 때문에 소공
1년에 정(鄭)나라 백작이 조맹(趙孟)에게 향연을 베풀 때, "오헌(五獻)에
따른 변(籩)과 두(豆)의 음식을 천막 아래에 마련하였다."[8]라고 한 것이니,
이것은 난세의 법도에 해당한다. 그것이 아니라면, 정나라에서 공(公)이나
고(孤)에 대한 예법으로 조맹에게 향연을 베풀었기 때문에 오헌을 한 것이
다. 정현이 "'백배(百拜)'는 많음을 비유한 것이다."라고 했는데, 살펴보니
현재의 향음주례에서는 일헌을 하며 백번의 절을 하는 것이 없다. 따라서
현재 '백배(百拜)'라고 했기 때문에 많음을 비유한 것이다.

訓纂 陳晉之曰: 死喪·凶札·禍烖, 天事之大者也. 圍敗·寇亂, 人事之大
者也. 大宗伯皆以凶禮哀之, 所謂"有大事, 必有禮以哀之"也. "以脤膰之禮親
兄弟之國", 而與之同福祿, "以慶賀之禮親異姓之國", 而與之和安樂, 所謂
"有大福, 必有禮以樂之"也. 哀樂之分雖異, 而皆以禮終, 則禮達而分定矣.

번역 진진지가 말하길, 상사(喪事)·기근과 역병·재앙 등은 자연적인
일 중에서도 큰 것이다. 전쟁이나 도적 등으로 인한 혼란은 인간에 대한
일 중에서도 큰 것이다. 대종백(大宗伯)은 이 모두에 대해서 흉례(凶禮)에
따라서 애도를 했으니,[9] 이른바 "대사(大事)가 있을 때에는 반드시 해당
예법을 두어서 애도했다."는 뜻이다. 그리고 "신번(脤膰)[10]의 예법으로 형
제의 제후국들을 친근하게 대했다."[11]라고 하여, 그들과 복 및 봉록을 함께

---

8) 『춘추좌씨전』「소공(昭公) 1년」: 夏四月, 趙孟·叔孫豹·曹大夫入于鄭, 鄭伯
   兼享之. ……… 及享, 具五獻之籩豆於幕下.
9) 『주례』「춘관(春官)·대종백(大宗伯)」: 以凶禮哀邦國之憂. 以喪禮哀死亡. 以
   荒禮哀凶札. 以弔禮哀禍災. 以禬禮哀圍敗. 以恤禮哀寇亂.
10) 신번(脤膰)은 고대에 사직(社稷) 및 종묘(宗廟)의 제사 때 사용했던 고기를
    뜻한다. 제사가 끝난 뒤 이 고기를 동성(同姓)인 제후국에게 나눠주었기 때
    문에, 동성의 제후국을 '신번지국(脤膰之國)'이라고도 부른다. 또 구분해서
    말을 한다면 신(脤)은 사직의 제사 때 사용된 고기를 뜻하며, 번(膰)은 종묘
    의 제사 때 사용된 고기를 뜻한다. 한편 도마에 올린 생고기를 신(脤)이라고
    부르고, 도마에 올린 익힌 고기를 번(膰)이라고 부르기도 한다.

했고, 또 "축하의 예법으로 이성(異姓)의 제후국들을 친근하게 대했다."12) 라고 하여, 그들과 함께 편안함과 즐거움을 조화롭게 했으니, 이른바 "대복 (大福)이 있을 때에는 반드시 해당 예법을 두어서 즐겁게 했다."는 뜻이다. 슬픔과 즐거움은 비록 다르지만, 모두 예법에 따라 끝을 맺는다면, 예법이 두루 소통되어 구분이 확정된다.

訓纂 漢書禮樂志作"故其移風易俗易", 下"易"字, 顔師古音弋豉反.

번역 『한서』「예악지」에서는 '고기이풍역속이(故其移風易俗易)'라고 기록했고, 뒤의 '이(易)'자에 대해, 안사고13)는 그 음이 '弋(익)'자와 '豉(시)'자의 반절음이라고 했다.

訓纂 王氏念孫曰: 當從漢書補下易字. 蓋樂之感人旣深, 則其移風易俗必易, 二句相對爲文, 若無易字, 則文不成義.

번역 왕념손이 말하길, 마땅히 『한서』의 기록에 따라서 뒤에 '이(易)'자를 보충해야 한다. 무릇 악(樂)이 사람들을 감동시키는 것은 이미 깊으니, 풍속을 좋은 쪽으로 바꾸는 것은 반드시 쉽게 되므로, 두 구문을 서로 대비가 되도록 기록한 것이다. 만약 '이(易)'자가 없다면 문장의 뜻이 완성되지 않는다.

集解 愚謂: 此承上"事不節則無功", 而言先王以禮節民之事也. 無禮則酒食至於興訟, 有禮則酒食可以合歡, 事之不可以無節如此. 然禮之節民非一事, 獨以備酒禍言之者, 略擧以見其餘也.

---

11) 『주례』「춘관(春官)·대종백(大宗伯)」: 以脈膰之禮, 親兄弟之國.
12) 『주례』「춘관(春官)·대종백(大宗伯)」: 以賀慶之禮, 親異姓之國.
13) 안사고(顔師古, A.D.581~A.D.645): 당(唐)나라 때의 학자이다. 자(字)는 주(籌)이다. 안지추(顔之推)의 손자이다. 훈고학(訓詁學)에 뛰어났다. 오경(五經)의 문자를 교정하여, 『오경정본(五經定本)』을 찬술하기도 하였다.

[번역] 내가 생각하기에, 술과 음주의 예법 등에 대한 내용은 앞에서 "사안이 절도에 맞지 않으면 공이 없다."14)는 말을 이어서, 선왕이 예(禮)를 통해서 백성들을 조절했던 사안을 언급하였다. 예(禮)가 없다면 음주를 하고 음식을 먹음에 송사가 일어나는 지경에 이르고, 예(禮)가 있다면 음주를 하고 음식을 먹음에 서로 기쁨을 함께 할 수 있으니, 해당 사안에는 이처럼 절도가 없을 수 없다. 그러나 예(禮)가 백성들을 조절하는 것은 한 가지 사안이 아닌데, 유독 술로 인한 재앙을 언급한 이유는 대략적인 것을 제시하여 그 나머지 경우도 제시했기 때문이다.

[集解] 愚謂: 樂所以使民象君之德, 禮所以綴止民之淫亂. 此承上二節, 以起下文也.

[번역] 내가 생각하기에, 악(樂)은 백성들로 하여금 군주의 덕을 본받도록 하는 것이고, 예(禮)는 백성들로 하여금 음란함을 그치게 하는 것이다. 이것은 앞의 두 문단을 이어서 아래 문장의 뜻을 일으킨 것이다.

[集解] 張氏守節曰: 民有喪, 則先王制衰麻哭泣之禮以節之, 使各遂其哀情, 是有禮以哀之也. 大福, 祭祀吉慶也. 民慶必歌舞飮食, 禮使之不過, 而各遂歡樂, 是有禮以樂之也. 哀樂皆用禮節, 各終其分, 故云"皆以禮終".

[번역] 장수절이 말하길, 백성들에게 상(喪)이 발생하면, 선왕은 상복 및 곡(哭)과 읍(泣)을 하는 예법을 제정하여 조절을 해서, 그들로 하여금 각자의 슬픈 감정을 나타내도록 했으니, 이것이 예(禮)를 두어서 애도하도록 했다는 뜻이다. '대복(大福)'은 제사 및 길하고 경사스러운 일을 뜻한다. 백성들은 경사스러운 일이 있으면 반드시 노래와 춤을 추고 음식을 먹게 되는데, 예(禮)를 통해서 그들로 하여금 지나치지 않게 하고, 각자 그 기쁨을

---

14) 『예기』「악기」【468a~b】: 天地之道, 寒暑不時則疾, 風雨不節則饑. 敎者民之寒暑也, 敎不時則傷世; 事者民之風雨也, 事不節則無功. 然則先王之爲樂也, 以法治也, 善則行象德矣.

누리도록 했으니, 이것이 예(禮)를 두어서 즐거워하도록 했다는 뜻이다. 슬픔과 즐거움은 모두 예(禮)에 따라 조절을 해야만 각각 그 구분을 지킬 수 있기 때문에 "모두 예(禮)에 따라서 마무리를 지었다."라고 말한 것이다.

集解 愚謂: 此結言先王以禮節民之事.

번역 내가 생각하기에, 슬픔과 즐거움에 대한 내용은 선왕이 예(禮)로 백성들을 조절했던 사안에 대해서 결론을 맺은 문장이다.

集解 愚謂: 此結言先王以樂敎人之事也.

번역 내가 생각하기에, 악(樂)에 대한 내용은 선왕이 악(樂)을 통해서 사람들을 가르쳤던 사안에 대해서 결론을 맺은 문장이다.

集解 右第三章. 右樂施篇第四.

번역 여기까지는 제 3장이다. 여기까지는 「악시(樂施)」 제 4편이다.

●그림 26-1 신하들의 명(命) 등급

	천자(天子) 신하	대국(大國) 신하	차국(次國) 신하	소국(小國) 신하
9명(九命)	상공(上公=二伯) 하(夏)의 후손 은(殷)의 후손			
8명(八命)	삼공(三公) 주목(州牧)			
7명(七命)	후작[侯] 백작[伯]			
6명(六命)	경(卿)			
5명(五命)	자작[子] 남작[男]			
4명(四命)	부용군(附庸君) 대부(大夫)	고(孤)		
3명(三命)	원사(元士=上士)	경(卿)	경(卿)	
2명(再命)	중사(中士)	대부(大夫)	대부(大夫)	경(卿)
1명(一命)	하사(下士)	사(士)	사(士)	대부(大夫)
0명(不命)				사(士)

◎『예기』와 『주례』의 기록에는 다소 차이가 있다.

※ **참조:**『주례』「춘관(春官)·전명(典命)」 및 『예기』「왕제(王制)」

제5편

악언(樂言)

• 제 27 절 •

음(音)과 민정(民情)

【469a】

> 夫民有血氣心知之性, 而無哀樂喜怒之常, 應感起物而動, 然後心術形焉. 是故志微噍殺之音作, 而民思憂.

직역 夫히 民은 血氣와 心知의 性이 有하지만, 哀樂喜怒의 常이 無하여, 感에 應하고 物에 起하여 動하니, 然後에 心術이 形이라. 是故로 志微하고 噍殺한 音이 作하면, 民이 思憂한다.

의역 무릇 백성들은 혈기와 마음 및 지각 능력을 가지고 있지만, 슬픔·즐거움·기쁨·성냄 등에 대해서 항상됨이 없으니, 외부 사물을 느끼는 것으로부터 움직이게 되고, 그런 뒤에야 속마음이 드러나게 된다. 이러한 까닭으로 다급하고[志] 작으며[微] 쇠하고[噍] 줄어드는[殺] 음(音)들이 연주되면, 백성들은 슬퍼하며 근심하는 것이다.

集說 劉氏曰: 此申言篇首音之生本在人心之感於物也一條之義. 民心無常, 而喜怒哀樂之情, 應其感起於物者而動, 然後其心術形於聲音矣. 故采詩可以觀民風, 審樂可以知國政也. 志, 疑當作急, 急促. 微, 細; 噍, 枯; 殺, 減也. 其哀心感者, 其聲噍以殺, 故作樂而有急微噍殺之音, 則其民心之哀思憂愁可知矣.

번역 유씨가 말하길, 이 문장은 「악기」편의 처음에서 "음(音)이 생겨나는 것은 그 근본이 사람의 마음이 외부 대상에 대해서 느끼는 것에 달려 있다."[1]고 했던 한 조목의 뜻을 거듭 밝힌 것이다. 백성들의 마음에는 항상됨이 없고, 기쁨·노여움·슬픔·즐거움 등의 감정은 외부 사물에 대해 느낀 것에 호응하여 움직이며, 그런 뒤에야 속마음이 소리[聲]와 음(音)으로 나타난다. 그렇기 때문에 시를 채집하여 백성들의 풍속을 살펴볼 수 있고, 악(樂)을 살펴서 국가의 정치를 알 수 있다. '지(志)'자는 아마도 '급(急)'자로 기록해야 하니, 급박하다는 뜻이다. '미(微)'자는 "미세하다[細]."는 뜻이며, '초(噍)'자는 "쇠하다[枯]."는 뜻이고, '쇄(殺)'자는 "줄다[減]."는 뜻이다. 슬픈 마음을 느끼는 경우 그 소리[聲]가 쇠하여 줄어들기 때문에, 악(樂)을 연주함에 급박하고 작으며 쇠하고 줄어드는 음(音)이 있다면, 그 나라의 백성들 마음에는 슬프고 그리워하며 근심스럽고 우울한 감정이 있는 것임을 알 수 있다.

鄭注 言在所以感之也. 術, 所由也. 形, 猶見也. 志微, 意細也. 吳公子札聽鄭風, 而曰: "其細已, 甚民弗堪也."

번역 음악은 감응하는 것에 달려 있음을 뜻한다. '술(術)'은 연유되는 것을 뜻한다. '형(形)'자는 "드러난다[見]."는 뜻이다. '지미(志微)'는 뜻이 작다는 뜻이다. 오(吳)나라 공자 찰(札)은 「정풍(鄭風)」의 노래를 듣고서, "그 미세함이 지극해서 백성들이 감당할 수 없습니다."[2]라고 했다.

釋文 知音智. 應, 於甑反, 篇內同. 見, 賢遍反. 噍, 子遙反. 殺, 色界反, 又色例反. 思, 息吏反, 又音斯. 札, 測八反.

번역 '知'자의 음은 '智(지)'이다. '應'자는 '於(어)'자와 '甑(증)'자의 반절음이며, 「악기」편 안에 있는 이 글자는 그 음이 모두 이와 같다. '見'자는

---

1) 『예기』「악기」【455c】: 樂者, <u>音之所由生也, 其本在人心之感於物也.</u> 是故其哀心感者, 其聲噍以殺; 其樂心感者, 其聲嘽以緩; 其喜心感者, 其聲發以散; 其怒心感者, 其聲粗以厲; 其敬心感者, 其聲直以廉; 其愛心感者, 其聲和以柔. 六者非性也, 感於物而后動.
2) 『춘추좌씨전』「양공(襄公) 29년」: 爲之歌鄭, 曰, "美哉! 其細已甚, 民弗堪也. 是其先亡乎!"

‘賢(현)’자와 ‘遍(편)’자의 반절음이다. ‘噍’자는 ‘子(자)’자와 ‘遙(요)’자의 반
절음이다. ‘殺’자는 ‘色(색)’자와 ‘界(계)’자의 반절음이며, 또한 ‘色(색)’자와
‘例(례)’자의 반절음도 된다. ‘思’자는 ‘息(식)’자와 ‘吏(리)’자의 반절음이며,
또한 그 음은 ‘斯(사)’도 된다. ‘札’자는 ‘測(측)’자와 ‘八(팔)’자의 반절음이다.

孔疏 ●“夫民”至“淫亂”. ○正義曰: 皇氏以爲自此以下至“君子賤之也”,
是樂言之科, 各隨文解之. 此一節“民有血氣”以下至“淫亂”以上, 論人心皆不
同, 隨樂而變. 夫樂聲善惡, 本由民心而生, 所感善事則善聲應, 所感惡事則惡
聲起. 樂之善惡, 初則從民心而興, 後乃合成爲樂. 樂又下感於人, 善樂感人,
則人化之爲善, 惡樂感人, 則人隨之爲惡. 是樂出於人, 而還感人, 猶如雨出於
山而還雨山, 火出於木而還燔木. 故此篇之首, 論人能興樂, 此章之意, 論樂能
感人也.

번역 ●經文: “夫民”~“淫亂”. ○황간은 이곳 문장으로부터 “군자는 이
러한 것들을 천시한다.”[3]라고 한 문장까지는 「악언(樂言)」에 대한 내용이
라고 했으니, 각각의 문장에 따라서 풀이하겠다. 이곳 문단의 “백성들에게
는 혈기가 있다.”라고 한 문장으로부터 그 이하로 “음란하게 된다.”[4]는 문
장까지는 사람의 마음이 모두 다르므로, 악(樂)에 따라서 변화하게 됨을
논의하고 있다. 무릇 악(樂)과 소리[聲]에 선악이 있는 것은 본래 백성들의
마음으로부터 생겨나는 것이니, 선한 일에 대해서 느낀 것이라면 선한 소
리가 이에 호응하고, 악한 일에 대해서 느낀 것이라면 악한 소리가 이에
나타난다. 악(樂)의 선악은 최초 백성들의 마음으로부터 나타나게 되고, 이
후에는 합쳐져서 하나의 악(樂)을 이룬다. 악(樂)은 또한 밑으로 백성들에
대해 느끼게 하니, 선한 악(樂)이 사람들을 느끼게 한다면 사람들은 변화하
여 선하게 되고, 악한 악(樂)이 사람들을 느끼게 한다면 사람들은 그에 따

---

3) 『예기』「악기」【471a】: 土敝則草木不長, 水煩則魚鱉不大, 氣衰則生物不遂,
世亂則禮慝而樂淫. 是故其聲哀而不莊, 樂而不安; 慢易以犯節, 流湎以忘本, 廣
則容姦, 狹則思欲; 感條暢之氣, 而滅平和之德. 是以君子賤之也.
4) 『예기』「악기」【469c】: 流辟邪散狄成滌濫之音作, 而民淫亂.

라 악하게 된다. 이것은 악(樂)이 사람으로부터 도출되지만 다시 사람을 느끼게 함을 뜻하니, 마치 비가 산으로부터 생겨나지만 다시금 산에 비를 내려 적시게 함과 같고, 불이 나무로부터 생겨나지만 다시 나무를 불태우는 것과 같다. 그렇기 때문에 「악기」편의 처음에서는 사람이 악(樂)을 일으킬 수 있음을 논의하였고, 이곳 문장의 뜻은 악(樂)이 사람들을 느끼도록 할 수 있음을 논의하였다.

孔疏 ●"故民有血氣心知之性"者, 人由血氣而有心知, 故"血氣"・"心知" 連言之, 其性雖一, 所感不恒, 故云"而無哀樂喜怒之常"也. "應感起物而動" 者, 言內心應感, 起於外物, 謂物來感己, 心遂應之, 念慮興動, 故云"應感起物 而動".

번역 ●經文: "故民有血氣心知之性". ○사람들은 혈기를 가진 것에서 연유하여 마음과 지각 능력을 가진다. 그렇기 때문에 '혈기(血氣)'와 '심지 (心知)'를 연결해서 말한 것이며, 그 성(性)은 비록 동일하지만 느끼는 것에 있어서 항상되지 않기 때문에, "슬픔・즐거움・기쁨・노함의 일정함이 없다."라고 말한 것이다. 경문의 "應感起物而動"에 대하여. 속마음이 느낀 것에 호응함은 외부 사물로부터 일어난다는 의미로, 외부 사물이 다가와서 자신을 느끼게 하면, 마음이 결국 그에 호응하고 생각이 발생하게 된다는 의미이다. 그렇기 때문에 "느낀 것에 호응함은 외부 사물에 의해 일어나서 움직인다."라고 말한 것이다.

孔疏 ●"然後心術形焉"者, 術, 謂所由道路也. 形, 見也. 以其感物所動故, 然後心之所由道路而形見焉. 心術見者, 即下文是也.

번역 ●經文: "然後心術形焉". ○'술(術)'자는 경유하는 길을 뜻한다. '형 (形)'자는 "드러난다[見]."는 뜻이다. 외부 사물을 느껴서 움직인 것이기 때문에, 그런 뒤에는 마음이 경유하는 길이 드러나게 된다. '심술현(心術見)' 이라는 말은 곧 아래문장의 내용에 해당한다.

孔疏 ●"是故志微·噍殺之音作, 而民思憂"者, 志微, 謂人君志意微細. 噍殺, 謂樂聲噍殟殺小. 如此音作, 而民感之, 則悲思憂愁也.

번역 ●經文: "是故志微·噍殺之音作, 而民思憂". ○'지미(志微)'는 군주의 뜻이 미약하다는 의미이다. '초쇄(噍殺)'는 악(樂)과 소리[聲]가 줄어들고 작다는 의미이다. 이와 같은 음(音)이 연주되고 백성들이 그것을 느끼게 된다면, 슬프고 근심스럽게 된다.

訓纂 陳晉之曰: 民生而靜, 有血氣心知之常性. 應感起物而動, 無哀樂喜怒之常情. 以有常之性, 託無常之情, 則心術之形, 固非我也.

번역 진진지가 말하길, 백성들은 생겨나면서부터 고요하고,5) 혈기와 마음 및 지각 능력에 있어서 항상된 본성을 가지고 있다. 느낀 것에 호응하고 외부 사물에 의해 발생하여 움직임에, 슬픔·즐거움·기쁨·성냄 등에는 항상된 정감이 없다. 항상된 본성을 가지고 있지만 항상됨이 없는 정감에 의탁한다면, 속마음이 드러나는 것은 진실로 본질적인 내가 아니다.

訓纂 劉氏台拱曰: 心術, 謂思憂康樂之等.

번역 유태공이 말하길, '심술(心術)'은 생각하고 근심하고 안심하고 즐거워하는 등의 감정을 뜻한다.

訓纂 王氏引之曰: "志微噍殺"四字平列, 不當上下異訓. 志, 亦微也. 志與職, 古字通. 說文, "職, 記微也." 故趨步微小謂之志趨. 聘禮記"賓將授, 志趨", 是也. 史記樂書作"志微噍衰", 漢書禮樂志作"纖微瘍瘁". 纖與微亦同義.

번역 왕인지가 말하길, '지미초쇄(志微噍殺)'라는 네 글자는 동등하게 나열된 것이니, 앞뒤로 뜻을 다르게 풀이해서는 안 된다. '지(志)'자 또한

---

5) 『예기』「악기」【459c】: 人生而靜, 天之性也. 感於物而動, 性之欲也. 物至知知,

"미약하다[微]."는 뜻이다. '지(志)'자와 '직(職)'자는 고자(古字)에서는 통용
되었다. 『설문』에서는 "'직(職)'자는 작고 미약하다는 뜻이다."라고 했다.
그렇기 때문에 작은 보폭으로 신속히 걸어가는 것을 '지추(志趣)'라고 부른
다. 『의례』「빙례(聘禮)」편의 기문(記文)에서 "빈객이 장차 전달하게 되면,
작은 보폭으로 신속히 걷는다."6)라고 한 말이 그 용례이다. 『사기』「악서」
편에서는 '지미초쇠(志微噍衰)'7)라고 기록했고, 『한서』「예악지」에서는 '섬
미초췌(纖微噍瘁)'8)라고 기록했다. '섬(纖)'자와 '미(微)'자 또한 동일한 뜻
이다.

集解 今按: "志微", 漢書作"纖微", 當從之.

번역 현재 살펴보니, '지미(志微)'를 『한서』에서는 '섬미(纖微)'로 기록
했는데, 마땅히 그에 따라야 한다.

용어	정현	공영달	『집설』	『훈찬』	『집해』
志	意細	志意	急促	微	纖細
微		微細	細		微▼(耳+少)
噍		噍殹	枯		
殺		殺小	減		

【469b】

嘽諧慢易繁文簡節之音作, 而民康樂.

직역 嘽諧하고 慢易하며 繁文하고 簡節한 音이 作하면, 民이 康樂한다.

---

6) 『의례』「빙례(聘禮)」: 上介執圭如重, 授賓. 賓入門皇, 升堂讓, <u>將授志趨</u>.
7) 『사기(史記)』「악서(樂書)」: 是故<u>志微焦衰</u>之音作, 而民思憂.
8) 『한서(漢書)』「예악지(禮樂志)」: 是以<u>纖微瘁瘁</u>之音作, 而民思憂.

의역 크면서도[嘽] 조화롭고[諧] 느리면서[慢] 평이하며[易] 문채가 많이 나고[繁文] 가락이 간략한[簡節] 음(音)들이 연주되면, 백성들은 안심하면서도 즐거워하는 것이다.

集說 嘽, 寬; 諧, 和; 慢, 緩; 易, 平也. 繁文簡節, 多文理而略節奏也. 其樂心感者, 其聲嘽以緩, 故此等音作, 則其民心之安樂可知矣.

번역 '탄(嘽)'자는 "크다[寬]."는 뜻이며, '해(諧)'자는 "조화롭다[和]."는 뜻이고, '만(慢)'자는 "느리다[緩]."는 뜻이며, '이(易)'자는 "평이하다[平]."는 뜻이다. '번문간절(繁文簡節)'은 문채가 많고 음의 가락을 간략히 한다는 뜻이다. 즐거운 마음을 느끼는 경우 그 소리[聲]가 크면서도 느려지기 때문에, 이러한 음(音)들이 연주된다면 그 나라의 백성들 마음에는 안심하고 즐거워함이 있음을 알 수 있다.

鄭注 簡節, 少易也.

번역 '간절(簡節)'은 적고 평이하다는 뜻이다.

釋文 嘽, 昌善反. 諧, 戶皆反. 慢, 本又作慢, 莫諫反. 易, 以豉9)反, 注同.

번역 '嘽'자는 '昌(창)'자와 '善(선)'자의 반절음이다. '諧'자는 '戶(호)'자와 '皆(개)'자의 반절음이다. '慢'자는 판본에 따라 또한 '慢'자로도 기록하며, 그 음은 '莫(막)'자와 '諫(간)'자의 반절음이다. '易'자는 '以(이)'자와 '豉(시)'자의 반절음이며, 정현의 주에 나오는 글자도 그 음이 이와 같다.

孔疏 ●"嘽諧·慢易·繁文·簡節之音作, 而民康樂"者, 嘽, 寬也. 諧, 和

---

9) '시(豉)'자에 대하여. 『십삼경주소(十三經注疏)』 북경대 출판본에서는 "'시'자는 본래 '고(鼓)'자로 기록되어 있는데, 『예기훈찬(禮記訓纂)』의 기록에 따라 고쳤다."라고 했다.

也. 慢, 疏也. 繁, 多也. 簡節, 易少也. 康, 安也. 言君若道德嘽和疏易, 則樂音
多文采, 而節奏簡略, 則下民所以安樂也.

번역 ●經文: "嘽諧・慢易・繁文・簡節之音作, 而民康樂". ○'탄(嘽)'자
는 "크다[寬].”는 뜻이다. '해(諧)'자는 "조화롭다[和].”는 뜻이다. '만(慢)'자
는 "성글다[疏].”는 뜻이다. '번(繁)'자는 "많다[多].”는 뜻이다. '간절(簡節)'
은 평이하고 적다는 뜻이다. '강(康)'자는 "안심하다[安].”는 뜻이다. 즉 군
주가 만약 도덕이 크고 조화로우며 성글고 평이하다면 악(樂)과 음(音)도
문채가 많고 음의 가락이 적고 간략하니, 백성들이 안심하고 즐거워하는
것이다.

용어	정현	공영달	『집설』	『훈찬』	『집해』
嘽		寬	寬		
諧		和	和		和
慢		疏	緩		疏
易			平		平
繁		多	多文理		文章繁
文					
簡	少易	易少	略節奏		節奏簡
節					

【469b】

粗厲猛起奮末廣賁之音作, 而民剛毅

직역 粗厲하고 猛起하며 奮末하고 廣賁한 音이 作하면, 民이 剛毅한다.

의역 거칠며[粗] 사납고[厲] 맹렬하게[猛] 처음을 일으키며[起] 진동하며[奮]
빠르게 끝나고[末] 크고[廣] 성내는[賁] 음(音)들이 연주되면, 백성들이 강직하고
굳센 것이다.

集說 粗厲, 粗疏嚴厲也. 猛, 威盛貌. 奮, 振迅貌. 起, 初; 末, 終也. 猛起奮末者, 猛盛於初起, 而奮振於終末也. 廣, 大; 賁, 憤也. 廣賁, 言中間絲竹匏土革木之音皆怒也. 其怒心感者, 其聲粗以厲, 故此等音作, 則可知其民之剛毅.

번역 '조려(粗厲)'는 거칠고 성글며 엄하고 사납다는 뜻이다. '맹(猛)'자는 위엄이 있고 융성한 모양이다. '분(奮)'자는 진동하며 빠르게 움직이는 모습이다. '기(起)'자는 처음[初]을 뜻하고, '말(末)'자는 끝[終]을 뜻한다. '맹기분말(猛起奮末)'은 처음에는 맹렬하고 융성하게 시작하고, 끝에서는 진동하며 빠르게 마무리를 맺는다는 뜻이다. '광(廣)'자는 "크다[大]."는 뜻이며, '분(賁)'자는 "성내다[憤]."는 뜻이다. '광분(廣賁)'은 악곡의 연주 중간에 실[絲]·대나무[竹]·박[匏]·흙[土]·가죽[革]·나무[木] 등으로 만든 악기들이 내는 음(音)이 모두 성내듯 연주된다는 뜻이다. 성내는 마음을 느끼는 경우 그 소리가 거칠면서도 사납기 때문에, 이러한 음(音)들이 연주된다면 그 나라의 백성들 마음에 강직하고 굳셈이 있음을 알 수 있다.

鄭注 奮末, 動使四支也. 賁讀爲憤, 憤, 怒氣充實也. 春秋傳曰: "血氣狡憤."

번역 '분말(奮末)'은 사지를 움직이게 한다는 뜻이다. '분(賁)'자는 '분(憤)'자로 풀이하니, '분(憤)'자는 성난 기운이 충만하다는 뜻이다. 『춘추전』에서는 "혈기가 사납게 움직인다."[10]라고 했다.

釋文 粗, 七奴反. 賁, 依注讀爲憤, 扶粉反. 賁, 讀音奔, 又補義反. 狡, 本又作交, 古卯反, 又音郊.

번역 '粗'자는 '七(칠)'자와 '奴(노)'자의 반절음이다. '賁'자는 정현의 주에 따르면 '憤'자로 풀이하니, 그 음은 '扶(부)'자와 '粉(분)'자의 반절음이다. '賁'자의 독음은 '奔(분)'이며, 또한 '補(보)'자와 '義(의)'자의 반절음도 된다. '狡'자는 판본에 따라서 또한 '交'자로도 기록하며, 그 음은 '古(고)'자와 '卯

---

10) 『춘추좌씨전』「희공(僖公) 15년」: 亂氣狡憤, 陰血周作, 張脈僨興, 外彊中乾.

(묘)'자의 반절음이고, 또 그 음은 '郊(교)'도 된다.

孔疏 ●"粗厲·猛起·奮末·廣賁之音作, 而民剛毅"者, 粗厲, 謂人君性氣粗疏威厲. 猛起, 謂武猛發起. 奮末, 謂奮動手足. 廣賁, 謂樂聲廣大, 憤氣充滿. 如此音作, 而民感之, 則性氣剛毅也.

번역 ●經文: "粗厲·猛起·奮末·廣賁之音作, 而民剛毅". ○'조려(粗厲)'는 군주의 성품과 기운이 거칠고 성글며 엄하고 사납다는 뜻이다. '맹기(猛起)'는 용맹하게 일어난다는 뜻이다. '분말(奮末)'은 손과 발을 움직인다는 뜻이다. '광분(廣賁)'은 악(樂)과 소리[聲]가 넓고 크게 퍼지며 성난 기운이 충만하다는 뜻이다. 이러한 음(音)들이 연주되어 백성들이 그것을 느끼게 된다면, 성품과 기운이 강직하고 굳세게 된다.

訓纂 劉氏台拱曰: 廣, 讀如"號以立橫"之橫. 賁, 讀如"虎賁"之賁. 鄭注下 "虎賁"云, "賁, 憤怒也."

번역 유태공이 말하길, '광(廣)'자는 "호령을 하여 융성한 기운을 세운다."11)라고 했을 때의 '횡(橫)'자와 같이 해석한다. '분(賁)'자는 '용맹한[虎賁]'12)이라고 할 때의 '분(賁)'자와 같이 해석한다. 정현은 아래에 나오는 '호분(虎賁)'의 주석에서, "'분(賁)'자는 사납고 거칠다는 뜻이다."라고 했다.

---

11) 『예기』「악기」【481a】: 鐘聲鏗, 鏗以立號, 號以立橫, 橫以立武. 君子聽鐘聲, 則思武臣.

12) 『예기』「악기」【484d】: 散軍而郊射, 左射貍首, 右射騶虞, 而貫革之射息也. 裨冕搢笏, 而虎賁之士說劍也. 祀乎明堂, 而民知孝. 朝覲, 然後諸侯知所以臣. 耕藉, 然後諸侯知所以敬. 五者天下之大敎也.

용어	정현	공영달	『집설』	『훈찬』	『집해』
粗		粗疏	粗疏		
厲		威厲	嚴厲		
猛		武猛	威盛貌		樂之始剛猛
起		發起	初		
奮	動使四支	奮動手足	振迅貌		樂之終奮迅
末			終		
廣		樂聲廣大	大	橫	廣大
賁	怒氣充實		憤	憤怒	憤怒

【469c】

廉直勁正莊誠之音作, 而民肅敬.

직역 廉直하고 勁正하며 莊誠한 音이 作하면, 民이 肅敬한다.

의역 반듯하고[廉] 강직하며[直] 굳세고[勁] 바르며[正] 장엄하고[莊] 성실한
[誠] 음(音)들이 연주되면, 백성들이 정숙하고 공손한 것이다.

集說 廉, 有稜隅也. 勁, 堅强也. 其敬心感者, 其聲直以廉, 故此等音作, 則
可知其民之肅敬.

번역 '염(廉)'자는 모가 남이 있다는 뜻이다. '경(勁)'자는 굳세고 강하다
는 뜻이다. 공경하는 마음을 느끼는 경우 그 소리가 강직하고 반듯하기 때
문에, 이러한 음들이 연주된다면 그 나라의 백성들 마음에 정숙하고 공손
함이 있음을 알 수 있다.

釋文 勁, 吉正反.

번역 '勁'자는 '吉(길)'자와 '正(정)'자의 반절음이다.

孔疏 ●"廉直·勁正·莊誠之音作, 而民肅敬"者, 君若廉直勁正, 則樂音衿莊·嚴栗而誠信, 故民應之而肅敬也.

번역 ●經文: "廉直·勁正·莊誠之音作, 而民肅敬". ○군주가 만약 반듯하고 강직하며 굳세고 바르다면, 악(樂)과 음(音)도 엄숙하고 장엄하며 엄격하고 외경스러우며 진실되기 때문에, 백성들이 그것에 호응하여 정숙하고 공경하게 된다.

용어	정현	공영달	『집설』	『훈찬』	『집해』
廉			有稜隅		
直					
勁			堅强		
正					
莊		矜莊嚴栗			
誠		誠信			

【469c】

寬裕肉好順成和動之音作, 而民慈愛.

직역 寬裕하고 肉好하며 順成하고 和動한 音이 作하면, 民이 慈愛한다.

의역 관대하고[寬] 너그러우며[裕] 옥처럼 매끄럽게 빛이 나고[肉好] 순조롭게 이루며[順成] 조화롭게 움직이는[和動] 음(音)들이 연주된다면, 백성들이 자애로운 것이다.

集說 考工記註云, "好, 璧孔也. 肉倍好曰璧, 好倍肉曰瑗, 肉好均曰環." 如此則肉乃璧之肉地也. 此言肉好, 則以璧喩樂音之圓瑩通滑耳. 其愛心感者, 其聲和以柔, 故此等音作, 則知其民之慈愛.

번역 『고공기』13)의 주에서는 "'호(好)'자는 벽(璧)에 있는 구멍이다. '곁에서부터 구멍 난 부위[肉]'까지의 길이가 '구멍의 직경[好]'보다 배가 되는 옥을 벽(璧)이라고 부르고, 구멍의 직경이 구멍이 난 부위로부터 끝까지의 길이보다 배가 되는 옥을 원(瑗)이라고 부르며, 구멍의 직경과 구멍이 난 부위로부터 끝까지의 길이가 같은 것을 환(環)이라고 부른다."14)라고 했다. 이와 같다면 '육(肉)'자는 벽(璧) 중 곁에서부터 구멍이 난 부분까지를 뜻한다. 이곳에서 '육호(肉好)'라고 했다면, 벽(璧)을 통해서 악(樂)과 음(音)이 둥글고 밝으며 두루 통하고 매끄럽다는 것을 비유했을 따름이다. 사랑하는 마음을 느끼는 경우 그 소리[聲]가 조화롭고 부드럽기 때문에, 이러한 음(音)들이 연주된다면 그 나라의 백성들 마음에 자애로움이 있음을 알 수 있다.

鄭注 肉, 肥也. 肉, 或爲"潤".

번역 '육(肉)'자는 "풍만하다[肥]."는 뜻이다. '육(肉)'자를 다른 판본에서는 '윤(潤)'자로 기록하기도 한다.

釋文 裕, 羊樹反. 肉, 而救反, 肥也, 注同. 好, 呼報反.

번역 '裕'자는 '羊(양)'자와 '樹(수)'자의 반절음이다. '肉'자는 '而(이)'자

---

13) 『고공기(考工記)』는 『동관고공기(冬官考工記)』라고도 부른다. 공인(工人)들에 대한 공예기술(工藝技術) 서적이다. 작자는 미상이다. 강영(江永)은 『고공기』의 작자를 제(齊)나라 사람으로 추정하였고, 곽말약(郭沫若)은 춘추시대(春秋時代) 말기에 제나라에서 제작된 관서(官書)와 관련이 깊다고 추정하였다. 『주례(周禮)』는 천관(天官), 지관(地官), 춘관(春官), 하관(夏官), 추관(秋官), 동관(冬官) 등 육관(六官)의 체제로 구성되어 있는데, 그 중 '동관'에 대한 기록이 누락되어 있어서, 한(漢)나라 무제(武帝) 때, 『고공기』를 가지고 누락된 부분을 보충하게 되었다. 그렇기 때문에 『고공기』를 또한 『동관고공기』라고도 부르는 것이다. 각종 공인들의 직책과 직무들이 기록되어 있다.
14) 이 문장은 『주례』「동관고공기(冬官考工記)·옥인(玉人)」편의 "璧羨度尺, 好三寸, 以爲度."라는 기록에 대한 정사농(鄭司農)의 주에 나온다.

와 '救(구)'자의 반절음이며, 풍만하다는 뜻이고, 정현의 주에 나오는 글자
도 그 음이 이와 같다. '好'자는 '呼(호)'자와 '報(보)'자의 반절음이다.

孔疏 ●"寬裕·肉好·順成·和動之音作, 而民慈愛"者, 肉, 謂厚重者也.
君上如寬裕厚重, 則樂音應序而和諧動作, 故民皆應之而慈愛也.

번역 ●經文: "寬裕·肉好·順成·和動之音作, 而民慈愛". ○'육(肉)'자
는 두텁고 장중한 것을 뜻한다. 군주가 만약 관대하고 너그러우며 두텁고
장중하다면, 악(樂)과 음(音)이 그 질서에 호응하여 조화롭게 연주되기 때
문에, 백성들이 모두 그에 호응하여 자애롭게 된다.

集解 陳氏祥道曰: 肉倍好者璧, 好倍肉者瑗, 肉好如一, 旋而不可窮者環.
肉好之音, 豈其音旋而不可窮邪?

번역 진상도가 말하길, 겉에서부터 구멍 난 부위까지의 길이가 구멍의
직경보다 배가 되는 옥은 벽(璧)이고, 구멍의 직경이 구멍이 난 부위로부터
끝까지의 길이보다 배가 되는 옥은 원(瑗)이며, 구멍의 직경과 구멍이 난
부위로부터 끝까지의 길이가 같으며, 원형을 이루어 끊어짐이 없는 옥은
환(環)이다. 육호(肉好)의 음(音)은 그 음(音)이 반복되어 끝이 없음을 뜻하
지 않겠는가?

용어	정현	공영달	『집설』	『훈찬』	『집해』
寬					
裕					
肉	肥	厚重	圓瑩通滑		圓轉潤澤
好					
順		應序			以順而成
成					
和		和諧			以和而動
動		動作			

그림 27-1 벽(璧)

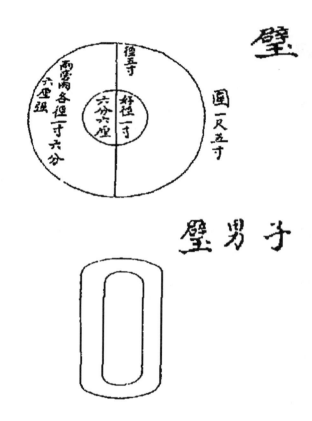

※ 출처: 『주례도설(周禮圖說)』 하권

그림 27-2 원(瑗)과 환(環)

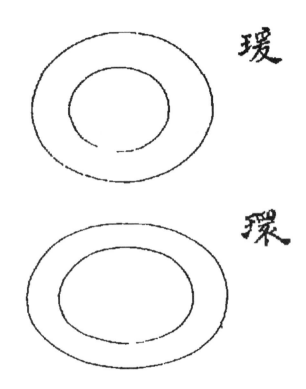

◎『주례도설』에는 원(瑗)과 환(環)의 설명이 뒤바뀌어 있다.

※ **출처:**『주례도설(周禮圖說)』하권

【469c】

流辟邪散狄成滌濫之音作, 而民淫亂.

직역 流辟하고 邪散하며 狄成하고 滌濫한 音이 作하면, 民이 淫亂한다.

의역 방탕하게 흐르고[流] 편벽되며[辟] 사벽하고[邪] 흩어지며[散] 한 곡조가 너무 길게 끝나고[狄成] 씻어내지만 범람하는[滌濫] 음(音)들이 연주된다면, 백성들이 음란한 것이다.

集說 狄, 與逖同, 遠也. 成者, 樂之一終. 狄成, 言其一終甚長, 淫泆之意也. 滌, 洗也. 濫, 侵僭也. 言其音之泛濫侵僭, 如以水洗物, 而浸漬侵濫無分際也. 此是其喜心感者, 而其聲然也. 故聞此音之作, 則其民之淫亂可知矣.

번역 '적(狄)'자는 '적(逖)'자와 같으니, "멀다[遠]."는 뜻이다. '성(成)'이라는 말은 악(樂)의 한 곡조가 끝났다는 뜻이다. '적성(狄成)'은 한 곡조가 끝나는 것이 매우 길다는 뜻으로, 지나치고 넘친다는 의미이다. '척(滌)'자는 "씻어낸다[洗]."는 뜻이다. '남(濫)'자는 침범하고 참람되다는 뜻이다. 즉 음(音)이 범람하고 참람되다는 뜻이니, 마치 물이 사물을 씻어내지만 젖어들고 범람하여 구분이 없게 됨을 뜻한다. 이 내용은 기뻐하는 마음을 느끼는 경우 그 소리가 이처럼 된다는 뜻이다. 그렇기 때문에 이러한 음(音)이 연주되는 것을 듣는다면, 그 나라의 백성들 마음에 넘치고 혼란스러움이 있음을 알 수 있다.

大全 延平周氏曰: 心術形, 然後音作, 故審其音, 則其心術可知也.

번역 연평주씨가 말하길, 속마음이 드러난 뒤에야 음(音)이 연주되기 때문에, 그 음들을 살펴본다면 속마음을 알 수 있다.

大全 馬氏曰: 論樂之所始, 則起於心之所感, 而後發於聲音. 論樂之所成, 則反以感人心者也. 是故自哀心感者, 其聲噍以殺, 至於愛心感者, 其聲和以柔, 此言其音起於心之所感也. 至於所謂志微噍殺之音作, 而民思憂, 以至於狄成滌濫之音作, 而民淫亂, 此言其樂之所以感於人心也. 先王之爲樂, 尤愼其所以感之之始.

번역 마씨가 말하길, 악(樂)이 시작되는 것을 논의한다면, 마음이 느끼는 것에서부터 비롯되고 그 이후에 소리[聲]와 음(音)으로 나타난다. 악(樂)이 완성되는 것을 논의한다면, 반대로 이것을 통해 사람의 마음을 감동시킨다. 이러한 까닭으로 "슬픈 마음이 느껴지게 되면, 그 소리는 건조하여 윤기가 없고 줄어들게 된다."는 말로부터 "사랑하는 마음이 느껴지게 되면, 그 소리는 조화롭고 유순하게 된다."는 말까지는15) 마음에서 느끼는 것에서 음(音)이 비롯됨을 뜻한다. 이른바 "다급하고 작으며 쇠하고 줄어드는 음(音)들이 연주되면, 백성들은 슬퍼하며 근심하는 것이다."16)는 말로부터 "한 곡조가 너무 길게 끝나고 범람하는 음(音)들이 연주된다면, 백성들이 음란한 것이다."는 말까지는 악(樂)이 사람들의 마음을 감동시키는 것을 뜻한다. 선왕이 악(樂)을 만들었을 때에는 감동시키는 초입에 대해서 더욱 신중을 기했다.

鄭注 狄滌, 往來疾貌也. 濫, 僭差也. 此皆民心無常之效也.

번역 '적(狄)'자와 '척(滌)'자는 빠르게 왕래하는 모습을 뜻한다. '남(濫)'자는 참람되고 어긋난다는 뜻이다. 이러한 것들은 모두 백성들 마음에 항상됨이 없어서 나타난 효과이다.

---

15) 『예기』「악기」【455c】: 樂者, 音之所由生也, 其本在人心之感於物也. 是故其哀心感者, 其聲噍以殺; 其樂心感者, 其聲嘽以緩; 其喜心感者, 其聲發以散; 其怒心感者, 其聲粗以厲; 其敬心感者, 其聲直以廉; 其愛心感者, 其聲和以柔. 六者非性也, 感於物而后動.

16) 『예기』「악기」【469a】: 夫民有血氣心知之性, 而無哀樂喜怒之常, 應感起物而動, 然後心術形焉. 是故志微噍殺之音作, 而民思憂.

釋文 辟, 匹亦反. 邪, 似嗟反, 後皆同. 狄, 他歷反, 注同. 滌, 大歷反, 注同. 濫, 力暫反. 僭, 子念反. 效, 戶敎反.

번역 '辟'자는 '匹(필)'자와 '亦(역)'자의 반절음이다. '邪'자는 '似(사)'자와 '嗟(차)'자의 반절음이며, 뒤에 나오는 글자도 모두 그 음이 이와 같다. '狄'자는 '他(타)'자와 '歷(력)'자의 반절음이며, 정현의 주에 나오는 글자도 그 음이 이와 같다. '滌'자는 '大(대)'자와 '歷(력)'자의 반절음이고, 정현의 주에 나오는 글자도 그 음이 이와 같다. '濫'자는 '力(력)'자와 '暫(잠)'자의 반절음이다. '僭'자는 '子(자)'자와 '念(념)'자의 반절음이다. '效'자는 '戶(호)'자와 '敎(교)'자의 반절음이다.

孔疏 ●"流辟·邪散·狄成·滌濫之音作, 而民淫亂"者, 流辟, 謂君志流移不靜. 邪散, 謂違辟不正, 放邪散亂. 狄成·滌濫, 皆謂往來速疾, 謂樂之曲折, 速疾而成, 疾速而止. 僭濫, 止謂樂聲急速. 如此音作, 民感之淫亂也. 此六事所云音者, 皆據君德及樂音相雜也. 君德好而樂音亦好, 君德惡而樂音亦惡, 皆上句論君德, 下句論樂音. 其意易盡者, 則一句四字以結之, "志微·噍殺", 是也. 其狀難盡者, 則兩句八字以結之, "嘽諧·慢易·繁文·簡節"之類是也. 意稍可盡者, 或六字以結之, "廉直·勁正·莊誠", 是也.

번역 ●經文: "流辟·邪散·狄成·滌濫之音作, 而民淫亂". ○'유벽(流辟)'은 군주의 뜻이 방탕하게 흐르고 이리저리 움직여서 고요하지 못하다는 뜻이다. '사산(邪散)'은 어긋나고 편벽되어 바르지 못하고, 방탕하고 사벽하며 혼란스럽다는 뜻이다. '적성(狄成)'과 '척람(滌濫)'은 모두 왕래함을 빠르게 한다는 뜻이니, 악(樂)의 곡절이 빠르게 연주되어 마치고, 빠르게 연주되어 그친다는 뜻이다. '참람(僭濫)'은 단지 악(樂)과 소리[聲]가 너무 빠르다는 뜻이다. 이러한 음(音)들이 연주된다면 백성들이 그것을 느껴서 음란하게 된다. 이러한 여섯 가지 사안에서 언급한 음(音)들은 모두 군주의 덕과 악(樂)·음(音)이 서로 섞인다는 것에 기준을 둔 것이다. 군주의 덕이 좋으면 악(樂)과 음(音) 또한 좋고, 군주의 덕이 나쁘면 악(樂)과 음(音) 또한 나쁘니, 이 모든 기록은 앞의 구문에서 군주의 덕을 논의하고, 뒤의 구문에서 악(樂)과 음(音)을 논의한 것이다. 그 뜻을 쉽게 나타낼 수 있는 경우라면, 한 구문을 네 개의 글자로 만들어서 매듭을 지었으니, '지미초쇄(志微噍殺)'17)라는 구문이 여기에 해당한다. 그 상황을 모두 표현하기 어려운 경우라면, 두 구문을 여덟 개의 글자로 만들어서 매듭을 지었으니, '탄해만이번문간절(嘽諧慢易繁文簡節)'18)이라는 구문 등이 여기에 해당한다. 의미를 보다 간략하게 표현할 수 있는 경우라면, 간혹 여섯 글자로 매듭을 지었으니, '염직경정장성(廉直勁正莊誠)'19)이라는 구문이 여기에 해당한다.

孔疏 ◎注"志微"至"貌也". ○正義曰: 云"志微, 意細也"者, 謂君德也, 言君意苟細, 樂聲亦苟細也. 故鄭引襄二十九年吳公子札聽鄭風, 云"其細已甚", 是聽鄭風而知君德苟細也. 云"簡節, 少易也"者, 謂樂聲曲折雖繁多, 其節簡少, 謂緩歌而疏節也. 云"奮末, 動使四支也"者, 以身爲本, 以手足爲末, 故云"動使四支". 云"賁讀爲憤, 憤, 怒氣充實也"者, 以經之"賁"字, 於易卦賁爲飾, 賁又爲"大", 皆非猛厲之類, 故讀爲"憤", 引春秋傳以證之. 按僖十五年左傳, 稱晉侯欲乘鄭之小駟, 慶鄭諫云: "小駟, 鄭之所入也." 言馬之血氣狡作憤怒也. 云"肉, 肥也"者, 言人肉多則體肥, 以喻人之性行敦重也. 云"狄滌, 往來疾貌也"者, 詩云: "跛跛周道." 字雖異, 與此狄同. 詩又云: "滌滌山川." 皆物之形狀, 故云"往來疾貌". 謂樂之曲折, 音聲速疾也.

번역 ◎鄭注: "志微"~"貌也". ○정현이 "'지미(志微)'는 뜻이 작다는 뜻이다."라고 했는데, 이것은 군주의 덕을 가리키니, 군주의 의중이 가녀리고 작아서, 악(樂)과 소리[聲] 또한 가녀리고 작다는 의미이다. 그렇기 때문에 정현은 양공(襄公) 29년에 오(吳)나라 공자 찰(札)이 「정풍(鄭風)」을 듣고 "그 미세함이 지극하다."라고 했던 말을 인용한 것이니, 이것은 「정풍」을

---

17) 『예기』「악기」【469a】: 夫民有血氣心知之性, 而無哀樂喜怒之常, 應感起物而動, 然後心術形焉. 是故<u>志微噍殺</u>之音作, 而民思憂.

18) 『예기』「악기」【469b】: <u>嘽諧慢易繁文簡節</u>之音作, 而民康樂.

19) 『예기』「악기」【469c】: <u>廉直勁正莊誠</u>之音作, 而民肅敬.

듣고서 군주의 덕이 가녀리고 작다는 사실을 알았다는 의미이다. 정현이 "'간절(簡節)'은 적고 평이하다는 뜻이다."라고 했는데, 악(樂)의 곡절이 비록 번다하게 많지만, 그 장절은 간략하고 작다는 의미이니, 느리게 불러서 악절을 소략하게 한다는 뜻이다. 정현이 "'분말(奮末)'은 사지를 움직이게 한다는 뜻이다."라고 했는데, 신체를 근본으로 삼는다면 손과 발은 말단에 해당한다. 그렇기 때문에 "사지를 움직이게 한다."라고 말한 것이다. 정현이 "'분(賁)'자는 '분(憤)'자로 풀이하니, '분(憤)'자는 성난 기운이 충만하다는 뜻이다."라고 했는데, 경문에 나온 '분(賁)'자에 있어서,『역』에 나온 비괘(賁卦)는 "장식하다[飾]."는 뜻이 되고, '분(賁)'자는 또한 "크다[大]."는 뜻이 되니, 이 모두는 맹렬하고 사납다는 부류의 글자가 아니다. 그렇기 때문에 '분(憤)'자로 풀이한 것이고,『춘추전』의 내용을 인용해서 증명한 것이다. 희공(僖公) 15년에 대한『좌전』의 기록을 살펴보면, 진(晉)나라 후작은 정(鄭)나라에서 바친 소사(小駟)라는 말에 멍에를 메고 싶어 했는데, 경정(慶鄭)은 간언을 올리며, "소사는 정나라에서 바친 말입니다."라고 했다.[20] 이것은 말의 혈기가 맹렬하여 성내고 사나워진다는 뜻이다. 정현이 "'육(肉)'자는 '풍만하다[肥].'는 뜻이다."라고 했는데, 사람이 살이 많다면 몸체가 풍만하게 됨을 뜻하니, 이것을 통해서 사람의 성품과 행실이 돈독하고 중후함을 비유했다. 정현이 "'적(狄)'자와 '척(滌)'자는 빠르게 왕래하는 모습을 뜻한다."라고 했는데,『시』에서는 "평탄하고 큰 길이여."[21]라고 했다. 글자는 비록 다르지만 '축(踧)'자는 이곳에 나온 '적(狄)'자의 뜻과 동일하다.『시』에서는 또한 "산과 하천을 씻어낸 것 같구나."[22]라고 했는데, 이 모두는 사물의 형태를 뜻하기 때문에, "빠르게 왕래하는 모습이다."라고 말한 것이다. 즉 악(樂)의 곡절에 있어서 그 음(音)과 소리[聲]가 빠르다는 의미이다.

---

20) 『춘추좌씨전』「희공(僖公) 15년」 : 弗使. 步揚御戎, 家僕徒爲右. 乘小駟, 鄭入也.
21) 『시』「소아(小雅)·소변(小弁)」 : <u>踧踧周道</u>, 鞠爲茂草. 我心憂傷, 惄焉如擣. 假寐永歎, 維憂用老. 心之憂矣, 疢如疾首.
22) 『시』「대아(大雅)·운한(雲漢)」 : 旱旣太甚, <u>滌滌山川</u>. 旱魃爲虐, 如惔如焚. 我心憚暑, 憂心如薰. 群公先正, 則不我聞. 昊天上帝, 寧俾我遯.

訓纂 王氏引之曰: 狄, 讀爲洮. 成者戉之譌. 戉與越通. 呂氏春秋音初篇, "流辟·洮越·慆濫之音出." 慆濫, 卽滌濫也. 洮戉, 卽狄戉也. 漢書韓延壽傳, "噭咷楚歌." 服虔曰, "咷, 音滌濯之滌." 正與狄同音. 故洮通作狄. 隷書戉字成字相似, 故戉字譌而爲成. 史記樂書亦作成, 則此字譌已久.

번역 왕인지가 말하길, '적(狄)'자는 "희롱하다."는 뜻의 '조(洮)'자로 풀이한다. '성(成)'이라는 것은 '월(戉)'자가 잘못 기록된 것이다. '월(戉)'자와 '월(越)'자는 통용된다. 『여씨춘추』「음초(音初)」편에서는 "방탕하고 편벽되며 희롱하고 정도를 벗어나며 방만하고 외람된 음이 나온다."[23]라고 했다. '도람(慆濫)'은 '척람(滌濫)'에 해당한다. '조월(洮戉)'은 '적월(狄戉)'에 해당한다. 『한서』「한연수전」에서는 "초나라의 노래를 울부짖는다."[24]라고 했고, 복건[25]은 "'도(咷)'자의 음은 '씻는다.'라고 할 때의 '척(滌)'자이다."라고 했다. 이것은 곧 '적(狄)'자와 음이 같다는 사실을 나타낸다. 그렇기 때문에 '조(洮)'자를 통괄적으로 '적(狄)'자로 기록한 것이다. 예서(隷書)에서는 '월(戉)'자와 '성(成)'자의 자형이 서로 비슷하기 때문에, '월(戉)'자가 잘못 필사되어 '성(成)'자가 된 것이다. 『사기』「악서」에서도 또한 '성(成)'자로 기록했으니,[26] 이 글자가 잘못 필사된 것은 이미 오래전의 일이다.

集解 愚謂: 志微, 漢書樂志作"纖微", 是也. 纖微, 謂樂音纖細而微▼(耳+少)也. 諧, 和也. 慢, 疏也. 易, 平也. 繁文, 文章繁. 簡節, 節奏簡也. 猛起, 謂樂之始剛猛. 奮末, 謂樂之終奮迅. 廣賁, 謂樂音廣大而憤怒也. 肉好, 以璧之肉好喩音之圓轉而潤澤也. 順成者, 以順而成. 和動者, 以和而動也. 流辟者, 流

23) 『여씨춘추(呂氏春秋)』「음초(音初)」: 流辟洮越慆濫之音出, 則滔蕩之氣·邪慢之心感矣.
24) 『한서(漢書)』「조윤한장량왕전(趙尹韓張兩王傳)」: 歌者先居射室, 望見延壽車, 噭咷楚歌.
25) 복건(服虔, ?~?): 후한대(後漢代)의 유학자이다. 자(字)는 자신(子愼)이다. 초명은 중(重)이었으며, 기(祇)라고도 불렀다. 후에 이름을 건(虔)으로 고쳤다. 『춘추좌씨전(春秋左氏傳)』에 주석을 남겼지만, 산일되어 전해지지 않는다. 현재는 『좌전가복주집술(左傳賈服注輯述)』로 일집본이 편찬되었다.
26) 『사기(史記)』「악서(樂書)」: 流辟邪散狄成滌濫之音作, 而民淫亂.

宕而偏辟. 邪散者, 淫邪而散亂. 狄成, 言樂之一成, 節奏逖遠, 所謂"流湎以忘
本"也. 滌濫, 如水之滌蕩放濫, 往而不返也. 纖微·噍殺之音, 出於哀者也, 以
此感民, 則民之心亦應之而哀矣. 嘽諧·慢易·繁文·簡節之音, 出乎樂者也,
以此感民, 則民之心亦應之而樂矣. 粗厲·猛起·奮末·廣賁之音, 出於怒者
也, 以此感民, 則民之心亦應之而怒矣. 廉直·勁正·莊誠之音, 出於敬者也,
以此感民, 則民之心亦應之而敬矣. 寬裕·肉好·順成·和動之音, 出於愛者
也, 以此感民, 則民之心亦應之而愛矣. 流辟·邪散·逖成·滌濫之音, 出於喜
者也, 以此感民, 則民之心亦應之而喜矣. 此所言六者之音, 與第一篇同, 但彼
言人心之感而爲聲, 此則言樂音之感人而人心應之也.

번역 내가 생각하기에, '지미(志微)'를 『한서』「예악지」에서는 '섬미(纖
微)'라고 기록했는데,[27] 이 기록이 옳다. '섬미(纖微)'라는 말은 악(樂)과 음
(音)이 가녀리고 미약하다는 뜻이다. '해(諧)'자는 "조화롭다[和]."는 뜻이
다. '만(慢)'자는 "성글다[疏]."는 뜻이다. '이(易)'자는 "평탄하다[平]."는 뜻
이다. '번문(繁文)'은 음의 색채가 다채롭다는 뜻이다. '간절(簡節)'은 음의
가락이 간략하다는 뜻이다. '맹기(猛起)'는 악(樂)의 시작이 굳세고 맹렬하
다는 뜻이다. '분말(奮末)'은 악(樂)의 마침이 강렬하고 빠르다는 뜻이다.
'광분(廣賁)'은 악(樂)과 음(音)이 넓고 크며 성내듯 울린다는 뜻이다. '육호
(肉好)'는 벽(璧)에 해당하는 겉부터 구멍까지와 길이와 구멍의 직경을 통
해서 음이 둥글듯 반복되며 윤택한 기운을 낸다는 것을 비유했다. '순성(順
成)'은 따라서 완성한다는 뜻이다. '화동(和動)'은 조화롭게 움직인다는 뜻
이다. '유벽(流辟)'은 흘러넘치며 편벽되다는 뜻이다. '사산(邪散)'은 음란하
고 사벽하며 혼란스럽다는 뜻이다. '적성(狄成)'은 악(樂)의 한 곡조가 완성
될 때, 음의 가락이 길게 늘어진다는 뜻으로, 이른바 "방탕하게 굴어서 근본
을 잊는다."[28]는 의미이다. '척람(滌濫)'은 물이 씻어내며 흘러넘쳐서, 가서

---

27) 『한서(漢書)』「예악지(禮樂志)」: 是以纖微癙瘁之音作, 而民思憂.
28) 『예기』「악기」【471a】: 土敝則草木不長, 水煩則魚鱉不大, 氣衰則生物不遂,
世亂則禮慝而樂淫. 是故其聲哀而不莊, 樂而不安; 慢易以犯節, 流湎以忘本, 廣
則容姦, 狹則思欲; 感條暢之氣, 而滅平和之德. 是以君子賤之也.

돌아오지 않는 것과 같다. 가녀리고 미약하며 쇠하며 줄어드는 음(音)들은
슬픔에서 도출된 것이니, 이를 통해서 백성들을 느끼게 한다면, 백성들의
마음 또한 그에 호응하여 슬퍼하게 된다. 조화롭고 평이하며 문채가 많고
가락이 간략한 음(音)들은 즐거움에서 도출된 것이니, 이를 통해서 백성들
을 느끼게 한다면, 백성들의 마음 또한 그에 호응하여 즐거워하게 된다.
거칠고 사나우며 맹렬하게 일어나서 강렬하게 끝을 맺고 크게 성대하게
울리는 음(音)들은 성냄에서 도출된 것이니, 이를 통해 백성들을 느끼게
한다면, 백성들의 마음 또한 그에 호응하여 성내게 된다. 강직하고 곧으며
장엄한 음(音)들은 공경함에서 도출된 것이니, 이를 통해 백성들을 느끼게
한다면, 백성들의 마음 또한 그에 호응하여 공경하게 된다. 관대하고 윤택
하며 따르고 조화로운 음(音)들은 사랑함에서 도출된 것이니, 이를 통해
백성들을 느끼게 한다면, 백성들의 마음 또한 그에 호응하여 사랑하게 된
다. 방탕하며 사벽하고 길게 늘어지며 흘러넘치는 음(音)들은 기뻐함에서
도출된 것이니, 이를 통해 백성들을 느끼게 한다면, 백성들의 마음 또한
그에 호응하여 기뻐하게 된다. 여기에서 말한 여섯 가지 음들은 제 1편의
내용과 동일하다. 다만 1편에서는 사람의 마음이 감동하여 소리를 내는 것
을 말했고, 이곳에서는 악(樂)과 음(音)이 사람들을 감동시켜서 사람의 마
음이 그에 호응함을 말했다.

集解 孔氏以志微爲君之志意, 噍殺爲樂音; 嘽諧·嫚易爲君德, 繁文·簡
節爲樂音; 粗厲爲人君氣性, 猛起·奮末·廣賁爲樂音; 廉直·勁正爲君德,
莊誠爲樂音; 寬裕爲君德, 肉好·順成·和動爲樂音; 流辟爲君志, 邪散·狄
成·滌濫爲樂音. 皆上論君德, 下論樂音. 蓋因首句"志微"二字, 推類以言其
餘. 然如其言, 則上下衡決, 不成文理. 且首篇云"其聲嘽以緩", "其聲粗以厲",
"其聲直以廉", 則此云"嘽緩"·"粗厲"·"廉直", 皆指聲言亦明矣. 鄭氏引左
傳"其細已甚", 以解志微, 則於"志微"二字原不指君德, 然以"志"言, 音義又不
合, 當從漢志作"纖微"爲是.

번역 공영달은 '지미(志微)'를 군주의 뜻과 의지로 풀이했고, '초쇄(噍

殺)'는 악(樂)과 음(音)에 대한 내용이라고 여겼으며, '탄해(嘽諧)'와 '만이
(嫚易)'는 군주의 덕으로 여겼고, '번문(繁文)'과 '간절(簡節)'은 악(樂)과 음
(音)에 대한 내용이라고 여겼으며, '조려(粗厲)'는 군주의 기운과 성품으로
여겼고, '맹기(猛起)'·'분말(奮末)'·'광분(廣賁)'은 악(樂)과 음(音)에 대한
내용이라고 여겼으며, '염직(廉直)'과 '경정(勁正)'은 군주의 덕으로 여겼고,
'장성(莊誠)'은 악(樂)과 음(音)에 대한 내용이라고 여겼으며, '관유(寬裕)'
는 군주의 덕으로 여겼고, '육호(肉好)'·'순성(順成)'·'화동(和動)'은 악
(樂)과 음(音)에 대한 내용이라고 여겼으며, '유벽(流辟)'은 군주의 뜻으로
여겼고, '사산(邪散)'·'적성(狄成)'·'척람(滌濫)'은 악(樂)과 음(音)에 대한
내용이라고 여겼다. 즉 이 모든 기록에 대해서 앞의 내용은 군주의 덕에
대한 것을 논의했고, 뒤의 내용은 악(樂)과 음(音)에 대한 것을 논의했다고
여긴 것이다. 이처럼 풀이한 것은 아마도 첫 구문에 나오는 '지미(志微)'라
는 두 글자 때문에, 비슷한 부류로 추론하여 나머지 경우에 대해서도 동일
하게 풀이한 것이다. 그러나 그의 말대로 풀이한다면, 앞뒤가 연결되지 않
고 문리가 이루어지지 않는다. 또 앞 편에서 "그 소리는 분명하며 완곡하고
급하지 않다."라고 했고, "그 소리는 높고 다급하여 난폭하게 된다."라고
했으며, "그 소리는 곧게 나와서 구분이 생긴다."라고 했는데,[29] 이곳에서
는 이것을 '탄완(嘽緩)'·'조려(粗厲)'·'염직(廉直)'이라고 말했으니, 이 모
두는 소리[聲]를 가리켜서 한 말임이 분명하다. 정현은『좌전』에 나오는
"그 미세함이 지극하다."라는 말을 인용하여, '지미(志微)'를 풀이했으니,
'지미(志微)'라는 두 글자에 대해서 본래부터 군주의 덕을 가리켜서 풀이한
것은 아니다. 그러나 '지(志)'자로 말을 하면 음과 뜻이 또한 합치되지 않으
니, 마땅히『한서』「예악지」에서 '섬미(纖微)'라고 기록한 것에 따르는 것이
옳다.

---

29)『예기』「악기」【455c】: 樂者, 音之所由生也, 其本在人心之感於物也. 是故其
　　哀心感者, 其聲噍以殺; 其樂心感者, 其聲嘽以緩; 其喜心感者, 其聲發以散; 其
　　怒心感者, 其聲粗以厲; 其敬心感者, 其聲直以廉; 其愛心感者, 其聲和以柔. 六者
　　非性也, 感於物而后動.

용어	정현	공영달	『집설』	『훈찬』	『집해』
流		流移不靜			流宕
辟					偏辟
邪		違辟不正			淫邪
散		放邪散亂			散亂
狄	往來疾貌	速疾而成	遠	誂	節奏逖遠
成			樂之一終	戈	
滌	往來疾貌	疾速而止	洗	慆濫	滌蕩放濫
濫	僭差	樂聲急速	侵僭		往而不返

구분	원인	결과
「악본(樂本)」	哀心感	聲噍以殺
「악언(樂言)」	志微噍殺之音作	民思憂
「악본(樂本)」	樂心感	聲嘽以緩
「악언(樂言)」	嘽諧慢易繁文簡節之音作	民康樂
「악본(樂本)」	喜心感	聲發以散
「악언(樂言)」	流辟邪散狄成滌濫之音作	民淫亂
「악본(樂本)」	怒心感	聲粗以厲
「악언(樂言)」	粗厲猛起奮末廣賁之音作	民剛毅
「악본(樂本)」	敬心感	聲直以廉
「악언(樂言)」	廉直勁正莊誠之音作	民肅敬
「악본(樂本)」	愛心感	聲和以柔
「악언(樂言)」	寬裕肉好順成和動之音作	民慈愛

• 제28절 •

악(樂)과 정성(情性)

【470a】

> 是故先王本之情性, 稽之度數, 制之禮義, 合生氣之和, 道五
> 常之行, 使之陽而不散, 陰而不密, 剛氣不怒, 柔氣不懾, 四
> 暢交於中, 而發作於外, 皆安其位而不相奪也. 然後立之學等,
> 廣其節奏, 省其文采, 以繩德厚, 律小大之稱, 比終始之序,
> 以象事行, 使親疏貴賤長幼男女之理, 皆形見於樂. 故曰, "樂
> 觀其深矣."

직역 是故로 先王은 情性에 本하고, 度數에 稽하며, 禮義에 制하고, 生氣의 和
를 合하며, 五常의 行을 道하고, 使히 陽을 不散하고, 陰을 不密하며, 剛氣를 不怒하
고, 柔氣를 不懾하며, 四暢을 中에 交하고, 外에 發作하여, 皆히 그 位를 安하고
相奪을 不했다. 然後에 學等을 立하고, 그 節奏를 廣하며, 그 文采를 省하여, 이로써
德厚를 繩하고, 小大의 稱를 律하며, 終始의 序를 比하여, 이로써 事行을 象하고,
使히 親疏 · 貴賤 · 長幼 · 男女의 理가 皆히 樂에 形見이라. 故로 曰, "樂은 그 深이
觀이라."

의역 이러한 까닭으로 선왕은 음악을 만들 때, 인간의 성정에 근본을 두고, 법
칙을 살펴보았으며, 예의(禮義)를 제정하고, 생기(生氣)의 조화로움에 합치되도록
했으며, 오상(五常)의 행실을 인도하여, 양(陽)에 해당하는 것들이 흩어지지 않게
끔 하고, 음(陰)에 해당하는 것들이 숨지 않도록 했으며, 굳센 기운이 성냄에 이르
지 않도록 했고, 부드러운 기운이 겁냄에 이르지 않도록 했으며, 이러한 네 가지
것들이 가운데에서 사귀며 펴져서 밖으로 나타나도록 하여, 이 모두가 그 자리를
편안하게 여기고 서로 그 순서를 빼앗지 않게끔 했다. 그런 뒤에 학제와 등차를

세우고, 학생들이 익혀야 할 것들을 늘리며, 악곡을 자세히 살피게 하여, 이를 통해 덕이 두터워지도록 바로잡았고, 작고 큼이 각각 알맞도록 조율했으며, 시작과 끝의 순서가 합치되도록 했고, 이를 통해 각 사안의 행실을 본받아, 친소·귀천·장유·남녀의 이치를 모두 악(樂)에서 드러나도록 했다. 그렇기 때문에 "악(樂)을 살펴보니, 그 뜻이 매우 깊구나."라고 말한 것이다.

集說 此承上文聲音之應感而言. 本之情性, 卽民有血氣心知之性, 喜怒哀樂之情也. 度數, 十二律上生下生損益之數也. 禮義·貴賤·隆殺·淸濁·高下各有其義也. 生氣之和, 造化發育之妙也. 五常之行, 仁義禮智信之德也. 言聖人之作樂, 本於人心七情所感之音, 而稽考於五聲·十二律之度數, 而制之以淸濁·高下·尊卑·隆殺之節, 而各得其宜, 然後用之以合天地生氣之和, 而使其陽之動而不至於散, 陰之靜而不至於密, 道人心五常之行, 而使剛者之氣不至於怒, 柔者之氣不至於懾. 天地之陰陽, 人心之剛柔, 四者各得其中而和暢焉, 則交暢於中而發形於外, 於是宮君商臣角民徵事羽物, 皆安其位而不相奪倫也. 此言聖人始因人情而作樂, 有度數禮儀之詳, 而以之和天地之氣, 平天下之情, 及天氣人情感而太和焉, 則樂無怗懘之音矣, 然後推樂之敎以化民成俗也. 立之學, 若樂師掌國學之政, 大胥掌學士之版是也. 立之等, 若十三舞勺, 成童舞象之類是也. 廣其節奏, 增益學者之所習也. 省其文采, 省察其音曲之辭, 使五聲之相和相應, 若五色之雜以成文采也. 厚, 如書"惟民生厚"之厚. 以繩德厚, 謂檢約其固有之善而使之成德也. 律, 以法度整齊之也. 比, 以次序聯合之也. 宮音至大, 羽音至小, 律之使各得其稱, 始於黃鍾之初九, 終於仲呂之上六, 比之使各得其序. 以此法象而寓其事之所行, 如宮爲君, 宮亂則荒之類, 故曰以象事行也. 人倫之理, 其得失皆可於樂而見之, 是樂之所觀, 其義深奧矣. 此古有是言, 記者引以爲證.

번역 이 문장은 앞에서 "소리가 느낌에 호응한다."는 것을 이어서 한 말이다. "성정에 근본한다."는 말은 백성들은 혈기와 마음 및 지각 능력이라는 본성[性]을 가지고 있고, 기쁨·성냄·슬픔·즐거움 등의 감정[情]을 가지고 있음을 뜻한다. '도수(度數)'는 십이율이 위로 파생되고 아래로 파생

되며 덜고 더하는 법칙을 뜻한다. 예의(禮義)·귀천(貴賤)·융쇄(隆殺)·청탁(淸濁)·고하(高下)에는 각각 해당하는 뜻이 있다. '생기(生氣)의 조화로움'은 생겨나게 하고 변하게 하며 발생하게 하고 양육하는 오묘함을 뜻한다. '오상(五常)의 행실'은 인(仁)·의(義)·예(禮)·지(知)·신(信)의 덕을 뜻한다. 즉 성인이 악(樂)을 제정할 때, 인심의 칠정(七情)에 따라 느끼게 되는 음(音)들에 근본을 두고, 오성(五聲)·십이율(十二律)의 법칙을 살펴보고, 청탁(淸濁)·고하(高下)·존비(尊卑)·융쇄(隆殺) 등의 절도로써 제정을 하여, 각각 그 합당함을 얻도록 했으며, 그런 뒤에야 그것을 사용하여 천지 생기의 조화로움에 합치시켜서, 양(陽)의 움직임이 흩어지는 지경에 이르지 않도록 했고, 음(陰)의 고요함이 숨게 되는 지경에 이르지 않도록 하며, 인심에 있는 오상의 행실을 인도하여, 굳센 기운이 성냄에 이르지 않도록 하고, 부드러운 기운이 겁냄에 이르지 않도록 했다는 뜻이다. 천지의 음(陰)·양(陽)과 인심의 굳셈[剛]·부드러움[柔]에 있어서, 이 네 가지는 각각 그 알맞음을 얻어서 조화롭게 펴지니, 안에서 사귀고 통하여 밖으로 발산하여 나타나니, 이에 군주에 해당하는 궁(宮)음, 신하에 해당하는 상(商)음, 백성에 해당하는 각(角)음, 사물에 해당하는 치(徵)음, 만물에 해당하는 우(羽)음들은 모두 그 자리를 편안하게 여기어, 서로 그 순서를 빼앗지 않는다. 이것은 성인이 처음에는 인정에 연유하여 악(樂)을 만들었는데, 법칙 및 예의(禮儀) 등의 상세함을 갖춰서, 이를 통해 천지의 기운을 조화롭게 하고, 천하의 정감을 평탄하게 했으니, 천기와 인정의 감응이 크게 조화롭게 되면, 악(樂)에는 어우러지지 않은 음(音)이 없게 되니, 그런 뒤에야 악(樂)의 가르침을 미루어서 백성들과 교화하고 풍속을 완성할 수 있음을 뜻한다. "학제를 세운다."는 말은 마치 악사(樂師)가 국학의 정무를 담당하고,[1] 대서(大胥)가 학사들의 호적을 담당하는 부류와 같다.[2] "등위를 세운다."는 말은 13세 때에는 작(勺)이라는 춤을 추고, 성동(成童)[3]이

---

1) 『주례』「춘관(春官)·악사(樂師)」: <u>樂師掌國學之政, 以敎國子小舞.</u>
2) 『주례』「춘관(春官)·대서(大胥)」: <u>大胥掌學士之版, 以待致諸子.</u>
3) 성동(成童)은 아동들 중에서도 나이가 찬 자들을 뜻한다. 8세 이상이 된 아동을 뜻한다고 풀이하기도 하며, 15세 이상이 된 아동을 뜻한다고 풀이하기

상(象)이라는 춤을 추는 부류와 같다.[4] "음의 가락을 넓힌다."는 말은 학생들이 익히는 것들을 더하여 늘린다는 뜻이다. "문채를 살핀다."는 말은 악곡의 가사를 살펴서, 오성이 서로 화합하고 호응하게 만든다는 뜻으로, 마치 오색(五色)이 섞여서 문채를 이루는 것과 같다. '후(厚)'자는 『서』에서 "백성들이 태어날 때에는 본성이 두텁다."[5]라고 할 때의 '후(厚)'자와 같다. "덕이 두텁게 되도록 바로잡는다."는 말은 본래부터 가지고 있는 선함을 단속하여 덕을 이루게끔 한다는 뜻이다. '율(律)'자는 법도로 바로잡는다는 뜻이다. '비(比)'자는 순서에 따라 연결되고 합치되도록 한다는 뜻이다. 궁(宮)음은 매우 크고 우(羽)음은 매우 작은데, 법도로 바로잡아서 그것들로 하여금 각각 해당되는 것을 얻도록 하니, 『주역』과 연계시킨다면 황종(黃鍾)에 해당하는 초구(初九)에서 시작하여, 중려(仲呂)에 해당하는 상육(上六)에서 마치도록 하는데, 순서에 따라 합치되도록 하여 그것들로 하여금 각각 해당 순서를 얻도록 한다. 이처럼 본받고 본뜬 것으로 각각의 사안에서 시행되는 것에 깃들게 하니, 예를 들어 궁(宮)음은 군주가 되어, 궁(宮)음이 문란하게 되면 소리가 거칠게 되는 부류와 같다.[6] 그렇기 때문에 "이로써 사안의 행실을 본받다."라고 말한 것이다. 인륜의 이치에 있어서 그 득실은 모두 악(樂)을 통해서 확인할 수 있으니, 이것이 악(樂)을 살펴보니 그 의미가 매우 깊다고 한 이유이다. 이 말은 고대에 이러한 말이 있어서, 『예기』를 기록한 자가 이 말을 인용해서 증명한 것이다.

大全　延平周氏曰: 樂出於人心, 故本之情性. 性之在物者有理, 故稽之度

　도 한다. 『춘추곡량전』「소공(昭公) 19년」편의 "羈貫成童, 不就師傅, 父之罪也."라는 기록에 대해, 범녕(范甯)의 주에서는 "成童, 八歲以上."이라고 풀이했고, 『예기』「내칙(內則)」편의 "成童, 舞象, 學射御."라는 기록에 대해, 정현의 주에서는 "成童, 十五以上."이라고 풀이했다.

4) 『예기』「내칙(內則)」【368c】: 十有三年, 學樂, 誦詩, 舞勺. 成童, 舞象, 學射御.
5) 『서』「주서(周書)·군진(君陳)」: 惟民生厚, 因物有遷, 違上所命, 從厥攸好.
6) 『예기』「악기」【457c】: 宮亂則荒, 其君驕; 商亂則陂, 其臣壞; 角亂則憂, 其民怨; 徵亂則哀, 其事勤; 羽亂則危, 其財匱. 五者皆亂, 迭相陵, 謂之慢. 如此則國之滅亡無日矣.

數. 惡, 夫過而淫也. 又制之禮義如此, 故能幽合生氣之和, 明道五常之行. 合生氣之和, 道五常之行, 則和而無乖, 故陽舒而不散, 陰慘而不密, 剛不至於過, 柔不至於不及. 四者條暢, 交於中而發於外, 是以皆安其位而不相奪也.

번역 연평주씨가 말하길, 악(樂)은 사람의 마음에서 도출된다. 그렇기 때문에 사람의 성정에 근본을 둔다. 본성은 사물에게 있어서 이치가 되기 때문에 법칙을 살펴보는 것이다. 나쁨은 지나쳐서 방탕하게 된 것이다. 또한 이처럼 예의(禮義)를 통해서 제재하기 때문에, 그윽한 것이 생기의 조화로움에 합치되도록 하고, 밝음이 오상(五常)의 행실을 인도하도록 할 수 있다. 생기의 조화로움에 합치되고 오상의 행실을 인도할 수 있다면, 조화로워서 어그러짐이 없다. 그렇기 때문에 양기가 펴지되 흩어지지 않고, 음기가 줄어들되 사라지지 않으며, 굳셈이 지나친 지경에 이르지 않고, 부드러움이 미치지 못하는 지경에 이르지 않는다. 이 네 가지 조목이 가운데에서 펴지며 통하여, 가운데에서 사귀고 밖으로 드러나니, 이러한 까닭으로 모두 그 자리를 편안하게 여기며 서로 빼앗지 않는 것이다.

鄭注 生氣, 陰陽氣也. 五常, 五行也. 密之言閉也. 懼, 猶恐懼也. 等, 差也, 各用其才之差學之. 廣, 謂增習之. 省, 猶審也. 文采, 謂節奏合也. 繩, 猶度也. 周禮·大司樂: "以樂語敎國子, 興·道·諷·誦·言·語. 以樂舞敎國子, 舞雲門·大卷·大咸·大韶·大夏·大濩·大武." 律, 六律也. 周禮·典同: "以六律六同濟天地四方陰陽之聲, 以爲樂器." 小大, 謂高聲·正聲之類也. 終始, 謂始於宮, 終於羽. 宗廟黃鍾爲宮, 大呂爲角, 大蔟爲徵, 應鍾爲羽, 以象事行. 宮爲君[7], 商爲臣. 謂同聽之, 莫不和敬, 莫不和順, 莫不和親.

---

7) '궁위군(宮爲君)'에 대하여. '궁위군'은 본래 '군위궁(君爲宮)'으로 기록되어 있었는데, 완원(阮元)의 『교감기(校勘記)』에서는 "『민본(閩本)』·『감본(監本)』에는 '궁위군'으로 기록되어 있고, 『악본(岳本)』·『가정본(嘉靖本)』 및 위씨(衛氏)의 『집설(集說)』에도 동일하게 기록되어 있다. 따라서 이곳 판본에서는 글자를 잘못 전도해서 기록한 것이며, 『모본(毛本)』에서는 '궁(宮)'자를 '언(言)'자로 기록했다."라고 했다.

번역 '생기(生氣)'는 음양의 기운을 뜻한다. '오상(五常)'은 오행(五行)을 뜻한다. '밀(密)'자는 "막히다[閉]."는 뜻이다. '섭(慴)'자는 두려워서 떤다는 뜻이다. '등(等)'자는 차등[差]을 뜻하니, 각각 그 재질의 차등에 따라서 익히도록 한다는 뜻이다. '광(廣)'자는 더 많이 익히도록 한다는 뜻이다. '성(省)'자는 "자세히 살피다[審]."는 뜻이다. '문채(文采)'는 음의 가락이 합치됨을 뜻한다. '승(繩)'자는 "헤아리다[度]."는 뜻이다. 『주례』「대사악(大司樂)」편에서는 "악어(樂語)8)로 국자들을 가르치니, 흥(興)·도(道)·풍(諷)·송(誦)·언(言)·어(語)이다. 악무(樂舞)9)로 국자들을 가르치니, 운문(雲門)·대권(大卷)·대함(大咸)·대소(大韶)·대하(大夏)·대호(大濩)·대무(大武)를 춤추게 한다."10)라고 했다. 율(律)자는 육률(六律)을 뜻한다. 『주례』「전동(典同)」편에서는 "육률과 육동(六同: =六呂)으로 천지와 사방에 해당하는 음양의 소리를 가지런히 하여 악기를 만든다."11)라고 했다. '소대(小大)'는 고성(高聲)이나 정성(正聲) 등의 부류를 뜻한다.12) '종시(終始)'

---

8) 악어(樂語)는 음악의 가사를 익힐 때의 여섯 가지 이론을 뜻한다. 여섯 가지 이론은 흥(興)·도(道)·풍(諷)·송(誦)·언(言)·어(語)이다. '흥'은 선한 사물을 통해서 선한 사안을 비유하는 것이다. '도'는 인도한다는 뜻으로, 고대의 일을 언급하여 현재의 일에 알맞게 하는 것이다. '풍'은 가사를 암송하는 것이다. '송'은 소리에 맞춰서 읽는 것이다. '언'은 직접적으로 언급하는 것이다. '어'는 답변을 조술하는 것이다. 『주례』「춘관(春官)·대사악(大司樂)」편에는 "以樂語敎國子: 興·道·諷·誦·言·語."라는 기록이 있고, 이에 대한 정현의 주에서는 "興者, 以善物喩善事; 道讀曰導, 導者, 言古以剴今也; 倍文曰諷; 以聲節之曰誦; 發端曰言; 答述曰語."라고 풀이했다.
9) 악무(樂舞)는 음악을 연주할 때 추는 육대(六代)의 춤을 뜻한다. 육대의 춤은 운문(雲門)·대권(大卷)·대함(大咸)·대소(大韶)·대하(大夏)·대호(大濩)·대무(大武)이다. '운문'과 '대권'은 황제(黃帝) 때의 악무이다. '대함'은 요(堯)임금 때의 악무이다. '대소'는 순(舜)임금 때의 악무이다. '대하'는 우(禹)임금 때의 악무이다. '대호'는 탕(湯)임금 때의 악무이다. '대무'는 무왕(武王)에 대한 악무이다. 『주례』「춘관(春官)·대사악(大司樂)」편에는 "以樂舞敎國子: 舞雲門·大卷·大咸·大韶·大夏·大濩·大武."라는 기록이 있다.
10) 『주례』「춘관(春官)·대사악(大司樂)」: 以樂語敎國子: 興·道·諷·誦·言·語. 以樂舞敎國子: 舞雲門·大卷·大咸·大韶·大夏·大濩·大武.
11) 『주례』「춘관(春官)·전동(典同)」: 典同掌六律六同之和, 以辨天地四方陰陽之聲, 以爲樂器.
12) 『주례』「춘관(春官)·전동(典同)」: 凡聲, 高聲䃂, 正聲緩, 下聲肆, 陂聲散, 險

는 궁(宮)음에서 시작하여 우(羽)음에서 마친다는 뜻이다. 종묘의 제사에서는 황종(黃鍾)을 궁(宮)음으로 삼고, 대려(大呂)를 각(角)음으로 삼으며, 대주(大蔟)를 치(徵)음으로 삼고, 응종(應鍾)을 우(羽)음으로 삼아서, 사안과 행실을 본뜨게 한다. 궁(宮)음은 군주가 되고, 상(商)음은 신하가 된다. 인용한 말은 함께 듣게 되면, 온화하게 공경하지 않는 자가 없고, 조화롭게 순종하지 않는 자가 없으며, 조화롭게 친애하지 않는 자가 없다는 의미이다.

釋文 稽, 古奚反. 道音導. 行, 下孟反. 懾, 之涉反. 暢, 敕亮反. 恐, 曲勇反. 省, 西領反. 度, 大各反. 興道, 上許膺反, 下音導. 諷, 芳鳳反. 卷音權. 稱, 尺證反. 比, 毗志反. 大蔟, 音泰, 蔟, 七豆反. 長幼, 丁丈反, 下同. 見, 賢遍反.

번역 '稽'자는 '古(고)'자와 '奚(해)'자의 반절음이다. '道'자의 음은 '導(도)'이다. '行'자는 '下(하)'자와 '孟(맹)'자의 반절음이다. '懾'자는 '之(지)'자와 '涉(섭)'자의 반절음이다. '暢'자는 '敕(칙)'자와 '亮(량)'자의 반절음이다. '恐'자는 '曲(곡)'자와 '勇(용)'자의 반절음이다. '省'자는 '西(서)'자와 '領(령)'자의 반절음이다. '度'자는 '大(대)'자와 '各(각)'자의 반절음이다. '興道'에서의 '興'자는 '許(허)'자와 '膺(응)'자의 반절음이며, '道'자의 음은 '導(도)'이다. '諷'자는 '芳(방)'자와 '鳳(봉)'자의 반절음이다. '卷'자의 음은 '權(권)'이다. '稱'자는 '尺(척)'자와 '證(증)'자의 반절음이다. '比'자는 '毗(비)'자와 '志(지)'자의 반절음이다. '大蔟'에서의 '大'자는 그 음이 '泰(태)'이며, '蔟'자는 '七(칠)'자와 '豆(두)'자의 반절음이다. '長幼'에서의 '長'자는 '丁(정)'자와 '丈(장)'자의 반절음이며, 아래문장에 나오는 글자도 그 음이 이와 같다. '見'자는 '賢(현)'자와 '遍(편)'자의 반절음이다.

孔疏 ●"是故"至"深矣". ○正義曰: 上經旣明樂之感人, 故此節明先王節人情性, 使之和其律呂, 親疏有序, 男女不亂, 乃成爲樂也.

聲斂, 達聲贏, 微聲韜, 回聲衍, 侈聲筰, 弇聲鬱, 薄聲甄, 厚聲石.

번역　●經文: "是故"~"深矣". ○앞의 경문에서는 이미 악(樂)이 사람을 감동시킨다는 뜻을 나타냈기 때문에, 이곳 문단에서는 선왕이 인간의 성정을 조절하여, 율려(律呂)에 화합하도록 하고, 친소관계에 질서가 있게끔 했으며, 남녀사이가 문란하지 않도록 하여, 악(樂)을 이루었음을 나타내고 있다.

孔疏　●"本之情性"者, 言自然所感謂之性, 因物念慮謂之情. 言先王制樂, 本人情性.

번역　●經文: "本之情性". ○자연적으로 느끼는 것을 '성(性)'이라고 부르며, 외부 사물에 의해 생각하고 떠올리는 것을 '정(情)'이라고 부른다. 즉 선왕이 악(樂)을 제정했을 때 인간의 성정에 근본을 두었다는 의미이다.

孔疏　●"稽之度數"者, 稽之言考也, 旣得人情, 考之使合度數.

번역　●經文: "稽之度數". ○'계(稽)'자는 "고찰한다[考]."는 뜻이니, 이미 인간의 정감을 얻었으므로, 그것을 고찰하여 법도에 합치하게끔 해야 한다.

孔疏　●"制之禮義"者, 謂裁制人情以禮義.

번역　●經文: "制之禮義". ○예의(禮義)로써 인간의 정감을 제재한다는 뜻이다.

孔疏　●"合生氣之和, 道五常之行"者, 言聖人裁制人情, 使合生氣之和, 道達人情以五常之行, 謂依金木水火土之性也.

번역　●經文: "合生氣之和, 道五常之行". ○성인이 인간의 정감을 제재하여, 생기의 조화로움에 합치되도록 하고, 인간의 정감을 인도하고 소통시키길 오행으로써 하니, 즉 금(金)·목(木)·수(水)·화(火)·토(土)의 본성에 따른다는 의미이다.

孔疏 ●"使之陽而不散"者, 陽主發動, 失在流散, 先王敎之感陽氣者, 不使放散也.

번역 ●經文: "使之陽而不散". ○양기(陽氣)는 나타내고 움직이는 것을 위주로 하는데, 방탕하게 흘러서 흩어지는 실수를 범하니, 선왕은 교육을 하여 양기를 느끼는 자로 하여금 방만하게 흩어지지 않게끔 한다.

孔疏 ●"陰而不密"者, 密, 閉也. 陰主幽靜, 失在閉塞, 先王節民情感陰氣者, 不有閉塞也.

번역 ●經文: "陰而不密". ○'밀(密)'자는 "막히다[閉]."는 뜻이다. 음기(陰氣)는 그윽하고 고요함을 위주로 하는데, 막히고 닫히는 실수를 범하니, 선왕은 백성들의 정감을 조절하여 음기를 느끼는 자가 막히거나 닫히지 않도록 한다.

孔疏 ●"剛氣不怒, 柔氣不懾"者, 言先王節之, 使剛氣者不至暴怒, 感柔氣者不至恐懼也.

번역 ●經文: "剛氣不怒, 柔氣不懾". ○선왕이 조절을 하여, 굳센 기운을 느낀 자로 하여금 난폭하고 성내는 지경에 이르지 않도록 하고, 부드러운 기운을 느낀 자로 하여금 두려워서 떠는 지경에 이르지 않도록 한다는 뜻이다.

孔疏 ●"四暢交於中, 而發作於外"者, 四暢謂陰陽剛柔也. 四者通暢, 交在身中, 而發見動作於身外也.

번역 ●經文: "四暢交於中, 而發作於外". ○'사창(四暢)'에서의 '사(四)'는 음(陰)과 양(陽), 굳셈[剛]과 부드러움[柔]을 뜻한다. 이 네 가지가 소통하고 펴져서, 마음에서 사귀고 신체 외부로 나타나서 움직인다는 의미이다.

孔疏 ●"皆安其位, 而不相奪也"者, 言陰陽剛柔各得其所, 是"安其位"也. 不相侵犯, 是"不相奪"也.

번역 ●經文: "皆安其位, 而不相奪也". ○음(陰)과 양(陽), 굳셈[剛]과 부드러움[柔]이 각각 제자리를 얻게 되는 것이 "그 자리를 편안하게 여긴다."는 뜻이다. 서로 침범하지 않는 것이 "서로 빼앗지 않는다."는 뜻이다.

孔疏 ●"然後立之學等"者, 先王欲稽之度數, 制之禮義, 非敎不可, 故立之學等, 使依其才藝等級而敎學之.

번역 ●經文: "然後立之學等". ○선왕은 법도에서 고찰하고 예의(禮義)로써 제재하고자 하는데, 이것은 가르침이 아니라면 불가능하다. 그렇기 때문에 학제와 등급을 세워서, 자신이 가진 재예와 등급에 따라서 가르치고 배우도록 한 것이다.

孔疏 ●"廣其節奏"者, 廣, 謂增習寬廣其樂之節奏也.

번역 ●經文: "廣其節奏". ○'광(廣)'자는 악(樂)의 가락에 대해서 널리 익혀서 많이 알게끔 한다는 뜻이다.

孔疏 ●"省其文采"者, 省, 謂省審也. 文采, 謂樂之宮商相應, 若五色文采, 省其音曲文采也.

번역 ●經文: "省其文采". ○'성(省)'자는 자세히 살핀다는 뜻이다. '문채(文采)'는 악(樂)에서 궁(宮)음이나 상(商)음 등이 서로 호응하는 것을 뜻하니, 마치 오색(五色)에 따른 문채와 같으므로, 악곡의 호응을 자세히 살핀다는 의미이다.

孔疏 ●"以繩德厚"者, 繩, 度也. 謂準度以道德仁厚也.

【번역】 ●經文: "以繩德厚". ○'승(繩)'자는 "헤아리다[度]."는 뜻이다. 도덕과 인의 후덕함으로써 헤아린다는 뜻이다.

【孔疏】 ●"律小大之稱"者, 律, 謂六律. 小之與大, 以爲樂器, 使音聲相稱也.

【번역】 ●經文: "律小大之稱". ○'율(律)'자는 육률(六律)을 뜻한다. 작은 것과 큰 것에 대해서, 이것을 악기로 만들어서 음(音)과 소리[聲]가 서로 매칭이 되도록 했다.

【孔疏】 ●"比終始之序"者, 五聲始於宮, 終於羽, 比五聲終始, 使有次序也.

【번역】 ●經文: "比終始之序". ○오성(五聲)은 궁(宮)음에서 시작하고 우(羽)음에서 끝나는데, 오성의 시작과 끝에 견주어서 질서를 갖추도록 한 것이다.

【孔疏】 ●"以象事行"者, 謂使人法象五聲, 是"事行"也. 若宮象君, 商象臣, 角象民, 徵象事, 羽象物, 是"以象事行"也.

【번역】 ●經文: "以象事行". ○사람들로 하여금 오성(五聲)을 본받도록 하는 것이 '사행(事行)'에 해당한다. 마치 궁(宮)음이 군주를 본뜨고 상(商)음이 신하를 본뜨며 각(角)음이 백성을 본뜨고 치(徵)음이 사안을 본뜨며 우(羽)음이 만물을 본뜬 것과 같으니, 이것이 "이로써 오성을 본받도록 한다."는 뜻이다.

【孔疏】 ●"皆形見於樂"者, 以先王制樂如此, 以化於民, 由樂聲調和, 故親疏之理, 見於樂聲也. 樂聲有淸濁高下, 故貴賤長幼, 見於樂也. 以樂聲有陰陽律呂, 故男女之理見於樂也.

【번역】 ●經文: "皆形見於樂". ○선왕이 이처럼 악(樂)을 제정하여 이를

통해 백성들을 교화한 것은 악(樂)과 소리[聲]의 조화로움에서 비롯된다. 그렇기 때문에 친소관계에서의 이치는 악(樂)과 소리[聲]로 나타난다. 악(樂)과 소리[聲]에는 맑음과 탁함 및 높고 낮음 등의 차이가 있다. 그렇기 때문에 신분의 귀천과 나이에 따른 서열이 악(樂)에 나타난다. 악(樂)과 소리[聲]에는 음양에 따른 율려(律呂)가 있기 때문에 남녀사이의 이치가 악(樂)에 나타난다.

孔疏 ●"故曰: 樂觀其深矣"者, 皇氏云: "古語云: '樂觀其深.' 言樂爲道, 人觀之益大深." 古語有此, 故記者引古語以結之.

번역 ●經文: "故曰: 樂觀其深矣". ○황간은 "고대의 말에서는 '악관기심(樂觀其深)'이라고 했는데, 이것은 악(樂)이 도가 되므로, 사람들이 그것을 살펴볼 때에는 더욱 세밀하게 살펴야 한다는 뜻이다."라고 했다. 고대의 말 중 이러한 것이 있었기 때문에, 『예기』를 기록한 자가 고대의 말을 인용해서 결론을 맺은 것이다.

孔疏 ◎注"生氣"至"行也". ○正義曰: 云: "生氣, 陰陽氣也"者, 下云"陽而不散, 陰而不密", 故爲陰陽. 云"五常, 五行也"者, 此經有陰陽剛柔, 皆自天地之氣, 故以五常爲五行, 非父義母慈之德謂五常之行者. 若木性仁, 金性義, 火性禮, 水性智, 土性信, 五常之行也.

번역 ◎鄭注: "生氣"~"行也". ○정현이 "'생기(生氣)'는 음양의 기운을 뜻한다."라고 했는데, 아래문장에서는 "양기가 흩어지지 않고, 음기가 막히지 않는다."라고 했다. 그렇기 때문에 음양에 해당함을 알 수 있다. 정현이 "'오상(五常)'은 오행(五行)을 뜻한다."라고 했는데, 이곳 경문에는 음(陰)과 양(陽), 굳셈[剛]과 부드러움[柔]이 나오지만 이 모두는 그 자체로 자연의 기운이다. 그렇기 때문에 '오상(五常)'을 오행(五行)으로 여긴 것이니, 부친은 의롭고 모친은 자애로운 덕 등[13]을 오상의 행(行)으로 여긴 것이 아니다. 마치 목(木)의 성질은 인(仁)이고, 금(金)의 성질은 의(義)이며, 화

(火)의 성질은 예(禮)이고, 수(水)의 성질은 지(智)이며, 토(土)의 성질은 신(信)인 것과 같으니, 이것이 바로 '오상지행(五常之行)'이다.

孔疏 ◎注"等差"至"國子". ○正義曰: 經云: "立之學等", 是學有等差, 隨才高下而爲等. 云"廣, 謂增習之"者, 學者習音樂, 使其廣大也. 云"文采, 謂節奏合也"者, 文, 謂宮商相應, 若畫采成文, 卽上文"聲成文", 是也. 云"繩, 猶度也", 繩是量度之物, 經云"以繩德厚", 謂量度之以道德仁厚, 故鄭引周禮·大司樂, 以樂語敎國子, 興·道·諷·誦·言·語. 以樂舞敎國子之等, 是也.

번역 ◎鄭注: "等差"~"國子". ○경문에서는 "학등(學等)을 세운다."라고 했는데, 이것은 배움에 등차가 있어서, 각각의 재능 차이에 따라서 등급을 나눴다는 의미이다. 정현이 "'광(廣)'자는 더 많이 익히도록 한다는 뜻이다."라고 했는데, 학생이 음악을 익혀서 그것을 광대하게 만든다는 의미이다. 정현이 "'문채(文采)'는 음의 가락이 합치됨을 뜻한다."라고 했는데, '문(文)'은 궁(宮)음이나 상(商)음 등이 서로 호응함을 뜻하니, 마치 그림에 채색을 하여 무늬를 이루는 것과 같으므로, 앞 문장에 나온 "소리가 무늬와 제도를 이룬다."[14]라고 한 말에 해당한다. 정현이 "'승(繩)'자는 '헤아리다[度].'는 뜻이다."라고 했는데, 먹줄[繩]은 사물을 헤아리는 도구이며, 경문에서는 '이승덕후(以繩德厚)'라고 했으니, 도덕과 인의 두터움으로써 헤아린다는 의미이다. 그렇기 때문에 정현은 『주례』「대사악(大司樂)」편에서 "악어(樂語)로 국자들을 가르치니, 흥(興)·도(道)·풍(諷)·송(誦)·언(言)·어(語)이다. 악무(樂舞)로 국자들을 가르친다."라고 한 말 등을 인용한 것이다.

---

13) 『춘추좌씨전』「문공(文公) 18년」: 擧八元, 使布五敎于四方, <u>父義·母慈·兄友·弟共·子孝</u>, 內平外成. 昔帝鴻氏有不才子, 掩義隱賊, 好行凶德.

14) 『예기』「악기」【456b】: 凡音者, 生人心者也. 情動於中, 故形於聲, <u>聲成文</u>, 謂之音. 是故治世之音安以樂, 其政和; 亂世之音怨以怒, 其政乖; 亡國之音哀以思, 其民困. 聲音之道, 與政通矣.

孔疏 ◎注"律六"至"爲臣". ○正義曰: 引周禮·典同者, 證樂器用六律·六呂也. 按典同云: "辨天地四方陰陽之聲." 鄭注云"六律六呂, 布於四方, 陽聲屬天, 陰聲屬地", 故云"天地四方陰陽之聲", 陰聲謂六呂, 陽聲謂六律. 云"以爲樂器小大"者, 若黃鐘之律長九寸, 應鐘之律長四寸半强, 各自倍半爲鐘, 是其"小大"也. 云"謂高聲·正聲之類也"者, 按周禮·典同云"高聲混", 鄭注云: "玄謂高鍾形大上, 上大也, 高則聲上藏袞然.""正聲緩", 鄭云: "正, 謂上下直, 正則聲緩無所動.""下聲肆", 鄭云: "下, 謂鐘形大下, 下大也, 下則聲出去放肆.""陂聲散", 鄭云: "陂, 謂偏侈, 陂則聲離散也.""險聲斂", 鄭云: "險, 謂偏弇也, 險則聲斂不越也.""達聲贏", 鄭云: "達, 謂其形微大也, 達則聲有餘.""微聲韽", 鄭云: "微, 謂其形微小, 韽聲小不成也.""回聲衍", 鄭云: "回, 謂形微圜也, 回則其聲淫衍, 無鴻殺也.""侈聲筰", 鄭云: "侈, 謂中央約也, 侈則聲迫筰出去疾也.""弇聲鬱", 鄭云: "弇, 謂中央寬也, 弇則聲鬱勃不出也.""薄聲甄", 鄭云: "甄, 猶掉也, 鐘微薄則聲掉.""厚聲石", 鄭云: "大厚則如石, 叩之無聲." 此等之聲, 皆鐘形不得其所, 此引之, 證"大小稱"者, 以作鐘之法, 須小大稱宜. 今鐘不得其所, 明其不稱也. 云"宗廟黃鐘爲宮, 大呂爲角, 大簇爲徵, 應鐘爲羽"者, 大司樂文, 祫祭降神之樂也. 按大司樂祭天祭地, 皆有降神, 獨引宗廟降神者, 以經云"終始之序". 宗廟降神, 黃鐘爲宮, 是律之最長者; 應鐘爲羽, 是律之最短者, 故特引之, 證經之"終始".

번역 ◎鄭注: "律六"~"爲臣". ○정현이 『주례』「전동(典同)」편을 인용한 것은 악기가 육률(六律)과 육려(六呂)를 사용한다는 사실을 증명하기 위해서이다. 「전동」편을 살펴보면, "천지와 사방에 해당하는 음양의 소리를 변별한다."라고 했고, 정현의 주에서는 "육률과 육려는 사방에 퍼지고, 양(陽)의 소리는 하늘에 속하며, 음(陰)의 소리는 땅에 속한다."라고 했다. 그렇기 때문에 "천지와 사방에 해당하는 음양의 소리이다."라고 말한 것이며, 음(陰)의 소리는 육려를 의미하고 양(陽)의 소리는 육률을 의미한다. 정현이 "이를 통해 악기의 대·소로 삼는다."라고 했는데, 마치 황종(黃鐘)의 율관 길이는 9촌(寸)이고, 응종(應鐘)의 율관 길이는 4촌(寸)으로 반강(半强)이며, 각각 반절의 배가 된 것을 종(鐘)으로 하니, 이것이 '소대(小大)'

에 해당한다. 정현이 "고성(高聲)이나 정성(正聲) 등의 부류를 뜻한다."라고 했는데, 『주례』「전동」편에서는 "고성은 혼탁하다."라고 했고, 정현의 주에서는 "내가 생각하기에, 고(高)는 종(鍾)의 형태가 매우 크고 높음을 뜻하니 높고 크다는 뜻으로, 고(高)에 해당하면 소리가 위로 올라가 숨는다."라고 했다. 그리고 "정성(正聲)은 느리다."라고 했고, 정현의 주에서는 "정(正)은 위아래로 곧은 것이니, 정(正)에 해당한다면 소리가 느려서 움직이는 것이 없다."라고 했다. 그리고 "하성(下聲)은 퍼진다."라고 했고, 정현의 주에서는 "하(下)는 종의 형태가 크고 낮음을 뜻하니 낮고 크다는 뜻으로, 하(下)에 해당한다면 소리가 나와서 이리저리 퍼진다."라고 했다. 그리고 "피성(陂聲)은 흩어진다."라고 했고, 정현의 주에서는 "피(陂)는 치우치고 움직인다는 뜻으로, 피(陂)에 해당한다면 소리가 흩어진다."라고 했다. 그리고 "험성(險聲)은 거둬들인다."라고 했고, 정현의 주에서는 "험(險)은 치우치고 가린다는 뜻으로, 험(險)에 해당한다면 소리가 수렴되어 뛰어넘지 않는다."라고 했다. 그리고 "달성(達聲)은 가득하다."라고 했고, 정현의 주에서는 "달(達)은 그 형태가 은미하면서도 크다는 뜻이니, 달(達)에 해당한다면 소리가 넘친다."라고 했다. 그리고 "미성(微聲)은 작다."라고 했고, 정현의 주에서는 "미(微)는 그 형태가 은미하면서도 작다는 뜻이니, 암(籥)에 해당한다면 소리가 작아서 제대로 갖춰지지 않는다."라고 했다. 그리고 "회성(回聲)은 방만하다."라고 했고, 정현의 주에서는 "회(回)는 그 형태가 은미하면서도 둥근 것을 뜻하니, 회(回)에 해당한다면 그 소리가 넘치고 방만하여, 강약이 없다."라고 했다. 그리고 "치성(侈聲)은 빠르다."라고 했고, 정현의 주에서는 "치(侈)는 중앙이 줄어든다는 뜻으로, 치(侈)에 해당한다면 소리가 급박하게 나와서 빨리 날아간다."라고 했다. 그리고 "엄성(弇聲)은 빽빽하다."라고 했고, 정현의 주에서는 "엄(弇)은 중앙이 넓다는 뜻으로, 엄(弇)에 해당한다면 소리가 빽빽하되 밖으로 발산하지 않는다."라고 했다. 그리고 "박성(薄聲)은 요동친다."라고 했고, 정현의 주에서는 "견(甄)은 도(掉)자와 같으니, 종이 작고 엷으면 소리가 요동친다."라고 했다. 그리고 "후성(厚聲)은 두텁다."라고 했고, 정현의 주에서는 "종이 크고 두꺼우면

마치 돌과 같아서, 두드려도 소리가 나오지 않는다."라고 했다. 이러한 소리
들은 모두 종의 형태가 알맞지 못하여 나타나는 것인데, 이곳에서 이 내용
을 인용한 것은 "대소(大小)를 칭(稱)한다."는 뜻을 증명하기 위해서이다.
즉 종을 주조하는 법도에서는 작거나 크게 할 때 알맞도록 해야 하기 때문
이다. 현재 종이 알맞게 만들어지지 않은 것이니, 이것은 칭(稱)이 되지 못
함을 나타낸다. 정현이 "종묘의 제사에서는 황종(黃鍾)을 궁(宮)음으로 삼
고, 대려(大呂)를 각(角)음으로 삼으며, 대주(大蔟)를 치(徵)음으로 삼고, 응
종(應鍾)을 우(羽)음으로 삼는다."라고 했는데, 이것은 『주례』「대사악」편
의 문장으로,15) 협(祫)제사를 지내며 신을 강림시킬 때 사용하는 악(樂)이
다. 「대사악」편을 살펴보면 하늘과 땅에 대한 제사를 지낼 때에도 모두 신
을 강림시키는 절차가 있는데,16) 유독 이곳에서 종묘제사에서 신을 강림시
킬 때 사용하는 악(樂)을 인용한 것은 경문에서 '종시지서(終始之序)'라고
기록했기 때문이다. 종묘제사에서 신을 강림시킬 때 사용하는 악(樂)은 황
종음을 궁(宮)으로 삼는데 황종음을 내는 율관은 그 길이가 가장 길고, 응
종음을 우(羽)음으로 삼는데 응종음을 내는 율관은 그 길이가 가장 짧다.
그렇기 때문에 특별히 이 내용을 인용하여, 경문에 나온 '종시(終始)'를 증
명한 것이다.

---

15) 『주례』「춘관(春官)·대사악(大司樂)」: 凡樂, 黃鍾爲宮, 大呂爲角, 大蔟爲徵,
　　應鍾爲羽, 路鼓路鼗, 陰竹之管, 龍門之琴瑟, 九德之歌, 九韶之舞, 於宗廟之中
　　奏之, 若樂九變, 則人鬼可得而禮矣.
16) 『주례』「춘관(春官)·대사악(大司樂)」: 凡樂, 圜鍾爲宮, 黃鍾爲角, 大蔟爲徵,
　　姑洗爲羽, 雷鼓雷鼗, 孤竹之管, 雲和之琴瑟, 雲門之舞, 冬日至, 於地上之圜丘
　　奏之, 若樂六變, 則天神皆降, 可得而禮矣. 凡樂, 函鍾爲宮, 大蔟爲角, 姑洗爲
　　徵, 南呂爲羽, 靈鼓靈鼗, 孫竹之管, 空桑之琴瑟, 咸池之舞, 夏日至, 於澤中之
　　方丘奏之, 若樂八變, 則地示皆出, 可得而禮矣.

구분	제천(祭天)	제지(祭地)	종묘(宗廟)
궁(宮)	환종(圜鍾: =夾鍾)	함종(函鍾)	황종(黃鍾)
각(角)	황종(黃鍾)	대주(大蔟)	대려(大呂)
치(徵)	대주(大蔟)	고선(姑洗)	대주(大蔟)
우(羽)	고선(姑洗)	남려(南呂)	응종(應鍾)
고(鼓)	뇌고(雷鼓)	영고(靈鼓)	노고(路鼓)
	뇌도(雷鼗)	영도(靈鼗)	노도(路鼗)
관(管)	고죽(孤竹)	손죽(孫竹)	음죽(陰竹)
금슬(琴瑟)	운화(雲和)	공상(空桑)	용문(龍門)
가(歌)			구덕(九德)
무(舞)	운문(雲門)	함지(咸池)	구소(九韶)
일(日)	동지(冬至)	하지(夏至)	
장소	환구(圜丘)	방구(方丘)	종묘(宗廟)
변(變)	육변(六變)	팔변(八變)	구변(九變)

訓纂 方氏苞曰: "陽而不散"四句, 皆言聲律之節奏分際, 非以天地人心言也. 其音之乍發也, 如陽之動, 欲往而仍留, 未嘗散也. 其音之暫止也, 如陰之靜, 應節則復作, 不終密也. 音之宏厲者, 其氣剛而不至過暴也. 音之幼眇者, 其氣柔而不至中竭也. 交於中者, 律之諧於聲者也. 作於外者, 聲之達於器者也. 作樂之始, 以度數禮義劑其陰陽剛柔之分而無不調, 所謂"四暢交於中", 是內之安其位而不相奪也. 由是聲之發也, 無少乖戾焉, 是外之安其位而不相奪也.

번역 방포[17]가 말하길, "양(陽)이 흩어지지 않는다."라는 등의 네 구문은 모두 오성(五聲)과 육률(六律)의 가락이 나뉘는 기준을 말한 것이지, 천지 및 인심을 기준으로 한 말이 아니다. 음(音)이 발생하는 것은 양(陽)의 움직임과 같아서, 가서 머물고자 하며 일찍이 흩어진 적이 없다. 음(音)이 멈추는 것은 음(陰)의 고요함과 같아서, 절기에 호응하면 재차 활동하지만

---

17) 방포(方苞, A.D.1668~A.D.1749): 청대(淸代)의 학자이다. 자(字)는 영고(靈皐)이고, 호(號)는 망계(望溪)이다. 송대(宋代)의 학문과 고문(古文)을 추종하였다.

끝내 숨지 않는다. 음(音) 중에 크고 사나운 것은 기운이 굳세지만 지나치게 난폭한 지경에는 이르지 않는다. 음(音) 중에 연약하고 미미한 것은 기운이 부드럽지만 중도에 고갈되는 지경에 이르지 않는다. "가운데에서 사귄다."는 말은 육률이 오성에 조화롭게 됨을 뜻한다. "외부에서 작용한다."는 말은 오성이 악기를 통해 나타남을 뜻한다. 악(樂)을 제작하는 초기에는 법칙과 예의(禮義)로 음(陰)과 양(陽) 및 굳셈[剛]과 부드러운[柔] 것의 분기점을 가지런히 나눠서 조화롭지 않은 것이 없으니, 이것이 바로 "사창(四暢)이 가운데에서 사귄다."는 뜻이며, 내적으로 그 자리를 편안히 여겨 서로 빼앗지 않는다는 의미이다. 이를 통해서 소리[聲]가 나타날 때에는 조금이라도 어그러짐이 없게 되니, 이것이 외적으로 그 자리를 편안하게 여겨서 서로 빼앗지 않는다는 의미이다.

訓纂 王氏引之曰: 德厚, 猶言仁厚, "德厚"二字平列. 下文"以象事行", "事行"二字亦平列. 鄕飮酒義曰, "主人者, 接人以德厚者也." 正義謂"準度以道德仁厚", 於義稍疏. 王注乃謂"法其德之厚薄", 於厚下加薄字解之, 其失甚矣.

번역 왕인지가 말하길, '덕후(德厚)'는 인후(仁厚)라는 말과 같으니, '덕후(德厚)'라는 두 글자는 균등하게 나열된 것이다. 아래문장에서 '이상사행(以象事行)'이라고 했는데, 이때의 '사행(事行)'이란 두 글자 또한 균등하게 나열된 것이다. 『예기』「향음주의(鄕飮酒義)」편에서는 "주인은 남을 접함에, 덕후(德厚)로써 하는 자이다."[18]라고 했는데, 『정의』에서는 "도덕과 인의 두터움으로써 헤아린다."라고 했으니, 그 풀이가 다소 거칠다. 왕숙의 주에서는 "덕의 두터움과 엷음을 본받는다."라고 하여, '후(厚)'자 뒤에 '박

---

18) 『예기』「향음주의(鄕飮酒義)」【698a】: 天地嚴凝之氣, 始於西南而盛於西北, 此天地之尊嚴氣也, 此天地之義氣也. 天地溫厚之氣, 始於東北而盛於東南, 此天地之盛德氣也, 此天地之仁氣也. 主人者尊賓, 故坐賓於西北, 而坐介於西南以輔賓. 賓者, 接人以義者也, 故坐於西北. 主人者, 接人以仁, 以德厚者也, 故坐於東南, 而坐僕於東北以輔主人也. 仁義接, 賓主有事, 俎豆有數, 曰聖, 聖立而將之以敬, 曰禮, 禮以體長幼, 曰德. 德也者, 得於身也, 故曰古之學術道者, 將以得身也, 是故聖人務焉.

(薄)'자를 붙여서 해석을 했는데, 매우 잘못된 주장이다.

訓纂 爾雅釋言, "律, 銓也." 郭注, "法律皆所以銓量輕重."

번역 『이아』「석언(釋言)」편에서는 "'율(律)'자는 저울질하다는 뜻이다."[19] 라고 했고, 곽경순[20]의 주에서는 "법(法)과 율(律)은 모두 무게를 헤아리는 것이다."라고 했다.

訓纂 邵氏晉涵曰: 樂記"律小大之稱, 比終始之序", 律訓爲銓度, 猶比訓 爲比次也. 褚先生補史記作"類小大之稱", 疏矣.

번역 소진함[21]이 말하길, 『예기』「악기」편에서는 "소대(小大)의 알맞음을 저울질하고, 종시(終始)의 질서를 매긴다."라고 했는데, '율(律)'자는 저울질한다는 뜻으로, '비(比)'자가 차례에 맞게 질서를 매긴다는 뜻이 됨과 같다. 저선생은 『사기』의 기록을 보완하며, "소대의 알맞음을 분류한다."라고 했는데, 다소 거친 해석이다.

訓纂 王氏引之曰: 鄭氏以律爲六律, 文義未安, 邵氏正之是也. 而謂褚少孫易律爲類, 則非. 類·律古同聲. 故律通作類. 襄九年左傳"晉君類能而使之", 謂銓度其才能而使之也. 周語"比類百則", 又曰"比之地物, 類之民則", 是類與比同義. 類小大之稱, 比終始之序, 其義一也.

번역 왕인지가 말하길, 정현은 '율(律)'자를 육률(六律)로 여겼는데, 문

---

19) 『이아』「석언(釋言)」: 坎·律, 銓也.
20) 곽박(郭璞, A.D.276~A.D.324): =곽경순(郭景純). 진(晉)나라 때의 학자이다. 자(字)는 경순(景純)이다. 저서로는 『이아주(爾雅注)』, 『방언주(方言注)』, 『산해경주(山海經注)』 등이 있다.
21) 소진함(邵晉涵, A.D.1743~A.D.1796): 청(淸)나라 때의 학자이다. 자(字)는 여동(與桐)이고, 호(號)는 이운(二雲)·남강(南江)이다. 사학(史學)과 경학 분야에 명성이 높았다.

장의 뜻이 알맞지 않으므로, 소진함의 바로잡은 해석이 옳다. 그러나 저소
손이 '율(律)'자를 '유(類)'자로 고친 것은 잘못된 주장이다. '유(類)'자와 '율
(律)'자는 고대에는 소리가 같았다. 그렇기 때문에 '율(律)'자를 통용해서
'유(類)'자로 기록했던 것이다. 양공(襄公) 9년에 대한 『좌전』의 기록에서는
"진(晉)나라 군주는 능력에 따라 분류하여 부린다."[22]라고 했는데, 이것은
재능을 헤아려서 그를 부린다는 뜻이다. 『국어(國語)』「주어(周語)」에서는
"땅의 산물에 질서를 세우고, 백성들의 준칙을 헤아린다."[23]라고 했으니,
여기에 나온 '유(類)'자와 '비(比)'자는 동일한 의미이다. "소대(小大)의 알
맞음을 분류한다."는 말과 "종시(終始)의 질서를 매긴다."는 말은 그 의미
가 동일하다.

訓纂 方性夫曰: 若樂師掌國學之政, 大胥掌學士之版, 所謂"立之學"也.
若舞勺舞象, 所謂"立之等"也. 小大有宜, 事之稱也. 終始相生, 事之序也. 若
宮音濁而大, 羽音清而小, 蓋律小大之稱也. 始於黃鍾之初九, 終於仲呂之上
六, 蓋比終始之序也. 親疏言其分, 貴賤言其位, 長幼言其序, 男女言其情. 四
者皆人之倫也, 莫不各有理焉, 唯形於樂, 乃可得而見, 故曰"樂觀其深矣."

번역 방성부가 말하길, 마치 악사(樂師)가 국학의 정무를 담당하고, 대
서(大胥)가 학생들의 호적을 담당하는 것들이 바로 "학제를 세운다."는 뜻
이다. 마치 작(勺)이라는 춤을 추고 상(象)이라는 춤을 추는 것들이 바로
"등급을 세운다."는 뜻이다. 작고 큼에 각각의 마땅함이 있는 것이 사안의
합당함이다. 끝과 시작이 서로를 통해 생겨나는 것이 사안의 질서이다. 마
치 궁(宮)음은 탁하지만 소리가 크고 우(羽)음은 맑지만 소리가 작은 것과
같은 경우가 아마도 소대(小大)에 따른 합당함을 헤아린다는 뜻인 것 같다.
초구(初九)에 해당하는 황종(黃鐘)에서 시작하여 상육(上六)에 해당하는
중려(仲呂)에서 마치는 것이 아마도 종시(終始)의 질서를 매긴다는 뜻인

---

22) 『춘추좌씨전』「양공(襄公) 9년」: <u>晉君類能而使之</u>, 擧不失選, 官不易方.
23) 『국어(國語)』「주어하(周語下)」: 度之天神, 則非祥也. <u>比之地物</u>, 則非義也. <u>類
<u>之民則</u>, 則非仁也. 方之時動, 則非順也. 咨之前訓, 則非正也.

것 같다. '친소(親疏)'는 구분을 언급한 것이며, '귀천(貴賤)'은 지위를 언급한 것이고, '장유(長幼)'는 질서를 언급한 것이며, '남녀(男女)'는 정감을 언급한 것이다. 이 네 가지 것들은 모두 인륜에 해당하니, 각각에 해당하는 이치가 없는 것이 아니지만, 다만 악(樂)을 통해 나타나야만 알아볼 수 있다. 그렇기 때문에 "악(樂)은 그 깊음을 살펴보는 것이다."라고 말했다.

集解 情性, 先王一己之情性也. 先王之性, 天理渾然, 其發而爲情者無不中節, 此中和之極, 而作樂之本也.

번역 '정성(情性)'은 선왕 본인에게 있는 정감과 본성을 뜻한다. 선왕의 본성은 천리와 혼연일체가 되어, 그것이 발현하여 정감으로 나타난 것들은 절도에 맞지 않은 것이 없으니, 이것은 중화의 지극함이고 악(樂)을 짓는 근본이 된다.

• 제 29 절 •

예특(禮慝)과 악음(樂淫)

【471a】

土敝則草木不長, 水煩則魚鼈不大, 氣衰則生物不遂, 世亂則禮慝而樂淫. 是故其聲哀而不莊, 樂而不安; 慢易以犯節, 流湎以忘本, 廣則容姦, 狹則思欲; 感條暢之氣, 而滅平和之德. 是以君子賤之也.

직역 土가 敝하면 草木이 不長하며, 水가 煩하면 魚鼈이 不大하고, 氣가 衰하면 生物이 不遂하며, 世가 亂하면 禮가 慝하고 樂이 淫한다. 是故로 그 聲이 哀하되 不莊하고, 樂하되 不安하며; 慢易하여 節을 犯하고, 流湎하여 本을 忘하니, 廣하면 姦을 容하고, 狹하면 欲을 思하고; 條暢의 氣에 感하고, 平和의 德을 滅한다. 是以로 君子가 賤이라.

의역 지력이 고갈되면 초목이 생장하지 못하고, 물에 빈번히 들어가서 물고기 등을 잡으면 물고기나 자라 등이 커지지 못하며, 기운이 쇠락하면 만물이 완성되지 못하고, 세상이 혼란스럽게 되면 예(禮)가 사특해지고 악(樂)이 음란하게 된다. 이러한 까닭으로 그 소리가 슬프되 장엄하지 못하고, 즐겁되 편안하지 못하며, 태만하게 굴어서 예법을 범하고, 방탕하게 굴어서 근본을 잊으니, 이러한 것들은 크게는 간사한 짓을 하더라도 용납하게 만들고, 작게는 탐욕을 부리도록 만들며, 두루 통하는 기운을 해치고, 화평한 덕을 없앤다. 이러한 까닭으로 군자는 이러한 것들을 천시한다.

集說 土敝, 地力竭也, 故草木不長. 水煩, 謂澤梁之入無時. 水煩擾而魚鼈不得自如, 故不大也. 物類之生, 必資陰陽之氣. 氣衰耗, 故生物不得成遂也.

此三句, 皆以喩世道衰亂, 上下無常, 故禮慝, 男女無節, 故樂淫也. 樂淫, 故哀
而不莊, 樂而不安. 若關雎則樂而不淫, 哀而不傷. 禮慝, 故慢易以犯節, 流湎
以忘本. 若正禮則莊敬而有節, 知反而報本也. 廣, 猶大也. 狹, 猶小也. 言淫樂
慝禮, 大則使人容爲姦宄, 小則使人思爲貪欲, 感傷天地條暢之氣, 滅敗人心
和平之德. 是以君子賤之而不用也. 感, 或作蹙. 感條暢之氣, 則與合生氣之和
者反矣. 滅平和之德, 則與道五常之行者異矣.

[번역] '토페(土敝)'는 지력이 고갈되었다는 뜻이기 때문에 초목이 생장하
지 못한다. '수번(水煩)'은 물고기 등을 잡기 위해 못과 둑에 들어감에 정해
진 때가 없다는 뜻이다. 물에 자주 들어가서 혼란스럽게 흔들어 놓으면 물
고기나 자라 등이 자유롭게 있을 수 없기 때문에 크지 못한다. 만물의 생장
은 반드시 음양의 기운을 바탕으로 삼게 된다. 기가 소모되기 때문에 생물
들이 이루어지지 못한다. 이 세 구문은 모두 그 내용을 통해 세상의 도가
쇠약해지고 혼란스럽게 되었음을 비유했으니, 상하의 질서에 항상된 법도
가 없기 때문에 예(禮)가 사특하게 되고, 남녀사이에 절도가 없기 때문에
악(樂)이 음란하게 된 것이다. 악(樂)이 음란하기 때문에 슬퍼하되 장엄하
지 못하고 즐거워하되 편안하지 못하다. 「관저(關雎)」편의 경우에는 즐거
우면서도 지나치지 않고 슬프면서도 조화를 해치지 않는다.[1] 예(禮)가 사
특하기 때문에 태만하게 굴어서 법도를 범하고 방탕하게 굴어서 근본을
잊는다. 만약 올바른 예(禮)라면 장엄하고 공경하면서도 절도가 있고 반추
할 것을 알아서 근본에 보답한다. '광(廣)'자는 "크다[大]."는 뜻이다. '협
(狹)'자는 "작다[小]."는 뜻이다. 즉 음란한 악(樂)과 사특한 예(禮)가 커지
게 되면 사람들로 하여금 간사하고 바르지 못한 짓을 용납케 하고, 이것이
작다고 하더라도 사람들로 하여금 탐욕을 부리도록 생각하게 만드니, 천지
의 두루 통하는 기운을 해치고 인심의 화평한 덕을 없앤다. 이러한 까닭으
로 군자는 그것들을 천시하여 사용하지 않는다. '감(感)'자는 다른 판본에서
'척(蹙)'자로도 기록한다. 두루 펼쳐지는 기운을 줄어들게 만든다면 생기의

---

1)『논어』「팔일(八佾)」: 子曰, "關雎, 樂而不淫, 哀而不傷."

조화로움에 합하는 것과 반대가 된다. 화평한 덕을 없앤다면 오상(五常)의
행실을 인도하는 것과 어긋난다.

大全 長樂陳氏曰: 禮慝, 不足以善物, 樂淫, 不足以化俗, 故其聲哀矣, 外
貌爲之不莊, 其聲樂矣, 中心爲之不安. 或慢易以簡節, 反以犯其節, 或流湎以
逐末, 反以忘其本. 廣則嘽緩而容姦以亂正, 狹則急數而思欲以害道. 如此則
感傷條暢之順氣, 殄滅和平之至德, 其何以動四氣之和, 奮至德之光乎? 是以
君子賤之也. 蓋同異相濟爲和, 高下一致爲平. 詩曰, 神之聽之, 終和且平. 易
曰, 聖人感人心而天下和平.

번역 장락진씨가 말하길, 예(禮)가 사특하면 만물을 선하게 만들 수 없
고, 악(樂)이 음란하면 풍속을 변화시킬 수 없다. 그렇기 때문에 그 소리가
슬프지만 겉으로 드러나는 모습이 그것을 시행하며 장엄하지 못하고, 그
소리가 즐겁지만 마음에는 그것을 시행하며 불안하게 여긴다. 어떤 경우에
는 태만하게 굴어서 예법을 소홀이 하고 도리어 예법을 범하기까지 하며,
또 어떤 경우에는 방탕하게 굴어서 말단만 쫓고 도리어 근본을 잊기까지
한다. 이러한 것은 크게는 느릿하게 굴어 간사함을 용납해서 정도를 문란
하게 만들고, 작게는 급박하게 굴어 욕망을 품게 해서 정도에 해를 끼친다.
이처럼 된다면 두루 펼쳐지는 순조로운 기운을 해치고 화평스러운 지극한
덕을 없애니, 어떻게 네 기운의 조화로움을 움직여서 지극한 덕의 빛을 낼
수 있겠는가? 이러한 까닭으로 군자가 천시하는 것이다. 무릇 같고 다른
것을 서로 조율함이 '화(和)'가 되고, 높고 낮음이 일치되는 것이 '평(平)'이
된다. 『시』에서는 "신이 들어주어서 끝내 화평하게 된다."[2]라고 했고, 『역』
에서는 "성인이 사람의 마음을 감동시켜서 천하가 화평해진다."[3]라고 했다.

---

[2] 『시』「소아(小雅)·벌목(伐木)」: 伐木丁丁, 鳥鳴嚶嚶. 出自幽谷, 遷于喬木. 嚶其
鳴矣, 求其友聲. 相彼鳥矣, 猶求友聲. 矧伊人矣, 不求友生. 神之聽之, 終和且平.
[3] 『역』「함괘(咸卦)·단전(彖傳)」: 彖曰, 咸, 感也, 柔上而剛下, 二氣感應以相與.
止而說, 男下女, 是以亨, 利貞, 取女吉也. 天地感而萬物化生, 聖人感人心而天下
和平, 觀其所感, 而天地萬物之情可見矣!

大全 嚴陵方氏曰: 此廣言淫樂之事. 關雎之樂, 非不哀也. 然所哀者, 窈窕之難求, 是乃所以爲莊, 非不樂也, 然所樂者淑女之爲配, 是乃所以爲安. 今哀而不莊, 故慢易以犯節, 樂而不安, 故流湎以忘本. 慢則無所敬, 易則無所戒, 故犯節. 流則不知止, 湎則有所溺, 故忘本. 廣固足以有容, 所容者姦, 聲感人則逆氣應之矣. 狹固足以有思, 所思者樂, 得其欲則以欲忘道矣. 平則條而有理, 和則暢而能通.

번역 엄릉방씨가 말하길, 이 문장은 음란한 악(樂)에 대한 일을 광범위하게 설명하고 있다. 「관저(關雎)」편의 음악은 슬프지 않은 것이 아니다. 그러나 슬퍼하는 것은 조숙한 여인을 찾기 어려움에 대한 것이니, 이것이 장엄하게 되는 이유이다. 또 「관저」편은 즐겁지 않은 것은 아니다. 그러나 즐거워하는 것은 숙녀가 배필이 됨이니, 이것이 편안하게 되는 이유이다. 그런데 현재는 슬퍼하되 장엄하지 못하기 때문에 태만하게 굴어서 예법을 범하고, 즐겁되 편안하지 못하기 때문에 방탕하게 굴어서 근본을 잊는다. 태만하다면 공경하는 것이 없고 소홀하다면 경계하는 것이 없다. 그렇기 때문에 예법을 범한다. 아무데로나 흐르게 되면 멈출 줄 모르고 방종하게 되면 빠져서 헤어나지 못하는 점이 생긴다. 그렇기 때문에 근본을 잊는다. 이러한 것들은 크게는 용납하게끔 만드니, 용납한 것이 간사함이므로, 그 소리가 사람들을 감동시키면 거스르는 기운이 호응하게 된다. 또 작게는 그리워하게끔 만드니, 그리워하는 것이 단순한 즐거움이므로, 바라던 것을 얻으면 욕망으로 인해 도를 잊게 된다. 평탄하면 조리에 맞아서 이치를 품게 되고 화평하다면 두루 퍼져서 통할 수 있다.

大全 山陰陸氏曰: 廣失之無法, 狹失之不通, 感動之微也. 詩云, 無感我帨兮. 或言感, 或言滅, 相備也.

번역 산음육씨가 말하길, 크게 잃게 되면 법도가 없고 작게 잃게 되면 통하지 않으니, 느껴서 움직이게 되는 미묘함을 뜻한다. 『시』에서는 "나의 수건을 움직이게 하지 말아라."[4]라고 했다. 어떤 때에는 '감(感)'이라고 말

하고, 또 어떤 때에는 '멸(滅)'이라고 말한 것은 그 의미를 서로 나타내도록
한 것이다.

鄭注 遂, 猶成也. 慝, 穢也. 廣謂聲緩也. 狹, 謂聲急也. 感, 動也. 動人條暢
之善氣, 使失其所.

번역 '수(遂)'자는 "이루다[成]."는 뜻이다. '특(慝)'자는 "더럽다[穢]."는
뜻이다. '광(廣)'은 소리가 느릿느릿한 것을 뜻한다. '협(狹)'자는 소리가 매
우 급박한 것을 뜻한다. '감(感)'자는 "움직이다[動]."는 뜻이다. 사람이 가
지고 있는 펼쳐지는 선한 기운을 움직이게 만들어서 제자리를 잃게 만든다.

釋文 敝音弊. 慝, 吐得反, 注及下同. 易, 以豉反. 湎, 縣鮮反. 狹音洽, 注同.
和, 胡臥反. 穢, 字又作濊, 紆廢反, 徐烏會反.

번역 '敝'자의 음은 '弊(폐)'이다. '慝'자는 '吐(토)'자와 '得(득)'자의 반절
음이며, 정현의 주 및 아래문장에 나오는 글자도 그 음이 이와 같다. '易'자
는 '以(이)'자와 '豉(시)'자의 반절음이다. '湎'자는 '縣(면)'자와 '鮮(선)'자의
반절음이다. '狹'자의 음은 '洽(흡)'이며, 정현의 주에 나오는 글자도 그 음이
이와 같다. '和'자는 '胡(호)'자와 '臥(와)'자의 반절음이다. '穢'자는 그 글자
를 또한 '濊'자로도 기록하는데, 그 음은 '紆(우)'자와 '廢(폐)'자의 반절음이
고, 서음(徐音)은 '烏(오)'자와 '會(회)'자의 반절음이다.

孔疏 ●"土敝"至"之也". ○正義曰: 此經論聖王作樂, 不得其所, 則滅和平
之德, 故君子賤之.

번역 ●經文: "土敝"~"之也". ○이곳 경문은 성왕이 악(樂)을 제정했는
데, 그것이 제자리를 얻지 못한다면 화평한 덕을 없애기 때문에, 군자가
천시함을 논의하고 있다.

---

4) 『시』「소남(召南)·야유사균(野有死麕)」 : 舒而脫脫兮, 無感我帨兮, 無使尨也吠.

孔疏 ●"土敝則草木不長"者, 土之勞敝, 故草木不長.

번역 ●經文: "土敝則草木不長". ○땅이 황폐해졌기 때문에 초목이 생장하지 못한다.

孔疏 ●"水煩則魚鱉不大"者, 水之煩擾, 故魚鱉不大.

번역 ●經文: "水煩則魚鱉不大". ○물을 요동치게 만들기 때문에 물고기나 자라가 커지지 못한다.

孔疏 ●"氣衰則生物不遂"者, 陰陽之氣衰亂, 故生物不得遂成.

번역 ●經文: "氣衰則生物不遂". ○음양의 기운이 쇠락하고 혼란스럽게 되었기 때문에 만물이 완성되지 못한다.

孔疏 ●"世亂則禮慝而樂淫"者, 慝, 惡也. 淫, 過也. 世道衰亂, 上下無序, 故禮慝. 男女無節, 故樂淫. 以上三事, 皆喻"禮慝樂淫"也.

번역 ●經文: "世亂則禮慝而樂淫". ○'특(慝)'자는 "나쁘다[惡]."는 뜻이다. '음(淫)'자는 "지나치다[過]."는 뜻이다. 세상의 도가 문란하게 되고 상하계층에 질서가 없기 때문에, 예(禮)가 나빠진 것이다. 남녀사이에 절도가 없기 때문에 악(樂)이 음란해진 것이다. 앞의 세 사안은 모두 "예(禮)가 나빠지고 악(樂)이 문란해졌다."는 뜻을 비유한 것이다.

孔疏 ●"是故其聲哀而不莊, 樂而不安"者, 謂男女相愛, 涕泗旁沱, 是其哀也; 男女相說, 歌舞於市井, 是不莊也; 俾晝作夜, 是其樂也; 終至滅亡, 是不安也. "慢易以犯節, 流湎以忘本"者, 朋淫於家, 是"慢易以犯禮節"也. 淫酗肆虐, 是"流湎以忘根本"也.

번역 ●經文: "是故其聲哀而不莊, 樂而不安". ○남녀가 서로 사랑하여

하염없이 눈물과 콧물을 흘리는 것5)이 슬픔에 해당한다는 뜻이며, 남녀가
서로 기뻐하여 저자에서 노래를 부르고 춤을 추는 것6)이 장엄하지 못함에
해당한다는 뜻이다. 또 낮으로 밤을 삼는 것7)이 즐거움에 해당한다는 뜻이
며, 끝내 멸망에 이르는 것이 편안하지 못함에 해당한다는 뜻이다. 경문의
"慢易以犯節, 流湎以忘本"에 대하여. 소인배들과 집에서 음란한 짓을 벌이
는 것8)이 "태만하게 굴어서 예절을 범한다."는 뜻이다. 음탕하게 놀며 술주
정을 하여 잔악하게 구는 것9)이 "방탕하여 근본을 잊는다."는 뜻이다.

孔疏 ●"廣則容姦"者, 廣, 謂節間疏緩. 言音聲寬緩, 多有姦淫之聲也.

번역 ●經文: "廣則容姦". ○'광(廣)'자는 가락의 사이가 성글고 느릿하
다는 뜻이다. 즉 음(音)과 소리[聲]가 너무 느릿하여 대체로 간사하고 음탕
한 소리를 낸다는 의미이다.

孔疏 ●"狹則思欲"者, 狹, 謂聲急. 節間迫促, 樂聲急則動發人心, 思其情
欲而切急.

번역 ●經文: "狹則思欲". ○'협(狹)'자는 소리가 너무 급박하다는 뜻이
다. 가락의 사이가 너무 급박하니, 악(樂)과 소리[聲]가 급박하면 인심을
요동치게 만들어 정욕을 품고 조급하게 된다.

---

5) 『시』「진풍(陳風)・택피(澤陂)」: 彼澤之陂, 有蒲與荷. 有美一人, 傷如之何. 寤
   寐無爲, 涕泗滂沱.
6) 『시』「진풍(陳風)・동문지분(東門之枌)」의 모서(毛序): 東門之枌, 疾亂也. 幽
   公淫荒, 風化之所行, 男女棄其舊業, 亟會於道路, 歌舞於市井爾.
7) 『시』「대아(大雅)・탕(蕩)」: 文王曰咨, 咨女殷商. 天不湎爾以酒, 不義從式. 旣
   愆爾止, 靡明靡晦. 式號式呼, 俾晝作夜.
8) 『서』「우서(虞書)・익직(益稷)」: 惟慢遊是好, 傲虐是作, 罔晝夜額額, 罔水行
   舟, 朋淫于家, 用殄厥世.
9) 『서』「주서(周書)・태서중(泰誓中)」: 今商王受力行無度, 播棄犁老, 昵比罪人,
   淫酗肆虐, 臣下化之, 朋家作仇, 脅權相滅, 無辜籲天, 穢德彰聞.

孔疏 ●"感條暢之氣, 而滅平和之德"者, 感, 謂感動也. 條, 遠也. 暢, 舒也. 言淫聲感動於人, 損長遠舒暢之善氣, 而毀滅平和之善德矣.

번역 ●經文: "感條暢之氣, 而滅平和之德". ○'감(感)'자는 감동시킨다는 뜻이다. '조(條)'자는 "멀다[遠]."는 뜻이다. '창(暢)'자는 "펴다[舒]."는 뜻이다. 즉 음탕한 소리가 사람을 감동시켜서, 길고 원대하며 두루 펴지는 선한 기운을 손상시키고 화평스러운 선한 덕을 없앤다는 의미이다.

孔疏 ●"是以君子賤之也"者, 賤謂棄而不用也. 若師曠聞桑間濮上之聲, 撫而止之是也.

번역 ●經文: "是以君子賤之也". ○'천(賤)'자는 버리고 사용하지 않는다는 뜻이다. 마치 복수(濮水)가의 뽕나무 숲 사이에서 들었던 음악을 연주하자 사광(師曠)이 금(琴)을 눌러 그치게 했던 부류와 같다.10)

訓纂 陳晉之曰: 同異相濟爲和, 高下一致爲平, 易曰, "聖人感人心而天下和平."

번역 진진지가 말하길, 같고 다른 것을 서로 조율함이 '화(和)'가 되고, 높고 낮음이 일치되는 것이 '평(平)'이 된다. 『역』에서는 "성인이 사람의 마음을 감동시켜서 천하가 화평해진다."11)라고 했다.

---

10) 『사기(史記)』「악서(樂書)」: 而衛靈公之時, 將之晉, 至於濮水之上舍. 夜半時聞鼓琴聲, 問左右, 皆對曰: "不聞". 乃召師涓曰: "吾聞鼓琴音, 問左右, 皆不聞. 其狀似鬼神, 爲我聽而寫之." 師涓曰: "諾." 因端坐援琴, 聽而寫之. 明日, 曰: "臣得之矣, 然未習也, 請宿習之." 靈公曰: "可." 因復宿. 明日, 報曰: "習矣." 卽去之晉, 見晉平公. 平公置酒於施惠之臺. 酒酣, 靈公曰: "今者來, 聞新聲, 請奏之." 平公曰: "可." 卽令師涓坐師曠旁, 援琴鼓之. 未終, 師曠撫而止之曰: "此亡國之聲也, 不可遂." 平公曰: "何道出?" 師曠曰: "師延所作也. 與紂爲靡靡之樂, 武王伐紂, 師延東走, 自投濮水之中, 故聞此聲必於濮水之上, 先聞此聲者國削." 平公曰: "寡人所好者音也, 願遂聞之." 師涓鼓而終之.

11) 『역』「함괘(咸卦)·단전(象傳)」: 象曰, 咸, 感也, 柔上而剛下, 二氣感應以相與. 止而說, 男下女, 是以亨, 利貞, 取女吉也. 天地感而萬物化生, <u>聖人感人心而天下</u>

訓纂 王氏念孫曰: 條暢, 讀爲滌蕩. 滌蕩之氣, 謂逆氣也. 上文其聲哀而不莊云云, 謂姦聲也. 滌蕩之氣與平和之德正相反. 姦聲正聲各以類相動, 故曰 "萬物之理各以類相動也." 史記樂書及說苑脩文篇並作"感滌蕩之氣."

번역 왕념손이 말하길, '조창(條暢)'은 '척탕(滌蕩)'이라고 풀이하니, 척탕의 기운은 거스르는 기운을 뜻한다. 앞 문장에서는 그 소리가 슬프지만 장엄하지 못하다는 등의 말을 했는데, 이것은 간사한 소리를 뜻한다. 거스르는 기운과 화평한 덕은 정반대의 뜻이 된다. 간사한 소리와 올바른 소리는 각각 그 부류에 따라 서로 움직인다. 그렇기 때문에 "만물의 이치가 각각 그 부류에 따라 서로 움직인다."라고 말한 것이다. 『사기』「악서」 및 『설원』「수문」편에서는 모두 '감척탕지기(感滌蕩之氣)'라고 기록했다.12)

集解 今按: 和當讀平聲. 石經"滅"上無"而"字.

번역 현재 살펴보니, '화(和)'자는 마땅히 평성으로 읽어야 한다. 『석경』에는 '멸(滅)'자 앞에 '이(而)'자가 없다.

集解 愚謂: 萬物得其理而後和, 禮旣慝, 則樂亦淫矣. 哀之過, 故其聲纖微·噍殺, 太急而不莊; 樂之過, 故其聲嘽諧·慢易, 太緩而不安. 不莊, 故慢易以犯節; 不安, 故流湎以忘本. 忘本, 故其節奏廣, 廣則寬博而容姦邪; 犯節, 故其節奏狹, 狹則迫切而思嗜欲. 感條暢之氣, 則無以合生氣之和; 滅平和之德, 則無以道五常之行. 此皆淫樂之害也.

번역 내가 생각하기에, 만물은 그 이치를 얻은 이후에야 조화롭게 되니,

　和平, 觀其所感, 而天地萬物之情可見矣!
12) 『사기(史記)』「악서(樂書)」: 土敝則草木不長, 水煩則魚鱉不大, 氣衰則生物不育, 世亂則禮廢而樂淫. 是故其聲哀而不莊, 樂而不安, 慢易以犯節, 流湎以忘本. 廣則容姦, 狹則思欲, 感滌蕩之氣而滅平和之德, 是以君子賤之也. / 『설원(說苑)』「수문(脩文)」: 土弊則草木不長, 水煩則魚鱉不大, 氣衰則生物不遂, 世亂則禮慝而樂淫; 是故其聲哀而不莊, 樂而不安, 慢易以犯節, 流漫以忘本, 廣則容姦, 狹則思慾; 感滌蕩之氣, 滅平和之德, 是以君子賤之也.

예(禮)가 이미 사특하게 되었다면 악(樂) 또한 음란하게 된 것이다. 슬픔이 지나치기 때문에 그 소리가 가녀리고 줄어들게 되지만 너무 급박하여 장엄하지 못하고, 즐거움이 지나치기 때문에 그 소리가 조화롭고 평이하지만 너무 느려서 편안하지 못하다. 장엄하지 않기 때문에 태만하게 굴어서 예법을 범하고, 편안하지 않기 때문에 방탕하게 굴어서 근본을 잊는다. 근본을 잊기 때문에 음의 가락이 광(廣)하게 되니, 광(廣)은 너무 커져서 간사함을 용납한다는 뜻이다. 예법을 범하기 때문에 음의 가락이 협(狹)하게 되니, 협(狹)은 급박하여 탐욕을 품게 된다는 뜻이다. 두루 통하는 기운을 요동치게 하면 생장하는 기운의 조화로움에 합할 수 없고, 화평한 덕을 없애면 오상(五常)의 행실을 인도할 수 없다. 이것들은 모두 음란한 악(樂)의 피해에 해당한다.

集解 右樂言篇第五. <史記正義作"言樂".>

번역 여기까지는 「악언(樂言)」으로 제 5편이다. <『사기정의』에서는 「언악(言樂)」으로 기록했다.>

【참고】『시』「주남(周南)·관저(關雎)」

關關雎鳩, (관관저구) : 관관! 하며 조화롭게 우는 저 저구새여,
在河之洲. (재하지주) : 하수의 모래섬에 있구나.
窈窕淑女, (요조숙녀) : 그윽하고 유유자적하는 숙녀여,
君子好逑. (군자호구) : 군주의 좋은 배필이구나.

參差荇菜, (참차행채) : 들쭉날쭉한 마름나물을,
左右流之. (좌우류지) : 좌우에서 취하는구나.
窈窕淑女, (요조숙녀) : 그윽하고 유유자적하는 숙녀를,
寤寐求之. (오매구지) : 오매불망 찾는구나.
求之不得, (구지부득) : 찾아도 얻지 못하니,
寤寐思服. (오매사복) : 오매불망 그리워하는구나.

悠哉悠哉, (유재유재) : 사모하고 사모하여,
輾轉反側. (전전반측) : 이리저리 뒤척이는구나.

參差荇菜, (참차행채) : 둘쭉날쭉한 마름나물을,
左右采之. (좌우채지) : 좌우에서 따는구나.
窈窕淑女, (요조숙녀) : 그윽하고 유유자적하는 숙녀를,
琴瑟友之. (금슬우지) : 금슬(琴瑟)로 사귀고자하는구나.
參差荇菜, (참차행채) : 둘쭉날쭉한 마름나물을,
左右芼之. (좌우모지) : 좌우에서 고르는구나.
窈窕淑女, (요조숙녀) : 그윽하고 유유자적하는 숙녀를,
鍾鼓樂之. (종고락지) :종과 북으로 즐겁게 하고자 하는구나.

[毛序] : 關雎, 后妃之德也. 風之始也, 所以風天下而正夫婦也, 故用之鄕人
焉, 用之邦國焉. 風, 風也敎也, 風以動之, 敎以化之. 詩者志之所之
也, 在心爲志, 發言爲詩. 情動於中而形於言, 言之不足, 故嗟歎之,
嗟歎之不足, 故永歌之, 永歌之不足, 不知手之舞之足之蹈之也. 情
發於聲, 聲成文, 謂之音. 治世之音, 安以樂, 其政和, 亂世之音, 怨以
怒, 其政乖, 亡國之音, 哀以思, 其民困. 故正得失動天地感鬼神, 莫
近於詩. 先王, 以是經夫婦, 成孝敬, 厚人倫, 美敎化, 移風俗. 故詩有
六義焉, 一曰風, 二曰賦, 三曰比, 四曰興, 五曰雅, 六曰頌. 上以風化
下, 下以風刺上, 主文而譎諫, 言之者無罪, 聞之者足以戒. 故曰風.
至于王道衰, 禮義廢政敎失, 國異政, 家殊俗, 而變風變雅作矣. 國史
明乎得失之迹, 傷人倫之廢, 哀刑政之苛, 吟詠情性, 以風其上. 達於
事變而懷其舊俗者也. 故變風, 發乎情, 止乎禮義, 發乎情, 民之性也,
止乎禮義, 先王之澤也. 是以, 一國之事繫一人之本, 謂之風, 言天下
之事, 形四方之風, 謂之雅. 雅者, 正也, 言王政之所由廢興也. 政有
小大, 故有小雅焉, 有大雅焉. 頌者, 美盛德之形容, 以其成功告於神
明者也. 是謂四始, 詩之至也. 然則關雎麟趾之化, 王者之風, 故繫之
周公. 南, 言化自北而南也. 鵲巢騶虞之德, 諸侯之風也, 先王之所以
敎. 故繫之召公. 周南召南, 正始之道, 王化之基. 是以, 關雎, 樂得淑

女以配君子, ·憂在進賢, 不淫其色, 哀窈窕, 思賢才, 而無傷善之心
焉, 是關雎之義也.

[모서] : 「관저」편은 후비의 덕을 노래한 시이다. 풍(風)에 따른 교화가 시
작되는 것이니, 천하를 교화하여 부부를 바로잡는 것이다. 그렇기
때문에 향리 사람들에게 사용하고, 나라 사람들에게도 사용하는
것이다. '풍(風)'은 풍(風)에 따라 바꾸고 교화를 시키는 것이니, 바
람을 일으켜 움직이게 하고 교화를 시켜서 변화하게 만드는 것이
다. '시(詩)'는 뜻이 지향하는 것이니, 마음에 있을 때에는 '지(志)'
가 되고 말로 표현되면 '시(詩)'가 된다. 정감은 마음에서 움직여
말로 나타나는데, 말로는 표현하기 부족하기 때문에 탄식을 하고,
탄식으로도 부족하기 때문에 노래를 부르며, 노래로도 부족하기
때문에 스스로 손발을 너울거리며 춤을 추는 것도 모르게 된다.
정감이 소리[聲]로 나타나고, 소리가 문채를 이루면 이것을 '음
(音)'이라고 부른다. 태평한 시대의 음(音)은 편안하면서도 즐거우
니 그 정치가 조화롭기 때문이며, 혼란한 시대의 음(音)은 원망하
며 성내니 그 정치가 어그러졌기 때문이고, 망국의 음(音)은 애통
하고 그리워하니 백성들이 고달프기 때문이다. 그러므로 득실을
올바르게 하고 천지와 귀신을 감동시키는 것으로는 시(詩)만한 것
이 없다. 이를 통해 부부의 도리를 바로잡고 효와 공경을 이루며
인륜의 질서를 두텁게 하고 교화를 아름답게 하며 풍속을 바꾼다.
그러므로 시(詩)에는 육의(六義)가 있으니, 첫 번째는 '풍(風)'이고,
두 번째는 '부(賦)'이며, 세 번째는 '비(比)'이고, 네 번째는 '흥(興)'
이며, 다섯 번째는 '아(雅)'이고, 여섯 번째는 '송(頌)'이다. 위에서
는 풍(風)에 따라 아랫사람을 교화하고, 아래에서는 풍(風)에 따라
윗사람을 풍자하니, 문장을 위주로 하며 은근히 간언을 하여, 이것
을 말하는 자는 죄를 받지 않고 이것을 듣는 자는 경계로 삼기에
충분하다. 그렇기 때문에 '풍(風)'이라고 부른다. 왕도가 쇠하게 되
자 예의가 없어지고 정치와 교화가 실추되어 나라마다 정치를 달

리하고 집마다 풍속을 달리하니, 변풍(變風)과 변아(變雅)가 일어 났다. 사관은 득실의 자취를 밝히고 인륜의 도리가 없어지는 것을 상심하며 형벌과 정치가 가혹하게 되는 것을 애석하게 여겨서, 그 성정을 노래하여 윗사람을 풍자했다. 사안의 변화에 달통하고 옛 풍속을 그리워한 것이다. 그렇기 때문에 변풍은 정감에서 나타나 서 예의에서 그치니, 정감에서 나타나는 것은 백성들의 본성이며, 예의에서 그치는 것은 선왕의 은택이다. 이러한 까닭으로 한 나라 의 일이 한 사람의 근본에 관계된 것을 '풍(風)'이라고 부르고, 천 하의 일들은 말하여 사방의 풍속을 드러내는 것을 '아(雅)'라고 부 른다. 아(雅)는 바르다는 뜻이니, 왕도의 정치가 이를 통해 폐하거 나 흥하게 됨을 뜻한다. 정치에는 작은 것도 있고 큰 것도 있기 때문에 소아(小雅)가 있고 대아(大雅)가 있다. '송(頌)'은 융성한 덕 성의 모습을 찬미하여, 신명에게 공덕을 이루었다고 아뢰는 것이 다. 앞서 언급한 것들을 '사시(四始)'라고 부르니, 시(詩)의 지극함 이다. 그러므로 「관저(關雎)」편과 「인지(麟趾)」편에 나타난 교화 는 천자의 풍(風)에 해당하기 때문에 주공(周公)에게 관련시킨 것 이며, '남(南)'은 교화가 북쪽으로부터 남쪽으로 퍼지는 것을 뜻한 다. 「작소(鵲巢)」편과 「추우(騶虞)」편에 나타난 덕은 제후의 풍 (風)에 해당하기 때문에 선왕이 이를 통해 교화한 것이다. 그러므 로 소공(召公)에게 관련시켰다. 「주남(周南)」편과 「소남(召南)」편 은 시작을 올바르게 하는 도이며, 왕도의 교화가 기틀로 삼는 것이 다. 이러한 까닭으로 「관저」편은 숙녀를 얻어 군자에 짝하게 됨을 기뻐한 것이며, 현자를 등용시키는 일을 항상 걱정하고 여색에 빠 지지 않았고, 요조숙녀를 그리워하고 현명한 인재를 사모하여, 선 함을 해치려는 마음이 없으니, 이것이 바로 「관저」편의 뜻이다.

제6편

악상(樂象)

• 제30절 •

간성(姦聲) · 정성(正聲)과 음악(淫樂) · 화악(和樂)

【471d】

> 凡姦聲感人而逆氣應之, 逆氣成象而淫樂興焉; 正聲感人而順
> 氣應之, 順氣成象而和樂興焉. 倡和有應, 回邪曲直各歸其分,
> 而萬物之理, 各以類相動也.

직역 凡히 姦聲이 人을 感하고 逆氣가 應하니, 逆氣가 象을 成하고 淫樂이 興하며; 正聲가 人을 感하고 順氣가 應하니, 順氣가 象을 成하고 和樂이 興한다. 倡和에 應이 有하며, 回邪와 曲直이 各히 그 分에 歸하고, 萬物의 理는 各히 類로써 相히 動한다.

의역 무릇 간사한 소리[聲]가 사람을 느끼게 해서 거스르는 기운이 호응하니, 거스르는 기운이 형상을 이루어 음란한 악(樂)이 나타난다. 바른 소리[聲]가 사람을 느끼게 해서 따르는 기운이 호응하니, 따르는 기운이 형상을 이루어 화락한 악(樂)이 나타난다. 느끼게 함과 그에 따라 기운이 일어나는 것에는 각각의 호응함이 있고, 어그러짐과 사벽함 굽음과 곧음은 각각 그 구분에 따라 되돌아가며, 만물의 이치도 각각 그 부류에 따라 서로 움직이게 된다.

集說 疏曰: 倡和有應者, 姦聲正聲感人是倡也, 而逆氣順氣應之, 是和也. 回, 謂乖違. 邪, 謂邪僻. 及曲之與直, 各歸其善惡之分限, 善歸善分, 惡歸惡分, 而萬物之情理, 亦各以善惡之類, 自相感動也.

번역 공영달의 소(疏)에서 말하길, "창(倡)과 화(和)에 호응함이 있다."라고 했는데, 간사한 소리와 바른 소리가 사람을 느끼게 하는 것이 '창(倡)'

이고, 거스르는 기운과 따르는 기운이 호응하는 것이 '화(和)'이다. '회(回)' 자는 어그러졌다는 뜻이다. '사(邪)'자는 사벽하다는 뜻이다. '곡(曲)'과 '직(直)'도 각각 선악의 구분에 따라 돌아가니, 선함은 선한 곳으로 되돌아가고 악함은 악한 곳으로 되돌아가며, 만물의 정감과 이치 또한 각각 선악의 부류에 따라 그 자체로 서로 호응하여 움직인다.

集說 應氏曰: 聲感於微而氣之所應者甚速, 氣應於微而象之所成者甚著. 成象則有形而可見, 見乃謂之象也. 各歸其分者, 所謂樂之道歸焉耳.

번역 응씨가 말하길, 소리가 은미한 곳을 느끼게 하고 호응하는 기운은 매우 빠르며, 기운이 은미한 곳에서 호응하고 이루어지는 형상은 분명하게 드러난다. 형상을 이루면 형체를 가지게 되어 볼 수 있으니, 드러나는 것을 '상(象)'이라고 부른다. "각각 그 구분으로 되돌아간다."는 말은 이른바 "악(樂)의 도로 귀결될 따름이다."[1]는 뜻에 해당한다.

大全 嚴陵方氏曰: 聲之感人, 自外而入, 氣之應聲, 由中而出. 氣之作也, 不可得而見, 及其成也, 乃形見於樂, 由其所感者異, 故其所應者亦異, 所應者異, 故所興者亦異. 此君子愼其所以感之者.

번역 엄릉방씨가 말하길, 소리가 사람을 느끼게 함은 외부로부터 들어오는 것이고, 기운이 소리에 호응하는 것은 안으로부터 나오는 것이다. 기운이 일어나는 것은 볼 수 없지만 형상을 이룸에 미쳐서는 곧 그 형체가 악(樂)을 통해 나타나니, 느끼는 것에 따라서 달라지기 때문에 호응하는 것도 달라지며, 호응하는 것이 다르기 때문에 일어나는 것도 다르다. 이것이 군자가 느끼게 하는 것을 신중히 했던 이유이다.

---

1) 『예기』「악기」【476d】: 是故大人擧禮樂, 則天地將爲昭焉. 天地訢合, 陰陽相得, 煦嫗覆育萬物, 然後草木茂, 區萌達, 羽翼奮, 角觡生, 蟄蟲昭蘇, 羽者嫗伏, 毛者孕鬻, 胎生者不殰, 而卵生者不殈, 則樂之道歸焉耳.

大全 慶源輔氏曰: 由是觀之, 先王之樂, 固非一日之積也. 而樂之和與淫, 亦豈一人之所能爲哉? 自聲之感氣, 氣之成象, 然後樂興焉. 先王因其自然之象, 而寫之於八音, 固不能有所加損於其間也. 至紂爲靡靡之樂, 亦其逆氣自然之象耳.

번역 경원보씨가 말하길, 이를 통해 살펴보면, 선왕이 만든 악(樂)은 진실로 하루아침에 만든 것이 아니다. 악(樂) 중 화락하고 음란한 것 또한 어찌 한 사람이 만들 수 있는 것이겠는가? 소리가 기운을 느끼게 하는 것으로부터 기운이 형상을 이룬 뒤에야 악(樂)이 생겨난다. 선왕은 자연의 형상에 따라서 그것을 팔음(八音)을 통해 나타냈으니, 진실로 그 사이에 더하거나 덜어내는 점이 있을 수 없다. 주임금의 유약하고 미약한 음악 또한 거스르는 기운과 자연의 형상에 해당할 따름이다.

大全 馬氏曰: 象者見, 乃謂之象也. 然聲亦可謂之象, 故曰聲者樂之象. 倡和有應, 故回邪曲直, 各歸其分, 而萬物之情理, 各以類自相感動也.

번역 마씨가 말하길, 형상이 드러나는 것을 '상(象)'이라고 부른다. 그러나 소리 또한 '상(象)'이라고 부를 수 있다. 그렇기 때문에 "소리는 악(樂)의 상(象)이다."2)라고 말한 것이다. 느끼게 하고 그에 따라 일어나는 기운에 호응함이 있기 때문에, 어그러지고 사벽하며 굽고 곧음도 각각 그 분야로 되돌아가고, 만물의 정감과 이치도 각각 해당 부류로써 서로 느껴서 움직이게 된다.

鄭注 成象者, 謂人樂習焉.

---

2) 『예기』「악기」【474c】: 樂者, 心之動也. 聲者, 樂之象也. 文采節奏, 聲之飾也. 君子動其本, 樂其象, 然後治其飾. 是故先鼓以警戒, 三步以見方, 再始以著往, 復亂以飭歸, 奮疾而不拔, 極幽而不隱, 獨樂其志, 不厭其道, 備擧其道, 不私其欲. 是故情見而義立, 樂終而德尊, 君子以好善, 小人以聽過. 故曰, "生民之道, 樂爲大焉."

번역 '성상(成象)'이라는 것은 사람들이 즐겨 익히는 것을 뜻한다.

釋文 倡, 昌尙反, 又音唱, 下同. 分, 扶問反.

번역 '倡'자는 '昌(창)'자와 '尙(상)'자의 반절음이며, 또한 그 음은 '唱(창)'도 되는데, 아래문장에 나오는 글자도 그 음이 이와 같다. '分'자는 '扶(부)'자와 '問(문)'자의 반절음이다.

孔疏 ●"凡姦"至"其義". ○正義曰: 皇氏云: "自此以下至'贈諸侯也', 爲樂象之科." 各隨文解之. 從此至"以行其義", 明樂有姦聲·正聲, 以類相感, 君子當去淫聲, 用正聲也. "凡姦聲感人, 而逆氣應之"者, 姦聲, 謂姦邪之聲感動於人. 逆氣, 謂違逆之氣, 卽姦邪之氣也. 人旣感姦邪之聲, 則有姦邪之氣來應也.

번역 ●經文: "凡姦"~"其義". ○황간은 "이곳 문장부터 그 아래로 '제후에 대해서 선물로 하사한다.'³⁾라는 구문까지는 「악상(樂象)」편의 과업에 해당한다."라고 했다. 각각 문장에 따라서 풀이하겠다. 이곳 구문부터 "이로써 그 도의를 시행하도록 만든다."⁴⁾라는 구문까지는 악(樂)에 간사한 소리가 있고 바른 소리가 있어서 그 부류로써 서로 느끼게 되니, 군자는 마땅히 음란한 소리를 제거하고 바른 소리를 사용해야 함을 나타내고 있다. 경문의 "凡姦聲感人, 而逆氣應之"에 대하여, '간성(姦聲)'은 간사한 소리가 사람을 느끼게 하고 움직이게 함을 뜻한다. '역기(逆氣)'는 거스르는 기운을 뜻하니, 곧 간사하고 사벽한 기운에 해당한다. 사람이 이미 간사하고 사벽한 소리를 느끼게 되면, 간사하고 사벽한 기운이 나타나서 호응하게 된다.

---

3) 『예기』「악기」【475d】: 所謂大輅者, 天子之車也. 龍旂九旒, 天子之旌也. 靑黑緣者, 天子之寶龜也. 從之以牛羊之群, 則所以贈諸侯也.
4) 『예기』「악기」【472a~b】: 是故君子反情以和其志, 比類以成其行, 姦聲亂色不留聰明, 淫樂慝禮不接心術, 惰慢邪僻之氣不設於身體, 使耳目鼻口心知百體, 皆由順正以行其義.

孔疏 ●"逆氣成象, 而淫樂興焉"者, 旣感姦邪之聲, 心又感姦邪之氣, 二者相合而成象, 淫樂遂興. 若人耳初聽姦邪之聲, 其姦邪未甚, 心又感姦邪之氣, 其亂乃成, 不可救止, 紂作靡靡之樂是也.

번역 ●經文: "逆氣成象, 而淫樂興焉". ○이미 간사하고 사벽한 소리를 느끼고 마음에는 또한 간사하고 사벽한 기운을 느꼈으니, 이 두 가지가 서로 합하여 형상을 이루어 음란한 악(樂)이 결국 일어난다. 만약 사람의 귀가 처음으로 간사하고 사벽한 소리를 듣게 되는 때라면, 간사하고 사벽한 것이 아직 심한 것은 아니지만, 마음 또한 간사하고 사벽한 기운을 느끼게 되면, 문란함이 이루어져서 그칠 수가 없게 되니, 주임금이 유약하고 미약한 악(樂)을 만들었던 것이 여기에 해당한다.

孔疏 ●"正聲感人, 而順氣應之. 順氣成象, 而和樂興焉"者, 正聲感動於人, 而順氣來應. 旣聞順聲, 又感順氣, 二者相合而成象, 則和樂興. 若周室太平頌聲作也.

번역 ●經文: "正聲感人, 而順氣應之. 順氣成象, 而和樂興焉". ○바른 소리가 사람을 느끼게 하고 움직여서, 순한 기운이 도래하여 호응한다. 이미 순한 소리를 들었고 또 순한 기운을 느껴서, 두 가지가 서로 합하여 형상을 이루면, 조화로운 악(樂)이 일어난다. 마치 주(周)나라의 태평성세 때 송(頌) 등의 음악이 만들어진 것과 같다.

孔疏 ●"倡和有應"者, 初有姦聲·正聲感人, 是"倡"也. 後有逆氣·順氣, 是"和"也. 善倡則善和, 惡倡則惡和, 是"倡和有應".

번역 ●經文: "倡和有應". ○최초 간사한 소리와 바른 소리가 사람을 느끼게 하는 것이 '창(倡)'에 해당한다. 이후에 거스르는 기운과 따르는 기운이 발생하는 것이 '화(和)'에 해당한다. 이끄는 것이 선하면 화답하는 것도 선하고 이끄는 것이 악하면 화답하는 것도 악하니, 이것이 "이끌고 화답함에 호응함이 있다."는 뜻이다.

孔疏 ●"回邪曲直, 各歸其分"者, 回, 謂乖違. 邪, 謂邪辟. 言乖違邪辟, 及曲之與直, 各歸其善惡之分限也. 言善歸善分, 惡歸惡分.

번역 ●經文: "回邪曲直, 各歸其分". ○'회(回)'자는 어그러졌다는 뜻이다. '사(邪)'자는 사벽함을 뜻한다. 즉 어그러지고 사벽하며 굽고 곧음은 각각 그 선악의 경계에 따라 되돌아간다는 의미이다. 선함은 선한 곳으로 되돌아가고 악함은 악한 곳으로 되돌아간다는 뜻이다.

孔疏 ●"而萬物之理各以類相動也"者, 旣善惡各歸其分, 是萬物之情理各以類自相感動也.

번역 ●經文: "而萬物之理各以類相動也". ○이미 선악이 각각 자기 영역으로 되돌아가니, 만물의 정감과 이치도 각각 그 부류에 따라서 서로 느껴서 움직이게 된다.

集解 愚謂: 姦聲·正聲, 皆謂人聲也.

번역 내가 생각하기에, 간사한 소리와 바른 소리는 모두 사람이 내는 소리를 뜻한다.

• 제 31 절 •

반정(反情)·비류(比類)와 화기지(和其志)·성기행(成其行)

是故君子反情以和其志, 比類以成其行, 姦聲亂色不留聰明,
淫樂慝禮不接心術, 惰慢邪僻之氣不設於身體, 使耳目鼻口心
知百體, 皆由順正以行其義.

직역 是故로 君子는 情을 反하여 그 志를 和하며, 類를 比하여 그 行을 成하니, 姦聲과 亂色은 聰明을 不留하고, 淫樂과 慝禮는 心術에 不接하며, 惰慢과 邪僻의 氣는 身體에 不設하여, 使히 耳·目·鼻·口·心知·百體로, 皆히 順正에 由하여 그 義를 行이라.

의역 이러한 까닭으로 군자는 정감에 반추하여 뜻을 조화롭게 하고, 그 부류를 비교하여 행실을 이루니, 간사한 소리와 문란한 색깔은 총명함을 억류하지 않고, 음란한 악(樂)과 사특한 예(禮)가 심술(心術)에 접하지 않으며, 태만하고 사벽한 기운이 몸에 베풀어지지 않아서, 귀·눈·코·입·마음과 지각·온몸으로 하여금 모두 순종하고 바른 것에 연유하여, 그 도의를 시행하도록 만든다.

集說 反情, 復其情性之正也. 情不失其正, 則志無不和. 比類, 分次善惡之類也. 不入於惡類, 則行無不成. 曰不留·不接·不設, 如論語四勿之謂, 皆反情比類之事. 如此則百體從令, 而義之與比矣. 此一節, 乃學者修身之要法.

번역 '반정(反情)'은 정감과 본성의 올바름으로 되돌린다는 뜻이다. 정감이 올바름을 잃지 않았다면 뜻에도 조화롭지 않음이 없다. '비류(比類)'는 선악의 부류들을 구분하고 등차를 매긴다는 뜻이다. 악한 부류에 들어가지 않는다면 행실도 이루어지지 않음이 없다. "억류하지 않는다."는 말과 "접하지 않는다."는 말과 "베풀지 않는다."는 말은 모두 『논어』에서 하지 말라는 네 부류를 뜻하니,1) 이 모두는 정감에 반추하고 그 부류를 비교하는 일에 해당한다. 이처럼 한다면 온몸이 그에 따라서 도의와 대등하게 된다. 이곳 문단은 학생들이 자신을 다스리는 요점에 해당한다.

大全 嚴陵方氏曰: 情者, 性之欲也. 反情, 所以復其性. 類者, 善惡之分也. 比類, 所以別其等. 反情於內, 故足以和其志, 比類於外, 故足以成其行.

번역 엄릉방씨가 말하길, '정(情)'이라는 것은 본성이 하고자 하는 것이다. '반정(反情)'은 본성을 회복하는 것이다. '유(類)'는 선악의 구분을 뜻한다. '비류(比類)'는 등차에 따라 구별하는 것이다. 내적으로 본성을 회복하기 때문에 뜻을 조화롭게 할 수 있고, 외적으로 선악을 구별하기 때문에 행실을 이룰 수 있다.

大全 西山眞氏曰: 君子之所以自養者無他, 內外交致其功而已, 故姦聲亂色不留聰明者, 所以養其外也, 淫樂慝禮不接心術者, 所以養其內也. 外無聲色之誘, 則內亦正矣. 內無淫慝之惑, 則外亦正矣. 惰慢之氣, 自內出者也. 邪僻之氣, 自外入者也. 二者不得設於身體, 如是則外而耳目鼻口四肢百體, 內而心知, 皆由順正以行其義, 自養之功畢矣. 顔子四勿之功, 可以庶幾也.

번역 서산진씨2)가 말하길, 군자가 스스로 수양할 수 있는 것은 다른 것이 없고, 내외가 교차하여 그 공적을 이룰 따름이다. 그렇기 때문에 간사한

---

1) 『논어』「안연(顔淵)」: 顔淵問仁. 子曰, "克己復禮爲仁. 一日克己復禮, 天下歸仁焉. 爲仁由己, 而由人乎哉?" 顔淵曰, "請問其目." 子曰, "非禮勿視, 非禮勿聽, 非禮勿言, 非禮勿動." 顔淵曰, "回雖不敏, 請事斯語矣."
2) 서산진씨(西山眞氏, A.D.1178~A.D.1235): =건안진씨(建安眞氏)·진덕수(眞德秀). 남송(南宋) 때의 성리학자이다. 자(字)는 경원(景元)이고, 호(號)는 서산(西山)이다. 저서로는 『독서기(讀書記)』, 『사서집론(四書集論)』, 『경연강의(經筵講義)』 등이 있다.

소리와 문란한 색이 총명함을 억류하지 않음은 외적인 면을 기르는 것이며, 음란한 악(樂)과 사특한 예(樂)가 심술(心術)에 접하지 않는 것은 내적인 면을 기르는 것이다. 외적으로 소리와 색깔의 꾐이 없다면 내적인 면 또한 바르게 된다. 내적으로 음란하고 사특함에 대해 느낌이 없다면 외적인 면 또한 바르게 된다. 태만한 기운은 안으로부터 나오는 것이다. 사벽한 기운은 외부로부터 들어오는 것이다. 이 두 가지는 자신의 몸에 적용시킬 수 없으니, 이처럼 한다면 외적으로 귀·눈·코·입·사지·온몸, 내적으로 마음과 지각이 모두 순함과 올바름에 따라서 그 도의를 시행하여 스스로 수양하는 공덕이 이루어진다. 안연이 네 가지 하지 말라는 노력을 했던 것이 여기에 가깝다고 평가할 수 있다.

鄭注 反, 猶本也. 術, 猶道也.

번역 '반(反)'자는 "근본한다[本]."는 뜻이다. '술(術)'자는 도(道)와 같다.

釋文 行, 下孟反. 惰, 徒臥反. 辟, 匹亦反. 知音智.

번역 '行'자는 '下(하)'자와 '孟(맹)'자의 반절음이다. '惰'자는 '徒(도)'자와 '臥(와)'자의 반절음이다. '辟'자는 '匹(필)'자와 '亦(역)'자의 반절음이다. '知'자의 음은 '智(지)'이다.

孔疏 ●"是故君子反情以和其志"者, 反情, 謂反去淫弱之情理, 以調和其善志也.

번역 ●經文: "是故君子反情以和其志". ○'반정(反情)'은 음란하고 유약한 정감과 이치를 되돌리고 제거하여, 선한 뜻을 조화롭게 한다는 의미이다.

孔疏 ●"比類以成其行"者, 比, 謂比擬善類, 以成己身之美行.

번역 ●經文: "比類以成其行". ○'비(比)'자는 선한 부류를 본받아서, 자

신의 아름다운 행실을 완성한다는 뜻이다.

孔疏 ●“姦聲亂色, 不留聰明”者, 謂不使姦聲亂色留停於耳目, 令耳目不聰明也.

번역 ●經文: “姦聲亂色, 不留聰明”. ○간사한 소리와 문란한 색깔이 귀와 눈에 아른거려서, 귀와 눈을 총명하지 않게끔 하지 않는다는 뜻이다.

孔疏 ●“淫樂慝禮, 不接心術”者, 謂不使淫樂慝禮而連接於心術, 謂心不存念也.

번역 ●經文: “淫樂慝禮, 不接心術”. ○음란한 악(樂)과 사특한 예(禮)가 마음의 도에 접하지 않도록 한다는 의미로, 마음에 그에 대한 생각이 남아있지 않게끔 한다는 뜻이다.

孔疏 ●“惰慢邪辟之氣, 不設於身體”者, 以耳目心術所爲皆善, 則怠惰邪辟之氣無由來入也, 故邪辟之氣不施設於身體.

번역 ●經文: “惰慢邪辟之氣, 不設於身體”. ○귀·눈·마음의 도가 시행하는 것들이 모두 선하다면, 태만하고 사벽한 기운이 출입할 곳이 없게 된다. 그렇기 때문에 사벽한 기운이 자신의 몸에 시행되지 않는 것이다.

孔疏 ●“使耳·目·鼻·口·心知·百體, 皆由順正, 以行其義”者, 旣邪辟不在於身, 耳目口鼻心[3]想知慮百事之體, 皆由順正. 由, 從也. 皆從和順, 以行其正直義理也.

---

3) ‘심(心)’자에 대하여. ‘심’자는 본래 없던 글자인데, 완원(阮元)의 『교감기(校勘記)』에서는 “혜동(惠棟)의 『교송본(校宋本)』에는 ‘상(想)’자 앞에 ‘심’자가 기록되어 있으니, 이곳 판본에는 ‘심’자가 누락된 것이며, 『민본(閩本)』·『감본(監本)』·『모본(毛本)』에는 ‘심’자가 기록되어 있지만, ‘상’자가 누락되어 있다.”라고 했다.

번역 ●經文: "使耳・目・鼻・口・心知・百體, 皆由順正, 以行其義". ○ 이미 사벽한 것이 자신에게 남아있지 않아서, 귀・눈・입・코・마음의 생각・지각 등의 모든 것들이 순함과 올바름에 따른다. '유(由)'자는 "~에 따른다[從]."는 뜻이다. 모두 조화로움과 순함에 따라서 바르고 강직한 의리를 시행한다.

集解 石經淫樂作"淫聲".

번역 『석경』에서는 '음악(淫樂)'을 '음성(淫聲)'으로 기록했다.

集解 情懼其流也, 反之, 則所發者不過其節而其志和矣. 行懼其失也, 比擬善惡之類, 去其惡而從其善, 則其行成矣. 此二者, 正心脩身之事也. 姦聲・亂色不留聰明, 防其接於外者也. 淫樂・慝禮不接心術, 謹其存於中者也. 惰慢之氣自內出, 邪辟之氣自外入, 而皆不設於身體, 則內外皆得其養矣. 君子之反情・比類如此, 故能使小大之體莫不順而不逆, 正而不邪, 而所行皆合於義也. 此言聖人作樂之本也.

번역 정감에 있어서는 방탕하게 됨이 염려스러우니, 그것을 되돌리면 나타나는 것이 절도를 벗어나지 않아서 그 뜻이 조화롭게 된다. 행실에 있어서는 잘못을 범하게 됨이 염려스러우니, 선악의 부류를 구분하여 악함을 제거하고 선함을 따른다면 그 행실을 이루게 된다. 이 두 가지는 마음을 바르게 하고 몸을 수양하는 사안에 해당한다. 간사한 소리와 문란한 색깔이 총명함을 억류하지 않는 것은 외적으로 접하게 됨을 방지하는 것이다. 음란한 악(樂)과 사특한 예(禮)가 마음에 접하지 않도록 함은 마음을 보존하는 것에 신중을 기하는 것이다. 태만한 기운은 내부로부터 나오고 사벽한 기운은 외부로부터 들어오는데, 이 모두가 몸에 나타나지 않는다면 내외가 모두 길러진다. 군자는 정감을 돌이키고 부류를 구분함이 이와 같기 때문에, 큰 것이나 작은 것에 상관없이 순종하지 않아 거스르는 일이 없게끔 하고 올바르게 하여 사벽하지 않게끔 하여, 행실이 모두 도의에 합치되

도록 할 수 있다. 이것은 성인이 악(樂)을 지음에 근본으로 삼았던 것을
뜻한다.

• 제 32 절 •

올바른 악(樂)의 시행

【472c】

然後發以聲音, 而文以琴瑟, 動以干戚, 飾以羽旄, 從以簫管, 奮至德之光, 動四氣之和, 以著萬物之理. 是故清明象天, 廣大象地, 終始象四時, 周還象風雨, 五色成文而不亂, 八風從律而不姦, 百度得數而有常, 小大相成, 終始相生, 倡和清濁, 迭相爲經. 故樂行而倫清, 耳目聰明, 血氣和平, 移風易俗, 天下皆寧.

직역 然後에 發하길 聲音으로써 하고, 文하길 琴瑟로써 하며, 動하길 干戚으로써 하고, 飾하길 羽旄로써 하여, 從하길 簫管으로써 하고, 至德의 光을 奮하며, 四氣의 和를 動하여, 이로써 萬物의 理를 著한다. 是故로 淸明은 天을 象하고, 廣大는 地를 象하며, 終始는 四時를 象하고, 周還은 風雨를 象하니, 五色은 文을 成하고 不亂하며, 八風은 律을 從하고 不姦하고, 百度는 數를 得하고 常이 有하니, 小大가 相히 成하고, 終始가 相히 生하며, 倡和와 淸濁이 迭하여 相히 經이 爲한다. 故로 樂이 行하고 倫이 淸하며, 耳目이 聰明하고, 血氣가 和平하며, 風을 移하고 俗을 易하여, 天下가 皆히 寧이라.

의역 그런 뒤에 소리[聲]와 음(音)을 통해서 나타내고, 금(琴)과 슬(瑟)을 통해서 격식을 나타내며, 방패와 도끼를 통해서 활동적으로 표현하고, 깃털과 꼬리털로 꾸미며, 소(簫)와 피리로 따르게 하여, 지극한 덕의 빛남을 떨치고, 사계절의 조화로운 기운을 움직여서, 이를 통해 만물의 이치를 드러낸다. 그렇기 때문에 맑고 밝음은 하늘을 형상화하고, 넓고 큼은 땅을 형상화하며, 끝과 시작은 사계절을 형상화하고, 나아가고 물러나는 등의 행위는 바람과 비를 형상화하니, 오색이 무늬를 이루어 문란하지 않고, 팔풍이 율력에 따라서 간사하지 않으며, 모든 도수가 해당

수치를 얻어 항상됨이 있으니, 작고 큼이 서로를 이루어주고, 끝과 시작이 서로를 생겨나게 하며, 이끌고 화답함 맑고 탁함이 갈마들며 서로의 기준이 된다. 그렇기 때문에 악(樂)이 시행되고 인륜이 맑아지며, 귀와 눈이 청명해지고, 혈기가 화평하게 되며, 풍속이 좋게 바뀌니, 천하가 모두 편안하게 된다.

集說 大章之章, 咸池之備, 韶之繼, 皆聖人極至之德發於樂者, 其輝光猶若可見也. 書言"光被四表", "光天之下", 皆所謂至德之光也. 四氣之和, 四時之和氣也. 小大終始, 卽前章小大之稱, 終始之序也. 迭相爲經, 卽前篇還相爲宮之說也.

번역 대장(大章)이라는 악곡이 밝힌다는 뜻을 나타내고, 함지(咸池)라는 악곡이 갖췄다는 뜻을 나타내며, 소(韶)라는 악곡이 계승한다는 뜻을 나타내는 것[1]들은 모두 성인의 지극한 덕이 악(樂)으로 드러난 것이니, 휘황찬란하게 나타남을 살펴볼 수 있다. 『서』에서는 "빛이 사방에 펼쳐졌다."[2]라고 말하고, "하늘 아래에 빛나게 한다."[3]라고 말했는데, 이 모두는 지극한 덕의 빛남을 뜻한다. 네 기운의 조화로움은 사계절의 조화로운 기운을 뜻한다. 작고 큼 끝과 시작은 곧 앞에서 말한 '작고 큼의 알맞음'과 '끝과 시작의 순서'를 의미한다.[4] '질상위경(迭相爲經)'은 곧 앞 편에서 "순환하여 서로의 궁(宮)이 된다."[5]는 말에 해당한다.

---

1) 『예기』「악기」【468a】: 大章, 章之也. 咸池, 備矣. 韶, 繼也. 夏, 大也. 殷周之樂盡矣.
2) 『서』「우서(虞書)·요전(堯典)」: 曰放勳, 欽明文思安安, 允恭克讓, 光被四表, 格于上下.
3) 『서』「우서(虞書)·익직(益稷)」: 禹曰, 兪哉, 帝光天之下, 至于海隅蒼生, 萬邦黎獻, 共惟帝臣, 惟帝時擧, 敷納以言, 明庶以功, 車服以庸, 誰敢不讓, 敢不敬應, 帝不時, 敷同日奏罔功.
4) 『예기』「악기」【470a】: 是故先王本之情性, 稽之度數, 制之禮義, 合生氣之和, 道五常之行, 使之陽而不散, 陰而不密, 剛氣不怒, 柔氣不懾, 四暢交於中, 而發作於外, 皆安其位而不相奪也. 然後立之學等, 廣其節奏, 省其文采, 以繩德厚, 律小大之稱, 比終始之序, 以象事行, 使親疏貴賤長幼男女之理, 皆形見於樂. 故曰, "樂觀其深矣."
5) 『예기』「예운(禮運)」【281b】: 五聲·六律·十二管, 還相爲宮也.

集說 疏曰: 八風, 八方之風也. 律, 十二月之律也. 距冬至四十五日條風至, 條者, 生也. 四十五日明庶風至, 明庶者, 迎衆也. 四十五日淸明風至, 淸明者, 芒也. 四十五日景風至, 景者, 大也, 言陽氣長養也. 四十五日涼風至, 涼, 寒也, 陰氣行也. 四十五日閶闔風至, 閶闔者, 咸收藏也. 四十五日不周風至, 不周者, 不交也, 言陰氣未合化也. 四十五日廣莫風至, 廣莫者, 大莫也, 開陽氣也.

번역 공영달의 소(疏)에서 말하길, 팔풍(八風)6)은 여덟 방위에서 불어 오는 바람을 뜻한다. '율(律)'은 12개월에 따른 율(律)을 뜻한다. 동지로부터 45일이 지나면 조풍(條風)이 불어오는데, '조(條)'자는 "생기다[生]."는 뜻이

---

6) 팔풍(八風)은 팔방(八方)에서 풀어오는 바람으로, 각 문헌에 따라서 명칭이 조금씩 다르다. 『여씨춘추(呂氏春秋)』에 따르면, 동북풍(東北風)은 염풍(炎風), 동풍(東風)은 도풍(滔風), 동남풍(東南風)은 훈풍(熏風), 남풍(南風)은 거풍(巨風), 서남풍(西南風)은 처풍(凄風), 서풍(西風)은 료풍(飂風), 서북풍(西北風)은 려풍(厲風), 북풍(北風)은 한풍(寒風)이다. 『회남자(淮南子)』에 따르면, 동북풍(東北風)은 염풍(炎風), 동풍(東風)은 조풍(條風), 동남풍(東南風)은 경풍(景風), 남풍(南風)은 거풍(巨風), 서남풍(西南風)은 량풍(涼風), 서풍(西風)은 료풍(飂風), 서북풍(西北風)은 려풍(麗風), 북풍(北風)은 한풍(寒風)이다. 『설문해자(說文解字)』에 따르면, 동풍(東風)은 명서풍(明庶風), 동남풍(東南風)은 청명풍(淸明風), 남풍(南風)은 경풍(景風), 서남풍(西南風)은 량풍(涼風), 서풍(西風)은 창합풍(閶闔風), 서북풍(西北風)은 부주풍(不周風), 북풍(北風)은 광막풍(廣莫風), 동북풍(東北風)은 융풍(融風)이다. 『경전석문(經典釋文)』에 따르면, 동풍(東風)은 곡풍(谷風), 동남풍(東南風)은 청명풍(淸明風), 남풍(南風)은 개풍(凱風), 서남풍(西南風)은 량풍(涼風), 서풍(西風)은 창합풍(閶闔風), 서북풍(西北風)은 부주풍(不周風), 북풍(北風)은 광막풍(廣莫風), 동북풍(東北風)은 융풍(融風)이다. 『여씨춘추(呂氏春秋)』「유시(有始)」편에서는 "何謂八風. 東北曰炎風, 東方曰滔風, 東南曰熏風, 南方曰巨風, 西南曰凄風, 西方曰飂風, 西北曰厲風, 北方曰寒風."이라고 하였고, 『회남자(淮南子)』「추형훈(墜形訓)」편에서는 "東北曰炎風, 東方曰條風, 東南曰景風, 南方曰巨風, 西南曰涼風, 西方曰飂風, 西北曰麗風, 北方曰寒風."이라고 하였으며, 『설문(說文)』「풍부(風部)」편에서는 "風, 八風也. 東方曰明庶風, 東南曰淸明風, 南方曰景風, 西南曰涼風, 西方曰閶闔風, 西北曰不周風, 北方曰廣莫風, 東北曰融風."이라고 하였고, 『춘추좌씨전』「은공(隱公) 5년」편에는 "夫舞所以節八音, 而行八風."이라는 기록이 있는데, 이에 대한 육덕명(陸德明)의 『경전석문(經典釋文)』에서는 "八方之風, 謂東方谷風, 東南淸明風, 南方凱風, 西南涼風, 西方閶闔風, 西北不周風, 北方廣莫風, 東北方融風."이라고 풀이하였다.

다. 또 45일이 지나면 명서풍(明庶風)이 불어오는데, '명서(明庶)'라는 말은 무리를 맞이한다는 뜻이다. 또 45일이 지나면 청명풍(淸明風)이 불어오는데, '청명(淸明)'이라는 말은 "무성하게 하다[芒]."는 뜻이다. 또 45일이 지나면 경풍(景風)이 불어오는데, '경(景)'자는 "크게 하다[大]."는 의미로, 양기가 장성하게 길러준다는 뜻이다. 또 45일이 지나면 양풍(凉風)이 불어오는데, '양(凉)'자는 "춥다[寒]."는 의미로, 음기가 움직인다는 뜻이다. 또 45일이 지나면 창합풍(閶闔風)이 불어오는데, '창합(閶闔)'이라는 말은 모두 거두어 보관한다는 뜻이다. 또 45일이 지나면 부주풍(不周風)이 불어오는데, '부주(不周)'라는 말은 사귀지 않는다는 의미로, 음기가 아직 합치되어 변화되지 않았다는 뜻이다. 또 45일이 지나면 광막풍(廣莫風)이 불어오는데, '광막(廣莫)'이라는 말은 막대하다는 의미로, 양기를 열어준다는 뜻이다.

구분		오음(五音)	십이율(十二律)
계절	역(曆)		
봄	孟春 正月	각(角)	대주(大蔟)
	仲春 2월		협종(夾鍾)
	季春 3월		고선(姑洗)
여름	孟夏 4월	치(徵)	중려(中呂)
	仲夏 5월		유빈(蕤賓)
	季夏 6월		임종(林鍾)
중앙	中央	궁(宮)	황종지궁(黃鍾之宮)
가을	孟秋 7월	상(商)	이칙(夷則)
	仲秋 8월		남려(南呂)
	季秋 9월		무역(無射)
겨울	孟冬 10월	우(羽)	응종(應鍾)
	仲冬 11월		황종(黃鍾)
	季冬 12월		대려(大呂)

集說 方氏曰: 淸明者樂之聲, 故象天. 廣大者樂之體, 故象地. 終始者樂之序, 故象四時. 周還者樂之節, 故象風雨.

번역 방씨가 말하길, 청명(淸明)은 악(樂)의 소리이기 때문에 하늘을 형상화한다. 광대(廣大)는 악(樂)의 본체이기 때문에 땅을 형상화한다. 끝과 시작은 악(樂)의 질서이기 때문에 사계절을 형상화한다. 나아가고 물러나는 것 등은 악(樂)의 절도이기 때문에 바람과 비를 형상화한다.

集說 應氏曰: 五聲配乎五行之色, 故各成文而不亂; 八音配乎八卦之風, 故各從律而不姦. 自一度衍之而至於百, 則百度各得其數, 猶八卦至於六十四, 而其變無窮也. 大而日月星辰之度, 小而百工器物之度, 各有數焉, 不止晝夜之百刻也. 曰不亂不姦, 以至有常, 言其常而不紊也. 曰相成相生, 以至迭相爲經, 言其變而不窮也. 順其常, 則能極其變矣.

번역 응씨가 말하길, 오성(五聲)을 오행(五行)에 해당하는 색깔에 배합을 했기 때문에 각각 무늬를 이루어 문란하지 않고, 팔음(八音)을 팔괘(八卦)에 해당하는 바람에 배합을 했기 때문에 각각 그 율법에 따라서 간사하지 않다. 1도로부터 확장하여 100도에 이르면 100도가 각각 그 도수를 얻으니, 이것은 팔괘가 육십사괘에 이르러 변화에 끝이 없음과 같다. 크게는 해·달·별들의 운행 도수, 작게는 모든 공인들이 만든 기물들의 도수에 각각 해당하는 수치가 있으니, 낮과 밤의 시간인 100각(刻)[7]에만 한정되지 않는다. 문란하지 않고 간사하지 않다고 했고, 항상됨이 있다고도 말했으니, 항상됨을 갖춰서 문란하지 않다는 의미이다. 서로 완성하고 서로 생겨나게 한다고 했고, 갈마들며 서로의 법칙이 된다고도 말했으니, 변화를 하며 끝이 없다는 뜻이다. 항상됨에 따른다면 변화를 지극히 할 수 있다.

---

7) 각(刻)은 시간의 단위이다. 고대에는 물통에 작은 구멍을 내서, 물이 떨어진 양을 보고 시간을 헤아렸다. 하루를 100'각'으로 나누었는데, 한(漢)나라 애제(哀帝) 건평(建平) 2년(-5년) 때에는 20'각'을 더해서, 하루의 길이를 총 120'각'으로 정하였다. 『한서(漢書)』「애제기(哀帝紀)」편에는 "漏刻以百二十爲度."라는 기록이 있는데, 이에 대한 안사고(顔師古)의 주에서는 "舊漏晝夜共百刻, 今增其二十."이라고 풀이하였다. 그리고 남북조(南北朝) 시기 양(梁)나라 무제(武帝)는 8'각'을 1진(辰)으로 정하여, 낮과 밤의 길이를 각각 12'진' 96'각'으로 정하였다.

大全 馬氏曰: 聲成文, 謂之音. 五色成文而不亂者, 聲之和也. 八風從律而不姦者, 律之和也. 君子之於樂也, 小大精粗, 皆有數, 故天之中數五而因之, 以爲五聲, 地之中數六而因之, 以爲六律. 至於樂之始則柷, 柷之數, 其方二尺四寸, 此三八之數也, 其深一尺八寸, 此二九之數也. 九勝八, 陽勝陰也, 此樂之所以作也. 至於樂之終則有敔, 而敔之數, 其鉏鋙二十七, 此三九之數也. 其長尺, 此十之數也. 十勝九, 陰勝陽也, 此樂之所以止也. 凡此皆百度得數有常而不變也. 言百者, 亦擧其成數爾. 小大相成, 此釋其淸明象天廣大象地也. 終始相生, 此釋其終始象四時周旋象風雨也. 倡和淸濁, 迭相爲經, 此釋其五色成文而不亂, 八風從律而不姦也.

번역 마씨가 말하길, 소리[聲]가 무늬와 제도를 이루게 되면 그것을 '음(音)'이라고 부른다.[8] 오색(五色)이 무늬를 이루되 문란하지 않은 것은 소리의 조화로움에 해당한다. 팔풍(八風)이 율력을 따르되 간사하지 않은 것은 음률의 조화로움에 해당한다. 군자는 악(樂)에 대해서, 작고 큼 및 정밀하고 거침에 대해 모두 해당하는 수치를 두었다. 그렇기 때문에 하늘의 중수(中數)인 5에 따라서 오성(五聲)으로 삼았고 땅의 중수인 6에 따라서 육률(六律)로 삼았다. 악(樂)을 시작함에 있어서는 축(柷)을 연주하는데 축(柷)의 수치에 있어서, 사방은 2척(尺) 4촌(寸)의 크기이니, 이것은 3 곱하기 8의 수에 해당한다. 그리고 그 깊이는 1척(尺) 8촌(寸)이니, 이것은 2 곱하기 9의 수에 해당한다. 9가 8을 이기는 것은 양(陽)이 음(陰)을 이기는 것에 해당하니, 이것이 악(樂)이 시작되는 이유이다. 악(樂)을 마침에 있어서는 어(敔)를 연주하는데 어(敔)의 수치에 있어서, 빗금처럼 틀어져 어긋난 부분이 27개이니, 이것은 3 곱하기 9의 수에 해당한다. 그 길이는 1척(尺)에 해당하니, 이것은 10의 수에 해당한다. 10이 9를 이기는 것은 음(陰)이 양(陽)을 이기는 것에 해당하니, 이것이 악(樂)이 마치게 되는 이유이다. 무릇 이러한 것들은 모든 도수가 해당 수치를 얻고 항상됨이 있어서 변하

---

8) 『예기』 「악기」 【456b】: 凡音者, 生人心者也. 情動於中, 故形於聲, <u>聲成文, 謂之音.</u> 是故治世之音安以樂, 其政和; 亂世之音怨以怒, 其政乖; 亡國之音哀以思, 其民困. 聲音之道, 與政通矣.

지 않음을 뜻한다. '백(百)'이라고 말한 것은 또한 성수(成數)를 들어서 말한 것일 뿐이다. "작고 큼이 서로 완성한다."는 말은 맑고 밝음이 하늘을 형상화하고 넓고 큼이 땅을 형상화한다는 말을 풀이한 것이다. "끝과 시작이 서로 생겨나게 한다."는 말은 끝과 시작이 사계절을 형상화하고 나아가고 물러나는 행위 등이 바람과 비를 형상화한다는 말을 풀이한 것이다. "이끌고 화답함 및 맑고 탁함이 갈마들어 서로의 기준이 된다."는 말은 오색이 무늬를 이루되 문란하지 않고, 팔풍이 율력을 따르되 간사하지 않다는 말을 풀이한 것이다.

大全 慶源輔氏曰: 上旣極言樂之理, 故此下以樂之功效, 以結之. 倫, 理也. 淸, 明也. 倫淸, 言人之倫理淸明, 而無曖昧紛亂之患. 自一人之身言之, 則耳目聰明, 血氣和平, 自天下之大言之, 則移風易俗, 而天下皆寧, 樂之功效至此極矣.

번역 경원보씨가 말하길, 앞에서는 이미 악(樂)의 이치에 대해서 지극히 말했기 때문에, 이곳 구문으로부터 그 이하의 내용에서는 악(樂)의 공효에 대해 언급하여 결론을 맺었다. '윤(倫)'자는 이치[理]를 뜻한다. '청(淸)'자는 "밝다[明]."는 뜻이다. '윤청(倫淸)'은 사람의 도리와 이치가 밝아져서 어둡고 문란하게 되는 우환이 없다는 뜻이다. 자기 개인을 기준으로 말을 한다면 귀와 눈이 밝아지고 혈기가 화평하게 되며, 천하처럼 거대한 것을 기준으로 말을 한다면 풍속이 좋은 쪽으로 바뀌고 천하가 모두 편안하게 되니, 악(樂)의 공효가 여기에 이르러 지극해진다.

鄭注 奮, 猶動也. 動至德之光, 謂降天神, 出地祇, 假祖考. 著, 猶成也. 淸明, 謂人聲也. 廣大, 謂鐘鼓也. 周還, 謂舞者. 五色, 五行也. 八風從律, 應節至也. 百度, 百刻也, 言日月晝夜, 不失正也. 淸, 謂蕤賓至應鐘也. 濁, 謂黃鐘至中呂. 言樂用則正人理, 和陰陽也. 倫, 謂人道也.

번역 '분(奮)'자는 "움직이다[動]."는 뜻이다. 지극한 덕의 밝음을 움직인다는 말은 천신을 강림시키고 지기가 나오도록 하며 조상신이 이르도록 한다는 뜻이다. '저(著)'자는 "이루다[成]."는 뜻이다. '청명(淸明)'은 사람의 목소리에 해당한다. '광대(廣大)'는 종이나 북의 소리에 해당한다. '주선(周還)'은 무용수들에 해당한다. 오색(五色)은 오행(五行)이다. 팔풍(八風)은 율력에 따라서 절기에 호응하여 도래한다. '백도(百度)'는 100각(刻)이니, 해와 달 및 낮과 밤이 올바름을 잃지 않았다는 뜻이다. '청(淸)'은 십이율 중 유빈(蕤賓)으로부터 응종(應鐘)까지를 뜻한다. '탁(濁)'은 황종(黃鐘)으로부터 중려(仲呂)까지를 뜻한다. 즉 악(樂)이 사용되면 인륜의 도리를 바르게 하며 음양을 조화롭게 한다는 뜻이다. '윤(倫)'은 사람의 도리를 뜻한다.

구분	청탁(淸濁)	고저(高低)	음양(陰陽)	서양음계
황종(黃鐘)	탁(濁)	저(低)	양(陽)	C
대려(大呂)			음(陰)	C#
대주(大簇)			양(陽)	D
협종(夾鐘)			음(陰)	D#
고선(姑洗)			양(陽)	E
중려(仲呂)			음(陰)	F
유빈(蕤賓)	청(淸)	고(高)	양(陽)	F#
임종(林鐘)			음(陰)	G
이칙(夷則)			양(陽)	G#
남려(南呂)			음(陰)	A
무역(無射)			양(陽)	A#
응종(應鐘)			음(陰)	B

釋文 著, 張慮反. 假, 古迫反. 還音旋, 注同. 迭, 大結反. 中音仲.

번역 '著'자는 '張(장)'자와 '慮(려)'자의 반절음이다. '假'자는 '古(고)'자와 '迫(박)'자의 반절음이다. '還'자의 음은 '旋(선)'이며, 정현의 주에 나오는 글자도 그 음이 이와 같다. '迭'자는 '大(대)'자와 '結(결)'자의 반절음이다. '中'자의 음은 '仲(중)'이다.

孔疏 ●“然後”至“皆寧”. ○正義曰: 前經明君子去姦聲, 行正聲, 故此一節明正聲之道, 論大樂之德, 可以移風易俗, 安天下也.

번역 ●經文: “然後”~“皆寧”. ○앞의 경문에서는 군자가 간사한 소리를 제거하고 올바른 소리를 시행함을 밝혔다. 그렇기 때문에 이곳 문단에서는 소리를 올바르게 하는 도를 밝히고, 큰 악(樂)의 덕이 풍속을 좋은 쪽으로 변화시켜서 천하를 편안하게 할 수 있음을 논의하였다.

孔疏 ●“發以聲音”者, 謂其動發心志以聲音也.

번역 ●經文: “發以聲音”. ○마음과 뜻을 움직여서 소리[聲]와 음(音)을 낸다는 뜻이다.

孔疏 ●“而文以琴瑟”者, 謂文飾聲音以琴瑟也.

번역 ●經文: “而文以琴瑟”. ○금(琴)이나 슬(瑟) 등을 통해서 소리[聲]와 음(音)에 문식을 꾸민다는 뜻이다.

孔疏 ●“動以干戚”者, 謂其振動形體以干戚.

번역 ●經文: “動以干戚”. ○방패와 도끼 등의 무용도구로 몸을 움직여 형상을 만든다는 뜻이다.

孔疏 ●“飾以羽旄”者, 其裝飾樂具以羽旄也.

번역 ●經文: “飾以羽旄”. ○음악의 도구들에 대해서 깃털과 꼬리털 등으로 장식을 한다.

孔疏 ●“從以簫管”者, 謂其隨從諸樂以簫管.

번역 ●經文: "從以簫管". ○여러 악곡들에 대해서 소(簫)와 피리 등으로 뒤따라 연주한다는 뜻이다.

孔疏 ●"奮至德之光"者, 謂用上諸樂, 奮動天地職極之德. 光明, 謂神明來降也.

번역 ●經文: "奮至德之光". ○앞에 나온 이러한 악곡을 사용하여, 천지의 지극한 덕을 움직인다는 뜻이다. '광명(光明)'은 신명이 도래한다는 의미이다.

孔疏 ●"動四氣之和"者, 謂感動四時之氣序之和平, 使陰陽順序也.

번역 ●經文: "動四氣之和". ○사계절의 기운이 질서에 따라 화평한 것을 느껴서 움직이게 하여, 음양으로 하여금 순서에 따르도록 한다는 뜻이다.

孔疏 ●"以著萬物之理"者, 樂旣和平, 故能著成萬物之道理, 謂風雨順, 寒暑時, 鬼神降其福, 萬物得其所也.

번역 ●經文: "以著萬物之理". ○악(樂)이 이미 화평하기 때문에 만물의 도리를 드러내고 이룰 수 있으니, 바람과 비가 질서에 따르고 추위와 더위가 때에 따라서, 귀신이 복을 내려주며 만물이 제자리를 얻는다는 의미이다.

孔疏 ●"是故淸明象天"者, 由樂體如此, 故人之歌曲淸潔顯明, 以象於天也.

번역 ●經文: "是故淸明象天". ○악(樂)의 본체를 따름이 이와 같기 때문에, 사람이 부르는 악곡이 맑고 깨끗하며 현저하게 드러나서 하늘을 형상화한다.

孔疏 ●"廣大象地"者, 謂鐘鼓鏗鏘, 寬廣壯大, 以象於地也.

번역 ●經文: “廣大象地”. ○종과 북의 소리가 쩌렁쩌렁 울려 넓고 크게 퍼져서, 땅을 형상화한다는 뜻이다.

孔疏 ●“終始象四時”者, 終於羽, 始於宮, 象四時之變化, 終而復始也.

번역 ●經文: “終始象四時”. ○우(羽)음에서 끝이 나고 궁(宮)음에서 시작함은 사계절의 변화가 끝나면 재차 시작함을 형상화한다.

孔疏 ●“周旋象風雨”者, 言舞者周匝回還, 象風雨之迴復也.

번역 ●經文: “周旋象風雨”. ○무용수들이 두루 움직이고 회전함 등은 비와 바람이 순환함을 형상화한다는 뜻이다.

孔疏 ●“五色成文而不亂”者, 五色, 五行之色也. 既有所象, 故應達天地五行之色, 各依其行色成就文章, 而不錯亂. 崔氏云: “五色者, 五行之音, 謂宮·商·角·徵·羽之聲, 和合成文不亂也. 而云五色, 因五行之色, 別廣以明義也.”

번역 ●經文: “五色成文而不亂”. ○‘오색(五色)’은 오행(五行)에 해당하는 색깔이다. 이미 형상화하는 것이 있기 때문에 천지와 오행의 색깔에 호응하고 통해서, 각각 그 해당하는 오행에 따라 색깔이 무늬를 이루고 서로 섞이지 않는다. 최영은은 “오색(五色)은 오행에 해당하는 음이니, 궁(宮)·상(商)·각(角)·치(徵)·우(羽)에 해당하는 소리로, 화합하고 법칙을 이루어 뒤섞이지 않음을 뜻한다. 이것을 ‘오색(五色)’이라고 부른 것은 오행에 따른 색깔에서 연유한 것으로, 별도로 폭넓게 설명하여 그 의미를 드러내었다.”라고 했다.

구분	五行	五色	五方	五味	五臭	계절
궁(宮)	토(土)	황(黃)	중(中)	감(甘) 단맛	향(香) 향내	중앙
상(商)	금(金)	백(白)	서(西)	신(辛) 매운맛	성(腥: =鯹) 비린내	추(秋)
각(角)	목(木)	청(靑)	동(東)	산(酸) 신맛	전(羶) 노린내	춘(春)
치(徵)	화(火)	적(赤)	남(南)	고(苦) 쓴맛	초(焦: =薰) 탄내	하(夏)
우(羽)	수(水)	흑(黑)	북(北)	함(鹹) 짠맛	후(朽: =腐) 썩은내	동(冬)

孔疏 ●“八風從律而不姦”者, 八風, 八方之風也. 律, 謂十二月之律也. 樂音象八風, 其樂得其度, 故八風十二月律應八節而至, 不爲姦慝也. 八風者, 白虎通云: “距冬至四十五日, 條風至. 條者, 生也. 四十五日, 明庶風至. 明庶者, 迎衆也. 四十五日, 清明風至. 清明者, 芒也. 四十五日, 景風至. 景者, 大也, 言陽氣長養也. 四十五日, 涼風至. 涼, 寒也, 陰氣行也. 四十五日, 閶闔風至. 閶闔者, 咸收藏也. 四十五日, 不周風至. 不周者, 不交也, 言陰陽未合化矣. 四十五日, 廣莫風至. 廣莫者, 大莫也, 開陽氣也.” 八節者, 立春・春分・立夏・夏至・立秋・秋分・立冬・冬至.

번역 ●經文: “八風從律而不姦”. ○팔풍(八風)은 여덟 방위에서 불어오는 바람을 뜻한다. ‘율(律)’은 12개월에 따른 율(律)을 뜻한다. 악(樂)과 음(音)은 팔풍을 형상화했고 악(樂)이 도수를 얻기 때문에, 팔풍 및 12개월의 율력이 여덟 절기에 호응하여 도래해서 간특하게 되지 않는다. 팔풍에 대해서 『백호통』에서는 “동지로부터 45일이 지나면 조풍(條風)이 불어온다. ‘조(條)’자는 ‘생기다[生].’는 뜻이다. 또 45일이 지나면 명서풍(明庶風)이 불어온다. ‘명서(明庶)’라는 말은 무리를 맞이한다는 뜻이다. 또 45일이 지나면 청명풍(清明風)이 불어온다. ‘청명(清明)’이라는 말은 ‘무성하게 하다[芒].’는 뜻이다. 또 45일이 지나면 경풍(景風)이 불어온다. ‘경(景)’자는 ‘크게 하다[大].’는 의미로, 양기가 장성하게 길러준다는 뜻이다. 또 45일이 지나면 양풍(凉風)이 불어온다. '양(凉)'자는 '춥다[寒].'는 의미로, 음기가 움직인다는 뜻이다. 또 45일이 지나면 창합풍(閶闔風)이 불어온다. '창합(閶闔)'이라는 말은 모두 거두어 보관한다는 뜻이다. 또 45일이 지나면 부주풍(不周風)이 불어온다. '부주(不周)'라는 말은 사귀지 않는다는 의미로, 음기가 아직 합치되어 변화되지 않았다는 뜻이다. 또 45일이 지나면 광막풍(廣莫風)이 불어온다. '광막(廣莫)'이라는 말은 막대하다는 의미로, 양기를 열어준다는 뜻이다."라고 했다. 여덟 절기는 입춘·춘분·입하·하지·입추·추분·입동·동지이다.

구분		『백호통』	『여씨춘추』	『회남자』	『설문해자』	『경전석문』
절기	방위					
立春	東北	條風	炎風	炎風	融風	融風
春分	東	明庶風	滔風	條風	明庶風	谷風
立夏	東南	清明風	熏風	景風	清明風	清明風
夏至	南	景風	巨風	巨風	景風	凱風
立秋	西南	凉風	淒風	凉風	凉風	凉風
秋分	西	閶闔風	飂風	飂風	閶闔風	閶闔風
立冬	西北	不周風	厲風	麗風	不周風	不周風
冬至	北	廣莫風	寒風	寒風	廣莫風	廣莫風

孔疏 ●"百度得數而有常"者, 百度, 謂晝夜百刻. 昏明晝夜不失其正, 故度數有常也.

번역 ●經文: "百度得數而有常". ○'백도(百度)'는 밤낮의 길이인 100각(刻)이다. 어둠과 밝음 및 낮과 밤이 올바름을 잃지 않았기 때문에 도수에 항상됨이 있다.

孔疏 ●"小大相成"者, 賀瑒云: "十二月律, 互爲宮羽而相成也."

번역 ●經文: "小大相成". ○하창은 "12개월의 음률은 상호 궁(宮)이나 우(羽)음이 되어 서로를 이루어준다."라고 했다.

孔疏 ●"終始相成"者, 賀瑒云: "五行宮商, 迭相用爲終始."

번역 ●經文: "終始相成". ○하창은 "오행(五行)에 해당하는 궁(宮)음이나 상(商)음 등이 갈마들며 서로의 쓰임이 되어 끝과 시작이 된다."라고 했다.

孔疏 ●"倡和淸濁"者, 謂十二月律, 先發聲者爲倡, 後應聲者爲和. 黃鐘至仲呂爲濁, 長者濁也. 蕤賓至應鐘爲淸, 短者淸也.

번역 ●經文: "倡和淸濁". ○12개월의 음률 중 먼저 소리를 내는 것은 '창(倡)'이 되고, 뒤이어 호응하는 소리는 '화(和)'가 된다. 황종(黃鐘)으로부터 중려(仲呂)에 이르는 음들은 탁한 음이 되니, 율관의 길이가 긴 것은 탁한 소리를 낸다. 유빈(蕤賓)으로부터 응종(應鐘)에 이르는 음들은 맑은 음이 되니, 율관의 길이가 짧은 것은 맑은 소리를 낸다.

孔疏 ●"迭相爲經"者, 十二月之律, 更相爲常, 卽還相爲宮, 是樂之常也.

번역 ●經文: "迭相爲經". ○12개월의 음률은 바뀌며 서로를 위해 항상된 기준이 되니, 돌아가며 서로의 궁(宮)음이 된다. 이것이 악(樂)의 항상된 법칙이다.

孔疏 ●"故樂行而倫淸"者, 倫, 類也. 以其正樂, 如上所爲, 故其樂施行而倫類淸美矣. 人聽之則耳目淸明, 血氣和平也. 樂法旣善, 變移敝惡謹風, 改革昏亂之俗, 人無惡事, 故天下皆寧矣.

번역 ●經文: "故樂行而倫淸". ○'윤(倫)'자는 부류[類]를 뜻한다. 올바른 악(樂)이 위에서 말한 것처럼 시행되기 때문에, 악(樂)이 시행되어 동류들이 맑고 아름다워진다. 사람이 그 소리를 들으면 귀와 눈이 맑고 밝아지며 혈기가 화평하게 된다. 악(樂)의 법도가 이미 선하므로 패악한 풍속과 혼란한 습속을 바꾸고 변화시켜서 사람들에게 악한 일이 없게 된다. 그렇기 때문에 천하가 모두 편안하게 된다.

孔疏 ◎注“淸明”至“行也”. ○正義曰: 八音氣濁, 唯人聲淸明, 故知淸明 “謂人聲也”. 云“廣大, 謂鐘鼓也”者, 下云鐘聲鏗, 又云鼓鼙之聲讙, 鏗之與讙, 皆廣大之意. 云“五色, 五行也”者, 五行之聲, 宮・商・角・徵・羽, 相應成文, 如靑黃相雜, 故云“五色也”.

번역 ◎鄭注: “淸明”∼“行也”. ○팔음(八音)의 기운은 탁하지만 오직 사람의 목소리만은 맑고 밝다. 그렇기 때문에 ‘청명(淸明)’이 “사람의 목소리를 뜻한다.”는 말이 사실임을 알 수 있다. 정현이 “‘광대(廣大)’는 종이나 북의 소리를 뜻한다.”라고 했는데, 아래문장에서 “종의 소리는 쩌렁쩌렁 울린다.”9)라고 했고, 또 “북과 비(鼙)의 소리는 시끄럽게 울린다.”10)라고 했는데, ‘갱(鏗)’자와 ‘환(讙)’자는 모두 광대하다는 뜻이다. 정현이 “오색(五色)은 오행(五行)이다.”라고 했는데, 오행에 해당하는 소리는 궁(宮)・상(商)・각(角)・치(徵)・우(羽)이며, 서로 호응하여 법칙을 이루니 청색과 황색이 서로 뒤섞인 것과 같다. 그렇기 때문에 “오색(五色)이다.”라고 말한 것이다.

訓纂 五經通義: 簫, 編竹爲之, 長尺有五寸.

번역 『오경통의』에서 말하길, ‘소(簫)’는 편죽으로 만드니, 그 길이는 1척(尺) 5촌(寸)이다.

訓纂 王注: 淸明廣大, 終始周旋, 皆樂之節奏, 容儀發動也.

번역 왕숙의 주에서 말하길, ‘청명광대(淸明廣大)’와 ‘종시주선(終始周

---

9) 『예기』「악기」【481a】: <u>鐘聲鏗</u>, 鏗以立號, 號以立橫, 橫以立武. 君子聽鐘聲, 則思武臣.
10) 『예기』「악기」【481c】: <u>鼓鼙之聲讙</u>, 讙以立動, 動以進衆. 君子聽鼓鼙之聲, 則思將帥之臣. 君子之聽音, 非聽其鏗鏘而已也, 彼亦有所合之也.

旋)'은 모두 악(樂)의 가락이 나타나는 모습과 흐름을 뜻한다.

訓纂 王氏引之曰: 五行與樂無涉, 崔以爲五音, 亦非也. 今按五色, 當以所用之器言之, 若帗舞之列五采繒, 皇舞之析五采羽, 璧翣之垂五采羽, 皆五色也. 他若瑟有朱弦, 舞有朱干, 鍾有靑赤黃景黑, 其餘樂器㮯畫者, 亦具五色. 樂器備五色, 而皆秩然有序, 故曰"五色成文而不亂."

번역 왕인지가 말하길, 오행(五行)은 악(樂)과는 무관한데 최영은은 오음(五音)이라고 여겼으니, 이 또한 잘못된 주장이다. 현재 살펴보니 '오색(五色)'은 마땅히 사용되는 기물을 기준으로 말한 것으로, 마치 불무(帗舞)의 무용도구는 오채색의 비단을 늘어트려서 만들고, 황무(皇舞)의 무용도구는 오채색의 깃털을 갈라서 만들며, 벽삽(璧翣)에 오채색의 깃털을 늘어트리는 것 등에서 모두 오색을 사용하는 것과 같다. 그 외에도 슬(瑟)에는 주색의 현을 한 것이 있고,[11] 무용도구 중에는 주색의 방패가 있으며,[12] 종에도 청색·적색·황색·경색·흑색이 있고, 나머지 악기들 중에도 검붉은 그림을 그린 것도 있으니, 이 또한 오색을 갖춘 것이다. 악기에 오색이 갖춰져 있는데 모두 질서정연하게 순서가 있기 때문에 "오색의 악기가 문채를 이루되 혼란스럽지 않다."고 말한 것이다.

訓纂 王氏引之曰: 如鄭說, 則是天地之氣感於樂而順應也. 按下文"樂行而倫淸", 方言作樂之效, 此但論樂之情狀, 不應遽及於八風之順應也. 且八方之風分應八節, 何得雜沓俱來乎? 古者八音謂之八風. 襄二十九年左傳"五聲和, 八風平", 五聲八風相對爲文. 昭二十年傳, "一氣·二體·三類·四物·五

---

11) 『예기』「악기」【458d】: 是故樂之隆, 非極音也. 食饗之禮, 非致味也. <u>淸廟之瑟,</u> <u>朱絃而疏越,</u> 壹倡而三歎, 有遺音者矣. 大饗之禮, 尙玄酒而俎腥魚, 大羹不和, 有遺味者矣. 是故先王之制禮樂也, 非以極口腹耳目之欲也, 將以敎民平好惡而反人道之正也.

12) 『예기』「명당위(明堂位)」【400d】: 升歌淸廟, 下管象. <u>朱干玉戚,</u> 冕而舞大武. 皮弁素積, 裼而舞大夏. 昧, 東夷之樂也. 任, 南蠻之樂也. 納夷蠻之樂於太廟, 言廣魯於天下也.

聲·六律·七音·八風·九歌, 以相成也." 二十五年傳, "爲九歌·八風·七音
·六律, 以奉五聲." 八風與七音·九歌相次, 則是八音矣. 八音皆人所爲, 若八
方之風, 具是天籟, 不得言"爲"矣. 八風從律而不姦者, 卽堯典之"八音克諧,
無相奪倫"也. 律, 銓也, 次也. 姦, 讀曰奸. 奸, 犯也. 八音各從其次而不相陵
犯, 故曰"八風從律而不姦."

번역 왕인지가 말하길, 정현의 주장대로라면 천지의 기운이 악(樂)에
느껴서 순응하게 된다. 그러나 아래문장을 살펴보면 "악(樂)이 시행되어
인륜이 맑아진다."라고 했으니, 이것은 악(樂)을 만들었을 때의 효험을 말
하려고 하여, 이곳에서는 단지 악(樂)의 정황에 대해서만 논의를 한 것이니,
갑작스럽게 팔풍(八風)의 순응함을 언급할 수 없다. 또 여덟 방위의 바람은
나뉘어 여덟 절기에 호응하는데, 어떻게 뒤섞여서 함께 불어올 수 있겠는
가? 고대에는 '팔음(八音)'을 팔풍(八風)이라고 했다. 양공(襄公) 29년에 대
한 『좌전』의 기록에서는 "오성(五聲)이 조화롭고 팔풍(八風)이 평탄하다."[13]
라고 하여 오성(五聲)과 팔풍(八風)을 서로 대비가 되도록 기록했다. 또 소
공(昭公) 20년에 대한 『좌전』 기록에서는 "일기(一氣)·이체(二體)·삼류
(三類)·사물(四物)·오성(五聲)·육률(六律)·칠음(七音)·팔풍(八風)·
구가(九歌)가 서로를 이룬다."[14]라고 했고, 25년의 『좌전』 기록에서는 "구
가(九歌)·팔풍(八風)·칠음(七音)·육률(六律)을 지어서 오성(五聲)을 받
들다."[15]라고 했으니, 팔풍(八風)이 칠음(七音) 및 구가(九歌)와 서로 순차
적으로 기록되어 있다면 이것은 팔음(八音)을 뜻한다. 팔음(八音)은 모두
사람이 만들어낸 것인데, 여덟 방위에서 불어오는 바람은 모두 자연현상에
서 나타나는 소리이므로 '위(爲)'자를 붙여서 기록할 수 없다. "팔풍(八風)

13) 『춘추좌씨전』「양공(襄公) 29년」: 至矣哉! 直而不倨, 曲而不屈, 邇而不偪, 遠
而不攜, 遷而不淫, 復而不厭, 哀而不愁, 樂而不荒, 用而不匱, 廣而不宣, 施而
不費, 取而不貪, 處而不底, 行而不流. <u>五聲和, 八風平</u>. 節有度, 守有序, 盛德之
所同也.
14) 『춘추좌씨전』「소공(昭公) 20년」: 聲亦如味, 一氣, 二體, 三類, 四物, 五聲, 六
律, 七音, 八風, 九歌, 以相成也
15) 『춘추좌씨전』「소공(昭公) 25년」: 爲九文·六采·五章, 以奉五色; 爲九歌·八
風·七音·六律, 以奉五聲. 爲君臣上下, 以則地義.

이 율(律)을 따라서 간여하지 않는다."는 말은 『서』「요전(堯典)」에서 "팔음(八音)이 조화로워서 서로 질서를 빼앗지 않는다."[16]라고 한 뜻에 해당한다. '율(律)'은 "가리다[銓]."는 뜻이며 "순서를 매기다[次]."는 뜻이다. '간(姦)'자는 '간(奸)'자로 풀이한다. '간(奸)'자는 "침범하다[犯]."는 뜻이다. 팔음(八音)이 각각 그 순서에 따라서 서로 침범하지 않는다. 그렇기 때문에 "팔풍(八風)이 순서에 따라서 간여하지 않는다."라고 말한 것이다.

訓纂 陳晉之曰: 百度得數而有常, 節之以十二律之度也. 吳季札觀樂於魯, 而曰, "五聲和, 八風平, 節有度, 守有序." 百度得數而有常, 節有度 · 守有序之謂也.

번역 진진지가 말하길, "100도(度)가 수를 얻고 항상됨이 있다."는 말은 12개월 율관의 도수로 조절을 한다는 뜻이다. 오(吳)나라 계찰(季札)은 노(魯)나라에서 음악을 살펴보고, "오성(五聲)이 조화롭고 팔풍(八風)이 평이하며, 절도에 도수가 있고 지킴에 질서가 있다."[17]라고 했다. "100도(度)가 수를 얻고 항상됨이 있다."는 말은 바로 "절도에 도수가 있고 지킴에 질서가 있다."는 의미이다.

訓纂 王氏引之曰: 陳氏之說, 長於舊說矣, 而以度爲十二律之度, 則非也. 下文"倡和淸濁, 迭相爲經", 始以十二律言, 此則樂之節奏也. 左傳, "節有度." 正義曰, "八音之作有節, 其節皆有常度", 是樂之節奏謂之度. 節奏非一, 故曰 '百度'. 數者, 度之多寡也. 其大者若升歌三終, 笙入三終, 間歌三終, 合樂三終, 及武始而北出, 再成而滅商之屬; 其小者若三步以見方, 夾振而駟伐之屬, 是也. 多寡得宜, 故曰"得數". 一成不變, 故曰"有常".

---

16) 『서』「우서(虞書) · 요전(堯典)」: 夔, 命汝典樂, 敎冑子, 直而溫, 寬而栗, 剛而無虐, 簡而無傲, 詩言志, 歌永言, 聲依永, 律和聲, 八音克諧, 無相奪倫, 神人以和.
17) 『춘추좌씨전』「양공(襄公) 29년」: 五聲和, 八風平. 節有度, 守有序, 盛德之所同也.

번역　왕인지가 말하길, 진씨의 주장은 옛 학설보다 나은 것 같지만, '도(度)'자를 12개월 율관의 도수로 여긴 것은 잘못된 주장이다. 아래문장에서는 "이끌고 화답함 및 맑고 탁함이 갈마들며 서로의 기준이 된다."라고 하여, 처음으로 12개월 율관에 대한 것으로 언급했으니, 이곳의 도(度)자는 악(樂)의 가락을 뜻한다. 『좌전』에서 "절(節)에 도(度)가 있다."고 했는데, 그에 대해 『정의』에서는 "팔음(八音)을 연주할 때 그 마디에는 모두 상도(常度)가 있다."라고 했으니, 이것은 악(樂)의 가락을 '도(度)'라고 부르는 것이다. 그리고 가락은 하나가 아니기 때문에 '백도(百度)'라고 말한 것이다. '수(數)'라는 말은 도(度)의 많고 적음을 뜻한다. 큰 것은 마치 당(堂) 위에 올라가서 노래를 세 차례 부르고, 생황을 연주하는 자가 들어와서 당하(堂下)에서 세 차례 연주를 하며, 당상(堂上)과 당하(堂下)에 있는 악공들이 번갈아가며 연주와 노래를 세 차례 끝마치고, 또 합주를 세 차례 끝마치게 된다는 것[18]과 대무(大武)의 악곡을 연주함에 있어서, 첫 번째 악곡을 연주하면 무왕이 북쪽으로 출병했던 일을 상징하고, 두 번째 악곡을 연주하면 무왕이 은나라를 멸망시켰던 일[19]을 상징했던 부류를 뜻한다. 또 작은 것은 마치 "세 걸음을 떼어서 방식을 드러낸다."[20]라고 말하고, "두 사람이 무용수를 양쪽에서 끼고 목탁을 두드리고, 무용수들이 창으로 네 차례 치고 때린다."[21]라고 말하는 부류를 뜻한다. 많고 적음이 합당함을 얻었기 때문에 "수(數)를 얻었다."고 했다. 한 번 이루고서 변하지 않기 때문에 "항상됨이 있다."라고 했다.

---

18) 『예기』「향음주의(鄕飮酒義)」【700d】：工入升歌三終, 主人獻之. <u>笙入三終</u>, 主人獻之. <u>間歌三終, 合樂三終</u>. 工告樂備遂出. 一人揚觶, 乃立司正焉. 知其能和樂而不流也.

19) 『예기』「악기」【483b】：<u>且夫武始而北出, 再成而滅商</u>, 三成而南, 四成而南國是疆, 五成而分, 周公左, 召公右, 六成復綴以崇天子.

20) 『예기』「악기」【474c】：樂者, 心之動也. 聲者, 樂之象也. 文采節奏, 聲之飾也. 君子動其本, 樂其象, 然後治其飾. 是故先鼓以警戒, <u>三步以見方</u>, 再始以著往, 復亂以飭歸, 奮疾而不拔, 極幽而不隱, 獨樂其志, 不厭其道, 備擧其道, 不私其欲. 是故情見而義立, 樂終而德尊, 君子以好善, 小人以聽過. 故曰, "生民之道, 樂爲大焉."

21) 『예기』「악기」【483c】：<u>夾振之而駟伐</u>, 盛威於中國也.

集解 發以聲音, 謂升歌也. 仲尼燕居云, "升歌清廟, 發德也", 是也. 文以琴瑟, 謂以琴瑟合於歌詠而文飾之, 堂上之樂也. 干戚武舞, 故言"動"; 羽旄文舞, 故言"飾". 從, 隨也. 簫管輕, 故言"從". 此皆堂下之樂也. 聖人之至德著於外而有光輝, 樂以象之, 而至德之光奮矣. 四氣之和, 四時之和氣也, 樂以合之, 而四氣之和動矣. 親疏 · 貴賤 · 男女 · 長幼之理, 皆形見於樂, 而萬物之理著矣.

번역 "소리[聲]와 음(音)으로 나타낸다."는 말은 당상에서 사람이 노래를 부른다는 뜻이다. 『예기』「중니연거(仲尼燕居)」편에서 "당상에 올라가서 청묘(清廟)의 시가를 노래로 부르는 것은 덕을 드러냄이다."[22]라고 한 말이 이러한 사실을 나타낸다. "금(琴)과 슬(瑟)로써 무늬를 만든다."는 말은 금(琴)과 슬(瑟)을 이용해서 노래를 부르는 것과 어우러지도록 하여 꾸민다는 의미로, 당(堂) 위에서 시행되는 악(樂)을 뜻한다. 방패와 도끼는 무무(武舞)를 출 때 사용하는 도구들이다. 그렇기 때문에 "움직인다[動]."고 말했다. 깃털과 꼬리털은 문무(文舞)를 출 때 사용하는 도구들이다. 그렇기 때문에 "꾸민다[飾]."고 말했다. '종(從)'자는 "～에 따른다[隨]."는 뜻이다. 퉁소와 피리는 가벼운 악기이기 때문에 "따른다[從]."고 말했다. 이것들은 모두 당(堂) 아래에서 시행되는 악(樂)에 해당한다. 성인의 지극한 덕이 외부로 드러나서 광채를 보이니, 악(樂)을 통해서 그것을 형상화하여 지극한 덕의 광채가 드날리게 된다. '사기지화(四氣之和)'는 사계절의 조화로운 기운을 뜻하니, 악(樂)을 연주하여 화합되게 하고 사계절의 조화로운 기운이 움직이게 된다. 친소 · 귀천 · 남녀 · 장유관계에서의 이치는 악(樂)을 통해 드러나고 만물의 이치가 나타나게 된다.

---

22) 『예기』「중니연거(仲尼燕居)」【601c～d】: 子曰, "愼聽之! 女三人者. …… 升歌清廟, 示德也. 下而管象, 示事也. 是故古之君子不必親相與言也, 以禮樂相示而已." / 『예기』「교특생(郊特牲)」【319b～c】: 賓入大門而奏肆夏, 示易以敬也, 卒爵而樂闋. 孔子屢歎之. 奠酬而工升歌, 發德也. 歌者在上, 匏竹在下, 貴人聲也. 樂由陽來者也, 禮由陰作者也, 陰陽和而萬物得.

集解 淸明, 言其聲之無所淆雜, 猶論語之言"皦如"也. 廣大, 言其體之無不包載, 猶季札言"地之無不載"也. 終始, 言其先後之有序. 周還, 言其循環而不窮. 樂以五聲相生而成音節, 猶五色相次而成文章. 不亂者, 君·臣·民·事··物之各安其位也. 八風者, 八方之風: 東方曰明庶風, 東南曰淸明風, 南方曰景風, 西南曰涼風, 西方曰閶闔風, 西北曰不周風, 北方曰廣莫風, 東北方曰條風. 樂之八音, 應乎八風: 竹音生於震而屬東, 木音生於巽而屬東南, 絲音生於離而屬南, 土音生於坤而屬西南, 金音生於兌而屬西, 石音生於乾而屬西北, 革音生於坎而屬北, 匏音生於艮而屬東北. 從律而不姦, 謂八音應八風之氣, 克諧而無奪倫也. 百度, 言其多也. 百度得數而有常者, 若宮之八十一絲, 以至於羽之四十八絲, 黃鐘之九寸, 以至於應鐘之四寸二十七分寸之二十, 莫不得其常數也. 宮聲最大, 羽聲最小. 國語曰, "琴瑟尙宮, 鐘尙羽, 石尙角, 匏竹利制." 是聲雖有大有小, 然相成而不相戾也. 終始相生者, 十二律始於黃鐘, 終於中呂, 五音始於宮, 終於角, 雖有終有始, 然相生而不相廢也. 先發者爲倡, 後應者爲和. 短者爲濁, 長者爲淸. 經, 常也. 十二律或倡或和, 或濁或淸, 更迭用之, 以爲常法, 所謂旋相爲宮也.

번역 '청명(淸明)'은 소리 중 뒤섞인 것이 없는 것으로, 마치 『논어』에서 "분명하다."[23)]라고 한 말과 같다. '광대(廣大)'는 본체에 포함하거나 싣고 있지 않은 것이 없다는 뜻으로, 마치 계찰(季札)이 "땅이 싣고 있지 않음이 없다."[24)]라고 한 말과 같다. '종시(終始)'는 선후에 순서가 있음을 뜻한다. '주선(周還)'은 순환하여 끝이 없음을 뜻한다. 악(樂)은 오성(五聲)이 서로 생겨나서 음(音)과 마디를 이루니, 오색(五色)이 서로 순서에 따라서 무늬를 이룸과 같다. '불란(不亂)'은 군주·신하·백성·사안·물건이 각각 그 자리를 편안하게 여긴다는 뜻이다. '팔풍(八風)'은 여덟 방위에서 불어오는 바람이다. 동쪽에서 불어오는 바람을 명서풍(明庶風)이라고 부르고, 동남

---

23) 『논어』「팔일(八佾)」: 子語魯大師樂, 曰, "樂其可知也, 始作, 翕如也, 從之, 純如也, 皦如也, 繹如也, 以成."
24) 『춘추좌씨전』「양공(襄公) 29년」: 德至矣哉, 大矣! 如天之無不幬也, 如地之無不載也.

쪽에서 불어오는 바람을 청명풍(淸明風)이라고 부르며, 남쪽에서 불어오는
바람을 경풍(景風)이라고 부르고, 서남쪽에서 불어오는 바람을 양풍(凉風)
이라고 부르며, 서쪽에서 불어오는 바람을 창합풍(閶闔風)이라고 부르고,
서북쪽에서 불어오는 바람을 부주풍(不周風)이라고 부르며, 북쪽에서 불어
오는 바람을 광막풍(廣莫風)이라고 부르고, 동북쪽에서 불어오는 바람을
조풍(條風)이라고 부른다. 악(樂)의 팔음(八音)은 팔풍과 호응한다. 대나무
[竹]로 만든 악기 소리는 진괘(震卦)에서 생겨나고 동쪽에 속하며, 나무[木]
로 만든 악기 소리는 손괘(巽卦)에서 생겨나서 동남쪽에 속하고, 실[絲]로
만든 악기 소리는 리괘(離卦)에서 생겨나서 남쪽에 속하며, 흙[土]으로 만
든 악기 소리는 곤괘(坤卦)에서 생겨나서 서남쪽에 속하고, 쇠[金]로 만든
악기 소리는 태괘(兌卦)에서 생겨나서 서쪽에 속하며, 돌[石]로 만든 악기
소리는 건괘(乾卦)에서 생겨나서 서북쪽에 속하고, 가죽[革]으로 만든 악기
소리는 감괘(坎卦)에서 생겨나서 북쪽에 속하며, 박[匏]으로 만든 악기 소
리는 간괘(艮卦)에서 생겨나서 동북쪽에 속한다. "율(律)에 따라서 간사하
지 않다."는 말은 팔음이 팔풍의 기운에 호응하여, 조화롭게 되고 질서를
어김이 없다는 뜻이다. '백도(百度)'는 많음을 뜻한다. "백도가 수(數)를 얻
고 항상됨이 있다."는 말은 마치 궁(宮)음을 내는 현이 81가닥의 실을 꼬아
서 만드는 것으로부터, 우(羽)음을 내는 현이 48가닥의 실을 꼬아서 만드는
것에 이르기까지, 또 황종(黃鐘)음을 내는 율관의 길이가 9촌(寸)인 것으로
부터, 응종(應鐘)음을 내는 율관의 길이가 4와 27분의 20촌(寸)인 것에 이
르기까지, 각각이 항상된 수치를 얻지 못함이 없다는 것과 같다. 궁(宮)음
의 소리가 가장 크고 우(羽)음의 소리가 가장 작다. 『국어(國語)』에서는
"금(琴)과 슬(瑟)은 궁(宮)음을 높이고, 종(鐘)은 우(羽)음을 높이며, 돌로
만든 악기는 각(角)음을 높이고, 박과 대나무로 만든 악기는 높이는 것이
없이 음의 조화에 따라서 제도를 정한다."[25]라고 했는데, 이것은 소리에
비록 크고 작은 차이가 있지만, 서로 완성시켜주고 서로 어긋나지 않는다

---

25) 『국어(國語)』「주어하(周語下)」: 臣聞之, <u>琴瑟尙宮, 鍾尙羽, 石尙角, 匏竹利制</u>,
　　大不踰宮, 細不過羽. 夫宮, 音之主也. 第以及羽, 聖人保樂而愛財, 財以備器,
　　樂以殖財.

는 뜻을 나타낸다. '종시상생(終始相生)'이라는 말은 12개월에 해당하는 율관은 처음 황종(黃鐘)에서 시작하여 중려(仲呂)에서 끝나고, 오음(五音)은 궁(宮)음에서 시작하여 각(角)음에서 끝나는데, 비록 끝과 시작의 차이점이 있지만, 서로 생겨나게 하고 서로 폐지하지 않음을 뜻한다. 먼저 나오는 것이 '창(倡)'이며 뒤에 호응하는 것이 '화(和)'이다. 짧은 것은 탁한 소리를 내고 긴 것은 맑은 소리를 낸다. '경(經)'자는 항상됨[常]을 뜻한다. 12개월에 해당하는 율관 중 어떤 것은 창(倡)이 되고 어떤 것은 화(和)가 되며, 또 어떤 것은 탁한 소리를 내고 어떤 것은 맑은 소리를 내는데, 서로 번갈아가며 사용하는 것을 항상된 법도로 삼으니, 이것이 "순회하며 서로를 위해 궁(宮)음이 된다."는 뜻이다.

구분	팔풍(八風)	팔음(八音)	팔괘(八卦)
東	明庶風	竹	震
東南	淸明風	木	巽
南	景風	絲	離
西南	凉風	土	坤
西	閶闔風	金	兌
西北	不周風	石	乾
北	廣莫風	革	坎
東北	條風	匏	艮

集解 倫, 類也. 樂行倫淸, 言樂達於天下, 而倫類淸美也. 耳目聰明, 血氣和平, 就一身而言之也. 移風易俗, 天下皆寧, 合一世而言之也.

번역 '윤(倫)'자는 부류[類]를 뜻한다. '악행륜청(樂行倫淸)'은 악(樂)이 천하에 두루 시행되어 그 부류들이 맑고 아름답게 됨을 뜻한다. "귀와 눈이 총명해지고 혈기가 화평하다."는 말은 몸을 기준으로 한 말이다. "풍속이 좋은 쪽으로 바뀌고 천하가 모두 편안하다."는 말은 한 세대를 통틀어 한 말이다.

● 그림 32-1   소(簫)

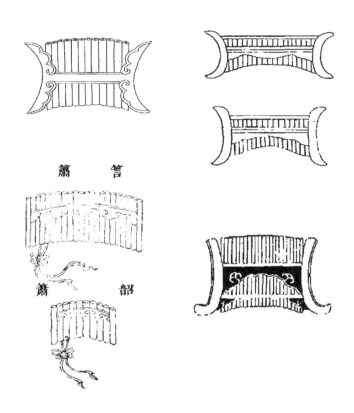

簫 管

簫 韶

※ 출처: 상좌-『주례도설(周禮圖說)』하권 ; 상우-『삼례도집주(三禮圖集注)』5권
하좌-『삼재도회(三才圖會)』「기용(器用)」 3권 ; 하우-『육경도(六經圖)』2권

● 그림 32-2 │ 어(敔)

※ **출처:** 상좌-『주례도설(周禮圖說)』하권 ; 상우-『삼례도집주(三禮圖集注)』5권
　　　　　하좌-『육경도(六經圖)』2권 ; 하우-『삼재도회(三才圖會)』「기용(器用)」3권

그림 32-3 벽삽(璧翣)

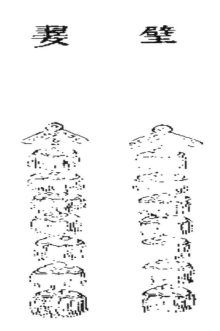

※ **출처**: 『삼재도회(三才圖會)』「기용(器用)」3권

● 그림 32-4 생(笙)

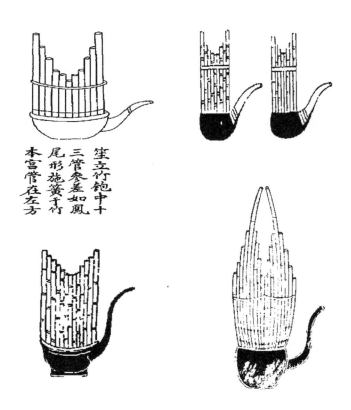

※ **출처**: 상좌-『주례도설(周禮圖說)』하권 ; 상우-『삼례도집주(三禮圖集注)』5권
　　　　하좌-『육경도(六經圖)』2권 ; 하우-『삼재도회(三才圖會)』「기용(器用)」3권

• 제33절 •

군자와 소인의 락(樂)

【473c】

故曰, "樂者, 樂也." 君子樂得其道, 小人樂得其欲. 以道制欲, 則樂而不亂; 以欲忘道, 則惑而不樂.

직역 故로 曰, "樂이라는 者는 樂이다." 君子는 그 道를 得하길 樂하며, 小人은 그 欲을 得하길 樂한다. 道로써 欲을 制하면, 樂하되 不亂하며; 欲으로써 道를 忘하면, 惑하고 不樂한다.

의역 그러므로 "악(樂)이라는 것은 즐거움이다."라고 말한다. 군자는 그 도를 얻는 것을 즐거워하며, 소인은 욕망을 추구하는 것을 즐거워한다. 도로써 욕망을 제재하면 즐거워하되 문란하지 않고, 욕망에 따라 도를 잊게 되면 의혹되고 즐거워하지 못한다.

集說 君子之樂道, 猶小人之樂欲. 君子以道制欲, 故坦蕩蕩; 小人徇欲忘道, 故長戚戚.

번역 군자가 도를 즐거워함은 소인이 욕망을 즐거워함과 같다. 군자는 도로써 욕망을 제재하기 때문에 평탄하며 여유가 있고, 소인은 욕망에 따라 도를 잊기 때문에 항상 근심스러워한다.[1]

大全 廬陵胡氏曰: 以道制所欲, 易所謂窒欲, 以欲忘道, 曲禮所謂從欲.

---

1) 『논어』「술이(述而)」: 子曰, "君子坦蕩蕩, 小人長戚戚."

번역 여릉호씨[2]가 말하길, 도로써 욕망하는 것을 제재함은『역』에서 말한 "욕심을 막는다."[3]에 해당하고, 욕망에 따라 도를 잊는 것은『예기』「곡례(曲禮)」편에서 말한 "욕심에 따른다."[4]에 해당한다.

大全 程子曰: 人雖不能無欲, 然當有以制之. 無以制之而惟欲之從, 則人道廢而入於禽獸矣.

번역 정자가 말하길, 사람은 비록 욕망이 없을 순 없지만 마땅히 제재함이 있어야만 한다. 제재함이 없고 오직 욕망에만 따른다면 인도가 없어져서 금수의 길로 접어든다.

鄭注 道, 謂仁義也. 欲, 謂邪淫[5]也.

번역 '도(道)'는 인(仁)과 의(義) 등을 뜻한다. '욕(欲)'은 사벽함과 음란함 등을 뜻한다.

孔疏 ●"故曰"至"不樂". ○正義曰: 前經明正樂感人情, 此經明君子小人各有所樂, 故云"樂者, 樂也". "故"者, 因上起下, 所以言"故曰"諸例皆然矣.

번역 ●經文: "故曰"~"不樂". ○앞의 경문에서는 올바른 악(樂)이 사람의 정감을 느끼게 한다고 밝혔고, 이곳 경문에서는 군자와 소인이 각각 즐

---

2) 호전(胡銓, A.D.1102~A.D.1180) : =여릉호씨(廬陵胡氏)·호방형(胡邦衡). 남송(南宋) 때의 정치가이자 문학가이다. 자(字)는 방형(邦衡)이고, 호(號)는 담암(澹庵)이다. 충신으로 명성이 높았다.

3) 『역』「손괘(損卦)」 : 象曰, 山下有澤, 損, 君子以懲忿窒欲.

4) 『예기』「곡례상(曲禮上)」【7c】 : 敖不可長, 欲不可從, 志不可滿, 樂不可極.

5) '사음(邪淫)'에 대하여. '사음'은 본래 '음사(淫邪)'로 기록되어 있었는데, 완원(阮元)의 『교감기(校勘記)』에서는 "혜동(惠棟)의 『교송본(校宋本)』에는 '사음'이라고 기록되어 있으니, 이곳 판본은 '사음'이라는 두 글자를 잘못하여 뒤집어서 기록한 것이며, 『민본(閩本)』·『감본(監本)』·『모본(毛本)』에도 동일하게 잘못 기록하고 있다."라고 했다.

거워하는 것이 있음을 밝혔다. 그렇기 때문에 "음악이라는 것은 즐거워함
이다."고 말한 것이다. '고(故)'자는 앞의 문장에 따라서 뒤의 내용을 연결시
키는 것이니, '고왈(故曰)'이라고 한 여러 기록들은 그 뜻이 모두 이와 같다.

孔疏 ●"樂者, 樂也"者, 謂所名樂者, 是人之所歡樂也.

번역 ●經文: "樂者, 樂也". ○'악(樂)'이라는 이름을 붙인 것이 바로 사
람들이 즐거워하는 대상이라는 뜻이다.

孔疏 ●"君子樂得其道, 小人樂得其欲"者, 道, 謂仁義. 欲, 謂邪淫. 君子
所歡樂, 在於得仁義之道, 得其道則歡樂也. 小人所歡樂, 在於邪淫, 得邪淫則
歡樂也. 若君子在上, 以仁義之道制邪淫之欲, 則意得歡樂而不有昏亂也. 若
小人在上, 以淫邪之欲忘仁義之道, 則志意迷惑而不得歡樂也.

번역 ●經文: "君子樂得其道, 小人樂得其欲". ○'도(道)'는 인(仁)과 의
(義) 등을 뜻한다. '욕(欲)'은 사벽함과 음란함 등을 뜻한다. 군자가 즐거워
하는 것은 인과 의의 도를 얻는데 있으니, 그 도를 얻게 되면 즐거워한다.
소인이 즐거워하는 것은 사벽함과 음란함에 있으니, 사벽하고 음란하게 되
면 즐거워한다. 만약 군자가 위정자의 위치에 있어서 인과 의의 도로써 사
벽하고 음란한 욕망을 제재한다면, 즐거워하되 어둡거나 혼란하게 되지 않
는다. 만약 소인이 위정자의 위치에 있어서 음란하고 사벽한 욕망으로 인
과 의의 도를 잊게 된다면, 뜻이 미혹되고 즐거움도 얻을 수 없다.

集解 愚謂: 樂者, 人之所歡樂也. 然君子小人所樂不同: 君子樂得其道, 而
能自制其欲, 故得其所樂而不至於亂. 小人樂得其欲, 而至於忘道, 則適足以
爲惑而不足以爲樂矣. 言此以明先王之作樂, 正以道制欲之事, 故能使人各得
其所樂, 以起下文之所言也.

번역 내가 생각하기에, 악(樂)은 사람들이 즐거워하는 대상이다. 그러나

군자와 소인은 즐거워하는 대상이 다르다. 군자는 도를 얻는 것을 즐거워하고 스스로 욕망을 제재할 수 있다. 그렇기 때문에 즐거워하는 것을 얻더라도 문란함에 이르지 않는다. 소인은 욕망을 충족하는 것을 즐거워하고 도를 잊어버리는 지경에 이르면, 미혹되기에는 충분하나 즐거워할 수는 없다. 즉 이 내용은 선왕이 악(樂)을 만든 것이 바로 도로써 욕망을 제어했던 사안임을 나타내고 있다. 그렇기 때문에 사람들로 하여금 각각 즐거워하는 것을 얻게끔 할 수 있었던 것이니, 이를 통해서 아래문장에서 언급하고자 하는 사안을 나타낸 것이다.

악행(樂行)과 교(敎)

【473d】

> 是故君子反情以和其志, 廣樂以成其敎. 樂行而民鄕方, 可以
> 觀德矣.

직역 是故로 君子는 情을 反하여 그 志를 和하고, 樂을 廣하여 그 敎를 成한다. 樂이 行하고 民이 方을 鄕하면, 可히 德을 觀이라.

의역 이러한 까닭으로 군자는 정감을 회복하고 그 뜻을 조화롭게 하며, 악(樂)을 널리 퍼트려서 가르침을 이룬다. 악(樂)이 시행되고 백성들이 도를 지향하게 된다면, 군자의 덕을 살펴볼 수 있게 된다.

集說 承上文而言, 所以君子復情和志以修其身, 廣樂成敎以治乎民, 及樂之敎行而民知向道, 則可以觀君子之德矣.

번역 앞 문장을 이어서 한 말이니, 군자가 정감을 회복하고 뜻을 조화롭게 해서 자신을 수양하고, 악(樂)을 널리 퍼트리고 가르침을 이루어서 백성들을 다스리고, 악(樂)의 가르침이 시행되고 백성들이 도를 지향해야 함을 아는 경지에 도달한다면, 군자의 덕을 살펴볼 수 있게 된다.

大全 慶源輔氏曰: 反情以和其志, 養其在內之樂也. 廣樂以成其敎, 推夫在外之樂也. 自內而達諸外, 則樂行矣. 樂行而民知鄕方, 則君子之德著矣.

번역 경원보씨가 말하길, 정감을 돌이켜서 뜻을 조화롭게 함은 내면에

있는 악(樂)을 기르는 것이다. 악(樂)을 널리 퍼트려서 가르침을 이루는 것
은 외적인 악(樂)을 확장하는 것이다. 내적으로부터 외적으로 통달하게 되
면 악(樂)이 시행된다. 악(樂)이 시행되고 백성들이 지향해야할 곳을 안다
면 군자의 덕이 드러난다.

鄭注 方, 猶道也.

번역 '방(方)'자는 도(道)를 뜻한다.

釋文 鄕, 許亮反.

번역 '鄕'자는 '許(허)'자와 '亮(량)'자의 반절음이다.

孔疏 ●"是故"至"爲僞". ○正義曰: 前文明君子小人歡樂不同, 此明君子
敦行善樂也.

번역 ●經文: "是故"~"爲僞". ○앞 문장에서는 군자와 소인이 즐거워
하는 것이 다르다는 사실을 밝혔고, 이곳에서는 군자가 행실을 돈독히 하
고 악(樂)을 좋게 만드는 것을 밝혔다.

孔疏 ●"反情以和其志"者, 反己淫欲之情, 以諧和德義之志也.

번역 ●經文: "反情以和其志". ○자신에게 있는 음란한 욕망의 정감을
돌이켜 보고서, 이를 통해 덕과 의로움에 따른 뜻을 조화롭게 만든다.

孔疏 ●"廣樂以成其敎"者, 謂寬廣樂之義理, 以成就其政敎之事也.

번역 ●經文: "廣樂以成其敎". ○악(樂)의 도의를 널리 펼쳐서 정치와
교화의 사안을 성취한다는 뜻이다.

孔疏 ●"樂行而民鄕方"者, 君旣如此, 正樂興行, 方, 猶道也, 而民歸鄕仁義之道也.

번역 ●經文: "樂行而民鄕方". ○군주가 이처럼 했으므로 올바른 악(樂)이 흥기하니, '방(方)'자는 도(道)를 뜻하고, 백성들이 인(仁)과 의(義)의 도에 귀의한다.

孔疏 ●"可以觀德矣"者, 人君旣如此, 是樂可以觀其德行矣.

번역 ●經文: "可以觀德矣". ○군주가 이처럼 했으니, 이것은 악(樂)을 통해 덕행을 살펴볼 수 있음을 나타내고 있다.

集解 反情以和其志, 結首節之義. 不言"比類以成其行"者, 省文, 可知也. 廣樂以成其敎, 結次節之義. 方, 道也. 民知鄕方, 結第三節"樂行倫淸"之義. 此一節, 總結上文.

번역 "정감을 돌이켜서 뜻을 조화롭게 한다."는 말은 첫 문단의 뜻을 결론 맺은 말이다. "부류를 비교하여 행실을 이룬다."[1]고 말하지 않은 것은 문장을 생략했기 때문임을 알 수 있다. "악(樂)을 널리 퍼트려서 가르침을 이룬다."는 말은 두 번째 문단의 뜻을 결론 맺은 말이다. '방(方)'자는 도(道)를 뜻한다. "백성들이 지향해야 할 곳을 안다."는 말은 세 번째 문단인 "악(樂)이 시행되고 인륜이 맑아진다."[2]는 뜻을 결론 맺은 말이다. 이곳의 문단은 앞 문장의 뜻을 총괄적으로 결론 맺은 말이다.

---

1) 『예기』「악기」【472a~b】: 是故君子反情以和其志, 比類以成其行, 姦聲亂色不留聰明, 淫樂慝禮不接心術, 惰慢邪僻之氣不設於身體, 使耳目鼻口心知百體, 皆由順正以行其義.

2) 『예기』「악기」【472c】: 然後發以聲音, 而文以琴瑟, 動以干戚, 飾以羽旄, 從以簫管, 奮至德之光, 動四氣之和, 以著萬物之理. 是故淸明象天, 廣大象地, 終始象四時, 周還象風雨, 五色成文而不亂, 八風從律而不姦, 百度得數而有常, 小大相成, 終始相生, 倡和淸濁, 迭相爲經. 故樂行而倫淸, 耳目聰明, 血氣和平, 移風易俗, 天下皆寧.

集解 右第一章, 言聖人之作樂, 皆本於己之德以敎人也.

번역 여기까지는 제 1장으로, 성인이 악(樂)을 만든 것은 모두 자신의
덕에 근본을 두어서 남을 가르친 것임을 뜻한다.

• 제 35 절 •

악(樂)과 덕(德)

【473d~474a】

> 德者, 性之端也. 樂者, 德之華也. 金石絲竹, 樂之器也. 詩, 言其志也. 歌, 咏其聲也. 舞, 動其容也. 三者本於心, 然後樂器1) 從之. 是故情深而文明, 氣盛而化神, 和順積中而英華發外, 惟樂不可以爲僞.

직역 德者는 性의 端이다. 樂者는 德의 華이다. 金石絲竹은 樂의 器이다. 詩는 그 志를 言한다. 歌는 그 聲을 咏한다. 舞는 그 容을 動한다. 三者는 心에 本하고, 然後에 樂器가 從한다. 是故로 情이 深하고 文이 明하며, 氣가 盛하고 化가 神하며, 和順이 中에 積하고 英華가 外로 發하니, 惟히 樂은 僞로 爲함이 不可라.

의역 덕은 본성의 단서이다. 악(樂)은 덕이 아름답게 나타난 것이다. 쇠·돌·실·대나무 등으로 만든 악기는 악(樂)의 기구이다. 시는 그 뜻을 말로 나타낸다. 노래는 그 소리를 길게 내뺀다. 춤은 그 모습을 움직이게 한다. 이 세 가지는 마음에 근본을 두고 있고, 그런 뒤에 악기가 뒤따르게 된다. 이러한 까닭으로 정감이 깊어서 나타나는 것도 밝고, 기운이 왕성해서 변화도 신묘하며, 조화와 순종이 내부에 쌓여서 영화로움이 밖으로 나타나니, 오직 악(樂)만은 거짓으로 만들 수 없다.

---

1) '기(器)'자에 대하여. 『십삼경주소(十三經注疏)』 북경대 출판본에서는 "'기(器)'자를 『민본(閩本)』·『감본(監本)』·『모본(毛本)』에서는 동일하게 기록하고 있는데, 혜동(惠棟)의 『교송본(校宋本)』, 『송감본(宋監本)』·『악본(岳本)』·『가정본(嘉靖本)』, 위씨(衛氏)의 『집설(集說)』에서는 '기(氣)'자로 기록했다. 『석경(石經)』에서는 '기(氣)'자를 삭제했고, 『사기』에서는 또한 '기(氣)'자로 기록했는데, 이것은 잘못된 기록이 아니다. 살펴보니, 『예기훈찬(禮記訓纂)』에서도 또한 '기(氣)'자로 기록했다."라고 했다.

集說 石梁王氏曰: 註以志聲容三者爲本, 非也. 德有心爲本, 性又德之本, 然後詩歌舞三者出焉.

번역 석량왕씨가 말하길, 정현의 주에서는 지(志)・성(聲)・용(容)이라는 세 가지를 근본으로 여겼는데, 잘못된 주장이다. 덕은 마음에 있어 근본이 되고 본성 또한 덕의 근본이니, 그런 뒤에 시・노래・춤이라는 세 가지가 나타난다.

集說 劉氏曰: 性之端, 和順積中者也. 德之華, 英華發外者也. 三者, 謂志也, 聲也, 容也. 志則端之初發者. 聲容則華之旣見者. 志動而形於詩, 詩成而永歌其聲, 永歌之不足, 則不知手舞足蹈而動其容焉. 三者皆本於心之感物而動, 然後被之八音之器, 以及干戚羽旄也. 情之感於中者深, 則文之著於外者明. 如天地之氣盛於內, 則化之及於物者, 神妙不測也. 故曰和順積中而英華發外也. 由是觀之, 則樂之爲樂, 可以矯僞爲之乎?

번역 유씨가 말하길, 본성의 단서는 조화와 순종이 안에 쌓인 것을 뜻한다. 덕의 아름다움은 영화로움이 밖으로 나타난 것이다. 세 가지는 곧 뜻・소리・모습을 뜻한다. 뜻은 단서가 처음 나타난 것이다. 소리와 모습은 영화로움으로 드러난 것이다. 뜻이 움직여서 시를 통해 나타나고, 시가 완성되어 그 소리를 통해 노래로 부르며, 노래로도 부족하다면 자신도 모르게 손과 발이 저절로 들썩이며 그 모습을 움직이게 한다. 세 가지는 모두 마음이 대상을 느껴서 움직이는 것에 근본을 두고, 그런 뒤에 그것을 팔음(八音)의 악기로 나타내며, 방패와 도끼 및 깃털과 꼬리털 등의 무용도구로 나타낸 것이다. 정감이 안에서 느끼는 것이 깊다면 수식을 통해 외적으로 나타난 것도 밝다. 예를 들어 천지의 기운이 내적으로 융성하게 되면 변화를 이루어 사물에게 미치는 것도 신묘하여 헤아릴 수 없다. 그렇기 때문에 "조화와 순종이 안에서 쌓이고 영화로움이 밖으로 나타난다."고 말한 것이다. 이를 통해 살펴본다면 악(樂)의 악(樂)됨을 거짓으로 만들 수 있겠는가?

大全　慶源輔氏曰: 端, 猶孟子所謂四端也. 華, 卽下文英華也. 德出於性, 故德者性之端. 樂以章德, 故樂者德之華也. 金石絲竹, 又樂之形而下者. 此總言樂之始終, 又言樂之本於心. 詩言心之志, 歌詠心之聲, 舞動心之容.

번역　경원보씨가 말하길, '단(端)'은 『맹자』에서 말한 사단(四端)을 뜻한다. '화(華)'자는 아래문장에 나오는 영화(英華)를 뜻한다. 덕은 본성에서 나타나기 때문에 덕은 본성의 단서가 된다. 악(樂)을 통해 덕을 드러내기 때문에 악(樂)은 덕의 아름다운 표현에 해당한다. 쇠·돌·실·대나무는 또한 악(樂) 중에서도 형이하자에 해당한다. 이곳 문장은 악(樂)의 시작과 끝에 대해서 총괄적으로 말하고 있으며, 또한 악(樂)이 마음에 근본을 두고 있음도 나타내고 있다. 시는 마음의 뜻을 말로 나타내고, 노래는 마음의 소리를 길게 읊조리며, 춤은 마음의 모습을 움직임으로 표현한다.

大全　嚴陵方氏曰: 樂有情則有文, 有氣則有化, 其情深然後其文明, 其氣盛然後其化神, 蓋中外之理然也. 情深氣盛, 則樂之和順積於中, 文明化神, 則樂之英華發於外. 所積者和順, 則知所發者無乖無逆. 所發者英華, 則知所積者有本有根矣. 是皆有諸中, 然後形諸外, 故言不可以爲僞也.

번역　엄릉방씨가 말하길, 악(樂)에 정감이 있다면 형식도 있고 기운이 있다면 변화도 있는데, 정감이 깊게 된 이후에야 무늬도 밝게 나타나며, 기운이 융성하게 된 이후에야 변화도 신묘하게 되니, 속과 겉의 이치가 그러하기 때문이다. 정감이 깊고 기운이 융성하다면 악(樂)의 조화와 순종도 내적으로 쌓이고, 무늬가 밝고 변화가 신묘하다면 악(樂)의 영화로움이 밖으로 나타난다. 쌓인 것이 조화롭고 순종적이라면 나타난 것에도 어그러짐과 거스름이 없음을 알 수 있다. 나타난 것이 영화롭다면 쌓인 것에 근본이 있음을 알 수 있다. 이것들은 모두 내면에 갖춘 이후에야 밖으로 나타난다는 뜻에 해당한다. 그렇기 때문에 "거짓으로 할 수 없다."고 말했다.

鄭注　三者本, 志也·聲也·容也. 言無此本於內, 則不能爲樂也.

번역 세 가지 근본은 뜻·소리·모습을 의미한다. 즉 내면에 이러한 근본이 없다면 악(樂)을 시행할 수 없다는 의미이다.

釋文 詩言其志, 一本無"言"字. 咏音詠.

번역 '시언기지(詩言其志)'에 대해서, 다른 판본에는 '언(言)'자가 없는 기록도 있다. '咏'자의 음은 '詠(영)'이다.

孔疏 ●"德者, 性之端也"者, 言德行者, 是性之端正也.

번역 ●經文: "德者, 性之端也". ○덕행은 본성의 올바른 단서에 해당한다는 뜻이다.

孔疏 ●"樂者, 德之華也"者, 德在於內, 樂在於外, 樂所以發揚其德, 故樂爲德之光華也.

번역 ●經文: "樂者, 德之華也". ○덕은 내면에 있고 악(樂)은 외면에 있으니, 악(樂)은 덕을 드러내는 방법이다. 그렇기 때문에 악(樂)은 덕의 빛나고 아름다운 표현이 된다.

孔疏 ●"金石絲竹, 樂之器也"者, 樂爲德華, 非器無以成樂, 故金石絲竹爲樂之器也.

번역 ●經文: "金石絲竹, 樂之器也". ○악(樂)은 덕의 화려한 표현인데 악기가 아니라면 악(樂)을 이룰 수가 없다. 그렇기 때문에 쇠·돌·실·대나무로 만든 악기는 악(樂)의 기물이 된다.

孔疏 ●"詩, 言其志也"者, 欲見樂之爲體, 有此三事. 詩, 謂言詞也. 志在內, 以言詞言說其志也.

번역 ●經文: "詩, 言其志也". ○악(樂)이 본체가 된다는 사실을 확인하고자 한다면, 이러한 세 가지 사안이 있어야 한다. 시는 말에 해당한다. 뜻은 내면에 있고 말을 통해 그 뜻을 나타낸다.

孔疏 ●"歌, 咏其聲也"者, 歌謂音曲, 所以歌咏其言詞之聲也.

번역 ●經文: "歌, 咏其聲也. ○노래는 음의 곡조이니, 말로 나타난 소리를 노래로 읊조리는 것이다.

孔疏 ●"舞, 動其容也"者, 哀樂在內, 必形見於外, 故以其舞振動其容也. 此云"詩, 言其志", 則詩序云"詩者, 志之所之也", "歌, 咏其聲", 則詩序云"言之不足, 故嗟歎之; 嗟歎之不足, 故咏歌之", 是也. "舞, 動其容", 則詩序云"咏歌之不足, 則不知手之舞之, 足之蹈之"是也.

번역 ●經文: "舞, 動其容也". ○슬픔과 즐거움이 내면에 있으면 반드시 외면으로 나타난다. 그렇기 때문에 춤을 통해 외형을 움직이도록 한다. 이곳에서는 "시는 그 뜻을 말로 나타낸다."고 했는데, 『시』의 「대서(大序)」에서 "『시』는 뜻이 가고자 하는 곳이다."고 한 말에 해당하고, "노래는 그 소리를 읊조린 것이다."고 했는데, 『시』의 「대서」에서 "말로도 부족하기 때문에 탄미하는 것이며, 탄미하는 것으로도 부족하기 때문에 노래로 읊조린다."고 한 말에 해당한다. 또 "춤은 모습을 움직이도록 한다."고 했는데, 『시』의 「대서」에서 "노래로 읊조리는 것으로도 부족하다면, 자신도 모르게 손을 너울거리고 발로 춤사위를 밟는다."고 한 말에 해당한다.

孔疏 ●"三者本於心, 然後樂氣從之"者, 三者, 謂志也·聲也·容也. 容從聲生, 聲從志起, 志從心發, 三者相因, 原本從心而來, 故云"本於心". 先心而後志, 先志而後聲, 先聲而後舞. 聲須合於宮商, 舞須應於節奏, 乃成於樂, 是故"然後樂氣從之"也.

번역 ●經文: "三者本於心, 然後樂氣從之". ○세 가지는 뜻·소리·모습

을 뜻한다. 모습은 소리를 통해 나타나고 소리는 뜻을 통해 나타나며 뜻은 마음을 통해 나타나니, 이 세 가지는 서로 연유하게 되지만 근본적으로 마음을 통해서 나타난다. 그렇기 때문에 "마음에 근본을 둔다."고 한 것이다. 마음이 먼저이고 그 뒤에 뜻이 나타나며, 뜻이 먼저이고 그 뒤에 소리가 나타나며, 소리가 먼저이고 그 뒤에 춤이 나타난다. 소리는 궁(宮)이나 상(商) 등의 음에 맞아야 하고, 춤은 음악의 가락에 호응해야 하니, 이처럼 되어야만 악(樂)을 이루게 된다. 이러한 까닭으로 "그런 뒤에 악(樂)의 기운이 뒤따른다."고 말한 것이다.

孔疏 ●"是故情深而文明"者, 志起於內, 思慮深遠, 是"情深"也. 言之於外, 情由言顯, 是"文明"也.

번역 ●經文: "是故情深而文明". ○뜻은 내면에서 생겨나고 사고가 깊고 넓어지니, 이것은 '정심(情深)'에 해당한다. 말은 밖으로 나타나고 정감은 말을 통해 드러나니, 이것은 '문명(文明)'에 해당한다.

孔疏 ●"氣盛而化神"者, 志意蘊積於中, 故氣盛. 內志旣盛, 則外感動於物, 故變化神通也. 氣盛, 謂"不知手之舞之, 足之蹈之", 是也. 而化神者, 謂"動天地, 感鬼神, 經夫婦, 成孝敬", 是也.

번역 ●經文: "氣盛而化神". ○뜻이 내면에 온축되었기 때문에 기운이 융성하다. 내면의 뜻이 이미 융성하다면 외적으로 사물을 느끼고 움직이게 된다. 그렇기 때문에 변화가 신묘하게 통한다. 기운이 융성하다는 말은 "자신도 모르게 손이 너울거리고, 발로 춤사위를 밟는다."는 뜻에 해당한다. 변화가 신묘하다는 말은 "천지를 움직이고 귀신을 느끼며 부부를 바르게 하고 효와 공경을 이룬다."는 뜻에 해당한다.

孔疏 ●"和順積中, 而英華發外"者, 謂思念善事日久, 是和順積於心中, 言詞聲音發見於外, 是英華發於身外. 此據正樂也, 若其姦聲, 則悖逆積中, 淫聲發外也.

번역　●經文: "和順積中, 而英華發外". ○선한 일을 생각한 것이 오래되어 마음속에 조화와 순종이 쌓였다는 뜻이며, 말과 소리가 외적으로 나타나서 겉으로 아름다움이 나타난다는 뜻이다. 이것은 올바른 악(樂)에 기준을 둔 내용이니, 만약 간사한 소리라면 어긋남과 거스름이 내면에 쌓여서 음란한 소리가 외적으로 나타난다.

孔疏　●"唯樂不可以爲僞"者, 僞, 謂虛僞. 若善事積於中, 則善聲見於外. 若惡事積於中, 則惡聲見於外. 若心惡而望聲之善, 不可得也, 故云"唯樂不可以爲僞也".

번역　●經文: "唯樂不可以爲僞". ○'위(僞)'자는 거짓을 뜻한다. 만약 선한 일이 내면에 온축된다면 선한 소리가 겉으로 나타나게 된다. 만약 악한 일이 내면에 온축된다면 악한 소리가 겉으로 나타난다. 만약 마음이 악한데도 선한 소리를 기대한다면 결코 얻을 수 없다. 그렇기 때문에 "오직 악(樂)만은 거짓으로 할 수 없다."고 했다.

訓纂　王氏引之曰: 氣, 卽器之假借. 大戴文王官人篇, "其氣寬以柔", 逸周書作"器", 是氣與器通, 樂器從之, 猶上文言"從以簫管"也.

번역　왕인지가 말하길, '기(氣)'자는 '기(器)'자를 가차해서 쓴 글자이다. 『대대례기』「문왕관인(文王官人)」편에서는 "그 기(氣)가 관대하고 부드럽다."[2]라고 했는데, 『일주서』에서는 '기(器)'자로 기록했으니, 이것은 '기(氣)'자와 '기(器)'자가 통용되었음을 나타내고, '악기종지(樂器從之)'라는 말은 앞 문장에서 "퉁소와 피리로 따르게 한다."[3]고 한 말에 해당한다.

---

2) 『대대례기(大戴禮記)』「문왕관인(文王官人)」: 其氣寬以柔, 其色儉而不詔, 其禮先人, 其言後人, 見其所不足, 曰日益者也.

3) 『예기』「악기」【472c】: 然後發以聲音, 而文以琴瑟, 動以干戚, 飾以羽旄, 從以簫管, 奮至德之光, 動四氣之和, 以著萬物之理. 是故清明象天, 廣大象地, 終始

訓纂 王氏懋竑曰: 情之積於中者深, 則文之著於外者明. 流動充滿, 則內之氣盛; 移風易俗, 則外之化神.

번역 왕무횡[4]이 말하길, 내면에 쌓인 정감이 깊다면 겉으로 드러나는 무늬도 밝다. 흘러넘치며 움직이고 충만하게 되면 내면의 기운이 융성하게 되며, 풍속이 좋은 쪽으로 바뀌면 외적인 변화도 신묘하게 된다.

集解 端, 猶孟子言"四端"之端. 性在於中, 而發而爲德, 德者, 性之端緒也. 德不可見, 而象之爲樂, 樂者, 德之光華也. 非器無以成樂, 金石絲竹, 樂之器也. 詩也, 歌也, 舞也, 三者合而爲樂, 而其本則在乎心之德也. 德具於心, 發而爲三者, 而後樂器從而播之. 情深者, 謂喜怒哀樂之中節. 氣盛者, 謂陰陽剛柔之交暢. 文明者, 文采著明, 五色成文而不亂, 八風從律而不姦也. 化神者, 行乎陰陽, 通乎鬼神, 窮高遠, 測深厚, 而無所不至也. 情深而氣盛者, 德也, 和順之積中者也. 文明而化神者, 樂也, 英華之發外者也. 有是德, 然後有是樂, 故樂不可以爲僞.

번역 '단(端)'자는 『맹자』에서 '사단(四端)'이라고 할 때의 '단(端)'자와 같다. 본성은 내면에 있고 그것이 나타나면 덕이 되니 덕은 본성이 단서가 된다. 덕은 직접적으로 볼 수 없지만 그것을 형상화하여 악(樂)을 이루니, 악(樂)이라는 것은 덕의 빛나고 화려한 표현이다. 악기가 아니라면 악(樂)을 이룰 수 없으니 쇠·돌·실·대나무로 만든 악기들은 악(樂)의 기물이 된다. 시·노래·춤이라는 세 가지가 합쳐져서 악(樂)이 되고 그 근본은 마음의 덕에 있다. 덕은 마음에 갖춰져 있고 그것이 이러한 세 가지로 나타나며, 그런 뒤에 악기가 뒤따라 연주된다. 정감이 깊다는 말은 기쁨·성냄·슬픔·즐거움 등의 감정이 절도에 맞다는 뜻이다. 기운이 융성하다는 말은

象四時, 周還象風雨, 五色成文而不亂, 八風從律而不姦, 百度得數而有常, 小大相成, 終始相生, 倡和淸濁, 迭相爲經. 故樂行而倫淸, 耳目聰明, 血氣和平, 移風易俗, 天下皆寧.

4) 왕무횡(王懋竑, A.D.1668~A.D.1741) : 청(淸) 나라 때의 경학자이다. 자(字)는 여중(予中)·여중(與中)이며, 호(號)는 백전(白田)이다.

음양 및 굳셈과 부드러움이 교차하여 펼쳐진다는 뜻이다. '문명(文明)'은 문채가 밝게 드러난다는 뜻으로, 오색(五色)을 이용해서 무늬를 만들되 문란하지 않고, 팔풍(八風)이 율(律)을 따라서 간사하지 않는다는 뜻에 해당한다. 변화가 신묘하다는 것은 음양에 두루 시행되고 귀신의 현묘한 작용에 두루 통함에 있어서, 높고 먼 곳까지 두루 통하고 깊고 두터운 것을 헤아려서,5) 이르지 못하는 곳이 없다는 뜻이다. 정감이 깊고 기운이 융성하다는 것은 덕에 해당하니, 조화와 순종이 내면에 쌓인 것이다. 문채가 밝게 나타나고 변화가 신묘하다는 것은 악(樂)에 해당하니, 겉으로 영화로움이 나타난 것이다. 이러한 덕이 있은 뒤에야 이러한 악(樂)이 있다. 그렇기 때문에 악(樂)은 거짓으로 할 수 없다.

集解 右第二章, 承上章"可以觀德", 而言德爲作樂之本也.

번역 여기까지는 제2장으로, 앞에서 "덕을 볼 수 있다."6)고 한 말을 이어서, 덕은 악(樂)을 짓는 근본이 됨을 나타내고 있다.

---

5) 『예기』「악기」【467a】 : 及夫禮樂之極乎天, 而蟠乎地, <u>行乎陰陽, 而通乎鬼神, 窮高極遠而測深厚</u>. 樂著太始而禮居成物. 著不息者, 天也. 著不動者, 地也. 一動一靜者, 天地之間也. 故聖人曰禮樂云.

6) 『예기』「악기」【473d】 : 是故君子反情以和其志, 廣樂以成其敎. 樂行而民鄕方, <u>可以觀德矣</u>.

악(樂)과 생민지도(生民之道)

【474c】

> 樂者, 心之動也. 聲者, 樂之象也. 文采節奏, 聲之飾也. 君子動其本, 樂其象, 然後治其飾. 是故先鼓以警戒, 三步以見方, 再始以著往, 復亂以飭歸, 奮疾而不拔, 極幽而不隱, 獨樂其志, 不厭其道, 備擧其道, 不私其欲. 是故情見而義立, 樂終而德尊, 君子以好善, 小人以聽過. 故曰, "生民之道, 樂爲大焉."

직역 樂者는 心의 動이다. 聲者는 樂의 象이다. 文采와 節奏는 聲의 飾이다. 君子는 그 本을 動하고, 그 象을 樂하니, 然後에 그 飾을 治한다. 是故로 先鼓하여 警戒하고, 三步하여 方을 見하며, 再始하여 往을 著하고, 復亂하여 歸를 飭한데, 奮疾하되 不拔하며, 極幽하되 不隱하며, 獨히 그 志를 樂하고, 그 道를 不厭하며, 그 道를 備擧하고, 그 欲을 不私한다. 是故로 情이 見하고 義가 立하며, 樂이 終하고 德이 尊하니, 君子는 이로써 善을 好하고, 小人은 이로써 過를 聽한다. 故로 曰, "生民의 道는 樂이 大가 爲라."

의역 악(樂)은 마음이 감동하여 나타난 것이다. 소리[聲]는 악(樂)의 형상이다. 수식을 꾸미고 음악의 가락을 만드는 것은 소리[聲]의 꾸밈이다. 군자는 근본에 해당하는 마음을 감동시키고, 형상을 통해 악(樂)을 나타내며, 그런 뒤에 악(樂)에 꾸밈을 더한다. 이러한 까닭으로 먼저 북을 울려서 모여 있는 사람들에게 주의를 주고, 춤을 출 때에는 먼저 세 걸음을 떼어서 방식을 드러내며, 재차 시작하여 나아가고자 함을 드러내며, 재차 마쳐서 되돌아가는 무용수들이 되돌아가는 것을 신중히 하도록 만드는데, 무용수들은 신속히 움직이지만 지나치게 빠르지 않고, 음악은 지극히 그윽하지만 숨김이 없으니, 군자는 홀로 그 뜻을 즐거워하며, 그 도에 대해서 싫증을 느끼지 않고, 그 도를 제대로 갖춰서 시행하며, 그에 대한 욕구를 자기 것으로만 하지 않는다. 이러한 까닭으로 정감이 드러나서 도의가 성립되며, 악(樂)이 마쳐서 덕이 존숭되니, 군자는 음악을 통해 선을 좋아하고, 소인은 음악을 통해서 과실을 깨닫는다. 그렇기 때문에 "백성들에 대한 도의 중에서 악(樂)이 매우 크다."고 말했다.

集說　動其本, 心之動也. 心動而有聲, 聲出而有文采節奏, 則樂飾矣. 樂之將作, 必先擊鼓以聳動衆聽, 故曰先鼓以警戒. 舞之將作, 必先三擧足以示其舞之方法, 故曰三步以見方. 再始, 謂一節終而再作也. 往, 進也. 亂, 終也. 如云關雎之亂. 歸, 舞畢而退就位也. 再始以著往者, 再擊鼓以明其進也. 復亂以飭歸者, 復擊鐃以謹其退也. 此兩句, 言舞者周旋進退之事. 拔, 如拔來赴往之拔, 言舞之容, 雖若奮迅疾速, 而不過於疾也. 樂之道雖曰幽微難知, 而不隱於人也. 是故君子以之爲己, 則和而平, 故獨樂其志. 不厭其道, 言學而不厭也. 以之爲人, 則愛而公, 故備擧其道. 不私其欲, 言誨人不倦也. 情見於樂之初, 而見其義之立; 化成於樂之終, 而知其德之尊. 君子聽之而好善, 感發其良心也. 小人聽之而知過, 蕩滌其邪穢也. 故曰以下, 亦引古語結之. 此章諸家皆以爲論大武之樂, 以明伐紂之事, 且以再始爲十一年觀兵, 十三年伐紂, 此誤久矣. 愚謂此特通論樂與舞之理如此耳, 故曰生民之道, 樂爲大焉. 豈可以生民之道, 莫大於戰伐哉?

번역　"근본을 움직인다."는 말은 마음이 동한다는 뜻이다. 마음이 동하여 소리[聲]가 생기고, 소리가 나와서 문채와 가락이 생긴다면 악(樂)의 수식이 된다. 악(樂)을 연주하려고 할 때에는 반드시 가장 먼저 북을 울려서 대중들을 일깨워야 한다. 그렇기 때문에 "먼저 북을 쳐서 경계를 시킨다."고 말했다. 춤을 추려고 할 때에는 반드시 가장 먼저 세 걸음을 떼어서 춤사위의 방향과 법식을 나타내야 한다. 그렇기 때문에 "세 걸음을 걸어서 방식을 나타낸다."라고 말했다. '재시(再始)'는 한 악절이 끝나서 재차 시작한다는 뜻이다. '왕(往)'자는 "나아간다[進]."는 뜻이다. '난(亂)'자는 마침[終]을 뜻한다. 예를 들어 '관저(關雎)편의 마지막 장'¹⁾이라고 말하는 것과 같다. '귀(歸)'자는 춤이 끝나서 무용수들이 물러나 자신의 자리로 돌아간다는 뜻이다. "재차 시작하여 나아감을 드러낸다."고 한 말은 재차 북을 울려서 나아가게 됨을 드러낸다는 뜻이다. "재차 끝내서 되돌아감을 삼간다."는 말은 다시 징을 쳐서 물러나는 행동을 신중히 하도록 만든다는 뜻이다. 이 두 구문은 무용수들이 선회하며 나아가고 물러나는 등의 사안을 뜻한다. '발(拔)'자는 "갑작스럽게 오고 갑작스럽게 떠난다."²⁾고 할 때의 '발(拔)'자와 같으니, 무용수들의 모습이 비록 신속하고 빠른 것 같지만 지나치게 빠르지 않다는 뜻이다. 악(樂)의 도에 대해서 비록 그윽하고 은미하며 알기 어렵다고 하지만 사람들에게 숨기는 것이 없다. 이러한 까닭으로 군자가 음악을 자신의 것으로 삼는다면 조화롭고 평이하게 된다. 그렇기 때문에 홀로 그 뜻을 즐거워하는 것이다. "그 도를 싫증내지 않는다."는 말은 배우되 싫증을 내지 않는다는 뜻이다. 음악을 남을 위한 것으로 삼는다면 친애하게 되고 공공의 것으로 삼기 때문에 그 도를 갖춰서 실행한다. "그 욕망을 사사롭게 하지 않는다."는 말은 남을 가르침에 게을리 하지 않다는 뜻이다.³⁾ 정감은 악(樂)의 처음에 나타나므로 그 뜻이 확립되는 것을 보며, 변화는 악(樂)의 끝에서 완성되므로 덕의 존귀함을 안다. 군자는 음악을 듣고 선을 좋아하게 되며 양심을 느껴서 나타내게 한다. 소인은 음악을 듣고 과실을 알아서 사벽하고 더러운 잘못을 씻어내게 된다. '고왈(故曰)'로부터 그 이하의 말은 또한 옛 말을 인용하여 결론을 맺은 것이다. 이곳 문단에 대해서 여러 학자들은 모두 대무(大武)의 악(樂)을 논의한 것이라고 여겨서, 이를 통해 주(紂)를 정벌했던 사안을 나타냈으며, 또한 재차 시작하는 것이 11년에 관병식을 하고, 13년에 주임금을 정벌한 것이라고 여겼으니, 매우 오래전부터 잘못 이해한 것이다. 내가 생각하기에 이 문단은 단지 악(樂)과 춤의 이치가 이와 같다는 사실을 통괄적으로 논의할 것일 뿐이다. 그렇기 때문에 "백성들에 대한 도리 중 악(樂)이 매우 크다."라고 말한 것이

---

1) 『논어』「태백(泰伯)」: 子曰, "師摯之始, 關雎之亂, 洋洋乎, 盈耳哉!"
2) 『예기』「소의(少儀)」【436a】: 毋拔來, 毋報往.
3) 『논어』「술이(述而)」: 子曰, "默而識之, 學而不厭, 誨人不倦, 何有於我哉?"

다. 따라서 어떻게 백성들에 대한 도리에 있어서 전쟁과 정벌보다 큰 것이 없을 수 있겠는가?

大全 馬氏曰: 先鼓以警戒, 象武王伐紂而誓衆也. 三步以見方, 象武王伐紂有漸也. 再始以著往, 象武王以紂之不悛而再往也. 復亂飭歸, 象武王旣勝而歸也. 獨樂其志, 不厭其道, 備擧其道, 不私其欲. 此武王所以能伐商, 以救民於水火之中也. 情見而義立, 象武王伐紂之情見而天下之公義立. 樂終而德尊, 言及樂之終而武王之德愈尊. 武王伐紂, 所以著其善去其不善, 故君子因之以勸而好善, 小人因之以戒而聽過. 古之言禮者有曰, 民之所由生, 禮爲大, 言政者有曰, 人道政爲大. 於此則曰生民之道樂爲大, 此皆以其所隆而言之也.

번역 마씨가 말하길, "먼저 북을 울려서 경계를 시킨다."는 말은 무왕이 주임금을 정벌하여 군사들에게 맹세를 했던 사안을 나타낸다. "세 걸음을 떼어서 방식을 보인다."는 말은 무왕이 주임금을 정벌할 때 점진적으로 했음을 나타낸다. "재차 시작하여 나아감을 드러낸다."는 말은 주임금이 과실을 고치지 않았던 이유 때문에 무왕이 재차 정벌을 떠났던 일을 나타낸다. "다시 마치고 되돌아감을 삼간다."는 말은 무왕이 승리를 거두고 되돌아갔던 일을 나타낸다. "홀로 그 뜻을 즐거워하고 그 도를 싫증내지 않으며, 그 도를 갖춰서 시행하고 그 욕구를 사사로이 하지 않는다."고 했는데, 이것은 무왕이 은나라를 정벌하여 백성들을 재앙 속에서 구제할 수 있었음을 뜻한다. "정감이 드러나서 도의가 확립한다."는 말은 무왕이 주임금을 정벌했던 정감이 드러나서 천하에 공공의 도의가 확립되었음을 나타낸다. "악(樂)이 끝나서 덕이 존숭된다."는 말은 악(樂)이 끝나게 되면 무왕의 덕이 더욱 존숭 받았음을 뜻한다. 무왕이 주임금을 정벌한 것은 선을 드러내고 불선함을 제거했던 일이다. 그렇기 때문에 군자는 그에 따라 노력하여 선을 좋아했고, 소인은 그에 따라 경계하여 과실을 고치게 된다. 고대에 예(禮)를 언급한 말 중에는 "백성들이 그에 따라 생활하는 것 중에는 예(禮)가 매우 크다."[4]고 한 말이 있고, 정치를 언급한 말 중에는 "인도 중에 정치가 매우 크다."[5]고 한 말이 있다. 여기에서는 "백성들에 대한 도의 중 악

(樂)이 매우 크다."라고 했는데, 이러한 말들은 모두 융성하게 여기는 것을 기준으로 한 말이다.

鄭注 文采, 樂之威儀也. 先鼓, 將奏樂, 先擊鼓, 以警戒衆也. 三步, 謂將舞, 必先三擧足, 以見其舞之漸也. 再始以著往, 武王除喪, 至盟津之上, 紂未可伐, 還歸二年, 乃遂伐之. 武舞再更始, 以明伐時再往也. 復亂以飭歸, 謂鳴鐃而退, 明以整歸也. 奮疾, 謂舞者也. 極幽, 謂歌者也.

번역 '문채(文采)'는 악(樂)에 나타나는 위엄과 격식에 따른 행위들이다. '선고(先鼓)'는 악(樂)을 연주하려고 할 때에는 먼저 북을 울려서 대중들에게 주의를 준다는 뜻이다. '삼보(三步)'는 춤을 추려고 할 때에는 반드시 가장 먼저 세 걸음을 떼어서 춤이 점진적으로 시연됨을 나타낸다는 뜻이다. "재차 시작하여 나아감을 드러낸다."고 했는데, 무왕은 상을 끝내고 맹진(盟津)에 이르렀지만, 주임금에 대해 아직 정벌을 할 수 없어서 되돌아갔고, 2년이 지난 뒤에야 결국 정벌을 했다. 무무(武舞)에서 재차 시작하는 것은 이를 통해서 정벌을 할 때 재차 나아갔음을 나타낸다. "다시 끝내서 되돌아감을 삼간다."는 말은 징을 울려서 무용수들이 제자리로 돌아가는데, 이것은 정렬하여 되돌아간다는 사실을 나타낸다는 뜻이다. '분질(奮疾)'은 무용수들에 대한 내용이다. '극유(極幽)'는 노래를 부르는 자들에 대한 내용이다.

釋文 警音景. 見方, 賢遍反, 下及注皆同. 著, 張慮反, 注同. 復音伏. 飭音敕, 注同. 拔, 步葛反, 又皮八反. 獨樂, 皇音洛, 庾音嶽. 厭, 於艶反. 好, 呼報反. 以聽過, 本或作"以聖過", 如字. 鐃, 女交反.

---

4)『예기』「애공문(哀公問)」【592a~b】: 孔子曰, 丘聞之, <u>民之所由生, 禮爲大</u>. 非禮無以節事天地之神也, 非禮無以辨君臣上下長幼之位也, 非禮無以別男女父子兄弟之親昏姻疏數之交也. 君子以此之爲尊敬然.

5)『예기』「애공문(哀公問)」【593c】: 孔子侍坐於哀公, 哀公曰, "敢問人道誰爲大?" 孔子愀然作色而對, 曰, "君之及此言也, 百姓之德也. 固臣敢無辭而對, <u>人道政爲大</u>."

번역 '警'자의 음은 '景(경)'이다. '見方'에서의 '見'자는 '賢(현)'자와 '遍(편)'자의 반절음이며, 아래문장 및 정현의 주에 나오는 글자도 그 음이 모두 이와 같다. '著'자는 '張(장)'자와 '慮(려)'자의 반절음이며, 정현의 주에 나오는 글자도 그 음이 이와 같다. '復'자의 음은 '伏(복)'이다. '飭'자의 음은 '敕(칙)'이며, 정현의 주에 나오는 글자도 그 음이 이와 같다. '拔'자는 '步(보)'자와 '葛(갈)'자의 반절음이며, 또한 '皮(피)'자와 '八(팔)'자의 반절음도 된다. '獨樂'에서의 '樂'자에 대해, 황음(皇音)은 '洛(낙)'이라고 했고, 유음(庾音)은 '嶽(악)'이라고 했다. '厭'자는 '於(어)'자와 '艶(염)'자의 반절음이다. '好'자는 '呼(호)'자와 '報(보)'자의 반절음이다. '以聽過'를 다른 판본에서는 '以聖過'라고 기록하기도 하며, 그 음은 글자대로 읽는다. '鐃'자는 '女(녀)'자와 '交(교)'자의 반절음이다.

孔疏 ●"樂者"至"大焉". ○正義曰: 前經論"志也 · 聲也 · 容也", 三者相將, 故此經廣明舞之義理, 與聲音相應之事.

번역 ●經文: "樂者"~"大焉". ○앞의 경문에서는 "뜻이다, 소리이다, 모습이다."[6]라고 했는데, 이 세 가지가 서로 어우러지기 때문에 이곳 경문에서는 춤의 의미와 이치 및 소리[聲]와 음(音)이 서로 호응하는 일에 대해서 폭넓게 설명했다.

孔疏 ●"樂者, 心之動也"者, 心動而見聲, 聲成而爲樂, 樂由心動而成, 故云"樂者, 心之動也".

번역 ●經文: "樂者, 心之動也". ○마음이 감동하여 소리[聲]를 드러내고 소리가 성립되어 악(樂)이 되니, 악(樂)은 마음이 감동하는 것에 따라서 완성된다. 그렇기 때문에 "악(樂)은 마음이 감동한 것이다."라고 말했다.

---

6) 『예기』「악기」【473d~474a】德者, 性之端也. 樂者, 德之華也. 金石絲竹, 樂之器也. 詩, 言其志也. 歌, 咏其聲也. 舞, 動其容也. 三者本於心, 然後樂器從之. 是故情深而文明, 氣盛而化神, 和順積中而英華發外, 惟樂不可以爲僞.

孔疏 ●"聲者, 樂之象也"者, 樂本無體, 由聲而見, 是聲爲樂之形象也.

번역 ●經文: "聲者, 樂之象也". ○악(樂)은 본래 실체가 없어서 소리[聲]를 통해서만 드러나니, 이것은 소리가 악(樂)의 형상에 해당한다는 사실을 나타낸다.

孔疏 ●"文采節奏, 聲之飾也"者, 聲無曲折, 則太質素, 故以文采節奏而飾之使美, 故云"文采節奏, 聲之飾也".

번역 ●經文: "文采節奏, 聲之飾也"者. ○소리[聲]에 변화와 세분화됨이 나타나지 않는다면 너무 질박하게 된다. 그렇기 때문에 문채와 가락을 통해 수식하여 아름답게 만든다. 그러므로 "문채와 가락은 소리의 꾸밈이다."라고 말했다.

孔疏 ●"君子動其本"者, 則亦心之動也.

번역 ●經文: "君子動其本". ○이 또한 마음이 감동한 일에 해당한다.

孔疏 ●"樂其象"者, 則亦樂之象也.

번역 ●經文: "樂其象". ○이 또한 악(樂)의 형상에 해당한다.

孔疏 ●"然後治其飾"者, 則亦聲之飾也. 以此三者結上三事. 自此以下, 記者引周之大武之樂, 以明此三者之義.

번역 ●經文: "然後治其飾". ○이 또한 소리[聲]의 꾸밈에 해당한다. 이러한 세 가지 것들로 앞에 나온 세 가지 사안을 결론 맺은 것이다. 이곳 구문부터 그 이하의 내용은 『예기』를 기록한 자가 주나라의 대무(大武)라는 악곡을 인용하여, 세 가지 것들의 의미를 나타내었다.

孔疏 ●"是故先鼓以警戒"者, 謂作武王伐紂大武之樂, 欲奏之時, 先擊打其鼓聲, 以警戒於衆也.

번역 ●經文: "是故先鼓以警戒". ○대무(大武)는 무왕이 주임금을 정벌했던 일을 나타내는데, 이 악곡을 연주함에 있어서 그것을 연주하려고 할 때에는 우선 북을 울려 소리를 내서 대중들에게 주의를 준다는 뜻이다.

孔疏 ●"三步以見方"者, 謂欲舞之時, 必先行三步以見方, 謂方將欲舞, 積漸之意也.

번역 ●經文: "三步以見方". ○춤을 추려고 할 때에는 반드시 먼저 세 걸음을 떼어서 방식을 드러내야 한다는 의미로, 춤을 추려고 할 때에는 점진적으로 시행한다는 뜻이 있음을 의미한다.

孔疏 ●"再始以著往"者, 謂作大武之樂, 每曲一終, 而更發始爲之, 凡再更發始, 以著明往伐紂之時. 初發始爲曲, 象十一年往觀兵於盟津也, 再度發始爲曲, 象十三年往伐紂也.

번역 ●經文: "再始以著往". ○대무(大武)라는 악곡을 연주할 때에는 매번 한 악절이 끝나게 되면 재차 시작하여 연주를 하니, 재차 시작하는 것은 이를 통해 다시 가서 주임금을 정벌했던 때를 나타낸다. 처음 연주하는 악곡은 11년에 찾아가서 맹진(盟津)에서 관병식을 했던 일을 나타내며, 재차 연주하는 악곡은 13년에 다시 가서 주임금을 정벌했던 일을 나타낸다.

孔疏 ●"復亂以飭歸"者, 亂, 治也. 復謂舞曲終, 舞者復其行位而整治, 象武王伐紂旣畢, 整飭師旅而還歸也.

번역 ●經文: "復亂以飭歸". ○'난(亂)'자는 "다스린다[治]."는 뜻이다. '복(復)'자는 춤의 악곡이 끝나서 무용수들이 재차 자신의 대열 자리로 되돌아가 대열 및 자세를 바로잡는다는 의미로, 무왕이 주임금을 정벌하는 일이 끝나자 군대를 정비하여 되돌아간 일을 나타낸다.

孔疏 ●"奮疾而不拔"者, 拔, 疾也, 謂舞者奮迅疾速, 而不至大疾也. 故庾云: "舞者雖貴於疾, 亦不失節, 謂不大疾也."

번역 ●經文: "奮疾而不拔". ○'발(拔)'자는 "빠르다[疾]."는 뜻이니, 무용수들이 빠르게 움직이지만 지나치게 빠르지는 않다는 의미이다. 그렇기 때문에 유울은 "무용수들이 비록 신속함을 귀하게 여기지만 또한 절도를 잃지 않으니, 지나치게 빠르지 않다는 뜻이다."라고 한 것이다.

孔疏 ●"極幽而不隱"者, 謂歌者坐歌不動, 是極幽靜而聲發起, 是"不隱"也.

번역 ●經文: "極幽而不隱". ○노래를 부르는 자는 앉아서 노래를 부르며 움직이지 않으니, 이것은 지극히 그윽하고 고요하지만 소리가 발생함을 뜻하므로, "은미하지 않다."는 의미이다.

孔疏 ●"獨樂其志, 不厭其道"者, 樂其志者, 多違道理. 言武王今獨能樂其志意, 不違厭其仁義之道理也, 恒以道自將.

번역 ●經文: "獨樂其志, 不厭其道". ○그 뜻을 즐거워하는 자들은 대체로 도리를 위배한다. 즉 무왕이 현재 자기 홀로 그 뜻을 즐거워하면서도 인(仁)과 의(義)의 도리를 위배하지 않는다는 의미이니, 항상 도를 간직하고서 시행했다는 뜻이다.

孔疏 ●"備擧其道, 不私其欲"者, 武王旣不違厭其道理, 能備具擧行仁義之道, 以利天下, 不私自恣己之情欲也.

번역 ●經文: "備擧其道, 不私其欲". ○무왕 자체가 도리를 위배하지 않아서, 인(仁)과 의(義)의 도리를 제대로 갖춰서 시행하여 천하를 이롭게 하고, 사사롭게 자기의 정욕에 따라서 행동하지 않았다는 뜻이다.

孔疏 ●"是故情見而義立"者, 情見, 謂武王伐紂之情見於樂也. 義立, 謂伐紂之義而興立.

번역 ●經文: "是故情見而義立". ○정감이 드러난다는 말은 무왕이 주임금을 정벌했던 정감이 악(樂)을 통해 나타난다는 뜻이다. 도의가 성립된다는 말은 주임금을 정벌했던 도의가 흥기되고 성립되었다는 의미이다.

孔疏 ●"樂終而德尊"者, 謂觀武王伐紂樂終, 而知武王道德尊盛也.

번역 ●經文: "樂終而德尊". ○무왕이 주임금을 정벌한 일을 나타낸 악(樂)이 끝나는 것을 보고서, 무왕의 도덕이 높고 융성하다는 사실을 안다는 의미이다.

孔疏 ●"君子以好善"者, 謂在位尊者, 旣觀武王之樂德類如此, 故庶幾好行善道也.

번역 ●經文: "君子以好善". ○존귀한 지위에 있는 자는 이미 무왕의 악(樂)에 나타난 덕 등이 이와 같다는 것을 보았기 때문에, 선한 도를 시행하길 좋아하게 된다는 의미이다.

孔疏 ●"小人以聽過"者, 小人, 謂士庶之等. 旣觀武王樂音, 以聽伏己之愆過也.

번역 ●經文: "小人以聽過". ○'소인(小人)'은 사나 서인 계층 등을 뜻한다. 이미 무왕의 음악에 대해 살펴보아서, 이를 통해 자기의 잘못을 시인하게 된다는 뜻이다.

孔疏 ●"故曰: 生民之道, 樂爲大焉"者, 記者旣引大武之樂, 利益如此, 是生養民人之道, 樂最爲大. 此特引武王樂者, 以武王之樂, 利益爲深, 餘樂莫能及故也. 但前文舞與聲心相應, 故引武王樂, 明心見於舞也.

번역 ●經文: "故曰: 生民之道, 樂爲大焉". ○『예기』를 기록한 자는 이미 대무(大武)의 악곡을 인용하여 그 이로움이 이와 같다고 했으니, 이것은 백성들을 부양하는 도에 있어서 악(樂)이 가장 크다는 사실을 나타낸다. 그런데 이곳에서 단지 무왕에 대한 악(樂)만을 인용한 이유는 무왕에 대한 악(樂)은 이로움이 깊어서, 다른 악(樂)들은 미칠 수 없기 때문이다. 다만 앞의 문장에서는 춤과 소리 및 마음이 서로 호응함을 나타냈다. 그렇기 때문에 무왕에 대한 악(樂)을 인용하여, 마음이 춤을 통해 나타남을 밝힌 것이다.

孔疏 ◎注"文采"至"者也". ○正義曰: 上文云"省其文采", 謂節奏. 今此 "文采", 謂樂威儀者, 以經云"聲之飾", 故此以文采爲威儀也. 云"武王除喪, 至盟津之上, 紂未可伐, 還歸二年, 乃遂伐之"者, 並出今文泰誓, 鄭撮而用之, 非正文也. 云"復亂以飭歸, 謂7)鳴鐃而退, 明以整歸也"者, 經云"復亂", 鄭云 "整歸", 則亂爲治也, 謂反復整治而還. "鳴鐃而退", 出大司馬職文也. 云"奮 疾, 謂舞者也"者, 以奮迅速疾, 故爲舞者, 謂武舞者. 云"極幽, 謂歌者也"者, 以"極幽"與"奮疾"相對, "歌"與"舞"相次, 以歌者不動, 經稱"極幽", 故知是歌 者也.

번역 ◎鄭注: "文采"~"者也". ○앞 문장에서는 "문채(文采)를 살핀다."[8] 라고 했는데, '문채(文采)'는 음악의 가락을 뜻한다. 이곳에서 '문채(文采)' 라고 한 말은 음악에 나타나는 위엄과 격식에 따른 행위 등을 의미하니, 경문에서 "소리의 꾸밈이다."라고 했기 때문에, 여기에 나온 '문채(文采)'를

---

7) '위(謂)'자에 대하여. '위'자는 본래 없던 글자인데, 완원(阮元)의 『교감기(校勘記)』에서는 "혜동(惠棟)의 『교송본(校宋本)』에는 '명(鳴)'자 앞에 '위'자가 기록되어 있다."라고 했다.
8) 『예기』「악기」【470a】: 是故先王本之情性, 稽之度數, 制之禮義, 合生氣之和, 道五常之行, 使之陽而不散, 陰而不密, 剛氣不怒, 柔氣不懾, 四暢交於中, 而發 作於外, 皆安其位而不相奪也. 然後立之學等, 廣其節奏, 省其文采, 以繩德厚, 律小大之稱, 比終始之序, 以象事行, 使親疏貴賤長幼男女之理, 皆形見於樂. 故 曰, "樂觀其深矣."

위엄과 격식에 따른 행위로 여긴 것이다. 정현이 "무왕은 상을 끝내고 맹진
(盟津)에 이르렀지만, 주임금에 대해 아직 정벌을 할 수 없어서 되돌아갔고,
2년이 지난 뒤에야 결국 정벌을 했다."라고 했는데, 이것은 모두『금문상서』
「태서(泰誓)」편에 나오는 기록으로, 정현이 그 기록들을 취합하여 사용한
것이니, 경문대로의 기록은 아니다. 정현이 "다시 끝내서 되돌아감을 삼간
다는 말은 징을 울려서 무용수들이 제자리로 돌아가는데, 이것은 정렬하여
되돌아간다는 사실을 나타낸다는 뜻이다."라고 했는데, 경문에서 '복란(復
亂)'이라고 했고, 정현은 "정렬하여 되돌아간다."고 했으니, '난(亂)'자는
"다스린다[治]."는 의미가 되므로, 재차 정렬하여 되돌아간다는 뜻이 된다.
"징을 울려서 되돌아간다."는 말은『주례』「대사마(大司馬)」편의 직무 기록
에 나온다.9) 정현이 "'분질(奮疾)'은 무용수들에 대한 내용이다."라고 했는
데, 신속하고 빠르게 움직이는 것이기 때문에 무용수들에 대한 내용이 되
니, 무무(武舞)를 추는 자들을 뜻한다. 정현이 "'극유(極幽)'는 노래를 부르
는 자들에 대한 내용이다."라고 했는데, '극유(極幽)'라는 말과 '분질(奮疾)'
이라는 말이 서로 대비가 되고, '가(歌)'와 '무(舞)'가 차례대로 나열되어 있
는데, 노래를 부르는 자는 움직이지 않으므로 경문에서는 "지극히 그윽하
다."고 말한 것이다. 그렇기 때문에 이 내용이 노래를 부르는 자에 대한
것임을 알 수 있다.

訓纂 王注: 舞武樂, 三步爲一節者, 以見伐道也.

번역 왕숙의 주에서 말하길, 대무(大武)의 악곡에 따라 춤을 출 때, 세
걸음을 떼는 것을 한 마디로 삼는 것은 이를 통해 정벌의 도리를 드러내기
때문이다.

訓纂 廣雅: 亂, 理也.

---

9)『주례』「하관(夏官)·대사마(大司馬)」: 乃鼓退, <u>鳴鐃且却</u>, 及表乃止, 坐作如初.

[번역] 『광아』에서 말하길, '난(亂)'자는 "다스린다[理]."는 뜻이다.

[訓纂] 王氏念孫曰: 樂之終·詩之終有亂, 皆理之義也.

[번역] 왕념손이 말하길, 악곡의 마지막 장과 시의 마지막 장에는 '난(亂)'이 있으니, 이 모두는 다스린다는 의미이다.

[訓纂] 王注: 舞雖奮疾而不失節. 若樹木得疾風而不拔.

[번역] 왕숙의 주에서 말하길, 무용에 있어서 비록 빠르게 움직이지만 절도를 잃지 않는다. 이것은 마치 나무가 세찬 바람에 흔들리더라도 뽑히지 않음과 같다.

[集解] 愚謂: 先鼓以警戒者, 大武將舞之先, 擊鼓以警戒其衆, 所謂"備戒之已久"也. 三步以見方者, 舞之初作, 先三擧足, 以示其所往之方, 所謂"始而北出"也. 再始以著往者, 舞者於二成之初, 又再始擧足, 以著其所往, 所謂"再成而滅商"也. 亂, 終也. 復亂以飭歸者, 舞者之終, 從末表復於第一表, 以整飭其歸, 所謂"六成復綴以崇天子"也. 拔, 急疾也. 奮疾而不拔者, 武舞發揚蹈厲, 欲及時事, 有奮發迅速之象, 而不至於大疾而失其節也. 極幽而不隱者, 言武王之病不得衆, 恐不逮事, 臨事而懼, 情意幽深, 大武之樂, 唱歎淫液, 以發明其幽深之情, 而著見而不隱也. 獨樂其志, 不厭其道者, 樂其德之備於己也. 欲, 謂可願欲之事. 備擧其道, 不私其欲者, 廣其化之被於民也. 此則周·召之治, 以文止武而周道四達也. 情見而義立者, 武王愛民之情見而弔伐之義立也. 樂終而德尊者, 六成復綴以崇天子, 而見武王之德之尊也. 君子樂得其道, 故聽之而生其好善之心; 小人樂得其欲, 故聽之而知其情欲之過. "故曰"以下, 又引古語以結之. 註疏自"先鼓以警戒"以下, 皆以大武言之, 其說是也. 惟其解"再始著往", 謂"武王除喪, 觀兵孟津, 二年乃復伐紂", 則出於張霸僞泰誓之說而不可信; 而以"極幽"爲歌者, 其義亦爲未安耳.

번역 내가 생각하기에, "먼저 북을 울려서 경계를 시킨다."는 말은 대무 (大武)의 악곡에 있어서 춤을 추려고 하면 우선적으로 북을 울려서 대중들을 주의시킨다는 뜻이니, 이른바 "경계시키길 오래도록 한다."10)는 뜻에 해당한다. "세 걸음을 떼어서 방소를 보인다."는 말은 춤을 추는 초반부에 우선 세 걸음을 걸어서 나아가는 방향을 나타내니, 이른바 "처음 시작하여 북쪽으로 나온다."는 뜻에 해당한다. "재차 시작함에 나아감을 드러낸다." 는 말은 무용수들이 2성(成)을 하는 초반부에는 또한 재차 시작하며 걸음을 떼어서 가게 되는 방향을 드러내니, 이른바 "2성(成)에 은나라를 명망시키다."는 뜻에 해당한다. '난(亂)'자는 마침[終]에 해당한다. "재차 마쳐서 되돌아감은 삼간다."는 말은 춤이 끝남에 끝의 자리를 따라서 처음 자리로 되돌아가서, 되돌아감을 가지런히 하는 것으로, 이른바 "6성(成)에 처음의 대열로 되돌아가서 천자를 존숭한다."는 뜻에 해당한다.11) '발(拔)'자는 너무 급박하다는 뜻이다. "신속하되 급박하지 않다."는 말은 대무를 추는 무용수들이 손과 발을 내뻗고 내딛는 것12)은 해당 시기의 일에 미치고자 함이니, 떨쳐 일어나는 신속한 형상이 있지만 너무 급박하여 절도를 잃는 지경에는 이르지 않는다는 뜻이다. "지극히 그윽하지만 은미하지 않다."는 말은 무왕은 대중들의 마음을 얻지 못함을 걱정했고13) 그 사안에 미치지 못할 것을 염려했으니,14) 일에 임해서는 두려워하고 정감과 뜻이 그윽하고 깊었으며, 대무의 악곡에 있어서 끊이지 않게 길게 읊조려서 그윽하고 깊은 정감을 드러내니, 드러나서 은미하게 감추지 않는다는 뜻이다. "홀로 그 뜻을 즐거워하며 그 도를 싫증내지 않는다."는 말은 덕이 자신에게 갖춰

---

10) 『예기』「악기」【481d】: 賓牟賈侍坐於孔子, 孔子與之言及樂, 曰, "夫武之備戒 之已久, 何也?" 對曰, "病不得其衆也."

11) 『예기』「악기」【483b】: 且夫武始而北出, <u>再成而滅商</u>, 三成而南, 四成而南國是 疆, 五成而分, 周公左, 召公右, <u>六成復綴以崇天子</u>.

12) 『예기』「악기」【482d】: 賓牟賈起, 免席而請曰, "夫武之備戒之已久, 則旣聞命 矣, 敢問遲之, 遲而又久, 何也?" 子曰, "居! 吾語汝. 夫樂者, 象成者也. 總干而 山立, 武王之事也. <u>發揚蹈厲</u>, 太公之志也. 武亂皆坐, 周召之治也."

13) 『예기』「악기」【481d】: 賓牟賈侍坐於孔子, 孔子與之言及樂, 曰, "夫武之備戒 之已久, 何也?" 對曰, "<u>病不得其衆也</u>."

14) 『예기』「악기」【482a】: "咏歎之, 淫液之, 何也?" 對曰, "<u>恐不逮事也</u>."

진 것을 즐거워한다는 의미이다. '욕(欲)'자는 바랄 수 있는 사안을 뜻한다. "그 도를 갖춰서 시행하고 그 욕(欲)을 사사로이 하지 않는다."는 말은 교화를 넓혀서 백성들에게 미치게 한다는 뜻이다. 이것들은 주공(周公)과 소공(召公)의 다스림으로, 문(文)을 통해 무(武)를 그치게 해서 주나라의 도가 사방에 두루 통하도록 한 것에 해당한다.[15] "정감이 드러나고 도의가 성립한다."는 말은 무왕이 백성들을 친애했던 정감이 드러나서 백성들을 위로하고 잘못을 정벌하는 도의가 성립되었다는 의미이다. "악곡이 끝나서 덕이 존숭된다."는 말은 6성(成)에 재차 자리로 되돌아가서 천자를 높이고, 이를 통해 무왕의 덕이 존숭될만한 것임을 나타낸다는 뜻이다. 군자는 도를 얻는 것을 즐거워한다. 그렇기 때문에 그 소리를 듣고서 선을 좋아하는 마음이 생겨나는 것이다. 소인은 욕망을 추구하는 것을 즐거워한다. 그렇기 때문에 그 소리를 듣고서 정욕에 따른 과실을 알게 된다. '고왈(故曰)'로부터 그 이하의 내용은 또한 옛 말을 인용해서 결론을 맺은 것이다. 정현의 주와 공영달의 소에서는 "먼저 북을 울려서 경계를 시킨다."는 구문으로부터 그 이하의 내용에 대해서, 모두 대무를 기준으로 설명을 했는데 그 주장은 옳은 말이다. 다만 해석에 있어서, "재차 시작하여 가는 것을 드러낸다."는 말을 "무왕이 상을 끝내고 맹진에서 관병식을 하고, 2년이 지난 뒤에 재차 주임금을 정벌했다."라고 풀이를 했는데, 이것은 장패(張覇)의 위서(僞書)인 「태서」편의 기록에서 도출된 것이므로 신뢰할 수 없다. 그리고 '극유(極幽)'를 노래 부르는 자에 대한 내용으로 여겼는데, 그 뜻 또한 분명하지 못하다.

集解 右第三章, 又言樂所以爲德之象也.

번역 여기까지는 제3장으로, 또한 악(樂)이 덕을 드러내는 형상임을 나타내고 있다.

---

15) 『예기』「악기」【485a~b】: 食三老五更於大學, 天子袒而割牲, 執醬而饋, 執爵而酳, 冕而總干, 所以教諸侯之弟也. 若此, 則周道四達, 禮樂交通, 則夫武之遲久, 不亦宜乎?

• 제 37 절 •

악(樂)과 시(施), 예(禮)와 보(報)

【475b】

> 樂也者, 施也. 禮也者, 報也. 樂, 樂其所自生; 禮, 反其所自
> 始. 樂章德, 禮報情, 反始也.

직역 樂이라는 者는 施이다. 禮라는 者는 報이다. 樂은 그 自生한 所를 樂함이며; 禮는 그 自始한 所를 反함이다. 樂은 德을 章하고, 禮는 情을 報하니, 始를 反이라.

의역 악(樂)은 베풂을 위주로 한다. 예(禮)는 보답함을 위주로 한다. 악(樂)은 생겨나게 한 것을 즐거워하는 것이며, 예(禮)는 생겨나게 한 것으로 되돌리는 것이다. 악(樂)은 덕을 드러내고, 예(禮)는 은정에 보답하니, 시초로 되돌리는 것이다.

集說 文蔚問如何是章德, 朱子曰, "和順積諸中, 英華發於外, 便是章著其內之德."

번역 문울은 "무엇을 '장덕(章德)'이라고 합니까?"라고 물었고, 주자는 "조화와 순종이 내부에 쌓여서 겉으로 영화로움이 드러나는 것이 바로 내부의 덕을 드러내는 것이다."라고 했다.

集說 馬氏曰: 樂由陽來, 陽散其文而以生育爲功, 故樂主於施. 禮由陰作, 陰斂其質而以反朴爲事, 故禮主於報. 舜主於紹堯而施及於天下, 故作大韶. 武王主於武功而施及於天下, 故作大武. 此樂其所自生也. 萬物本乎天, 故先王以郊明天之道. 人本乎祖, 故王者禘其祖之所自出. 此反其所自始也.

번역 마씨가 말하길, 악(樂)은 양(陽)으로부터 도출되었고 양기는 문채를 펼쳐서 생장시키고 생육함을 공덕으로 삼는다. 그렇기 때문에 악(樂)은 베풂을 위주로 한다. 예(禮)는 음(陰)으로부터 만들어졌고 음기는 바탕을 거두어서 소박함으로 되돌리는 것을 일로 삼는다. 그렇기 때문에 예(禮)는 보답함을 위주로 한다. 순임금은 요임금을 계승하는 것에 주안점을 두어서 은덕을 베풂에 천하에 두루 미치게 했기 때문에, 대소(大韶)라는 악곡을 지었다. 무왕은 무공을 위주로 하고 그 은덕이 천하에 두루 미치게 했기 때문에, 대무(大武)라는 악곡을 지었다. 이것이 생겨나게 된 것을 즐거워한다는 뜻이다. 만물은 하늘에 근본을 두고 있다. 그렇기 때문에 선왕은 교(郊)제사를 통해서 하늘의 도를 밝힌다.[1] 사람은 조상에 근본을 두고 있다. 그렇기 때문에 천자는 시조를 파생시킨 대상에게 체(禘)제사[2]를 지낸다.[3] 이것이 시작된 것으로 되돌린다는 뜻이다.

集說 應氏曰: 樂有發達動盪之和, 宣播而出於外, 一出而不可反, 故曰施. 禮有交際酬答之文, 反復而還於內, 故曰報. 韶·濩·夏·武, 皆章德而導和. 祭享朝聘, 皆報情而反始. 所謂反者, 有收斂之節也.

번역 응씨가 말하길, 악(樂)에는 발산하여 통달하며 움직이고 융합하는 조화로움이 있어서 그것이 펼쳐져 외부로 나타나는데, 한 번 발산하면 되돌릴 수 없기 때문에 '시(施)'라고 말했다. 예(禮)에는 교제하며 묻고 답하

---

1) 『예기』「교특생(郊特牲)」【329c】: 戴冕璪十有二旒, 則天數也. 乘素車, 貴其質也. 旂十有二旒, 龍章而設日月, 以象天也. 天垂象, 聖人則之, <u>郊所以明天道也</u>.
2) 체제(禘祭)는 천신(天神) 및 조상신(祖上神)에게 지내는 '큰 제사[大祭]'를 뜻한다. 『이아』「석천(釋天)」편에는 "禘, 大祭也."라는 기록이 있고, 이에 대한 곽박(郭璞)의 주에서는 "五年一大祭."라고 풀이하여, 대제(大祭)로써의 체제사는 5년마다 1번씩 지낸다고 설명한다. 그러나 『예기』「왕제(王制)」에 수록된 각종 제사들에 대한 기록을 살펴보면, 체제사는 큰 제사임에는 분명하나, 반드시 5년마다 1번씩 지내는 제사는 아니었다.
3) 『예기』「대전(大傳)」【424a】: 禮不王不禘. <u>王者禘其祖之所自出</u>, 以其祖配之. / 『예기』「상복소기(喪服小記)」【408d】: <u>王者禘其祖之所自出</u>, 以其祖配之, 而立四廟. 庶子王亦如之.

는 형식이 있고 돌이켜 다시 안으로 되돌아가기 때문에 '보(報)'라고 말했다. 소(韶)·호(濩)·하(夏)·무(武) 등의 악곡은 모두 덕을 드러내고 조화로움을 인도한다. 제사·향연·조례·빙례는 모두 은정에 보답하고 시초로 되돌린다. 이른바 '반(反)'이라는 것에는 거둬들이는 절도가 있다.

大全 朱子曰: 樂樂其所自生, 禮反其所自始, 亦知樂由中出, 禮自外作. 樂是和氣, 從中間直出, 無所待於外, 禮却是始初有這意思, 外面却做一箇節文抵當他, 却是人做底. 雖說是人做, 元不曾杜撰, 因他本有這意思, 故下文云, "樂章德, 禮報情, 反始也." 和順積諸中, 英華發諸外, 便是章著其內之德.

번역 주자가 말하길, "악(樂)은 생겨나게 한 것을 즐거워하고 예(禮)는 생겨나게 한 것으로 되돌린다."고 했는데, 이 말을 통해서 또한 악(樂)은 내부로부터 나오고 예(禮)는 외부로부터 시행됨을 알 수 있다. 악(樂)은 조화로운 기운이니, 안으로부터 직접적으로 나타나는 것이고 외부로부터 무언가를 기다릴 필요가 없다. 반면 예(禮)는 애초에 이러한 뜻이 있어서 외적으로 그에 맞는 형식을 만들게 된 것으로, 사람이 만든 것에 해당한다. 비록 사람이 만들었다고 하지만 근본적으로 제멋대로 만드는 것이 아니니, 그것에 대해 본래 가지고 있던 뜻에 따르게 된다. 그렇기 때문에 아래문장에서는 "악(樂)은 덕을 드러내고, 예(禮)는 은정에 보답하니, 시초로 되돌린다."고 한 것이다. 조화와 순종이 내부에 쌓여서 겉으로 영화로움이 드러나는 것이 바로 내부의 덕을 드러내는 것이다.

鄭注 言樂出而不反, 而禮有往來也. 自, 由也.

번역 악(樂)은 도출되면 되돌릴 수 없지만 예(禮)는 왕래함이 있음을 뜻한다. '자(自)'자는 '~로부터[由]'라는 뜻이다.

釋文 施, 始豉反.

번역 '施'자는 '始(시)'자와 '豉(시)'자의 반절음이다.

孔疏 ●"樂也"至"始也". ○正義曰: 此明禮樂之別, 報·施不同.

번역 ●經文: "樂也"~"始也". ○이곳 문단은 예악의 차이에 따라 보답하고 베풂이 다르다는 사실을 나타내고 있다.

孔疏 ●"樂也者, 施也"者, 言作樂之時, 衆庶皆聽之, 而無反報之意, 但有恩施而已, 故云"樂也者, 施也".

번역 ●經文: "樂也者, 施也". ○악(樂)을 연주할 때 대중들이 모두 그 소리를 듣더라도 돌이켜 보답하려는 뜻이 없고, 단지 은정이 베풀어짐만 있을 따름이라는 뜻이다. 그렇기 때문에 "악(樂)은 베푸는 것이다."라고 말했다.

孔疏 ●"禮也者, 報也"者, 禮尙往來, 受人禮事, 必當報之也. 故曲禮云"往而不來非禮", 故云"禮也者, 報也".

번역 ●經文: "禮也者, 報也". ○예(禮)는 오고 가는 것을 숭상하니, 남에 대해서 예법에 따른 사안으로 대접을 받게 되면 반드시 보답을 해야만 한다. 그렇기 때문에 『예기』「곡례(曲禮)」편에서는 "가기만 하고 오지 않는 것은 비례이다."[4]라고 말했다. 그래서 "예(禮)는 보답하는 것이다."라고 말했다.

孔疏 ●"樂, 樂其所自生"者, 此廣明上樂者施也. 自, 由也, 言王者正樂, 歡樂其己之所由生, 似若武王民樂其武德, 武王由武功而生王業, 卽以武爲樂名. 以受施處立名, 無報反之義也.

번역 ●經文: "樂, 樂其所自生". ○이 구문은 앞에서 "악(樂)은 베푸는

---

4) 『예기』「곡례상(曲禮上)」【11c】: 太上貴德, 其次務施報. <u>禮尙往來, 往而不來, 非禮也</u>; 來而不往, 亦非禮也.

것이다."라고 한 의미를 폭넓게 설명하고 있다. '자(自)'자는 '~로부터[由]'
이니, 천자가 만든 바른 악(樂)은 자신이 생겨나게 된 대상에 대해서 즐거
워하는 것으로, 마치 무왕에 대해서 백성들이 그의 무덕을 즐거워하고, 무
왕이 무공에 따라서 천자의 업적을 만들게 되어, 곧 '무(武)'자로 악곡의
명칭을 정한 것과 같다. 은혜를 받은 것에 따라서 명칭을 정했으니, 보답하
고 돌이키는 뜻이 없다.

孔疏 ●"而禮, 反其所自始"者, 言王者制禮, 必追反其所由始祖, 若周由后
稷爲始祖, 卽追祭后稷, 報其王業之由, 是禮有報也.

번역 ●經文: "而禮, 反其所自始". ○천자가 예(禮)를 제정했을 때 반드
시 그가 비롯된 시조를 미루어서 반추했으니, 마치 주나라가 후직으로부터
시조를 삼아서, 후직에게 미루어 제사를 지내고, 천자의 과업이 연유된 대상
에게 보답하는 것과 같다. 이것이 바로 예(禮)에 보답함이 있다는 뜻이다.

孔疏 ●"樂章德"者, 覆說"樂者, 施也", 言樂但施恩而已, 不望其報, 是樂
章明其盛德也.

번역 ●經文: "樂章德". ○"악(樂)은 베푸는 것이다."라는 말을 재차 설
명한 것이니, 악(樂)은 단지 은정을 베풀기만 할 따름이며 보답에 대해서는
바라지 않는다는 의미로, 악(樂)이 그 융성한 덕을 밝게 드러낸다는 뜻이다.

孔疏 ●"禮報情, 反始也"者, 此覆說上"禮者, 報也", 言行禮者, 他人有恩
於己, 己則報其情, 但先祖旣爲始於子孫, 子孫則反報其初始. 以人竟言之, 則
謂之報情; 以父祖子孫言之, 則謂之反始, 其實一也.

번역 ●經文: "禮報情, 反始也". ○이 구문은 "예(禮)는 보답함이다."라
는 말을 재차 설명한 말이니, 예(禮)를 시행하는 것은 다른 사람이 자신에
게 은정을 베푼 것이 있어서 본인도 그 정감에 대해 보답을 하는 것인데,

다만 선조는 이미 자손들에 대해서 시초가 되고, 자손의 입장이라면 시초가 되는 자에게 돌이켜 보답을 한다. 상대방을 기준으로 말을 한다면 정감에 보답한다고 말하고, 조상 및 자손을 기준으로 말을 한다면 시초로 되돌린다고 말하는데, 실제로는 동일한 의미이다.

訓纂 王氏懋竑曰: 樂以宣著發揚爲事, 故曰"章德". 報情, 因人之情而爲之節文, 似有酬答之義. 反始, 卽報情也. 樂生於人心, 而出於自然之和. 孟子, "樂則生矣, 生則烏可已也? 烏可已, 則不知足之蹈之, 手之舞之." 此正樂其所自生之義也. 禮之實, 節文斯二者. "禮與其奢也寧儉. 喪與其易也寧戚", 皆反始之義也.

번역 왕무횡이 말하길, 악(樂)은 드러내고 드날리는 것을 일삼는다. 그렇기 때문에 "덕을 드러낸다."고 말했다. "정감에 보답한다."는 말은 사람의 정감에 따라서 그것을 위해 격식을 만드는 것으로, 마치 묻고 답하는 도리가 있는 것과 같다. "시초로 되돌린다."는 말은 곧 정감에 보답한다는 뜻이다. 악(樂)은 사람의 마음에서 생겨나서 자연의 조화로움에 따라 나타난다. 맹자는 "즐거워하면 이러한 마음이 생기고 생긴다면 어떻게 그만둘 수 있겠는가? 그만둘 수 없다면 자신도 모르게 발로 춤사위를 밟게 되고 손을 너울거리게 된다."5)라고 했다. 이것이 바로 생겨나게 한 것을 즐거워한다는 뜻이다. 예(禮)의 실질은 부모를 섬기고 형을 따르는 것에 대해 격식을 갖추는 것이다. "예(禮)는 사치하기보다는 차라리 검소하고, 상장의 의례는 수월하게 치르기보다는 차라리 슬퍼한다."6)는 말들은 모두 시초를 반추하는 뜻에 해당한다.

---

5) 『맹자』「이루상(離婁上)」: 孟子曰, "仁之實, 事親是也, 義之實, 從兄是也, 智之實, 知斯二者弗去是也, <u>禮之實, 節文斯二者是也</u>, 樂之實, 樂斯二者, <u>樂則生矣, 生則惡可已也, 惡可已, 則不知足之蹈之手之舞之</u>."
6) 『논어』「팔일(八佾)」: 林放問禮之本. 子曰, "大哉問! <u>禮, 與其奢也寧儉, 喪, 與其易也寧戚</u>."

集解 石經無"而"字.

번역 『석경』에는 '이(而)'자가 없다.

集解 朱子曰: 橫渠說, "樂則得其所樂, 卽是樂也, 更何所待? 是樂其所自成." 說得亦好. 只是"樂其所自成", 與"樂其所自生", 用字不同耳.

번역 주자가 말하길, 장횡거는 "악(樂)은 즐거워함을 얻는 것이 바로 악(樂)인데, 다시 어떤 것이 필요하겠는가? 이것은 스스로 완성됨을 즐거워한다는 뜻이다."라고 했다. 그 주장이 또한 좋다. 다만 "스스로 완성됨을 즐거워한다."는 말과 "생겨나게 한 것을 즐거워한다."는 말은 사용된 글자가 다를 따름이다.

• 제38절 •

예물(禮物)과 보(報)

【475d】

> 所謂大輅者, 天子之車也. 龍旂九旒, 天子之旌也. 靑黑緣者,
> 天子之寶龜也. 從之以牛羊之群, 則所以贈諸侯也.

직역 大輅라 謂한 所의 者는 天子의 車이다. 龍旂에 九旒는 天子의 旌이다. 靑黑으로 緣한 者는 天子의 寶龜이다. 從하길 牛羊의 群으로써 한다면, 諸侯를 贈하는 所以이다.

의역 이른바 '대로(大輅)'라는 것은 천자가 하사한 수레이다. 용기(龍旂)에 9개의 깃술을 단 것은 천자가 하사한 깃발이다. 청색과 흑색으로 가선에 장식을 한 것은 천자가 하사한 보귀(寶龜)이다. 소와 양의 무리를 뒤딸려 보낸다면, 이것은 찾아온 제후에 대해서 선물로 하사한 것이다.

集說 天子賜車, 則上公及同姓侯伯金輅, 異姓則象輅, 四衛則革路, 蕃國則木輅. 受於天子, 則總謂之大輅也. 龍旂九旒, 亦上公, 侯伯則七旒, 子男則五旒也. 寶龜則以靑黑爲之緣飾. 牛羊非一, 故稱群. 此明報禮之事.

번역 천자가 수레를 하사하게 되면, 상공 및 동성의 후작·백작들에게는 금로(金輅)[1]를 주고, 이성의 제후라면 상로(象輅)[2]를 주며, 사위(四

---

1) 금로(金路)는 금로(金輅)라고도 부른다. 천자가 사용하는 다섯 가지 수레 중 하나이다. 금(金)으로 수레를 치장했기 때문에, '금로'라고 부르게 되었다. 대기(大旂)라는 깃발을 세웠고, 빈객(賓客)을 접대하거나, 동성(同姓)인 자를 분봉할 때 사용하였다. 『주례』「춘관(春官)·건거(巾車)」편에는 "金路, 鉤樊纓九就, 鉤, 樊纓九就, 建大旂, 以賓, 同姓以封."라는 기록이 있고, 이에 대한 정

衛)3)에 속한 자들이라면 혁로(革路)4)를 주고, 번국(蕃國)5)에 속한 자들이
라면 목로(木輅)6)를 준다. 천자에게 하사를 받게 된다면 이러한 수레들을
총괄적으로 '대로(大輅)'라고 부른다. 용기(龍旂)에 9개의 깃술이 달린 것

현의 주에서는 "金路, 以金飾諸末."이라고 풀이했다.

2) 상로(象路)는 상로(象輅)라고도 부른다. 천자가 사용하는 다섯 가지 수레 중
하나이다. 상아로 수레를 치장했기 때문에, '상로'라고 부르게 되었다. 대적
(大赤)이라는 깃발을 세웠으며, 조회를 보거나, 이성(異姓)인 자를 분봉할 때
사용하였다. 『주례』「춘관(春官)·건거(巾車)」편에는 "象路, 朱樊纓, 七就, 建
大赤, 以朝, 異姓以封."이라는 기록이 있고, 이에 대한 정현의 주에서는 "象
路, 以象飾諸末."이라고 풀이했다.

3) 사위(四衛)는 사방의 위복(衛服)에 속한 제후국을 뜻한다. 위복은 채복(采服)
과 요복(要服: =蠻服) 사이에 있는 땅을 뜻한다. 천자의 수도 밖으로 사방
2000리(里)와 2500리 사이에 있었던 땅을 가리킨다. '위복'의 '위(衛)'자는 수
호한다는 뜻으로, 천자를 위해서 외부의 침입을 막는다는 의미이다. 따라서
이 지역에 속한 제후국들을 '사위'라고 부르는 것이다.

4) 혁로(革路)는 혁로(革輅)라고도 부른다. 천자가 사용하는 다섯 가지 수레 중
하나이다. 전쟁용으로 사용했던 수레인데, 간혹 제후의 나라에 순수(巡守)를
갈 때 사용하기도 하였다. 가죽으로 겉을 단단하게 동여매서 고정시키고, 옻
칠만 하고, 다른 장식을 하지 않았기 때문에, '혁로'라고 부르는 것이다. 『주
례』「춘관(春官)·건거(巾車)」편에는 "革路, 龍勒, 條纓五就, 建大白, 以卽戎,
以封四衛."라는 기록이 있고, 이에 대한 정현의 주에서는 "革路, 鞔之以革而
漆之, 無他飾."이라고 풀이했다.

5) 번국(蕃國)은 본래 주(周)나라 때의 구주(九州) 밖의 나라들을 지칭하는 말
이다. 후대에는 오랑캐 나라들을 범칭하는 용어로도 사용되었다. 주나라 때
에는 구복(九服)으로 천하의 땅을 구획하였는데, 구복 중 육복(六服)까지는
중원 지역으로 구분되며, 육복 이외의 세 개의 지역은 오랑캐 땅으로 분류하
였다. 이 세 개의 지역은 이복(夷服)·진복(鎭服)·번복(藩服)이며, 이 지역에
세운 나라를 '번국'이라고 부른다. 『주례』「추관(秋官)·대행인(大行人)」편에
는 "九州之外, 謂之蕃國."이라는 기록이 있는데, 이에 대한 손이양(孫詒讓)의
『정의(正義)』에서는 "職方氏九服, 蠻服以外, 有夷·鎭·藩三服. …… 是此蕃
國卽職方外三服也."라고 풀이했다.

6) 목로(木路)는 목로(木輅)라고도 부른다. 천자가 사용하는 다섯 가지 수레 중
하나이다. 단지 옻칠만 하고, 가죽으로 덮지 않았으며, 다른 치장을 하지 않
았기 때문에, '목로'라고 부르게 되었다. 대휘(大麾)라는 깃발을 세웠고, 사냥
을 하거나, 구주(九州) 지역 이외의 나라를 분봉해줄 때 사용하였다. 『주례』「
춘관(春官)·건거(巾車)」편에는 "木路, 前樊鵠纓, 建大麾, 以田, 以封蕃國."이
라는 기록이 있고, 이에 대한 정현의 주에서는 "木路, 不鞔以革, 漆之而已."
라고 풀이했다.

또한 상공(上公)에게 주어지는 것이며, 후작·백작의 경우라면 7개의 깃술을 달고, 자작·남작의 경우라면 5개의 깃술을 단다. 보귀(寶龜)는 청색과 흑색으로 가선에 장식을 단 것이다. 소와 양은 한 마리가 아니기 때문에 '무리[群]'라고 지칭한 것이다. 이 문장은 예(禮)에 따라 보답하는 사안을 나타내고 있다.

集說 石梁王氏曰: 此八句專言禮, 與上下文不相承, 當是他篇之錯簡.

번역 석량왕씨가 말하길, 이곳 여덟 구문은 전적으로 예(禮)에 대해서만 논의하고 있어서 앞뒤의 문맥과 연결되지 않으니, 마땅히 다른 편의 내용이 이곳으로 잘못 착간된 것이다.

大全 金華邵氏曰: 樂爲施, 禮爲報. 諸侯得乘大輅, 建龍旂, 用靑黑緣龜, 又從以牛羊之群, 若幾於極其所施而無節矣. 記者一言以該之, 曰此所以贈諸侯, 以見非諸侯之所可用, 猶王制若有加則賜也之意, 則禮之爲報, 蓋昭昭矣.

번역 금화소씨가 말하길, 악(樂)은 베푸는 것이며 예(禮)는 보답하는 것이다. 제후가 대로(大輅)를 탈 수 있고 용기(龍旂)를 세울 수 있으며 청색과 흑색의 가선을 댄 거북껍질을 사용할 수 있고, 또 소와 양의 무리를 뒤딸려 보낼 수 있는 것은 마치 지극히 베풀어서 절제함이 없는 것처럼 보인다. 그러나 『예기』를 기록한 자는 한 마디로 풀이를 하며, "이것들은 제후에게 증여한 것이다."라고 하였으니, 이를 통해서 제후들이 일반적으로 사용할 수 있는 것이 아님을 나타낸 것으로, 마치 『예기』「왕제(王制)」편에서 "만약 삼공(三公)7)의 신분이면서 곤면(袞冕)8)을 입게 되는 경우가 있다면, 이것

---

7) 삼공(三公)은 중앙정부의 가장 높은 관직자 3명을 합쳐서 부르는 말이다. '삼공'에 속한 관직명에 대해서는 각 시대별로 차이가 있다. 『사기(史記)』「은본기(殷本紀)」편에는 "以西伯昌, 九侯, 鄂侯, 爲三公."이라는 기록이 있다. 즉 은나라 때에는 서백(西伯)인 창(昌), 구후(九侯), 악후(鄂侯)들을 '삼공'으로 삼았다. 또한 주(周)나라 때에는 태사(太師), 태부(太傅), 태보(太保)를 '삼공'으로 삼았다. 『서』「주서(周書)・주관(周官)」편에는 "立太師・太傅・太保, 茲惟

은 곧 천자가 특별히 하사해 준 것이다."⁹⁾라고 한 뜻과 같으니, 예(禮)가 보답함이라는 사실이 매우 분명해진다.

鄭注 贈諸侯, 謂來朝將去, 旣¹⁰⁾之以禮.

번역 제후에게 증여를 한다는 말은 찾아와 조례(朝禮)¹¹⁾를 시행한 자가 장차 본국으로 떠나려고 할 때, 예물로 보낸다는 의미이다.

釋文 流, 本又作"旒", 音流. 緣, 悅絹反. 朝, 直遙反.

번역 '流'자는 판본에 따라서 또한 '旒'자로도 기록하는데, 그 음은 '流 (류)'이다. '緣'자는 '悅(열)'자와 '絹(견)'자의 반절음이다. '朝'자는 '直(직)' 자와 '遙(요)'자의 반절음이다.

三公, 論道經邦, 燮理陰陽."이라는 기록이 있다. 한편 『한서(漢書)』「백관공경 표서(百官公卿表序)」에 따르면 사마(司馬), 사도(司徒), 사공(司空)을 '삼공' 으로 삼았다는 기록이 있다.
8) 곤면(袞冕)은 곤룡포와 면류관을 뜻한다. 본래 천자의 제사복장으로, 비교적 중요한 제사 때 입는다. 윗옷과 아랫도리에 새겨진 무늬 등은 9가지이다. 『주 례』「춘관(春官)·사복(司服)」편에는 "享先王則袞冕."이라는 기록이 있다. 이 에 대한 정현의 주에서는 "冕服九章, 登龍於山, 登火於宗彝, 尊其神明也. 九 章, 初一曰龍, 次二曰山, 次三曰華蟲, 次四曰火, 次五曰宗彝, 皆畫以爲繢. 次 六曰藻, 次七曰粉米, 次八曰黼, 次九曰黻, 皆希以爲繡. 則袞之衣五章, 裳四章, 凡九也."라고 풀이했다. 즉 '곤면'의 윗옷에는 용(龍), 산(山), 화충(華蟲), 화 (火), 종이(宗彝) 등 5가지 무늬를 그려놓고, 아랫도리에는 조(藻), 분미(粉 米), 보(黼), 불(黻) 등 4가지를 수놓았다.
9) 『예기』「왕제(王制)」【149d】: 制三公, 一命卷. 若有加, 則賜也. 不過九命.
10) '기(旣)'자에 대하여. 『십삼경주소(十三經注疏)』 북경대 출판본에서는 "'기'자 를 『민본(閩本)』에서는 동일하게 기록했지만, 혜동(惠棟)의 『교송본(校宋本)』, 『송감본(宋監本)』·『악본(岳本)』·『가정본(嘉靖本)』, 『고문(考文)』에서 인용 하고 있는 『고본(古本)』·『족리본(足利本)』에서는 '송(送)'자로 기록했고, 『감 본(監本)』·『모본(毛本)』, 위씨(衛氏)의 『집설(集說)』에서는 '보(報)'자로 기 록했는데, 완원(阮元)의 『교감기(校勘記)』에서는 '『사기집해(史記集解)』에서 는 이 문장을 인용하며 송(宋)자로 기록했다.'라고 했다. 살펴보니 『예기훈찬 (禮記訓纂)』에도 '송'자로 기록했다."라고 했다.
11) 조례(朝禮)는 조근(朝覲) 및 회동(會同) 등의 예법을 뜻한다.

<kbd>孔疏</kbd> ●“所謂”至“侯也”. ○正義曰: 前經明樂者爲施, 禮者爲報, 此明禮報之事. 諸侯守土, 奉其土地所有, 來朝天子, 故天子以此等之物報之, 是禮報之事也. 不覆明樂施者, 以樂施之恩, 其事易知, 記者略而不言也.

<kbd>번역</kbd> ●經文: “所謂”~“侯也”. ○앞의 경문에서는 악(樂)이 베풂이 되며 예(禮)가 보답함이 된다고 밝혔고, 이곳 문장에서는 예(禮)에 따라 보답하는 사안을 나타내고 있다. 제후 중 영지를 지키고 있는 자는 그 지역에서 생산된 것을 받들고 찾아와서 천자에게 조회를 한다. 그렇기 때문에 천자는 이러한 등등의 사물을 통해서 그에게 보답을 하니, 이것은 예법에 따라 보답하는 사안이 된다. 악(樂)이 베풂이 된다는 사실을 재차 나타내지 않은 이유는 악(樂)을 통해 베푼 은정은 그 사안을 쉽게 알 수 있기 때문에, 『예기』를 기록한 자가 생략해서 언급하지 않은 것이다.

<kbd>孔疏</kbd> ●“大輅者, 天子之車也”者, 大輅, 謂金輅也. 據上公及同姓侯伯, 故下云“龍旂九旒”, 亦上公也. 若異姓則象輅, 若四衛則革輅, 蕃國則木輅. 受於天子, 總謂之大輅也.

<kbd>번역</kbd> ●經文: “大輅者, 天子之車也”. ○‘대로(大輅)’는 금로(金輅)이다. 상공(上公) 및 동성의 후작·백작들에 기준을 두었기 때문에 아래문장에서 ‘용기(龍旂)에 9개의 깃술을 단 것’이라고 했으니, 이 또한 상공에 대한 것을 나타낸다. 만약 이성의 제후라면 상로(象輅)를 주고, 사위(四衛)에 해당하는 자라면 혁로(革輅)를 주며, 번국(蕃國)에 해당하는 자라면 목로(木輅)를 준다. 천자에게서 받은 수레는 총괄적으로 ‘대로(大輅)’라고 부른다.

<kbd>孔疏</kbd> ●“龍旂九旒, 天子之旌也”者, 據上公言之, 侯伯則七旒, 子男則五旒.

<kbd>번역</kbd> ●經文: “龍旂九旒, 天子之旌也”. ○상공(上公)에 기준을 두고 한 말이니, 후작·백작의 경우라면 7개의 깃술을 달고, 자작·남작의 경우라면 5개의 깃술을 단다.

孔疏 ●"靑黑緣者, 天子之寶龜也"者, 寶龜之甲, 並以靑黑爲之緣.

번역 ●經文: "靑黑緣者, 天子之寶龜也". ○보귀로 여기는 거북껍질에 대해서는 모두 청색과 흑색으로 가선을 장식한다.

孔疏 ●"從之以牛羊之群"者, 天子旣與大輅·龍旂及寶龜占兆, 又隨從以牛羊, 非一, 故稱"群", 將此以與諸侯, 故云"則所以贈諸侯也".

번역 ●經文: "從之以牛羊之群". ○천자는 이미 대로(大輅)·용기(龍旂) 및 거북점을 치는 보귀를 하사하고, 또 소와 양을 뒤딸려서 보내는데, 그것들은 한 마리가 아니기 때문에 '무리[群]'라고 부른 것이니, 이러한 것들을 제후에게 주기 때문에 "제후에게 증여하는 것이다."라고 말했다.

訓纂 說文, "䶎, 龜甲邊也. 天子巨䶎尺有二寸, 諸侯尺, 大夫八寸, 士六寸." 段氏玉裁曰, "公羊傳, '龜靑純.' 何注, '純, 緣也. 緣甲▼(冉+頁)也. 千歲之龜靑▼(冉+頁).' 按▼(冉+頁)者, 䶎之省, ▼(須/井)之假借字."

번역 『설문』에서는 "염(䶎)자는 거북껍질의 가장자리를 뜻한다. 천자가 사용하는 거북껍질은 가장자리 길이가 1척(尺) 2촌(寸)이며, 제후는 1척(尺)이고, 대부는 8촌(寸)이며, 사는 6촌(寸)이다."라고 했고, 단옥재[12]는 "『공양전』에서는 '귀청순(龜靑純)'[13]이라고 했는데, 하휴[14]의 주에서는 '순(純)자는 가장자리에 대는 가선을 뜻한다. 거북껍질의 가장자리에 가선을 두른다. 천년이 된 거북은 청색의 가선을 두르고 있다.'라고 했고, 살펴보니 '▼(冉+

12) 단옥재(段玉裁, A.D.1735~A.D.1815) : 청(淸)나라 때의 학자이다. 자(字)는 약응(若膺)이고, 호(號)는 무당(懋堂)이다. 저서로는 『설문해자주(說文解字注)』, 『육서음균표(六書音均表)』, 『고문상서찬이(古文尙書撰異)』 등이 있다.

13) 『춘추공양전』「정공(定公) 8년」 : 璋判白. 弓繡質. 龜靑純.

14) 하휴(何休, A.D.129~A.D.182) : 전한(前漢) 때의 금문경학자(今文經學者)이다. 자(字)는 소공(邵公)이다. 『춘추공양전해고(春秋公羊傳解詁)』를 지었으며, 『효경(孝經)』, 『논어(論語)』 등에 대해서도 주를 달았고, 『춘추한의(春秋漢議)』를 짓기도 하였다.

頁)’자는 염(魘)자를 생략한 형태로, ‘▼(須/井)’자의 가차자이다.”라고 했다.

訓纂 陳晉之曰: 春秋傳王賜晉文公以大輅之服, 祝鮀言“先王分魯・衛・晉以大路”, 杜氏以爲金輅, 蓋周天子之輅以玉爲大. 周官司常“交龍爲旂”, “析羽爲旌”, 合之則旂亦可謂之旌.

번역 진진지가 말하길, 『춘추전』에서 천자가 진(晉)나라 문공(文公)에게 대로(大輅)에 해당하는 복장을 하사했는데, 축타(祝鮀)는 “선왕은 노(魯)・위(衛)・진나라에 대로를 나눠주었습니다.”15)라고 했고, 두예16)는 이 수레를 금로(金輅)라고 여겼다. 아마도 주나라 때 천자의 수레 중에서 옥으로 장식한 수레를 대로로 여겼을 것이다. 『주례』「사상(司常)」편에서는 “두 마리의 용을 교차한 무늬를 넣어서 기(旂)를 만든다.”라고 했고, “가느다란 새의 깃털을 오색으로 채색하여 깃술처럼 장식해서 정(旌)을 만든다.”라고 했는데,17) 통괄적으로 말을 하면 ‘기(旂)’ 또한 ‘정(旌)’이라고 부를 수 있다.

集解 愚謂: 公羊傳曰, “龜靑純”, 何休云, “純, 緣也. 謂緣甲▼(冉+頁)也. 千歲之龜靑髥.” 則龜之緣乃其本質自然, 非爲之也. 牛羊之群, 饔餼所陳之牲牢也. 孔氏以此合於上章, 今考其文義, 與上文似不相蒙, 疑係他篇錯簡, 否則或有闕文耳.

---

15) 『춘추좌씨전』「희공(僖公) 28년」: 王命尹氏及王子虎・內史叔興父策命晉侯爲侯伯, 賜之大輅之服・戎輅之服, 彤弓一・彤矢百, 旅弓矢千, 秬鬯一卣, 虎賁三百人.

16) 두예(杜預, A.D.222~A.D.284): =두원개(杜元凱). 서진(西晉) 때의 유학자이다. 경조(京兆) 두릉(杜陵) 출신이다. 자(字)는 원개(元凱)이다. 『춘추경전집해(春秋經典集解)』를 저술하였는데, 이 책은 현존하는 『춘추(春秋)』의 주석서 중 가장 오래된 것이며, 『십삼경주소(十三經注疏)』의 『춘추좌씨전정의(春秋左氏傳正義)』에도 채택되어 수록되었다.

17) 『주례』「춘관(春官)・사상(司常)」: 司常, 掌九旗之物名, 各有屬以待國事. 日月爲常, 交龍爲旂, 通帛爲旜, 雜帛爲物, 熊虎爲旗, 鳥隼爲旟, 龜蛇爲旐, 全羽爲旞, 析羽爲旌.

번역 내가 생각하기에, 『공양전』에서는 '귀청순(龜靑純)'이라고 했고, 하휴는 "순(純)자는 가장자리에 대는 가선을 뜻한다. 거북껍질의 가장자리에 가선을 두른다. 천년이 된 거북은 청색의 가선을 두르고 있다."라고 했다. 즉 거북껍질에 있는 가선은 본래부터 있는 자연적인 것이지 인위적으로 만든 것이 아니다. 소와 양의 무리는 옹희(饗餼)를 하며 진열해두는 희생물들에 해당한다. 공영달은 이 문장을 앞의 문장과 연결해서 보았는데, 현재 그 문맥의 뜻을 살펴보니 앞의 문장과 연결되지 않으므로, 아마도 다른 편의 문장이 착간되어 이곳에 기록된 것이거나 그것이 아니라면 이 문장에는 누락된 기록이 있을 것이다.

集解 右第四章. 右樂象篇第六. 史記樂書移"樂也者, 施也"以下於樂施章之末.

번역 여기까지는 제 4장이다. 여기까지는 「악상(樂象)」으로 제 6편이다. 『사기』「악서」에서는 "악(樂)은 베푸는 것이다."라는 구문부터 그 이하의 내용을 「악시(樂施)」장의 끝으로 옮겨서 기록했다.[18]

---

18) 『사기(史記)』「악서(樂書)」: 樂者, 所以象德也; 禮者, 所以閉淫也. 是故先王有大事, 必有禮以哀; 有大福, 必有禮以樂之: 哀樂之分, 皆以禮終. 樂也者, 施也; 禮也者, 報也. 樂, 樂其所自生; 而禮, 反其所自始. 樂章德, 禮報情反始也. 所謂大路者, 天子之輿也; 龍旂九旒, 天子之旌也; 靑黑緣者, 天子之葆龜也; 從之以牛羊之群, 則所以贈諸侯也.

● 그림 38-1   용기(龍旂)

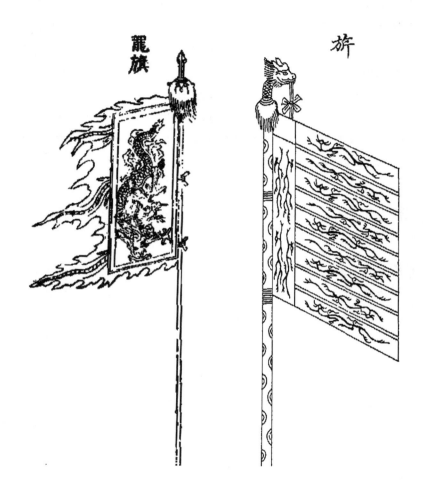

※ 출처: 용기-『삼재도회(三才圖會)』「의제(儀制)」3권
　　　　기-『삼례도집주(三禮圖集注)』9권

그림 38-2 옥로(玉輅)

玉
輅

常 維 祭 服 人 節
　 王 祀 袞 與 服
　 之 朝 冕 王 氏
　 太 覲 掌 同 六

※ 출처:『삼례도집주(三禮圖集注)』9권

그림 38-3 후대 천자의 옥로(玉路)

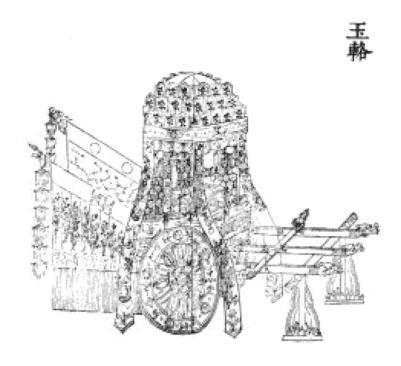

※ **출처:**『삼재도회(三才圖會)』「기용(器用)」5권

그림 38-4 후대 천자의 금로(金路)

※ **출처:** 『삼재도회(三才圖會)』「기용(器用)」 5권

● 그림 38-5 후대 천자의 상로(象路)

※ 출처:『삼재도회(三才圖會)』「기용(器用)」5권

🔴그림 38-6 후대 천자의 혁로(革路)

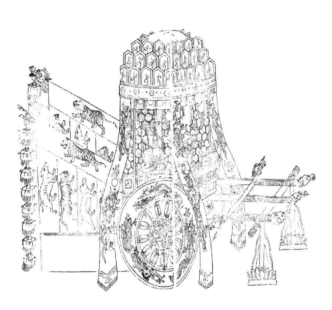

※ **출처:** 『삼재도회(三才圖會)』 「기용(器用)」 5권

● 그림 38-7 후대 천자의 목로(木路)

※ **출처:**『삼재도회(三才圖會)』「기용(器用)」5권

그림 38-8 곤면(袞冕)

※ **출처**: 『삼례도집주(三禮圖集注)』 1권

● 그림 38-9　상공(上公)의 곤면(袞冕)

※ 출처:『삼례도집주(三禮圖集注)』1권

●그림 38-10 기(旂)

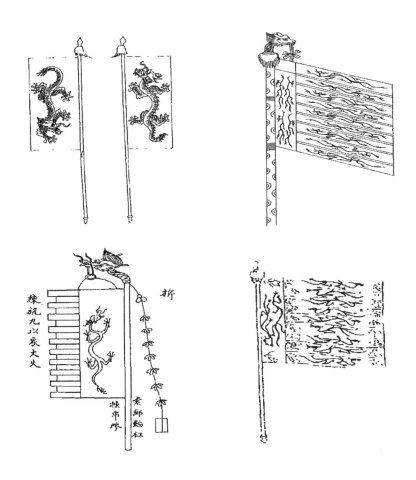

※ **출처:** 상좌-『주례도설(周禮圖說)』하권 ; 상우-『삼례도집주(三禮圖集注)』9권
      하좌-『삼례도(三禮圖)』2권 ; 하우-『육경도(六經圖)』7권

그림 38-11 정(旌)

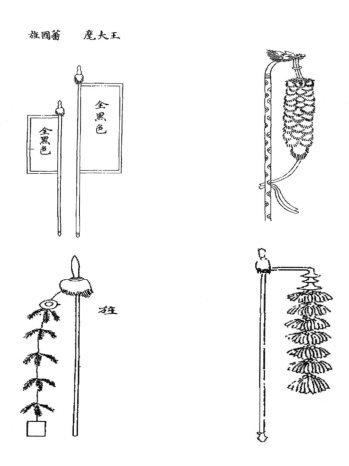

※ **출처:** 상좌-『주례도설(周禮圖說)』 하권 ; 상우-『삼례도집주(三禮圖集注)』 9권
　　　하좌-『삼례도(三禮圖)』 2권 ; 하우-『육경도(六經圖)』 7권

樂記 人名 및 用語 辭典

ㄱ

◎ 가정본(嘉靖本) : 『가정본(嘉靖本)』에는 간행한 자의 정보가 기록되어
있지 않다. 『십삼경주소(十三經注疏)』의 판본이다. 20권으로 구성되어
있으며, 각 권의 뒤편에는 경문(經文)과 그에 따른 주(注)를 간략히 기
록하고 있다. 단옥재(段玉裁)는 이 판본이 가정(嘉靖) 연간에 송본(宋
本)을 모방하여 간행된 것이라고 여겼다.

◎ 각(刻) : '각'은 시간의 단위이다. 고대에는 물통에 작은 구멍을 내서, 물
이 떨어진 양을 보고 시간을 헤아렸다. 하루를 100'각'으로 나누었는데,
한(漢)나라 애제(哀帝) 건평(建平) 2년(-5년) 때에는 20'각'을 더해서,
하루의 길이를 총 120'각'으로 정하였다. 『한서(漢書)』 「애제기(哀帝紀)」
편에는 "漏刻以百二十爲度."라는 기록이 있는데, 이에 대한 안사고(顔
師古)의 주에서는 "舊漏晝夜共百刻, 今增其二十."이라고 풀이하였다.
그리고 남북조(南北朝) 시기 양(梁)나라 무제(武帝)는 8'각'을 1진(辰)으
로 정하여, 낮과 밤의 길이를 각각 12'진' 96'각'으로 정하였다.

◎ 간무(干舞) : '간무'는 고대의 사용되었던 무무(武舞) 중 하나이다. 무용
수들이 방패를 들고 추는 춤이었으며, 주(周)나라 때에는 여섯 가지 소
무(小舞) 중 하나로 여겼다. 또한 '간무'는 병장기를 들고 추는 춤이기
때문에, '병무(兵舞)'라고도 불렀다. 『주례』 「춘관(春官)·악사(樂師)」편
에는 "樂師掌國學之政, 以敎國子小舞. 凡舞, 有帗舞, 有羽舞, 有皇舞, 有

旄舞, 有干舞, 有人舞."라는 기록이 있는데, 이에 대한 정현의 주에서는 정사농(鄭司農)의 주장을 인용하여, "干舞者, 兵舞."라고 풀이했다.

◎ 감본(監本) : 『감본(監本)』은 명(明)나라 국자감(國子監)에서 간행한 『십삼경주소(十三經注疏)』의 판본이다.

◎ 개성석경(開成石經) : 『개성석경(開成石經)』은 당(唐)나라 만들어진 석경(石經)을 뜻한다. 돌에 경문(經文)을 새겼기 때문에, '석경'이라고 부른다. 당나라 때 만들어진 '석경'은 대화(大和) 7년(A.D.833)에 만들기 시작하여, 개성(開成) 2년(A.D.837)에 완성되었기 때문에, '개성석경'이라고도 부르는 것이다.

◎ 건안진씨(建安眞氏) : =서산진씨(西山眞氏)

◎ 경성(景星) : '경성'은 대성(大星)・덕성(德星)・서성(瑞星)으로도 부른다. 도덕이 갖춰진 나라에게만 나타난다는 상서로운 징표의 별이다. 『문자(文子)』「정성(精誠)」편에는 "故精誠內形氣動于天, 景星見, 黃龍下, 鳳凰至, 醴泉出, 嘉穀生, 河不滿溢, 海不波涌."이라는 용례가 있다.

◎ 경원보씨(慶源輔氏, ?~?) : =보광(輔廣)・보한경(輔漢卿). 남송(南宋) 때의 학자이다. 자(字)는 한경(漢卿)이고, 호(號)는 잠암(潛庵)・전이(傳貽)이다. 여조겸(呂祖謙)과 주자(朱子)에게서 학문을 배웠다. 저서로는 『사서찬소(四書纂疏)』, 『육경집해(六經集解)』 등이 있다.

◎ 고공기(考工記) : 『고공기(考工記)』는 『동관고공기(冬官考工記)』라고도 부른다. 공인(工人)들에 대한 공예기술(工藝技術) 서적이다. 작자는 미상이다. 강영(江永)은 『고공기』의 작자를 제(齊)나라 사람으로 추정하였고, 곽말약(郭沫若)은 춘추시대(春秋時代) 말기에 제나라에서 제작된 관서(官書)와 관련이 깊다고 추정하였다. 『주례(周禮)』는 천관(天官), 지관(地官), 춘관(春官), 하관(夏官), 추관(秋官), 동관(冬官) 등 육관(六官)의 체제로 구성되어 있는데, 그 중 '동관'에 대한 기록이 누락되어 있어서, 한(漢)나라 무제(武帝) 때, 『고공기』를 가지고 누락된 부분을 보충하게 되었다. 그렇기 때문에 『고공기』를 또한 『동관고공기』라고도 부르는 것이다. 각종 공인들의 직책과 직무들이 기록되어 있다.

◎ 고문송판(考文宋板) : 『고문송판(考文宋板)』은 일본 학자 산정정(山井鼎) 등이 출간한 『칠경맹자고문보유(七經孟子考文補遺)』에 수록된 『예기정의(禮記正義)』를 뜻한다. 산정정은 『예기정의』를 수록할 때, 송(宋)나라 때의 판본을 저본으로 삼았다.

◎ 고염무(顧炎武, A.D.1613~A.D.1682) : 명말(明末) 때의 학자이다. 자(字) 는 영인(寧人)이고, 호(號)는 정림(亭林)이다. 경학과 사학(史學) 분야 에 뛰어났다. 『일지록(日知錄)』 등의 저서가 있다.

◎ 고유(高誘, ?~?) : 후한(後漢) 때의 경학자(經學者)이다. 어려서부터 노 식(盧植)에게서 수학하였다고 전해진다.

◎ 곤면(袞冕) : '곤면'은 곤룡포와 면류관을 뜻한다. 본래 천자의 제사복장 으로, 비교적 중요한 제사 때 입는다. 윗옷과 아랫도리에 새겨진 무늬 등은 9가지이다. 『주례』「춘관(春官)·사복(司服)」편에는 "享先王則袞 冕."이라는 기록이 있다. 이에 대한 정현의 주에서는 "冕服九章, 登龍 於山, 登火於宗彝, 尊其神明也. 九章, 初一曰龍, 次二曰山, 次三曰華蟲, 次四曰火, 次五曰宗彝, 皆畫以爲繢. 次六曰藻, 次七曰粉米, 次八曰黼, 次九曰黻, 皆希以爲繡. 則袞之衣五章, 裳四章, 凡九也."라고 풀이했다. 즉 '곤면'의 윗옷에는 용(龍), 산(山), 화충(華蟲), 화(火), 종이(宗彝) 등 5가지 무늬를 그려놓고, 아랫도리에는 조(藻), 분미(粉米), 보(黼), 불(黻) 등 4가지를 수놓았다.

◎ 공씨(孔氏) : =공영달(孔穎達)

◎ 공안국(孔安國, ?~?) : 전한(前漢) 때의 학자이다. 자(字)는 자국(子國)이 다. 고문상서학(古文尙書學)의 개조(開祖)로 알려져 있다. 『십삼경주 소(十三經注疏)』의 『상서정의(尙書正義)』에는 공안국의 전(傳)이 수 록되어 있는데, 통상적으로 이 주석은 후대인들이 공안국의 이름에 가탁하여 붙인 문장으로 인식되고 있다.

◎ 공영달(孔穎達, A.D.574~A.D.648) : =공씨(孔氏). 당대(唐代)의 경학자이 다. 자(字)는 중달(仲達)이고, 시호(諡號)는 헌공(憲公)이다. 『오경정의 (五經正義)』를 찬정(撰定)하는데 중심적인 역할을 했다.

◎ 곽경순(郭景純) : =곽박(郭璞)

◎ 곽박(郭璞, A.D.276~A.D.324) : =곽경순(郭景純). 진(晉)나라 때의 학자 이다. 자(字)는 경순(景純)이다. 저서로는 『이아주(爾雅注)』, 『방언주 (方言注)』, 『산해경주(山海經注)』 등이 있다.

◎ 광아(廣雅) : 『광아(廣雅)』는 위(魏)나라 때 장읍(張揖)이 지은 자전(字 典)이다. 『박아(博雅)』라고도 부른다. 『이아』의 체제를 계승하고, 새로 운 내용을 보충하여, 경전(經典)에 기록된 글자들을 해석한 서적이다. 본래 상·중·하 3권으로 구성되어 있었지만, 수(隋)나라 조헌(曹憲)

이 재차 10권으로 편집하였다. 한편 '광(廣)'자가 수나라 양제(煬帝)의 시호였기 때문에, 피휘를 하여, 『박아』라고 부르게 되었다.

◎ 광운(廣韻) : 『광운(廣韻)』은 수(隋)나라 때의 학자인 육법언(陸法言, ?~?)이 찬(撰)한 음운학 서적이다. 여러 학자들과 논의하여 『절운(切韻)』을 만들었는데, 당(唐)나라 때 그의 후손인 육눌언(陸訥言) 등이 주를 달았고, 손면(孫愐)이 증보(增補)를 하여 『광운(廣韻)』으로 제목을 고쳤다. 송(宋)나라 때에는 칙명으로 다시 증보를 하여, 『대송중수광운(大宋重修廣韻)』으로 제목을 고쳤다. 『대송중수광운』으로 개명되면서, 최초 육법언 및 손면이 편찬한 원본의 체제가 없어지게 되었다.

◎ 교감기(校勘記) : 『교감기(校勘記)』는 완원(阮元)이 학자들을 모아서 편차했던 『십삼경주소교감기(十三經註疏校勘記)』를 뜻한다.

◎ 교기(校記) : 『교기(校記)』는 손이양(孫詒讓)이 지은 『십삼경주소교기(十三經注疏校記)』를 뜻한다.

◎ 교제(郊祭) : '교제'는 '교사(郊祀)'라고도 부른다. 교외(郊外)에서 천지(天地)에 제사를 지냈기 때문에 붙여진 명칭이다. 음양설(陰陽說)이 성행했던 한(漢)나라 때에는 하늘에 대한 제사는 양(陽)의 뜻을 따라 남교(南郊)에서 지냈고, 땅에 대한 제사는 음(陰)의 뜻을 따라 북교(北郊)에서 지냈다. 『한서』「교사지하(郊祀志下)」편에는 "帝王之事莫大乎承天之序, 承天之序莫重於郊祀. …… 祭天於南郊, 就陽之義也. 地於北郊, 卽陰之象也."라는 기록이 있다. 한편 '교사'는 후대에 제사를 범칭하는 용어로도 사용되었다. '교사' 중의 '교(郊)'자는 규모가 큰 제사를 뜻하며, '사(祀)'는 비교적 규모가 작은 제사들을 뜻한다.

◎ 교학(郊學) : '교학'은 주(周)나라 때 원교(遠郊) 지역에 설치된 소학(小學)을 뜻한다. 참고적으로 향학(鄕學)은 근교(近郊) 안에 위치하였다. 또한 동쪽 교외에 있는 동학(東學)을 왕성의 동쪽에 설치한 대학(大學)으로 여기고, 서쪽 교외에 있는 서학(西學)을 왕성의 서쪽에 있는 소학(小學)으로 여겨서, '교학'을 대학과 소학을 모두 지칭하는 용어로도 사용했다.

◎ 구주(九疇) : '구주'는 천하를 다스리는 아홉 가지의 큰 규범을 뜻한다. '주(疇)'자는 부류[類]를 뜻한다. 전설상으로는 천제가 우(禹)임금에게 「낙서(洛書)」를 내려주어 이러한 아홉 가지의 큰 규범을 실천하도록 했다고 전혀진다. 첫 번째는 오행(五行)이고, 두 번째는 공경을 실천

함에 오사((五事)를 실천하는 것이며, 세 번째는 농사에 팔정(八政)을 사용하는 것이고, 네 번째는 화합시킴에 오기(五紀)를 사용하는 것이며, 다섯 번째는 세움에 있어 황극(皇極)을 사용하는 것이고, 여섯 번째는 다스림에 삼덕(三德)을 사용하는 것이며, 일곱 번째는 밝힘에 계의(稽疑)를 사용하는 것이고, 여덟 번째는 상고를 할 때 서징(庶徵)을 사용하는 것이며, 아홉 번째는 향함에 오복(五福)을 사용하고, 위엄을 세움에 육극(六極)을 사용하는 것이다. 『서』「주서(周書)·홍범(洪範)」편에는 "初一曰五行, 次二曰敬用五事, 次三曰農用八政, 次四曰協用五紀, 次五曰建用皇極, 次六曰乂用三德, 次七曰明用稽疑, 次八曰念用庶徵, 次九曰嚮用五福威用六極."이라는 기록이 있고, 이에 대한 공안국(孔安國)의 전(傳)에서는 "天與禹, 洛出書, 神龜負文而出, 列於背, 有數至於九. 禹遂因而第之, 以成九類."라고 풀이했다.

◎ 국로(國老) : '국로'는 노년으로 인해 관직에서 물러난 경(卿)·대부(大夫)·사(士)를 뜻한다. 또한 고위 관직자 중에서도 유덕한 자를 지칭하는 용어로도 사용되며, '국로' 안에서도 삼로(三老)와 오경(五更)으로 분류되는 자들은 더욱 존귀하게 여겨졌다. 후대에는 중신(重臣)들을 지칭하는 용어로도 사용되었다.

◎ 국자(國子) : '국자'는 천자 및 공(公), 경(卿), 대부(大夫)의 자제들을 말한다. 때론 상황에 따라 천자의 태자(太子) 및 왕자(王子)를 포함시키지 않는 경우도 있다. 『주례』「지관(地官)·사씨(師氏)」편에는 "以三德敎國子"라는 기록이 있고, 이에 대한 정현의 주에서 "國子, 公卿大夫之子弟."라고 풀이한 용례와 『한서(漢書)』「예악지(禮樂志)」편에서 "朝夕習業, 以敎國子. 國子者, 卿大夫之子弟也."라고 풀이한 용례가 바로 여기에 해당한다. 그러나 이것은 천자에 대한 언급을 가급적 회피했기 때문에, 생략하여 기술하지 않은 것이다. 청대(淸代) 유서년(劉書年)의 『유귀양설경잔고(劉貴陽說經殘稿)』「국자증오(國子證誤)」편에서 "國子者, 王大子, 王子, 諸侯公卿大夫士之子弟, 皆是, 亦曰國子弟."라고 풀이하고 있는 것처럼, '국자'에는 천자의 태자와 왕자들까지도 포함된다.

◎ 군례(軍禮) : '군례'는 오례(五禮) 중 하나로, 군대와 관련된 예제(禮制)를 뜻한다. 참고적으로 고대 중국에서는 각 계절마다 군대와 관련된 의식을 시행하였는데, 봄에 하는 것을 진려(振旅)라고 불렀고, 여름에

하는 것을 발사(拔舍)라고 불렀으며, 가을에 하는 것을 치병(治兵)이라고 불렀고, 겨울에 하는 것을 대열(大閱)이라고 불렀다. 이러한 의식들이 모두 '군례'에 포함된다.

◎ 금로(金路) : '금로'는 금로(金輅)라고도 부른다. 천자가 사용하는 다섯 가지 수레 중 하나이다. 금(金)으로 수레를 치장했기 때문에, '금로'라고 부르게 되었다. 대기(大旂)라는 깃발을 세웠고, 빈객(賓客)을 접대하거나, 동성(同姓)인 자를 분봉할 때 사용하였다. 『주례』「춘관(春官)・건거(巾車)」편에는 "金路, 鉤樊纓九就, 鉤, 樊纓九就, 建大旂, 以賓, 同姓以封."라는 기록이 있고, 이에 대한 정현의 주에서는 "金路, 以金飾諸末."이라고 풀이했다.

◎ 금로(金輅) : =금로(金路)

◎ 금화소씨(金華邵氏, ?~?) : =소연(邵淵)・소만종(邵萬宗). 남송(南宋) 때의 유학자이다. 이름은 연(淵)이고, 자(字)는 만종(萬宗)이다. 『주자문집(朱子文集)』에는 장사박사(長沙博士)로 기록되어 있다. 『예기』의 「곡례(曲禮)」, 「왕제(王制)」, 「악기(樂記)」, 「대학(大學)」, 「중용(中庸)」에 대해 해설하였다.

◎ 금화응씨(金華應氏, ?~?) : =응용(應鏞)・응씨(應氏)・응자화(應子和). 이름은 용(鏞)이다. 자(字)는 자화(子和)이다. 『예기찬의(禮記纂義)』를 지었다.

◎ 남송석경(南宋石經) : 『남송석경(南宋石經)』은 송(宋)나라 고종(高宗) 때 돌에 새긴 『십삼경주소(十三經注疏)』의 판본이다. 그러나 『예기(禮記)』에 대해서는 「중용(中庸)」 1편만을 기록하고 있다.

◎ 노문초(盧文弨, A.D.1717~A.D.1784) : 청(淸)나라 때의 학자이다. 자(字)는 소궁(召弓)이고, 호는 경재(檠齋)・기어(磯漁)・포경(抱經)이다. 포경선생(抱經先生)으로 일컬어지기도 하였다. 단옥재(段玉裁), 대진(戴震) 등과 교우하였다. 고증학(考證學)에 뛰어났다. 또한 각 서적들에 대해서 교감을 하였다. 저서로는 『의례주소상교(儀禮注疏詳校)』, 『광아주(廣雅注)』, 『포경당집(抱經堂集)』 등이 있다.

```
ㄷ
```

◎ 단(袒) : '단'은 상중(喪中)에 남자들이 취하는 복장 방식이다. 상의 중 좌측 어깨 쪽을 드러내는 방법이다. 한편 일반적인 의례절차에서도 단(袒)의 복장 방식을 취하는 경우가 있다.

◎ 단면(端冕) : '단면'은 검은색의 옷과 면류관을 뜻한다. 즉 현면(玄冕)을 의미한다. '단(端)'자는 검은색의 옷을 뜻하는데, 면복(冕服)에 대해서, '단'자로 지칭하는 것은 면복 자체가 정폭(正幅)으로 제작되기 때문에, '단'자를 붙여서 부르는 것이다. 『예기』「악기(樂記)」편에서는 "吾端冕 而聽古樂, 則唯恐臥; 聽鄭衛之音, 則不知倦."이라는 기록이 있는데, 이 에 대한 정현의 주에서는 "端, 玄衣也."라고 풀이했고, 공영달(孔穎達) 의 소(疏)에서는 "云'端, 玄衣也'者, 謂玄冕也. 凡冕服, 皆其制正幅, 袂 二尺二寸, 袪尺二寸, 故稱端也."라고 풀이했다.

◎ 단옥재(段玉裁, A.D.1735~A.D.1815) : 청(淸)나라 때의 학자이다. 자(字) 는 약응(若膺)이고, 호(號)는 무당(懋堂)이다. 저서로는 『설문해자주 (說文解字注)』, 『육서음균표(六書音均表)』, 『고문상서찬이(古文尚書撰 異)』 등이 있다.

◎ 당우(唐虞) : '당우'는 당요(唐堯)와 우순(虞舜)을 병칭하는 용어이다. 요순(堯舜)시대를 가리키며, 의미상으로는 태평성세(太平盛世)를 뜻한 다. 『논어』「태백(泰伯)」편에는 "唐虞之際, 於斯爲盛."이라는 용례가 있다.

◎ 대갱(大羹) : '대갱'은 조미료를 첨가하지 않은 고깃국이다. 『예기』「악 기(樂記)」편에는 大饗之禮, 尙玄酒而俎腥魚, 大羹不和, 有遺味者矣."라 는 기록이 있고, 이에 대한 정현의 주에서는 "大羹, 肉湆, 不調以鹽菜." 라고 풀이했다.

◎ 대무(大武) : '대무'는 주(周)나라 때의 악무(樂舞) 중 하나로, 무왕(武 王)에 대한 악무이다. 『주례』「춘관(春官)·대사악(大司樂)」편에는 '대 무'에 대한 용례가 나오고, 이에 대한 정현의 주에서는 "大武, 武王樂 也."라고 풀이하였다.

◎ 대무(大舞) : '대무'는 악무(樂舞) 중에서도 성대한 것으로, 나이가 어린 자들이 익히는 소무(小舞)와 상대된다. '대무'는 정규 제사에서 사용되 었으며, 대사악(大司樂)이 그 교육을 담당했다.

◎ 대사례(大射禮) : '대사례'는 제사를 지낼 때, 제사를 돕는 자들을 채택하

기 위해 시행하는 활쏘기 대회이다. 천자의 경우에는 '교외 및 종묘[郊廟]'에서 제사를 지낼 때, 제후 및 군신(群臣)들과 미리 활쏘기를 하여, 적중함이 많은 자를 채택하고, 채택된 자로 하여금 천자가 주관하는 제사에 참여하도록 하는 의례(儀禮)이다. 『주례』「천관(天官)・사구(司裘)」편에는 "王大射, 則共虎侯, 熊侯, 豹侯, 設其鵠."이라는 기록이 있는데, 이에 대한 정현의 주에서는 "大射者, 爲祭祀射. 王將有郊廟之事, 以射擇諸侯及群臣與邦國所貢之士可以與祭者. …… 而中多者得與於祭."라고 풀이하였다. 한편 각 계급에 따라 '대사례'의 예법에는 차등이 있었는데, 예를 들어 천자가 시행하는 '대사례'에서는 표적으로 호후(虎侯), 웅후(熊侯), 표후(豹侯)가 사용되었고, 표적지에는 곡(鵠)을 설치했다. 그리고 제후가 시행하는 '대사례'에서는 웅후(熊侯), 표후(豹侯)가 사용되었고, 표적지에 곡(鵠)을 설치했다. 경(卿)과 대부(大夫)의 경우에는 미후(麋侯)를 사용하였고, 표적지에 곡(鵠)을 설치했다.

◎ 대종(岱宗) : '대종'은 오악(五嶽) 중 동악(東嶽)에 해당하는 태산(泰山)을 가리킨다. 대(岱)자는 태산을 뜻하고, 종(宗)자는 존귀하다는 의미에서 붙여진 것으로 풀이하기도 한다.

◎ 대축(大祝) : '대축'은 제사와 관련된 관직이다. 『예기』「곡례하(曲禮下)」편에는 "天子建天官, 先六大, 曰大宰, 大宗, 大史, 大祝, 大士, 大卜, 典司六典."이라고 하여, 대재(大宰)와 함께 천관(天官)에 소속된 관리로 기술되어 있다. 한편 『주례』「춘관종백(春官宗伯)」편에는 "大祝, 下大夫二人, 上士四人, 小祝, 中士八人, 下士十有六人, 府二人, 史四人, 胥四人, 徒四十人."이라고 하여, '대축'은 하대부(下大夫) 2명이 담당하고, 그 직속 휘하에는 상사(上士) 4명이 배속되어 있으며, '대축'을 돕는 소축(小祝) 관직에는 중사(中士) 4명이 담당하고, 그 휘하에는 하사(下士) 16명, 부(府) 2명, 사(史) 4명, 서(胥) 4명, 도(徒) 40명이 배속되어 있다고 기록되어 있다. 또 『주례』「춘관(春官)・대축(大祝)」편에는 "掌六祝之辭, 以事鬼神示, 祈福祥求永貞."이라고 하여, '대축'은 여섯 가지 축문에 관한 일을 담당하여, 이것으로써 귀신을 섬겨 복을 기원하는 일을 했다고 기록되어 있다.

◎ 대함(大咸) : '대함'은 요(堯)임금 때의 악무(樂舞)이다. 주(周)나라의 육무(六舞) 중 하나로 정착하였다. 또한 함지(咸池)라고도 부른다.

◎ 대향(大饗) : '대향'은 대향(大享)이라고도 부른다. '대향'은 본래 선왕

(先王)에게 협제(祫祭)를 지낸다는 뜻이다. 『예기』「예기(禮器)」편에는 "大饗, 其王事與."라는 기록이 있고, 이에 대한 정현의 주에서는 "謂祫祭先王."이라고 풀이하였고, 『순자』「예론(禮論)」편에는 "大饗尙玄尊, 俎生魚, 先大羹, 貴食飮之本也."라는 기록이 있는데, 이에 대한 양경(楊倞)의 주에서는 "大饗, 祫祭先王也."라고 풀이하였다. 또한 '대향'의 뜻 중에는 선왕뿐만 아니라, 천제(天帝)인 오제(五帝)에게 두루 제사 지낸다는 뜻도 있다. 『예기』「월령(月令)」편에는 "是月也, 大饗帝."라는 기록이 있고, 이에 대한 정현의 주에서는 "言大饗者, 遍祭五帝也. 曲禮曰大饗不問卜, 謂此也."라고 풀이하였다.

◎ 동학(東學) : '동학'은 주나라 때 왕성의 동쪽에 설치된 대학(大學)을 뜻한다.

◎ 두예(杜預, A.D.222~A.D.284) : =두원개(杜元凱). 서진(西晉) 때의 유학자이다. 경조(京兆) 두릉(杜陵) 출신이다. 자(字)는 원개(元凱)이다. 『춘추경전집해(春秋經典集解)』를 저술하였는데, 이 책은 현존하는 『춘추(春秋)』의 주석서 중 가장 오래된 것이며, 『십삼경주소(十三經注疏)』의 『춘추좌씨전정의(春秋左氏傳正義)』에도 채택되어 수록되었다.

ㅁ

◎ 마(禡) : '마'는 군대를 출병할 때 지내는 제사이다. '마'제사와 관련된 예법은 망실되어, 자세한 내용을 알 수 없다. 다만 정벌한 지역에서 지내는 제사로, 병사들을 위해 기도하는 것이 주된 목적이었다. 『예기』「왕제(王制)」편에는 "天子將出征, 類乎上帝, 宜乎社, 造乎禰, 禡於所征之地, 受命於祖, 受成於學."이라는 기록이 있고, 이 문장에 대한 정현의 주에서는 "禡, 師祭也, 爲兵禱, 其禮亦亡."이라고 풀이했다.

◎ 마계장(馬季長) : =마융(馬融)

◎ 마씨(馬氏) : =마희맹(馬晞孟)

◎ 마언순(馬彦醇) : =마희맹(馬晞孟)

◎ 마융(馬融, A.D.79~A.D.166) : =마계장(馬季長). 후한대(後漢代)의 경학자(經學者)이다. 자(字)는 계장(季長)이며, 마속(馬續)의 동생이다. 고문경학(古文經學)을 연구하였으며, 『주역(周易)』, 『상서(尙書)』, 『모시(毛詩)』, 『논어(論語)』, 『효경(孝經)』 등을 두루 주석하고, 『노자(老子)』,

『회남자(淮南子)』 등도 주석하였지만 현재 전해지지 않는다.

◎ 마희맹(馬睎孟, ?~?) : =마씨(馬氏)·마언순(馬彥醇). 자(字)는 언순(彥醇)이다. 『예기해(禮記解)』를 찬술했다.

◎ 만악(縵樂) : '만악'은 잡악(雜樂)이라고도 부른다. 여러 음과 악기를 섞어서 사용하기 때문에 순일하지 않지만 음의 조화를 이루는 음악이다. 『주례』「춘관(春官)·경사(磬師)」편에는 "敎縵樂·燕樂之鍾磬."이라는 기록이 있고, 이에 대한 정현의 주에서는 "縵, 謂雜聲之和樂者也."라고 풀이했다.

◎ 면복(冕服) : '면복'은 대부(大夫) 이상의 계층이 착용하는 예관(禮冠)과 복식을 뜻한다. 무릇 길례(吉禮)를 시행할 때에는 모두 면류관[冕]을 착용하는데, 복장의 경우에는 시행하는 사안에 따라서 달라진다.

◎ 명당(明堂) : '명당'은 일반적으로 고대 제왕이 정교(政敎)를 베풀던 장소를 지칭하는 용어로 사용되었다. 이곳에서는 조회(朝會), 제사(祭祀), 경상(慶賞), 선사(選士), 양로(養老), 교학(敎學) 등의 국가 주요 업무가 시행되었다. 『맹자』「양혜왕하(梁惠王下)」편에는 "夫明堂者, 王者之堂也."라는 용례가 있고, 『옥태신영(玉台新詠)』「목난사(木蘭辭)」편에도 "歸來見天子, 天子坐明堂."이라는 용례가 있다. '명당'의 규모나 제도는 시대마다 다르다. 또한 '명당'이라는 건물군 중에서 남쪽의 실(室)을 가리키는 용어로도 사용되었다.

◎ 모무(旄舞) : '모무'는 주(周)나라 때 여섯 종류의 소무(小舞) 중 하나였다. 문무(文舞)에 해당하며, 무용수들이 소의 긴 꼬리털을 잡고 휘두르며 춤을 추었다.

◎ 모본(毛本) : 『모본(毛本)』은 명(明)나라 말기 급고각(汲古閣)에서 간행된 『십삼경주소(十三經注疏)』의 판본이다. 급고각은 모진(毛晉)이 지은 장서각이었으므로, 이러한 명칭이 생겼다.

◎ 목로(木路) : '목로'는 목로(木輅)라고도 부른다. 천자가 사용하는 다섯 가지 수레 중 하나이다. 단지 옻칠만 하고, 가죽으로 덮지 않았으며, 다른 치장을 하지 않았기 때문에, '목로'라고 부르게 되었다. 대휘(大麾)라는 깃발을 세웠고, 사냥을 하거나, 구주(九州) 지역 이외의 나라를 분봉해줄 때 사용하였다. 『주례』「춘관(春官)·건거(巾車)」편에는 "木路, 前樊鵠纓, 建大麾, 以田, 以封蕃國."이라는 기록이 있고, 이에 대한 정현의 주에서는 "木路, 不鞔以革, 漆之而已."라고 풀이했다.

◎ 목로(木輅) : =목로(木路)
◎ 목록(目錄) : 『목록(目錄)』은 정현이 찬술했다고 전해지는 『삼례목록 (三禮目錄)』을 가리킨다. 『십삼경주소(十三經注疏)』에서 인용되고 있 지만, 이 책은 『수서(隋書)』가 편찬될 당시에 이미 일실되어 존재하지 않았다. 『수서』「경적지(經籍志)」편에는 "三禮目錄一卷, 鄭玄撰, 梁有 陶弘景注一卷, 亡."이라는 기록이 있다.
◎ 무무(武舞) : '무무'는 문무(文舞)와 상대되는 용어이다. 주(周)나라 때 에 생겨났다. 무용수들이 도끼와 방패 등의 병장기를 들고 추는 춤이 다. 통치자의 무공(武功)을 기리는 뜻을 춤으로 표현한 것이다.
◎ 무사(舞師) : '무사'는 주(周)나라 때의 관리이다. 의례를 시행할 때 필 요로 하는 춤들을 가르치고, 관련 일들을 담당했다. '무사'라는 관직은 하사(下士) 2명이 담당을 했으며, 그 휘하에는 서(胥) 4명, 무도(舞徒) 40명이 배속되어 있었다. 『주례』「지관사도(地官司徒)」편에는 "舞師, 下士二人, 胥四人, 舞徒四十人."이라는 기록이 있다.
◎ 무산악(無算樂) : '무산악'은 악곡의 수를 정해놓지 않고 연주를 하는 것 으로, 분위기를 돋우기 위한 것이다.
◎ 문무(文舞) : '문무'는 무무(武舞)와 상대되는 용어이다. 무용수들이 피 리 및 깃털 등의 도구를 들고 추는 춤이다. 통치자의 치적(治積)을 기 리는 뜻을 춤으로 표현한 것이다.
◎ 민본(閩本) : 『민본(閩本)』은 명(明)나라 가정(嘉靖) 연간 때 이원양(李 元陽)이 간행한 『십삼경주소(十三經注疏)』 판본이다. 한편 『칠경맹자 고문보유(七經孟子考文補遺)』에서는 이 판본을 『가정본(嘉靖本)』으로 지칭하고 있다.

ㅂ

◎ 방각(方慤) : =엄릉방씨(嚴陵方氏)
◎ 방성부(方性夫) : =엄릉방씨(嚴陵方氏)
◎ 방씨(方氏) : =엄릉방씨(嚴陵方氏)
◎ 방언(方言) : 『방언(方言)』은 『유헌사자절대어석별국방언(輶軒使者絶 代語釋別國方言)』·『별국방언(別國方言)』이라고도 부른다. 한(漢)나라 때의 학자인 양웅(揚雄)이 편찬했다고 전해지는 서적이다. 총 13권으

로 구성되어 있었으며, 각 지방에서 온 사신들의 방언을 모았다는 뜻
에서, 『유헌사자절대어석별국방언』이라는 제목으로 출간되었고, 또
이 말을 줄여서 『별국방언』·『방언』이라고 부르게 되었다. 현존하는
『방언』은 곽박(郭璞)의 주(注)가 붙어 있는 판본이다. 그러나 『한서(漢
書)』 등의 기록에는 양웅의 저술 목록에 『방언』이 포함되어 있지 않
으므로, 편찬자에 대한 의혹이 끊임없이 제기되었다.

◎ 방포(方苞, A.D.1668~A.D.1749) : 청대(淸代)의 학자이다. 자(字)는 영고
(靈皐)이고, 호(號)는 망계(望溪)이다. 송대(宋代)의 학문과 고문(古文)
을 추종하였다.

◎ 백곡(百穀) : '백곡'은 곡식을 총칭하는 말이다. 『시』「빈풍(豳風)·칠월
(七月)」편에는 "亟其乘屋, 其始播百穀."이라는 용례가 있으며, 『서』「우
서(虞書)·순전(舜典)」편에도 "帝曰, 棄黎民阻飢, 汝后稷, 播時百穀."이
라는 용례가 있다.

◎ 백호통(白虎通) : 『백호통(白虎通)』은 후한(後漢) 때 편찬된 서적이다. 『백
호통의(白虎通義)』라고도 부른다. 후한의 장제(章帝)가 학자들을 불러
모아서, 백호관(白虎觀)에서 토론을 시키고, 각 경전 해석의 차이점을
기록한 서적이다.

◎ 번국(蕃國) : '번국'은 본래 주(周)나라 때의 구주(九州) 밖의 나라들을
지칭하는 말이다. 후대에는 오랑캐 나라들을 범칭하는 용어로도 사용
되었다. 주나라 때에는 구복(九服)으로 천하의 땅을 구획하였는데, 구
복 중 육복(六服)까지는 중원 지역으로 구분되며, 육복 이외의 세 개
의 지역은 오랑캐 땅으로 분류하였다. 이 세 개의 지역은 이복(夷服)
·진복(鎭服)·번복(藩服)이며, 이 지역에 세운 나라를 '번국'이라고 부
른다. 『주례』「추관(秋官)·대행인(大行人)」편에는 "九州之外, 謂之蕃
國."이라는 기록이 있는데, 이에 대한 손이양(孫詒讓)의 『정의(正義)』에
서는 "職方氏九服, 蠻服以外, 有夷·鎭·藩三服. …… 是此蕃國卽職方
外三服也."라고 풀이했다.

◎ 별록(別錄) : 『별록(別錄)』은 후한(後漢) 때 유향(劉向)이 찬(撰)했다고
전해지는 책이다. 현재는 일실되어 존재하지 않으며, 『한서(漢書)』「예
문지(藝文志)」편을 통해서 대략적인 내용만을 추측해볼 수 있다.

◎ 별면(鷩冕) : '별면'은 별의(鷩衣)와 면류관을 뜻한다. 천자 및 제후가
입던 복장으로, 선공(先公)에 대한 제사 및 향사례(饗射禮)를 시행할

때 착용했다. '별의'에는 꿩의 무늬를 수놓게 되는데, 이 무늬를 화충(華蟲)이라고도 부른다. 상의에는 3종류의 무늬를 수놓고, 하의에는 4종류의 무늬를 수놓게 되어, 총 7가지의 무늬가 들어가게 된다. 『주례(周禮)』「춘관(春官) · 사복(司服)」편에는 "享先公, 饗射則鷩冕."이라는 기록이 있고, 이에 대한 정현의 주에서는 "鷩, 畫以雉, 謂華蟲也. 其衣三章, 裳四章, 凡七也."라고 풀이했다.

◎ 병무(兵舞) : '병무'는 고대의 제사 때 사용되었던 춤 중 하나이다. 무용수들이 방패나 도끼와 같은 병장기를 들고 춤을 추었기 때문에, 그 춤을 '병무'라고 부르는 것이다. 『주례』「지관(地官) · 고인(鼓人)」편에는 "凡祭祀百物之神, 鼓兵舞帗舞者."라는 기록이 있는데, 이에 대한 정현의 주에서는 "兵, 謂干戚也. …… 皆舞者所執."이라고 풀이했다.

◎ 보광(輔廣) : =경원보씨(慶源輔氏)

◎ 보한경(輔漢卿) : =경원보씨(慶源輔氏)

◎ 복건(服虔, ?~?) : 후한대(後漢代)의 유학자이다. 자(字)는 자신(子愼)이다. 초명은 중(重)이었으며, 기(祇)라고도 불렀다. 후에 이름을 건(虔)으로 고쳤다. 『춘추좌씨전(春秋左氏傳)』에 주석을 남겼지만, 산일되어 전해지지 않는다. 현재는 『좌전가복주집술(左傳賈服注輯述)』로 일집본이 편찬되었다.

◎ 비면(裨冕) : '비면'은 비의(裨衣)를 입고 면류관[冕]을 착용하는 것이다. 제후 및 경(卿), 대부(大夫) 등이 조회를 하거나 제사를 지낼 때 착용하는 면복(冕服)을 통칭하는 말이다. 또한 곤면(袞冕)이나 가장 상등의 면복과 상대되는 용어로도 사용되었다. '비의'의 '비(裨)'자는 '비(埤)'자의 뜻으로 낮다는 의미이다. 예를 들어 천자의 육복(六服) 중에서 대구(大裘)가 가장 상등의 복장이 되는데, 나머지 5종류의 복장은 '비의'가 된다. 『의례』「근례(覲禮)」편에는 "侯氏裨冕, 釋幣于禰."라는 기록이 있고, 이에 대한 정현의 주에서는 "裨冕者, 衣裨衣而冠冕也. 裨之爲言埤也. 天子六服, 大裘爲上, 其餘爲裨, 以事尊卑服之, 而諸侯亦服焉."이라고 풀이했다.

◎ 사궁(射宮) : '사궁'은 천자가 대사례(大射禮)를 시행하던 장소이며, 또

한 이곳에서 사(士)들을 시험하기도 했다.『춘추곡량전』「소공(昭公) 8
년」편에는 "以習射於射宮."이라는 기록이 있고,『예기』「사의(射義)」편
에는 "諸侯歲獻貢士於天子, 天子試之於射宮."이라는 기록이 있다.

◎ 사도(司徒) : '사도'는 주(周)나라 때의 관리로, 국가의 토지 및 백성들
에 대한 교화(敎化)를 담당했다. 전설상으로는 소호(少昊) 시대 때부
터 설치되었다고 전해진다. 주나라의 육경(六卿) 중 하나였으며, 전한
(前漢) 애제(哀帝) 원수(元壽) 2년(B.C. 1)에는 승상(丞相)의 관직명을
고쳐서, 대사도(大司徒)라고 불렀고, 대사마(大司馬), 대사공(大司空)
과 함께 삼공(三公)의 반열에 있었다. 후한(後漢) 때에는 다시 '사도'
로 명칭을 고쳤고, 그 이후로는 이 명칭을 계속 사용하다가 명(明)나
라 때 폐지되었다. 명나라 이후로는 호부상서(戶部尙書)를 '대사도'라고
불렀다.

◎ 사례(食禮) : '사례'는 연회의 한 종류이다. '사례'는 그 행사에 밥이 있
고 반찬이 있는 것이니, 비록 술도 두었지만 마시지는 않았다. 그 예법
에서는 밥을 위주로 한 것이기 때문에, '사례'라고 부른 것이다.『예기』
「왕제(王制)」편에는 "殷人以食禮."라는 기록이 있고, 이에 대한 진호
(陳澔)의 주에서는 "食禮者, 有飯有殽, 雖設酒而不飲, 其禮以飯爲主,
故曰食也."라고 풀이했다. 또한 연회를 범칭하는 말로도 사용된다.

◎ 사위(四衛) : '사위'는 사방의 위복(衛服)에 속한 제후국을 뜻한다. 위복
은 채복(采服)과 요복(要服: =蠻服) 사이에 있는 땅을 뜻한다. 천자의
수도 밖으로 사방 2000리(里)와 2500리 사이에 있었던 땅을 가리킨다.
'위복'의 '위(衛)'자는 수호한다는 뜻으로, 천자를 위해서 외부의 침입
을 막는다는 의미이다. 따라서 이 지역에 속한 제후국들을 '사위'라고
부르는 것이다.

◎ 사유(四維) : '사유'는 동남쪽, 서남쪽, 동북쪽, 서북쪽 등 네 모퉁이의
방위를 뜻한다.

◎ 사향(食饗) : '사향'은 술과 음식을 준비하여, 빈객(賓客)들을 대접하거
나, 종묘(宗廟)에서 제사를 지내는 등의 일을 뜻한다.『예기』「악기(樂
記)」편에는 "食饗之禮, 非致味也."라는 기록이 있는데, 이에 대한 공영
달(孔穎達)의 소(疏)에서는 "食饗, 謂宗廟祫祭."라고 풀이했으며,『공
자가어(孔子家語)』「논례(論禮)」편에는 "食饗之禮, 所以仁賓客也."라는
기록이 있다.

◎ 산음육씨(山陰陸氏, A.D.1042~A.D.1102) : =육농사(陸農師)·육전(陸佃). 북송(北宋) 때의 유학자이다. 자(字)는 농사(農師)이며, 호(號)는 도산(陶山)이다. 어려서 집안이 매우 가난했다고 전해지며, 왕안석(王安石)에게 수학하였으나 왕안석의 신법에 대해서는 반대하였다. 저서로는『비아(埤雅)』,『춘추후전(春秋後傳)』,『도산집(陶山集)』등이 있다.

◎ 산천(山川) : '산천'은 오악(五嶽)과 사독(四瀆)의 신들을 가리키기도 하며, 산과 하천의 신들을 두루 지칭하기도 한다. 오악은 대표적인 다섯 가지 산으로, 중앙의 숭산(嵩山), 동쪽의 태산(泰山), 남쪽의 형산(衡山), 서쪽의 화산(華山), 북쪽의 항산(恒山)을 가리킨다. 사독은 장강(長江), 황하(黃河), 회하(淮河), 제수(濟水)를 가리킨다.

◎ 삼각이대(三恪二代) : '삼각이대'는 삼각(三恪)과 이대(二代)를 합친 말이며, 둘 모두 주(周)나라가 왕조를 건립하고 나서, 전대 왕조의 후손들을 분봉해준 나라들을 뜻한다. '삼각'은 황제(黃帝), 요(堯), 순(舜)의 후손들을 분봉해준 나라를 뜻하니, 계(薊), 축(祝), 진(陳)이 그 나라에 해당한다. '이대'는 하(夏)나라와 은(殷)나라의 후손들을 분봉해준 나라를 뜻하니, 기(杞), 송(宋)이 그 나라에 해당한다.『예기』「악기(樂記)」편에는 "武王克殷反商, 未及下車而封黃帝之後於薊, 封帝堯之後於祝, 封帝舜之後於陳, 下車而封夏后氏之後於杞, 投殷之後於宋."이라는 기록이 있다.

◎ 삼공(三公) : '삼공'은 중앙정부의 가장 높은 관직자 3명을 합쳐서 부르는 말이다. '삼공'에 속한 관직명에 대해서는 각 시대별로 차이가 있다.『사기(史記)』「은본기(殷本紀)」편에는 "以西伯昌, 九侯, 鄂侯, 爲三公."이라는 기록이 있다. 즉 은나라 때에는 서백(西伯)인 창(昌), 구후(九侯), 악후(鄂侯)들을 '삼공'으로 삼았다. 또한 주(周)나라 때에는 태사(太師), 태부(太傅), 태보(太保)를 '삼공'으로 삼았다.『서』「주서(周書)·주관(周官)」편에는 "立太師·太傅·太保, 玆惟三公, 論道經邦, 燮理陰陽."이라는 기록이 있다. 한편『한서(漢書)』「백관공경표서(百官公卿表序)」에 따르면 사마(司馬), 사도(司徒), 사공(司空)을 '삼공'으로 삼았다는 기록이 있다.

◎ 삼광(三光) : '삼광'은 삼신(三辰)과 같은 뜻이다.

◎ 삼대(三代) : '삼대'는 하(夏), 은(殷), 주(周)의 세 왕조를 말한다.『논어』「위령공(衛靈公)」편에는 "斯民也, 三代 之所以直道而行也."라는 기록

이 있고, 이에 대한 형병(邢昺)의 소(疏)에서는 "三代, 夏殷周也."로 풀이했다.

◎ 삼덕(三德) : '삼덕'은 세 종류의 덕(德)을 가리키는데, 문헌에 따라 해당하는 덕성(德性)들에는 차이가 나타난다. 『서』「주서(周書)・홍범(洪範)」편에는 "三德, 一曰正直, 二曰剛克, 三曰柔克."이라는 기록이 있다. 즉 『서』에서는 '삼덕'을 정직(正直), 강극(剛克), 유극(柔克)으로 풀이하고 있다. 그리고 이 문장에 대한 공영달(孔穎達)의 소(疏)에서는 "此三德者, 人君之德, 張弛有三也. 一曰正直, 言能正人之曲使直, 二曰剛克, 言剛强而能立事, 三曰柔克, 言和柔而能治."라고 풀이한다. 즉 '정직'은 사람들의 바르지 못한 점을 바로잡아서, 정직하게 만드는 능력을 뜻한다. '강극'은 강건한 자세로 사업을 수립하고, 그런 일들을 추진할 수 있는 능력을 뜻한다. '유극'은 화락하고 유순한 태도로 다스릴 수 있는 능력을 뜻한다. 다음으로 『주례』「지관(地官)・사씨(師氏)」편에는 "以三德敎國子, 一曰至德, 以爲道本, 二曰敏德, 以爲行本, 三曰孝德, 以知逆惡."이라는 기록이 있다. 즉 『주례』에서는 '삼덕'을 지덕(至德), 민덕(敏德), 효덕(孝德)으로 풀이하고 있다. '지덕'은 도(道)의 근본이 되는 것이며, '민덕'은 행실의 근본이 되는 것이고, '효덕'은 나쁘고 흉악한 것들을 알아내는 능력을 뜻한다. 다음으로 『국어(國語)』「진어사(晉語四)」편에는 "晉公子善人也, 而衛親也, 君不禮焉, 棄三德矣."라는 기록이 있다. 이에 대한 위소(韋昭)의 주에서는 "三德, 謂禮賓, 親親, 善善也."라고 풀이한다. 즉 위소가 말하는 '삼덕'은 예빈(禮賓), 친친(親親), 선선(善善)이다. '예빈'은 빈객들에게 예법(禮法)에 따라 대접하는 것이며, '친친'은 부모를 친애하는 것이고, '선선'은 착한 사람을 착하게 대하는 것이다.

◎ 삼로오경(三老五更) : '삼로오경'은 삼로(三老)와 오경(五更)을 뜻한다. 이들은 국가의 요직에 있다가 나이가 들어 퇴직한 자들이다. 정현은 '삼로'와 '오경'은 3명과 5명이 아닌 각각 1명씩이라고 풀이했다. 그리고 1명씩인데도 '삼(三)'자와 '오(五)'자를 붙여서 부르는 이유에 대해서, '삼진(三辰)'과 '오성(五星)'에서 명칭을 빌려왔기 때문이라고 해석하였고, 또한 '삼덕(三德)'과 '오사(五事)'를 알고 있는 자들이기 때문에, 이러한 명칭이 붙었다고 풀이하기도 한다. 『예기』「문왕세자」편에는 "適東序, 釋奠於先老, 遂設三老, 五更, 群老之席位焉."이란 기록이

있는데, 이에 대한 정현의 주에서는 "三老五更各一人也, 皆年老更事致
仕者也. 天子以父兄養之, 示天下之孝悌也. 名以三五者, 取象三辰五星,
天所因以照明天下者."라고 풀이했고, 또한 『예기』「악기(樂記)」편에는
"食三老五更於大學."이란 기록이 있는데, 이에 대한 정현의 주에서는
"三老五更, 互言之耳, 皆老人更知三德五事者也."라고 풀이했다. 그리
고 참고적으로 공영달(孔穎達)의 소(疏)에서는 "三德謂正直, 剛, 柔.
五事謂貌, 言, 視, 聽, 思也."라고 해석하여, '삼덕'은 정직(正直), 강직
함[剛], 부드러움[柔]이라고 풀이했고, 오사(五事)는 '올바른 용모[貌]',
'올바른 말[言]', '올바르게 봄[視]', '올바르게 들음[聽]', '올바르게 생각
함[思]'이라고 풀이했다.

◎ 삼송(三頌) : '삼송'은 『시』에 수록된 「노송(魯頌)」·「주송(周頌)」·「상
송(商頌)」을 뜻한다.

◎ 삼신(三辰) : '삼신'은 해[日], 달[月], 별[星]을 가리킨다. 『춘추좌씨전』「환
공(桓公) 2년」편에는 "三辰旂旗, 昭其明也."라는 기록이 있는데, 이에
대한 두예(杜預)의 주에서는 "三辰, 日·月·星也."라고 풀이했다.

◎ 삼왕(三王) : '삼왕'은 하(夏), 은(殷), 주(周) 삼대(三代)의 왕을 뜻한다.
『춘추곡량전』「은공(隱公) 8年」편에는 "盟詛不及三王."이라는 기록이
있고, 이에 대한 범녕(範寧)의 주에서는 '삼왕'을 하나라의 우(禹), 은
나라의 탕(湯), 주나라의 무왕(武王)을 지칭한다고 풀이했다. 그리고 『맹
자』「고자하(告子下)」편에는 "五霸者, 三王之罪人也."이라는 기록이 있
고, 이에 대한 조기(趙岐)의 주에서는 '삼왕'을 범녕의 주장과 달리, 주
나라의 무왕 대신 문왕(文王)을 지칭한다고 풀이했다.

◎ 삼행(三行) : '삼행'은 세 종류의 덕행(德行)을 뜻하며, 효행(孝行), 우행
(友行), 순행(順行)을 가리킨다. '효행'은 부모를 섬기는 덕행이고, '우
행'은 현명하고 어진 사람을 존귀하게 받드는 덕행이며, '순행'은 스승
과 어른을 섬기는 덕행이다.

◎ 삼헌(三獻) : '삼헌'은 세 차례 술을 따라서 바친다는 뜻이다. 사직(社
稷) 및 오사(五祀)에 대한 제사를 지내게 되면, 해당 의례에서는 모두
세 차례 술을 따라서 바치게 되므로, 이러한 제사들을 '삼헌'이라고 부
른다.

◎ 삼희(三犧) : '삼희'는 제사에 사용된 희생물로, 기러기[鴈], 오리[鶩], 꿩
[雉]을 가리킨다. 『춘추좌씨전』「소공(昭公) 25년」에는 "爲六畜·五牲·

三犧, 以奉五味."라는 기록이 있는데, 이에 대한 공영달(孔穎達)의 소
(疏)에서는 복건(服虔)의 주장을 인용하여, "三犧, 鴈·鶩·雉."라고 풀
이했다. 일설에는 소[牛], 양(羊), 돼지[豕]를 가리킨다고도 주장한다.
왕인지(王引之)는 『경의술문(經義述聞)』에서 "今案五牲, 牛羊豕犬雞
也; 三犧, 牛羊豕也."라고 풀이했다.

◎ 상공(上公): '상공'은 주(周)나라 제도에 있었던 관직 등급이다. 본래
신하의 관직 등급은 8명(命)까지이다. 주나라 때에는 태사(太師), 태부
(太傅), 태보(太保)와 같은 삼공(三公)들이 8명의 등급에 해당했다. 그
런데 여기에 1명을 더하게 되면 9명이 되어, 특별직인 '상공'이 된다.『주
례』「춘관(春官)·전명(典命)」편에는 "上公九命爲伯, 其國家宮室車旗
衣服禮儀, 皆以九爲節."이라는 기록이 있고, 이에 대한 정현의 주에서
는 "上公, 謂王之三公有德者, 加命爲二伯. 二王之後亦爲上公."이라고
풀이하였다. 즉 '상공'은 삼공 중에서도 유덕(有德)한 자에게 1명을 더
해주어, 제후들을 통솔하는 '두 명의 백(伯)[二伯]'으로 삼았다.

◎ 상로(象路): '상로'는 상로(象輅)라고도 부른다. 천자가 사용하는 다섯
가지 수레 중 하나이다. 상아로 수레를 치장했기 때문에, '상로'라고
부르게 되었다. 대적(大赤)이라는 깃발을 세웠으며, 조회를 보거나, 이
성(異姓)인 자를 분봉할 때 사용하였다. 『주례』「춘관(春官)·건거(巾
車)」편에는 "象路, 朱樊纓, 七就, 建大赤, 以朝, 異姓以封."이라는 기록
이 있고, 이에 대한 정현의 주에서는 "象路, 以象飾諸末."이라고 풀이
했다.

◎ 상로(象輅): =상로(象路)

◎ 상축(商祝): '상축'은 상(商)나라 즉 은(殷)나라 때의 예법을 익혀서, 제
사를 돕는 자를 뜻한다. 『예기』「악기(樂記)」편에는 "商祝辨乎喪禮, 故
後主人."이라는 기록이 있는데, 이에 대한 공영달(孔穎達)의 소(疏)에
서는 "商祝, 謂習商禮而爲祝者."라고 풀이했다.

◎ 서광(徐廣, A.D.352~A.D.425): 동진(東晋) 때의 학자이다. 자(字)는 야
민(野民)이다. 서막(徐邈)의 동생이다. 『진기(晉紀)』 등을 편찬했다.

◎ 서산진씨(西山眞氏, A.D.1178~A.D.1235): =건안진씨(建安眞氏)·진덕수
(眞德秀). 남송(南宋) 때의 성리학자이다. 자(字)는 경원(景元)이고, 호
(號)는 서산(西山)이다. 저서로는 『독서기(讀書記)』, 『사서집론(四書集
論)』, 『경연강의(經筵講義)』 등이 있다.

◎ 서산채씨(西山蔡氏) : =채원정(蔡元定)
◎ 서응(瑞應) : '서응'은 상서로운 징후로 나타나는 징표를 뜻한다. 고대에 제왕이 태평성세를 이루게 되면, 상서(祥瑞)로운 징표를 내보내어 그의 노력에 호응[應]한다고 여겼기 때문에, 이러한 징표를 '서응'이라고 부른다.
◎ 서학(西學) : '서학'은 주나라 때 왕성의 서쪽에 설치된 소학(小學)을 뜻한다.
◎ 석(裼) : '석'은 고대에 의례를 시행할 때 하는 복장 방식 중 하나이다. 좌측 소매를 걷어 올려서, 안에 입고 있는 석의(裼衣)를 드러내는 것이다. 한편 '석'은 비교적 성대하지 않은 의식 때 시행하는 복장 방식으로도 사용되어, 좌측 소매를 걷어 올려서 공경의 뜻을 표하기도 했다.
◎ 석경(石經) : 『석경(石經)』은 당(唐)나라 개성(開成) 2년(A.D.714)에 돌에 새긴 『십삼경주소(十三經注疏)』의 판본이다. 당나라 국자학(國子學)의 비석에 새겨졌다는 판본이 바로 이것을 가리킨다.
◎ 석량왕씨(石梁王氏, ?~?) : 자세한 이력이 남아 있지 않다.
◎ 석림섭씨(石林葉氏, ?~A.D.1148) : =섭몽득(葉夢得)·섭소온(葉少蘊). 남송(南宋) 때의 유학자이다. 자(字)는 소온(少蘊)이고, 호(號)는 몽득(夢得)이다. 박학다식했다고 전해지며, 『춘추(春秋)』에 대한 조예가 깊었다.
◎ 석명(釋名) : 『석명(釋名)』은 후한(後漢) 때의 학자인 유희(劉熙)가 지은 서적이다. 오래된 훈고학 서적의 하나로 꼽힌다.
◎ 석의(裼衣) : '석의'는 고대에 의례를 시행할 때 입는 옷이다. 가죽옷이나 갈옷 위에 걸쳤던 외투 중 하나이다. '석의' 위에는 습의(襲衣)를 걸쳤기 때문에, 중간에 입는 옷이라는 뜻에서 '중의(中衣)'라고도 부른다.
◎ 설문(說文) : =설문해자(說文解字)
◎ 설문해자(說文解字) : 『설문해자(說文解字)』는 후한(後漢) 때의 학자인 허신(許愼, ?~?)이 찬(撰)했다고 전해지는 자서(字書)이다. 『설문(說文)』이라고도 칭해진다. A.D.100년경에 완성되었다고 전해진다. 글자의 형태, 뜻, 음운(音韻)을 수록하고 있다.
◎ 섭몽득(葉夢得) : =석림섭씨(石林葉氏)
◎ 섭소온(葉少蘊) : =석림섭씨(石林葉氏)
◎ 성동(成童) : '성동'은 아동들 중에서도 나이가 찬 자들을 뜻한다. 8세 이상이 된 아동을 뜻한다고 풀이하기도 하며, 15세 이상이 된 아동을

뜻한다고 풀이하기도 한다. 『춘추곡량전』「소공(召公) 19년」편의 “羈
貫成童, 不就師傅, 父之罪也.”라는 기록에 대해, 범녕(范甯)의 주에서
는 “成童, 八歲以上.”이라고 풀이했고, 『예기』「내칙(內則)」편의 “成童,
舞象, 學射御.”라는 기록에 대해, 정현의 주에서는 “成童, 十五以上.”이
라고 풀이했다.

◎ 성증론(聖證論) : 『성증론(聖證論)』은 후한(後漢) 때 학자인 왕숙(王肅)
의 저작으로, 정현의 학설을 반박하는 내용으로 구성되어 있다. 저서
는 이미 산일되어 없어졌으나, 남아 있던 일부 기록들은 수합되어 『옥
함산방집일서(玉函山房輯佚書)』에 수록되어 있으며, 청(淸)나라 때 학
자인 피석서(皮錫瑞)는 『성증론보평(聖證論補評)』을 저술하였다.

◎ 세본(世本) : 『세본(世本)』은 『세(世)』·『세계(世系)』 등으로 일컬어지
기도 한다. 선진시대(先秦時代) 때의 사관(史官)이 기록한 문헌이라고
전해지지만, 진위여부를 확인할 수 없다. 『세본』은 고대의 제왕(帝王),
제후(諸侯) 및 경대부(卿大夫)들의 세계도(世系圖)를 기록한 서적이
다. 일실되어 현존하지 않지만, 후대 학자들이 다른 문헌 속에 남아
있는 기록들을 수집하여, 일집본(佚輯本)을 남겼다. 이러한 일집본에
는 여덟 종류의 주요 판본이 있는데, 각 판본마다 내용상의 차이를 보
이고 있다. 1959년에는 상무인서관(商務印書館)에서 이러한 여덟 종
류의 판본을 모아서 『세본팔종(世本八種)』을 출판하였다.

◎ 소만종(邵萬宗) : =금화소씨(金華邵氏)

◎ 소무(小舞) : ‘소무’는 악무(樂舞) 중에서도 규모가 작은 것으로, 성인들
이 추는 대무(大舞)와 상대된다. ‘소무’에 대한 교육은 악사(樂師)가
담당했다.

◎ 소연(邵淵) : =금화소씨(金華邵氏)

◎ 소진함(邵晉涵, A.D.1743~A.D.1796) : 청(淸)나라 때의 학자이다. 자(字)
는 여동(與桐)이고, 호(號)는 이운(二雲)·남강(南江)이다. 사학(史學)
과 경학 분야에 명성이 높았다.

◎ 송균(宋均, ?~?) : 후한(後漢) 초기 때의 학자이다. 자(字)는 숙양(叔庠)
이다. 부친은 송백(宋伯)이다. 『시(詩)』와 『예(禮)』에 조예가 깊었다고
전해진다.

◎ 순수(巡守) : ‘순수’는 ‘순수(巡狩)’라고도 부른다. 천자가 수도를 벗어나
제후의 나라를 시찰하는 것을 뜻한다. ‘순수’의 ‘순(巡)’자는 그곳으로

행차를 한다는 뜻이고, '수(守)'자는 제후가 지키는 영토를 뜻한다. 제후는 천자가 하사해준 영토를 대신 맡아서 수호하는 것이기 때문에, 천자가 그곳에 방문하여, 자신의 영토를 어떻게 관리하고 있는지를 시찰하게 된다. 『서』「우서(虞書)·순전(舜典)」편에는 "歲二月, 東巡守, 至于岱宗, 柴."라는 기록이 있고, 이에 대한 공안국(孔安國)의 전(傳)에서는 "諸侯爲天子守土, 故稱守. 巡, 行之."라고 풀이했으며, 『맹자』「양혜왕하(梁惠王下)」편에서는 "天子適諸侯曰巡狩. 巡狩者, 巡所守也."라고 기록하였다. 한편 『예기』「왕제(王制)」편에는 "天子, 五年, 一巡守."라는 기록이 있고, 『주례』「추관(秋官)·대행인(大行人)」편에는 "十有二歲王巡守殷國."이라는 기록이 있다. 즉 「왕제」편에서는 천자가 5년에 1번 순수를 시행하고, 「대행인」편에서는 12년에 1번 순수를 시행한다고 기록하고 있는데, 이러한 차이점에 대해서 정현은 「왕제」편의 주에서 "五年者, 虞夏之制也. 周則十二歲一巡守."라고 풀이했다. 즉 5년에 1번 순수를 하는 제도는 우(虞)와 하(夏)나라 때의 제도이며, 주(周)나라에서는 12년에 1번 순수를 했다.

◎ 습(襲) : '습'은 고대에 의례를 시행할 때 하는 복장 방식 중 하나이다. 겉옷으로 안에 입고 있던 옷들을 완전히 가리는 방식이다. 한편 '습'은 비교적 성대한 의식 때 시행하는 복장 방식으로도 사용되어, 안에 있고 있는 옷을 드러내지 않음으로써, 공경의 뜻을 표하기도 했다.

◎ 습(襲) : '습'은 시신에 옷을 입히는 의식 절차이다. 한편 시신에 입히는 옷 자체도 '습'이라고 불렀다.

◎ 시망(柴望) : '시망'은 시(柴)와 망(望)이라는 두 종류의 제사를 뜻한다. '시'는 땔나무를 태워서 하늘에 대한 제사를 뜻하며, '망'은 명산대첩에 제사를 지낸다는 뜻이다. 또한 '시망'은 제사를 범칭하는 용어로도 사용되었다.

◎ 신농씨(神農氏) : '신농씨'는 신농(神農)이라고도 부른다. 전설시대에 존재했다고 전해지는 고대 제왕(帝王)의 이름이다. 처음으로 백성들에게 농사짓는 방법을 가르쳤다는 뜻에서, '신농'이라고 부르게 되었다. 또한 약초를 발견하고 재배하여 사람들의 병을 치료했었다고 전해진다. 또한 '신농'은 염제(炎帝)라고도 부르는데, 그 이유는 오행(五行) 중 하나인 화(火)의 덕(德)을 통해서 제왕이 되었다고 믿었기 때문이다. 『회남자(淮南子)』「주술훈(主述訓)」편에는 "昔者, 神農之治天下也, 神

不馳於胸中, 智不出於四域, 懷其仁誠之心, 甘雨時降, 五穀蕃植."이라는
기록이 있다. 한편 '신농'은 토신(土神)을 뜻하는 용어로도 사용되었
다. 이것은 농사와 땅과의 관계가 밀접하기 때문이며, 이러한 뜻에서
농사를 주관했던 관리를 또한 '신농'으로 칭하기도 하였다.

◎ 신번(脤膰) : '신번'은 고대에 사직(社稷) 및 종묘(宗廟)의 제사 때 사용
했던 고기를 뜻한다. 제사가 끝난 뒤 이 고기를 동성(同姓)인 제후국
에게 나눠주었기 때문에, 동성의 제후국을 '신번지국(脤膰之國)'이라
고도 부른다. 또 구분해서 말을 한다면 신(脤)은 사직의 제사 때 사용
된 고기를 뜻하며, 번(膰)은 종묘의 제사 때 사용된 고기를 뜻한다. 한
편 도마에 올린 생고기를 신(脤)이라고 부르고, 도마에 올린 익힌 고
기를 번(膰)이라고 부르기도 한다.

◎ 십이율(十二律) : '십이율'은 여섯 개의 양률(陽律)과 여섯 개의 음률(陰
律)을 합하여 부르는 말이다. 양성(陽聲: =陽律)은 황종(黃鐘), 대주
(大簇), 고선(姑洗), 유빈(蕤賓), 이칙(夷則), 무역(無射)이며, 이것을
육률(六律)이라고도 부른다. 음성(陰聲: =陰律)은 대려(大呂), 응종(應
鍾), 남려(南呂), 함종(函鍾), 소려(小呂), 협종(夾鍾)이며, 이것을 육동
(六同)이라고도 부른다. '십이율'은 12개의 높낮이가 다른 표준음으로,
서양음악의 악조(樂調)에 해당한다. 고대에는 12개의 길이가 다른 죽
관(竹管)으로 음의 높낮이를 보정했다. 관(管)의 높이에는 각각 일정
한 길이가 있었다. 긴 관은 저음의 소리를 냈고, 짧은 관은 고음의 소
리를 냈다. 관 중에는 대나무가 아닌 동으로 제작한 것도 있다. 그리
고 '육동'은 또한 육려(六呂), 율려(律呂), 육간(六閒), 육종(六鍾)이라
고도 부른다.

◎ 악무(樂舞) : '악무'는 음악을 연주할 때 추는 육대(六代)의 춤을 뜻한
다. 육대의 춤은 운문(雲門)·대권(大卷)·대함(大咸)·대소(大韶)·대
하(大夏)·대호(大濩)·대무(大武)이다. '운문'과 '대권'은 황제(黃帝)
때의 악무이다. '대함'은 요(堯)임금 때의 악무이다. '대소'는 순(舜)임
금 때의 악무이다. '대하'는 우(禹)임금 때의 악무이다. '대호'는 탕(湯)
임금 때의 악무이다. '대무'는 무왕(武王)에 대한 악무이다. 『주례』「춘

관(春官) · 대사악(大司樂)」편에는 "以樂舞教國子: 舞雲門 · 大卷 · 大咸 · 大韶 · 大夏 · 大濩 · 大武."라는 기록이 있다.

◎ 악본(岳本) : 『악본(岳本)』은 송(頌)나라 악가(岳珂)가 간행한 『십삼경 주소(十三經注疏)』의 판본이다.

◎ 악사(樂師) : '악사'는 『주례』에 나온 관직명으로, 음악을 담당했던 관리 중 하나이다. 총 책임자인 대사악(大司樂)의 부관이었다. 『주례』「춘관(春官) · 악사(樂師)」편에는 "樂師, 掌國學之政, 以教國子小舞."라는 기록이 있다. 즉 '악사'는 국학(國學)에 있는 국자(國子)들에게 소무(小舞) 등을 가르쳤다.

◎ 악어(樂語) : '악어'는 음악의 가사를 익힐 때의 여섯 가지 이론을 뜻한다. 여섯 가지 이론은 흥(興) · 도(道) · 풍(諷) · 송(誦) · 언(言) · 어(語)이다. '흥'은 선한 사물을 통해서 선한 사안을 비유하는 것이다. '도'는 인도한다는 뜻으로, 고대의 일을 언급하여 현재의 일에 알맞게 하는 것이다. '풍'은 가사를 암송하는 것이다. '송'은 소리에 맞춰서 읽는 것이다. '언'은 직접적으로 언급하는 것이다. '어'는 답변을 조술하는 것이다. 『주례』「춘관(春官) · 대사악(大司樂)」편에는 "以樂語教國子: 興 · 道 · 諷 · 誦 · 言 · 語."라는 기록이 있고, 이에 대한 정현의 주에서는 "興者, 以善物喻善事; 道讀曰導, 導者, 言古以劊今也; 倍文曰諷; 以聲節之曰誦; 發端曰言; 答述曰語."라고 풀이했다.

◎ 안사고(顔師古, A.D.581~A.D.645) : 당(唐)나라 때의 학자이다. 자(字)는 주(籀)이다. 안지추(顔之推)의 손자이다. 훈고학(訓詁學)에 뛰어났다. 오경(五經)의 문자를 교정하여, 『오경정본(五經定本)』을 찬술하기도 하였다.

◎ 엄릉방씨(嚴陵方氏, ?~?) : =방각(方愨) · 방씨(方氏) · 방성부(方性夫). 송대(宋代)의 유학자이다. 이름은 각(愨)이다. 자(字)는 성부(性夫)이다. 『예기집해(禮記集解)』를 지었고, 『예기집설대전(禮記集說大全)』에는 그의 주장이 많이 인용되고 있다.

◎ 여릉호씨(盧陵胡氏) : =호전(胡銓)

◎ 여수(旅酬) : '여수'는 제사가 끝난 후에, 제사에 참가했던 친족 및 빈객(賓客)들이 술잔을 들어 술을 마시고, 서로 공경의 예(禮)를 표하며, 잔을 권하는 의례(儀禮)이다.

◎ 여씨춘추(呂氏春秋) : 『여씨춘추(呂氏春秋)』는 여불위(呂不韋)가 편찬한

책이다. 『사기(史記)』「문언후열전(文言侯列傳)」편의 기록에 의하면, 여불위가 여러 학자들을 불러 모아서, 학문을 토론하게 하고, 그것을 모아서 『여씨춘추』를 편찬했다고 전해진다. 12개의 기(紀), 8개의 남(覽), 6개의 논(論)으로 구성되어 있다.

◎ 연악(燕樂) : '연악'은 궁궐 안, 특히 부인들을 위해서 연주하는 음악을 뜻한다. 「관저(關雎)」·「주남(周南)」·「소남(召南)」 등의 시가를 연주하는 것이다. '연악'은 방중(房中)의 음악이라고도 부르니, 주로 부인들을 위해서 연주되기 때문이다. 『주례』「춘관(春官)·경사(磬師)」편에는 "敎縵樂·燕樂之鍾磬."이라는 기록이 있고, 이에 대한 정현의 주에서는 "燕樂, 房中之樂."이라고 풀이했으며, 가공언(賈公彦)의 소(疏)에서는 "此卽關雎·二南也. 謂之房中者, 房中謂婦人后妃以風喩君子之詩, 故謂之房中之樂."이라고 풀이했다.

◎ 연평주씨(延平周氏, ?~?) : =주서(周諝)·주희성(周希聖). 송(宋)나라 때의 유학자이다. 이름은 서(諝)이다. 자(字)는 희성(希聖)이다. 『예기설(禮記說)』 등의 저서가 있다.

◎ 연평황씨(延平黃氏) : =황상(黃裳)

◎ 염(斂) : '염'은 시신에 옷을 입혀서 관에 안치하는 것을 뜻한다.

◎ 염계선생(濂溪先生) : =주돈이(周敦頤)

◎ 영관(泠官) : '영관'은 영관(伶官)이라고도 부른다. 악관(樂官)을 뜻하는 용어이다. 영씨(伶氏) 가문에서는 대대로 음악에 대한 일을 주관하였는데, 그 일을 잘해냈기 때문에, 후세에서는 악관을 대부분 '영관'이라고 불렀다. 『시』「패풍(邶風)·간혜(簡兮)」편의 모서(毛序)에서는 "衛之賢者, 仕於伶官."이라는 기록이 있는데, 이에 대한 정현의 전문(箋文)에서는 "伶官, 樂官也. 伶氏世掌樂而善焉, 故後世多號樂官爲伶官."이라고 풀이했다.

◎ 오경이의(五經異義) : 『오경이의(五經異義)』는 후한(後漢) 때의 학자인 허신(許愼)이 지은 책이다. 유실되었는데, 송대(宋代) 때 학자들이 다시 모아서 엮었다. 오경(五經)에 관한 고금(古今)의 유설(遺說)과 이의(異義)를 싣고, 그에 대한 시비(是非)를 판별한 내용들이다.

◎ 오곡(五穀) : '오곡'은 곡식을 총칭하는 말로 사용되는데, 본래 다섯 가지 곡식을 뜻한다. 그러나 다섯 가지 곡식이 구체적으로 무엇을 가리키는지에 대해서는 이견이 많다. 『주례』「천관(天官)·질의(疾醫)」편에

는 "以五味·五穀·五藥養其病."이라는 기록이 있고, 이에 대한 정현의 주에서는 "五穀, 麻·黍·稷·麥·豆也."라고 풀이했다. 즉 이 문장에서는 '오곡'을 마(麻)·메기장[黍]·차기장[稷]·보리[麥]·콩[豆]으로 설명하고 있다. 그리고 『맹자』「등문공상(滕文公上)」편에는 "樹藝五穀, 五穀熟而民人育."이라는 기록이 있고, 이에 대한 조기(趙岐)의 주에서는 "五穀謂稻·黍·稷·麥·菽也."라고 풀이했다. 즉 이 문장에서는 '오곡'을 쌀[稻]·메기장[黍]·차기장[稷]·보리[麥]·대두[菽]로 설명하고 있다. 그리고 『초사(楚辭)』「대초(大招)」편에는 "五穀六仞."이라는 기록이 있는데, 이에 대한 왕일(王逸)의 주에서는 "五穀, 稻·稷·麥·豆·麻也."라고 풀이했다. 즉 이 문장에서는 '오곡'을 쌀[稻]·차기장[稷]·보리[麥]·콩[豆]·마(麻)로 설명하고 있다. 이 외에도 각종 주석에 따라 해당 작물이 달라진다.

◎ 오례(五禮) : '오례'에 대해서는 대체로 두 가지 뜻이 있다. 첫 번째 뜻은 공작[公]·후작[侯]·백작[伯]·자작[子]·남작[男] 등 다섯 등급에 속한 제후들이 천자를 조빙(朝聘)하는 예법(禮法)을 뜻한다. 『서』「우서(虞書)·고요모(皐陶謨)」편에는 "天秩有禮, 自我五禮, 有庸哉."라는 기록이 있는데, 이에 대한 공안국(孔安國)의 전(傳)에서는 "天次秩有禮, 當用我公·侯·伯·子·男五等之禮以接之, 使有常."이라고 풀이하였다. 두 번째 뜻은 고대부터 전해져 온 다섯 종류의 예제(禮制)를 뜻한다. 즉 길례(吉禮), 흉례(凶禮), 군례(軍禮), 빈례(賓禮), 가례(嘉禮)를 가리킨다. 『주례』「춘관(春官)·소종백(小宗伯)」편에는 "掌五禮之禁令與其用等."이라는 기록이 있는데, 이에 대한 정현의 주에서는 정사농(鄭司農)의 주장을 인용하여, "五禮, 吉·凶·軍·賓·嘉."라고 풀이했다.

◎ 오미(五味) : '오미'는 다섯 가지 맛을 뜻한다. 맛의 종류를 총칭하는 용어로도 사용된다. '오미'는 구체적으로 산(酸: 신맛), 고(苦: 쓴맛), 신(辛: 매운맛), 함(鹹: 짠맛), 감(甘: 단맛)을 가리킨다. 『예기』「예운(禮運)」편에는 "五味, 六和, 十二食, 還相爲質也."라는 기록이 있는데, 이에 대한 정현의 주에서는 "五味, 酸, 苦, 辛, 鹹, 甘也."라고 풀이하였다.

◎ 오사(五祀) : '오사'는 본래 주택 내외에 있는 대문[門], 방문[戶], 방 가운데[中霤], 부뚜막[竈], 도로[行]를 주관하는 다섯 신(神)들을 가리키기도 하며, 이들에게 지내는 제사를 지칭하기도 한다. 한편 계층별로 봤을 때, 통치자 계급은 통치 범위를 자신의 집으로 생각하여, 각각

다섯 대상에 대해서 대표적인 장소에서 제사를 지내기도 한다. 『예기』「월령(月令)」편에는 "天子乃祈來年于天宗, 大割祠于公社及門閭, 臘先祖五祀. 勞農以休息之."라는 기록이 있고, 이에 대한 정현의 주에서는 "五祀, 門, 戶, 中霤, 竈, 行也."라고 풀이했다. 한편 '오사' 중 행(行) 대신 우물[井]를 포함시키기도 한다. 『회남자(淮南子)』「시칙훈(時則訓)」편에는 "其位北方, 其日壬癸, 盛德在水, 其蟲介, 其音羽, 律中應鐘, 其數六, 其味鹹, 其臭腐. 其祀井, 祭先腎."이라는 기록이 있다. 그리고 이들에 대해 제사를 지내는 이유에 대해서, 『논형(論衡)』「제의(祭意)」편에서는 "五祀報門・戶・井・竈・室中霤之功. 門・戶, 人所出入, 井・竈, 人所欲食, 中霤, 人所託處, 五者功鈞, 故俱祀之."라고 설명한다. 즉 '오사'에 대한 제사는 그들에 대한 공덕에 보답을 하는 것으로, 문(門)과 호(戶)는 사람들이 출입을 하는데 편리함을 제공해주었고, 정(井)과 조(竈)는 사람들이 음식을 먹을 수 있도록 해주었으며, 중류(中霤)는 사람이 거처할 수 있도록 해주었기 때문에, 이들에 대해서 제사를 지내는 것이다.

◎ 오사(五事) : '오사'는 본래 모(貌), 언(言), 시(視), 청(聽), 사(思)를 뜻한다. 즉 언행, 보고 듣는 것, 사려함을 가리킨다. 또 단순히 이러한 행위만을 뜻하는 것이 아니라 수신(修身)이라는 측면에서 각각의 항목에 규범이 첨가된다. 즉 '오사'가 실질적으로 가리키는 것은 행동을 공손하게 하고, 말은 순리에 따라 하며, 보는 것은 밝게 하고, 듣는 것은 밝게 하며, 생각은 깊게 하는 것이다. 『서』「주서(周書)・홍범(洪範)」편에는 "五事, 一曰貌, 二曰言, 三曰視, 四曰聽, 五曰思. 貌曰恭, 言曰從, 視曰明, 聽曰聰, 思曰睿."라는 기록이 있다.

◎ 오색(五色) : '오색'은 청색[靑], 적색[赤], 백색[白], 흑색[黑], 황색[黃]을 뜻한다. 고대에는 이 다섯 가지 색깔을 순일한 색깔로 여겨서, 정색(正色)으로 규정하였고, 그 이외의 색깔들은 간색(間色)으로 분류하였다.

◎ 오생(五牲) : '오생'은 고대 제사 때 사용되었던 다섯 가지 동물들을 뜻한다. 소[牛], 양(羊), 돼지[豕], 개[犬], 닭[鷄]을 가리킨다. 『춘추좌씨전』「소공(昭公) 11년」편에는 "五牲不相爲用."이라는 기록이 있는데, 이에 대한 두예(杜預)의 주에는 "五牲, 牛, 羊, 豕, 犬, 雞."라고 풀이하였다.

◎ 오성(五星) : '오성'은 목성(木星), 화성(火星), 토성(土星), 금성(金星), 수성(水星)의 다섯 행성(行星)을 가리킨다. 『사기(史記)』「천관서론(天

官書論)」편에는 "水火金木塡星, 此五星者, 天之五佐."라는 기록이 있
다. 방위와 이명(異名)으로 설명하자면, '오성'은 동쪽의 세성(歲星: =
木星), 남쪽의 형혹(熒惑: =火星), 중앙의 진성(鎭星: =塡星·土星), 서
쪽의 태백(太白: =金星), 북쪽의 진성(辰星: =水星)을 가리킨다.

◎ 오성(五聲) : '오성'은 오음(五音)이라고도 하며, 일반적으로 궁(宮), 상
(商), 각(角), 치(徵), 우(羽) 다섯 가지 음을 뜻한다. 당(唐)나라 이후에
는 또한 합(合), 사(四), 을(乙), 척(尺), 공(工)으로 부르기도 했다. 『맹
자』「이루상(離婁上)」편에는 "不以六律, 不能正五音."이라는 기록이 있
는데, 이에 대한 조기(趙岐)의 주에서는 "五音, 宮商角徵羽"라고 풀이
하였다.

◎ 오유청(吳幼淸) : =오징(吳澄)

◎ 오제(五齊) : '오제'는 술의 맑고 탁한 정도에 따라서 다섯 가지 등급으
로 분류한 술을 뜻한다. 또한 술을 범칭하는 용어로도 사용된다. 다섯
가지 술은 범제(泛齊), 례제(醴齊), 앙제(盎齊), 제제(緹齊), 침제(沈齊)
를 가리킨다. 『주례』「천관(天官)·주정(酒正)」편에는 "辨五齊之名, 一
曰泛齊, 二曰醴齊, 三曰盎齊, 四曰緹齊, 五曰沈齊."라는 기록이 있다.
각 술들에 대해 설명하자면, 위의 기록에 대한 정현의 주에서는 "泛
者, 成而滓浮泛泛然, 如今宜成醪矣. 醴猶體也, 成而汁滓相將, 如今恬酒
矣. 盎猶翁也, 成而翁翁然, 蔥白色, 如今酇白矣. 緹者, 成而紅赤, 如今
下酒矣. 沈者, 成而滓沈, 如今造淸矣. 自醴以上尤濁, 縮酌者. 盎以下差
淸. 其象類則然, 古之法式未可盡聞. 杜子春讀齊皆爲粢. 又禮器曰, '緹
酒之用, 玄酒之尙.' 玄謂齊者, 每有祭祀, 以度量節作之."라고 풀이했다.
즉 '범제'는 술이 익고 나서 앙금이 둥둥 떠 있는 것으로 정현 시대의
의성료(宜成醪)와 같은 술이고, '례주'는 술이 익고 나서 앙금을 한 차
례 걸러낸 것으로 염주(恬酒)와 같은 것이며, '앙제'는 술이 익고 나서
새파란 빛깔을 보이는 것으로 찬백(酇白)과 같은 술이고, '제제'는 술
이 익고 나서 붉은 빛깔을 보이는 것으로 하주(下酒)와 같은 술이며,
'침제'는 술이 익고 나서 앙금이 모두 가라앉아 있는 것으로 조청(造
淸)과 같은 술이다. '범주'는 가장 탁한 술이며, '례주'는 그 다음으로
탁한 술이고, '앙제'부터는 뒤로 갈수록 맑은 술에 해당한다.

◎ 오제(五帝) : '오제'는 전설시대에 존재했다고 전해지는 다섯 명의 제왕
(帝王)을 뜻한다. 그러나 다섯 명이 누구였는지에 대해서는 이설(異

說)이 많다. 첫 번째 주장은 황제(黃帝: =軒轅), 전욱(顓頊: =高陽), 제곡(帝嚳: =高辛), 당요(唐堯), 우순(虞舜)으로 보는 견해이다. 『사기정의(史記正義)』「오제본기(五帝本紀)」편에는 "太史公依世本·大戴禮, 以黃帝·顓頊·帝嚳·唐堯·虞舜爲五帝. 譙周·應劭·宋均皆同."이라는 기록이 있고, 『백호통(白虎通)』「호(號)」편에도 "五帝者, 何謂也? 禮曰, 黃帝·顓頊·帝嚳·帝堯·帝舜也."라는 기록이 있다. 두 번째 주장은 태호(太昊: =伏義), 염제(炎帝: =神農), 황제(黃帝), 소호(少昊: =摯), 전욱(顓頊)으로 보는 견해이다. 이 주장은 『예기』「월령(月令)」편에 나타난 각 계절별 수호신들의 내용을 종합한 것이다. 세 번째 주장은 소호(少昊), 전욱(顓頊), 고신(高辛), 당요(唐堯), 우순(虞舜)으로 보는 견해이다. 『서서(書序)』에는 "少昊·顓頊·高辛·唐·虞之書, 謂之五典, 言常道也."라는 기록이 있다. 또 『제왕세기(帝王世紀)』에는 "伏義·神農·黃帝爲三皇, 少昊·高陽·高辛·唐·虞爲五帝."라는 기록이 있다. 네 번째 주장은 복희(伏義), 신농(神農), 황제(黃帝), 당요(唐堯), 우순(虞舜)으로 보는 견해이다. 이 주장은 『역』「계사하(繫辭下)」편의 내용에 근거한 주장이다.

◎ 오징(吳澄, A.D.1249~A.D.1333) : =임천오씨(臨川吳氏)·오유청(吳幼淸). 송원대(宋元代)의 유학자이다. 이름은 징(澄)이다. 자(字)는 유청(幼淸)이다. 저서로 『예기해(禮記解)』가 있다.

◎ 오형(五刑) : '오형'은 다섯 가지 형벌을 뜻한다. '오형'의 구체적 항목에 대해서는 각 시대별 차이가 있지만, 『주례』의 기록에 근거하면, 묵형(墨刑), 의형(劓刑), 궁형(宮刑), 비형(剕刑: =刖刑), 대벽(大辟: =殺刑)이 된다. 『주례』「추관(秋官)·사형(司刑)」편에는 "掌五刑之灋, 以麗萬民之罪, 墨罪五百, 劓罪五百, 宮罪五百, 刖罪五百, 殺罪五百."이라는 기록이 있다.

◎ 옹희(饔餼) : '옹희'는 빈객(賓客)과 상견례(相見禮)를 하고 나서 성대하게 음식을 마련해 접대하는 것을 뜻한다. 『주례』「추관(秋官)·사의(司儀)」편에는 "致飧如致積之禮."라는 기록이 있는데, 이에 대한 정현의 주에서는 "小禮曰飧, 大禮曰饔餼."라고 풀이하였다. 즉 '옹희'와 '손'은 모두 빈객 등을 접대하는 예법들인데, '옹희'는 성대한 예법에 해당하여, '손'보다도 융숭하게 대접하는 것이다.

◎ 왕념손(王念孫, A.D.1744~A.D.1832) : 청(淸)나라 때의 학자이다. 자(字)

는 회조(懷租)이고, 호(號)는 석구(石臞)이다. 부친은 왕안국(王安國)이고, 아들은 왕인지(王引之)이다. 대진(戴震)에게 학문을 배웠다. 저서로는『독서잡지(讀書雜志)』등이 있다.

◎ 왕무횡(王懋竑, A.D.1668~A.D.1741) : 청(淸) 나라 때의 경학자이다. 자(字)는 여중(予中)・여중(與中)이며, 호(號)는 백전(白田)이다.

◎ 왕숙(王肅, A.D.195~A.D.256) : 위진남북조(魏晉南北朝) 때의 위(魏)나라 경학자이다. 자(字)는 자옹(子雍)이다. 출신지는 동해(東海)이다. 부친 왕랑(王朗)으로부터 금문학(今文學)을 공부했으나, 고문학(古文學)의 고증적인 해석을 따랐다.『상서(尙書)』,『시경(詩經)』,『좌전(左傳)』,『논어(論語)』및 삼례(三禮)에 대한 주석을 남겼다.

◎ 왕인지(王引之, A.D.1766~A.D.1834) : 청(淸)나라 때의 훈고학자이다. 자(字)는 백신(伯申)이고, 호(號)는 만경(曼卿)이며, 시호(諡號)는 문간(文簡)이다. 왕념손(王念孫)의 아들이다. 대진(戴震), 단옥재(段玉裁), 부친과 함께 대단이왕(戴段二王)이라고 일컬어졌다.『경전석사(經傳釋詞)』,『경의술문(經義述聞)』등의 저술이 있다.

◎ 왕자옹(王子雍) : =왕숙(王肅)

◎ 외신(外神) : ‘외신’은 내신(內神)과 상대되는 말이다. 교(郊)나 사(社) 등에서 지내는 제사 대상을 ‘외신’이라고 부른다.『예기』「곡례하(曲禮下)」편에 대한 손희단(孫希旦)의『집해(集解)』에서는 오징(吳澄)의 주장을 인용하여, “宗廟所祭者, 一家之神, 內神也, 故曰內事. 郊・社・山川之屬, 天下一國之神, 皆外神也, 故曰外事.”라고 설명하였다. 즉 종묘(宗廟)에서 제사를 지내는 대상은 한 집안의 신(神)으로 ‘내신’이라고 부르며, 그 제사들을 내사(內事)라고 부른다. 또 교, 사 및 산천(山川) 등에 지내는 제사는 그 대상이 천하 및 한 국가의 신들이기 때문에, 그들을 ‘외신’이라고 부르며, 그 제사를 외사(外事)라고 부른다.

◎ 우무(羽舞) : ‘우무’는 소무(小舞)에 해당하며, 문무(文舞)의 일종으로, 무용수들이 깃털을 잡고 추는 춤이다. 흰색 깃털로 장식을 했으며, 그 모양이 ‘오색의 기[旐]’와 흡사하였다. 국자(國子)들이 교육을 받았던 춤인데, ‘우무’ 외에도 불무(帗舞), 황무(皇舞), 모무(旄舞), 간무(干舞), 인무(人舞) 등을 교육 받았다.『주례』「춘관(春官)・악사(樂師)」편에는 “掌國子之政, 以教國子小舞. 凡舞, 有帗舞, 有羽舞, 有皇舞, 有旄舞, 有干舞, 有人舞.”라는 기록이 있다.

◎ 웅씨(熊氏) : =웅안생(熊安生)

◎ 웅안생(熊安生, ?~A.D.578) : =웅씨(熊氏). 북조(北朝) 때의 경학자이다. 자(字)는 식지(植之)이다. 『주례(周禮)』, 『예기(禮記)』, 『효경(孝經)』 등 많은 전적에 의소(義疏)를 남겼지만, 모두 산일되어 남아 있지 않다. 현재 마국한(馬國翰)의 『옥함산방집일서(玉函山房輯佚書)』에 『예기웅씨의소(禮記熊氏義疏)』 4권이 남아 있다.

◎ 위소(韋昭, A.D.204~A.D.273) : 삼국시대(三國時代) 때 오(吳)나라의 학자이다. 자(字)는 홍사(弘嗣)이다. 사마소(司馬昭)의 이름을 피휘하여, 요(曜)로 고쳤다. 저서로는 『국어주(國語注)』 등이 있다.

◎ 유(類) : '유'는 천신(天神)에게 지내는 제사의 일종이다. 『서』「우서(虞書)·순전(舜典)」편에는 "肆類于上帝."라는 기록이 있다. '유'제사와 관련된 예법들은 망실되어 전해지지 않지만, 군대를 출병하게 될 때 상제(上帝)에게 '유'제사를 지냈다는 기록이 있다. 『예기』「왕제(王制)」편에는 "天子將出, 類乎上帝, 宜乎社, 造乎禰."라는 기록이 있고, 이 문장에 대한 정현의 주에서는 "類·宜·造, 皆祭名, 其禮亡."이라고 풀이했다.

◎ 유맹야(劉孟冶) : =유씨(劉氏)

◎ 유사(有司) : '유사'는 관리를 뜻하는 용어이다. '사(司)'자는 담당한다는 뜻이다. 관리들은 각자 담당하고 있는 업무가 있었으므로, 관리를 '유사'라고 불렀던 것이다. 일반적으로 하위관료들을 지칭하여, 실무자를 뜻하는 용어로 많이 사용된다. 그러나 때로는 고위관료까지도 지칭하는 용어로 사용되기도 한다.

◎ 유씨(庾氏) : =유울(庾蔚)

◎ 유씨(劉氏, ?~?) : =유맹야(劉孟冶). 자세한 이력이 남아 있지 않다.

◎ 유울(庾蔚, ?~?) : =유씨(庾氏). 남조(南朝) 때 송(宋)나라 학자이다. 저서로는 『예기약해(禮記略解)』, 『예론초(禮論鈔)』, 『상복(喪服)』, 『상복세요(喪服世要)』, 『상복요기주(喪服要記注)』 등을 남겼다.

◎ 유집중(劉執中) : =장락유씨(長樂劉氏)

◎ 유태공(劉台拱, A.D.1751~A.D.1805) : 청(淸)나라 때의 경학자이다. 천문학(天文學), 율려학(律呂學), 문자학(文字學) 등에 조예가 깊었다.

◎ 유향(劉向, B.C77~A.D.6) : 전한(前漢) 때의 학자이다. 자(字)는 자정(子政)이다. 유흠(劉歆)의 부친이다. 비서성(秘書省)에서 고서들을 정리하였다. 저서로는 『설원(說苑)』·『신서(新序)』·『열녀전(列女傳)』·『별

록(別錄)』등이 있다.

◎ 육농사(陸農師) : =산음육씨(山陰陸氏)

◎ 육대(六代) : '육대'는 황제(黃帝)·당(唐)·우(虞)·하(夏)·은(殷)·주 (周) 등의 여섯 왕조를 가리킨다. 『진서(晉書)』「악지상(樂志上)」편에 는 "周始二南, 風兼六代. 昔黃帝作雲門, 堯作咸池, 舜作大韶, 禹作大夏, 殷作大濩, 周作大武, 所謂因前王之禮, 設俯仰之容, 和順積中, 英華發 外."라는 기록이 있다.

◎ 육덕(六德) : '육덕'은 여섯 가지 도리를 뜻한다. 여섯 가지 도리는 지 (知), 인(仁), 성(聖), 의(義), 중(忠), 화(和)이다.

◎ 육덕명(陸德明, A.D.550~A.D.630) : =육원랑(陸元朗). 당대(唐代)의 경학 자이다. 이름은 원랑(元朗)이고, 자(字)는 덕명(德明)이다. 훈고학에 뛰어났으며, 『경전석문(經典釋文)』등을 남겼다.

◎ 육려(六呂) : '육려'는 12율(律) 중 음률(陰律)에 해당하는 임종(林鍾), 중려(仲呂), 협종(夾鍾), 대려(大呂), 응종(應鍾), 남려(南呂)를 가리키 는 용어이다. 육동(六同)이라고도 부른다.

◎ 육률(六律) : '육률'은 12율(律) 중 양률(陽律)에 해당하는 황종(黃鍾), 태주(大簇), 고선(姑洗), 유빈(蕤賓), 이칙(夷則), 무역(無射)을 가리키 는 용어이다. 한편 12율과 같은 의미로도 사용되었다.

◎ 육복(六服) : '육복'은 천자나 제후의 여섯 종류 복장을 가리키니, 대구 (大裘), 곤의(袞衣), 별의(鷩衣), 취의(毳衣), 희의(希衣), 현의(玄衣)이 다. 『주례(周禮)』「춘관(春官)·사복(司服)」편에는 "祀昊天上帝, 則服大 裘而冕, 祀五帝亦如之. 享先王則袞冕. 享先公, 饗射則鷩冕. 祀四望山川 則毳冕. 祭社稷五祀則希冕. 祭群小祀則玄冕."이라는 기록이 있다. 즉 호천상제(昊天上帝) 및 오제(五帝)에게 제사지낼 때에는 대구를 입고 면(冕)을 쓰며, 선왕(先王)에게 제사지낼 때에는 곤면(袞冕)을 착용하 고, 선공(先公)에 대한 제사 및 향사례(饗射禮)를 시행할 때에는 별면 (鷩冕)을 착용하며, 산천(山川) 등에 제사지낼 때에는 취면(毳冕)을 착 용하고, 사직(社稷) 등에 제사지낼 때에는 희면(希冕)을 착용하며, 기 타 여러 제사에는 현면(玄冕)을 착용한다.

◎ 육복(六服) : '육복'은 천자의 수도를 제외하고, 그 이외의 땅을 9개의 지역으로 구분한 구복(九服) 중에서 6개 지역을 뜻하는데, 천자의 수 도로부터 6개 복(服)까지는 주로 중국의 제후들에게 분봉해주는 지역

이었고, 나머지 3개의 지역은 주로 오랑캐들에게 분봉해주는 지역이었다. 따라서 중국(中國)이라는 개념을 거론할 때 주로 '육복'이라고 말한다. 천하의 정중앙에는 천자의 수도인 왕기(王畿)가 있고, 그 외에는 순차적으로 6개의 '복'이 있는데, 후복(侯服), 전복(甸服), 남복(男服), 채복(采服), 위복(衛服), 만복(蠻服)이 여기에 해당한다. '후복'은 천자의 수도 밖으로 사방 500리(里)의 크기이며, 이 지역에 속한 제후들은 1년에 1번 천자를 알현하며, 제사 때 사용하는 물건을 바친다. '전복'은 '후복' 밖으로 사방 500리의 크기이며, 이 지역에 속한 제후들은 2년에 1번 천자를 알현하고, 빈객(賓客)을 접대할 때 사용하는 물건을 바친다. '남복'은 '전복' 밖으로 사방 500리의 크기이며, 이 지역에 속한 제후들은 3년에 1번 천자를 알현하고, 각종 기물(器物)들을 바친다. '채복'은 '남복' 밖으로 사방 500리의 크기이며, 이 지역에 속한 제후들은 4년에 1번 천자를 알현하고, 의복류를 바친다. '위복'은 '채복' 밖으로 사방 500리의 크기이며, 이 지역에 속한 제후들은 5년에 1번 천자를 알현하고, 각종 재목들을 바친다. '만복'은 '요복(要服)'이라고도 부르는데, '만복'이라는 용어는 변경 지역의 오랑캐들과 접해 있으므로, 붙여진 용어이다. '만복'은 '위복' 밖으로 사방 500리의 크기이며, 이 지역에 속한 제후들은 6년에 1번 천자를 알현하고, 각종 재화들을 바친다. 『주례』「추관(秋官)・대행인(大行人)」편에는 "邦畿方千里, 其外方五百里謂之侯服, 歲壹見, 其貢祀物, 又其外方五百里謂之甸服, 二歲壹見, 其貢嬪物, 又其外方五百里謂之男服, 三歲壹見, 其貢器物, 又其外方五百里謂之采服, 四歲壹見, 其貢服物, 又其外方五百里謂之衛服, 五歲壹見, 其貢材物, 又其外方五百里謂之要服, 六歲壹見, 其貢貨物."이라는 기록이 있다.

◎ 육예(六藝) : '육예'는 기본적으로 갖춰야 하는 여섯 가지 과목을 뜻한다. 여섯 가지 과목은 예(禮), 음악[樂], 활쏘기[射], 수레몰기[御], 글쓰기[書], 셈하기[數]이며, 구체적으로 말하자면 오례(五禮), 육악(六樂), 오사(五射), 오어(五馭: =五御), 육서(六書), 구수(九數)를 가리킨다.

◎ 육원랑(陸元朗) : =육덕명(陸德明)

◎ 육전(陸佃) : =산음육씨(山陰陸氏)

◎ 육축(六畜) : '육축'은 여섯 종류의 가축을 뜻한다. 말[馬], 소[牛], 양(羊), 닭[雞], 개[犬], 돼지[豕]를 가리킨다. 『춘추좌씨전』「소공(昭公) 25

년」편에는 "爲六畜·五牲·三犧, 以奉五味."라는 기록이 있고, 이에 대한 두예(杜預)의 주에서는 "馬·牛·羊·雞·犬·豕."라고 풀이했다.

◎ 육합(六合) : '육합'은 천지(天地)와 사방(四方)을 뜻하는 용어이다. 우주처럼 거대한 공간을 비유하는 용어로 사용된다.

◎ 육행(六行) : '육행'은 여섯 가지 선행을 뜻한다. 여섯 가지 선행은 효(孝), 우(友), 구족(九族)에 대한 친근함[睦], 외친(外親)에 대한 친근함[姻], 벗에 대한 믿음[任], 구휼[恤]이다.

◎ 응씨(應氏) : =금화응씨(金華應氏)

◎ 응용(應鏞) : =금화응씨(金華應氏)

◎ 응자화(應子和) : =금화응씨(金華應氏)

◎ 일체경음의(一切經音義) : 『일체경음의(一切經音義)』는 당(唐)나라 때의 승려인 혜림(慧琳)이 찬술한 음운학 서적이다. 불경(佛經)에 나타난 난해한 글자들을 선별하여, 음과 뜻을 설명한 책이다. 한편 당나라 때의 승려인 현응(玄應)이 찬술한 음운학 서적을 뜻하기도 한다. 『현응음의(玄應音義)』라고도 부른다. 한(漢)나라 때의 고운(古韻)을 인용하고 있기 때문에, 고대 음운학 연구에 있어서는 중요한 서적이 된다.

◎ 일헌(一獻) : '일헌'은 한 차례 술을 따라서 바친다는 뜻이다. 뭇 소사(小祀)에 해당하는 신들에게 제사를 지내게 되면, 제사 대상들의 서열이 비교적 낮으므로, 술에 있어서도 오직 한 번만 바친다. 그렇기 때문에 이러한 제사들을 '일헌'이라고 부른다.

◎ 임천오씨(臨川吳氏) : =오징(吳澄)

ㅈ

◎ 자림(字林) : 『자림(字林)』은 고대의 자서(字書)이다. 진(晉)나라 때 학자인 여침(呂忱)이 지었다. 원본은 일실되어 전해지지 않고, 다른 문헌들 속에 일부 기록들만 남아 있다.

◎ 자성(粢盛) : '자성'의 자(粢)자는 곡식의 한 종류인 기장을 뜻하고, 성(盛)자는 그릇에 기장을 풍성하게 채워놓은 모양을 뜻한다. 따라서 '자성'은 제기(祭器)에 곡물을 가득 채워놓은 것을 뜻하며, 제물(祭物)로 사용되었다. 『춘추공양전』「환공(桓公) 14년」편에는 "御廩者何, 粢盛委之所藏也."라는 기록이 있는데, 이에 대한 하휴(何休)의 주에서는

"黍稷曰粢, 在器曰盛."이라고 풀이하였다.

◎ 장락유씨(長樂劉氏, A.D.1017~A.D.1086) : =유이(劉彝)・유집중(劉執中). 북송(北宋) 때의 성리학자이다. 자(字)는 집중(執中)이다. 복주(福州) 출신이며, 어려서 호원(胡瑗)에게서 학문을 배웠다.『정속방(正俗方)』, 『주역주(周易注)』를 지었으나 현존하지 않는다.『칠경중의(七經中議)』, 『명선집(明善集)』,『거이집(居易集)』 등이 남아 있다.

◎ 장락진씨(長樂陳氏) : =진상도(陳祥道)

◎ 장수절(張守節, ?~?) : 당(唐)나라 때의 학자이다. 측천무후(則天武后) 때 활동했지만, 사적(事迹)에 대해서는 상세히 알려져 있지 않다.『사기(史記)』에 대한 조예가 깊었으며,『사기정의(史記正義)』를 저술하여,『사기』의 대표적 세 주석 중 하나로 꼽힌다.

◎ 장자(張子) : =장재(張載)

◎ 장재(張載, A.D.1020~A.D.1077) : =장자(張子)・장횡거(張橫渠). 북송(北宋) 때의 유학자이다. 북송오자(北宋五子) 중 한 사람으로 칭해진다. 자(字)는 자후(子厚)이다. 횡거진(橫渠鎭) 출신으로, 이곳에서 장기간 강학을 했기 때문에 횡거선생(橫渠先生)으로 일컬어지기도 한다.

◎ 장횡거(張橫渠) : =장재(張載)

◎ 저선생(褚先生) : =저소손(褚少孫)

◎ 저소손(褚少孫, ?~?) : =저선생(褚先生). 전한(前漢) 때의 학자이다. 사마천(司馬遷)의 사후,『사기(史記)』중 누락된 부분을 보충하였다.

◎ 적전(藉田) : '적전'은 적전(籍田)이라고도 부른다. 천자와 제후가 백성들을 동원해서 경작하는 땅이다. 처음 농사일을 시작할 때, 천자와 제후는 이곳에서 직접 경작에 참여함으로써, 농업을 중시한다는 뜻을 보이게 된다.

◎ 적전(籍田) : =자전(藉田)

◎ 전욱(顓頊) : '전욱'은 고양씨(高陽氏)라고도 부른다. '전욱'은 고대 오제(五帝) 중 하나이다.『산해경(山海經)』「해내경(海內經)」편에는 "黃帝妻雷祖, 生昌意, 昌意降處若水, 生韓流. 韓流, …… 取淖子曰阿女, 生帝顓頊."이라는 기록이 있다. 즉 황제(黃帝)의 처인 뇌조(雷祖)가 창의(昌意)를 낳았는데, 창의가 약수(若水)에 강림하여 거처하다가, 한류(韓流)를 낳았다. 다시 한류는 아녀(阿女)를 부인으로 맞이하여 '전욱'을 낳았다. 또한『회남자(淮南子)』「천문훈(天文訓)」편에는 "北方, 水

也, 其帝顓頊, 其佐玄冥, 執權而治冬."이라는 기록이 있다. 즉 북방(北方)은 오행(五行)으로 배열하면 수(水)에 속하는데, 이곳의 상제(上帝)는 '전욱'이고, 상제를 보좌하는 신(神)은 현명(玄冥)이다. 이들은 겨울을 다스린다. 또한 '전욱'과 관련하여 『수경주(水經注)』「호자하(瓠子河)」편에는 "河水舊東決, 逕濮陽城東北, 故衛也, 帝顓頊之墟. 昔顓頊自窮桑徙此, 號曰商丘, 或謂之帝丘."라는 기록이 있다. 즉 황하의 물길은 옛날에 동쪽으로 흘러서, 복양성(濮陽城)의 동북쪽을 경유하였는데, 이곳은 옛 위(衛) 지역으로, '전욱'이 거처하던 터이며, 예전에 '전욱'이 궁상(窮桑) 땅으로부터 이곳으로 옮겨왔기 때문에, 이곳을 상구(商丘) 또는 제구(帝丘)라고도 부른다.

◎ 전제(奠祭) : '전제'는 죽은 자 및 귀신들에게 음식을 헌상하는 제사이다. 상례(喪禮)를 치를 때, 빈소를 차리고 나면, 매일 아침과 저녁에 음식을 바치며 제사를 지내게 되는데, '전제'는 주로 이러한 제사를 뜻한다.

◎ 정강성(鄭康成) : =정현(鄭玄)

◎ 정사농(鄭司農) : =정중(鄭衆)

◎ 정씨(鄭氏) : =정현(鄭玄)

◎ 정의(正義) : 『정의(正義)』는 『예기정의(禮記正義)』 또는 『예기주소(禮記注疏)』를 뜻한다. 당(唐)나라 때에는 태종(太宗)이 공영달(孔穎達) 등을 시켜서 『오경정의(五經正義)』를 편찬하였는데, 이때 『예기정의』에는 정현(鄭玄)의 주(注)와 공영달의 소(疏)가 수록되었다. 송대(宋代)에는 『오경정의』와 다른 경전(經典)에 대한 주석서를 포함한 『십삼경주소(十三經注疏)』가 편찬되어, 『예기주소』라는 명칭이 되었다.

◎ 정중(鄭衆, ?~A.D.83) : =정사농(鄭司農). 후한(後漢) 때의 경학자이다. 자(字)는 중사(仲師)이다. 부친은 정흥(鄭興)이다. 부친에게 『춘추좌씨전(春秋左氏傳)』의 학문을 전수받았다. 또한 그는 대사농(大司農) 등의 관직을 역임하였기 때문에, '정사농'이라고도 불렀다. 한편 정흥과 그의 학문은 정현(鄭玄)에게 많은 영향을 주었기 때문에, 후대에서는 정현을 후정(後鄭)이라고 불렀고, 정흥과 그를 선정(先鄭)이라고도 불렀다. 저서로는 『춘추조례(春秋條例)』, 『주례해고(周禮解詁)』 등을 지었다고 하지만, 현재는 전해지지 않았다.

◎ 정현(鄭玄, A.D.127~A.D.200) : =정강성(鄭康成)·정씨(鄭氏). 한대(漢代)의 유학자이다. 자(字)는 강성(康成)이다. 『주역(周易)』, 『상서(尙

書)』,『모시(毛詩)』,『주례(周禮)』,『의례(儀禮)』,『예기(禮記)』,『논어
(論語)』,『효경(孝經)』등에 주석을 하였다.

◎ 제곡(帝嚳) : '제곡'은 고신씨(高辛氏)라고도 부른다. '제곡'은 고대 오제
(五帝) 중 하나이다. 황제(黃帝)의 아들 중에는 현효(玄囂)가 있었는
데, '제곡'은 현효의 손자가 된다. 은(殷)나라의 복사(卜辭) 기록 속에
서는 은나라 사람들이 '제곡'을 고조(高祖)로 여겼다는 기록도 나온다.
한편 '제곡'은 최초 신(辛)이라는 땅을 분봉 받았다가, 이후에 제(帝)
가 되었으므로, '제곡'을 고신씨(高辛氏)라고도 부르는 것이다.

◎ 제씨(制氏, ?~?) : 전한(前漢) 때의 사람이다. 이름은 자세히 알려져 있
지 않다. 노(魯)나라 지역 출신으로 알려져 있다.『한서(漢書)』「예악지
(禮樂志)」에 따르면, 악가(樂家)로 분류되며, 대대로 악관(樂官)을 맡
은 집안 출신이다. 악기 연주 및 춤에 대해서는 능통하였지만, 그 의
미에 대해서는 설명을 잘 못했다고 한다.

◎ 조근(朝覲) : '조근'은 군주가 신하를 만나보는 예법(禮法)을 뜻한다. 군
주가 신하를 만나보는 예법에는 조(朝), 근(覲), 종(宗), 우(遇), 회(會),
동(同) 등이 있었는데, 이것을 총칭하여 '조근'으로 부르기도 한다. 한
편 '조근'은 신하가 군주를 찾아뵙는 예법을 뜻하기도 한다. 고대에는
제후가 천자를 찾아뵐 때, 각 계절별로 그 명칭을 다르게 불렀다. 봄에
찾아뵙는 것을 조(朝)라고 부르며, 여름에 찾아뵙는 것을 종(宗)이라고
부르고, 가을에 찾아뵙는 것을 근(覲)이라고 부르며, 겨울에 찾아뵙는
것을 우(遇)라고 부른다. '조근'은 이러한 예법들을 총칭하는 말이다.

◎ 조례(朝禮) : '조례'는 조근(朝覲) 및 회동(會同) 등의 예법을 뜻한다.

◎ 조천(朝踐) : '조천'은 제례(祭禮) 의식 중 하나이다. 희생물의 피와 기
름 등을 바치고, 단술을 따르게 되면, 비로소 제사를 본격적으로 시행
하게 된다. 제주(祭主)의 부인이 되는 주부(主婦)는 이때 제사 때 진설
해두는 제기(祭器)인 두변(豆籩) 등을 바치게 된다. '조천'은 바로 이
러한 의식 절차를 가리킨다.『주례』「춘관(春官)·사존이(司尊彝)」에는
"其朝踐用兩獻尊."이라는 기록이 있고, 이 기록에 대한 정현의 주에
는 "朝踐, 謂薦血腥, 酌醴, 始行祭事, 后於是薦朝事之豆籩."이라고 풀
이하였다.

◎ 종인(宗人) : '종인'은 고대 관직명이다. 소종백(小宗伯)으로 여기기도
하며, 일반적으로 제사 및 종묘(宗廟)에서 시행되는 예법을 담당하는

자로 여기기도 한다. 『서』「주서(周書)·고명(顧命)」편에는 "上宗曰饗, 太保受同, 降, 盥以異同, 秉璋以酢, 授宗人同, 拜, 王荅拜."라는 기록이 있고, 이에 대한 공안국(孔安國)의 전문(傳文)에서는 "宗人, 小宗伯." 이라고 풀이했다. 또한 『의례』「사관례(士冠禮)」편에는 "徹筮席, 宗人 告事畢, 主人戒賓, 賓禮辭許."라는 기록이 있고, 이에 대한 정현의 주 에서는 "宗人, 有司主禮者."라고 풀이했다.

◎ 종축(宗祝) : '종축'은 종백(宗伯)과 태축(太祝)을 뜻한다. 둘 모두 제사 를 주관하는 관리들인데, '종백'은 예법과 관련된 부서의 수장이며, '태 축'은 제사를 시행할 때 일을 주도하는 관리이다. 『국어(國語)』「주어 중(周語中)」편에는 "門尹除門, 宗祝執祀, 司里授館."이라는 기록이 있 고, 이에 대한 위소(韋昭)의 주에서는 "宗, 宗伯, 祝, 太祝也."라고 풀 이하였다.

◎ 주돈이(周敦頤, A.D.1017~A.D.1073) : =염계선생(濂溪先生)·주자(周子)· 주렴계(周濂溪)·주무숙(周茂叔). 북송(北宋) 때의 학자이다. 북송오자 (北宋五子) 및 송조육현(宋朝六賢) 중 한 사람으로 손꼽힌다. 초명(初 名)은 돈실(惇實)이었지만, 영종(英宗)에 대한 피휘 때문에, 돈이(敦 頤)로 개명하였다. 자(字)는 무숙(茂叔)이다. 염계서당(濂溪書堂)에서 강학을 하였기 때문에, '염계선생(濂溪先生)'이라고도 부른다. 저서로 는 『태극도설(太極圖說)』·『통서(通書)』 등이 있다.

◎ 주렴계(周濂溪) : =주돈이(周敦頤)

◎ 주무숙(周茂叔) : =주돈이(周敦頤)

◎ 주서(周諝) : =연평주씨(延平周氏)

◎ 주자(周子) : =주돈이(周敦頤)

◎ 주희성(周希聖) : =연평주씨(延平周氏)

◎ 진가대(陳可大) : =진호(陳澔)

◎ 진덕수(眞德秀) : =서산진씨(西山眞氏)

◎ 진상도(陳祥道, A.D.1159~A.D.1223) : =장락진씨(長樂陳氏)·진씨(陳氏) ·진용지(陳用之). 북송대(北宋代)의 유학자이다. 자(字)는 용지(用之) 이다. 장락(長樂) 지역 출신으로, 1067년에 과거에 급제하여 태상박사 (太常博士) 등을 지냈다. 왕안석(王安石)의 제자로, 그의 학문을 전파 하는데 공헌하였다. 저서에는 『예서(禮書)』, 『논어전해(論語全解)』 등 이 있다.

◎ 진씨(陳氏) : =진상도(陳祥道)

◎ 진양(陳暘, ?~?) : =진진지(陳晉之). 북송(北宋) 말기 때의 학자이다. 저
서로는 『악서(樂書)』 등이 있다.

◎ 진용지(陳用之) : =진상도(陳祥道)

◎ 진진지(陳晉之) : =진양(陳暘)

◎ 진호(陳澔, A.D.1260~A.D.1341) : =진가대(陳可大). 남송(南宋) 말기 원
(元)나라 초기 때의 학자이다. 자(字)는 가대(可大)이다. 사람들에게
경귀선생(經歸先生)으로 칭송을 받았다. 저서로는 『예기집설(禮記集
說)』 등이 있다.

ㅊ

◎ 채원정(蔡元定, A.D.1135~A.D.1198) : =서산채씨(西山蔡氏). 송(宋)나라
때의 성리학자이다. 자(字)는 계통(季通)이고, 호(號)는 서산(西山)이
며, 시호(諡號)는 문절(文節)이다. 채발(蔡發)의 아들이자, 채침(蔡沈)
의 아버지이다. 그의 학문은 의리학과 상수학을 겸비하여, 『역(易)』을
이용해서 『황극경세서(皇極經世書)』를 주해하였다.

◎ 책양(磔禳) : '책양'은 또한 책양(磔攘)이라고도 한다. 희생물을 부위별
로 갈라서 신에게 제사를 지내고, 이를 통해서 상서롭지 못한 기운을
제거하는 것이다.

◎ 책양(磔攘) : =책양(磔禳)

◎ 체제(禘祭) : '체제'는 천신(天神) 및 조상신(祖上神)에게 지내는 '큰 제
사[大祭]'를 뜻한다. 『이아』「석천(釋天)」편에는 "禘, 大祭也."라는 기록
이 있고, 이에 대한 곽박(郭璞)의 주에서는 "五年一大祭."라고 풀이하
여, 대제(大祭)로써의 체제사는 5년마다 1번씩 지낸다고 설명한다. 그
러나 『예기』「왕제(王制)」에 수록된 각종 제사들에 대한 기록을 살펴
보면, 체제사는 큰 제사임에는 분명하나, 반드시 5년마다 1번씩 지내
는 제사는 아니었다.

◎ 체천(體薦) : '체천'은 제사나 연회 때, 희생물의 몸체를 반으로 갈라서
큰 도마에 올리고, 이것을 통해 제수를 바치는 것을 뜻한다.

◎ 체협(禘祫) : '체협'은 고대에 제왕(帝王)이 시조(始祖)에게 지냈던 제
사를 뜻하니, 일종의 성대한 제사의례를 가리킨다. 간혹 '체협'을 구분

하여 각각에 의미를 부여하기도 하며, 혹은 '체협'을 합쳐서 같은 의미로 사용하기도 한다. 이 문제에 대해서 장병린(章炳麟)은 『국고논형(國故論衡)』「명해고하(明解故下)」에서 "禘祫之言, 詢詢爭論旣二千年. 若以禘祫同爲殷祭, 祫名大事, 禘名有事, 是爲禘小於祫, 何大祭之云? 故知周之廟祭有大嘗・大烝, 有秋嘗・冬烝. 禘祫者大嘗・大烝之異語."라고 주장한다. 즉 '체협'이라는 말에 대해서 의견들이 분분한데, 만약 '체협'을 모두 은(殷)나라 때의 제사라고 말하며, '협(祫)'은 '중대한 사안[大事]'이 발생했을 때 지내는 제사를 뜻하고, '체(禘)'는 유사시에 지내게 되는 제사를 뜻한다고 한다면, '체'는 '협'보다 규모가 작은 것인데, 어떻게 대제(大祭)라고 말할 수 있겠는가? 그렇기 때문에 '체협'은 주(周)나라 때의 제사이다. 주나라 때 종묘(宗廟)에서 지내는 제사에는 대상(大嘗), 대증(大烝)이라는 용어가 있었고, 또 추상(秋嘗: 가을에 지내는 상(嘗)제사), 동증(冬烝: 겨울에 지내는 증(烝)제사라는 용어가 있었으니, '체협'은 대제(大祭)를 뜻하는 용어로, 대상이나 대증을 다르게 부른 명칭이다. 또한 『후한서(後漢書)』「장제기(章帝紀)」편에는 "其四時禘祫於光武之堂."이라는 기록이 있는데, 이에 대한 이현(李賢)의 주에서는 『속한서(續漢書)』를 인용하여, "五年再殷祭. 三年一祫, 五年一禘."라고 풀이한다. 즉 5년마다 2번의 성대한 제사를 지내게 되는데, 3년에 1번 '협'제사를 지내고, 5년에 1번 '체'제사를 지낸다.

◎ 초주(譙周, A.D.201?~A.D.270) : 삼국시대(三國時代) 때의 학자이다. 자(字)는 윤남(允南)이다. 『논어주(論語注)』, 『삼파기(三巴記)』, 『초자법훈(譙子法訓)』, 『고사고(古史考)』, 『오경연부론(五更然否論)』 등의 저술을 남겼다.

◎ 최씨(崔氏) : =최영은(崔靈恩)

◎ 최영은(崔靈恩, ?~?) : =최씨(崔氏). 남북조(南北朝) 때의 학자이다. 오경(五經)에 능통하였고, 다른 경전에도 두루 해박하였다고 전해진다. 『모시(毛詩)』, 『주례(周禮)』 등에 주석을 달았고, 『삼례의종(三禮義宗)』, 『좌씨경전의(左氏經傳義)』 등을 지었다.

◎ 추왕(追王) : '추왕'은 천자의 조상 중 천자의 신분이 아니었지만, 죽은 뒤 그에게 천자의 칭호를 부여한다는 뜻이다.

◎ 축융(祝融) : '축융'은 전설시대에 존재했다고 전해지는 고대 제왕 중한 명이다. 삼황(三皇) 중 한 명이다. '삼황'에 속한 인물들에 대해서

대부분 복희(伏羲)와 신농(神農)이 포함된다고 주장한다. 그러나 나머지 1명에 대해서는 이견(異見)이 많은데, 어떤 자들은 수인(燧人)을 포함시키기도 하고, 또 어떤 자들은 여왜(女媧)를 포함시키기도 하며, 또 어떤 자들은 '축융'을 포함시키기도 한다.『잠부론(潛夫論)』「오덕지(五德志)」편에는 "世傳三皇五帝, 多以爲伏羲・神農爲二皇, 其一者或曰燧人, 或曰祝融, 或曰女媧, 其是與非未可知也."라는 기록이 있다. 한편 '축융'은 신(神)을 뜻하기도 한다. 고대인들은 '축융'을 전욱씨(顓頊氏)의 후손이며, 노동(老童)의 아들인 오회(吳回)로 여겼다. 또한 생전에는 고신씨(高辛氏)의 화정(火正)이 되었으며, 죽어서는 화관(火官)의 신이 되었다고 생각했다. 즉 고대에는 오행설(五行說)이 유행하여, 오행마다 주관하는 신들이 있었다고 여겨졌다. 그중 신농(神農)은 화(火)를 주관한다고 여겨졌고, '축융'은 신농의 휘하에서 '화'의 운행을 돕는 신으로 여겨졌다.『예기』「월령(月令)」편에는 "其日丙丁, 其帝炎帝, 其神祝融."이라는 기록이 있고,『여씨춘추(呂氏春秋)』「맹하기(孟夏紀)」편에는 "其神祝融."이라는 기록이 있는데, 이에 대한 고유(高誘)의 주에서는 "祝融, 顓頊氏後, 老童之子吳回也, 爲高辛氏火正, 死爲火官之神."이라고 풀이했다. 또한 '축융'은 오방(五方) 중 남쪽을 다스리는 신으로 여겨졌다. 이러한 사유 또한 오행설에 근거한 것으로, 고대인들은 '오방'마다 각각의 방위를 주관하는 신들이 있었다고 여겼다. 그러나 해당하는 신들에 대해서는 이견(異見)이 존재한다. 이러한 기록들 중『관자(管子)』「오행(五行)」편에는 "得奢龍而辯於東方, 得祝融而辯於南方."이라는 기록이 있고,『한서(漢書)』「양웅전상(揚雄傳上)」편에는 "麗鉤芒與驂蓐收兮, 服玄冥及祝融."이라는 기록이 있는데, 이에 대한 안사고(顏師古)의 주에서는 "祝融, 南方神."이라고 풀이했다.

◎ 칠사(七祀) : '칠사'는 주(周)나라 때 제정된 일곱 종류의 제사이다. 천자가 지내는 제사를 뜻하며, 제사 대상은 사명(司命), 중류(中霤), 국문(國門), 국행(國行), 태려(泰厲), 호(戶), 조(竈)이다.『예기』「제법(祭法)」편에는 "王爲群姓立七祀. 曰司命, 曰中霤, 曰國門, 曰國行, 曰泰厲, 曰戶, 曰竈."라는 기록이 있다. 참고로 제후가 지내는 제사를 오사(五祀)라고 했으며, 그 대상은 사명(司命), 중류(中霤), 국문(國門), 국행(國行), 공려(公厲)이고, 대부(大夫)가 지내는 제사를 삼사(三祀)라고 했으며, 그 대상은 족려(族厲), 문(門), 행(行)이고, 적사(適士)가 지내

는 제사를 이사(二祀)라고 했으며, 그 대상은 문(門), 행(行)이고, 서사(庶士)나 서인(庶人)들이 지내는 제사를 일사(一祀)라고 했으며, 그 대상은 호(戶)이기도 했고, 또는 조(竈)이기도 했다.

ㅍ

◎ 팔음(八音) : '팔음'은 여덟 가지의 악기들을 뜻한다. 여덟 종류의 악기에는 8종류의 서로 다른 재질이 사용되기 때문에, 붙여진 이름이다. 여기에서 여덟 가지 재질이란 통상적으로 쇠[金], 돌[石], 실[絲], 대나무[竹], 박[匏], 흙[土], 가죽[革], 나무[木]를 가리킨다. 『서』「우서(虞書)·순전(舜典)」편에는 "三載, 四海遏密八音."이란 기록이 있는데, 이에 대한 공안국(孔安國)의 전(傳)에서는 "八音, 金石絲竹匏土革木."이라고 풀이하였다. 또한 여덟 가지 재질에 따른 악기에 대해서 설명하자면, 금(金)에는 종(鐘)과 박(鎛)이 있고, 석(石)에는 경(磬)이 있으며, 토(土)에는 훈(塤)이 있고, 혁(革)에는 고(鼓)와 도(鼗)가 있으며, 사(絲)에는 금(琴)과 슬(瑟)이 있고, 목(木)에는 축(柷)과 어(敔)가 있으며, 포(匏)에는 생(笙)이 있고, 죽(竹)에는 관(管과 소(簫)가 있다. 『주례』「춘관(春官)·대사(大師)」편에는 "皆播之以八音, 金石土革絲木匏竹."이라는 기록이 있는데, 이에 대한 정현의 주에서는 "金, 鐘鎛也. 石, 磬也. 土, 塤也. 革, 鼓鼗也. 絲, 琴瑟也. 木, 柷敔也. 匏, 笙也. 竹, 管簫也."라고 풀이하였다.

◎ 팔풍(八風) : '팔풍'은 팔방(八方)에서 풀어오는 바람으로, 각 문헌에 따라서 명칭이 조금씩 다르다. 『여씨춘추(呂氏春秋)』에 따르면, 동북풍(東北風)은 염풍(炎風), 동풍(東風)은 도풍(滔風), 동남풍(東南風)은 훈풍(熏風), 남풍(南風)은 거풍(巨風), 서남풍(西南風)은 처풍(淒風), 서풍(西風)은 료풍(飂風), 서북풍(西北風)은 려풍(厲風), 북풍(北風)은 한풍(寒風)이다. 『회남자(淮南子)』에 따르면, 동북풍(東北風)은 염풍(炎風), 동풍(東風)은 조풍(條風), 동남풍(東南風)은 경풍(景風), 남풍(南風)은 거풍(巨風), 서남풍(西南風)은 량풍(涼風), 서풍(西風)은 료풍(飂風), 서북풍(西北風)은 려풍(麗風), 북풍(北風)은 한풍(寒風)이다. 『설문해자(說文解字)』에 따르면, 동풍(東風)은 명서풍(明庶風), 동남풍(東南風)은 청명풍(淸明風), 남풍(南風)은 경풍(景風), 서남풍(西南風)은

량풍(涼風), 서풍(西風)은 창합풍(閶闔風), 서북풍(西北風)은 부주풍(不周風), 북풍(北風)은 광막풍(廣莫風), 동북풍(東北風)은 융풍(融風)이다. 『경전석문(經典釋文)』에 따르면, 동풍(東風)은 곡풍(谷風), 동남풍(東南風)은 청명풍(淸明風), 남풍(南風)은 개풍(凱風), 서남풍(西南風)은 량풍(涼風), 서풍(西風)은 창합풍(閶闔風), 서북풍(西北風)은 부주풍(不周風), 북풍(北風)은 광막풍(廣莫風), 동북풍(東北風)은 융풍(融風)이다. 『여씨춘추(呂氏春秋)』「유시(有始)」편에서는 "何謂八風. 東北曰炎風, 東方曰滔風, 東南曰熏風, 南方曰巨風, 西南曰淒風, 西方曰飂風, 西北曰厲風, 北方曰寒風."이라고 하였고, 『회남자(淮南子)』「추형훈(墜形訓)」편에서는 "東北曰炎風, 東方曰條風, 東南曰景風, 南方曰巨風, 西南曰涼風, 西方曰飂風, 西北曰麗風, 北方曰寒風."이라고 하였으며, 『설문(說文)』「풍부(風部)」편에서는 "風, 八風也. 東方曰明庶風, 東南曰淸明風, 南方曰景風, 西南曰涼風, 西方曰閶闔風, 西北曰不周風, 北方曰廣莫風, 東北曰融風."이라고 하였고, 『춘추좌씨전』「은공(隱公) 5년」편에는 "夫舞所以節八音, 而行八風."이라는 기록이 있는데, 이에 대한 육덕명(陸德明)의 『경전석문(經典釋文)』에서는 "八方之風, 謂東方谷風, 東南淸明風, 南方凱風, 西南涼風, 西方閶闔風, 西北不周風, 北方廣莫風, 東北方融風."이라고 풀이하였다.

ㅎ

◎ 하간헌왕(河間獻王, ?~B.C. 130) : =유덕(劉德). 전한(前漢) 때의 인물이다. 성(姓)은 유(劉)이고, 이름은 덕(德)이다. 경제(景帝)의 아들이다. B.C.155년에 하간(河間) 지역의 왕으로 분봉을 받았기 때문에, '하간헌왕'이라고 부르는 것이다. 학문을 좋아하였고, 유학(儒學) 뿐만 아니라, 다른 학문에 대해서도 박학하였다. 민간으로부터 많은 서적들을 수집하였고, 학자들을 불러 모아서 많은 서적들을 편찬하였다.

◎ 하순(賀循, A.D.260~A.D.319) : 위진시대(魏晉時代) 때의 학자이다. 자(字)는 언선(彦先)이다.

◎ 하창(賀瑒, A.D.452~A.D.510) : 남조(南朝) 때의 학자이다. 남조의 제(齊)나라와 양(梁)나라에서 각각 활동하였다. 자(字)는 덕연(德璉)이다. 『예기신의소(禮記新義疏)』 등을 찬술하였다.

◎ 하축(夏祝) : '하축'은 하(夏)나라 때의 예법을 익혀서, 제사 등을 돕는
자이다. 하나라 때에는 충(忠)을 중심으로 가르쳤으므로, 그 예법은
봉양을 하는 것에 적합하다. 그렇기 때문에 음식과 관련된 일을 담당
한다. 『의례』「사상례(士喪禮)」편에는 "夏祝鬻餘飯, 用二鬲, 于西牆下."
라는 기록이 있고, 이에 대한 정현의 주에서는 "夏祝, 祝習夏禮者也.
夏人教以忠, 其於養宜."라고 풀이했다.

◎ 하휴(何休, A.D.129~A.D.182) : 전한(前漢) 때의 금문경학자(今文經學
者)이다. 자(字)는 소공(邵公)이다. 『춘추공양전해고(春秋公羊傳解詁)』
를 지었으며, 『효경(孝經)』, 『논어(論語)』 등에 대해서도 주를 달았고,
『춘추한의(春秋漢議)』를 짓기도 하였다.

◎ 학경(郝敬, A.D.1558~A.D.1639) : =학중여(郝仲興). 명(明)나라 때의 학
자이다. 자(字)는 중여(仲興)이고, 호(號)는 초망(楚望)이다. 경학에 능
통하여, 수많은 저서를 남겼다.

◎ 학중여(郝仲興) : =학경(郝敬)

◎ 한시외전(韓詩外傳) : 『한시외전(韓詩外傳)』은 한(漢)나라 때 한영(韓嬰)
이 지은 책이다. 이 책은 본래 내전(內傳) 4권과 외전(外傳) 6권으로
구성되어 있었는데, 내전은 산일되어 없어졌고, 외전만이 남아 있다.
남아 있는 부분을 『한시외전(韓詩外傳)』이라고 부른다.

◎ 함매(銜枚) : '함매'는 본래 병사들에 입에 물리던 나무판이다. 이것을
입에 물림으로써 큰 소리를 내거나 잡담을 하지 못하도록 하였다. 『주
례』「하관(夏官)·대사마(大司馬)」편에는 "群司馬振鐸, 車徒皆作, 遂鼓
行, 徒銜枚而進."이라는 기록이 있다.

◎ 함지(咸池) : =대함(大咸)

◎ 합어(合語) : '합어'는 어떠한 의례를 치를 때, 일정 시기가 되면 연장자
및 빈객의 수장 등이 나와서 그 의례를 제정했던 의미와 이치를 종합
적으로 설명하는 것을 뜻한다.

◎ 향례(饗禮) : '향례'는 연회의 한 종류이다. 또한 연회를 범칭하는 용어
로도 사용된다. 본래 '향례'를 시행할 때에는 희생물을 통째로 바치지
만, 그것을 먹지는 않는다. 또 술잔을 가득 채우지만, 마시지는 않으
며, 자리에 서 있기만 하고, 앉지는 않는다. 또한 신분의 존비(尊卑)에
의거해서 술잔을 바치게 되는데, 정해진 술잔 바치는 회수가 끝나면,
의식을 끝낸다. 다만 숙위(宿衛)들과 기로(耆老) 및 고아들에게 향례

를 할 때에는 술을 취할 때까지 마시게 하는 것을 법도로 삼았다.

◎ 향사례(鄕射禮) : '향사례'는 활쏘기를 하며 음주를 했던 의례(儀禮)이다. 크게 두 가지로 나뉘는데, 하나는 지방의 수령이 지방학교인 서(序)에서 사람들을 모아서 활쏘기를 익히며 음주를 했던 의례이고, 다른 하나는 향대부(鄕大夫)가 3년마다 치르는 대비(大比)라는 시험을 끝내고 공사(貢士)를 한 연후에, 향대부가 향로(鄕老) 및 향인(鄕人)들과 향학(鄕學)인 상(庠)에서 활쏘기를 익히고 음주를 했던 의례이다. 『주례』「지관(地官)·향대부(鄕大夫)」편에는 "退而以鄕射之禮五物詢衆庶."라는 기록이 있는데, 이에 대한 손이양(孫詒讓)의 『정의(正義)』에서는 "退, 謂王受賢能之書事畢, 鄕大夫與鄕老, 則退各就其鄕學之庠而與鄕人習射, 是爲鄕射之禮."라고 풀이하였다.

◎ 향음례(鄕飮禮) : '향음례'는 '향음주례(鄕飮酒禮)'라고도 부른다. 주(周)나라 때에는 향학(鄕學)에서 3년마다 대비(大比)라는 시험을 치러서, 선발된 자들을 천거하였다. 이러한 행사를 실시할 때 향대부(鄕大夫)는 음주 연회의 자리를 만들어서, 선발된 자들에게 빈례(賓禮)에 따라 대접을 하며, 그들에게 술을 따라주었는데, 이 의식을 '향음례' 또는 '향음주례'라고 불렀다. 『의례』「향음주례(鄕飮酒禮)」편에 대한 가공언(賈公彦)의 소(疏)에서는 정현의 『삼례목록(三禮目錄)』을 인용하여, "諸侯之鄕大夫三年大比, 獻賢者能於其君, 以賓禮待之, 與之飮酒. 於五禮屬嘉禮."라고 풀이했다. 또한 일반적으로 음주를 즐기며 연회를 하는 것을 뜻하기도 한다.

◎ 허숙중(許叔重) : =허신(許愼)

◎ 허신(許愼, A.D.30~A.D.124) : =허숙중(許叔重). 후한(後漢) 때의 학자이다. 자(字)는 숙중(叔重)이다. 『설문해자(說文解字)』의 저자로 널리 알려져 있으며, 다른 저서로는 『오경이의(五經異義)』가 있으나 산일되었다. 『오경이의』는 송대(宋代) 때 다시 편찬되었으나 진위를 따지기 힘들다.

◎ 혁로(革路) : '혁로'는 혁로(革輅)라고도 부른다. 천자가 사용하는 다섯 가지 수레 중 하나이다. 전쟁용으로 사용했던 수레인데, 간혹 제후의 나라에 순수(巡守)를 갈 때 사용하기도 하였다. 가죽으로 겉을 단단하게 동여매서 고정시키고, 옻칠만 하고, 다른 장식을 하지 않았기 때문에, '혁로'라고 부르는 것이다. 『주례』「춘관(春官)·건거(巾車)」편에는

"革路, 龍勒, 條纓五就, 建大白, 以卽戎, 以封四衛."라는 기록이 있고, 이에 대한 정현의 주에서는 "革路, 鞔之以革而漆之, 無他飾."이라고 풀이했다.

◎ 혁로(革輅) : =혁로(革路)

◎ 현면(玄冕) : '현면'은 현의(玄衣)와 면류관을 뜻한다. 천자 및 제후의 제사복장으로, 비교적 중요성이 덜한 제사 때 입는다. '현의' 중 상의에는 무늬가 들어가지 않고, 하의에만 불(黻)을 수놓는다. 『주례』「춘관(春官)·사복(司服)」편에는 "祭群小祀則玄冕."이라는 기록이 있고, 이에 대한 정현의 주에서는 "玄者, 衣無文, 裳刺黻而已, 是以謂玄焉."이라고 풀이했다.

◎ 현의(玄衣) : '현의'는 고대의 제사 때 착용했던 적백색의 예복을 뜻하며, 천자는 소소한 제사를 지낼 때 이 복장을 착용했다. 또 경(卿)이나 대부(大夫)들이 착용했던 명복(命服)을 뜻하기도 한다.

◎ 현주(玄酒) : '현주'는 고대의 제례(祭禮)에서 술 대신 사용한 물[水]을 뜻한다. '현주'의 '현(玄)'자는 물은 흑색을 상징하므로, 붙여진 글자이다. '현주'의 '주(酒)'자의 경우, 태고시대 때에는 아직 술이 없었기 때문에, 물을 술 대신 사용했다. 따라서 후대에는 이 물을 가리키며 '주'자를 붙이게 된 것이다. '현주'를 사용하는 것은 가장 오래된 예법 중 하나이므로, 후대에도 이러한 예법을 존숭하여, 제사 때 '현주' 또한 사용했던 것이며, '현주'를 술 중에서도 가장 귀한 것으로 여겼다. 『예기』「예운(禮運)」편에는 "故玄酒在室, 醴酸在戶."라는 기록이 있는데, 이에 대한 공영달(孔穎達)의 소(疏)에서는 "玄酒, 謂水也. 以其色黑, 謂之玄. 而太古無酒, 此水當酒所用, 故謂之玄酒."라고 풀이했다.

◎ 협제(祫祭) : '협제'는 협(祫)이라고도 부른다. 신주(神主)들을 태조(太祖)의 묘(廟)에 모두 모셔놓고 지내는 제사이다. 『춘추공양전』「문공(文公) 2년」에 "八月, 丁卯, 大事于大廟, 躋僖公, 大事者何. 大祫也. 大祫者何. 合祭也, 其合祭奈何. 毁廟之主, 陳于大祖."라는 기록이 있다.

◎ 형갱(鉶羹) : '형갱'은 형(鉶)이라는 그릇에 담는 국으로, 조미료나 야채 등을 가미하여 맛을 풍부하게 낸 국이다. 소고기 국에는 콩잎을 가미하였고, 양고기 국에는 씀바귀를 가미하였으며, 돼지고기 국에는 고비를 가미하기도 하였다. 『주례』「천관(天官)·형인(亨人)」편에는 "祭祀, 共大羹·鉶羹. 賓客亦如之."라는 기록이 있고, 이에 대한 가공언(賈公

彦)의 소(疏)에서는 "云鉶羹者, 皆是陪鼎腷腫臄, 牛用藿, 羊用苦, 豕用薇, 調以五味, 盛之於鉶器, 卽謂之鉶羹."이라고 풀이했다.

◎ 혜동(惠棟, A.D.1697~A.D.1758) : 청(淸)나라 때의 학자이다. 자(字)는 송애(松崖)・정우(定宇)이다. 조부는 혜주척(惠周惕)이고, 부친은 혜사기(惠士奇)이다. 가학(家學)을 전승하여, 한대(漢代) 경학(經學)을 부흥시키는 데 주력하였다. 역학(易學)에도 조예가 깊었다. 『구경고의(九經古義)』 등의 저서가 있다.

◎ 호방형(胡邦衡) : =호전(胡銓)

◎ 호전(胡銓, A.D.1102~A.D.1180) : =여릉호씨(廬陵胡氏)・호방형(胡邦衡). 남송(南宋) 때의 정치가이자 문학가이다. 자(字)는 방형(邦衡)이고, 호(號)는 담암(澹庵)이다. 충신으로 명성이 높았다.

◎ 황간(皇侃, A.D.488~A.D.545) : =황씨(皇氏). 남조(南朝) 때 양(梁)나라의 경학자이다. 『주례(周禮)』, 『의례(儀禮)』, 『예기(禮記)』 등에 해박하여, 『상복문구의소(喪服文句義疏)』, 『예기의소(禮記義疏)』, 『예기강소(禮記講疏)』 등을 지었지만, 현재는 전해지지 않는다. 그 일부가 마국한(馬國翰)의 『옥함산방집일서(玉函山房輯佚書)』에 수록되어 있다.

◎ 황면중(黃冕仲) : =황상(黃裳)

◎ 황상(黃裳, A.D.1044~A.D.1130) : =연평황씨(延平黃氏)・황면중(黃冕仲). 북송(北宋) 때의 학자이다. 자(字)는 도부(道夫)・면중(冕仲)이다. 저서로는 『연산선생문집(演山先生文集)』 등이 있다.

◎ 황시(皇尸) : '황시'는 본래 군주의 시동에게 붙이는 경칭이다. 또한 일반적으로 시동을 높여 부르는 용어로도 사용되었다.

◎ 황씨(皇氏) : =황간(皇侃)

◎ 황제(黃帝) : '황제'는 헌원씨(軒轅氏), 유웅씨(有熊氏)이라고도 부른다. 전설시대에 존재했다고 전해지는 고대 제왕(帝王)이다. 소전(少典)의 아들이고, 성(姓)은 공손(公孫)이다. 헌원(軒轅)이라는 땅의 구릉 지역에 거주하였기 때문에, 그를 '헌원씨'라고도 부르는 것이다. 또한 '황제'는 희수(姬水) 지역에도 거주를 하였기 때문에, 이 지역의 이름을 따서 성(姓)을 희(姬)로 고치기도 하였다. 그리고 수도를 유웅(有熊) 땅에 마련하였기 때문에, 그를 '유웅씨'라고도 부르는 것이다. 한편 오행(五行) 관념에 따라서, 그는 토덕(土德)을 바탕으로 제왕이 되었다고 여겼는데, 흙[土]이 상징하는 색깔은 황(黃)이므로, 그를 '황제'라고

부르는 것이다. 『역』「계사하(繫辭下)」편에는 "神農氏沒, <u>黃帝</u>·堯·舜氏作, 通其變, 使民不倦."이라는 기록이 있는데, 이에 대한 공영달(孔穎達)의 소(疏)에서는 "黃帝, 有熊氏少典之子, 姬姓也."라고 풀이했다. 한편 '황제'는 오제(帝) 중 하나를 뜻한다. 오행(五行)으로 구분했을 때 토(土)를 주관하며, 계절로 따지면 중앙 계절을 주관하고, 방위로 따지면 중앙을 주관하는 신(神)이다. 『여씨춘추(呂氏春秋)』「계하기(季夏紀)」편에는 "其帝黃帝, 其神后土."라는 기록이 있고, 이에 대한 고유(高誘)의 주에서는 "黃帝, 少典之子, 以土德王天下, 號軒轅氏, 死託祀爲中央之帝."라고 풀이했다.

◎ 후직(后稷) : '후직'은 전설상의 인물이다. 주(周)나라의 선조(先祖) 중 한 사람이다. 강원(姜嫄)이 천제(天帝)의 발자국을 밟고 회임을 하여 '후직'을 낳았는데, 불길하다고 생각하여 버렸기 때문에, 이름을 기(棄)로 지어졌다 한다. 이후 순(舜)이 '기'를 등용하여 농사를 담당하는 신하로 임명해서, 백성들에게 농사짓는 법을 가르쳤기 때문에, '후직'으로 일컬어지게 되었다. 『시』「대아(大雅)·생민(生民)」편에는 "厥初生民, 時維姜嫄. …… 載生載育, 時維后稷."이라는 기록이 있다. 한편 농사를 주관하는 관리를 '후직'으로 부르기도 한다.

번역 참고문헌

* 『禮記』, 서울 : 保景文化社, 초판 1984 (5판 1995) / 저본으로 삼은 책이다.
* 『禮記正義』 1~4(전4권, 『十三經注疏 整理本』 12~15), 北京 : 北京大學出版社, 초판 2000 / 저본으로 삼은 책이다.
* 朱彬 撰, 『禮記訓纂』 上·下(전2권), 北京 : 中華書局, 초판 1996 (2쇄 1998) / 저본으로 삼은 책이다.
* 孫希旦 撰, 『禮記集解』 上·中·下(전3권), 北京 : 中華書局, 초판 1989 (4쇄 2007) / 저본으로 삼은 책이다.
* 服部宇之吉 評點, 『禮記』, 東京 : 富山房, 초판 1913 (증보판 1984) / 鄭玄 注 번역에 대해 참고했던 서적이다.
* 竹內照夫 著, 『禮記』 上·中·下(전3권), 東京 : 明治書院, 초판 1975 (3판 1979) / 經文에 대한 이해에 참고했던 서적이다.
* 市原亨吉 외 2명 著, 『禮記』 上·中·下(전3권), 東京 : 集英社, 초판 1976 (3쇄 1982) / 經文에 대한 이해에 참고했던 서적이다.
* 陳澔 注, 『禮記集說』, 北京 : 中國書店, 초판 1994 / 『集說』에 대한 번역에 참고했던 서적이다.
* 王文錦 譯解, 『禮記譯解』 上·下(전2권), 北京 : 中華書局, 초판 2001 (4쇄 2007) / 經文 및 주석 번역에 참고했던 서적이다.
* 錢玄·錢興奇 編著, 『三禮辭典』, 南京 : 江蘇古籍出版社, 초판 1998 / 용어 및 器物 등에 대해 참고했던 서적이다.
* 張撝之 外 主編, 『中國歷代人名大辭典』 上·下권(전2권), 上海 : 上海古籍出版社, 초판 1999 / 인명에 대해 참고했던 서적이다.
* 呂宗力 主編, 『中國歷代官制大辭典』, 北京 : 北京出版社, 초판 1994 (2쇄 1995) / 관직명에 대해 참고했던 서적이다.
* 中國歷史大辭典編纂委員會 編纂, 『中國歷史大辭典』 上·下(전2권), 上海 : 上海辭書出版社, 초판 2000 / 용어 및 인명에 대해 참고했던 서적이다.
* 羅竹風 主編, 『漢語大詞典』 1~12(전12권), 上海 : 漢語大詞典出版

社, 초판 1988 (4쇄 1995) / 용어에 대해 참고했던 서적이다.
- 王思義 編集, 『三才圖會』 上・中・下(전3권), 上海 : 上海古籍出版社, 초판 1988 (4쇄 2005) / 器物 등에 대해 참고했던 서적이다.
- 聶崇義 撰, 『三禮圖集注』(四庫全書 129책) / 器物 등에 대해 참고했던 서적이다.
- 劉績 撰, 『三禮圖』(四庫全書 129책) / 器物 등에 대해 참고했던 서적이다.

역자 정병섭(鄭秉燮)

- 1979년 출생
- 2002년 성균관대학교 유교철학과 졸업
- 2004년 성균관대학교 대학원 유학과 석사
- 2013년 성균관대학교 대학원 유학과 철학박사
- 역서 『譯註 禮記集說大全 – 王制, 附 鄭玄注』(학고방, 2009)
  『譯註 禮記集說大全 – 月令, 附 鄭玄注』(학고방, 2010)
  『譯註 禮記集說大全 – 曾子問, 附 正義·訓纂·集解』(학고방, 2011)
  『譯註 禮記集說大全 – 文王世子, 附 正義·訓纂·集解』(학고방, 2012)
  『譯註 禮記集說大全 – 曲禮上, 附 正義·訓纂·集解』1~2(전2권, 학고방, 2012)
  『譯註 禮記集說大全 – 曲禮下, 附 正義·訓纂·集解』(학고방, 2012)
  『譯註 禮記集說大全 – 禮運, 附 正義·訓纂·集解』(학고방, 2012)
  『譯註 禮記集說大全 – 禮器, 附 正義·訓纂·集解』(학고방, 2012)
  『譯註 禮記集說大全 – 檀弓上, 附 正義·訓纂·集解』1~2(전2권, 학고방, 2013)
  『譯註 禮記集說大全 – 檀弓下, 附 正義·訓纂·集解』1~2(전2권, 학고방, 2013)
  『譯註 禮記集說大全 – 郊特牲, 附 正義·訓纂·集解』1~2(전2권, 학고방, 2013)
  『譯註 禮記集說大全 – 內則, 附 正義·訓纂·集解』(학고방, 2013)
  『譯註 禮記集說大全 – 玉藻, 附 正義·訓纂·集解』1~2(전2권, 학고방, 2013)
  『譯註 禮記集說大全 – 明堂位, 附 正義·訓纂·集解』(학고방, 2013)
  『譯註 禮記集說大全 – 喪服小記, 附 正義·訓纂·集解』(학고방, 2014)
  『譯註 禮記集說大全 – 大傳, 附 正義·訓纂·集解』(학고방, 2014)
  『譯註 禮記集說大全 – 少儀, 附 正義·訓纂·集解』(학고방, 2014)
  『譯註 禮記集說大全 – 學記, 附 正義·訓纂·集解』(학고방, 2014)
  (공역) 『효경주소』(문사철, 2011)

예기집설대전 목록

譯註

禮記集說大全 樂記❶

編　陳澔(元)
附　正義·訓纂·集解

초판 인쇄　2014년　12월　15일
초판 발행　2014년　12월　30일

역　　　자 | 정 병 섭
펴 낸 이 | 하 운 근
펴 낸 곳 | 學古房

주　　　소 | 서울시 은평구 대조동 213-5 우편번호 122-843
전　　　화 | (02)353-9907　편집부 (02)353-9908
팩　　　스 | (02)386-8308
홈페이지 | http://hakgobang.co.kr/
전자우편 | hakgobang@naver.com,　hakgobang@chol.com
등록번호 | 제311-1994-000001호

ISBN　　978-89-6071-463-2　94670
　　　　978-89-6071-267-6　 (세트)

값 : 37,000원

이 도서의 국립중앙도서관 출판시도서목록(CIP)은 서지정보유통지원시스템 홈페이지(http://seoji.
nl.go.kr)와 국가자료공동목록시스템(http://www.nl.go.kr/kolisnet)에서 이용하실 수 있습니다.
(CIP제어번호: CIP2014037366)

※ 파본은 교환해 드립니다.